Entscheidungen
des Reichsgerichts
in Zivilsachen

Sammlung der noch wichtigen Entscheidungen nach Fachgebieten geordnet

Herausgegeben

von

Professor Dr. L. **Auerbach**, Berlin;
Präsident des Reichspatentamtes a. D. **Johannes Eylau**, München;
Rechtsanwältin **Charlotte Graf**, Berlin; Ministerialdirektor z. Wv. Senatspräsident Dr. **Ernst Knoll**, Berlin; Rechtsanwalt **Erich Kummerow**, Berlin; Rechtsanwalt **Hermann Reuss**, Berlin; Rechtsanwalt Dr. **Walter Schmidt**, Düsseldorf; Landgerichtsdirektor **Alexander Swarzenski**, Berlin; Rechtsanwalt Dr. **Werner Vahldiek**, Berlin.

Gruppe IV Gewerblicher Rechtsschutz

Patent- und Gebrauchsmusterrecht

Berlin 1952

Walter de Gruyter & Co.

vormals G. J. Göschen'sche Verlagshandlung / J. Guttentag, Verlagsbuchhandlung / Georg Reimer / Karl J. Trübner / Veit & Comp.

Patent- und Gebrauchsmusterrecht

Bearbeitet

von

Johannes Eylau

Präsident des Reichspatentamtes a. D.
Senatspräsident am Oberlandesgericht in München

Berlin 1952

Walter de Gruyter & Co.

vormals G. J. Göschen'sche Verlagshandlung / J. Guttentag, Verlagsbuchhandlung / Georg Reimer / Karl J. Trübner / Veit & Comp.

Archiv-Nr. 28 17 52
Satz und Druck: A. W. Hayn's Erben, Berlin SO 36

Vorwort

Der vorliegende Band enthält die Auswahlsammlung der Reichsgerichtsentscheidungen auf dem Gebiet des Patent- und Gebrauchsmusterrechts. Die Auswahl umfaßt die Entscheidungen aus den Bänden 1 bis 174, soweit sie noch von Bedeutung und besonders wichtig sind. Entscheidungen, die infolge von Gesetzesänderungen nur noch historische Bedeutung haben, wurden ausgeschieden. Ebenso Entscheidungen, die durch die Entwicklung der Rechtsprechung, überholt sind; soweit die Ausscheidung im Einzelfalle untunlich war, ist bei dem überholten Teil der Entscheidung auf die spätere, nunmehr maßgebende Entscheidung verwiesen. Entscheidungen von untergeordneter Bedeutung wurden nicht abgedruckt. Von mehreren Entscheidungen, die zu der gleichen Rechtsfrage ergangen sind, wurde in der Regel nur die jüngste aufgenommen. Zahlreiche Entscheidungen sind unter Weglassung oder Kürzung des Sachverhalts wiedergegeben, wenn das Verständnis der Entscheidungsgründe nicht darunter leidet. Manche Entscheidungen enthalten eine Kürzung der Entscheidungsgründe um solche Ausführungen, welche die aktuellen Rechtsfragen nicht berühren. Die Kürzungen sind jeweils kenntlich gemacht.

Möge die vorliegende Bearbeitung dazu beitragen, den reichen Schatz der reichsgerichtlichen Rechtsprechung, die gerade auf dem Gebiet des Patent- und Gebrauchsmusterrechts besonders fruchtbar gewesen ist, den am gewerblichen Rechtsschutz interessierten Kreisen nahezubringen.

Eylau.

Inhaltsverzeichnis

Verzeichnis

der aufgenommenen Entscheidungen aus der alten Sammlung

Gewerblicher Rechtsschutz

Patent- und Gebrauchsmusterrecht

RGZ. 1, 42

Offenkundigkeit der Benutzung einer Erfindung.

§ 2 des Patentgesetzes.

I. Zivilsenat. Urt. v. 17. Januar 1880.

I. Patentamt.

Das dem Beklagten auf einen im Diskant verlängerten Resonanzboden an Klavieren erteilte Patent wurde vom Patentamte für nichtig erklärt und diese Entscheidung vom Reichgerichte bestätigt. In den Gründen nahm dasselbe als erwiesen an, daß die den Gegenstand des Patentes bildende Erfindung bereits seit mehreren Jahren vor der Patentanmeldung im Inlande in der Pianofortefabrik der Klägerin an den daselbst gebauten und in den Handel gebrachten Pianinos in Anwendung gebracht worden war. Weiter heißt es in den

Gründen:

... Der § 2 spricht die Eigenschaft der Neuheit den Erfindungen ab, welche vor der Anmeldung zur Patenterteilung durch Beschreibung oder Benutzung dem Publikum oder wenigstens dem sachkundigen Teile des Publikums bereits bekannt, mithin Gemeingut geworden sind. Hierbei wird der Fall, daß die Erfindung durch Beschreibung bekannt gemacht ist, dem Falle des Bekanntwerdens der Benutzung gleichgestellt, abgesehen von dem hier nicht in Betracht kommenden Unterschiede, daß in Ansehung der Beschreibung es gleichgültig ist, ob deren Veröffentlichung in einer inländischen oder ausländischen Druckschrift erfolgte, während nur die im Inlande stattgehabte Benutzung die Neuheit der Erfindung ausschließt. Was den ersten Fall anlangt, so unterliegt es nach § 2 keinem Zweifel, daß der Erfindung die Eigenschaft der Neuheit schon dann abgesprochen werden muß, wenn sie durch Abdruck in einer öffentlichen Druckschrift an die Offentlichkeit getreten ist, daß mithin in diesem Falle nur auf die Möglichkeit, daß jedermann durch Lesen der Druckschrift Kenntnis von der Erfindung erlange, gesehen und der Nachweis wirklich erlangter Kenntnis nicht gefordert wird. Hieraus ist der Schluß zu ziehen, daß auch in dem zweiten Falle es nur darauf ankommt, ob die Benutzung der Erfindung — sei es durch öffentlichen Betrieb der Herstellung oder durch die Beschaffenheit des hergestellten Gegenstandes — in der Weise an die Oeffentlichkeit getreten ist, daß Sachkundige Kenntnis davon erlangen können, daß dagegen nicht der Nachweis erforderlich ist, daß jemand auf diese Weise wirklich Kenntnis davon erlangt habe. Die Möglichkeit, die Benutzung der Erfindung aus der Beschaffenheit des Fabrikates zu entnehmen, ist aber für Sachverständige nicht allein dann vorhanden, wenn sie ohne weiteres durch den bloßen Augenschein erkennbar ist, sondern auch dann, wenn sie durch eine Untersuchung entdeckt werden kann.

Dieser Fall liegt . . . hier vor, zumal da nach der Aussage des Fabrikanten F. Sachverständige nicht allein imstande waren, die Verlängerung des Resonanzbodens durch eine Untersuchung des Instrumentes zu erkennen, sondern auch Veranlassung hatten, eine solche Untersuchung vorzunehmen, weil die besondere Klangfarbe des Diskantes der mit dem verlängerten Resonanzboden versehenen Instrumente auf eine Eigentümlichkeit in der Konstruktion derselben schließen ließ."

RGZ. 2, 137

1. Wer ist zur Stellung des Antrages auf Nichtigkeitserklärung im Falle der Entnahme berechtigt?

2. Voraussetzungen der Nichtigkeitserklärung in diesem Falle.

PatG. 1936 § 13 Nr. 3, § 37 Abs. 2.

I. Zivilsenat. Urt. v. 23. Oktober 1880.

I. Patentamt

Der Obermaschinenmeister B. stellte den Antrag, ein dem Fabrikanten St. auf Neuerungen an Sicherheits-Kuppelungen erteiltes Patent für nichtig zu erklären, weil der Inhalt desselben aus den an verschiedene Eisenbahnverwaltungen versandten Zeichnungen und Berichten über eine von ihm bei der Main-Weser-Eisenbahn infolge amtlich angeordneter Versuche entworfene Kuppelvorrichtung ohne seine Einwilligung entlehnt sei. Das Reichsgericht bestätigte die vom Patentamte erkannte Teilnichtigkeitserklärung.

Aus den Gründen:

. . . „Dagegen erhebt sich die Frage, ob B., der den Antrag auf Nichtigkeitserklärung nicht namens der Main-Weser-Bahn, zu deren Vertretung er als technischer Beamter ohne besondere Vollmacht nicht befugt war, sondern im eigenen Namen gestellt hat, hierzu nach § 27 des

Patentgesetzes*) legitimiert erscheint. Nach § 27 des Patentgesetzes ist zur Stellung eines Antrages auf Nichtigkeitserklärung auf Grund des § 10 Nr. 2**) nur der „Verletzte“ berechtigt. Wäre hierunter nur derjenige zu verstehen, welcher über die Erfindung zu verfügen berechtigt ist, so müßte geprüft werden, ob das Verfügungsrecht in betreff der in Rede stehenden, von dem Obermaschinenmeister B. in seiner Eigenschaft als Beamter der Main-Weser-Bahn bei den ihm aufgetragenen Versuchen gemachten Erfindung ihm für seine Person oder dem Staate, in dessen Dienste er steht, zukomme. Es kann jedoch von einer Erörterung dieser Frage abgesehen werden, weil diese Auslegung des § 27 zu eng und bei richtiger Auslegung die Legitimation des B. zur Stellung des Antrages auf Nichtigkeitserklärung auch dann anzuerkennen ist, wenn ihm das Verfügungsrecht über die in Rede stehende Erfindung nicht zukam.

Wer als Verletzter im Sinne des § 27 anzusehen sei, ist weder in diesen Paragraphen entschieden, noch aus dessen Entstehungsgeschichte erkennbar. Aus dem Zusammenhange aber, in welchem § 27 mit § 10 Nr. 2 und letztere Bestimmung mit § 3***) steht, ist zu entnehmen, daß derjenige, welche zum Einspruche gegen eine beantragte Patenterteilung nach § 3 berechtigt ist, auch zum Antrage auf Erklärung der Nichtigkeit des erteilten Patentes nach § 10 Nr. 2 und § 27 berechtigt sein soll. Der Grund der Versagung des angemeldeten und der Vernichtung des erteilten Patentes ist in beiden Fällen derselbe, die Widerrechtlichkeit des Verhaltens desjenigen, welcher das Patent angemeldet oder erlangt hat, und erfolgt in beiden Fällen nur auf Verlangen desjenigen, welcher von dieser Widerrechtlichkeit betroffen ist. Nach § 3 aber steht das Recht des Einspruchs einem jeden zu, dessen Beschreibungen, Zeichnungen, Einrichtungen oder Verfahren der wesentliche Inhalt der angemeldeten Erfindung ohne seine Einwilligung entnommen ist, mithin nicht bloß dem zur Verfügung über die Erfindung Berechtigten, sondern auch demjenigen, welcher vermöge der in seinem Besitze befindlichen Beschreibungen usw. oder des von ihm angewendeten Verfahrens tatsächlich über die Erfindung zu verfügen imstande, gleichsam im Besitze der Erfindung ist. In demselben Sinne bezeichnet § 27 als zum Antrage auf Nichtigkeitserklärung legitimiert den „Verletzten“, erfordert mithin, wie bereits vom Reichoberhandelsgerichte (Entsch. desselben Bd. 25 S. 189) bemerkt worden ist, nicht eine Rechtsverletzung, sondern nur eine Verletzung, d. h. eine Benachteiligung durch das widerrechtliche Verhalten des Patentinhabers, welche das Gesetz schon darin findet, daß die bis dahin tat-

*) PatG. 1936 § 37 Abs. 2.
**) PatG. 1936 § 13 Nr. 3.
***) PatG. 1936 § 4 Abs. 3.

sächlich mögliche Verfügung über die Erfindung durch die Patentwirkung beeinträchtigt ist. . . .

Der Antrag des Berufungsbeklagten B. genügt demnach zur Nichtigkeitserklärung nach § 10 Nr. 2 des Patentgesetzes." . . .

(Im weiteren Verlaufe der Gründe wird ausgeführt, ein Teil der patentierten Vorrichtung sei aus den Zeichnungen des B. entnommen, und wird sodann fortgefahren:)

„Diese Feststellung genügt, den § 10 Nr. 2 des Patentgesetzes in Anwendung zu bringen; unerheblich ist, ob Berufungskläger im Bewußtsein der Widerrechtlichkeit oder in gutem Glauben handelte. Wenn der Inhalt der Anmeldungen aus Zeichnungen des B. entnommen ist, welche sich nicht in seinem Gewahrsam befanden, sondern anderen von ihm mitgeteilt waren, so ist hierin ein Hindernis, den § 10 Nr. 2 auf Antrag des B. anzuwenden, nicht zu entnehmen. Ebensowenig ist die Anwendung desselben ausgeschlossen, wenn die Zeichnungen des B. von Personen, welche sich in deren Besitze befanden, dem Berufungskläger freiwillig mitgeteilt worden sind. Denn die Widerrechtlichkeit, welche nach § 3 Abs. 2 die Versagung des nachgesuchten Patentes und nach § 10 Nr. 2 die Vernichtung des erteilten Patentes begründet, besteht nicht darin, daß die Kenntnis des Inhaltes der Erfindung den Beschreibungen usw. eines anderen ohne oder gegen dessen Willen — heimlich oder mit Gewalt — entnommen, sondern darin, daß die Erfindung ohne dessen Einwilligung zur Patenterteilung angemeldet worden ist, gleichviel in welcher Weise die Kenntnis derselben erlangt war. Endlich ist die Anwendung des § 10 Nr. 2 auch nicht dann für ausgeschlossen zu erachten, wenn dem Berufungskläger bei Mitteilung der in Rede stehenden Konstruktion nicht untersagt worden ist, davon Gebrauch zu machen. Denn nach § 3 Abs. 2 und § 10 Nr. 2 ist die Benutzung einer fremden Erfindung zur Erlangung eines Patentes schon dann unbefugt, wenn derjenige, dessen Beschreibungen sie entnommen ist, dazu seine Einwilligung nicht erteilt hat, gleichviel ob eine Untersagung stattgefunden hat oder nicht. In der bloßen Mitteilung der Erfindung aber kann die Gestattung, darauf ein Patent zu nehmen, nicht gefunden werden."

RGZ. 9, 128

Besteht eine Kollision von Patentrechten, wenn das eine Patent ein Fabrikat, das andere eine Maschine zur Herstellung dieses Fabrikates zum Gegenstande hat?

I. Zivilsenat. Urt. v. 21. Mai 1883.

I. Landgericht Görlitz. II. Oberlandesgericht Breslau.

Der Kläger besitzt ein Patent Nr. 1634 auf eine bestimmte Art von Knieblechröhren*). Die beklagte Handlung erwarb das später erteilte Patent Nr. 9858 auf eine Maschine zur Herstellung von Knieblechröhren. Der Kläger erhob auf Grund des Patentes Nr. 1634 Klage mit dem Antrage, der Beklagten die gewerbsmäßige Herstellung, den gewerbsmäßigen Vertrieb und das Feilhalten von Knieblechröhren der im Patente Nr. 1634 bezeichneten Art für die Dauer letzteren Patentes bei Strafe zu untersagen. Die Klage wurde in erster und zweiter Instanz zurückgewiesen, die Revision des Klägers aber für begründet erklärt aus folgenden

Gründen:

... Das Patent Nr. 1634 betrifft ein Fabrikat, „eine besondere Art von Knieblechröhren". Das Patent Nr. 9858 betrifft eine Maschine, eine „selbsttätige Knierohr-Biegemaschine". Ersteres Patent hat nach § 4 des Patentgesetzes**) die Wirkung, daß niemand befugt ist, ohne Erlaubnis des Patentinhabers die betreffende Art von Röhren gewerbsmäßig herzustellen, in Verkehr zu bringen oder feilzuhalten. Letzteres Patent hat nach § 4 des Patentgesetzes die Wirkung, daß niemand ohne Erlaubnis des Patentinhabers befugt ist, die betreffende Maschine gewerbsmäßig herzustellen, in Verkehr zu bringen, feilzuhalten oder zu gebrauchen. An der Ausübung dieses Untersagungsrechtes wird die Beklagte in keiner Weise gehindert, falls ihr nach dem Antrage des Klägers untersagt wird, Knieblechröhren der im Patente Nr. 1634 bezeichneten Art (mit oder ohne Anwendung der ihr patentierten Maschine) gewerbsmäßig herzustellen, feilzuhalten oder zu vertreiben. Man kann auch nicht sagen, daß die vom Kläger verlangte Hinderung der Beklagten an der Herstellung, dem Feilhalten und Vertrieb solcher Röhren eine Hinderung derselben an der Ausübung ihres Patentrechtes insofern in sich schließe, als die Ausübung desselben in dem Gebrauche der Maschine und dieser gerade in der Herstellung solcher Röhren zum Zwecke des Verkaufes bestehe. Denn es ist unrichtig, wenn das Berufungsgericht sagt, das Patent verleihe dem Inhaber die Befugnis, den Gegenstand der Erfindung, hier die Knierohr-Biegmaschinen, herzustellen und zu gebrauchen. Diese Befugnis ist von dem Patente abhängig. Sie würde der Beklagten, auch wenn sie kein Patent erworben hätte, vermöge der natürlichen Freiheit des Handelns und, soweit es sich um gewerbsmäßigen Betrieb handelt, vermöge des Grundsatzes der Gewerbefreiheit zustehen. Das Recht, welches zu dieser Befugnis, wie Gareis (Das deutsche Patentgesetz S. 18, 82) richtig hervorhebt, kraft der Erteilung des Patentes hinzutritt, besteht in dem gegen jeden anderen gegebenen Ausschließungsrechte; nur dieses wird in § 4 des Pa-

*) Vgl. Gareis, Entsch. in Patentsachen, II. S. 85, und Patentblatt 1880 S. 153.

**) PatG. 1936 § 6.

tentgesetzes*) als Wirkung des Patentes bezeichnet. Freilich wird dieses Recht zu dem Zwecke nachgesucht und verliehen, dem Patentinhaber die Ausnutzung der Erfindung zu seinem alleinigen Vorteile zu sichern, und der Wert desselben ist davon abhängig, daß der Patentinhaber die Handlungen, welche er kraft des Patentes anderen untersagen kann, selbst vorzunehmen befugt ist. Aber wenn ihm diese Befugnis, sei es infolge eines von ihm vorgenommenen Rechtsgeschäfts oder infolge eines von einem anderen erlangten Patentes, mangelt, so enthält die Geltendmachung des aus solchem Grunde einem anderen zustehenden Untersagungsrechtes keine Verletzung des Patentrechtes, wenngleich dasselbe hierdurch entwertet wird. Uebrigens würde, wenn dem Klagantrage entsprochen wäre, eine Verwertung des Patentrechtes der Beklagten nicht schlechthin unmöglich, z. B. die Gestattung der Benutzung der ihr patentierten Maschine oder die Veräußerung des Patentrechtes an den zur Herstellung der betreffenden Art von Röhren ausschließlich Berechtigten, ungehindert sein.

Der Umstand, daß der Beklagten das Patent Nr. 9858 zusteht, rechtfertigt demnach die Abweisung der Klage nicht." . . .

RGZ. 10, 94

Fertigstellung von Modellen als zur Benutzung einer Erfindung erforderliche Veranstaltung im Sinne des § 5 des Patentgesetzes).**

I. Zivilsenat. Urt. v. 28. November 1883.

I. Landgericht I Berlin. II. Kammergericht daselbst.

Aus den Gründen:

„. . .

Das Berufungsgericht hat auf Grund tatsächlicher Würdigung der Ergebnisse der Beweisaufnahme festgestellt, daß schon vor dem Tage der Anmeldung des klägerischen, Neuerungen an Rollvorhängen betreffenden Patentes, der Beklagte, ein Jalousiefabrikant, zu Berlin, also im Inlande, ein Modell für Rollvorhänge, in welchem die demnächst dem Kläger patentierte Erfindung zur Anwendung gebracht sei, zum Zwecke der gewerblichen Produktion gefertigt habe.

Aus dieser Feststellung ist in dem Berufungsurteile der Schluß gezogen, daß Beklagter bereits vor dem kritischen Tage die zur Benutzung der betreffenden Erfindung erforderlichen Veranstaltungen im Sinne des § 5 des Patentgesetzes getroffen habe. Die diesem Schlusse zugrunde liegende Gesetzesauslegung entspricht der Fassung, dem Grunde und der Entstehungsgeschichte der genannten Gesetzesstelle. In dem Berichte der Kommission des Reichstages zu dem Entwurfe des Patentgesetzes heißt

*) PatG. 1936 § 6.
**) PatG. 1936 § 7.

es, die Kommission verhehle sich zwar nicht, daß es im einzelnen Falle oft schwierig sein möge, die Grenze genau zu bestimmen, bis zu der die Veranstaltungen getroffen sein müßten, um das Benutzungsrecht dem Patentinhaber gegenüber zu sichern. Der Richter dürfte dabei das Richtige treffen, wenn er als das entscheidende Moment das Vorhandensein solcher Tatsachen und Handlungen annehme, welche die Ueberzeugung erzeugten, daß die betreffende Person die Erfindung in ihren wesentlichen Teilen auszuführen beschäftigt sei. Als einen so qualifizierten Fall bezeichnet die Kommission darauf die Fertigstellung von Modellen, in denen die betreffende Erfindung zur Anwendung gebracht sei.

RGZ. 20, 94

Kann unter Umständen ein Vertrag über den Kauf eines Patentrechtes für eine Maschine zur Herstellung von Gegenständen, welche gewerblich vertrieben werden, seitens des Käufers wegen wesentlichen Irrtums bei dem Vertragsschlusse angefochten werden, weil ihm bei dem Vertragsschlusse die Tatsache unbekannt war, daß ein Dritter bereits ein Patentrecht in bezug auf das durch die betreffende Maschine herzustellende Fabrikat besaß?

I. Zivilsenat. Urt. v. 7. Januar 1888.

I. Landgericht Glogau. II. Oberlandesgericht Breslau.

Aus den Gründen:

„Das Reichsgericht hat bereits in früheren Entscheidungen klargelegt, daß zu den Eigenschaften sowohl eines Rechtssubjektes als auch eines Rechtsobjektes . . . auch solche tatsächlichen und rechtlichen Verhältnisse zu rechnen seien, welche, in Beziehungen zu anderen Personen oder Dingen wurzelnd, infolge ihrer dauernd wirkenden Eigenart (nach den Anschauungen des Verkehres) einen Einfluß auf die Schätzung des Wertes des betreffenden Rechtssubjektes oder Rechtsobjektes in allen oder doch in gewissen Verhältnissen zu üben pflegen.

. . .

Patente werden erteilt für Erfindungen, welche eine gewerbliche Verwertung gestatten. Der Wert des Patentes bzw. der Erfindung hängt von dem Grade seiner Nutzen bringenden Verwertbarkeit ab. Nach der Lebenserfahrung wird in der bei weitem überwiegenden Anzahl von Fällen der Wert eines Maschinenpatentes oder der betr. maschinellen Erfindung in dem allerhöchsten Maße dadurch verringert sein, daß für das mit der betreffenden Maschine herzustellende Produkt einem Dritten bereits ein Patent erteilt ist. Deswegen wird nur sehr ausnahmsweise ein anderer, als der bezüglich des Produktes Patentberechtigte, seine schöpferische Kraft betätigen, um Maschinen zur Herstellung eines solchen Produktes neu zu erfinden und sich patentieren zu lassen.

Aus diesen Erfahrungssätzen rechtfertigt sich der Schluß, daß bei Veräußerungsverträgen über Erfinder- oder Patentrechte an Maschinen zur Herstellung von Fabrikaten, welche Gegenstand gewerblichen Vertriebes sind, der Ersteher gewöhnlich (in Ermangelung konkreter für das Gegenteil schlüssiger Grundlagen) den Vertrag unter der Voraussetzung abschließen wird, daß die Erfindung bzw. das Patent, welches ihm übereignet wird, sich auf eine Maschine zur Herstellung von Produkten beziehe, deren freiem Betriebe ein auf derartige Produkte erteiltes Patent nicht entgegenstehe, während der Veräußerer (dementsprechend) annehmen muß, daß der Ersteher von jener Voraussetzung ausgehe.

Ob nun in einem Streitfalle der Ersteher in dieser Richtung durch einen wesentlichen Irrtum über die gekennzeichnete Eigenschaft der Erfinder- oder Patentrechte, bzw. über die Voraussetzung seines betreffenden Verhaltens dazu geführt ist, einen Vertrag der gekennzeichneten Art zu schließen, während er im Falle der Kenntnis des wirklichen Tatbestandes den Vertrag nicht abgeschlossen haben würde, so daß der Vertragsschluß auf einem wesentlichen Irrtum beruht, das läßt sich nur durch sorgfältige tatsächliche Würdigung aller konkreten Umstände des Streitfalles entscheiden." . . .

RGZ. 20, 128

Welchen Einfluß hat die Nichtigerklärung eines vorher von dem ursprünglichen Patentinhaber verkauften Patentes auf die vertragliche Verpflichtung des Patentkäufers zur Zahlung des vereinbarten Kaufpreises an den Patentverkäufer?

I. Zivilsenat. Urt. v. 3. März 1888.

I. Landgericht Halberstadt. II. Oberlandesgericht Naumburg a. S.

. . .

Aus den Gründen:

„. . . Es kann im jetzigen Verfahren nur noch die Frage aufgeworfen werden, welchen Einfluß die Nichtigerklärung des Patentes durch das Urteil des Patentamtes hat. Durch diese Nichtigerklärung ist allerdings festgestellt, daß die Erfindung des Klägers schon zur Zeit der Erteilung des Patentes wegen mangelnder Neuheit nicht patentfähig, das Patent also von Anfang an nichtig war. Das die Nichtigkeit aussprechende Urteil des Patentamtes hat aber nicht dergestalt rückwirkende Kraft, daß alles, was dem Käufer des Patentes seitens des Verkäufers gewährt ist, als nicht geschehen zu behandeln wäre. Auf Grund der Patenterteilung durch die zuständige Behörde hat, solange eine Nichtigerklärung nicht erfolgte, tatsächlich ein Patentschutz bestanden, welcher durch den Kaufvertrag vom 17. Februar 1882 auf den Käufer S. übergegangen ist. Wenn dieser tatsächliche Schutz während der vollen 15 Jahre des § 7 des Pat.Gesetzes*) fortgedauert, Käufer also den vollen Genuß des verkauften Rechtes gehabt hätte, würde Verkäufer auf den vollen Kaufpreis auch dann Anspruch haben, wenn die Erfindung in Wirklichkeit nicht neu gewesen, dieser Mangel aber von niemandem zur Begründung einer Nichtigkeitsklage verwertet worden wäre. Ein Patent wird nicht *ipso jure*, sondern nur durch *richterlichen* Ausspruch unwirksam; solange dieser nicht erfolgt ist, wird es tatsächlich geschützt, und dieses tatsächlichen Schutzes ist auch der Kläger S. vom 17. Februar 1882 an bis zur Rechtskraft des Urteiles des Patentamtes vom 20. Mai 1886, also über vier Jahre drei Monate teilhaftig geworden; bis dahin hat L. dem S. die Ausnutzung des Patentes ermöglicht, also insoweit das geleistet, was er nach dem Vertrage zu leisten schuldig war; für diese Vertragserfüllung gebührt dem L. auch mindestens ein entsprechender Teil der vertragsmäßigen Gegenleistung des Käufers. Dieser Teil läßt sich aber nicht ohne weiteres nach dem Verhältnisse der Dauer des Zeitraumes vom Vertragsabschlusse bis zur Rechtskraft des die Nichtigkeit des Patentes aussprechenden Urteiles zu der Dauer des Zeitraumes vom Vertragsabschlusse bis zum Ablaufe des fünfzehnjährigen Zeitraumes (§ 7 des Patentgesetzes) bestimmen. Es kommen dabei auch die von L. infolge des Vertrages vom 17. Februar 1882 zum Behufe der Ausnutzung des Patentes durch Fabrikation von Marmorin bzw. zu Fabrikationsversuchen geleisteten Dienste in Betracht. Außerdem kann auch durch andere Umstände, namentlich durch schuldhaftes Verhalten der einen oder anderen Partei, der Umfang dessen, was der Verkäufer trotz der Nichtigerklärung des Patentes an Kaufgeld fordern bzw. behalten darf, erhöht oder vermindert werden. Namentlich kann sich die Frage erheben, ob nicht S. trotz der Vernichtung des Patentes den vollen Kaufpreis unverkürzt bezahlen muß, weil er selbst durch die Klage auf Nichtigerklärung den Anlaß dazu gegeben habe, daß er die tatsächliche Nutzung des Patentes nicht bis zu Ende des fünfzehnjährigen Zeitraumes behalten hat, indem ein anderer außer ihm, nachdem das Patent bereits vorher durch Nichtzahlung der Gebühren verfallen war, keinerlei Anlaß mehr gehabt haben könnte, die Nichtigerklärung zu beantragen, weil also nicht L., sondern nur S. selbst die Schuld an der früheren Entziehung der tatsächlichen Nutzung trage. Es bedarf aber zur Zeit einer Entscheidung dieser Frage nicht." . . .

*) PatG. 1936 § 10: 18 Jahre.

RGZ. 24, 394

Ist für die allein erhobene abwehrende Klage des Patentinhabers der Gerichtsstand des § 32 ZPO. gegeben?

I. Zivilsenat. Urt. v. 19. Oktober 1889.

I. Landgericht I Berlin. II. Kammergericht daselbst.

. . .

Aus den Gründen:

„Der § 32 ZPO. bestimmt: „Für Klagen aus unerlaubten Handlungen ist das Gericht zuständig, in dessen Bezirke die Handlung begangen ist." Im Sinne dieser Norm ist es für den Begriff der unerlaubten Handlung wesentlich, daß dieselbe subjektiv schuldhaft begangen sei; es genügt nicht, daß eine durch die Handlung objektiv bewirkte Rechtsverletzung die Erhebung einer aus diesem Rechte entspringenden Klage veranlaßt.

... Der Grund der abwehrenden Klage des Patentinhabers ist (auch wenn dieselbe durch eine wissentlich den Bestimmungen der §§ 4, 5 des Patentgesetzes*) zuwider erfolgende Verletzung veranlaßt wird) lediglich das absolute Recht aus dem Patente, in gleichartiger Weise, wie der Grund der (im engeren Sinne) negatorischen Klage des Eigentümers, auch wenn dieselbe gegen den böswillig Besitzenden oder Störenden gerichtet wird, das Eigentum ist. Diese Klage des Patentinhabers ist keine Klage aus einer unerlaubten Handlung. Dieselbe erhält auch letzteren Charakter weder dadurch, daß in dem Vortrage des Klägers die (für das Wesen der erhobenen Klage irrelevante) Angabe enthalten ist, daß der Beklagte das betreffende patentverletzende Verhalten wissentlich verwirklicht habe, noch dadurch, daß der Kläger etwa (rechtsirrig) den § 35 des Patentgesetzes**) zur rechtlichen Qualifizierung der erhobenen lediglich abwehrenden Klage allegiert.

Für die allein erhobene abwehrende Klage des Patentinhabers kann also der im § 32 ZPO. geregelte Gerichtsstand nicht gegeben sein . . .

Diese Erwägungen stehen nicht in Widerspruch, sondern im Einklange mit dem Urteile des Reichsgerichtes vom 23. Mai 1887 (Rep. I 115/87), in welchem es für zulässig erachtet ist, in demselben Prozesse vor dem Gerichte, in dessen Bezirke die patentverletzende Handlung begangen ist, die Klage auf Schadensersatz aus der unerlaubten in dem § 34 des Patentgesetzes gekennzeichneten Handlung und die damit kumulierte abwehrende Klage aus dem absoluten Patentrechte, welche durch jene Handlung veranlaßt sei, in Verbindung zu erheben, weil das Prozeßgesetz mit seinen Bestimmungen über die verschiedenen Gerichtsstände, welche zur Erleichterung der Rechtsverfolgung einge-

*) PatG. 1936 §§ 6, 7.

**) PatG. 1936 § 47.

führt seien, keinen Anlaß zu deren Erschwerung bieten dürfe, letzteres aber der Fall sein würde, wenn (unter den gekennzeichneten Voraussetzungen) die Zulässigkeit der verbundenen Verfolgung beider Klagen in dem Gerichtsstande des § 32 ZPO. zu verneinen, nur die Entschädigungsklage zuzulassen, die abwehrende Klage dagegen hier abzuweisen wäre, wobei denn nicht ausgeschlossen bleiben würde, daß (bei demnächstiger Verfolgung letzterer Klage vor einem anderen Gerichte) der eine Richter auf die negatorische Klage ausspreche, es liege eine Patentverletzung überhaupt nicht vor, während der andere Richter den Beklagten auf die Deliktsklage verurteile."

RGZ. 30, 52

1. Liegt eine Patentverletzung vor, wenn ein im Auslande mittels des im Deutschen Reiche patentierten Verfahrens hergestelltes Produkt in Deutschland verkauft, aber vom Auslande aus nach dem Auslande geliefert wird, ohne daß das Produkt das Deutsche Reich berührt hat?

2. . . .*)

I. Zivilsenat. Urt. v. 15. Oktober 1892.

I. Landgericht Hamburg. II. Oberlandesgericht daselbst.

Aus den Gründen:

. . . Das Patentrecht, also die ausschließliche Befugnis, den Gegenstand einer Erfindung gewerbsmäßig herzustellen, in Verkehr zu bringen, feilzuhalten oder zu gebrauchen, wird für das Deutsche Reich erteilt. Das Recht, auch außerhalb des Deutschen Reiches ein Verfahren ausschließlich anzuwenden, kann das deutsche Patentamt niemand verleihen. Deshalb ist jeder, er sei Deutscher oder Ausländer, befugt, außerhalb der Grenzen des Deutschen Reiches ein im Deutschen Reiche patentiertes Verfahren anzuwenden und das dort hergestellte Produkt im Auslande zu vertreiben, wenn er nur nicht durch ein für das Land der Herstellung und des Vertriebes von der zuständigen Behörde dieses Landes erteiltes Patent daran behindert wird. Die Wirksamkeit des deutschen Patentrechtes tritt bezüglich eines solchen im Auslande angewendeten Verfahrens erst ein, wenn das durch dieses Verfahren gewonnene Produkt in das Reich eingeführt wird. Solange weder das im Deutschen Reiche privilegierte Verfahren, noch das unmittelbar oder mittelbar hier privilegierte Produkt in eine örtliche Beziehung zu dem Gebiete des Deutschen Reiches tritt, wird das für dieses Gebiet erteilte Patent von dem Verfahren und von Handlungen, welche sich auf jenes Produkt beziehen, nicht berührt, auch nicht, wenn solche Handlungen innerhalb des Deutschen Reiches vorgenommen

*) Geringere Bedeutung.

sind, sofern sich nur ihre Wirkung auf das Ausland beschränkt. Der Patentinhaber ist nicht berechtigt, einem Ausländer oder Deutschen zu verbieten, über die Herstellung chemischer Produkte, welche mittels eines im Deutschen Reiche patentierten Verfahrens im Auslande gewonnen werden, innerhalb des Deutschen Reiches Verträge abzuschließen, wenn diese Verträge den Zweck verfolgen, die so gewonnenen Produkte vom Auslande aus nach dem Auslande zu vertreiben. Er hat deshalb auch keinen Schadensersatzanspruch, wenn derartige Handlungen im Deutschen Reiche in Kenntnis des deutschen Patentes vollzogen werden. . . .

RGZ. 30, 63

Zur Auslegung des § 5 des Patentgesetzes. Begriff der „Veranstaltungen zur Benutzung der patentierten Erfindung".

PatG. 1936 § 7.

I. Zivilsenat. Urt. v. 14. Januar 1893.

I. Landgericht Düsseldorf. II. Oberlandesgericht Köln.

. . . Aus den Gründen:

. . . „Erwiesen und schon in erster Instanz nicht mehr ernstlich bestritten ist, daß die Beklagte schon vor dem 5. Juli 1882 im Besitze der durch das klägerische Patent geschützten Erfindung in ihrem vollen Umfange gewesen ist. Aus dem Zeugenbeweise und dem Gutachten der Sachverständigen ist festgestellt, daß bis 1881 in der Fabrik der Beklagten keine roten Farben hergestellt worden sind, daß aber im Januar oder Februar 1882 auf Veranlassung des Dr. G. ein besonderer Arbeitsraum zur Gewinnung eines von dem Dr. G. entdeckten neuen Farbstoffes „Scharlachrot" hergerichtet, daß zu diesem Zwecke namentlich ein eingemauerter Autoklav und ein Schmelzofen, je mit Kohlenfeuerung und Oelbad, angebracht worden sind, und daß sich Dr. G. und der Inhaber der beklagten Firma von der Erfindung sehr viel versprochen und geäußert haben, dieselbe sei epochemachend. Von dieser Einrichtung wird in Uebereinstimmung mit den Gutachten der Sachverständigen anerkannt, daß sie, wenn auch an sich klein, doch schon genügt habe, bei regelmäßigem Betriebe sehr erhebliche Mengen von Waren nach dem in Rede stehenden Verfahren zu erzeugen. Aus den vorgelegten Briefen der Beklagten an Kunden wird wenigstens soviel gefolgert, daß dieselbe die Absicht gehabt habe, die Erfindung eventuell gewerblich auszubeuten. Daß die erwähnten Einrichtungen das der Klägerin patentierte Verfahren und die mit diesem erzeugte Farbe betrafen, ergibt sich nicht nur aus der bereits erwähnten Feststellung, daß die Beklagte im Besitze der Erfindung in ihrem vollen Umfange gewesen ist, sondern aus der weiteren Tatsache, daß im März und April 1882 vier größere Operationen mit 500, 830, 800 und 2000 Gramm Naphtolsulfosäure vorgenommen und mit der dabei erzielten Ausbeute von 560 Gramm roher Amidosäure Versuche über Farbstoffgewinnung nach Ziff. 2 des Patentes der Klägerin angestellt worden sind. Auch die Briefe an Kunden bezogen sich wenigstens zum Teil auf die patentierte Farbe.

Bei Beurteilung dieser feststehenden Tatsachen geht nun zwar das Berufungsgericht von zutreffenden rechtlichen Grundsätzen aus, fügt jedoch denselben im Laufe der weiteren Ausführungen Beschränkungen bei, welche mit dem wahren Sinne des § 5 des Patentgesetzes im Widerspruche stehen und daher als Verletzung dieser Rechtsnorm erscheinen. Mit Recht billigt das Gericht die Auslegung im erstinstanzlichen Urteile, welche dahin geht, daß nicht sämtliche Vorbereitungshandlungen erfordert werden, daß dagegen diejenigen zur Benutzung erforderlichen Veranstaltungen vorliegen müssen, welche die Erfindung im wesentlichen auszuführen bestimmt sind und den ernstlichen Willen, die Erfindung sofort zu benutzen, kund geben. Auch die Unterscheidung kann nicht als irrtümlich bezeichnet werden zwischen einer bloß vorbereitenden Tätigkeit, welche nur bestimmt ist, die Möglichkeit und Zweckmäßigkeit gewerblicher Ausnutzung zu erforschen, und den Veranstaltungen und Vorbereitungen für die wirkliche Benutzung. Zu weit geht aber die Beschränkung, daß Veranstaltungen in diesem letzteren Sinne volle Klarheit über die Rentabilität erfordern. Weitere unzulässige Einschränkungen enthalten die Ausführungen, daß bei der Bedeutung, welche die Erfindung für die Farbindustrie hatte, es unverständlich gewesen wäre, wenn nicht sofort zu deren Verwertung geschritten worden wäre, sobald die Möglichkeit hierzu durch die angestellten Versuche festgestellt war, sowie daß deshalb nur Vorversuche anzunehmen seien, weil dieselben nicht zu fabrikationsmäßiger Benutzung der Erfindung geführt haben, obgleich seit Beschaffung der Einrichtungen bis zur Patentanmeldung vier Monate verflossen waren, es auch an jeder Erklärung dafür fehle, weshalb man es während eines Zeitraumes von einem Jahre unterlassen habe, die Erfindung für den eigenen Fabrikbetrieb in Benutzung zu nehmen. Was die Rentabilität betrifft, so kann diese sehr häufig erst nach dem Beginne der Benutzung berechnet werden, da der zu erzielende und zu fordernde Preis der Ware von der Nachfrage und der dem Wechsel unterworfenen Konjunktur für dieselbe abhängt. Die übrigen Ausführungen begründen nur, daß die Beklagte sich nicht auf den ersten Fall in § 5 des Patentgesetzes, nämlich darauf, daß sie die Erfindung in Benutzung genommen habe, berufen kann. Daraus kann jedoch nicht auf des Nichtvorhandensein des anderen Falles, der zur Benutzung erforderlichen Veranstaltungen, geschlossen werden. Auf diese letztere Voraussetzung für den Schutz des eigenen Betriebes dem Patentinhaber gegenüber beruft sich der Erfinder gerade dann, wenn er vor der Patentanmeldung noch nicht zur Benutzung der Erfindung gekommen ist. In dem im Berufungsurteile angeführten Berichte der Reichstagskommission werden als Beispiele von Veranstaltungen zur Benutzung die Fertigstellung von Modellen,

vgl. Entsch. des RG.'s in Zivils. Bd. 10 Nr. 25 S. 94,

der Beginn der Bauten, der praktische Anfang des Verfahrens, aufgeführt. Demnach sollen die vollständige Kenntnis der Erfindung und eine solche Tätigkeit genügen, welche auf deren Verwertung abzielt. Es werden nicht Einrichtungen verlangt, mit denen der Fabrikbetrieb sofort unternommen werden kann. Es ist daher eine weitere rechtlich nicht begründete Einschränkung der an die Spitze der Entscheidung gestellten richtigen Grundsätze, wenn die Tatsache als nicht hinreichend bezeichnet wird, daß in einer chemischen Fabrik eine Erfindung gemacht worden ist, und die vorhandenen Einrichtungen genügen, um sie bei der Fabrikation anzuwenden und zu verwerten, und wenn weiter die von den Zeugen bekundeten Einrichtungen deshalb nicht für eine zur Benutzung der Erfindung getroffene Veranstaltung erachtet worden sind, weil nach Angabe der Sachverständigen die Einrichtung weder kompliziert noch schwierig zu beschaffen ist, und weil eine solche Anlage in großen Fabriken, wo Versuche in der Farbstoffbereitung gemacht werden, schon dieser letzteren wegen nicht entbehrt werden kann. Abgesehen davon, daß nach den vom Berufungsgerichte nicht beanstandeten Zeugenaussagen der Arbeitsraum mit dem eingemauerten Autoklaven und dem Schmelzofen gerade zur Herstellung des von Dr. G. erfundenen Farbstoffes eingerichtet worden ist, kann es überhaupt nicht darauf ankommen, ob die in einer Fabrik bereits bestehenden Einrichtungen auch zur Herstellung der neuen Erfindung genügen. In der Maschinenindustrie wird es nicht selten vorkommen, daß für andere Zwecke vorhandene Maschinen zur Herstellung eines vom Besitzer erfundenen neuen Gerätes oder Werkzeuges ausreichen. Dann muß aber deren erfolgte Verwendung zu dieser Herstellung als die erforderliche Veranstaltung zur Benutzung der Erfindung anerkannt werden, wenn man nicht an den Erfinder die gänzlich zwecklose Anforderung stellen will, in Hinsicht auf seine Erfindung auch neue Maschinen, welche er gar nicht nötig hat, anzuschaffen. Sieht man nun von den im Vorstehenden als unrichtig bezeichneten Beschränkungen ab, welche das Berufungsgericht dem § 5 a. a. O. beigefügt hat, so ergibt sich aus den oben aufgeführten feststehenden Tatsachen, daß die Beklagte allerdings schon vor dem 5. Juli 1882 die zur Benutzung der Erfindung erforderlichen Veranstaltungen getroffen hat. Sie war nicht nur im Besitze der Erfindung in ihrem vollen Umfange, sondern sie hatte auch Einrichtungen getroffen, von welchen die Sachverständigen anerkennen, daß mit ihnen sehr erhebliche Mengen von Ware bereitet werden können. Diesen Tatsachen gegenüber ist, wie bereits ausgeführt, unerheblich, ob auch eine Rentabilitätsberechnung abgeschlossen war, und aus welchem Grunde die Beklagte nicht zur fabrikmäßigen Ausbeutung ihrer Erfindung übergegangen ist. In letzterer Hinsicht mag noch bemerkt werden, daß der in erster Instanz obsiegenden Beklagten keine Veranlassung zur Aufklärung dieser Unterlassung gegeben war, hierüber auch nicht besonders verhandelt worden ist. . . .

RGZ. 32, 52

Kann eine Patentverletzung vorliegen, wenn von einem Anderen als dem Patentinhaber ein Gegenstand gewerbsmäßig hergestellt und vertrieben wird, welcher zur Anwendung des Patentes zwar erforderlich, aber weder ganz noch teilweise Gegenstand des Patentes ist?

Patentgesetz vom 7. April 1891 § 4. (PatG. v. 1936 § 6).

I. Zivilsenat. Urt. v. 15. November 1893.

I. Landgericht Stuttgart. II. Oberlandesgericht daselbst.

Dem Kläger S. ist ein deutsches Reichspatent auf einen selbsttätig eintretenden luftdichten Verschluß an Flaschen erteilt, in welchen eine Flüssigkeit durch Erhitzen sterilisiert werden soll. Der Flaschenverschluß ist in der Patentschrift und in dem Patentanspruche näher beschrieben; bezüglich der Flasche ist gesagt, daß sie an ihrem obersten Rande möglichst glatt geschliffen sein müsse; auch ist die trichterförmige Erweiterung des Flaschenhalses empfohlen. Der Kläger hat die Herstellung der Flaschen mit Verschluß einem Dritten übertragen, der Beklagte fabriziert und vertreibt allein solche Flaschen, welche am Boden den Stempes „N. (nach) S." tragen und in seinen Preislisten als „S.-Milchflaschen, neue Form für Kapselverschluß mit glattgeschliffenem Rande", bezeichnet sind.

Auf die Klage ist dem Beklagten durch das erste Urteil bei Strafe untersagt, Flaschen mit trichterförmigem und geschliffenem Rande, wie sie in der Patentschrift abgebildet sind, herzustellen und in Verkehr zu bringen. Der Berufungsrichter hat die Verurteilung dahin eingeschränkt, daß dem Beklagten untersagt ist, Flaschen mit glattgeschliffenem Mündungsrande unter der Bezeichnung mit dem Namen des S. oder als Ersatzflaschen zu dem patentierten Flaschenverschlusse in den Verkehr zu bringen.

Auf die Revision des Beklagten ist das Berufungsurteil aufgehoben und unter Abänderung des ersten Urteiles die Klage abgewiesen.

Aus den Gründen:

„Der Berufungsrichter geht davon aus, daß dem Kläger durch das Patent weder eine Flasche noch die in der Patentzeichnung dargestellte Flasche geschützt ist. Darüber kann auch gar kein Zweifel aufkommen. Der Kläger selbst behauptet es nicht, hat vielmehr in der Berufungsinstanz zugegeben, daß die Flasche weder neu noch patentfähig sei. Die Patentschrift und der Patentanspruch bezeichnen als Gegenstand der Erfindung und des Schutzes die Herstellung eines luftdichten Verschlusses an Flaschen, in denen Flüssigkeit durch Erhitzung sterilisiert werden soll. Die Patentschrift empfiehlt die trichterförmige Erweiterung der Flasche, setzt sie aber nicht notwendig voraus. Sie sagt, daß die Flasche an ihrem obersten Rande eben und möglichst glatt abgeschliffen sein soll, und im Patentanspruch wird der Schliff des Mündungsrandes für die Wirkung der Gummiplatte und der Führung durch das Rohrstück als Druckventil als notwendig bezeichnet. Aber nach der nicht angegriffenen Feststellung des Berufungsrichters waren zur Zeit der Patentanmeldung Flaschen mit abgeschliffenem Mündungsrande und trichterförmiger Mündung längst bekannt. Was die Revisionsschrift des Klägers über die notwendigen Bedingungen der Herstellung von Flaschen zum Sterilisieren von Flüssigkeiten anführt, ist zum Teil neu, auch nicht gegen diese Feststellung des Berufungsrichters gerichtet und überhaupt für die Entscheidung ohne Bedeutung. Ueber die notwendigen Bedingungen der Flasche zum Sterilisieren sagt die Patentschrift nichts. Sie setzt eine dazu geeignete Flasche stillschweigend voraus und konnte das, weil notorisch schon vor dem Patente in Flaschen sterilisiert worden ist. Sie ordnet nur an, daß die Flasche am obersten Rande eben und glatt geschliffen sein soll. Aber das Glattschleifen der Flaschenhalsränder ist nicht neu, und für die zu entscheidende Frage kommt auch darauf gar nichts an.

Es muß nämlich, abweichend vom Berufungsrichter, noch ein Schritt weitergegangen werden. Der Berufungsrichter gelangt zu seiner Entscheidung durch die Ausführung, daß die Flasche zwar nicht für sich, aber in Verbindung mit dem Verschlusse als Teil der patentierten Kombination geschützt sei, und daß die Beklagte deshalb das Recht des Klägers dann verletze, wenn sie die von ihr hergestellten Flaschen als S.-Flaschen oder überhaupt als Ersatzflaschen zu dem patentierten Verschlusse in Verkehr bringe, um das Publikum, welches den patentierten Verschluß gebraucht, zu veranlassen, im Falle des Abganges von Flaschen durch Zerbrechen den unbrauchbar gewordenen Verschluß, dessen Teil die Flasche bilde, durch eine von der Beklagten hergestellte Flasche zu ersetzen. Dadurch verwirkliche die Beklagte die gewerbsmäßige Herstellung des patentierten Verschlusses. Diese sich an die auch ausdrücklich in bezug genommenen Urteile des Reichsgerichtes vom 5. Mai 1888 und 15. November 1890 (betreffend das Patent auf Aufhängung von Bremsklötzen an Eisenbahnwagen) anschließende Ausführung beruht aber auf Verkennung des Unterschiedes dieser Fälle von dem vorliegenden und auf einer rechtsirrtümlichen Auffassung des vorliegenden Patentes.

Die Flasche ist weder Gegenstand noch Teil des Patentes, während der Bremsklotz Teil und Gegenstand des Patentes

1905 ist; sie ist sowenig Teil desselben wie der Eisenbahnwagen Teil des Patentes 1905, sondern eine notwendige Voraussetzung der Anwendung des Patentes 1905 ist. Gegenstand des Patentes ist nach der Patentschrift und dem Patentanspruche lediglich der selbsttätig eintretende, luftdichte, aus der Gummiplatte und dem Rohrstücke als Druckventil bestehende Flaschenverschluß, das heißt die Vorrichtung an einer Flasche, wie dies der Patentanspruch auch selbst erklärt. Die Erfindung bestand nicht in dem (längst bekannten) Gedanken, eine Flasche zu verschließen oder eine Flasche besonderer Art zu verschließen, sondern in dem Gedanken, durch die Kombination der Gummiplatte und des Rohrstückes ein höchst einfaches, sicheres und billiges Druckventil zum Zwecke des Verschlusses zu schaffen. Die Flasche, an der weder die Herstellungsart, noch die Form, noch der Schliff erfunden ist, ist nicht Teil der Erfindung, auch nicht Teil der Kombination, das heißt der patentierten Kombination, sowenig wie der Eisenbahnwagen Teil der Bremsklotzerfindung ist. Daran ändert es nichts, daß der Kläger in der Patentschrift den Schliff der Flaschenmündungsränder, der längst bekannt ist, angeordnet hat. Selbst wenn der Kläger für den patentierten Verschluß die Verwendung von Flaschen ganz besonderer, aber bekannter Art und Gestalt angeordnet hätte, würde damit die Flasche nicht Teil der Kombination und Gegenstand des Patentes geworden sein, sowenig wie der Eisenbahnwagen Teil und Gegenstand des Bremsklotzpatentes geworden wäre, wenn der Erfinder eine bekannte Gestalt, Größe, Beschaffenheit oder Lage der Räder oder des Bodens des Wagens angeordnet hätte.

Ist die Flasche nicht Teil und nicht Gegenstand des Patentes, so ist es nach § 4 des Patentgesetzes außer aller Frage, daß der Kläger keinen Anspruch auf die ausschließliche gewerbsmäßige Herstellung und den Vertrieb der Flaschen hat. Es ist patentrechtlich auch völlig unzweifelhaft, daß jeder Benutzer des patentierten Verschlusses die Ersatzflasche beziehen kann, von wem er will. Es ist patentrechtlich deshalb auch ganz unbedenklich, daß die Beklagte das Recht des Klägers durch die Herstellung und den Vertrieb der Flaschen nicht verletzt, ohne daß es darauf ankommt, ob sie die Flaschen nur für den patentierten S.-Apparat herstellt und vertreibt, was aus der Bezeichnung der Flaschen zu folgern ist, oder als Ersatzflaschen oder auch zu anderer Verwendung. Das Patent wird danach auch durch die Bezeichnung der Flaschen mit „N. (nach) S." nicht verletzt. Welches sonstige Recht des Klägers etwa dadurch verletzt wird, steht nicht zur Entscheidung." . . .

RGZ. 33, 103

Ist die gewerbliche Verwertbarkeit der patentierten Erfindung eine stillschweigende Bedingung des Lizenzvertrages?

III. Zivilsenat. Urt. v. 5. Dezember 1893.

I. Landgericht Hannover. II. Oberlandesgericht Celle.

. . .

Aus den Gründen:

„. . . Selbstverständliche Voraussetzung für den Lizenzvertrag ist, daß dem die Erlaubnis zur Benutzung der Erfindung Gewährenden das Patent in der Tat erteilt worden ist, der Gewährende also die Befugnis hat, Dritte von der gewerblichen Benutzung usw. auszuschließen. Nicht aber ist Voraussetzung des Vertrages das Vorhandensein derjenigen Eigenschaften einer Erfindung, welche das Gesetz für die Patentierung der Erfindung fordert; denn auch beim Fehlen dieser Eigenschaften besteht das Patent bis zur Nichtigkeitserklärung, gewährt mithin auch dem Patentträger die rechtliche Befugnis, dem Lizenzträger zu gewähren, was er ihm versprochen hat. Die hier zur Frage stehende gewerbliche Verwertbarkeit der Erfindung ist daher keine stillschweigende Bedingung des Lizenzvertrages, und ihr Nichtvorhandensein begründet für den Lizenzträger nicht die Befugnis, unter Berufung auf Irrtum vom Vertrage zurückzutreten; der Irrtum des Lizenzträgers über die Verwertbarkeit der Erfindung ist nur ein Irrtum im Beweggrunde, nicht ein Irrtum über den Vertragsgegenstand selbst. Wenn aber das Berufungsgericht für die Annahme einer stillschweigenden Bedingung davon ausgeht, daß der Lizenzträger, sofern nicht besondere Gründe für die Vermutung eines gewagten Geschäftes sprechen, nicht die Absicht habe, das Risiko für die gewerbliche Verwertbarkeit zu tragen, so ist diese Annahme aus der Natur des Lizenzgeschäftes nicht zu begründen. Die Uebernahme der gewerblichen Ausbeutung einer patentierten Erfindung ist selbst dann ein mit Verlustgefahr verbundenes Spekulationsgeschäft, wenn dem Patentträger nicht eine feste oder doch im Minimalbetrage begrenzte Rente gewährt, vielmehr nur Prämie für jeden nach dem Patente hergestellten und verkauften Gegenstand versprochen wird. Der Lizenzträger hat, sofern nicht der Vertrag eine andere Bestimmung trifft, die nicht selten sehr erheblichen Kosten für die gewerbliche Herstellung und die Inverkehrbringung des Gegenstandes der Erfindung aufzuwenden, und trotz aller sinnreichen Eigenschaften kann die Erfindung im Erfolge schließlich doch nicht die gewerbliche Verwertung gestatten oder, wenn sie auch eine gewerblich verwertbare Gestalt gewonnen hat, doch im Interessentenkreise keinen Beifall finden oder durch eine andere noch bessere Erfindung in Kürze überholt werden. Wer die Ausbeutung eines Patentes übernimmt, weiß dieses oder muß es doch wissen; und will er die Gefahr überhaupt nicht oder doch nicht allein tragen, so mag er bei Abschluß des Vertrages die ihm erforderlich erscheinenden Kautelen vereinbaren. Der Lizenzvertrag als solcher bietet keine rechtliche Handhabe, dem Lizenzträger beim Mißlingen der Spekulation zu Hilfe zu kommen." . . .

RGZ. 33, 149

1. Abhängigkeitspatent und teilweise nichtiges Patent.

2. Fällt die Erteilung eines Abhängigkeitspatentes unter die „Erteilung eines Patentes in entsprechender Beschränkung", und ist der Zivilprozeßrichter im Patentverletzungsprozesse an die vom Patentamte bei der Erteilung ausgesprochene Auffassung gebunden?

3. Ist das Patentamt zuständig, im Nichtigkeitsverfahren auf Abhängigkeit eines Patentes zu erkennen?

4. . . .*)

PatG. 1891 § 3, PatG. 1936 § 4 Abs. 2.

I. Zivilsenat. Urt. v. 7. Juli 1894.

I. Patentamt.

. . .

Aus den Gründen:

. . . Nach § 3 des PatG. von 1891**) hat auf die Erteilung des Patentes derjenige Anspruch, welcher die Erfindung zuerst nach Maßgabe dieses Gesetzes angemeldet hat. Eine spätere Anmeldung kann den Anspruch auf ein Patent nicht begründen, wenn die Erfindung Gegenstand des Patentes des früheren Anmelders ist. Trifft diese Voraussetzung teilweise zu, so hat der spätere Anmelder nur Anspruch auf Erteilung eines Patentes in entsprechender Beschränkung.

Es gibt zahlreiche Fälle, in denen der spätere Erfinder seine Erfindung überhaupt nicht oder nach gewisser Richtung nicht anders benutzen kann, als daß er in ein bestehendes Patent eingreift, und dennoch darf man nicht sagen, daß die zweite Erfindung auch nur teilweise Gegenstand jenes früheren Patentes wäre. Nachdem eine Maschine patentiert ist, welche zu einem bestimmten Zwecke gebraucht werden soll, kann ein Zweiter ein dem ersten Erfinder und aller Welt bis dahin unbekanntes Verfahren erfinden, jene Maschine zu einem anderen Zwecke anzuwenden. Da der erste Patentinhaber nach § 4

*) Geringere Bedeutung.

**) PatG. 1936 § 4 Abs. 2.

des Patentgesetzes*) ausschließlich befugt ist, den Gegenstand seiner Erfindung, das ist die Maschine, zu gebrauchen, so kann der zweite Erfinder seine Erfindung nicht ausbeuten, ohne in das Patent des früheren Erfinders einzugreifen. Sein Patent ist also abhängig von dem älteren Patent, aber seine Erfindung ist nicht Gegenstand des früheren Patentes, auch nicht teilweise. Das ergibt sich schon daraus, daß der frühere Patentinhaber die Maschine zu dem dem späteren Anmelder patentierten Verfahren nicht gebrauchen darf, daß sich also auf diesen Gegenstand sein Patent nicht erstreckt. Umgekehrt kann zur Vornahme eines patentierten Verfahrens eine neue Maschine erfunden werden. Auch bei gewaltsamster Anwendung der deutschen Sprache kann man nicht die neue Maschine zum Gegenstande des Patentes auf jenes Verfahren machen. Sie kann nur ein Mittel sein, dieses Verfahren anzuwenden. Da dem älteren Patentträger aber das Recht auf die Anwendung solchen Verfahrens ausschließlich zusteht, so darf der zweite, so lange das ältere Patent besteht, seine Maschine zwar bauen und verkaufen, aber sie darf nicht zu jenem Verfahren angewendet werden. Nicht anders liegt die Sache, wenn die erste Erfindung ein Produkt betraf, z. B. Tropfenzähler mit drehbarem, eingeschliffenem Glasstöpsel oder eine zur Aufnahme kohlensäurehaltiger Flüssigkeiten bestimmte Flasche mit einem durchbohrten Glasstöpsel, aus welcher, ohne den Stöpsel abzunehmen, bloß infolge von dessen Drehung ausgegossen, und der Ausfluß durch anderweite Drehung wieder unterbrochen werden kann. Erfindet danach ein anderer ein neues Verfahren, in Glasflaschen und Glasstöpsel Rinnen anzubringen oder die letzteren zu durchbohren, so können durch Anwendung solchen Verfahrens die jenem ersten Erfinder patentierten Tropfenzähler, Selterwasserflaschen und dergleichen auf eine billigere Weise hergestellt werden, aber der zweite Erfinder darf sein Verfahren zu diesem Zwecke nicht gewerbsmäßig anwenden, weil er damit in das Patent des ersten Erfinders eingreifen würde. Soweit würde also das zweite Patent abhängig von dem ersten Patente sein, aber die zweite Erfindung ist auch nicht teilweise Gegenstand jenes früheren Patentes. Alle diese Fälle hat also der Gesetzgeber mit der Vorschrift des § 3 des Patentgesetzes nicht getroffen. Hätte er sie treffen wollen, so hätte er sich anders ausdrücken müssen. Was der Gesetzgeber getroffen hat, sind Fälle ganz anderer Art.

Ist dem ersten Erfinder ein neues chemisches Verfahren patentiert, durch welches ein neuer Stoff dargestellt wird, so darf diesen Stoff, so lange ein anderes Verfahren mit demselben Erfolge nicht gefunden wird, kein anderer gewerbsmäßig herstellen. Findet nun ein anderer ein Verfahren, durch Bearbeitung jenes neuen Stoffes ein anderes für das Gewerbe wertvolles Produkt darzustellen, so setzt die Anwendung dieses zweiten Verfahrens das erste voraus. Da das erste Verfahren in einem Produkte ausläuft, das in den Handel gelangt, so kann der zweite sein

*) PatG. 1936 § 6.

Verfahren ausüben, wenn er das von dem ersten oder seinen Lizenzträgern dargestellte Produkt kauft. Ein Bedürfnis, dies in seinem Patente, dessen Beschreibung das Vorhandensein des ersten Produktes voraussetzt, zum Ausdrucke zu bringen, besteht nicht.

Hätte aber der zweite Erfinder ein Gesamtverfahren in der Patentbeschreibung dargestellt, von welchem das dem ersten Erfinder patentierte Verfahren einen Teil bildete, so würde hier ein Fall vorliegen, in welchem derselbe nur Anspruch auf Erteilung eines Patentes in entsprechender Beschränkung hat. Dieser Beschränkung kann in verschiedener Weise entsprochen werden. Ihr wird im Sinne des Gesetzes entsprochen, wenn durch den Patentanspruch zum Ausdrucke gelangt, daß nur das Gegenstand des Patentes ist, was der zweite zur Erfindung des ersten hinzugetan hat, die Verbesserung oder die Weiterführung, so daß dasjenige, was der erste gefunden hat, nach Erlöschen des diesem erteilten Patentes Gemeingut wird. Das ist aber etwas anderes als die Abhängigkeit vom Patente des ersten; das ist die teilweise Verweigerung des beantragten Patentes.

Ein Gesamtverfahren kann so verlaufen, daß es nicht ausführbar ist ohne ein in dasselbe aufgenommenes Teilverfahren, aber als Gesamtverfahren auf einer Erfindung von gewerblicher Verwertbarkeit beruht. Eine Maschine kann so zusammengesetzt sein, daß sie ohne einen in bestimmter Weise gestalteten Teil nicht gebaut werden kann. War jenes Teilverfahren oder dieser körperliche Teil der Maschine zur Zeit der Anmeldung des Gesamtverfahrens oder der Maschine im Sinne des § 2 des Patentgesetzes bekannt und durch ein Patent nicht geschützt, so ist das dem Erfinder erteilte Patent nur eben auf das Ganze des Verfahrens usw. erteilt, auch wenn dies nicht besonders zum Ausdrucke gebracht ist. Würde aber der Erfinder auch einen besonderen Patentanspruch auf jenes Teilverfahren oder jenen körperlichen Teil formuliert haben, so würde derselbe auf Grund des § 3 des Patentgesetzes*) zu streichen sein. Bestand dagegen zu der Zeit, als das Gesamtverfahren oder der körperliche Teil zur Patentierung angemeldet wurde, noch ein früher auf das Teilverfahren oder den Bestandteil der Maschine erteiltes Patent zu Recht, so ist das auf das Gesamtverfahren oder die Maschine erteilte Patent in dem Sinne von jenem früheren Verfahren abhängig, daß der zweite Erfinder seine Erfindung trotz des ihm erteilten Patentes nicht ohne Zustimmung des ersten Patentträgers gewerblich gebrauchen darf.

Das sieht man auch außerhalb Deutschlands als vollkommen selbstverständlich an, wennschon im zweiten Patente ein Vorbehalt der Rechte des ersten Patentträgers nicht gemacht ist. Denn durch die zweite Patenterteilung kann dem ersten Patentträger von den ihm einmal erteiltei Rechten nichts wieder genommen werden.

*) PatG. 1936 § 4.

Vgl. Robinson, The law of patents Boston, 1890 Bd. 3 S. 54 ... und Pouillet, Brevets d'invention § 737. ...

Läuft das ältere Patent ab, oder erlischt es aus einem anderen Grunde, so hat nun zwar der Inhaber des jüngeren Patentes die Befugnis, sein Gesamtverfahren oder seine Maschine gewerblich zu verwerten, ohne daß er einen Einspruch befürchten müßte; aber als patentiert gilt immer nur das Gesamtverfahren oder die Maschine als Ganzes, nicht auch das Teilverfahren oder der einzelne Bestandteil der Maschine, welche zur Zeit der Anmeldung bekannt waren, und bezüglich deren dieser Patentinhaber nicht der erste Anmelder war. Hat aber ebendieser Erfinder einen besonderen Patentanspruch auf den Bestandteil oder das Teilverfahren formuliert und dadurch zum Ausdrucke gebracht, daß er nicht bloß das Ganze als solches, sondern auch den Teil als Gegenstand seiner Erfindung angesehen wissen will, so hat nun die patenterteilende Behörde Veranlassung, von dem § 3 des Patentgesetzes*) Gebrauch zu machen. Sie wird ihm das Patent unter Streichung dieses Patentanspruches, also „mit Beschränkung" auf das Ganze erteilen. Hätte aber die patenterteilende Behörde jenes frühere Patent übersehen oder sein Verhältnis zu dem eben gedachten Patentanspruche unrichtig beurteilt und danach auf die spätere Anmeldung das Patent so erteilt, wie es beantragt war, so würde der zweite Patentinhaber so lange, als nicht der Patentanspruch auf den Teil vernichtet ist, ein Verbietungsrecht gegen jeden Dritten auch wegen des Teiles ausüben können. Der ältere Patentinhaber würde aber berechtigt sein, dem zweiten Patentinhaber sowohl die Benutzung seiner Erfindung des Ganzen zu untersagen, weil derselbe diese Erfindung nicht anders benutzen kann als durch Benutzung auch der Erfindung des älteren Patentinhabers, als auch die Benutzung des Patentes bezüglich des Teiles, weil dies direkt mit dem älteren Patente kollidiert; der ältere Patentinhaber würde auch, wie jeder Dritte, die Vernichtung des Patentanspruches auf den Teil beantragen können. Würde endlich das ältere Patent ablaufen, so würde damit die Abhängigkeit des jüngeren Patentes auf das Ganze hinwegfallen, die Nichtigkeitsklage auf Vernichtung des Patentanspruches auf den Teil aber begründet bleiben.

Ganz ähnlich ist das umgekehrte Verhältnis zu behandeln, wenn der zweite Anmelder einen Teil an einer bereits patentierten Maschine zweckmäßiger gestaltet und nun ein Patent auf die ganze Maschine mit einem Patentanspruche auf den Teil anmeldet. Wird das Patent erteilt, so wie es beantragt ist, so ist das Patent auf das Ganze nichtig, und der Anspruch auf den Teil abhängig von dem früher erteilten Patente auf die Maschine. Das Patent ist also „mit Beschränkung" auf den neu gestalteten Teil zu erteilen, auf die Maschine als Ganzes aber zu versagen.

*) PatG. 1936 § 4.

Noch deutlicher ergibt sich dieses Verhältnis von teilweiser Nichtigkeit und Abhängigkeit aus § 10 des Patentgesetzes in der Fassung vom 7. April 1891*). Der § 10 handelt n u r von der Nichtigkeit eines Patentes; die Erklärung „d e r N i c h t i g k e i t" soll durch entsprechende Beschränkung des Patentes erfolgen, wenn eine die Nichtigkeit begründende Voraussetzung nur teilweise vorliegt. Da Abhängigkeit keine Nichtigkeit ist, so kann also eine Abhängigkeitserklärung nicht auf Grund des § 10 des Patentgesetzes*) ausgesprochen werden. Für eine Abhängigkeitserklärung können die Voraussetzungen, welche im § 10 unter Ziff. 1 und Ziff. 3 aufgeführt werden, überhaupt nicht verwendet werden. Denn hier ist es nicht ein b e s t e h e n d e s Patent, welches die teilweise Nichtigkeit begründet, sondern die frühere Veröffentlichung oder offenkundige Benutzung der Erfindung oder ein anderer Umstand, welcher mit einer früheren Patentierung nichts zu tun hat, auf welcher die teilweise Nichtigkeit des Patentes beruht. Aber auch im Falle des § 10 Ziff. 2 bezeichnet das Gesetz nicht den Umstand, daß das Patent eines früheren Anmelders, dessen Gegenstand die spätere Anmeldung (teilweise) ist, b e s t e h t, als Grund, die Erklärung der Nichtigkeit durch entsprechende Beschränkung des Patentes auszusprechen. Besteht das Patent nicht mehr, war es aber erteilt, wenn schon zur Zeit der späteren Anmeldung noch nicht veröffentlicht, so reicht der Umstand, daß nach § 3**) auf die Erteilung des Patentes n u r derjenige Anspruch hat, welcher die Erfindung z u e r s t angemeldet hat, aus, um die Nichtigkeitsklage ein für allemal gegen den zweiten Anmelder, welchem der Vorschrift des § 3 zuwider ein Patent erteilt ist, zu begründen. Das Patent wird also für nichtig erklärt, wenn und soweit sich ergibt, daß die Erfindung Gegenstand des, wenn auch schon bereits erloschenen Patentes eines früheren Anmelders ist. Ist aber der Umstand, daß ein früheres Patent erteilt ist, ein Grund für die Abhängigkeit des später erteilten Patentes, so müßte das frühere Patent noch b e s t e h e n, wenn das zweite für abhängig erklärt werden sollte. . . .

Daß die Abhängigkeit keine Nichtigkeit sein kann, ergibt sich ferner daraus, daß jede Nichtigkeitserklärung a b s o l u t wirkt. Ist ein Patent gemäß des § 10 des Patentgesetzes***) einmal für ganz oder teilweise nichtig erklärt, so besteht dasselbe so weit nicht mehr, und es kann nicht wieder aufleben, wenn sich die Verhältnisse ändern. Das abhängige Patent tritt aber in volle Wirksamkeit, wenn das Patent, von welchem es abhängt, hinwegfällt.

*) PatG. 1936 § 13.
**) PatG. 1936 § 4.
***) PatG. 1936 § 13.

Nach § 28 des Patentgesetzes*) ist im Falle des § 10 Ziff. 3 nur der Verletzte zu dem Antrage berechtigt. Diese Beschränkung besteht nicht für den Fall der Ziff. 2 des § 10, daß die Erfindung Gegenstand des Patentes eines früheren Anmelders ist. Sollte diese Vorschrift wider ihren deutlichen Wortsinn dahin verstanden werden, daß das Patent auf erhobene Nichtigkeitsklage für nichtig zu erklären ist, wenn die Erfindung Gegenstand des Patentes eines früheren Anmelders ist, für abhängig, wenn die zweite Erfindung nicht benutzt werden kann, ohne in das frühere Patent einzugreifen, so müßte eine solche Abhängigkeitserklärung ausgesprochen werden, wenn irgend ein Dritter die Nichtigkeitsklage wegen eines Abhängigkeitsverhältnisses erhebt. Das wäre aber eine durchaus unverständige Einrichtung. Denn die Abhängigkeit interessiert nur die beiden Patentinhaber.

Haben sie sich aber verständigt, oder läßt auch nur der ältere Patentinhaber den jüngeren Anmelder tatsächlich unbehelligt, weil er dessen angeblicher Erfindung keinen Wert beilegt und überzeugt ist, daß ihm derselbe nicht schaden kann, auch wenn er sein Patent ohne Genehmigung des älteren Patentinhabers auszunutzen versucht, so hat es keinen Sinn, daß ein Dritter eine Nichtigkeitsklage auf ausdrückliche Abhängigkeitserklärung, also auf einen Ausspruch dahin erhebt, daß der Zweite seine Erfindung nicht ohne Genehmigung des Ersten gebrauchen dürfe. Eine Klage, welche lediglich die Rechtsverhältnisse zweier Personen zueinander zu entscheiden und zu regeln bestimmt ist, überläßt man nach den elementarsten Grundsätzen des Privatrechtes der Verhandlung zwischen diesen Personen. Es würde als ein dem gesunden Menschenverstande widersprechendes Verfahren angesehen werden, wenn irgendein Bürger einer Stadt ohne jedes eigene Interesse eine Klage dahin erheben wollte, daß der Eigentümer eines Hauses am Markte in den Giebel dieses Hauses kein Fenster einbrechen dürfe ohne Genehmigung seines Nachbars. Die Nichtigkeitsklage, welche ein Dritter auf Abhängigkeitserklärung bezüglich des Patentes eines anderen von dem Patente eines Ersten erhebt, hat aber keinen anderen, das heißt, sie hat überhaupt keinen Sinn. Denn für die Verhältnisse dieses Dritten zu dem anderen ist es gänzlich gleichgültig, ob das Patent des anderen von dem Patente des Ersten abhängig ist oder nicht; und ob dasselbe, wenn es in solchem Abhängigkeitsverhältnisse stünde, für abhängig erklärt ist oder nicht. Dem Dritten kann der zweite Patentinhaber in jedem dieser Fälle den Gebrauch seiner Erfindung untersagen. Daß der Gesetzgeber trotz dieses Sachverhaltes eine so unbegreifliche Bestimmung gegeben haben sollte, würde sich nur dann annehmen lassen, wenn das Gesetz dieses mit deutlichen Worten sagte. Das ist aber nicht der Fall; vielmehr müßte man

*) PatG. 1936 § 37.

den Worten Gewalt antun, um aus den §§ 3 und 10*) eine Abhängigkeitserklärung herauszulesen. Ebensowenig ist aber an irgendeiner anderen Stelle des Gesetzes von einer Abhängigkeitserklärung die Rede.

Hiernach entbehrt die Entscheidung des Patentamtes, insoweit dieselbe eine Abhängigkeitserklärung ausspricht, der gesetzlichen Grundlage. . . .

Hätten die Urheber des Patentgesetzes vom 7. April 1891 den Erfolg erreichen wollen, daß über die Abhängigkeit eines Patentes in einem erstinstanzlich vor dem Patentamte zu verhandelnden Prozesse zu entscheiden sei, so mußte das Gesetz so gefaßt werden, daß eine Bestimmung über die Abhängigkeit getroffen, daß zum Verfolg der Abhängigkeit eine Klage eingeführt, und daß diese Klage an das Patentamt verwiesen wurde, wie die Nichtigkeitsklage an diese Behörde verwiesen ist. Diese Bestimmungen sind im Gesetze nicht getroffen, und deshalb ist es soweit beim alten geblieben. . . .

RGZ. 36, 16

1. Können auch Modelle von größeren Betriebsvorrichtungen, die aus einer Reihe selbständiger, besonderen Arbeitsvorgängen dienender Apparate zusammengesetzt sind, unter Musterschutz gestellt werden?

2. Unter welchen Voraussetzungen ist das Modell eines durch Zusammenfügung bekannter Teile hergestellten Ganzen musterschutzfähig?

Gesetz, betreffend den Schutz von Gebrauchsmustern, § 1.
(GebrMGes. 1936 § 1.)

I. Zivilsenat. Urt. v. 23. Oktober 1895.

I. Landgericht Hamburg. II. Oberlandesgericht daselbst.

. . . . .

Aus den Gründen:

. . . Zunächst ist außer acht gelassen, daß der gemeine Sprachgebrauch unter „Arbeitsgerätschaften" und „Gebrausgegenständen" relativ einfache Werkzeuge und Vorrichtungen, nicht aber künstliche, aus vielen ineinander greifenden Arbeitsmitteln zusammengesetzte, zur Bewegung durch Naturkräfte bestimmte Maschinen oder die Gesamtheit einer Reihe selbständiger, zum Zwecke eines auf einer Mehrheit von Arbeitsvorgängen aufgebauten Betriebes zusammengefügter Vorrichtungen versteht, so daß sprachgebräuchlich Maschinen und Betriebsvorrichtungen in diesem Sinne nicht zu den Arbeitsgerätschaften und Gebrauchsgegenständen gehören. Mit Rücksicht hierauf konnte der Gesetzgeber davon absehen, seiner Absicht, die neue Gestaltung, Anordnung oder Vorrichtung von Maschinen und Betriebsvorrichtungen in dem oben er-

*) PatG. 1936 §§ 4 und 13.

wähnten Sinne vom Gebrauchsmusterschutze auszuschließen, im Texte des Gesetzes noch besonderen Ausdruck zu geben. Eine solche Beschränkung des Musterschutzes entspricht aber auch dem Zwecke des Gesetzes, welches dazu bestimmt ist, *neben dem Patentschutze* für neue, einen technischen Fortschritt in sich schließende *Erfindungen*, bloßen gewerblichen Formverbesserungen bekannter Gegenstände, welche deren Nützlichkeit zu erhöhen geeignet sind, Schutz zu gewähren. Daß unter Umständen die Ziehung der Grenze zwischen den musterschutzfähigen Modellen und den nur des Patentschutzes fähigen Erfindungen Schwierigkeiten verursachen mag, darf nicht dazu führen, das Bestehen einer solchen Grenze überhaupt zu leugnen.

Im vorliegenden Falle handelt es sich um einen Apparat, der aus einer Reihe selbständiger, besonderen Arbeitsvorgängen dienender Vorrichtungen, welche in ihrer Gesamtwirkung die Pasteurisierung von Bier in Fässern ermöglichen sollen, zusammengesetzt ist. . . .

Ein so gearteter Apparat kann nach obiger Ausführung als eine Arbeitsgerätschaft oder ein Gebrauchsgegenstand im Sinne des Gebrauchsmusterschutzgesetzes nicht angesehen werden.

Aber noch in anderer Richtung hat das Berufungsgericht den § 1 des Gesetzes vom 1. Juni 1891 verletzt. Indem das Gesetz eine neue Gestaltung, Anordnung oder Vorrichtung an Arbeitsgerätschaften oder Gebrauchsgegenständen für schutzberechtigt erklärt, bringt es zum Ausdrucke, daß *die äußere Formgebung*, wie sie in der neuen Gestaltung, Anordnung oder Vorrichtung zur Darstellung kommt, den Musterschutz begründe. *Dagegen kann der Arbeitsvorgang, der sich bei der Handhabung eines Arbeitsgerätes vollzieht, die Wirkungsweise einer Vorrichtung, nicht Gegenstand des Musterschutzes sein.* Wird durch die neue und eigentümliche Form der einem Arbeitsvorgange dienenden Vorrichtung auch eine neue Gestaltung des Arbeitsvorganges bewirkt, so kann zwar *für die Vorrichtung* der Musterschutz gewährt werden, *der neue Arbeitsvorgang* selbst aber ist nur des Patentschutzes fähig. Das Berufungsgericht geht nun zwar davon aus, daß die einzelnen Teile des angemeldeten Apparates sämtlich bekannt seien und in ihrer Form nichts neues und eigentümliches zeigen, meint aber, daß die Zusammenfügung der einzelnen bekannten Teile zu dem Ganzen des Apparates eine neue Anordnung darstelle, welche den Apparat in ähnlicher Weise schutzfähig mache, wie eine in der Kombination bekannter Elemente liegende Erfindung durch ein Patent geschützt werden könne. Diese Meinung ist in solcher Allgemeinheit als richtig nicht anzuerkennen, denn sie verfehlt den Grundgedanken des Gesetzes, daß nur die in der *neuen Formgebung* bestehende gewerbliche Leistung den Musterschutz genießen soll. Dieses Erfordernis der neuen Formgebung gilt ebensowohl für die neue Anordnung, wie für die neue Gestaltung oder Vorrichtung. Nur diejenige neue Anordnung ist musterschutzberechtigt, welche sich in einer neuen äußeren Form darstellt. Daraus folgt, daß nicht schon die Zusammenfügung bekannter Teile zu einem Ganzen an sich schutzberechtigt ist, sondern nur eine solche Zusammenfügung, die auch in der äußeren Formgebung etwas neues darbietet, gleichviel ob die Neuheit in der Gestaltung der zusammengefügten Teile oder in der Art ihrer Verbindung liegt. Eine neue Anordnung in diesem Sinne aber zeigt der in Rede stehende Apparat nicht. . . .

RGZ. 36, 57

Zur Feststellung des Begriffes des Modelles und des Gebrauchszweckes im Sinne des Gebrauchsmustergesetzes.

I. Zivilsenat. Urt. v. 27. November 1895.

I. Landgericht Nürnberg. II. Oberlandesgericht daselbst.

Für den Kläger ist in der Rolle als Gebrauchsmuster eingetragen: „Aus Diamantine hergestellte edelsteinartige Verzierung von Schmuckgegenständen". Die Anmeldung bezeichnet als neu: eine aus Diamantine hergestellte edelsteinartige Verzierung, welche durch Ueberstreuen der vorher mit einem Klebestoff versehenen Stellen des zu verzierenden Schmuckgegenstandes mit Diamantinepulver erzeugt wird. Als Modell ist der Anmeldung eine Probe des Rohmaterials, das als sogenannte Diamantine bezeichnet wird und aus Glasglimmer oder Metallblättchen besteht, und ein Schmuckgegenstand beigefügt, dessen knopfartige Erhebungen zur Verzierung mit Diamantine geeignet sind. In der Anmeldung wird die Herstellung der Verzierung (Bestreichen der betreffenden Stellen mit einem Klebemittel, Bestreuen mit Diamantinepulver) beschrieben. Der Kläger hat gegen die Beklagte Klage erhoben, weil dieselbe trotz Warnung seit längerer Zeit Schmuckgegenstände genau in der dem Kläger durch seine Eintragung in die Rolle für Gebrauchsmuster geschützten Zusammensetzung herstelle. . . .

. . . Der erste Richter hat die Klage und das Berufungsgericht die Berufung zurückgewiesen.

Aus den Gründen:

. . . Nach der Anmeldung und der Eintragung handelt es sich um eine Verzierung von Schmuckgegenständen aus Diamantine, einem, wie der Kläger zugestanden hat, längst bekannten Material. Die Schmuckgegenstände sind nur ganz allgemein bezeichnet. Zu denken ist an Schmuck in der bekannten Bedeutung, d. h. an Zierrat zum Gebrauche für Menschen. Die Form dieser Schmuckgegenstände ist nicht individualisiert. Der Kläger hat also Schmuckgegenstände jeder Art und jeder Form im Auge gehabt. Und doch muß nach der Anmeldung der Schmuckgegenstand der Gebrauchsgegenstand im Sinne des § 1 des Gesetzes vom 1. Juni 1891*) sein, dessen Gebrauchszwecke die neue Gestaltung, Anordnung oder Vorrichtung dienen soll. Die edelsteinartige Verzierung, welche die Anmeldung und die Eintragung der Vorschrift des § 2 des Gesetzes entsprechend als „Bezeichnung des Modelles", d. h. als das Modell angeben, ist kein Modell. Denn sie ist allein und für sich, getrennt von dem Schmucke, dem Gebrauchsgegenstande, dem sie dienen soll, nicht im Raume anschaulich zu machen. *Dies ist aber das erste begriffliche Erfordernis des Modelles* (Musters). Aus der Beschreibung in der Anmeldung ergibt sich, daß die Verzierung erst dadurch entsteht, daß Diamantine auf die mit einem Klebestoffe bestrichenen knopfartigen Erhebungen des Schmuckgegenstandes aufgestreut wird. In die Erscheinung tritt die Verzierung also erst mit dem Aufstreuen und auf dem Schmuckgegenstande. Vorher und ohne den bestreuten Schmuck ist die Verzierung nicht anschaulich. Die Verzierung allein kann danach kein Modell sein. Das, was die Anmeldung und die Eintragung als das Modell bezeichnen, ist danach nur eine Vorschrift zum Verzieren von Schmuckgegenständen durch Bestreuen der mit Klebestoff versehenen Stellen des Schmuckgegenstandes mit Diamantinepulver, d. h. die Angabe eines Verfahrens, und ein Verfahren fällt, wie beide Instanzrichter mit Recht annehmen, niemals unter den Begriff des Gebrauchsmusters.

In Frage könnte kommen, ob Anmeldung und Eintragung nicht dahin zu interpretieren sind, daß als Modell, dessen Schutz gewollt ist, der Schmuckgegenstand mit der in der Anmeldung charakterisierten Verzierung aufzufassen ist. Als die neue Gestaltung oder Vorrichtung, deren Angabe der § 2 Abs. 2 des Gesetzes**) obligatorisch zur Charakterisierung des Modelles fordert, würde die Verzierung erscheinen, und solche Verzierung könnte, da sie den Schmuckgegenstand, wenn sie wirklich neu ist, individualisiert, als Gestaltung oder Vorrichtung betrachtet werden. Der Anmelder hat der Anmeldung als Nach- oder Abbildung des Modelles, wie es der Abs. 3 des § 2 des Gesetzes fordert, eine Probe des Diamantinematerials beigefügt, die aber kein Modell ist, und außerdem einen Schmuckgegenstand, dessen knopfartige Erhebungen zur Verzierung mit Diamantine geeignet sind, wie es in der Anmeldung heißt. Dann wäre dieser Schmuckgegenstand in Verbindung mit der Verzierung als das Modell anzusehen. Aber auch von diesem Gesichts-

*) Gebrauchsmustergesetz 1936 § 1.
**) von 1891 u. 1936.

punkte aus ist zu einem dem Kläger günstigen Ergebnisse nicht zu gelangen. Schmuckgegenstände sind Gebrauchsgegenstände, insofern sie dem Gebrauche zum Zwecke des Schmuckes der menschlichen Erscheinung dienen. Die edelsteinartige Verzierung dient dem Gebrauchszwecke oder soll ihm dienen, insofern als sie die Wirkung des zierenden Schmuckes erhöht oder erhöhen soll. Aber den Instanzrichtern ist darin beizutreten, daß der Gebrauchszweck im Sinne des Gesetzes vom 1. Juni 1891 nach dessen Entstehungsgeschichte und gesamter Tendenz ein wirtschaftlicher oder technischer Nutzzweck ist. Solchen haben Schmuckgegenstände überhaupt nicht, und ihre Verzierung zur Erhöhung der schmückenden Wirkung fällt in das Gebiet der ästhetischen, nicht der technischen Wirkung, ihr Schutz deshalb in das Gebiet der Geschmacksmuster und unter das Gesetz vom 11. Januar 1876." . . .

RGZ 37, 49

Ist der Schweizer, dem ein deutsches Reichspatent erteilt ist, von der Verpflichtung, die Erfindung im Deutschen Reiche zur Ausführung zu bringen (§ 11 des Patentgesetzes)*), durch Art. 5 des Uebereinkommens zwischen dem Deutschen Reiche und der Schweiz, betr. den gegenseitigen Patent-, Muster- und Markenschutz, vom 13. April 1892 (RGBl. 1894 S. 511) befreit?

I. Zivilsenat. Urt. v. 22. April 1896.

I. Patentamt.

Die obige Frage ist verneint worden aus folgenden

Gründen:

. . . „Nach dem zwischen dem Deutschen Reiche und der Schweiz über den gegenseitigen Patent-, Muster- und Markenschutz getroffenen Uebereinkommen vom 13. April 1892 genießen die Angehörigen des einen der vertragschließenden Teile in dem Gebiete des anderen in bezug auf den Schutz von Erfindungen, von Mustern und Modellen, von Handels- und Fabrikmarken, von Firmen und Namen dieselben Rechte wie die eigenen Angehörigen. Sie werden demgemäß denselben Schutz und dieselben gesetzlichen Mittel gegen jede Verletzung ihrer Rechte haben, wie die Inländer, vorausgesetzt, daß sie die Förmlichkeiten erfüllen, welche die innere Gesetzgebung eines jeden der beiden Staaten den Inländern auferlegt (Art. 1).

Der Sinn dieser Bestimmung ist völlig klar. Wenn ein Schweizer eine Erfindung gemacht hat, so erhält er darauf im Deutschen Reiche unter denselben Bedingungen ein Patent, unter denen ein solches einem Deutschen nach dem deutschen Patentgesetze erteilt würde, wenn der

*) PatG. von 1936 § 15.

Deutsche die Erfindung gemacht und zur Patentierung angemeldet hätte. Und umgekehrt. Nachdem aber dem Schweizer das deutsche Reichspatent erteilt ist, wird er wegen seiner patentierten Erfindung im Deutschen Reiche ebenso geschützt wie ein Deutscher, der ein deutsches Reichspatent erlangt hat, innerhalb der Grenzen des Deutschen Reiches geschützt wird. Dagegen ist es selbstverständlich nicht der Sinn des Art. 1, daß, wenn der Schweizer in der Schweiz, aber nicht im Deutschen Reiche, ein Erfindungspatent erlangt hat, der Schweizer nun, weil er in der Schweiz ein Erfindungspatent erlangt hat, denselben Erfindungsschutz im Deutschen Reiche genießen soll, den er infolge der Patentierung seiner Erfindung in der Schweiz genießt. Mit einem Worte: trotz des Uebereinkommens bleiben nach wie vor in Beziehung auf Erteilung von Erfindungspatenten und in Beziehung auf den Schutz patentierter Erfindungen das Deutsche Reich und die Schweiz zwei voneinander getrennte Gebiete. In jedem Gebiete werden die Patente erteilt und geschützt nach seinen Gesetzen, nicht nach den Gesetzen des anderen Gebietes. Nur sollen die Angehörigen des anderen Gebietes nicht zurückgesetzt werden hinter die Angehörigen des eigenen Gebietes, wenn sie hier ein Patent suchen und erlangt haben nach Maßgabe der für dieses letztere Gebiet erlassenen Gesetze. Nach Art. 2 sind den Angehörigen im Sinne des Uebereinkommens andere Personen gleichgestellt, welche in dem Gebiete des einen der vertragschließenden Teile ihren Wohnsitz oder ihre Hauptniederlassung haben. Nach Artt. 3, 4 steht die frühere Anmeldung der Erfindung in dem einen Gebiete der Patenterteilung in dem anderen Gebiete nicht entgegen, wenn nur die Anmeldung der Erfindung in dem zweiten Gebiete innerhalb einer Frist von drei Monaten erfolgt, nachdem das Patent in dem ersten Gebiete erteilt ist. Hieran schließt sich die Vorschrift des Art. 5 Abs. 1:

> „Die Rechtsnachteile, welche nach den Gesetzen der vertragschließenden Teile eintreten, wenn eine Erfindung . . . nicht innerhalb einer bestimmten Frist ausgeführt wird, sollen auch dadurch ausgeschlossen werden, daß die Ausführung . . . in dem Gebiete des anderen Teiles erfolgt."

Da nach den vorangegangenen Bestimmungen, insonderheit des Art. 1, das Gebiet des anderen Teiles in Beziehung auf patentrechtliche Verhältnisse für die gemachte Erfindung nur in Betracht kommt, sofern für dieses andere Gebiet ein Patent nachgesucht werden soll, eine Erfindung zur Patentierung angemeldet oder ein Patent erteilt ist, so kann dieser erste Absatz des Art. 5 nur bedeuten: Die Rechtsnachteile, welche nach den Gesetzen der vertragschließenden Teile eintreten, wenn eine Erfindung nicht innerhalb einer bestimmten Frist ausgeführt wird, sollen für eine in beiden Gebieten patentierte Erfindung dadurch für beide Gebiete ausgeschlossen werden, daß die Ausführung nur in dem einen Gebiete erfolgt.

Nach § 11 des deutschen Patentgesetzes vom 7. April 1891 kann nach Ablauf von drei Jahren vom Tage der über die Erteilung des Patentes erfolgten Bekanntmachung gerechnet das Patent zurückgenommen werden, wenn der Patentinhaber es unterläßt, im Inlande die Erfindung in angemessenem Umfange zur Ausführung zu bringen oder doch alles zu tun, was erforderlich ist, um diese Ausführung zu sichern. Nach dem Schweizer Patentgesetze vom 29. Juni 1888 (§ 9 Ziff. 3) erlischt das erteilte Patent, wenn die Erfindung nach Ablauf des dritten Jahres, vom Tage der Anmeldung an gerechnet, nicht zur Anwendung gekommen ist. Es läßt sich nicht annehmen, daß das Deutsche Reich einem Engländer oder Amerikaner, der nur ein deutsches Reichspatent, aber weder ein englisches noch ein amerikanisches noch ein Schweizer Patent genommen hat, den Fortbestand des deutschen Patentes während der ganzen 15 Jahre der Patentdauer habe sichern wollen, wenn er die durch das deutsche Patent überall bekannt gewordene und danach im Auslande allgemein als Gemeingut benutzte Erfindung nur in der Schweiz, wo der Erfinder eine Hauptniederlassung begründet hat, zur Ausführung gebracht hat, innerhalb des Deutschen Reiches aber auszuführen geflissentlich unterläßt. Die Ausführung in der Schweiz ist Ausführung einer patentierten Erfindung überhaupt nicht, wenn in der Schweiz für diese Erfindung ein Patent nicht genommen, dieselbe vielmehr dort als Gemeingut von jedermann benutzt werden kann. Es würde sich in diesem Falle um einen gegenseitigen Patentschutz, zu dessen Sicherung das Uebereinkommen vom 13. April 1892 getroffen ist, überhaupt nicht handeln. Vielmehr würde, wenn dieser Fall unter das Uebereinkommen gezogen würde, das Deutsche Reich den Angehörigen der Schweiz einschließlich der Fremden, welche dort eine Hauptniederlassung begründet haben oder dort wohnen, ein Privilegium für eine Fabrikation gewährt haben, welche von der Schweiz selbst als patentfähige Erfindung nicht geschützt wird, bloß weil jene Person im Deutschen Reiche ein Patent auf eine Erfindung genommen hätte, die sie hier auszführen unterläßt, und deren Ausübung sie jedem Dritten untersagt. Das wäre eine Hintansetzung der Interessen der deutschen Industrie, welche bei der deutschen Reichsregierung nicht zu unterstellen ist. Vielmehr sind offenbar die kontrahierenden Teile bei Fassung des Art. 5 des Uebereinkommens von dem gewöhnlichen Falle ausgegangen, daß ein Angehöriger des Deutschen Reiches nicht unterlassen wird, ein Patent für das Deutsche Reich zu nehmen, wenn er seine Erfindungen in der Schweiz zur Patentierung anmeldet. Und umgekehrt wird gewöhnlich, sofern die Erfindung in beiden Gebieten patentierbar ist, der Angehörige der Schweiz nicht unterlassen, seine Erfindung in der Schweiz zur Patentierung anzumelden, wenn er ein deutsches Reichspatent nimmt. Für diesen gewöhnlichen Fall ist der Art. 5 Abs. 1 vereinbart, und das Vorhandensein eines solchen Falles ist deshalb die Voraussetzung für die Anwendung des Art. 5.

Zum Ueberfluß haben das die kontrahierenden Regierungen, eine jede offiziell, zum Ausdrucke gebracht. . . . (Wird dargelegt.)

. . . Haben die kontrahierenden Teile diesen Fall im Auge gehabt, und läßt sich nach dem Zwecke, den das Uebereinkommen verfolgt, der Art. 5 nur auf diesen Fall beziehen, so muß derselbe auch in diesem Sinne verstanden werden.

Das Patentamt hat ihn anders verstanden. . . .

Nun haben freilich die beiden kontrahierenden Teile noch in dem Zusatzprotokolle vom 16. Juni 1893 ausgesprochen:

> „Die Bestimmungen des Art. 5 des Uebereinkommens finden auf diejenigen Erfindungen nicht Anwendung, welche nach den Gesetzen eines der vertragschließenden Teile vom Patentschutze ausgeschlossen sind.“

Allein diese Bestimmung ist in keinem Falle geeignet, die patentamtliche Entscheidung zu tragen. Denn ausgeschlossen vom Patentschutze sind nach dem Schweizer Patentgesetze vom 29. Juni 1888 nicht bloß Erfindungen, welche nicht durch Modelle darstellbar sind, sondern u. a. auch solche Erfindungen, welche in der Schweiz bekannt und deshalb zur Zeit ihrer etwa erfolgten oder möglichen Anmeldung nicht mehr neu waren (Artt. 1, 2 des Schweizer Patentgesetzes vom 29. Juni 1888). Eine Erfindung kann für das Deutsche Reich neu und für die Schweiz z. B. infolge einer nur in der Schweiz geschehenen offenkundigen Vorbenutzung bekannt sein. In diesem Falle würde der Schweizer Erfinder immer noch ein deutsches Reichspatent, aber nicht mehr ein Schweizer Patent erlangen können. Er wird dann aber genötigt, die Erfindung innerhalb des Deutschen Reiches auszuführen. Denn seine Erfindung ist nach den Gesetzen der Schweiz von dem Patentschutze ausgeschlossen.

Ebendasselbe lag hier vor. Die Erfindung der Beklagten war neu, als sie bei dem deutschen Patentamte zur Patentierung angemeldet wurde. Sie war nicht mehr neu, als das Schweizer Patentgesetz in Kraft trat, und deshalb hat die Beklagte nach ihren eigenen Erklärungen in der Schweiz ein Patent nicht nehmen können. Jedenfalls lag also zu der Zeit, als das Uebereinkommen zwischen dem Deutschen Reiche und der Schweiz ratifiziert wurde, der Tatbestand des Zusatzprotokolles vor. Aus diesem Zusatzprotokolle läßt sich aber auch nichts für die Auslegung des Uebereinkommens entnehmen, welche in der patentamtlichen Entscheidung ausgesprochen ist. Man muß die Erstehungsgeschichte dieses Zusatzprotokolles berücksichtigen, um seine Bedeutung zu würdigen.

Als das Abkommen bekannt wurde, fühlten sich die Industriellen der chemischen Branche in Deutschland beunruhigt. In der Schweiz wurden vielfach chemische Erfindungen, die in Deutschland und in anderen Staaten patentiert waren, nach ihrem Bekanntwerden ausgebeutet. Die dortigen Fabrikanten machten dann dem Erfinder auf den Märkten, auf denen solches zugelassen wurde, Konkurrenz. Das geschah vor dem Schweizer Patentgesetze, und es geschah nach dem Inkrafttreten des Schweizer Patentgesetzes. Denn dieses hatte die Patentierung eines bloßen Verfahrens, wie es vornehmlich die chemischen Erfindungen charakterisiert, von der Patentierung ausgeschlossen. Der Verein zur Wahrung der Interessen der chemischen Industrie beantragte deshalb beim Bundesrate an erster Stelle dem Abkommen mit der Schweiz die Zustimmung zu versagen. In dieser Eingabe findet sich schon die irrtümliche Auslegung des Art. 5 des Uebereinkommens. Die Antragsteller sprechen die Ansicht aus, die Beseitigung des Ausführungszwanges auf diesem Gebiete wirke einseitig zugunsten der Schweiz. Es werde ein Monopol für den Import aus dem Auslande geschaffen. Die Antragsteller beantragen deshalb eventuell, das Abkommen mit der Schweiz nur mit der Maßgabe zu genehmigen, daß dasselbe, soweit es sich um den Patentschutz handelt, eingeschränkt werde auf solche Erfindungen, für welche auch nach dem Schweizer Patengesetze Patente erteilt werden können.

Vgl. Zeitschrift für den gewerblichen Rechtsschutz vom 3. Dezember 1892 S. 343.

Mit vollem Rechte hat bereits ein Schweizer Jurist (Simon zu Bern) in derselben Zeitschrift vom 1. Dezember 1894 (S. 363) nachgewiesen, daß die dem eventuellen Antrage zugrunde liegende Auslegung falsch ist. Aber sie gewann in Deutschland Boden, und, nachdem der Bundesrat den Antrag abgelehnt hatte, entstand eine Bewegung, welche zur Folge hatte, daß der Reichstag das Abkommen beanstandete. Nun bemühte sich die deutsche Reichsregierung, wie sich aus der bereits angeführten deutschen Denkschrift ergibt, bei der Schweiz eine Aenderung nach den beiden Gesichtspunkten herbeizuführen, von welchen aus jene Eingabe des Vereines zur Wahrung der Interessen der chemischen Industrie verfaßt war.

Eine Aenderung der Schweizer Gesetzgebung oder auch nur des Abkommens dahin, daß in Zukunft in der Schweiz überhaupt oder für die Angehörigen des Deutschen Reiches Patente auf Erfindungen erteilt würden, welche lediglich ein Verfahren betreffen, wurde nicht erreicht. Dagegen diente es zur Beruhigung der Gemüter, daß in dem Zusatzprotokolle etwas ausdrücklich ausgesprochen wurde, was sich von selbst verstand, von den beiderseitigen Kontrahenten von vornherein gewollt war und deshalb von der Schweiz leicht zugestanden werden konnte. Und nun genehmigte der deutsche Reichstag das Abkommen mit dem Zusatzprotokolle. Daß hierdurch an dem Sinne des Abkommens nichts geändert wurde, ergibt sich ohne weiteres." . . .

RGZ. 39, 6

Zur Feststellung des Begriffes des Gebrauchsgegenstandes. Dauernde Verwertbarkeit im gewerblichen Verkehre als Voraussetzung des Gebrauchsmusterschutzes. Gebrauchsgegenstand und Verfahren. Sind ungebrannte Tonröhren, die mit Längsschnitten versehen werden, um sie nach dem Brennen zu Halbröhren spalten zu können, als Gebrauchsmuster schutzfähig?

Gebrauchsmustergesetz §§ 1, 2.

I. Zivilsenat. Urt. v. 3. März 1897.

I. Landgericht Görlitz. II. Oberlandesgericht Breslau.

. . . . .

Aus den Gründen:

„In der Gebrauchsmusterrolle ist als Gebrauchsgegenstand dem Antrage des Beklagten entsprechend bezeichnet:

Vor dem Brennen der Länge nach eingeschnittenes Tonrohr.

Damit ist deutlich zum Ausdrucke gebracht, daß die neue Gestaltung der Längsschnitt eines ungebrannten Tonrohres ist. Die Musterrolle und die der Anmeldung beigegebene Beschreibung bezeichnen auch den Gebrauchszweck. Das Tonrohr bewahrt den Einschnitt beim Brennen. Dasselbe soll nach dem Brennen gespalten werden, damit dann die gespaltenen Tonrohre zum Bedecken von Telegraphen-, Telephondrähten, Gasrohren und ähnlichen Gegenständen verwendet werden.

Es sind also nicht gespaltene Tonrohre überhaupt die neue Gestaltung, welche der Beklagte für sich in Anspruch nimmt. Vielmehr ist der neue Gebrauchszweck allein die leichtere Spaltbarkeit, welche dem gebrannten Tonrohre dadurch gesichert werden soll, daß das ungebrannte Tonrohr mit einem Längsschnitt versehen wird.

Es könnte gefragt werden, ob die Schutzfähigkeit dem angemeldeten Gegenstande nicht schon um deswillen abzusprechen sei, weil die Spaltung die gebrannte Tonröhre in der Gestalt, welche ihr der Anmeldung entsprechend gegeben ist, vernichtet und zu vernichten bestimmt ist, so daß die Spaltbarkeit nicht ein dauernder Zweck des hergestellten Gebrauchsgegenstandes ist. In der Literatur und in der Rechtsprechung ist die Ansicht vertreten, daß unter Gebrauchsgegenständen solche zu verstehen seien, die ihrer Natur nach dauernd dem Arbeits- oder Gebrauchszweck zu dienen geeignet sind, und deren Gebrauchszweck nicht lediglich in ihrer Verbrauchbarkeit besteht.

Es darf aber bezweifelt werden, daß diese Ansicht in ihrer Allgemeinheit richtig ist. Ein Briefumschlag z. B. ist dazu bestimmt, nur einmal gebraucht und durch den Gebrauch verbraucht zu werden. Es ist aber nicht ausgeschlossen, daß der Gebrauchszweck der Briefumschläge durch eine neue Gestaltung derselben in höherem Grade gesichert, die Verwendung erleichtert, bequemer gemacht wird. In solchem Falle eignet sich auch das neue Modell eines Briefumschlages zum Schutze als Gebrauchsmuster nach Maßgabe des Gesetzes vom 1. Juni 1891. Die Dauer, welche das durch ein Modell darstellbare Arbeitsgerät oder Gebrauchsobjekt haben muß, um Gegenstand eines Musterschutzes zu werden, hat eine andere Bedeutung. Es ist nicht die Dauer im Gebrauche, aber jedenfalls die Dauer, welche die gewerbliche Verwertbarkeit des Gegenstandes in der neuen Gestaltung ermöglicht, die man für ein gewerbliches Muster fordern muß. Denn immer handelt es sich bei dem Gesetze vom 1. Juni 1891 um gewerbliche Muster. Dem Musterschutzberechtigten ist deshalb auch nach dem Gesetz das Recht zugesprochen, die nachgebildeten Gegenstände allein in Verkehr zu bringen oder feilzuhalten.

Dem Revisionskläger kann zugegeben werden, daß auch Halbfabrikate, welche als solche nicht Gegenstand unmittelbarer Verwendung sind, Gegenstand des gewerblichen Musterschutzes sein können. Sind solche Halbfabrikate Gegenstände des Veredelungsverkehres, die gewerblich veräußert und erworben werden, um in einer anderen Fabrik mittels eines besonderen Verfahrens der Vollendung entgegengeführt und so in einen Zustand gebracht zu werden, in welchem sie unmittelbar zu verwenden sind, so dienen sie schon als Halbfabrikate dem Gewerbe; sie sind für dieses Gebrauchsgegenstand. Und wird dem Halbfabrikate eine neue Gestaltung gegeben, in welcher es dem Gebrauchszwecke besser dient als die bisherigen Halbfabrikate, so ist es musterschutzfähig. Aber ungebrannte Tonröhren mit Längsschnitten sind nicht Gegenstände des gewerblichen Verkehres, und sollen es auch nach der Idee des Beklagten nicht sein. Derselbe hat sein Modell nicht zu dem Zwecke angemeldet, damit seine ungebrannten Tonröhren mit solchem Längsschnitte oder die gebrannten Tonröhren, die vor dem Brande mit dem Längsschnitte versehen sind, einem anderen Gewerbe dargeboten werden, damit es von diesem gebrannt oder nach dem Brande durch einen Hammerschlag zum Gebrauche als Halbrohre fertiggestellt werde. Vielmehr ist jener Einschnitt lediglich ein Durchgangsstadium der Fabrikation in der Fabrik, die gespaltene Halbrohre herstellt.

Bei einer solchen Lage der Sache unterscheidet sich das Neue, welches der Beklagte unter Schutz gestellt wissen will, nicht mehr von einem Verfahren, das angewendet wird und angewendet werden soll, um den Gegenstand besser und zweckmäßiger herzustellen, welcher zum unmittelbaren Gebrauche dargeboten wird. Und für diesen Gegenstand, die gespaltenen Halbrohre, hat der Beklagte einen Musterschutz nicht erlangt. Ein Verfahren ist aber nicht musterschutzfähig. ..."

RGZ. 39, 32

1. Wann liegt ein gewerbsmäßiger Gebrauch des Gegenstandes der Erfindung im Sinne des Patentgesetzes vor?

2. Was ist bei einem Patente für ein Verfahren unter den „durch das Verfahren unmittelbar hergestellten Erzeugnissen" zu verstehen?

Patentgesetz vom 7. April 1891 § 4 (PatG. 1936 § 6).

I. Zivilsenat. Urt. v. 31. März 1897.

I. Landgericht Potsdam. II. Kammergericht Berlin.

. . .

Aus den Gründen:

... „Das Gesetz sagt, der gewerbsmäßige Gebrauch an allen patentierten Gegenständen stehe ausschließlich dem Patentinhaber zu. ... Den Gegensatz zum gewerbsmäßigen Gebrauche bildet die Benutzung zu Studienzwecken oder für den persönlichen oder häuslichen Bedarf. Daß eine besondere Beziehung der Erfindung zu dem Gewerbebetriebe besteht, in dem sie benutzt wird, daß sie auf eine Förderung oder Erleichterung gerade dieses Gewerbebetriebes abzielt, fordert das Gesetz nicht. Und es kann nicht für zulässig erachtet werden, eine derartige Unterscheidung in das Gesetz hineinzutragen. Eine solche Unterscheidung würde auch sachlich ungerechtfertigt sein. Soweit ein Gewerbebetrieb stattfindet, fordert das Gesetz von jedem die gehörige Beachtung fremder ausschließlicher Gewerberechte. Wenn aber eine Erfindung tatsächlich in einem bestimmten Gewerbe benutzt wird, so eignet sich damit der betreffende Gewerbetreibende die wirtschaftlichen Vorteile der Erfindung auch für seinen Gewerbebetrieb an.

Vgl. die Begründung des dem Reichstage am 25. November 1890 vorgelegten Entwurfes der Novelle, zu § 4, S. 15.

Aber der Schutz des Gesetzes geht doch bezüglich des Produktes der Erfindung nicht so weit, wie der Kläger und die Vorderrichter unterstellen. Auf dem Boden des früheren Gesetzes war es streitig, ob durch das Patent auf ein Verfahren auch das Produkt als das letzte Glied des Verfahrens geschützt sei. Das Reichsgericht hatte sich schon damals,

vgl. Entsch. des RG.'s in Zivils. Bd. 22 S. 8,

für die Bejahung dieser Frage ausgesprochen, und das neue Gesetz hat diesen Standpunkt durch die veränderte Fassung des § 4 ausdrücklich gutgeheißen, „Ist das Patent für ein Verfahren erteilt", heißt es jetzt, „so erstreckt sich die Wirkung" — d. h. die Wirkung, die das Patent überhaupt hat, daß „der Patentinhaber ausschließlich befugt ist, gewerbsmäßig den Gegenstand der Erfindung herzustellen, in Verkehr zu bringen, feilzuhalten oder zu gebrauchen" — „auch auf die durch das Verfahren unmittelbar hergestellten Erzeugnisse." Die Worte „auf die durch das Verfahren unmittelbar hergestellten Erzeugnisse" geben aber zugleich den Anhalt für die Einschränkung, die hier notwendigerweise Platz greifen muß, wenn der Verkehr nicht in unerträglicher Weise belästigt werden soll.

Vgl. die Stenographischen Berichte über die Patent-Enquete von 1886 S. 95 flg. und Bolze, Patent-Novelle S. 165 flg.

Gegenüber der weiteren und unbestimmteren Fassung der Reichstagsvorlage: „auf die mittels des Verfahrens hergestellten Erzeugnisse", sind jene Worte von der Reichstagskommission absichtlich gewählt, „um" — wie der Bericht S. 10 sagt — „den Schutz nicht zu weit auszudehnen, insbesondere um zu verhüten, daß etwa Gegenstände, die mit Stoffen zusammen verarbeitet sind, welche nach einem patentierten Verfahren hergestellt werden, auch von dem Patente erfaßt werden".

Nur das unmittelbare Erzeugnis des Verfahrens ist noch von dem gesetzlichen Schutze gedeckt; die mit dem Erzeugnisse weiter gewonnenen Produkte aber (z. B. die Semmeln, die aus einem mittels eines patentierten Verfahrens geteilten Teige hergestellt sind) fallen ins Freie. Und dasselbe wird man zu sagen haben von einem Gegenstande, der zwar für sich allein genommen ein unmittelbares Erzeugnis des geschützten Verfahrens ist, der aber nicht in diesem Zustande Gegenstand des Verkehrs oder Gebrauches wird, sondern erst nachdem er zu einem unselbständigen Bestandteile eines neuen Ganzen geworden ist. Das Recht erkennt einen Besitz an Sachen, die Bestandteile einer anderen Sache geworden sind, nicht an, und wie für die juristische Betrachtung überhaupt Bestandteile, solange die Verbindung dauert, keine selbständige Existenz haben, so wird dies auch hier gelten müssen. Ein Tischler, der Nägel verwendet, die unter Verletzung eines patentierten Verfahrens hergestellt sind, macht sich einer Patentverletzung schuldig. Der gewerbsmäßige Gebrauch des Schrankes aber, bei dessen Herstellung die Nägel verwendet worden sind, ist keine Patentverletzung mehr, und zwar aus dem doppelten Grunde, weil erstens dieser Schrank kein unmittelbares Erzeugnis des patentierten Nagelschmiedeverfahrens ist, und weil man zweitens im Rechtssinne nicht sagen kann, daß, wer den Schrank gebraucht (oder feil hält usw.), auch den Nagel gebrauche (oder feil halte usw.).

So liegt die Sache auch hier. Dem Kläger ist ein Patent erteilt auf ein Verfahren zur Herstellung von feuersicheren Eisenbalkendecken. Ist dieses Verfahren im W.'schen Neubau zur Anwendung gekommen, so sind die Decken dieses Neubaues allerdings die unmittelbaren Erzeugnisse des patentierten Verfahrens. Diese Decken sind aber jetzt zu einem untrennbaren Bestandteile des erbauten Hauses und damit des Grundstückes selbst geworden. Für das Recht und für den Verkehr haben sie aufgehört Sachen zu sein, denen eine selbständige Bedeutung zukommt. Sie sind daher auch kein Gegenstand des gewerbsmäßigen Gebrauches, den der Beklagte W. von seinem Grundstücke allerdings macht. Das Grundstück aber ist kein Produkt des dem Kläger patentierten Verfahrens." ...

RGZ. 39, 131

1. Imitation als Gestaltung im Sinne des Gesetzes, betr. den Schutz von Gebrauchsmustern.

2. Ist in der Bestimmung eines Gegenstandes zur Herstellung eines Schmuckgegenstandes ein Gebrauchszweck im Sinne des Gesetzes enthalten?

Gebrauchsmustergesetz § 1.

I. Zivilsenat. Urt. v. 22. September 1897.

I. Landgericht I Berlin. II. Kammergericht daselbst.

Aus den Gründen:

„Das Berufungsurteil beruht auf der Ausführung, daß das geschützte Fabrikat kein Gebrauchsmuster, sondern ein Geschmacksmuster darstelle, weil die Pfauenfeder sowohl im Urzustande wie als Imitation der Reiherfeder lediglich Schmuckgegenstand, ihr auch durch das in den Anmeldungen beschriebene Verfahren keine neue Gestaltung, Anordnung oder Vorrichtung, und noch weniger eine solche Gestaltung, Anordnung oder Vorrichtung gegeben sei, die dem wirtschaftlichen oder technischen Nutzzwecke diene. Die Imitation diene nur dem Verzierungszwecke. . . .

Dem Berufungsrichter kann darin nicht beigetreten werden, daß die eingetragene imitierte Feder (Büschel) kein Gebrauchsmuster sei.

Richtig ist, daß dem Beklagten das in seinen Anmeldungen beschriebene Verfahren zur Herstellung der Imitation als solches und getrennt von dem Produkte als Muster nicht geschützt werden kann. Das Reichsgericht hat auch ausgesprochen, daß ein Schmuckgegenstand als solcher kein Gebrausgegenstand im Sinne des Gesetzes vom 1. Juni 1891, und daß der Gebrauchszweck im Sinne dieses Gesetzes ein wirtschaftlicher oder technischer Nutzzweck ist.

Vgl. Entsch. des RG.'s in Zivils. Bd. 36 S. 57.

Angemeldet und eingetragen als Muster ist aber auch nur die imitierte Reiher-(Paradiesvogel-)Feder und der imitierte Reiherfederbüschel. Die Anmeldung, die nach § 2 Abs. 2 des Gesetzes die neue, dem Gebrauchszwecke dienende Gestaltung oder Vorrichtung angeben muß und das Muster durch diese Angabe charakterisiert, bezeichnet nach dem Zusammenhange ihrer Angaben nicht das Verfahren als das Neue, sondern die Imitation, d. h. die Gestaltung der Reiherfeder und des Reiherfederbüschels aus einer Pfauenfeder. Weder der Begriff der Gestaltung, noch der Zweck des Gesetzes steht entgegen, in solcher Imitation eine Gestaltung zu finden. Und diese einzelne imitierte Reiherfeder (Reiherfederbüschel) ist nicht als Schmuckgegenstand gedacht, auch nicht zu denken, sondern als Faktor oder Material zur Herstellung von Schmuckgegenständen. Wird dieser Gesichtspunkt beachtet, so fehlt es der Imitation und der in ihr enthaltenen Gestaltung nicht an dem wirtschaftlichen Nutzweck des Gesetzes, der eben in der Verwendung zur Herstellung eines anderen Gebrauchsgegenstandes besteht, wobei darauf nichts ankommt, daß dieser Gebrauchsgegenstand ein Schmuckgegenstand ist." . . .

RGZ. 40, 7

1. Wieweit reicht der Schutz eines eingetragenen Gebrauchsmusters gegenüber der gewerblichen Herstellung und Verwertung verwandter Gebrauchsgegenstände?

2. Enthält der Uebergang von dem Antrage auf Verurteilung zur Rechnungslegung zu dem Antrage auf Verurteilung zur Zahlung der durch die Rechnung festzustellenden Summe eine unzulässige Aenderung der Klage?

I. Zivilsenat. Urt. v. 16. Oktober 1897.

I. Landgericht Schweidnitz. II. Oberlandesgericht Breslau.

Aus den Gründen:

. . . Der von der Klägerin erhobene Anspruch auf Rechnungslegung gründet sich auf das zwischen ihr und der Beklagten bestehende Vertragsverhältnis. Aus diesem ergibt sich für die Klägerin eine Forderung, deren Höhe von dem Umfange der von der Beklagten bewirkten Verkäufe abhängt und von der Klägerin nur auf Grund der von der Beklagten aufzustellenden Abrechnung über diese Verkäufe beziffert werden kann. Indem die Klägerin von der Beklagten die Ablegung dieser Rechnung fordert, tut sie dies lediglich in der Verfolgung ihres Forderungsrechtes; denn die geforderte Rechnungslegung hat für sie keine selbständige Bedeutung, sondern nur die eines Mittels, um zur Einziehung ihrer Forderung zu gelangen. Daraus folgt, daß, wenn die Klägerin dieses Mittels aus einem oder dem anderen Grunde nicht mehr zu bedürfen meint, sondern dazu vorschreitet, die ihr gebührende Leistung in einer bestimmten Geldsumme zu fordern, sie ihre Klage nicht ändert, sondern nur erweitert, indem sie auf derselben rechtlichen Grundlage, in der Verfolgung des gleichen Forderungsrechtes, jetzt unmittelbar den Endzweck anstrebt, dessen Erreichung durch die zunächst verlangte Rechnungslegung mittelbar verfolgt wurde. Dieses Verhältnis des Antrages auf Rechnungslegung zu dem Antrage auf Zahlung der durch die Rechnung festzustellenden Summe ist bereits in einem Urteile des Reichsgerichtes vom 29. März 1887,

Gruchot, Beiträge Bd. 32 S. 412,

anerkannt, wo umgekehrt später Rechnungslegung an Stelle der zunächst geforderten Zahlung verlangt wurde. Dieselbe Anschauung liegt dem Urteile des Reichsgerichtes vom 16. Januar 1889,

Entsch. des RG.'s in Zivils. Bd. 23 S. 419,

zugrunde, welches die Aenderung des Antrages auf Feststellung in den Antrag auf Leistung für zulässig erklärt. . . .

. . . Wie bereits in einer Reihe von Urteilen des Reichsgerichtes ausgesprochen worden ist, schützt die Eintragung eines Modelles die darin zutage tretende neue Formgebung. Daraus folgt, daß nicht die dieser Formgebung etwa zugrunde liegende Erfindung, das dabei leitend gewesene Prinzip geschützt wird, sondern nur die daraus abgeleitete Form eines Gebrauchsgegenstandes oder Arbeitsgerätes, so daß die auf demselben Prinzipe ruhende Gestaltung oder Anordnung anderer Gebrauchsgegenstände oder Geräte nicht in den Schutzbereich des eingetragenen Musters eingreifen würde. Andererseits darf die Grenze des Schutzbereiches nicht zu eng gezogen werden. Stellt sich das eingetragene Modell als die Grundform einer Gattung von Gebrauchsgegenständen oder Geräten dar, so ist durch die Eintragung nicht bloß diese Grundform, sondern es sind auch die innerhalb des Gattungsbegriffes liegenden Modifikationen derselben geschützt. Für den vorliegenden Fall ergibt sich hieraus, daß, obgleich das eingetragene Modell nur eine Bürste mit länglichem geraden Bürstenholze zeigt, dennoch auch alle anderen Bürstenformen (so z. B. runde, gekrümmte und gestielte Bürsten) geschützt sind, sofern an ihnen Lederstreifen an Stelle der sonst üblichen Borsten oder Fasern als Reinigungsmittel angebracht sind. Von diesem Ausgangspunkte aus läßt es sich nicht rechtfertigen, daß das Berufungsgericht die Selbständigkeit des für die Beklagte eingetragenen Modelles eines Zylinderputzers damit zu begründen versucht, daß der Zylinderputzer einer anderen Gruppe von Gebrauchsgegenständen angehöre; denn wenn auch der Zylinderputzer seiner äußeren Gestalt nach von der gewöhnlichen Handbürste nicht unerheblich abweicht, so fällt er doch unter den Gattungsbegriff „Bürste“, was einerseits aus seiner Zweckbestimmung und andererseits daraus hervorgeht, daß es an den mannigfaltigsten Uebergangsformen von der gemeinen Handbürste zu dem Zylinderputzer nicht fehlt. Auch der Umstand, daß bei dem Modelle der Beklagten die Leder-, bzw. Tuchstreifen zwischen den als Stiel dienenden gewundenen Drähten eingeklemmt sind, vermag die Selbstständigkeit dieses Modelles nicht zu begründen, da eine bestimmte Art der Befestigung der Lederstreifen in der Bürste der Klägerin nicht vorausgesetzt wird, und bekanntermaßen die Befestigung der Reinigungsmittel (Borsten, Fasern u. dgl.) bei Bürsten eine höchst verschiedenartige ist, so daß jede der bekannten Befestigungsarten auch bei dem klägerischen Modelle angewendet werden kann, ohne daß dadurch eine über dessen Schutzbereich hinausgreifende Verschiedenheit entsteht. . . .

RGZ. 40, 78

Unter welchen Voraussetzungen ist eine Erfindung, wenn der den Gegenstand derselben bildende Apparat seine Vollendung erst im Auslande erhalten hat, als im Inlande in Benutzung genommen anzusehen?

Patentgesetz § 4 (PatG. 1936 § 6).

I. Zivilsenat. Urt. v. 18. September 1897.

I. Landgericht Bautzen. II. Oberlandesgericht Dresden.

. . .

Aus den Gründen:

. . . Das ausschließliche Recht des Patentinhabers, wie es in § 4*) des Patengesetzes bestimmt ist, geht nicht nur dahin, den Gegenstand der Erfindung gewerbsmäßig in Verkehr zu bringen, feilzuhalten oder zu gebrauchen, sondern umfaßt auch schon die gewerbsmäßige Herstellung. Unter Herstellung aber ist die gesamte Tätigkeit, durch welche der Gegenstand geschaffen wird, von ihrem Beginn an zu verstehen; es würde eine unstatthafte, weder durch den Wortlaut noch durch Zusammenhang und Zweck des Gesetzes gerechtfertigte Auslegung sein, wollte man nur den letzten, die Vollendung unmittelbar herbeiführenden Tätigkeitsakt als die Herstellung betrachten. Demgemäß gehört, wenn der Patentschutz Sachen betrifft, die sich aus mehr oder minder selbständigen Teilen zusammensetzen, und speziell bei Kombinationspatenten auch schon die Anfertigung der Objekte, die als Teile zu dienen bestimmt sind, in den Bereich der Herstellung des patentierten Gegenstandes. Die Erfindung ist dadurch in Benutzung genommen. Nur dann trifft dies nicht zu, wenn die Einzelgegenstände ihrer objektiven Beschaffenheit nach jeder besonderen Beziehung zu dem Gegenstande der Erfindung ermangeln, insbesondere wenn die zur Benutzung bestimmten Rohstoffe, auch nach ihrer ersten Bearbeitung, von so allgemeiner Verwendbarkeit und so allgemein ersetzbar sind, daß in ihnen ein irgendwie spezieller Wert für den Gegenstand sich nicht verkörpert. Im vorliegenden Falle steht fest, daß die Brettchen, Rollen und Keile in Holz, sowie die Eisenkörper und Rollen die Bestimmung hatten, zusammengesetzt und an Tragschienen befestigt zu werden, in welcher Gestalt sie den unter das Patent des Klägers fallenden Trockenapparat bildeten. Die Verwendbarkeit der Objekte war keine allgemeine; es erhellt sogar, daß sie sich ausschließlich zu Teilen des Apparates eigneten, und daß sie, ohne einer

*) PatG. 1936 § 6.

Aenderung unterzogen zu werden, oder doch ohne eine erhebliche Einbuße an ihrem Werte zu erleiden, für einen anderen Zweck, als für den sie bestimmt waren, nicht benutzt werden konnten. Rechtsirrtümlich ist es daher, wenn der Berufungsrichter annimmt, daß erst mit der Zusammensetzung der Teile und ihrer Verbindung mit den Tragschienen die Benutzung der Erfindung begonnen sei. Und als unhaltbar muß demgemäß erscheinen, wenn er in Konsequenz dieser Auffassung den Ort der Herstellung des Apparates ausschließlich in das Ausland, auf welches der inländische Patentschutz sich nicht erstreckt, verlegt und in der inländischen Anfertigung der Teile nur eine Vorbereitung der im Auslande vorgenommene und deshalb das Patent nicht verletzenden Herstellung des Gegenstandes der Erfindung erblickt. . . .

RGZ. 40, 143

Stehen bekannt gewordene Versuche, einen Gegenstand in bestimmter neuer Form herzustellen, dem Erwerbe des Gebrauchsmusterrechtes für die gelungene Ausführung im Wege, insbesondere dann, wenn das Gelingen in einem bisher nicht bekanntgewesenen Herstellungsverfahren seinen Grund hat?*)

I. Zivilsenat. Urt. v. 15. Januar 1898.

I. Landgericht Breslau. II. Oberlandesgericht daselbst.

Die verklagte Gesellschaft betrieb ein Geschäft, das sich mit der Herstellung und dem Vertriebe von chirurgischen Instrumenten befaßte. Am 22. März 1894 wurde für sie in die Rolle für Gebrauchsmuster eingetragen: „Knochensäge aus biegsamem Draht mit scharfrändigem mehrgängigem Gewinde. H. H., Breslau." Der Schutzanspruch lautet:

Elastischer und schwacher Draht mit scharfrändigem, mehrgängigem, regelmäßigem Gewinde als Knochensäge."

Der Kläger verlangte die Löschung des eingetragenen Gebrauchsmusters, weil ein schutzfähiges Gebrauchsmuster überhaupt nicht vorliege, da die den Gegenstand des Schutzes bildende Säge sich von dem seit dem Herbst 1893 als Knochensäge benutzten gerauhten Stahldraht weder durch eine neue Gestaltung noch durch neue Anordnung oder Vorrichtung unterscheide, vielmehr der einzige Unterschied das Herstellungsverfahren sei. . . .

Das Landgericht wies die Klage ab, und die Berufung des Klägers wurde zurückgewiesen. Die Revision wurde ebenfalls zurückgewiesen.

Aus den Gründen:

. . . Es ist zuzugeben, daß an sich die exaktere und bessere Ausführung einer schon bekannten Form, mag nun diese bessere Ausführung

*) Vgl. auch RG. Bd. 71 S. 195 (abgedr. weiter unten in diesem Abschnitt).

auf der größeren persönlichen Geschicklichkeit des Herstellers, oder auf einer Vervollkommnung der Herstellungsmittel beruhen, noch keine neue Form ist. Auf der anderen Seite ist indes zu beachten, daß, falls es sich, wie hier, um ein Erzeugnis der Feinmechanik handelt, schon eine anscheinend geringfügige Abweichung von der bisherigen Gestaltung in Hinsicht auf den Verwendungszweck bedeutsam und daher eine neue Form sein kann, vor allem aber, daß, sofern bisher nur Anläufe und Versuche gemacht worden sind, in bestimmter neuer Form einen für seinen Zweck verwendbaren Gegenstand herzustellen, dies dem Erwerb eines Gebrauchsmusterrechtes für die endlich gelungene Ausführung nicht im Wege stehen, und zwar auch dann nicht im Wege stehen kann, wenn das Gelingen in einem bisher nicht bekannt gewesenen Herstellungsverfahren seinen Grund hat; nur daß in einem solchen Falle lediglich das Erzeugnis des neuen Verfahrens, nicht auch dieses Verfahren selbst dem Musterschutz zugänglich ist.

Wie unstreitig ist, wird die geschützte Knochensäge aus biegsamem Drahte auf rein maschinellem Wege vermittelst Verwendung einer mehrfach gerieften Fraise hergestellt, und sie hat ein mehrfaches, scharfgängiges und regelmäßiges Gewinde. Diese drei Eigenschaften des Gewindes werden auch in der Anmeldung des Modelles hervorgehoben. Unbestritten ist andererseits, daß seit dem Herbste 1893 Knochensägen aus Draht in der Weise hergestellt wurden, daß man an den in Drehung gesetzten Draht eine Schnurenfeile mit der Hand anlegte. Von diesen Knochensägen stellt das Landgericht in seiner vom Berufungsgerichte gebilligten Urteilsbegründung fest, daß auch sie ein mehrfaches und scharfkantiges Gewinde hatten, zugleich aber auch, daß das Gewinde nicht regelmäßig war. Diese Feststellung ist nicht zu beanstanden. Die Folge der Unregelmäßigkeit (in der Tiefe des Gewindes) war, daß die Sägen dünne Stellen hatten und daher leicht zerbrachen. An diesem dem Arbeitszwecke hinderlichen Fehler leidet die geschützte Knochensäge, eben wegen der Regelmäßigkeit ihres Gewindes, nicht, und daneben hat letzteres, wie festgestellt ist, auch noch den Vorzug größerer Scharfrändigkeit. Danach ist aber die Annahme gerechtfertigt, daß das mit der Fraise hergestellte Instrument die erste in der Hand des Chirurgen sicher brauchbare Knochensäge aus biegsamem Draht ist, und vorher nur unvollkommene Versuche zur Gewinnung eines solchen Produktes gemacht worden sind. Es kann daher nichts darauf ankommen, ob die unvollkommenen Erzeugnisse dieser Versuche vor der Modellanmeldung der Beklagten im Inlande offenkundig benutzt oder in öffentlichen Druckschriften beschrieben worden sind. . . .

RGZ. 41, 37

Kann die Verwendung eines bestimmten Stoffes den Musterschutz für das Modell eines Arbeitsgerätes oder Gebrauchsgegenstandes begründen?

Gebrauchsmustergesetz § 1.

I. Zivilsenat. Urt. v. 19. Februar 1898.

I. Landgericht I Berlin. II. Kammergericht daselbst.

Auf Grund des Gesetzes vom 1. Juli 1891 sind für den Kläger in die Gebrauchsmusterrolle eingetragen:

1. Unter Nr. 49 275: „*Mutter- und Mastdarmspiegel mit Zelluloid-Schutzmantel.*"

Nach der in der Anmeldung enthaltenen Beschreibung sind dies Mutter- und Mastdarmspiegel aus Glas mit Silberbelag, welcher zunächst durch einen Ueberzug aus Lack und Bleiweiß, sodann durch eine Spartelschicht geschützt, dann mit Asphalt überstrichen wird, worauf das Ganze mit einem fest anliegenden, nach bekanntem Verfahren aufgezogenen Schutzmantel aus Zelluloid versehen wird.

2. Unter Nr. 49 272: „Mutterrohr mit Zelluloid-Schutzmantel", d. h. ein ebenfalls aus Glas hergestelltes Instrument, dessen unterer, einzuführender Teil mit einem Mantel aus Zelluloid umgeben ist.

Neu war nach Angabe des Klägers der Schutzmantel aus Zelluloid. Dieser war angeblich dazu bestimmt und geeignet, vermöge seiner Elastizität und Zähigkeit die schädlichen Einwirkungen äußerer Gewalt zu vermindern oder ganz aufzuheben, insbesondere im Falle eines Bruches das Zersplittern und das Eindringen von Splittern in den Körper zu verhindern, während er vermöge der Härte und Glätte, sowie wegen seiner Widerstandsfähigkeit gegen Säuren auch eine den ärztlichen Anforderungen genügende Reinigung des Instrumentes mit scharfen Substanzen zulassen sollte. Nach Behauptung des Klägers wurden beide Muster von den Beklagten gewerbsmäßig nachgeahmt und verwertet. Kläger trug deshalb auf den Erlaß eines entsprechenden Verbotes an. Die Beklagten bestritten neben anderen Einwendungen die Schutzfähigkeit der eingetragenen Modelle und beantragten, unter Erhebung einer Widerklage, die Klage abzuweisen und den Kläger zu verurteilen, in die Löschung der erwähnten Gebrauchsmuster zu willigen.

Von dem Landgericht wurde nach beiden Anträgen der Beklagten erkannt, und die vom Kläger eingelegte Berufung blieb ohne Erfolg. Seiner Revision ist stattgegeben aus folgenden

Gründen:

. . . Die Urteile der Vorinstanzen beruhen auf der Erwägung, daß sowohl Mutterspiegel als Mutterrohre schon lange in Gebrauch gewesen seien, die Form der geschützten Rohre aber die alte geblieben sei; daß ferner auch Mäntel schon bekannt gewesen seien, Kläger also nur ein anderes Material für seine Mäntel gewählt habe, und dieses nicht schutzfähig sei.

Diese Erwägung wird indes dem Gesetze nicht gerecht und findet auch in den Urteilen des erkennenden Senates vom 8. Juli 1895 und vom 23. Oktober 1895,

Entsch. d. RG.'s in Zivils. Bd. 35 S. 90, Bd. 36 S. 16,

keine Stütze. Allerdings will das Gesetz nur gewerbliche Formverbesserungen bekannter Gegenstände schützen und geht davon aus, daß nur die in der neuen Formgebung bestehende gewerbliche Leistung den Musterschutz genießen soll. Beides ist in dem letzterwähnten Urteil ausgesprochen. Es handelte sich damals um die Frage, ob Maschinen, und ob der bei der Handhabung eines Arbeitsgerätes sich vollziehende Arbeitsvorgang gebrauchsmusterschutzfähig seien. Dies wurde verneint, und dabei wurde hervorgehoben, daß nur diejenige neue Anordnung musterschutzberechtigt sei, welche sich in einer neuen äußeren Form darstelle. Ob jedoch eine neue Form auch durch Verwendung eines bisher nicht benutzten Materials hergestellt werden könne, kam damals nicht in Betracht. In dem Urteil vom 8. Juli 1895 stand zur Frage, ob die Herstellung von Korsettstangen u. dgl. aus Zelluloid, statt aus Fischbein, schutzfähig sei. Dies wurde verneint; denn die Befugnis zur Verwendung eines bekannten Stoffes für Zwecke, die jedermann kennt, dürfe nicht ein einzelner ausschließlich beanspruchen. In dem Urteil wird indes hervorgehoben (S. 92): „Die Neuanwendung bekannten Materiales entspricht in dieser Ausdehnung dem Gesetze nicht." Ferner wird (S. 94) gesagt: „Daß das Material . . . allein keine neue Gestaltung, noch weniger eine neue Anordnung oder Vorrichtung bildet", und: „So fehlt einer Anordnung doch die Neuheit, wenn sie nichts tut, als die bekannten physikalischen Eigenschaften eines bekannten Stoffes für einen bekannten Zweck in bekannter Form anwendet." Am Schlusse des Urteils wird endlich bemerkt: „Die Frage, ob die Anwendung neuen Stoffes für bekannte Gestaltungen und in bekannten Formen, oder die Neuanwendung eines bekannten Stoffes unter Benutzung nicht bekannter physikalischer Eigenschaften desselben für bekannte Formen unter das Gesetz vom 1. Juni 1891 fallen kann, ist nicht zu entscheiden."

Um eine Frage solcher Art aber handelt es sich im vorliegenden Falle. Richtig ist es, daß die geschützten Rohre in ihrer äußeren Form nicht von den bisher üblichen abweichen. Richtig ist es ferner, daß ihre Gestaltung auch insofern nichts Neues bietet, als schon früher sowohl Mutterspiegel als Mutterrohre mit Schutzmänteln, aus verschiedenen Schichten bestehend, bekanntgewesen sind. Richtig ist endlich, daß das Zelluloid, in dessen Verwendung die Neuheit liegen soll, ein längst bekannter Stoff ist, und daß für den Zweck, den Kläger durch seine Verwendung erreichen will, nicht neu entdeckte, sondern gleichfalls längst bekannte physikalische Eigenschaften dieses Stoffes benutzt werden. Alles dies ist jedoch nicht entscheidend; denn die in dem Urteil vom 8. Juli 1895 offengelassene Frage ist dahin zu beantworten, daß die Verwendung eines bestimmten Stoffes den Gebrauchsmusterschutz für ein Modell bedingen kann, nämlich dann, wenn der gewerbliche Vorteil, den das Modell bietet, eine beabsichtigte Folge der Verwendung gerade dieses Stoffes ist. Geschützt werden sollen neue Gebrauchsmuster, die von Wert sind, und neu ist ein Modell nicht nur dann, wenn es für den Anblick Abweichungen von den bisherigen Formen darbietet, sondern auch dann, wenn es wegen der Wahl des Stoffes die im Raume verkörperte Darstellung eines dem Arbeits- oder Gebrauchszweck dienenden Erfindungsgedankens ist.

Dies trifft für die geschützten Rohre nach den Angaben des Klägers zu. Kläger will nach langen Versuchen die Möglichkeit gefunden haben, die Rohre mit einem Mantel aus Zelluloid zu überziehen. Durch diese Behauptung, die von dem Landgerichte offenbar mißverstanden worden ist, hat Kläger nicht Schutz für ein Verfahren, und noch dazu — da das Aufziehen eines Zelluloidmantels, wie Kläger in seiner Anmeldung selbst sagt, längst bekannt war — für ein bekanntes Verfahren, verlangt; er hat vielmehr nur geltend gemacht, daß ihm zuerst das Ueberziehen einer Glasröhre mit Zelluloid gelungen sei, er also ein neues Modell hergestellt habe; der Schutz dagegen ist für das Erzeugnis, das Rohr selbst, verlangt. Hierfür ist, unter Hervorhebung der oben erwähnten Eigenschaften, geltend gemacht, daß erst durch den Zelluloidüberzug gelungen sei, wirklich brauchbare Rohre herzustellen, während die bisherigen, auch die mit Lack überzogenen, insbesondere wegen der Möglichkeit von Brüchen in dem Ueberzug und der damit verbundenen Gefahr, ihrem Zweck nicht, oder doch nicht gehörig entsprochen hätten. Ist dies wahr, so sind die in Rede stehenden Rohre Gebrauchsmuster von neuer Gestaltung. . . .

RGZ. 41, 65

Erstreckt sich das Gebrauchsmustergesetz auf unbewegliche Sachen?

I. Zivilsenat. Urt. v. 26. März 1898.

I. Landgericht I Berlin. II. Kammergericht daselbst.

Die Frage ist verneint aus folgenden, den Sachverhalt ergebenden

Gründen:

. . . „Dem Kläger ist darin beizutreten, daß die in Rede stehende Deckenkonstruktion weder als eine Arbeitsgerätschaft, noch als ein Gebrauchsgegenstand, noch als Teil einer Arbeitsgerätschaft oder eines

Gebrauchsgegenstandes im Sinne des Gesetzes vom 1. Juni 1891 betrachtet werden kann. Auf unbewegliche Sache und integrierende Bestandteile von solchen erstreckt sich der Gebrauchsmusterschutz nicht; wollte man dies zulassen, so würden sich daraus Folgerungen ergeben, die nicht bloß mit dem Sprachgebrauch in Widerspruch stehen, sondern auch über das wirtschaftliche Bedürfnis, das zu der Gewährung des Musterschutzes geführt hat, weit hinausgehen würden. Es würde danach der Schutz des Gesetzes vom 1. Juni 1891 z. B. auch für Häuser, für Wiesenberieselungen, für die Anlage von Schächten in Bergwerken oder für Teile derartiger Anlagen in Anspruch genommen werden können. Das liegt nicht im Sinne des Gesetzes vom 1. Juni 1891. Es wird sich bei diesen Gegenständen übrigens immer um eine neue Konstruktion, um ein Verfahren zur Herstellung des Gegenstandes handeln, welches, soweit es neu ist, unter Patentschutz gestellt werden kann, aber außerhalb des Bereiches des Gebrauchsmusterschutzes liegt." ...

RGZ. 42, 92

Ist der von dem ausländischen Inhaber eines Patentes zu bestellende Vertreter kraft seiner gesetzlichen Vollmacht befugt, den ersteren in einem gegen diesen wegen Verletzung eines fremden Patentes anhängig gemachten Rechtsstreite zu vertreten?

Patentgesetz § 12 (PatG. 1936 § 16)

I. Zivilsenat. Urt. v. 14. November 1898.

I. Landgericht Bremen. II. Oberlandesgericht Hamburg.

... Aus den Gründen:

... Eine Klage gegen einen auswärtigen Patentinhaber kann stets diesem selbst zugestellt werden, und er ist in seiner Prozeßführung nicht an seinen nach § 12 des Patentgesetzes bestellten Vertreter gebunden, wenn auch die Klage in dem ebendaselbst geregelten Gerichtsstande erhoben werden kann. Dagegen fragt es sich, ob nicht jener Vertreter, wenn ein solcher bestellt worden ist, wegen anderweitiger, ebenfalls in § 12 a.a.O. enthaltener Vorschriften auch die Befugnis hat, den Patentinhaber gegen eine Klage zu vertreten; und diese Frage ist zu bejahen.

Der Zwang zur Bestellung eines Vertreters ist im Patentgesetze für den in § 12 bezeichneten Fall nicht deshalb eingeführt, um dem auswärtigen Patentinhaber ein Organ zu schaffen, dessen er sich im Inlande bedienen kann. Die Vertretung soll vielmehr den inländischen Interessen dienen und ist vorgesehen, um, wie in der Begründung der ähnlichen Bestimmung des Gesetzes zum Schutz der Warenbezeichnungen vom 12. Mai 1894 (Drucksachen des Reichstags 1893/94 Nr. 70 S. 19) gesagt wird, „sowohl den beteiligten Kreisen, als auch dem Patentamt den geschäftlichen Verkehr mit dem im Auslande wohnhaften Berechtigten zu erleichtern". Um dies zu erzielen, ließ sich ein Zwang nur so anwenden, daß die Ausübung der dem Auswärtigen zustehenden Rechte von der Bestellung eines Vertreters abhängig gemacht wurde; die Befugnisse des Vertreters aber sind keineswegs auf die Wahrnehmung jener Rechte beschränkt; vielmehr ist derselbe in § 12 des Patentgesetzes auch „zur Vertretung in dem nach Maßgabe dieses Gesetzes stattfindenden Verfahren, sowie in den das Patent betreffenden bürgerlichen Rechtsstreitigkeiten" für befugt erklärt. Es kann hiernach keinem Zweifel unterliegen, daß der Vertreter, wenn ein solcher bestellt ist, in einem gegen den Auswärtigen eingeleiteten Nichtigkeitsverfahren — obwohl dessen Einleitung nicht von der Bestellung eines Vertreters abhängt — zur Vertretung seines Machtgebers kraft Gesetzes, also ohne besondere Vollmacht, befugt ist. Dies folgt schon aus den hervorgehobenen Worten des Gesetzes. Ebensowenig kann aber zweifelhaft sein, daß der Vertreter in einem gegen den Auswärtigen anhängig gemachten Patentverletzungsprozesse dann zu dessen Vertretung befugt ist, wenn die Verletzung durch die Ausnutzung des dem Auswärtigen zustehenden Patentes begangen sein soll. ...

RGZ. 44, 74

1. Schließen Patentschutz und Gebrauchsmusterschutz sich gegenseitig aus?

2. Kann durch Gebrauchsmuster ein Kunststein geschützt werden, der lediglich dazu bestimmt ist, Bestandteil einer unbeweglichen Sache zu werden?

I. Zivilsenat. Urt. v. 23. September 1899.

I. Landgericht Halberstadt. II. Oberlandesgericht Naumburg a. S.

Aus den Gründen:

... „Es fragt sich ..., ob Wölbesteine als Gebrauchsgegenstände im Sinne des Reichsgesetzes vom 1. Juni 1891 angesehen werden können. Die Revision verneint dies und verweist darauf, daß für einen ganz ähnlichen Gegenstand, nämlich für einen „Formstein zur Herstellung von sich selbst tragenden Decken", das deutsche Patent Nr. 81 562 erwirkt worden sei. Es hätte deshalb die besondere Konstruktion des hier in Rede stehenden Wölbesteins vielleicht ebenfalls unter Patentschutz gestellt, aus diesem Grunde aber nicht durch Eintragung als Gebrauchmuster geschützt werden können, da Patentschutz und Gebrauchsmusterschutz als sich gegenseitig ausschließend anzusehen seien.

Dies ist indes nicht richtig. Patentschutz und Gebrauchsmusterschutz schließen sich nicht unbedingt gegenseitig aus. Die Voraussetzungen beider Arten des Schutzes sind allerdings verschieden: das Gesetz vom

1. Juni 1891 will gewerbliche Formverbesserungen bekannter Gegenstände schützen und ist für Erzeugnisse bestimmt, die durch neue Form oder Konstruktion die gewerbliche Nutzbarkeit erhöhen. Das Patentgesetz dagegen soll Erfindungen schützen, die mehr sind als die im Raume verkörperte Darstellung eines dem Arbeits- oder Gebrauchszwecke dienenden Erfindungsgedankens, vielmehr, ohne an eine bestimmte Darstellungsform gebunden zu sein, durch eine bisher unbekannte Kombination von Naturkräften einen wesentlichen Fortschritt der Technik schaffen. Jede dieser beiden Voraussetzungen kann bei einer Erfindung, die einer Darstellung im Raume fähig ist, zutreffen, und in einem solchen Falle ist es, wie auch die Begründung zu dem *Entwurfe des Gesetzes vom 1. Juni 1891 (a. a. O. S. 9) hervorhebt*, dem Urheber überlassen, welche Voraussetzung er geltend machen, und welche Art des Schutzes er demgemäß in Anspruch nehmen will. Der im vorliegenden Fall von dem Beklagten nachgesuchte und erlangte Schutz ist deshalb wegen der Möglichkeit, daß er Patentschutz hätte erhalten können, nicht zu beanstanden.

Die Voraussetzungen des erlangten Schutzes aber sind mit Recht von den Gerichten der Vorinstanzen als vorliegend anerkannt worden. Die Revision macht hiergegen geltend, daß die in Rede stehenden Wölbesteine zur Gestaltung einer unbeweglichen Sache Verwendung finden sollen und lediglich hierzu, nicht aber für einen beliebig oft zu wiederholenden Gebrauch bestimmt seien. Schon letzteres ist indes nicht richtig, da Wölbesteine, die einmal zur Herstellung einer Decke gedient haben, nach Zerstörung dieser Decke, falls sie unversehrt bleiben, sehr wohl nochmals Verwendung finden können. Es soll hierauf jedoch kein Gewicht gelegt, und sogar anerkannt werden, daß ein Wölbestein nach seiner Verwendung nicht mehr Gebrauchsgegenstand ist, weil er seine Selbständigkeit verloren hat. Dies ist aber unwesentlich; denn es ist die Frage zu stellen, ob er vorher einen Gebrauchsgegenstand darstellte, und bei der Beantwortung dieser Frage kommt es überhaupt nicht in Betracht, ob eine beliebige Wiederholung derselben Zweckbestimmung möglich ist. Wichtig und Erfordernis ist nur, daß die Möglichkeit der Verwendung des betreffenden Gegenstandes von Dauer ist. Trifft dies zu, so ist derselbe ein „Gebrauchsgegenstand" auch dann, wenn er nach Verwendung, d. h. infolge derjenigen Verwendung, für die er bestimmt ist, aufhört, ein selbständiger Gegenstand zu sein. Aus diesem Grunde ist in der Rechtsprechung des Reichsgerichtes anerkannt, daß Halbfabrikate Gegenstand des gewerblichen Musterschutzes sein können,

vgl. Entsch. des RG.s in Zivils. Bd. 39 S. 7,

und daß Federbüschel, die zur Herstellung von Schmucksachen dienen, deswegen, weil sie hierzu verwendet werden sollen, Gebrauchsgegenstände sind (ebenda Bd. 39 S. 131), obwohl Schmuckgegenstände nicht nach Maßgabe des Gesetzes vom 1. Juni 1891 geschützt werden können (ebenda Bd. 36 S. 57). Aus dem nämlichen Grunde sind die hier in Rede stehenden Wölbesteine als Gebrauchsgegenstände anzusehen, weil sie als Steine in den Handel kommen und zur Herstellung von Mauerwerk dienen. ...

RGZ. 45, 72

1. Grenzen der Befugnisse der ordentlichen Gerichte gegenüber den Befugnissen der patenterteilenden Behörde. Rechtsweg bei Streit über die Abhängigkeit eines Patentes von einem anderen älteren Patente.

2. ...*)

I. Zivilsenat. Urt. v. 20. Dezember 1899.

I. Landgericht I Berlin. II. Kammergericht daselbst.

. . .

Aus den Gründen:

... „Mit Recht hat das Kammergericht die Einrede der Unzulässigkeit des Rechtsweges zurückgewiesen.

Für die Beurteilung der Frage, ob der Rechtsweg zulässig sei, kommt es lediglich auf die Schlußanträge der Klägerin an. Diese begehren eine Entscheidung darüber, ob das Patent der Klägerin von dem des Beklagten abhängig sei, d. h. ob die Klägerin die ihr patentierte Erfindung ohne Beeinträchtigung der Patentrechte des Beklagten, also auch ohne dessen Zustimmung, in Benutzung nehmen kann. Diese Frage gehört in das Gebiet der privatrechtlichen Beziehungen, die zwischen den Inhabern zweier gültiger Patente bestehen, und ist deswegen geeignet, Gegenstand einer bürgerlichen Rechtsstreitigkeit zu sein. Bürgerliche Rechtsstreitigkeiten aber gehören nach § 13 des Gerichtsverfassungsgesetzes vor die ordentlichen Gerichte, soweit nicht etwa die Zuständigkeit von Verwaltungsbehörden oder Verwaltungsgerichten begründet ist oder reichsgesetzlich besondere Gerichte bestellt oder zugelassen sind. Derartige Ausnahmen aber liegen nicht vor. In Frage kommen könnte nur, ob etwa die Zuständigkeit des Patentamtes begründet wäre. Daß das auch nach dem Patentgesetze von 1891 — trotz einer gegenteiligen Aeußerung in der Begründung des Entwurfs — nicht der Fall ist, ist in dem Urteile des Reichsgerichtes,

Entsch. des RG.s in Zivils. Bd. 33 S. 149,

eingehend begründet und seitdem in ständiger Rechtsprechung angenommen. Diese Erwägungen genügen, um die Zulässigkeit des Rechtsweges darzutun.

Ob tatsächlich ein Anspruch des Patentamtes über die Abhängigkeit zweier Patente voneinander vorliegt, und ob ein solcher Anspruch die

*) Geringere Bedeutung.

Verhältnisse der Patentinhaber zueinander bindend regeln kann, gehört nicht in den Kreis der Erwägungen, die für die Frage nach der Zulässigkeit des Rechtsweges in Betracht kommen. Denn wäre der Rechtsweg bezüglich der Abhängigkeit der Patente voneinander nach den bestehenden Gesetzen ausgeschlossen, so könnte er nicht dadurch eröffnet werden, daß das Patentamt bislang einen Ausspruch darüber noch nicht getan hat. Vielmehr müßte dann jeder Kläger, der eine Abhängigkeit behauptet oder verneint, dieserhalb an das Patentamt verwiesen werden. Vielmehr gehört die aufgeworfene Frage schon zur Beurteilung der Sache selbst.

Wenn das Berufungsgericht sie verneint hat, so ist aber auch dem zuzustimmen. Es kann auch in dieser Hinsicht auf das ... Urteil des Reichsgerichts in Entsch. des RG.s in Zivils. Bd. 33 S. 149 verwiesen werden. Das Patentamt ist berufen, Patente zu erteilen, für nichtig zu erklären und zurückzunehmen (Patentgesetz § 13 Abs. 1), es ist aber nicht berufen, bindende Aussprüche darüber abzugeben, welche zivilrechtlichen Folgen sich an die von ihm erteilten Patente knüpfen, also auch nicht darüber, ob ein neueres Patent nur mit Zustimmung des Inhabers eines älteren Patentes in Benutzung genommen werden kann. Es ist daher völlig zutreffend, wenn das Berufungsgericht ausspricht, daß es für die Gerichte nur eine konsultative Bedeutung hat, wenn gleichwohl ein Ausspruch des Patentamtes über diese Punkte vorliegt.

Andererseits ist freilich auch zu betonen, daß die dem ordentlichen Rechtswege anheimfallende Regelung der privatrechtlichen Beziehungen des einen Patentinhabers zum anderen auszugehen hat von den Patenten, wie sie erteilt worden sind. Ebenso souverän wie die Gerichte in der Regelung jener privaten Rechtsbeziehungen sind, ebenso souverän ist das Patentamt in der Erteilung der Patente. Freilich bedürfen die erteilten Patente, wenn es sich um die richterliche Abgrenzung ihres Schutzbereiches handelt, der Auslegung, wobei außer dem Inhalte der Patentschrift selbst auch der Stand der Technik bei der Anmeldung der Erfindung und der Gang des Erteilungsverfahrens wichtige und meist unentbehrliche Hilfsmittel sind. Immer aber hat sich der Richter an das Patent zu halten, das von der Erteilungsbehörde gewährt worden oder das als Ergebnis des Nichtigkeitsverfahrens übrig geblieben ist. Darüber hinaus gibt es kein Patent und keinen Patentschutz. Das gilt auch dann, wenn der Richter etwa bei der Prüfung des Standes der Technik und des Ganges des Erteilungsverfahrens zu der Ansicht gelangen sollte, dem Anmelder habe ein anderes, umfassenderes, weniger eingeschränktes Patent erteilt werden dürfen. Mag diese Ansicht sachlich auch noch so begründet sein, so kann sie doch nichts daran ändern, daß der Anmelder nun einmal ein solches Patent bei der allein zuständigen Stelle nicht erlangt hat. Vor dieser Tatsache hat der Zivilrichter Halt zu machen.

RGZ. 45, 116

1. Zur Auslegung des § 5 Abs. 1 des Patentgesetzes*). Liegt Vorbenutzung der Erfindung im Sinne des § 5 Abs. 1 schon darin, daß vor der Patentanmeldung vom Inlande aus bei dem Fabrikanten im Auslande die später patentierte Maschine bestellt und zum Teil bezahlt wird, wenn die Lieferung der Maschine nach dem Inlande erst nach der Patentanmeldung erfolgt?

2. Einrede der Arglist.

I. Zivilsenat. Urt. v. 24. Januar 1900.

I. Landgericht Wiesbaden. II. Oberlandesgericht Frankfurt a. M.

Der Klägerin war vom 6. August 1893 ab das deutsche Reichspatent Nr. 80 876 auf eine Maschine zur Herstellung von konischen Flaschenkapseln erteilt worden.

Die beklagte Gesellschaft benutzte seit 1894 zwei unter das Patent fallende Maschinen in ihrer Fabrik zu H. in Deutschland. Der deswegen gegen sie, ihre beiden Mitglieder und ein früheres Mitglied, erhobenen Patentverletzungsklage setzten die Beklagten folgenden Einwand entgegen: Schon im Jahre 1891 habe die Beklagte mit F. Br. in Bordeaux, der später Teilhaber der Firma Br. & B. daselbst geworden sei, wegen Erwerbes einer solchen Maschine, wie sie patentiert sei, in Briefwechsel gestanden; die Verhandlungen hätten sich bis Anfang 1893 hingezogen; im Juni 1893 sei dann durch beiderseitige Schreiben ein fester Kaufvertrag abgeschlossen worden, nach welchem die Firma Br. & B. sich zur Lieferung einer solchen Maschine verpflichtet habe; mit Brief vom 1. Juli 1893 habe die Beklagte einen Scheck über 10 000 Frs. als Anzahlung für die Maschine gesandt und die Firma Br. & B. um Zusendung einer genauen Zeichnung der Maschine sowie um Angabe der Dimensionen ersucht, um die Vorbereitungen für die Aufstellung der Maschine treffen zu können; diesem Ersuchen sei unterm 4. Juli 1893 entsprochen worden; schon im Jahre 1892 ferner habe die Beklagte eine alte Scheune niederreißen und an deren Stelle zur Vergrößerung der Fabrik und Aufnahme der Maschine einen Neubau errichten lassen, in welchem anschließend an die alten Gebäude eine Transmission zum Betriebe der neuen Maschine angebracht worden sei; daraus ergebe sich, daß die Beklagte vor der Patentanmeldung die zur Benutzung der Maschine erforderlichen Veranstaltungen getroffen habe und den Beklagten daher der Schutz des § 5 des Patentgesetzes zukomme.

Das Landgericht wies die Klage ab, und die Berufung der Klägerin wurde ebenfalls zurückgewiesen. In der Berufungsinstanz hatte die Beklagte noch geltend gemacht, daß ihr eine unter dem 4. Juli 1893 von der Firma Br. & B. übersandte Skizze in Verbindung mit den von

*) PatG. von 1936 § 7 Abs. 1.

letzterer gemachten Angaben genügende Kenntnis der Erfindung verschafft habe. Sie hatte ferner angeführt, daß Maschinen, wie die patentierte, schon längere Zeit in Frankreich bekannt gewesen, und Br. & B. nicht die Erfinder seien. Endlich hatten sie der Klage noch eine tatsächlich näher begründete Einrede der Arglist entgegengesetzt.

Auf die Revision der Klägerin ist das Berufungsurteil aufgehoben worden aus folgenden

Gründen:

. . . „Verfehlt ist die angefochtene Entscheidung aus dem Grunde, weil nicht mit dem Berufungsgericht angenommen werden kann, daß die beklagte Gesellschaft schon zur Zeit der Patentanmeldung der Klägerin die zur Benutzung der Erfindung erforderlichen Veranstaltungen getroffen hatte. Nach dem Gesetze soll zunächst die Wirkung des Patentes gegen denjenigen nicht eintreten, welcher zur Zeit der Anmeldung bereits im Inlande die Erfindung in Benutzung genommen hatte. Ist eine Erfindung in Benutzung genommen, so ist sie vollkommen, wenn auch nicht notwendig offenkundig, in die äußere Erscheinung getreten: Ein Verfahren, welches erfunden war, ist nicht bloß ersonnen, sondern auch angewendet, ein erfundenes Arbeitsmittel oder Arbeitserzeugnis nicht bloß erdacht, sondern mindestens auch fertig hergestellt, und demnach können unter den Veranstaltungen zur Benutzung, von denen das Gesetz in seiner weiteren Bestimmung spricht, nur solche auf technischem Gebiete liegende Maßnahmen verstanden werden, welche den Zweck haben, die Erfindung zur Ausführung zu bringen. Was sich so aus dem Zusammenhange der gesetzlichen Vorschriften und der sprachlichen Bedeutung des Wortes „Veranstaltungen“ ergibt, bestätigt als richtig auch die Entstehungsgeschichte des Gesetzes. Die schon im § 5 des Patentgesetzes vom 25. Mai 1877 sich findende Bestimmung, wonach es genügen soll, daß die zur Benutzung erforderlichen Veranstaltungen getroffen waren, beruht, wie bekannt, auf einem Vorschlage der Kommission des Reichstages, und in dem Berichte dieser Kommission wird unter anderem bemerkt, bei der Bestimmung der Grenzen, bis zu welchen die Veranstaltungen getroffen sein müßten, werde der Richter das Richtige treffen, wenn er als das entscheidende Moment das Vorhandensein solcher Tatsachen und Handlungen annehme, welche die Ueberzeugung feststellten, daß die betreffende Person die Erfindung in ihren wesentlichen Teilen auszuführen beschäftigt sei.

Darauf also kommt es an, ob jemand schon mit der Ausführung der Erfindung befaßt war, und zwar im Inlande befaßt war. Im vorliegenden Fall nun aber, wo eine Maschine den Gegenstand der Erfindung bildet und zur Zeit der Patentanmeldung der Klägerin zwar von der beklagten Gesellschaft ein Kaufvertrag über die Lieferung einer solchen Maschine mit der Firma Br. & B. abgeschlossen und ein Teil des Kaufpreises bezahlt war, die Maschine selbst aber erst im Auslande gebaut wurde oder doch sich dort noch befand, läßt sich nicht füglich sagen, daß durch jene rechtsgeschäftlichen Akte oder etwa durch den Neubau, den die beklagte Gesellschaft im Jahre 1892 zwecks Anbringung einer Transmission für den Betrieb der Maschine vorgenommen haben will, im Inlande ein Anfang mit der Ausführung der in der Maschine verkörperten Erfindung gemacht war, und ebensowenig war damit etwas von einer Ausführung der Erfindung im Inlande geschehen, daß die beklagte Gesellschaft sich nach Abschluß des Kaufvertrages eine Skizze der Maschine hatte schicken lassen, aus welcher sie dann das Wesen der Erfindung erkannt haben mochte.

... Hinfällig ist endlich auch die erhobene Einrede der Arglist. Die Beklagten haben sie mit der Behauptung zu begründen versucht, ein Mitglied der klagenden Gesellschaft habe bei einem Besuche der Fabrik von Br. & B. die Maschine zum ersten Male gesehen und den Monteur der Firma, den bereits genannten A., dazu überredet, unter Bruch seines Vertrages mit der Firma in den Dienst der Klägerin zu treten, sowie mit der ferneren Behauptung, Klägerin habe zur Zeit ihrer Patentanmeldung von dem zwischen der beklagten Gesellschaft und der Firma Br. & B. abgeschlossenen Kaufvertrag und der geleisteten Zahlung Kenntnis gehabt. Allein die Art und Weise, wie die Klägerin sich die Möglichkeit verschafft haben soll, die Maschine zur Patenterteilung anzumelden, berührt nicht die Rechtssphäre der Beklagten, und im übrigen würde die Anerkennung eines Einrederechtes, wie es die Beklagten für sich in Anspruch nehmen, auf eine unzulässige Erweiterung der gesetzlichen Vorschrift hinauslaufen, welche letztere eben nicht dem bereits erworbenen Erfindungsbesitze die Kenntnis des Patentanmelders davon gleichstellt, daß ein anderer vorhat, sich in den Besitz der Erfindung zu setzen." ...

RGZ. 45, 147

Liegt eine Patentverletzung durch Inverkehrbringen vor, wenn ein in Deutschland ansässiger Kaufmann Nachbildungen patentierter Gegenstände aus dem Auslande nach seinem Niederlassungsorte kommen läßt, um sie von dort an einen ausländischen Besteller abzusenden?

I. Zivilsenat. Urt. v. 2. Dezember 1899.

I. Landgericht Hamburg. II. Oberlandesgericht daselbst.

...

Der Sachverhalt ergibt sich aus den

Gründen:

... „Ob die bloße Durchfuhr von unter ein deutsches Patent fallenden Gegenständen durch deutsches Gebiet eine Verletzung des deutschen Patentrechtes darstelle, ist schon bei der der Erlassung des

Patentgesetzes vom 25. Mai 1877 vorausgegangenen Enquete eingehend erörtert worden, und seitdem in der Rechtsliteratur der Gegenstand eines lebhaften Meinungsstreites. Der vorliegende Rechtsstreit nötigt nicht zur Stellungnahme zu dieser Kontroverse, obgleich das Berufungsgericht geglaubt hat, auf dem Wege zur Entscheidung desselben gelangen zu können, daß es die Tätigkeit der Beklagten als bloße Spedition der auf dem Transporte von Mailand nach Australien befindlichen Güter in Hamburg qualifiziert, diese auf bloße Mitwirkung bei der Durchfuhr der Güter durch Deutschland beschränkte Tätigkeit aber als nicht patentverletzend ansieht, weil dieselbe ein Inverkehrbringen der Güter im Inlande nicht in sich schließe.

Die so begründete Entscheidung des Berufungsgerichtes beruht auf einer unrichtigen Beurteilung der rechtsgeschäftlichen Stellung der Beklagten zu den von Mailand nach Hamburg geschafften Waren und im Anschlusse hieran auf Verletzung des Patentgesetzes.

... Ob die Beklagten die Radreifen und Ventile in den deutschen Verkehr gebracht haben, ist nicht, wie es von den Vorinstanzen geschehen ist, lediglich nach der von den Beklagten mit Bezug auf diese Waren nach deren Ankunft in Hamburg entwickelten Tätigkeit zu beurteilen, sondern in erster Linie nach denjenigen Handlungen der Beklagten, auf Grund deren die Waren von Mailand nach Hamburg gekommen sind. Durch das von beiden Vorinstanzen für glaubwürdig erachtete Zeugnis von B. ist erwiesen, daß die Beklagten infolge ihnen zugegangener Aufträge der Firma W. Br. in Sidney von P. & Co. in Mailand 71 Paar Radreifen und 143 Ventile bezogen und mit Durchfuhrdeklaration nach Hamburg beordert haben, von wo die Waren in der Originalverpackung bei nächster Schiffsgelegenheit nach Australien verschifft worden sind. Daraus geht hervor, daß die Beklagten, sei es für Rechnung der Firma W. Br. in Sidney als deren Einkaufskommissionäre, sei es für eigene Rechnung, die bezeichnete Zahl von Reifen und Ventilen in Mailand bestellt haben und unter ihrer Adresse nach Hamburg haben schicken lassen, um sie von dort nach Australien zu expedieren. Bei solcher Sachlage aber handelt es sich nicht um eine bloße Durchfuhr der im Auslande hergestellten Radreifen und Ventile durch Deutschland nach einem wiederum im Auslande liegenden Bestimmungsorte, sondern um die auf Bestellung der Beklagten erfolgte Einfuhr der Reifen und Ventile aus dem Auslande nach Deutschland, wenngleich zur alsbaldigen Wiederausfuhr nach Australien. Indem die Beklagten in ihrem kaufmännischen Gewerbebetriebe die in Mailand bestellten Waren nach Hamburg kommen ließen, um darüber dem ihnen erteilten Auftrage gemäß weiter zu verfügen, handelten sie nicht als bloße Spediteure ihrer Auftraggeber oder der Fabrikanten, sondern zunächst als Einkäufer und Importeure. Durch die Einführung nach Deutschland zum Zwecke weiterer Handelsoperationen wurden aber die

Radreifen und Ventile Gegenstände des Verkehrs in Deutschland. Dem steht nicht entgegen, daß die Beklagten nicht beabsichtigt haben, über die Reifen und Ventile in der Weise zu verfügen, daß dieselben noch weiter Gegenstand des Verkehrs oder des Gebrauches in Deutschland bleiben sollten, noch, daß die Weiterversendung ohne Verzollung in der Originalverpackung nerfolgt ist. Vielmehr kommt es allein darauf an, daß die Beklagten die bestellten Waren zu ihrer eigenen handelsgewerblichen Verfügung nach Hamburg, in das deutsche Gebiet, haben schicken lassen; denn schon dadurch sind sie in den deutschen Verkehr gelangt, ohne daß die Art der demnächst in Hamburg über die Waren getroffenen Verfügung von maßgeblicher Bedeutung ist." . . .

RGZ. 46, 1

1. Gebrauchsmuster. Begriff des Modells. Wird der Schutz der Gebrauchsmuster für Nahrungs- oder Genußmittel gewährt?

I. Zivilsenat. Urt. v. 29. Januar 1900.

I. Landgericht Gießen. II. Oberlandesgericht Darmstadt.

Aus den Gründen:

... „Es handelt sich bei dem streitigen Muster lediglich um ein Verfahren zur besseren Konservierung von Körnerfrüchten, namentlich Kaffeebohnen, die zu diesem Zwecke, statt, wie früher bereits bekannt war, mit Zucker, Oelen oder Eiweiß, mit einer unlöslichen, geschmacklosen Lackumhüllung umgeben sind. Die in dieser Weise präparierte Kaffeebohne ist kein Modell im Sinne des Gesetzes, ebensowenig wie sie ohne die Umhüllung ein solches ist. Es fehlt an einer in die äußere Erscheinung tretenden neuen Gestaltung. Ohne das Vorhandensein eines Modells aber besteht ein Anspruch auf den Gebrauchsmusterschutz nicht; für ein verbessertes Verfahren steht dieser Schutz nicht zu. Uebrigens ist das von der Klägerin in Anspruch genommene Schutzrecht auch deswegen zu versagen, weil Nahrungs- und Genußmittel nicht als Gebrauchsgegenstände gemäß § 1 des Gesetzes vom 1. Juni 1891 gelten können. Das Patentgestez hat Erfindungen von Nahrungs-, Genuß- und Arzneimitteln von der Patentfähigkeit ausgeschlossen, soweit die Erfindungen nicht ein bestimmtes Verfahren zur Herstellung der Gegenstände betreffen. Es ist dies geschehen, um die Möglichkeit offen zu halten, daß derartige Gegenstände vermittelst eines anderen Verfahrens gewonnen werden, und um die nachteiligen Folgen für das Gemeinwohl zu vermeiden, die in diesem Falle aus der Patentierung der Gegenstände selbst sich ergeben würden. Wenn nun auch der Schutz der Gebrauchsmuster zeitlich enger begrenzt ist, als das durch ein Patent begründete Ausschließungsrecht, so würde es doch dem Sinne des Gesetzes vom 1. Juni 1891 nicht entsprechen, den Schutz der sog. kleinen

Erfindungen auch auf solche Gegenstände zu estrecken, für die nach dem Patentgesetzes im Interesse der allgemeinen Wohlfahrt ein Ausschließungsrecht nicht begründet werden soll. Danach rechtfertigt sich eine einschränkende Auslegung." ...

RGZ. 48, 21

1. Kommt es für die Frage, inwieweit Arbeitsgerätschaften oder Gebrauchsgegenstände dem Arbeits- oder Gebrauchszwecke durch eine neue Gestaltung usw. „dienen sollen", nur auf die Absicht des Anmelders an?

2. Kann die Verwendung eines bestimmten Stoffes den Gebrauchsmusterschutz begründen?

Gebrauchsmustergesetz § 1.

I. Zivilsenat. Urt. v. 16. Februar 1901.

I. Landgericht Erfurt. II. Oberlandesgericht Naumburg a. S.

Für die Beklagte war seit dem 18. Mai 1899 unter Nr. 117 596 der Rolle ein Gebrauchsmuster mit der Bezeichnung „Schuhleisten aus Aluminium" eingetragen. In der Anmeldung war als Schutzanspruch angegeben: „Schuhleisten, welcher, um die Vorteile der Leichtigkeit der Holzleisten zu wahren, deren Nachteile, als Formveränderungen und dgl., aber zu beseitigen und die unhandlichen, teureren und schwereren, rostenden Eisenleisten zu verdrängen, aus Aluminium hergestellt ist." Die Herstellung sollte durch Guß geschehen.

Die Klägerin verlangte Löschung des Gebrauchsmusters, weil in der Verwendung des bekannten Metalles Aluminium zur Herstellung der bekannten Schuhleisten auf dem bekannten Wege des Gusses keine schutzfähige Neuerung zu finden sei.

Aus den Gründen:

... „Es ist nicht richtig, den in § 1 des Gesetzes bestimmten Voraussetzungen des schutzfähigen Gebrauchsmusters wegen des Wortes „sollen" eine bloß subjektive Bedeutung beizulegen. Wenn hier in der Begriffsumschreibung die Bestimmung des Modelles hervorgehoben wird, so ist damit doch nicht gesagt, daß das Gesetz die willkürliche Zwecksetzung des Anmeldenden wolle entscheiden lassen und nicht bloß diejenige Bestimmung meine, welche, und soweit sie in dem Modelle ihren entsprechenden tatsächlichen Ausdruck findet. In diesem Sinne hat das Reichsgericht den § 1 des Gesetzes vom 1. Juni 1891 stets ausgelegt; vgl. z. B. Urteil des IV. Zivilsenates vom 20. Mai 1898 (Blatt für Patent-, Muster- und Zeichenwesen 4. Jahrg. S. 125), worin das gesetzliche Erfordernis, daß das Gebrauchsmuster dem Gebrauchszwecke dienen soll, dahin verstanden wird, das es „seiner äußeren Beschaffenheit nach dem bestimmten Gebrauchszweck objektiv dienen könne und subjektiv bestimmt sei, ihm zu dienen". Von dieser Auslegung abzuweichen liegt kein Grund vor. Es bedarf aber des weiteren Eingehens auf diesen Teil der Entscheidung nicht. Die mit der Revision angegriffene Verurteilung der Beklagten hängt nicht mit der Beurteilung dieses Punktes zusammen, welcher vielmehr zugunsten der Beklagten erledigt ist, sondern das Oberlandesgericht gelangt zur Verneinung der Schutzfähigkeit des streitigen Gebrauchsmusters aus dem anderen Grunde, weil es in der Verwendung von Aluminium zur Herstellung der Schuhleisten, trotz der damit verbundenen Vorteile, eine neue Gestaltung, Anordnung oder Vorrichtung, wodurch der gesetzliche Schutz des Modelles bedingt ist, nicht gegeben findet. Unbedenklich und auch nicht angefochten ist der Ausgangspunkt, daß es sich nur eben um die Verwendung des Aluminiums anstatt der sonst zur Anfertigung der Schuhleisten benutzten Stoffe — Holz, Eisen — handele, und nicht um besondere Ausgestaltungen der Aluminiumleisten.

... Es ist, wie auch das angefochtene Urteil tut, von der in der Rechtsprechung des Reichsgerichtes anerkannten, insbesondere in der Entscheidung Bd. 41 S. 46 zum Ausdruck gelangten Auffassung auszugehen, daß in der Anwendung des Stoffes als der im Raume verkörperten Darstellung des Gebrauchsmusters eine „Anordnung" im Sinne des § 1 des Gesetzes zu finden ist, daß also schon das Material, aus welchem das Arbeitsgerät oder der Gebrauchsgegenstand hergestellt werden soll, unabhängig von der äußeren Gestalt des Modelles, dem Erfordernis der Formgebung, ohne welche ein Gebrauchsmuster gar nicht vorliegen kann, Genüge tut. Wie aber die Schutzfähigkeit des Gebrauchsmusters erst dadurch begründet wird, daß eine neue Gestaltung, Anordnung oder Vorrichtung bei der Arbeitsgerätschaft oder dem Gebrauchsgegenstand, im ganzen oder an einem Teile, vorliegt, und durch diese neue Gestaltung, Anordnung oder Vorrichtung dem Arbeits- oder Gebrauchszwecke gedient werden soll, so muß selbstverständlich auch dann, wenn als „Anordnung" nur die Wahl des Stoffes geltend gemacht wird, in der Stoffwahl etwas enthalten sein, was sie als neu und durch diese Neuheit dem Arbeits- oder Gebrauchszwecke dienend erscheinen läßt. Die Frage, ob das Gebrauchsmuster diesem Erfordernisse der Neuheit entspreche, ist grundsätzlich keine andere, mag es sich um die äußere Formgestaltung, oder um die durch den Stoff begründete Anordnung handeln; wohl aber bleiben es immer verschiedenartige Mittel, wodurch in beiden Fällen die charakteristische Darstellung erzielt wird, und diese Verschiedenartigkeit darf bei der Beantwortug jener Frage nicht übersehen werden. ...

Es kann z. B. bei einem Stoffe, dessen physikalische Eigenschaften theoretisch bekannt sind, doch für die Verwendung zu dem neuen Zwecke vorerst eine vielleicht ausgedehnte Durchprobung seiner praktischen Tauglichkeit notwendig sein; es können auch andere Schwierigkeiten entgegenstehen, deren Ueberwindung nicht einfach auf der Hand liegt. Diese besonderen Verhältnisse bedürfen aber der Darlegung. Wenn weiter nichts gegeben ist, als daß ein wohlbekannter Stoff zur Herstellung einer bisher aus anderem Stoffe gearbeiteten Gerätschaft verwendet wird, wofür er nach seinen gleichfalls bekannten Eigenschaften sich eignet, und auch in der Art der Herstellung von dem bisherigen Verfahren nicht abgewichen wird, so ist dann allerdings nicht abzusehen, inwiefern in der Ersetzung des einen durch den anderen Stoff noch irgendeine, wenn auch geringe, Erfindungstätigkeit enthalten sein soll, und nicht bloß die jedem Sachverständigen ohne weiteres zur Hand liegende Vertauschung eines bekannten Mittels gegen ein anderes gleichfalls bekanntes. Daß aber in bezug auf die Verwendung des Aluminiums zur Herstellung von Schuhleisten gerade dieses Verhältnis vorlag, hat das Berufungsgericht angenommen, und seine Annahme ist nach dem Inhalte der Verhandlungen nicht zu beanstanden." . . . (Wird näher dargelegt.)

RGZ. 48, 73

1. Ist die Eintragung in die Rolle des Patentamtes für Gebrauchsmuster für den Inhalt des Musterschutzes maßgebend?

2. Inwieweit sind Flächenmuster, bei denen die neue Gestaltung durch Schriftzeichen zum Ausdrucke kommt, des Gebrauchsmusterschutzes unfähig?

I. Zivilsenat. Urt. v. 20. März 1901.

I. Landgericht I Berlin, Kammer für Handelssachen. II. Kammergericht daselbst.

Für die Beklagte war zufolge der Anmeldung vom 7. April 1899 das Gebrauchsmuster Nr. 114 523 mit folgender Bezeichnung in die Rolle des Patentamtes eingetragen worden:

„Arbeiterkarten für Kontrolluhren, bei welchen außer den für den ersten Eingang und letzten Ausgang bestimmten Spalten noch weitere Vertikalspalten zur Registrierung von Arbeitsunterbrechungen vorhanden sind."

Die Anmeldung enthielt außer dieser Bezeichnung Angaben über das Neue des Gebrauchsgegenstandes und folgende Schutz-Ansprüche:

1. Arbeiterkarten für Kontrolluhren, bei welchen außer den für den ersten Eingang und letzten Ausgang bestimmten Spalten noch weitere Vertikalspalten zur Registrierung von Arbeitsunterbrechungen vorhanden sind.

2. Eine Karte nach Anspruch 1, bei welcher auf einem durch eine perforierte Linie abgetrennten Teil noch Rubriken für die Beiträge zur Kranken- und Invaliditätsversicherung vorgesehen sind.

Die Klägerin trug auf Löschung dieses Gebrauchsmusters an. Die beiden vorderen Instanzen erkannten der Klage gemäß.

Die Revision der Beklagten ist zurückgewiesen worden.

Aus den Gründen:

... „Der der angeblichen Neuerung zugrunde liegende Gedanke ist seiner Art nach des Gebrauchsmusterschutzes nicht fähig, weil er sich nicht in der neuen Gestaltung, Anordnung oder Vorrichtung eines Modelles verkörpert. Wie bereits bemerkt, darf die körperliche Gestaltung der Karte, als jeden Erfindungsgehaltes entbehrend, hier nicht in Betracht gezogen werden. Es handelt sich somit um ein reines Flächenmuster. Ob Flächenmuster überhaupt des Gebrauchsmusterschutzes fähig sind, oder ob sie sich an sich dem gesetzlichen Erfordernisse der Darstellung im „Modelle" entziehen, soll hier nicht entschieden werden. Der Senat hat aber keinen Zweifel darüber, daß Flächenmuster, wenn überhaupt, doch nur insofern des Gebrauchsmusterschutzes fähig sind, als sich der Erfindungsgedanke in einer äußeren Gestaltung, Anordnung oder Vorrichtung verkörpert, nicht aber dann, wenn die Darstellung lediglich durch Schriftzeichen in ihrer sprachlichen Bedeutung erfolgt, bei denen somit die äußere Anordnung als solche belanglos ist. Für das Gebiet des Gebrauchsmusterschutzes, falls man ihn auf Flächenmuster ausdehnen zu können glaubt, könnten beispielsweise die auch in der Literatur bei Erörterung dieser Frage angeführten mit Schriftzeichen versehenen Tafeln eines Augenarztes zur Prüfung der Kurzsichtigkeit, wenn sie neu erfunden würden, in Betracht kommen, weil hier in gewissem Sinne noch von der Darstellung in einem Modelle gesprochen werden kann. Bei dieser Vorrichtung handelt es sich nicht um die sprachliche Bedeutung von Schriftzeichen, sondern um eine Wirkung, welche sie durch ihre Größenverhältnisse und Zusammenstellung, somit durch eine äußere Gestaltung der Tafel, auf das Auge ausüben.

Im vorliegenden Falle dagegen handelt es sich lediglich um durch Schriftzeichen zum Ausdrucke gebrachte Gedanken, somit um ein Schriftwerk im engeren Sinne, welches, wenn es überhaupt auf Schutz gegen gewerbliche Reproduktion Anspruch hat, solchen nur auf dem Gebiete des Urheberrechtes an Schriftwerken finden kann." ...

RGZ. 49, 33

Hat das Urteil, das über eine wegen Patentverletzung auf Unterlassung von Eingriffen in das Patentrecht gerichtete Klage entscheidet, bezüglich der Frage, ob das Patent verletzt worden ist, Rechtskraftwirkung auch für den Anspruch auf Entschädigung wegen Verletzung des Patentes?

ZPO. § 322 Abs. 1.

I. Zivilsenat. Urt. v. 3. Juli 1901.

I. Landgericht Dresden. II. Oberlandesgericht daselbst.

. . .

Aus den Gründen:

. . . „Das durch Patent geschützte Erfinderrecht ist kein bloßes Verbietungsrecht, sondern ein Recht, und zwar ein absolutes Recht an einem unkörperlichen Gut. Wird es verletzt, so erzeugt es einen Anspruch gegen den Urheber der Verletzung auf Unterlassung von Störungen und daneben, wenn die Verletzung eine wissentliche oder grob fahrlässige war, einen Anspruch auf Entschädigung. Aber der Unterlassungsanspruch ist nicht Voraussetzung des Entschädigungsanspruches; vielmehr haben beide Ansprüche zur gemeinsamen Voraussetzung, daß das absolute Recht besteht, und daß es verletzt worden ist. Unterlassungsanspruch und Entschädigungsanspruch stehen in dieser Hinsicht in keinem anderen Verhältnisse zueinander, als zwei Entschädigungsansprüche, die auf verschiedene Zeiträume sich beziehende oder sonstwie gesonderte Teilbeträge des Schadens zum Gegenstande haben. Für die Entscheidung über den im gegebenen Falle allein geltend gemachten Unterlassungsanspruch hatte deshalb die Feststellung, daß und warum in den von der Beklagten vorgenommenen Handlungen eine Verletzung des Patentes der Klägerin zu erblicken gewesen sei, lediglich die Bedeutung eines Entscheidungsgrundes, dem Rechtskraftwirkung auch für den Entschädigungsanspruch zuzuschreiben dem Grundgedanken der im § 322 Abs. 1 ZPO. getroffenen Vorschrift widersprechen würde. Das Gesetz geht davon aus, daß die Parteien eine Entscheidung nur über den durch den Antrag der Klage oder Widerklage begrenzten Anspruch verlangen, und daß sie danach in Angriff und Verteidigung ihren Aufwand von Mühe und Kosten bemessen. Hierzu soll daher die Tragweite der Entscheidung in richtigem Verhältnisse stehen. . . .

Im übrigen ist zu bemerken, daß von den vorstehenden Ausführungen nicht der Anspruch auf Schadensersatz wegen Zuwiderhandelns gegen ein Verbotsurteil betroffen wird." . . .

RGZ. 50, 111

Steht dem eingetragenen Inhaber eines Gebrauchsmusters, das von einem älteren Patent abhängig ist, das Recht zu, die Nachbildung seines Gebrauchsmusters zu verbieten und wegen unbefugter Nachbildung Schadensersatz zu verlangen?

Gesetz, betr. den Schutz von Gebrauchsmustern, vom 1. Juni 1891 § 5 Abs. 1. (GebrMuGes. von 1936 § 5.)

I. Zivilsenat. Urt. v. 11. Januar 1902.

I. Landgericht Stendal. II. Oberlandesgericht Naumburg a. S.

Aus den **Gründen**:

. . . „Nach dem vom Berufungsgericht festgestellten Sachverhalt ist davon auszugehen, daß das Modell der Klägerin, als Beklagte es in Benutzung nahm, neu und schutzfähig war, aber in ein Patent eingriff, dessen Anmeldung früher erfolgt war. Hieraus haben beide Instanzgerichte abgeleitet, daß Klägerin nicht nur ihr Modell nicht nachbilden, sondern überhaupt keine Rechte aus ihrer Eintragung Dritten gegenüber geltend machen durfte. . . .

Ein solcher Rechtssatz besteht jedoch nicht und folgt nicht aus dem Gebrauchsmustergesetz. Es wird dort der Fall der sog. Abhängigkeit eines Modells von einem Patent ebenso wie der Fall, daß ein Patent von einem Gebrauchsmuster abhängig ist, unter Anwendung des nämlichen Grundsatzes entschieden, der auf dem Gebiete des Patentrechtes gilt und schwerlich bezweifelt wird: der Inhaber des von einem Patent abhängigen Gebrauchsmusters darf sein Recht nicht ohne Erlaubnis des Patentinhabers „ausüben", d. h. gewerblich nachbilden und die durch Nachbildung hervorgebrachten Gerätschaften und Gegenstände in Verkehr bringen, feilhalten oder gebrauchen. Im übrigen aber ist sein Recht ein wirkliches Recht, und sein Modell darf nicht ohne Erlaubnis von jedermann in Benutzung genommen werden. Hieraus folgt, daß der Gebrauchsmusterinhaber das Verbietungsrecht und das Recht auf Schadensersatz wegen unbefugter Nachbildung gegen jeden Dritten hat. Das Berufungsgericht hält daneben einen Anspruch auf Schadensersatz auch deshalb für ausgeschlossen, weil Klägerin keinen Schaden erlitten habe. Denn **sie selbst** hätte Nachbildungen ihres Modells nicht herstellen und vertreiben dürfen, und deshalb sei ihr Vermögen nicht dadurch berührt worden, daß Beklagte es unbefugt nachgebildet habe. Auch diese Erwägung ist jedoch unzutreffend. Die unbefugte Nachbildung eines geschützten Modells ist stets ein Eingriff in das Vermögen des Berechtigten und hat die Folge, daß der letztere nach seiner Wahl entweder Ersatz des Schadens fordern darf, den er durch die Benutzung seines Modells unmittelbar erleidet, oder eine Lizenzgebühr, oder endlich den von dem Gegner selbst erzielten Gewinn.

. . . Es steht der Klägerin frei, nach welchem der vorhin bezeichneten Gesichtspunkte sie den von ihr erlittenen Schaden nachweisen will; aber sie muß ihre Wahl treffen und ihre Forderung dementsprechend gehörig begründen. Was sie im vorliegenden Falle gewollt habe, ist zweifelhaft. Es hat den Anschein, als ob sie den unmittelbar erlittenen Schaden geltend machen wollte; allein hierzu würde die Begründung nicht ausreichen; denn es würde noch die Behauptung und der Nachweis erforderlich sein, daß ohne die Dazwischenkunft der Beklagten die Lieferung an sie, die Klägerin, vergeben worden wäre. Möglich ist jedoch auch, daß Klägerin die Herausgabe des von der Beklagten erzielten Gewinnes fordern und behufs Nachweises der Höhe geltend machen wolle, daß sie, die Klägerin, 2700 M. verdient haben würde, deshalb aber anzunehmen sei, daß Beklagte ebensoviel verdient habe. Die Begründung des Anspruches nach der einen oder der anderen Richtung würde der Klägerin freistehen, ohne daß der Einwand der Klagänderung entgegenstehen könnte; es wird daher nötigenfalls unter Anwendung des richterlichen Fragerechts (§ 139 ZPO.) noch klarzustellen sein, wie Antrag und Begründung der Klägerin zu verstehen ist. Dabei kommt in Betracht, daß Beklagte nicht nur das Gebrauchsmuster der Klägerin, sondern auch das Patent Nr. 63 518 durch die hier in Rede stehende Lieferung verletzt hat. Dies schließt das Recht der Klägerin, den gezogenen Gewinn zu fordern, nicht aus, hat jedoch zur Folge, daß Klägerin nicht den ganzen Gewinn fordern darf, sondern nur soviel, als — nach billigem Ermessen — auf ihr Gebrauchsmuster zu rechnen ist, während im übrigen der Gewinn dem Inhaber des Patentes Nr. 63 518 gebühren würde. Hieran wird auch dadurch nichts geändert, daß Klägerin sich so, wie sie behauptet, mit dem Inhaber dieses Patentes verglichen und demselben 600 M. gezahlt hat; denn nach ihrer Behauptung und den in den Akten ... vorliegenden Schriftstücken hat sie diese Entschädigung nur gezahlt für diejenigen Patentverletzungen, die sie selbst begangen hat, nicht aber für die hier in Rede stehende Verletzung des Patentes durch die Beklagte. Hierfür würde also dem damaligen Patentinhaber trotz Zahlung jener Entschädigung immer noch an sich die Forderung zustehen. Dagegen würde jede Schwierigkeit schwinden, wenn Klägerin nachzuweisen vermöchte, daß der damalige Patentinhaber diese Forderung nicht geltend machen wolle und damit einverstanden sei, daß Klägerin die hier in Rede stehende Nachbildung ihres Modells verfolge, als ob dasselbe nicht von dem Patent Nr. 63 518 abhängig gewesen sei. Denn in diesem Falle würde die Abhängigkeit nicht in Betracht kommen und Klägerin zum Anspruch auf Herausgabe des ganzen von der Beklagten erzielten Gewinnes berechtigt sein. Eine Klagänderung würde in jenem Nachweis nicht liegen. Endlich wäre es ohne Bedeutung, daß Beklagte jetzt das Patent Nr. 63 518 selbst erworben hat." ...

RGZ. 50, 124

Kann ein Gebrauchsgegenstand, durch dessen Verwendung ein bisher unbekannter technischer Erfolg erzielt wird, wegen neuer Gestaltung geschützt werden, wenn sein Modell zwar demjenigen bereits bekannter Gebrauchsgegenstände entlehnt worden ist, aber dem Zwecke der neuen Verwendung angepaßt und demgemäß gestaltet werden mußte?

Gesetz, betr. den Schutz von Gebrauchsmustern, vom 1. Juni 1891, § 1 Abs. 1. (GebrMuGes. von 1936 § 1.)

I. Zivilsenat. Urt. v. 15. Januar 1902.

I. Landgericht Stuttgart. II. Oberlandesgericht daselbst.

. . .

Aus den Gründen:

. . . „Die Verwendung eines bekannten Modells zu einem neuen Zweck kann den Musterschutz nicht begründen. Diese Erwägung trifft jedoch nicht zu, wenn ein neuer, bisher unbekannt gewesener technischer Erfolg durch Verwendung eines Gebrauchsgegenstandes erzielt wird, dessen Modell zwar demjenigen bekannter Gebrauchsgegenstände ähnlich oder von diesen entlehnt worden ist, das aber jenem Zwecke angepaßt und dementsprechend gestaltet werden mußte, und zwar deshalb, weil die bisher bekannten Modelle hierzu nicht geeignet waren. In solchem Falle wird ein Gebrauchsgegenstand geschaffen, der sich durch seine Gestaltung von den bisher bekannten unterscheidet und deshalb eine neue Gestaltung im Sinne des § 1 des Gesetzes aufweist. Dies trifft aber zu auf das Modell, das durch das Gebrauchsmuster Nr. 60 950 geschützt worden ist. Gewundene Schienen, wie in der Kunstschlosserei Verwendung fanden, und solcher Art, wie für Betondecken dienlich sind, können zur Verstärkung von Tresormauerwerk nicht benutzt werden, da hierzu, wie die Natur der Sache ergibt, Schienen ganz anderer und stärkerer Art nötig sind, wenn sie ihren Zweck, Sicherung gegen Anbohrung und Durchbruch zu bieten, erfüllen sollen. Daß solche Schienen früher jemals für Tresormauerwerk verwendet seien, ist nicht behauptet worden und kommt nicht in Frage. Bekanntgewesen sind dagegen Verwendungen von geraden Schienen, I-Schienen und Eisenbahnschienen. Daß aber die gewundene Schiene eigenartige Vorteile bietet, da sie fester lagert und das Anbohren des Mauerwerks erschwert, wird von M. bestätigt. Danach ist die Schutzfähigkeit des unter Nr. 60 950 geschützten Modells anzuerkennen, und die auf Löschung dieser Eintragung gerichtete Klage erscheint unbegründet." . . .

RGZ. 51, 139

1. Welche rechtliche Wirkung haben Bedingungen, die der Patentinhaber den Abnehmern der durch sein Patent geschützten Erzeugnisse bezüglich der Art des weiteren Verkehrs mit diesen Erzeugnissen auferlegt?

2. u. 3. . . .

I. Zivilsenat. Urt. v. 26. März 1902.

I. Landgericht Köln. II. Oberlandesgericht daselbst.

. . .

Aus den Gründen:

. . . „Das Patent schützt die Ausnutzung der Erfindung durch den Patentinhaber in seinem inländischen Gewerbebetriebe. Besteht dieser

Gewerbebetrieb in der Fabrikation und Verbreitung eines nach einem patentierten Verfahren hergestellten Produktes, so besteht die Wirkung des Patentes darin, daß im Inlande niemand außer dem Patentinhaber (und denjenigen Personen, die er dazu ermächtigt hat) das Produkt nach diesem Verfahren herstellen und in Verkehr bringen darf. Damit erschöpft sich aber auch die Wirkung des Patentschutzes. Hat der Patentinhaber unter diesem den Mitbewerb anderer Personen ausschließenden Schutze sein Produkt hergestellt und in Verkehr gebracht, so hat er die Vorteile genossen, welche ihm das Patent gewährt, und damit sein Recht konsumiert. Das Patent räumt dem Patentinhaber nicht die Befugnis ein, Bedingungen vorzuschreiben, unter denen ein Verkehr mit seinem Produkte stattfinden soll. Will der Patentinhaber seinen Abnehmern derartige Bedingungen auferlegen, so ist er daran nicht verhindert; allein sein Recht hierzu entspringt lediglich aus der allgemeinen Vertragsfreiheit, nicht aus der Ausschließlichkeit seines Patentrechtes. Diese setzt den Patentinhaber in den Stand, mit Ausschließung anderer darüber zu bestimmen, ob sein Produkt in den Verkehr gelangen soll, nicht aber die Art dieses Verkehrs nach seiner Willkür zu gestalten. Dafür, daß das Recht aus dem Patent auch diese Befugnis enthalte, gibt das Patentgesetz selbst keinen Anhalt. Es ist auch nicht anzunehmen, daß eine derartige Ausdehnung der Rechte des Patentinhabers der Absicht des Gesetzgebers entspreche, weil sie zu unerträglichen Belästigungen des Verkehrs führen würde.

Hieraus folgt, daß Verletzung solcher Bedingungen, welche die Klägerin ihren Abnehmern bezüglich des weiteren Absatzes ihres Produktes auferlegt hat, nicht vermöge ihrer aus dem Patent fließenden absoluten Rechte, sondern nur vermöge ihrer Rechte aus den mit ihren Abnehmern geschlossenen Verträgen, also gegenüber solchen Personen, welche diese Vertragsrechte gegen sich gelten lassen müssen, von ihr geltend gemacht werden können; denn die Ware, welche die Klägerin einmal in Verkehr gebracht hat, ist patentrechtlich frei von Verkehrsbeschränkungen. Da nun einerseits unstreitig ist, daß dasjenige Guajakol-Karbonat, welches die Beklagte verarbeitet, Fabrikat der Klägerin, also von dieser hergestellt und in Verkehr gebracht ist, andererseits aber von der Klägerin nicht behauptet wird, daß die Beklagten einer vertragsmäßigen Beschränkung in der Benutzung und Weiterveräußerung dieses Produktes unterworfen seien, so sind sowohl der prinzipale wie der eventuelle Antrag der Klägerin unbegründet.

Dies gilt auch dann, wenn das von der Beklagten für ihren Gewerbebetrieb erworbene Guajakol-Karbonat aus dem Auslande eingeführt sein sollte. Allerdings ist die Klägerin vermöge des ihr erteilten Patentes rechtlich in der Lage, die Einführung von nach dem patentierten Verfahren hergestellten Guajakol-Karbonat aus dem Auslande in das Inland zu verbieten oder von ihrer Genehmigung abhängig zu machen. Auch wenn sie selbst dieses Produkt im Auslande in Verkehr gebracht hätte, würde die Einführung desselben in das Inland ihr Patentrecht verletzen. Eine Patentverletzung liegt aber nicht vor, wenn das aus dem Auslande eingeführte patentierte Produkt von der Klägerin selbst im Inlande in Verkehr gebracht und dadurch von jeder patentrechtlichen Verkehrsbeschränkung für das Inland freigeworden ist. ..."

RGZ. 51, 142

Ist eine auf einem Gebrauchsgegenstande angebrachte Anweisung zu seinem Gebrauche dem Musterschutze zugänglich?

Gesetz, betr. den Schutz von Gebrauchsmustern, § 1.

I. Zivilsenat. Urt. v. 26. März 1902.

I. Landgericht Lübeck. II. Oberlandesgericht Hamburg.

Der Beklagte hatte beim Patentamte vier Gebrauchsmuster eintragen lassen, die sich auf die Einteilung und Inschrift einer Skala an einem Manometer bezogen, wie er bei Bierdruckapparaten benutzt wird. Die Muster bezogen sich:

1. auf eine Inschrift, die auf das noch verzapfbare Bierquantum, bzw. auf das noch verfügbare Kohlensäurequantum Bezug hatte;
2. auf eine Eintragung, die angab, ob der Kohlensäureinhalt flüssig, oder bloß gasförmig sei;
3. auf einen farbigen Strich, der das Druckfeld von 40—80 Atmosphären kennzeichnete;
4. auf die Bezeichnung der höheren Druckfelder über 80 Atmosphären als „ zu warm" und als „überladen".

Bezweckt wurde durch diese Einrichtungen, dem Wirte, der den Bierdruckapparat bediene, gegenüber der bisher üblichen bloßen Atmosphärenangabe auf der Skala eine Erleichterung dadurch zu gewähren, daß er unmittelbar ablesen könne, wie groß die verfügbare Menge an Kohlensäure sei, in welchem Aggregatzustande sie sich befinde, ob der Apparat zu warm stehe, usw.

Die Klage auf Löschung dieser Muster wurde von der ersten Instanz abgewiesen, von der zweiten Instanz aber zugesprochen.

Das Reichsgericht hat die Revision der Beklagten zurückgewiesen.

Aus den Gründen:

... „Bei einem Bierdruckapparate kann der Manometer mit Skala und Zeiger als „Teil einer Arbeitsgerätschaft" gelten, dessen „Arbeits- oder Gebrauchszweck" die Erkennbarkeit des jeweilig vorhandenen Druckes der Kohlensäure ist. Diese Erkennbarkeit ist für den Gebrauchszweck von Bedeutung, weil der den Bierdruckapparat bedienende Wirt aus dem Stande des Druckes entnimmt, ob sich die Anlage in normalem Zustande befindet, oder ob er für Einstellung einer frischen Flasche oder für größere Kühlung sorgen muß, usw. Die Bedienung des Apparates setzt daher ein gewisses Maß von Kenntnissen voraus. Sie erfordert eine Gebrauchsanweisung, die dem Wirte oder seinem Gehilfen diese Kenntnis beibringt, indem sie ihm sagt, welcher Druck als der normale anzusehen ist, bei welchem sich der Aggregatzustand der Kohlensäure ändert, wann eine Ueberladung vorliegt, usw. Eine derartige Gebrauchsanweisung kann durch mündliche Mitteilungen oder durch ein Schriftwerk oder durch graphische Zeichen beschafft werden; sie kann in den letzteren Fällen von dem Apparate getrennt oder auch räumlich mit ihm verbunden sein: niemals aber ist die Gebrauchsanweisung selber ein „Gebrauchsgegenstand" oder der „Teil eines Gebrauchsgegenstandes" im Sinne des Gesetzes. Die Gebrauchsanweisung ist die geistige Mitteilung, wie man einen Gegenstand gebrauchen soll; sie wird aber nicht selbst gebraucht. Nun beziehen sich aber die Eigentümlichkeiten der Manometerscheiben des Beklagten lediglich darauf, daß diese geistige Mitteilung in einer veränderten, bequemeren Weise beschafft wird, die auch dem Unerfahrenen und dem Vergeßlichen zu Hilfe kommt. Das mag nützlich und zweckmäßig sein, fällt aber nicht in den Rahmen des Gebrauchsmusterschutzes. Denn der Gebrauchsgegenstand selbst ist unverändert geblieben; er hat weder eine neue Gestaltung, noch eine neue Anordnung, noch eine neue Vorrichtung erhalten, die seinem Gebrauchszwecke besser diente." . . .

RGZ. 52, 90

Muß der Erfindungsbesitz im Sinne des § 5 Abs. 1 des Patentgesetzes vom 7. April 1891 ein in eigenem Interesse ausgeübter gewesen sein?

PatG. 1936 § 7.

I. Zivilsenat. Urt. v. 28. Juni 1902.

I. Landgericht Hagen. II. Oberlandesgericht Hamm.

Die Frage ist bejaht worden aus folgenden

Gründen:

. . . „Die Vorschrift will das Recht des Patentanmelders, der für das Gesetz als der Erfinder gilt, nicht zugunsten jemandes einschränken, der schon vor der Anmeldung der Erfindung die gleiche Erfindung gemacht hatte, sondern sie will gegenüber jenem Rechte des Patentanmelders den schon vor der Anmeldung entstandenen Erfindungsbesitz eines andern als einen zu schützenden aufrecht erhalten. Wer vor der Anmeldung den Erfindungsgedanken in die Tat umgesetzt, ihn ausgeführt oder auszuführen begonnen hatte, soll befugt bleiben, die

Erfindung für die Bedürfnisse seines eigenen Betriebes auszunutzen. Daraus folgt mit Notwendigkeit, daß der Erfindungsbesitz ein selbständiger, in eigenem Interesse ausgeübter gewesen sein muß, daß nur derjenige Anspruch hat auf den Schutz des Gesetzes, der für eigene Zwecke die Erfindung benutzt oder die zu solcher Benutzung erforderlichen Veranstaltungen getroffen hatte. Nun ergibt sich aber aus dem vom Beklagten selbst Vorgetragenen, der Feststellung des Berufungsgerichts und den ihr zugrunde liegenden Zeugenaussagen nicht mehr, als daß der Beklagte im Jahre 1890, während er im Dienste von K. & Kl. in J. stand, in der Fabrik und für die Zwecke der Fabrik dieser Firma ein dem „Modell 1890" entsprechendes Zieheisen hergestellt und benutzt und es, als er aus dem Dienste trat, in der Fabrik zurückgelassen hat. Was damit in die Erscheinung getreten war, war also dem vorher Ausgeführten nach kein Erfindungsbesitz des Beklagten." . . .

RGZ. 52, 227

Gehört der durch die Anmeldung bei dem Patentamt begründete Anspruch auf Erteilung eines Patents zu dem einer Zwangsvollstreckung unterliegenden Vermögen des Anmelders?

Patentgesetz 1891 §§ 3, 6, 23 (PatG. 1936 §§ 3, 4, 9, 30).

VII. Zivilsenat. Urt. v. 3. Oktober 1902.

I. Landgericht Hamburg. II. Oberlandesgericht daselbst.

. . .

Aus den Gründen:

. . . „Es handelt sich um die Frage, ob derjenige Anspruch des Erfinders, welcher seine ausdrückliche gesetzliche Anerkennung und Ausgestaltung durch die §§ 3 und 6 des Patentgesetzes erhalten hat, also der durch die Priorität der Anmeldung begründete Anspruch auf Erteilung des Patents dem Zugriffe der Gläubiger unterliegt und im Konkurse einen Teil der Masse bildet oder nicht. Dieses Recht muß nach Maßgabe seines Inhalts als ein Vermögensrecht betrachtet werden, es hat diese Eigenschaft ebenso wie das Recht aus dem erteilten Patent, denn wie dieses dem Patentinhaber die ausschließliche gewerbliche Verwertung der patentierten Erfindung sichern soll, indem es ihm unmittelbar die Befugnis verleiht, einem jeden die gewerbsmäßige Herstellung usw. des Gegenstandes der Erfindung ohne seine Erlaubnis zu verwehren, so hat das Recht aus der Anmeldung seine Richtung gerade auch schon, und zwar ausschließlich, auf diesen Erfolg; man kann als seinen Inhalt auch betrachten, daß der Anmeldende, wenn die Erfindung patentfähig ist und er die Anerkennung dieser ihrer Eigenschaft und die Erteilung eines Patents bei den Patentbehörden erreicht, in der ausschließlichen Ausbeutung der Erfindung geschützt wird. Ueber die Pfändbarkeit des Rechts aus dem erteilten Patent aber besteht in der Rechtsprechung und Literatur kaum ein Zweifel, und ein solcher läßt sich auch nicht begründen, da die Ausschließlichkeit der gewerblichen Ausnutzung einer Erfindung ihre Bedeutung auf wirtschaftlichem Gebiete hat und ihrem Wesen und ihrer Bestimmung nach, wenn auch nicht immer tatsächlich, einen Vermögenswert darstellt. Aber auch der Anspruch auf Gewährung von Schutz für die angemeldete Erfindung, wenn man ihn als solchen, in der durch das Gesetz ihm gegebenen oben berührten Gestalt, ins Auge faßt, gehört lediglich dem Kreise der Vermögenswerte und Vermögensrechte an, aus seinem Inhalte und seiner Natur kann ein Hindernis gegen seine Pfändbarkeit und seine Hineinziehung in die Konkursmasse nicht entnommen werden. Im verstärkten Maße gilt dies nach der Bekanntmachung der Anmeldung durch das Patentamt, da mit dieser nach § 23 des Patentgesetzes für den Gegenstand der Anmeldung zugunsten des Patentsuchers einstweilen die gesetzlichen Wirkungen des Patents eintreten.

Zu einem anderen Ergebnisse gelangt man auch dann nicht, wenn man ein Erfinderrecht als schon vor der Anmeldung bestehend anerkennt und diesem, wenigstens für einen Teil seiner Gegenstände, Individualcharakter beimißt. Die Auffassung läßt sich vertreten und hat Vertretung gefunden, daß, wie der Urheber eines Schriftwerkes mit der Entstehung desselben ein seiner Persönlichkeitssphäre angehörendes Recht erwirbt, so auch der Erfinder... mit seiner Erfindung ganz nach seinem Ermessen schalten, sie ungenutzt lassen, aber auch sie mit Wahrung seines Geheimnisses in seinem Gewerbebetriebe ausbeuten oder sie bei der Patentbehörde anmelden kann, um sich, mit Preisgabe seines Geheimnisses, ihre ausschließliche Ausbeutung für eine bestimmte Zeit rechtlich zu sichern, und daß dieses Recht wenigstens zum Teil Individualcharakter hat. Es bedarf indessen für die hier zu treffende Entscheidung eines weiteren Eingehens auf die betreffenden Fragen nicht; denn auch, falls sie sämtlich zu bejahen sind, falls sogar angenommen werden muß, daß das Wahlrecht des Erfinders, soweit lediglich die Art und Weise der gewerblichen Ausnutzung der Erfindung in Frage kommt, der Persönlichkeitssphäre des Erfinders angehört und von dieser wider seinen Willen nicht abgelöst werden kann, so gehen doch die hervorgehobenen Befugnisse, nachdem in Ausübung des Wahlrechts die Anmeldung vorgenommen ist, in das durch diese begründete Recht nicht über und werden nicht Teil desselben. Selbst dann, wenn man in ihm nur ein Entwickelungsergebnis des Erfinderrechts in seiner ursprünglichen Gestalt erblickt, so hat die Entwickelung doch gerade in einer speziellen Beziehung zu einem Ergebnisse geführt, welches sich in seiner inhaltlichen Umgrenzung als ein rein wirtschaftliches Recht charakterisiert. Damit ist der Untergang des ursprünglichen Erfinderrechts, wenn ein solches anzuerkennen, nicht notwendig verbunden, es kann fortbestehen in Gestalt eines Rechts, über den Anspruch aus der Anmeldung zu verfügen, d. h. sie zurückzuziehen, um die ursprüngliche Lage soweit als noch möglich wieder herzustellen, eines Rechts, das sich von der Verfügungsbefugnis eines jeden Trägers vermögensrechtlicher Ansprüche dadurch unterscheiden würde, daß es mit der Person des Erfinders verknüpft ist und ihm wider seinen Willen durch Eingriffe Dritter nicht entzogen werden kann. Aber dieses Recht gehört nicht zum positiven Bestande des lediglich auf die Erlangung von Patentschutz gerichteten Anspruchs, sein Verhältnis zu diesem kann nur das einer Einschränkung desselben sein, so daß er einem bedingten Rechte verwandt wird. Aus dieser Eigenschaft folgt nicht die Unpfändbarkeit des Anspruchs, sondern nur soviel könnte gelten, daß, nachdem ein Zugriff der Gläubiger auf den Anspruch erfolgt oder der Konkurs eröffnet ist, der Schuldner die Anmeldung noch mit Wirksamkeit zurückzuziehen und dadurch den Untergang des Anspruchs auf Patenterteilung herbeizuführen in der Lage wäre. Die Einschränkung würde also nur den Wert des Anspruchs für die Gläubiger mindern.

Bei dieser Rechtslage wird mithin, wenn der Gemeinschuldner den Anspruch veräußert, den Gläubigern ein für ihre Befriedigung an sich geeignetes Objekt entzogen. Nimmt der Erfinder nach der Eröffnung des Konkurses die Anmeldung zurück und ist ein solcher Rechtsakt als wirksam zu betrachten, so erlischt eben der gepfändete Anspruch, er wird, wie beim Ausfall einer aufschiebenden oder Eintritt einer auflösenden Bedingung, vernichtet; die Pfändung wird gegenstandslos, ein zur Masse gehörendes Recht büßt seine Existenz wieder ein. Hieraus kann sich weiter die Konsequenz ergeben, daß der für die Gläubiger durch die Veräußerung entstandene Nachteil, sofern ihnen im Endresultat materiell nichts entgeht, wegfällt. Im gegenwärtigen Falle ist der Verlauf aber tatsächlich der gewesen, daß eine Zurücknahme der Anmeldung nicht stattgefunden hat, weder von seiten des Gemeinschuldners noch von seiten der Beklagten 1—4 als der Erwerber des Anspruchs, die Anmeldung vielmehr zur Erteilung des Patents geführt, das Recht auf Erteilung eines Patents sich also zu einem Recht aus dem Patent entwickelt hat. Aus welcher Ursache die Zurücknahme der Anmeldung unterblieben ist, insbesondere ob der Gemeinschuldner sich nach Abschluß des Veräußerungsvertrages zu derselben nicht mehr für legitimiert, oder ob er sich doch zu ihrer Unterlassung seinen Gegenkontrahenten gegenüber für verpflichtet gehalten hat oder was sonst bestimmend für ihn gewesen ist, stellt sich als unerheblich dar; entscheidend ist allein die Tatsache, daß das Recht aus der Anmeldung nicht wertlos geworden, durch den angefochtenen Veräußerungsvertrag den Gläubigern also auch im endlichen Resultate etwas entzogen ist." . . .

RGZ. 54, 272

Welche Bedeutung kann in einem Lizenzvertrage das Vertragsgeding haben, daß der Lizenznehmer in einem bestimmten geographischen Bezirke das alleinige Fabrikations- und Vertriebsrecht hat, aber nicht über den Bezirk hinaus verkaufen darf?

II. Zivilsenat. Urt. v. 3. April 1903.

I. Landgericht Mannheim. II. Oberlandesgericht Karlsruhe.

Die Firma N. & Cie. hatte eine Erfindung behufs Erteilung eines Patents bei dem Patentamte angemeldet und besaß für dieselbe, da das Patentamt die Bekanntmachung der Anmeldung beschlossen hatte, einstweilen den Patentschutz nach § 23 Abs. 1 Satz 2 des Patentgesetzes*). Sie hatte der Beklagten das alleinige Fabrikations- und Vertriebsrecht für das Großherzogtum Hessen und die Bayerische Rheinpfalz übertragen; die Beklagte ihrerseits übertrug der Klägerin das alleinige Fabrikations- und Vertriebsrecht für das Großherzogtum Hessen; in beiden Verträgen verpflichtete sich der Erwerber, absichtlich nicht über seinen „Rayon" hinaus zu verkaufen. Die Klägerin entdeckte kurz nach Abschluß ihres Vertrages, daß eine andere Lizenznehmerin von N. & Cie., eine Firma L. & Cie., den Markt im Großherzogtum Hessen mit den Fabrikaten überschwemme. Ihre Bemühungen, daß die Beklagte sie gegen diese Eingriffe von L. & Cie., schütze, waren erfolglos; das Verbot, außerhalb des Großherzogtums zu verkaufen, wurde dagegen in bezug auf die Klägerin aufrechterhalten. Diese machte geltend, die Beklagte sei obligationenrechtlich verpflichtet, sie gegen derartige Eingriffe zu schützen, und verlangte, da die Beklagte diese Verpflichtung nicht erfüllt habe, und infolgedavon das ganze beabsichtigte Geschäft im Großherzogtum Hessen überhaupt nicht gemacht werden könne, was in den Instanzen auch angenommen wurde, auf Grund der zur Anwendung kommenden Bestimmungen des badischen Landrechts Auflösung des Vertrages, Rückersatz der Minimallizenzgebühr für das erste Geschäftsjahr und Schadensersatz. Der erste Richter erkannte nach dem Klagebegehren; die Revision der Beklagten gegen das ihre Berufung zurückweisende Urteil des Oberlandesgerichts wurde zurückgewiesen.

Aus den Gründen:

. . . „Das Berufungsgericht führt aus, daß es sich in dem Vertrag zwischen der Klägerin und der Beklagten in gleichem Maße wie in dem Vertrage zwischen der Beklagten und N. & Cie. nicht um gewöhnliche Lizenz- und Unterlizenzverträge handelte, sondern um Verträge dieser Art mit der näheren Bestimmung, daß der Lizenznehmer und Unterlizenznehmer in dem vorbehaltenen Gebiete allein, also ausschließlich, das Fabrikations- und Vertriebsrecht haben sollte. Es verwertet weiter die Bestimmung in § 5 jener Verträge, wo-

*) PatG. 1936 § 30.

nach die Klägerin der Beklagten gegenüber, ebenso wie diese gegenüber N. & Cie., sich verpflichten mußte, absichtlich nicht über ihren „Rayon" hinaus zu verkaufen, dahin, es hätten danach die in dieser Weise gebundene Lizenznehmer um so gewisser beanspruchen dürfen, daß den anderen Lizenznehmern die entsprechende Verpflichtung auch auferlegt, und von dem Lizenzgeber diesen gegenüber auf deren Erfüllung bestanden werde. Auf dieser Grundlage ist das Berufungsgericht zu der Annahme gelangt, es habe, wie N. & Cie. gegenüber der Beklagten, so auch die Beklagte gegenüber der Klägerin die Verpflichtung übernommen, dafür zu sorgen, daß das zugesicherte Recht des ausschließlichen Vertriebes in dem bestimmten Bezirke nicht durch anderweit erteilte oder vertragswidrig ausgenutzte Lizenzen beeinträchtigt werde, und es habe hiernach die Beklagte auch dafür einzustehen, daß N. & Cie. ihren Verpflichtungen nachkommen und ihre anderen Lizenznehmer von Eingriffen in den Bezirk der Klägerin abhalten. Diese Ausführungen lassen eine Verletzung des Gesetzes nicht erkennen. Das Berufungsgericht hat nicht verkannt, daß sich eine Haftung des von ihm angenommenen Inhaltes ohne weiteres aus einem Lizenzvertrage nicht ergebe; es konnte jedoch aus der Einräumung des Rechts zum ausschließlichen Vertriebe in einem bestimmten Bezirke im Zusammenhange mit den Gesichtspunkten, welche es für die Vertragsauslegung auch in Rücksicht auf die dem Lizenzgeber obliegenden Verpflichtungen aus der Beschränkung der Lizenznehmer in dem Vertriebe außerhalb des zugeteilten Bezirkes abgeleitet hatte, ohne Verstoß gegen das Gesetz die dargelegte obligationenrechtliche Verpflichtung des Lizenzgebers und Unterlizenzgebers ableiten. Danach war die Beklagte aus dem Vertrage verpflichtet, gegen absichtliche Eingriffe anderer Lizenznehmer in das der Klägerin zugesicherte Recht des ausschließlichen Vertriebs im Großherzogtum Hessen, wie solche von einer direkten Lizenznehmerin der Firma N. & Cie., nämlich der Firma L. & Cie., seit Beginn oder doch kurz nach Beginn der Geschäftstätigkeit der Klägerin in erheblichem Umfange stattfanden, die zum Schutze der Klägerin nötigen Maßnahmen selbst zu ergreifen und zu diesem Zwecke selbst ihre Rechte gegen N. & Cie., welche ein Vorgehen gegen L. & Cie. ablehnte, geltend zu machen; sie hat deshalb ihre Vertragspflichten nicht erfüllt, wenn sie sich lediglich bereiterklärte, der Klägerin die ihr etwa gegen N. & Cie. zustehenden Ansprüche abzutreten." . . .

RGZ. 56, 54

. . . Zum Begriff der offenkundigen Benutzung einer Erfindung.

I. Zivilsenat. Urt. v. 25. November 1903.

I. Patentamt.

Aus den Gründen:

... Beizutreten ist sodann dem Patentamt darin, daß eine offenkundige Vorbenutzung nicht vorliegt. Wenn jemand eine Einrichtung erfunden hat, eine diese Einrichtung vollkommen veranschaulichende Zeichnung anfertigt und nun, bevor seine Erfindung zwecks Patentierung oder Erwerbung des Gebrauchsmusterschutzes angemeldet worden war, nach der Zeichnung in der Werkstatt oder Fabrik eines Dritten ein Modell anfertigen läßt, ohne daß dem Dritten erkennbar wird, daß es sich für den Auftraggeber um eine zu schützende Erfindung handelt, dann gibt allerdings der Erfinder seine Erfindung preis; er selbst schafft dann den Tatbestand der offenkundigen Vorbenutzung, weil er seine Erfindung so benutzt, daß andere Sachverständige von dem Erfundenen Kenntnis erlangen und es nicht als ihnen verwehrt ansehen können, davon auch für sich und beliebige Dritte Gebrauch zu machen. So liegt indes hier die Sache nicht. ... Der Inhaber der klagenden Firma hatte, wie er sich nicht verhehlen konnte, damit zu rechnen, daß er es mit einer in der Vorbereitung für den Erwerb, sei es des Gebrauchsmusterrechts, sei es des Patentrechts begriffenen Erfindungsangelegenheit des K. zu tun habe; es ergab sich aus den Umständen, daß er sich als Vertrauensperson des K. zu betrachten hatte, daß für die Erfindungsangelegenheit seine Fabrik als eigene Fabrik des K. galt. Alsdann aber lag keine offenkundige Benutzung der Erfindung in der Modellanfertigung; denn die Behauptung, daß für jedermann die Fabrik der Klägerin zugänglich, und somit die Gelegenheit gegeben war, was dort vorging, zu beobachten, ist nicht aufgestellt worden. — Eine offenkundige Vorbenutzung konnte auch nicht mit Rücksicht darauf angenommen werden, daß das angefertigte Modell sechs Tage vor der Patentanmeldung unter Beifügung einer auf die städtische Krankenhausverwaltung als Zahlungspflichtige lautenden Rechnung geliefert worden ist. Die Beklagte hat behauptet, und K. glaubhaft bestätigt, daß seinem Auftrage gemäß das Modell in sein Bureau gebracht worden sei. Man darf sich daher davon überzeugt halten, daß auch während der Zeit von der Ablieferung des Modells bis zur Patentanmeldung die Möglichkeit der Erfindungsbenutzung für ‚andere Sachverständige' nicht bestand." ...

RGZ. 56, 223

Hat der Besitzer einer Maschinenfabrik stets das Recht der Vorbenutzung an der einem Dritten patentierten Erfindung einer Maschine, wenn vor der Anmeldung des Patents die nämliche Maschine von einem seiner Angestellten ebenfalls erfunden und in seiner Fabrik hergestellt worden war?

Patentgesetz § 5 Abs. 1 (PatG. 1936 § 7).

I. Zivilsenat. Urt. v. 14. Dezember 1903.

I. Landgericht I Berlin. II. Kammergericht daselbst.

. . .

Aus den Gründen:

. . . „Beklagter leitet das Recht der Vorbenutzung daraus her, daß zwei Angestellte der Firma Friedrich Kr., B. und N., zu der Zeit, als sie sich im Dienst der Firma befanden, in einem Werke derselben eine Kugelmühle erdacht und hergestellt hätten, die den Erfindungsgedanken des Patents Nr. 62 871 verkörpere, und daß später diese Mühle von einem anderen Angestellten durch Erfindung und Ausgestaltung einzelner Teile verbessert worden sei.

Nach den vorliegenden tatsächlichen Feststellungen haben B. und N. bis zum 4. Dezember 1883 im Dienste der Firma Friedrich Kr. gestanden, ersterer als Betriebschef des Martinswerks, letzterer als Leiter eines Bessemerwerks. Während dieser Zeit haben sie sich mit der Aufgabe, aus Hochofenschlacke Zement herzustellen, beschäftigt und sind zu einem brauchbaren Ergebnis gelangt, womit sie eine neue, gewerblich verwertbare Erfindung gemacht hatten. Beide waren nach ihrem Dienstvertrage verpflichtet, alle von ihnen gemachten Erfindungen der Firma zu überlassen, und waren der Ansicht, daß der Firma auch diese Erfindung gehöre. Sie wünschten jedoch, dieselbe für sich auszunutzen, und kündigten deshalb unter Darlegung des Sachverhalts ihre Stellung, in der Erwartung, daß die Firma ihnen ihre Erfindung belassen werde. Dieser Erwartung wurde entsprochen: die Firma befaßte sich nicht mit der Herstellung von Zement; dagegen wurde den Erfindern gestattet, bis zum Ablauf ihrer Dienstzeit noch die Versuche fortzusetzen und hierzu Material, Maschinen und Oefen der Firma, sowie deren Arbeiter unentgeltlich zu benutzen. Behufs Einrichtung eines Fabrikbetriebes bemühten B. und N. sich nunmehr um eine Kugelmühle zum Feinmahlen des Zements und gelangten nach anfänglich vergeblichen Versuchen noch während ihrer Dienstzeit bei der Firma dahin, in einem Werke derselben eine Mühle herzustellen, die brauchbaren Zement lieferte. Vor ihrem Ausscheiden bestellten sie dann bei der Firma eine etwas anders eingerichtete Kugelmühle, die von ihnen in der eigenen Fabrik in Benutzung genommen, jedoch bald, als untauglich, wieder außer Betrieb gesetzt wurde, worauf sie mehrere Jahre hindurch mit Mahlgängen arbeiteten, bis sie sich im Jahre 1889 der Kugelmühle wieder zuwandten und, nach Verlängerung des Rohrs, sowie nach Einbauen eines bei der Firma Friedrich Kr. bestellten Einsatzstücks, nunmehr eine Kugelmühle erzielten, die allen Anforderungen entsprach. . . .

Im vorliegenden Falle kommt es, was die Vorgänge im Jahre 1883 anlangt, darauf an, ob Voraussetzungen dieser Art zugunsten des Beklagten als vorliegend anzunehmen sind. Eine Benutzung, die zum Erwerb des in § 5 Abs. 1 des Patentgesetzes bezeichneten Rechts genügt, kann, wie die Revision zutreffend hervorhebt, durch jede derjenigen Handlungen geschehen, zu denen nach § 4 des Patentgesetzes*) der Patentinhaber ausschließlich befugt ist, also auch durch gewerbsmäßige Herstellung des Gegenstandes der Erfindung. Solche Herstellung allein genügt bereits; daß der Gegenstand der Erfindung daneben auch noch anderweitig benutzt, insbesondere gebraucht wird, ist nicht erforderlich. Der Umstand, daß die Firma Friedrich Kr. nicht selbst Zement erzeugt und auch sonst die in Rede stehende Mühle niemals gebraucht hat, ist deshalb ohne Bedeutung; das beanspruchte Recht der Vorbenutzung würde anzuerkennen sein, wenn die Herstellung der Mühle als Erzeugnis im Betrieb der Firma zu gelten hätte. Dies muß jedoch verneint werden.

Die Herstellung erfolgte in einem Werke der Firma unter Benutzung ihres Materials und ihrer Arbeitskräfte. Sie geschah mithin auf Kosten der Firma — über deren Ersatz nichts erhellt — und, wie der Revision zugegeben werden mag, auf ihre Gefahr, da, soweit ersichtlich, anzunehmen ist, daß sie für etwa dabei vorkommende Betriebsunfälle hätte aufkommen müssen. Insoweit würde ein gewöhnlicher Betrieb der Firma anzunehmen sein. Im vorliegenden Fall wurde jedoch die Mühle von Angestellten der Firma gebaut, um zur Verwertung einer von diesen gemachten Erfindung zu dienen, und zwar einer Erfindung, nämlich der Erzeugung von Zement aus Hochofenschlacke, die ihnen zur Ausnutzung überlassen war. Auch hierauf ist indes entscheidendes Gewicht nicht zu legen; denn wenn auch die Firma auf die Erfindung der Verwendung von Hochofenschlacke zu Zement verzichtete, so wäre es doch immer sehr wohl möglich gewesen, daß die hierfür erforderlichen Maschinen von ihr, in ihrem Betriebe, gebaut worden wären. Und daß letzteres in der Tat geschehen sei, würde angenommen werden müssen, wenn nicht aus besonderen Umständen das Gegenteil zu entnehmen wäre. Denn wenn solche besondere Umstände nicht vorliegen, sind Arbeiten in einer Fabrik, die dort von Angestellten und Arbeitern verrichtet werden, um Erzeugnisse herzustellen, mit deren Herstellung sich die Fabrik befaßt, ihrem Betriebe zuzurechnen. Ob der Wille des Inhabers darauf gerichtet ist, oder ob er auch nur darum weiß, kann nicht in Betracht kommen, da der Eigentümer einer Fabrik nicht von den Einzelheiten seines Betriebes Kenntnis haben kann oder unterrichtet zu sein braucht. Diese Grundsätze haben auch in Ansehung derjenigen Arbeiten zu gelten, die vorgenommen werden, um den Gegenstand einer von einem Angestellten gemachten Erfindung herzustellen; d. h. auch diese sind an und für sich zum Betrieb der Fabrik zu rechnen, wenn sie ihrer Art nach zu demselben gehören können, und der sog. Erfindungsbesitz steht alsdann dem Inhaber der Fabrik, und nur diesem, zu. Gerade in einem Fall der letzteren Art kann jedoch die Sachlage so ge-

*) PatG. 1936 § 6.

staltet sein, daß sie andere Folgen bedingt. Steht die Erfindung eines Angestellten in Frage, so ist es möglich, daß der Fabrikinhaber diese nicht für sich allein beansprucht, und alsdann wäre es denkbar, daß auch die Ausführungsarbeiten nicht ihm allein, sondern auch dem Angestellten zuzurechnen wären, so daß beide als diejenigen zu gelten hätten, die zusammen die Erfindung in Benutzung genommen haben, und beiden der sog. Erfindungsbesitz gemeinsam zukäme. Es ist ferner möglich, daß der Fabrikinhaber nicht nur die Erfindung, sondern auch ihre Ausführung dem Angestellten ausschließlich überläßt und ihm anheimstellt, auch die zur Ausführung erforderlichen Arbeiten allein vorzunehmen, d. h. in der Weise, daß der Fabrikinhaber sich weder an der Erfindung und ihrer Ausbeutung, noch an den Arbeiten zu ihrer Verwirklichung beteiligt, also gar keine Gemeinschaft in allen diesen Beziehungen zwischen ihm und seinem Angestellten besteht. In solchem Falle kommt nicht der sog. Erfindungsbesitz beiden zu. Wollte man dies annehmen, so müßte man annehmen, daß ein jeder vor ihnen auf Grund eines und des nämlichen Tatbestandes das Recht der Vorbenutzung selbständig, also unabhängig von dem anderen erworben habe, und das würde rechtlich unmöglich und ohne tatsächliche Grundlage sein. Denn in Benutzung genommen wäre in dem unterstellten Falle die Erfindung nicht von dem Fabrikinhaber, sondern einzig und allein von seinem Angestellten, und deshalb würde nur der letztere sich in dem sog. Erfindungsbesitz befinden.

Ob dies zutrifft, ist Tatfrage, die nach der oben gegebenen Ausführung nur bejaht werden darf, wenn besondere Umstände es bedingen. In dem vorliegenden Fall ist von dem Berufungsgericht ein Sachverhalt festgestellt, der es zweifelsfrei macht, daß eine Vorbenutzung der Firma Friedrich Kr. im Jahre 1883 nicht stattgefunden hat. Nach den Feststellungen des angefochtenen Urteils haben B. und N., als sie ihre Stellung gekündigt und der Firma ihre Erfindung, betreffend die Herstellung von Zement, sowie ihre Absicht, daraufhin eine Fabrik zu gründen, mitgeteilt hatten, das größte Entgegenkommen gefunden, und es ist ihnen seitens der Firma für ihren Plan, nunmehr auch noch die für die Zerkleinerung des Zements erforderliche Kugelmühle zu bauen, Material und Arbeitskraft der Firma zur Verfügung gestellt worden. Das Berufungsgericht folgert hieraus, daß B. und N., als sie daraufhin unter Genehmigung der Direktoren in einem Werke der Firma Versuche mit Kugelmühlen anstellten, dies nicht mehr als Angestellte der Firma für diese, sondern lediglich in ihrem eigenen alleinigen Interesse getan haben. Hiermit ist eine tatsächliche Feststellung getroffen, die der Sachlage vollkommen entspricht. Aus derselben aber folgt, daß die Firma im Jahre 1883 der Herstellung einer Kugelmühle ferngeblieben ist, weil sie sich hiermit nicht befassen wollte, und daß sie nur ihren Angestellten B. und N. erlaubt hat, in ihrem Werke, vielleicht gegen Vergütung des Materials, vielleicht sogar ohne solche, nach eigenen Anordnungen eine Mühle zu bauen. Im Betriebe der Firma ist dies nicht geschehen, und deshalb kann diese keine Rechte aus der ihr fremd gebliebenen Tätigkeit herleiten.

Die anderen Vorgänge anlangend, kommt die Lieferung der von N. und B. noch 1883 bestellten Kugelmühle nicht in Betracht, da diese, wie die Revision anerkennt, anders eingerichtet war, als die des Patents Nr. 62 871. Es bliebe dann nur noch zu erwägen, ob der Firma später ein Vorbenutzungsrecht erwachsen wäre; indes ist auch diese Frage zu verneinen, weil sie nur noch im Jahre 1889 ein Einsatzstück geliefert und hierdurch, wie das Berufungsgericht zutreffend angenommen hat, also durch die Lieferung eines einzelnen, übrigens im Patent Nr. 62 871 nicht erwähnten Teils, auch wenn dieser in ein früher geliefertes Rohr gesetzt wurde, die Erfindung der Kugelmühle nicht in Benutzung genommen worden ist." . . .

RGZ. 57, 38

1. Rechtliche Natur des Lizenzvertrags.

2. Ist eine Aktiengesellschaft für das grob fahrlässige Verhalten ihres technischen Betriebsleiters verantwortlich?

I. Zivilsenat. Urt. v. 16. Januar 1904.

I. Landgericht Dortmund, Kammer für Handelssachen. II. Oberlandesgericht Hamm.

. . .

Aus den Gründen:

. . . „Das Patentgesetz hat den Lizenzvertrag nicht geregelt. Es hat aber seine Zulässigkeit anerkannt. Denn wenn § 6 Satz 2 des Gesetzes*) bestimmt, das Recht aus dem Patent könne „beschränkt oder unbeschränkt" durch Vertrag auf andere übertragen werden, so ergibt sich hieraus auch die Zulässigkeit der dem Lizenzvertrag charakteristischen Art der Uebertragung, bei welcher sich der Patentinhaber zwar das Recht vorbehält, aber seine Benutzung in größerem oder geringerem Umfange einem anderen gestattet. Unter bestimmten Voraussetzungen ist eine solche Gestattung dem Inhaber des Patentes sogar zur gesetzlichen Pflicht gemacht (vgl. § 5 des Gesetzes)**).

Unter der Bezeichnung als Lizenzvertrag werden nun aber eine Reihe von Vereinbarungen zusammengefaßt, welche zwar die oben bezeichneten charakteristischen Merkmale tragen, im übrigen aber einen sehr verschiedenen Inhalt haben. Es kann vereinbart sein, daß der Patentinhaber lediglich von seinem Verbietungsrechte dem Lizenznehmer gegenüber keinen Gebrauch mache. In diesem Falle erschöpft sich der Vertrag in diesem negativen Inhalte (Lizenzvertrag im engeren

*) PatG. 1936 § 9.
**) PatG. 1936 § 8.

Sinne, vgl. Jurist. Wochenschr. 1901 S. 656 Nr. 18). Unrichtig wäre es aber, in diesem vertragsmäßigen Verzicht des Patentinhabers auf sein Untersagungsrecht den charakteristischen Inhalt eines jeden Lizenzvertrages zu erblicken. In der überwiegenden Zahl der Fälle entspricht es der Intention der Kontrahenten und dem von ihnen beabsichtigten wirtschaftlichen Ziele, daß dem Lizenznehmer ein positives Recht, ein quasidingliches Benutzungsrecht an dem Rechte des Patentinhabers eingeräumt werde.

Vgl. Bolze, Uebertragung der Ausübung eines Patentrechts in Gruchot, Beiträge Bd. 38 S. 75 flg., Bd. 39 S. 1 flg.

Allerdings hat die Auffassung, welche in der Lizenz immer nur den vertragsmäßigen Ausschluß der actio negatoria des Patentinhabers erblickt und hiervon ausgehend zu dem Resultate gelangt, daß dem Lizenznehmer, abgesehen von der Klage aus dem Vertrage gegen den Patentinhaber, keine eigenen selbständig verfolgbaren Rechte gegenüber Dritten zustehen, in der Literatur namhafte Vertreter gefunden; sie kommt auch in einer Reihe oberstrichterlicher Entscheidungen in mehr oder weniger bestimmter Form zum Ausdruck. . . .

Vgl. Gareis, Patentrechtl. Entsch. Bd. 1 S. 230, Bd. 6 S. 208, Bd. 13 S. 106; Entsch. des RG.'s in Zivils. Bd. 17 S. 53, Bd. 33 S. 103.

Allein nicht in der Aufhebung oder Beschränkung des Untersagungsrechts des Patentinhabers, sondern in der Ermöglichung der Ausnutzung der Erfindung, welche durch das Patentrecht gewährleistet wird, ist der Schwerpunkt des Vertrags, der von den Kontrahenten verfolgte Zweck, sowie die wirtschaftliche Bedeutung des Vertrags zu erblicken. Durch die Uebertragung der Benutzung des Patentrechtes wird dem Lizenznehmer, jedenfalls bei der sog. ausschließlichen Lizenz, ein positives Recht verliehen, die Erfindung für sich auszubeuten. Diese Ausbeutung ist aber in der Regel nur dann möglich, wenn der Lizenznehmer in der Lage ist, andere, durch deren Konkurrenz die Benutzung der durch das Patent geschützten Erfindung beeinträchtigt wird, auszuschließen. Diese Befugnis leitet er aus dem Inhalt der Uebertragung ab. Sie ist in seiner Hand ein selbständiges Recht; er hat nicht nötig, die Rechte des Patentinhabers wegen der Patentverletzung Dritter sich zedieren zu lassen. Die Ansicht, welche der Uebertragung der Benutzung des Patentrechts diese quasidingliche Wirkung beilegt und dem Lizenznehmer wenigstens dann, wenn die Lizenz als ausschließliche verliehen ist, eine selbständige Befugnis zur Geltendmachung seines Benutzungsrechtes gegen jeden Dritten zugesteht, der es beeinträchtigt, ist in der neueren patentrechtlichen Literatur fast allgemein zur Anerkennung gelangt. . . .

Der erkennende Senat befindet sich bei dieser Auffassung im Einklang mit seiner Entscheidung vom 3. Juli 1901, Rep. I. 188/01 (vgl. Jurist. Wochenschr. 1901 S. 656). Er tritt nicht in Widerspruch mit dem Erkenntnis des II. Zivilsenats vom 3. April 1903, Rep. II. 415/02 (vgl. Entsch. des RG.'s in Zivils. Bd. 54 S. 272 flg.), da es sich bei letzterem ausschließlich um die obligatorischen Verpflichtungen des Patentinhabers gegenüber dem Lizenznehmer handelte.

Die Aktivlegitimation der Klagepartei ist daher von dem Oberlandesgerichte mit Recht angenommen.

Auch die weiteren Angriffe der Revision erscheinen verfehlt. Das Vorliegen der objektiven Patentverletzung durch die Anwendung des sog. Benardos'schen Verfahrens im Betriebe der Beklagten ist nicht bestritten. Das Oberlandesgericht hat aber weiter auf Grund eingehender Beweisaufnahme festgestellt, daß hinsichtlich dieser Patentverletzung dem Betriebsleiter der Beklagten mindestens grobe Fahrlässigkeit zur Last fällt. Im ganzen wurde etwa 1½ Jahre lang, zuerst von dem Arbeiter M. und nach dessen Austritt von dem durch ihn instruierten Arbeiter G., mit Billigung des Werkmeisters C. nach dem Benardos'schen Verfahren im Betriebe der Beklagten geschweißt. Bei mindestens zwei Anlässen hat der Betriebsleiter W. hiervon Kenntnist erlangt. Er hat auch jeweils Veranlassung genommen, darauf hinzuweisen, daß die Anwendung des Benardos'schen Verfahrens nicht statthaft, sogar strafbar sei, und hat das Arbeiten nach demselben ausdrücklich verboten. Allein er hat sich in keiner Weise darüber vergewissert, ob seinem Verbote auch Folge gegeben werde. Er hat es sogar geschehen lassen, daß die nach dem Benardos'schen Verfahren hergestellten Fässer (20—30 kleinere und 150 größere) in Verkehr gebracht wurden. Er hat sonach nicht nur beim Bekanntwerden der in dem Betrieb vorgekommenen Patentverletzung jede nähere Untersuchung und Aufklärung über ihren Umfang pflichtwidrig unterlassen; er hat es auch verabsäumt, ihr für die Folge vorzubeugen, und hat sogar ihre Ergebnisse für die Beklagte verwertet. Wenn das Oberlandesgericht in diesem Verhalten einen besonders hohen Grad von Fahrlässigkeit erblickt hat, so ist hierin ein Rechtsirrtum nicht zu erkennen. Für dieses Verhalten ihres Betriebsleiters ist die Beklagte aber auch verantwortlich. Der Betriebsleiter war das Willensorgan der Beklagten in bezug auf den gewerbetechnischen Betrieb derselben. In dem ihm zugewiesenen Geschäftskreise vertrat er die verklagte Gesellschaft. Sie ist für seine Handlungen und Versäumnisse verantwortlich." . . .

RGZ. 59, 133

Umfang der Rechtskraft der im Patentnichtigkeitsverfahren ergangenen Entscheidung, insbesondere wenn der Antrag auf Nichtigerklärung des Patents abgewiesen ist.

I. Zivilsenat. Urt. v. 5. November 1904.

I. Patentamt.

Aus den G r ü n d e n :

„Umfang und Grenzen der Rechtskraft des Urteils, das im Patentnichtigkeitsverfahren ergeht (§§ 29, 30, 33 des Patentgesetzes)*), sind in den Gesetzen durch ausdrückliche Bestimmungen nicht geregelt. Nur soviel läßt sich aus dem Patentgesetze ableiten, daß das Urteil, wenn es auf vollständige oder Teilvernichtung des Patents lautet, für und gegen jedermann wirkt und also absolute Bedeutung hat. Denn das Gesetz spricht von „E r k l ä r u n g der Nichtigkeit", die Gegenstand des Verfahrens sein und in die Patentrolle eingetragen werden soll. Für die Tragweite des abweisenden Urteils aber ergibt sich aus dem Gesetze nichts. Von der Rechtsprechung und der Literatur wird übereinstimmend angenommen, daß ein solches Urteil den allgemeinen prozessualen Regeln, wie sie jetzt in den §§ 325—327 ZPO. enthalten sind, unterstehe und also nur zwischen den Parteien und ihren Rechtsnachfolgern wirke. Von dieser Ansicht abzugehen, liegt kein Anlaß vor. Sie führt zu dem Ergebnisse, daß die Wiederholung einer abgewiesenen Nichtigkeitsklage auch bei Identität des geltend gemachten Nichtigkeitsgrundes dann nicht zu beanstanden ist, wenn die neue Klage von jemand angestellt wird, der nicht der alte Kläger und auch nicht dessen Rechtsnachfolger ist.

Erwägt man aber, daß die Nichtigkeitsklage in den Fällen des § 10 Abs. 1 Nr. 1 und 2 des Patentgesetzes**) von jedermann angestellt werden kann, ohne daß ihm die Aufdeckung seines persönlichen Interesses an der Vernichtung des Patents angesonnen werden darf, so läßt sich nicht verkennen, daß eine schrankenlose Durchführung dieses Satzes zu Ergebnissen führen würde, die mit einer geordneten Rechtspflege kaum noch verträglich wären. Die Erfahrung lehrt, daß von der Einleitung des Nichtigkeitsverfahrens regelmäßig nur zum Zwecke der Wahrung individueller gewerblicher Interessen Gebrauch gemacht wird. Wenn das Gesetz von deren Darlegung und Aufdeckung Abstand nimmt, so geht es dabei nicht davon aus, daß sie nicht vorhanden seien, sondern davon, daß sie sich mit dem öffentlichen Interesse an möglichster Freiheit des Gewerbes decken. Darin liegt die Gefahr eines Mißbrauchs des Klagerechts, indem der Versuch ermöglicht wird, auch nach rechtskräftiger Entscheidung zur Wahrung desselben individuellen Interesses im Widerspruch mit den Grundsätzen einer geordneten Rechtspflege den Klageweg noch einmal zu beschreiten.

Derartigen Versuchen ist der Senat in seiner bisherigen Rechtsprechung schon wiederholt entgegengetreten. Insbesondere ist ausgesprochen, daß, wenn der neue Kläger bloß eine vorgeschobene Person ist, hinter der als eigentliche Prozeßpartei der frühere Kläger steht, die Einrede der Rechtskraft durchgreife, wobei der Gesichtspunkt ver-

*) PatG. 1936 §§ 37 ff.

**) PatG. 1936 § 13.

wertet wurde, daß auch einem Inkassomandatar Einreden aus der Person seines Auftraggebers entgegenstehen. ... In der Sache Rep. I 344/98 (Jurist. Wochenschr. 1899 S. 11, Blatt für Patent-, Muster- und Zeichenwesen 1899 S. 9) lag der Fall vor, daß der Prozeßbevollmächtigte des ersten Klägers, der die Frist zur Einlegung der Berufung gegen die abweisende Entscheidung des Patentamts versäumt hatte, zur Vermeidung des ihm drohenden Regresses die Klage aufs neue im eigenen Namen anstellte. Auch dies wurde nicht zugelassen, weil, wenn auch kein Auftrag des Klägers vorläge, die Klage doch in Wirklichkeit für diesen als auftraglose Geschäftsführung erhoben sei, hierin aber ein das öffentliche Interesse nicht fördernder, sondern störender Mißbrauch des Klagerechts liege.

Auch der vorliegende Fall aber fällt unter jene Kategorie. (Wird ausgeführt.)

Das Anstellungsverhältnis und die Instruktion des Vorprozesses ergeben eine Sachlage, aus der ohne weiteres geschlossen werden darf, daß die gegenwärtige Klage nur für den abgewiesenen Kläger B. und dessen gewerbliches Interesse angestellt ist. Diese Feststellung ergibt sich aus der objektiven Sachlage. Meinungen und Erklärungen des jetzigen oder des früheren Klägers können den Senat hierin um so weniger irre machen, als der Kläger selbst zugibt, ein eigenes gewerbliches Interesse an der Bekämpfung des Patents nicht zu haben." . . .

RGZ. 60, 344

Hat der mit einer Patentverletzungsklage Belangte, der nach der Klagerhebung oder nach Erlassung eines unterinstanzlichen, der Klage stattgebenden, aber nicht für vorläufig vollstreckbar erklärten Urteils die angebliche Erfindungsbenutzung bis zur Entscheidung der Sache einstellt, Anspruch auf Ersatz des ihm dadurch entstandenen Schadens gegen den Kläger, wenn der Rechtsstreit mit Abweisung der Klage endet, dem Kläger aber wegen seines Vorgehens gegen den Beklagten kein Verschulden zur Last fiel?

I. Zivilsenat. Urt. v. 27. Mai 1905.

I. Landgericht Bautzen. II. Oberlandesgericht Dresden.

Aus den Gründen:

. . . „Das Bürgerliche Gesetzbuch hat grundsätzlich daran festgehalten, daß eine Schadensersatzpflicht nur dann begründet ist, wenn denjenigen, der den Schaden herbeigeführt hat, ein Verschulden trifft. Nur in besonderen Fällen läßt es aus Gründen verschiedener Art eine Haftung für verursachten Schaden auch aus schuldlosen Rechtsverletzungen entstehen, in welcher Hinsicht insbesondere zu verweisen ist auf § 122 (Abgabe unrichtiger Willenserklärungen), § 179 (Vertretung ohne Vertretungsmacht), § 231 (vermeintliche Selbsthilfe), § 829 (Schadensersatzpflicht Unzurechnungsfähiger), § 833 (Haftung des Tierhalters), § 835 (Haftung für Wildschaden) und § 904 (Haftung aus Notstandsverletzung). Außer diesen Vorschriften kommen noch — abgesehen vom Haftpflichtgesetz — die zugleich mit dem Bürgerlichen Gesetzbuch in Kraft getretenen Bestimmungen in den §§ 89, 302, 600, 717 und 945 der Zivilprozeßordnung in Betracht, aus denen sich weitere Durchbrechungen des Verschuldungsprinzips ergeben. Von ihnen interessiert hier vornehmlich diejenige des § 717 Abs. 2, wonach, wenn ein für vorläufig vollstreckbar erklärtes Urteil aufgehoben oder abgeändert wird, der Kläger zum Ersatze des Schadens verpflichtet ist, der dem Beklagten durch die Vollstreckung des Urteils oder durch eine zur Abwendung der Vollstreckung gemachte Leistung entstanden ist. Durch sie wie durch die verwandten Bestimmungen in § 302 Abs. 4, § 600 Abs. 2 und § 945 ist nur eine Schadenshaftung angeordnet worden, deren Voraussetzung ein ausgeübter Zwang ist, der sich hinterher als ungerechtfertigt erweist, und über die damit vom Gesetze gezogene Schranke würde man sich hinwegsetzen, wenn man es für den Schadensersatzanspruch eines Beklagten schon genügen lassen wollte, daß er sich einstweilen, ohne durch ein für vorläufig vollstreckbar erklärtes Urteil dazu genötigt zu sein, dem Klagebegehren fügt. Das landgerichtliche Urteil, welches im Vorprozeß der Beklagte gegen die Klägerin erstritten hatte, war nicht vorläufig vollstreckbar, und demnach kann die Entscheidung des gegenwärtigen Prozesses nur dahin gehen, daß der erhobene Anspruch hinfällig ist."

RGZ. 62, 25

Kann wegen nach Erhebung der Patentverletzungsklage vom Beklagten begangener Patentverletzungen Schadensersatz auch dann beansprucht werden, wenn der Beklagte diese Verletzungen weder wissentlich noch aus grober Fahrlässigkeit begangen hat?

I. Zivilsenat. Urt. v. 8. November 1905.

I. Landgericht Darmstadt. II. Oberlandesgericht daselbst.

Aus den Gründen:

... „Nach § 35 des Patentgesetzes*) findet ein Entschädigungsanspruch des Patentinhabers nur gegen denjenigen statt, der wissentlich oder aus grober Fahrlässigkeit die Erfindung den §§ 4 und 5**) zuwider in Benutzung nimmt, ohne daß dabei zwischen der Zeit vor und der Zeit nach der Klagerhebung unterschieden würde. Dies würde freilich die Anwendung besonderer Bestimmungen des Bürgerlichen Rechts über die Wirkung der Rechtshängigkeit nicht ausschließen. Es fehlt aber an sol-

*) PatG. 1936 § 47.
**) PatG. 1936 §§ 6, 7.

chen Bestimmungen, aus denen sich ein weitergehender Schadensersatzanspruch herleiten ließe. Insbesondere versagt hier auch die Analogie des dem Eigentümer einer Sache nach § 1004 BGB. zustehenden negatorischen Anspruchs. Bei Beeinträchtigung des Eigentums ohne Vorenthaltung oder Entziehung des Besitzes kann der Eigentümer nach § 823 BGB. schon bei bloßer Fahrlässigkeit des Täters Schadensersatz verlangen; indessen findet eine Steigerung seiner Rechte als Wirkung der Rechtshängigkeit nicht statt. Daraus folgt, daß auch eine Steigerung der Rechte des Patentinhabers gegen den Verletzer als Wirkung der Rechtshängigkeit aus dem bürgerlichen Rechte nicht abzuleiten ist, und daß die allgemein bestimmten Voraussetzungen seines Entschädigungsanspruchs auch für die Zeit nach der Klagerhebung maßgebend bleiben." . . .

RGZ. 63, 140

Kann, wenn in einem Rechtsstreite wegen Verletzung eines Patents der Beklagte in der Berufungsinstanz zur Unterlassung jeder Zuwiderhandlung gegen das Patent verurteilt ist, nach Erlassung des Berufungsurteils sowie nach Einlegung der Revision aber das Patent rechtskräftig für nichtig erklärt wird, die Revision auch durch diese Tatsache der Vernichtung des Patents begründet werden?

ZPO. §§ 549, 550.

I. Zivilsenat. Urt. v. 4. April 1906.

I. Landgericht Hamburg. II. Oberlandesgericht daselbst.

Das Reichsgericht hat die Frage bejaht aus folgenden, den Sachverhalt ergebenden

Gründen:

„Es handelt sich in dieser Instanz nur um den negatorischen Anspruch der Klägerin, mit dem sie auf Grund des Patents 97 057 verlangt, daß der Beklagten bei Strafe die gewerbsmäßige Herstellung und der Vertrieb von Margarine verboten werde, die Zucker unter Zusatz von Eigelb enthält. In beiden Instanzen ist nach diesem Antrage der Klage erkannt worden. Nach den §§ 1, 4, 7 des Patentgesetzes*) kann die Klägerin den mit diesem Klagantrage gesuchten Schutz ihres Patents nur für die Zeit der Dauer des Patents verlangen. Die Formel der beiden Urteile der Vorinstanzen ist nur mit dieser Beschränkung zu verstehen. Es ist nicht zu beanstanden, daß der Berufungsrichter sich begnügt, dies in den Gründen seines Urteils auszusprechen, ohne dieser Beschränkung in der Urteilsformel einen Ausdruck zu geben.

Der erkennende Senat hat durch sein Urteil vom 19. März 1906, nach Erlassung des angefochtenen Urteils und nach Einlegung der Revi-

*) PatG. 1936 §§ 1, 6, 10.

sion, das Patent, für welches die Klage Schutz verlangt, vernichtet. Damit hat das Patent jedenfalls sein Ende erreicht, und das Verbot, welches das angefochtene Urteil durch die Zurückweisung der Berufung mit dem ersten Richter für die Dauer des Patents ausspricht, hat damit seine Bedeutung verloren. Materiell ist dieser Streit der Parteien erledigt. Die Beklagte ist nach der Vernichtung des Patents durch nichts mehr gehindert, die ihr als Verletzung des Patents für dessen Dauer verbotene Herstellung und den Vertrieb von zuckerhaltiger Margarine mit Zusatz von Eigelb gewerbsmäßig zu betreiben.

Die Wirkung der Vernichtung des Patents reicht aber weiter. Die Vernichtung hat rückwirkende Kraft; sie spricht aus, daß das Patent nicht hätte erteilt werden dürfen, daß eine Erfindung, für welche ein Patent nach § 1 des Patentgesetzes erteilt werden konnte, nie bestanden hat, und daß deshalb die Klägerin die dem gültigen Patent im § 4 des Patentgesetzes*) beigelegte Wirkung, das Ausschließungsrecht und das Verbotsrecht gegen andere, nie mit Recht in Anspruch nehmen konnte, die negatorische Klage also von Anfang an unbegründet war.

Die Frage ist nur, ob dies nach der Gestaltung des Rechtsmittels der Revision durch die §§ 549, 550 ZPO. noch in der Revisionsinstanz geltend gemacht werden kann. Der Berufungsrichter konnte die erst nach Erlassung seines Urteils eingetretene Tatsache der Vernichtung des Patents nicht berücksichtigen; er hatte auch nach der Gestaltung des Verfahrens wegen Erklärung der Nichtigkeit des Patents in den §§ 28 flg. des Patentgesetzes**) über die Gültigkeit des Patents nicht zu befinden, hatte dasselbe vielmehr bis zur Vernichtung in dem besonders geordneten Verfahren vor dem Patentamt und dem Reichsgericht als gültig zu behandeln. Eine Verletzung des Gesetzes im Sinne des § 550 ZPO. kann ihm deshalb nicht vorgeworfen werden, soweit sie nur aus der Vernichtung des Patents hergeleitet werden soll.

Das Reichsgericht hat indessen bereits in zwei Urteilen vom 13. Januar 1900 in zwei gleich wie der jetzige Fall liegenden Sachen . . . (Rep. I. 275 und I. 299/1899) ausgesprochen, daß dieser Umstand der Erlassung des durch die objektive Rechtsverletzung sachlich gebotenen Erkenntnisses auf Abweisung der von Anfang an unbegründeten Klage nicht entgegenstehe. Das Gesetz sei insofern verletzt, als einer auf ein nichtiges Patent gegründeten Klage entsprochen sei, und Befugnisse zugesprochen seien, die nie bestanden. Wenn ein Gesetz mit rückwirkender Kraft ergehe, und sich die Beurteilung des Berufungsrichters infolgedessen als unzutreffend erweise, werde das Revisionsgericht dem neuen Gesetz zur Anerkennung verhelfen müssen. Nicht anders liege es,

*) PatG. 1936 § 6.
**) PatG. 1936 §§ 37 flg.

wenn durch ein Urteil ein vom Staate gewährtes Privileg zur Geltung gebracht werde, dessen Nichtigkeit sich demnächst herausstelle. Daran ist trotz der Bedenken, die sich dagegen aus den Urteilen des Reichsgerichts in den Entsch. in Zivils. Bd. 45 S. 95, 98 u. 418 herleiten lassen, festzuhalten. Es ist richtig, daß der Berufungsrichter im Sinne der §§ 549 u. 550 ZPO. ein Gesetz nicht verletzt, das erst nach Erlassung seines Urteils mit rückwirkender Kraft für noch anhängige, noch nicht entschiedene Sachen ergangen ist. Für die hier vorliegende Frage kommen, worauf auch in dem Urteil Entsch. Bd. 45 S. 418, 423 hingewiesen ist, andere Erwägungen in Betracht. Das Patent hat die Natur eines Spezialgesetzes, welches subjektive Rechte mit Wirkung gegen alle schafft, wie eine objektive Rechtsnorm. Der Richterspruch, der das Patent vernichtet, hebt kraft der Wirkung, die ihm das Gesetz beilegt, diese Rechtsnorm von Anfang an auf so, als ob sie für die zur Zeit ihrer Entstehung, der Erteilung des Patents, begründeten Rechtsverhältnisse nie bestanden hätte. An die Stelle der Rechtsnorm, die das Patent enthielt, tritt der Rechtssatz des Nichtigkeitsurteils. Dieser Rechtssatz gilt für die zur Zeit der Patenterteilung bestehenden Rechtsverhältnisse so, als ob er damals schon bestanden hätte. Er ist für die damals begründeten Rechtsverhältnisse maßgebend, nicht wegen seiner rückwirkenden Kraft, sondern weil er im Sinne des Gesetzes damals schon bestand. Wird davon ausgegangen, so muß der Rechtssatz des Nichtigkeitsurteils bei der Beurteilung des Rechtsverhältnisses auch noch in der Revisionsinstanz zugrunde gelegt werden, soweit das Rechtsverhältnis nicht durch rechtskräftiges Urteil festgestellt und damit einer anderen rechtlichen Beurteilung entzogen ist. Der Fall ist analog dem Falle zu beurteilen, wo durch authentische Interpretation mittels eines späteren Gesetzes der wahre Inhalt eines früheren Gesetzes festgestellt ist. Solche authentische Interpretation ist noch in der Revisionsinstanz zu beachten, weil der Rechtssatz, den sie ausspricht, nach der in Wissenschaft und Praxis feststehenden Auffassung als schon zur Zeit der früheren Rechtsverhältnisse bestehend anzusehen ist."

RGZ. 63, 161

1. Kann ein Patent deshalb teilweise für nichtig erklärt werden, weil sein Gegenstand dem Inhalte der ersten, später geänderten Anmeldung nicht entspricht?

2. Ist im Nichtigkeitsverfahren über die Priorität des Patents zu entscheiden?

Patentgesetz vom 7. April 1901 § 10 (PatG. 1936 § 13).

I. Zivilsenat. Urt v. 18. April 1906.

I. Patentamt.

Zu 1: Vgl. RG. Bd. 74 S. 394 (abgedr. weiter unten in diesem Abschnitt).

Zu 2 heißt es in den

Gründen:

... „Eine andere Frage ist, ob das Patent mit der Priorität vom 16. November 1901 ab erteilt werden durfte, wenn es richtig ist, daß die Anmeldung vom 15. November 1901 einen wesentlichen Teil des Anspruchs 1 des Patents, die Benutzung der Differenz der Phase, nicht enthielt, diese vielmehr erst in der Anmeldung vom 3. Januar und 19. März 1903 offenbart und zum Gegenstande der Anmeldung gemacht ist. Aber darüber ist im Nichtigkeitsverfahren nicht zu entscheiden. Nichtig ist ein Patent nach § 10 des Patentgesetzes, abgesehen von den Fällen, in denen es wegen wesentlichen Mangels des Aufgebotsverfahrens nach den §§ 20 flg. des Patentgesetzes*) überhaupt nicht erteilt werden durfte, nur, wenn sein Gegenstand ganz oder teilweise keine Erfindung, oder keine neue Erfindung war, (§ 10 Nr. 1), oder die Erfindung ganz oder teilweise Gegenstand des Patents eines früheren Anmelders, oder einem anderen entwendet ist (§ 10 Nr. 2, 3)**). Von alledem ist nicht die Rede, wenn die patenterteilende Behörde das Patent mit Recht erteilt, sich nur in der Priorität geirrt hat. Namentlich kann die Klägerin sich darauf nicht berufen, daß sie in der Zwischenzeit vom 15. November 1901 bis zum 3. Januar 1903 eine Methode für die Regelung des Wechselstrommotors durch absichtliche Aenderung der Größe und der Phase der Spannungen zum Patent angemeldet habe. Denn unstreitig hat diese Anmeldung bisher nicht zur Auslegung, noch weniger zur Erteilung eines Patents geführt; und daß die Erfinder des angefochtenen Patents dieser Anmeldung etwas für ihre eigene Anmeldung entnommen haben, hat die Klägerin auf ausdrückliches Befragen nicht behauptet. Ist bei Bestimmung der Priorität des angefochtenen Patents auf den 16. November 1901 fehl gegriffen, hätte die Priorität in Wahrheit auf den 3. Januar 1903 oder den 19. März 1903 verlegt werden müssen, so kann dies von Bedeutung werden für die Frage der Wirkung des Patents gegenüber einem Patent, das etwa der Klägerin für den Gegenstand der Anmeldungen vom 3. Januar und 19. März 1903 mit einer früheren Priorität erteilt wird, und für die Wirkung des angefochtenen Patents gegenüber Dritten, die etwa den Gegenstand der Erfindung der Anmeldungen vom 3. Januar und 19. März 1903 schon vorher im Sinne des § 5 des Patentgesetzes***) in Benutzung genommen haben, oder endlich wenn zwischen dem früheren

*) PatG. 1936 §§ 26 ff.
**) PatG. 1936 § 13.
***) PatG. 1936 § 7.

falschen Datum und dem richtigen späteren Datum die Erfindung offenkundig geworden und deshalb nicht mehr patentfähig war. Für das jetzige Nichtigkeitsverfahren hat die Frage keine Bedeutung." . . .

RGZ. 64, 178

Rechtshilfe der Gerichte dem Patentamt gegenüber. Wie sind die in Patentstreitsachen von dem Patentamte erlassenen Kostenfestsetzungsbeschlüsse zur Vollstreckung zu bringen?

IV. Zivilsenat. Beschl. v. 11. Oktober 1906.

I. Amtsgericht Dortmund. II. Oberlandesgericht Hamm.

Gründe:

„In der vorliegenden Patentstreitsache ersuchte das Patentamt das Amtsgericht in Dortmund, die Ausfertigung des Beschlusses vom 30. Januar 1906, in dem die von den Beklagten dem Kläger zu erstattenden Kosten vom Patentamt auf 1007,05 M. festgesetzt sind, mit der Vollstreckungsklausel zu versehen. Das Amtsgericht Dortmund lehnte das Rechtshilfeersuchen ab. Die dagegen vom Patentamt eingelegte Beschwerde wurde vom Oberlandesgericht Hamm durch Beschluß vom 26. Juli 1906 zurückgewiesen. . . .

Die Beschwerde ist zulässig. Nach § 32 des Patentgesetzes vom 7. April 1891*) sind die Gerichte verpflichtet, dem Patentamt Rechtshilfe zu leisten. Mangels besonderer Ausführungsbestimmungen sind hierfür die Bestimmungen in den §§ 157 flg. GVG. über Rechtshilfe entsprechend anwendbar. In sinngemäßer Anwendung ist gemäß § 160 daselbst das Reichsgericht zur Entscheidung über die Beschwerde berufen, wenn, wie hier, das Oberlandesgericht die Rechtshilfe für unzulässig erklärt hat.

Vgl. Entsch. des RG.'s in Zivils. Bd. 33 S. 426, 427.

Bei der eigenartigen Regelung der Beschwerde in § 160 bleiben die Bestimmungen der Zivilprozeßordnung und insbesondere die jetzt in der Novelle vom 5. Juni 1905 über die Beschwerde gegen Entscheidungen der Oberlandesgerichte gegebenen Vorschriften außer Betracht, was das Reichsgericht bereits in der Sache Rep. IV. 442/05 ausgesprochen hat.

In der Sache selbst ist die Beschwerde begründet. Nach den Grundsätzen der Zivilprozeßordnung ist allerdings die Erteilung der Vollstreckungsklausel nicht Sache des Vollstreckungsgerichts. Vielmehr vollzieht sich hiernach das organisatorisch von dem Prozeßgericht losgelöste Vollstreckungsverfahren auf Grund der vom Prozeßgericht erteilten Vollstreckungsklausel. Aber die Bestimmungen der Zivilprozeßordnung sind im vorliegenden Falle nicht unmittelbar anwendbar und auch nicht in der Entscheidung des Reichsgerichts Bd. 33 zur Anwendung gelangt.

*) PatG. 1936 § 46.

Als Prozeßgericht könnte vorliegend nur das Patentamt in Frage kommen. Nach der demselben gegebenen Verfassung aber ist es überhaupt nicht in der Lage eine Vollstreckungsklausel zu erteilen. Für die Fiktion eines Gerichtes, das anstatt des Patentamts als Prozeßgericht die Erteilung der Vollstreckungsklausel zu übernehmen hätte, fehlt es rechtlich an jedem Anhaltspunkte. Da in solchem Falle eine formelle Scheidung des Verfahrens des Prozeßgerichts und des Vollstreckungsgerichts im Sinne der Zivilprozeßordnung überhaupt nicht durchführbar ist, so ist für die Entscheidung auf die materielle Bedeutung der Vollstreckungsklausel zurückzugehen. Diese aber besteht darin, daß sie die notwendige Grundlage und damit einen wesentlichen Bestandteil des Vollstreckungsverfahrens selbst bildet. Demjenigen Gerichte, das im Wege der Rechtshilfe zur Vollstreckung berufen ist, fällt hiernach in entsprechender Anwendung des § 158 GVG. auch die Erteilung der Vollstreckungsklausel zu." . . .

RGZ. 65, 303

Kann, wenn Grundlage einer erlassenen einstweiligen Verfügung die gemäß § 23 des Patentgesetzes*) erfolgte Bekanntmachung einer Patentanmeldung war, und in der Berufungsinstanz zugunsten dessen, der die einstweilige Verfügung erwirkt hatte, erkannt worden war, vom Gegner die Revision darauf gestützt werden, daß nach Erlassung des Berufungsurteils vom Patentamte das Patent endgültig versagt worden sei?

I. Zivilsenat. Urt. v. 16. März 1907.

I. Landgericht Hannover, Kammer für Handelssachen. II. Oberlandesgericht Celle.

Aus den Gründen:

. . . „Mit Recht hat sich die Beklagte auf das in den Entsch. des RG.'s in Zivils. Bd. 63 Nr. 39 S. 140 abgedruckte Urteil berufen. Dort ist ausgeführt, welche rechtliche Natur einem Patente und dem ein Patent vernichtenden Urteile beizulegen, und welche Folgerung daraus für die Beantwortung der Frage zu ziehen sei, ob noch in der Revisionsinstanz eines Patentverletzungsprozesses ein das Patent für nichtig erklärendes Urteil berücksichtigt werden dürfe und müsse, das erst nach Erlassung des Berufungsurteils ergangen sei. An den Sätzen, die hierüber in dem angezogenen Urteil aufgestellt sind, hält der erkennende Senat fest. Sie führen dahin, daß auch das neue Vorbringen, worauf im gegenwärtigen Falle die Revision gestützt wird, als zu ihrer Begründung geeignet anerkannt werden muß. Die Bekanntmachung der Anmeldung des Patentes, die hier erfolgt war, ließ nach § 23 Abs. 1 Satz 2 Pat.-Ges.*) für den Gegenstand der Anmeldung zugunsten des Pa-

*) PatG. 1936 § 30.

tentsuchers einstweilen die gesetzlichen Wirkungen des Patentes eintreten; sie hatte mithin die Bedeutung eines einstweilen erteilten Patentes und folglich die Natur einer einstweiligen Rechtsnorm. Ist nunmehr das Patent endgültig versagt, so sind nach § 27 Abs. 2 Schlußsatz*) die Wirkungen des einstweiligen Schutzes so beseitigt, als ob sie niemals eingetreten wären. Auch hier ist dann an die Stelle einer früheren Rechtsnorm eine andere getreten, und es so anzusehen, als ob diese letztere schon früher bestanden hätte. Deshalb ist die Revisionsklägerin mit ihrer neuen Behauptung und dem Beweisantritt dafür zuzulassen und, da die Richtigkeit der Behauptung durch den in beglaubigter Form vorgelegten Beschluß der Beschwerdeabteilung des Patentamtes dargetan, und damit der erlassenen einstweiligen Verfügung ihre Grundlage entzogen ist, der Revision stattzugeben, und der Kläger mit den Kosten des Rechtsstreits zu belasten."

RGZ. 66, 164

Zum Begriffe „gewerbsmäßig" in § 4 des Patentgesetzes vom 7. April 1891). Ist die Benutzung einer patentierten Läutevorrichtung für die Glocken einer Kirche seitens der Kirchengemeinde eine gewerbsmäßige?**

I. Zivilsenat. Urt. v. 29. Mai 1907.

I. Landgericht Frankfurt a. M. II. Oberlandesgericht daselbst

. . .

Aus den Gründen:

. . . „Das Patentgesetz vom 7. April 1891 hat die Unterscheidung, die im Gesetz von 1877 zwischen Maschinen, Betriebsvorrichtungen und Arbeitsgeräten einerseits und den übrigen Gebrauchsgegenständen andererseits gemacht ist, als innerlich unberechtigt beseitigt. Es gewährt auch hinsichtlich des Gebrauchs den Patentschutz ohne jede Einschränkung in gegenständlicher Hinsicht. Es macht diesen Schutz nur davon abhängig, daß der Gebrauch ein „gewerbsmäßiger" sei. Dabei wird in den Motiven erklärt, daß gewerbliche Benutzung im weitesten Sinne zu verstehen sei, daß es aber unzulässig sei, den Patentschutz auch auf das Gebiet des häuslichen Gebrauchs zu erstrecken (vgl. Reichstagsdrucksachen 8. Legislaturperiode I. Session 1890 Nr. 152 S. 15).

Darüber, was der Gesetzgeber gewollt hat, kann nach dieser Stelle der Motive kaum ein Zweifel bestehen. Es sollte der häusliche Gebrauch, der rein persönliche und private, insbesondere auch der Gebrauch zu Studienzwecken, ausgenommen werden, in allen übrigen Beziehungen aber der Schutz des Gesetzes wirksam sein. Und eine ausdrückliche Konsequenz aus dieser seiner Auffassung hat der Gesetzgeber

*) PatG. 1936 § 35.
**) PatG. 1936 § 6.

durch die Bestimmung des § 5 Abs. 2*) gezogen, mit der er eine Benutzung, die keine gewerbsmäßige im Sinne des gemeinen Sprachgebrauchs, sondern eine solche „im Interesse der gemeinen Wohlfahrt" ist, der Wirkung des Patentes entzieht, obwohl sie gar nicht unter den Patentschutz fallen würde, wenn jede Benutzung, die nicht in einem Gewerbe erfolgt, auch keine gewerbsmäßige im Sinne des § 4 wäre. Den Gegensatz zu dem „häuslichen Gebrauche" bildet nicht nur der Gebrauch in einem eigentlichen Gewerbebetriebe, sondern jede nicht rein private Benutzung, wenn sie auch nicht für Zwecke eines Gewerbes erfolgt. Der Ausdruck „gewerbsmäßig" in § 4 muß, wie das Oberlandesgericht selbst zugibt, interpretiert, er muß auch richtig interpretiert werden. . . .

Hiernach kann es keinem Zweifel unterliegen, daß die Benutzung einer Vorrichtung durch eine Kirchengemeinde für die Zwecke eines regelmäßigen öffentlichen Gottesdienstes, weil sie nicht bloß einen häuslichen, privaten Gebrauch darstellt, unter die Bestimmung des § 4 des Gesetzes fällt. Die Benutzung ist eine gewerbsmäßige, zwar nicht im Sinne des gewöhnlichen Sprachgebrauchs, wohl aber im Sinne des Patentgesetzes, das den Ausdruck „gewerbsmäßig" „im weitesten Sinne" verstanden wissen und damit den Gegensatz zur häuslichen Benutzung treffen will." . . .

RGZ. 66, 313

Sind wesentliche Teile einer Maschine, die als Ganzes wegen ihrer Kompliziertheit nicht gebrauchsmusterschutzfähig sein würde, zum Gebrauchsmusterschutze geeignet?

I. Zivilsenat. Urt. v. 21. September 1907.

I. Landgericht Liegnitz. II. Oberlandesgericht Breslau.

Für den Kläger war ein Gebrauchsmuster unter der Bezeichnung „Langstrohdreschmaschine, deren rotierende, den Dreschkorb ersetzende Walze mit radial genuteten Umfangsrippen versehen ist", eingetragen. Der Kläger behauptete, die Beklagte habe in Kenntnis der Eintragung wissentlich, mindestens aber grob fahrlässig sein Schutzrecht dadurch verletzt, daß sie seit Ende 1901 bis zum Ablaufe der Schutzfrist in mindestens 200 Fällen von ihr hergestellte Langstrohdreschmaschinen mit der geschützten Einrichtung versehen und ihm dadurch einen Schaden zugefügt habe.

Das Landgericht nahm an, daß der Gegenstand der Anmeldung nicht die ganze Dreschmaschine, sondern die eigenartige Walze sei, die als ein im Modelle darstellbares Arbeitsgerät auch unter Gebrauchsmusterschutz stehe, wies aber die Schadensklage ab, weil der Beklagten

*) PatG. 1936 § 8.

weder Wissentlichkeit noch grobe Fahrlässigkeit bei der Nachbildung zur Last gelegt werden könne. Die Berufung wurde vom Oberlandesgericht mit der Begründung zurückgewiesen, daß weder die verhältnismäßig komplizierte Maschine im ganzen, noch der Dreschkorb als Teil schutzfähig sei, weil ihm innerhalb des maschinellen Gefüges keine selbständige Funktion zukomme, er vielmehr lediglich als ein wesentlicher Bestandteil der ganzen Maschine erscheine. Dieses Urteil wurde aufgehoben.

Aus den Gründen:

Es ist in der Literatur die Ansicht vertreten worden, daß auch kompliziertere Maschinen dann Gegenstand des Gebrauchsmusters sein könnten, wenn sie im großen und ganzen bekannt sind, und die Neuheit sich nur auf einen einzelnen, im Modelle darstellbaren und relativ einfachen Bestandteil bezieht.

Vgl. Schanz, im Sächs. Archiv Bd. 10 S. 81 flg.

Man könnte vielleicht eine gewisse Unterstützung für diese Ansicht auch in einigen Entscheidungen des gegenwärtig erkennenden Senats, z. B. der vom 8. Januar 1902 (Bl. f. P.-M.- u. Z.-W. 8, 132), betreffend eine Hobelmaschine für Holzsohlen, oder der vom 14. Oktober 1899, betreffend eine Registrierkasse, zu finden geneigt sein. Wäre ihr beizutreten, so würde schon die Annahme der Vorinstanz, daß die Dreschmaschine im ganzen wegen ihrer Kompliziertheit des Gebrauchsmusterschutzes unfähig sei, Bedenken unterliegen. Der Senat will aber diese Frage hier unentschieden lassen. Denn im gegenwärtigen Falle kann es keinem Zweifel unterliegen, daß der Anmelder für die Dreschmaschine im ganzen einen Schutz nicht beansprucht, daß er vielmehr ausdrücklich nur die eigenartig geformte, den Dreschkorb ersetzende Walze unter Schutz gestellt hat." (Wird näher dargelegt.)

„Was nun aber die Schutzfähigkeit des eigenartig geformten Dreschkorbes für sich anlangt, so ist es rechtsirrig, wenn das Berufungsgericht meint, er müsse um deswillen des Schutzes entbehren, weil er ein wesentlicher Teil der als Ganzes wegen ihrer Kompliziertheit schutzunfähigen Dreschmaschine sei. Das Reichsgericht hat nirgends ausgesprochen, daß wesentliche Teile einer Gesamtkombination, der im ganzen wegen ihrer Kompliziertheit nur der Patentschutz offen stände, für sich nicht musterschutzfähig sein könnten. In der Entscheidung, betreffend den Bogenableger bei Schnellpressen (Gruchot's Beitr. Jahrg. 47 S. 1032) ist allerdings Wert darauf gelegt, daß es sich um eine für sich einfache Vorrichtung an einer komplizierten Maschine handelt, die eine selbständige Funktion verrichtet. Diese Vorrichtung bestand nicht in einem einfachen Körper von bestimmter Form, sondern bildete gewissermaßen eine kleine Maschine für sich. Es war daher für die Entscheidung von Bedeutung, ihre Unabhängigkeit von dem Organismus der komplizierten Schnellpresse festzustellen, weil daraus hervorging, daß das komplizierte Arbeiten der Presse das relativ einfache Funktionieren des Bogenablegers nicht berührte. Andererseits ist in den Entsch. des RG.'s in Zivils. Bd. 39 S. 115 bei Unterstellung, daß die Filterpresse als Ganzes sich wegen ihrer Kompliziertheit für den Musterschutz nicht eigne, angenommen, daß die eigentümlich geformten Filterplatten, die dort zweifellos einen notwendigen und unselbständigen Teil der Gesamtkombination bilden, des Musterschutzes wohl fähig seien. Ebenso ist in der oben erwähnten Entscheidung, betreffend die Hobelmaschine für Holzsohlen, angedeutet, daß dem Anmelder beizupflichten wäre, wenn er den Schutz nur für die in Form der Sohlen ausgeschnittenen Schieneneinsätze und die wagenförmige Einspannvorrichtung einer im übrigen bekannten Hobelmaschine beansprucht hätte — obwohl es sich auch hier zweifellos um wesentliche Bestandteile der Gesamtkombination handelte —, und wenn er nicht die ganze komplizierte Maschine, die nicht nur in den erwähnten beiden Einrichtungen, sondern auch in mehreren anderen Bestandteilen und in der Kombination ihrer verschiedenen Bestandteile neu sein sollte, hätte unter Schutz gestellt wissen wollen. Im vorliegenden Falle trifft alles, was in den Entsch. des RG.'s in Zivils. Bd. 39 S. 115 über die Filterplatten gesagt ist, analog auf den hier in Rede stehenden Dreschkorb zu. Er ist als ein Arbeitsgerät anzusehen; er dient der Arbeit, die von der Dreschmaschine verrichtet wird. Der Erfindungsgedanke verkörpert sich in der Form, und die Funktion ist so allgemein verständlich und einfach, daß kein Grund vorliegt, ihn vom Musterschutze auszuschließen. Daß eine kurze Beschreibung erforderlich ist, um das Wesen der Erfindung klar zu machen, und daß die Beschreibung zeitlich aufeinander folgende Vorgänge begreift, steht nicht entgegen; denn es ist unrichtig, wenn I s a y (Komment. zum Gebr.M.Sch.G. § 1 Bem. 21) meint, Erfindungen, deren Gegenstand nur räumlich und zeitlich definiert werden können, seien als Einrichtungen nicht musterschutzfähig. Es gibt zahllose Muster, kleine Haushaltmaschinen und andere, deren Wesen nur mittels der damit zu verrichtenden Arbeit und ihrer Arbeitswirkung beschrieben werden kann. Diese Wirkung folgt aber regelmäßig der sie setzenden Ursache, d. h. der Arbeit, nach." . . .

RGZ. 69, 331

Beschränkung eines Gebrauchsmusters, wofür der Schutzanspruch allgemein gefaßt ist, auf den als neu erkannten Inhalt.

I. Z i v i l s e n a t. Urt. v. 3. Oktober 1908.

I. Landgericht Essen, Kammer für Handelssachen. II. Oberlandesgericht Hamm.

Aus den Gründen:

. . . „Nach der Auffassung des Berufungsgerichts würde die beantragte Feststellung, daß das Gebrauchsmuster nicht rechtsgültig gewesen sei, begründet sein, wenn der Gegenstand des Gebrauchsmusters lediglich nach dem in der Anmeldung formulierten Schutzanspruche bestimmt wird. Der darin allein enthaltenen Kombination der vier Elemente, spricht es, in Uebereinstimmung mit dem Landgerichte, die Neuheit ab. . . . Das Berufungsgericht hält es aber, wie die erste Instanz, für erforderlich und zulässig, den wirklichen Gegenstand des Gebrauchsmusters anders zu bestimmen, als es im Schutzanspruche geschehen ist, und zwar in dem Sinne, daß der Schutzanspruch durch Einfügung weiterer Kombinationselemente beschränkt werden soll. . . . (Folgt Ausführung, daß bei dieser Auffassung des Gebrauchsmusters die Vorwegnahme mit Recht verneint worden sei.)

Danach kommt es nur noch darauf an, ob das Berufungsgericht den Gegenstand des Gebrauchsmusters ohne Rechtsirrtum bestimmt hat. Die Auffassung des Berufungsgerichts beruht auf der Annahme, erstens daß die im Gebrauchsmuster enthaltene Neuerung in Wirklichkeit in der komplizierteren Kombination bestehe, und sodann daß aus der Gesamtheit der Anmeldung sich trotz der allgemeinen Fassung des Schutzanspruchs der Wille des Anmelders entnehmen lasse, die kompliziertere Kombination unter Schutz zu stellen. Unter der Voraussetzung, daß diese Annahme sich als sachlich gerechtfertigt erweist, ist rechtlich nichts dagegen einzuwenden, daß der Beurteilung des Gebrauchsmusters diese seine wirkliche Bedeutung zugrunde gelegt wird, und daß dementsprechend der zu weit gefaßte Schutzanspruch beschränkt wird. In Rechtsprechung und Doktrin wird überwiegend anerkannt, daß eintretendenfalls auch die Löschung eines Teiles des Gebrauchsmusters ausgesprochen werden kann, wobei nach Bedürfnis für den bestehen bleibenden Teil die entsprechende neue Fassung festzustellen ist. Darin liegt eine Beschränkung des ursprünglichen Schutzumfangs.

Vgl. z. B. Entsch. des RG.'s in Zivils. Bd. 48 S. 75; Isay, Gebrauchsmusterges. Anm. 15 flg. zu § 6.

Eine solche Beschränkung kann insbesondere auch erfolgen durch „Hinzufügung eines weiteren Merkmals zu den bisher im Schutzanspruche angegebenen Merkmalen, wodurch an Stelle des bisher beanspruchten ein engerer Begriff gesetzt wird" (Isay, a. a. O.). Grundsätzlich erhebt auch die Revision gegen die rechtliche Zulässigkeit der Beschränkung eines Gebrauchsmusters keinen Einwand.

Die Revision greift aber die Grundlagen an, von denen aus das Berufungsgericht zur Beschränkung des streitigen Gebrauchsmusters gelangt ist. Sie verneint, daß gegenüber der klaren und bestimmten Fassung des Schutzanspruchs die Aufnahme der darin nicht enthaltenen

Elemente in den Begriff des geschützten Gebrauchsmusters zulässig sei. Damit werde nicht das wirklich gewollte Gebrauchsmuster durch Korrektur der ungenauen Fassung herausgestellt, sondern ein neues, gar nicht gewolltes Gebrauchsmuster erteilt.

. . . Allein auch der formulierte Schutzanspruch ist der Auslegung zugänglich, und zur Beurteilung der Frage, ob und in welchem Sinne eine über den Wortlaut hinausgehende Auslegung erforderlich sei, ist der gesamte übrige Inhalt der Anmeldung heranzuziehen. Geht man hiervon aus, so ergibt sich das Folgende.“ (Es wird ausgeführt, daß die Aufnahme der Elemente den Raumformgedanken nur quantitativ, nicht qualitativ berühre.) . . .

RGZ. 70, 160

Kann die Schutzfähigkeit eines Modells als Gebrauchsmusters darauf gegründet werden, daß es zwar nicht aus einem anderen, als dem gebräuchlichen Stoffe hergestellt ist, die Herstellung aber von einer besonderen, bisher dazu nicht benutzten Bearbeitungsform des Stoffes ausgeht?

I. Zivilsenat. Urt. v. 23. Dezember 1908.

I. Landgericht Magdeburg, Kammer für Handelssachen.
II. Oberlandesgericht Naumburg a. S.

. . . . .

Ueber die in der Ueberschrift gestellte Frage besagen die

Gründe:

. . . „Die Revision nimmt . . . den vom Beklagten in den Instanzen verfochtenen Gedanken wieder auf, daß bei den Patronenhülsen des Gebrauchsmusters eine schutzfähige neue Anordnung anzuerkennen sei, weil ihre Herstellung durch die Wahl eines besonderen Ausgangsmaterials bedingt sei. Dies ist nicht so zu verstehen, daß es sich bei diesen Patronenhülsen um einen anderen Stoff handeln könnte, als bei den gewöhnlichen Patronenhülsen der Einheitsmunition. Darüber sind vielmehr die Parteien einig, daß für alle diese Hülsen, wie auch schon für die Kartuschhülsen, Messing verwendet wird. Der Beklagte und jetzt die Revision glauben aber, in einem besonderen Sinne von einem neuen Stoffe und damit einer neuen Anordnung sprechen zu dürfen, weil die Patronenhülsen des Gebrauchsmusters nicht aus Messing im Zustande von Rohmaterial, sondern aus dem bereits zu Kartuschhülsen verarbeiteten Messing hergestellt würden, also aus dem Urstoff in einer Verarbeitung, die als Uebergangsform für Gegenstände der geschützten Art nicht bekannt gewesen sei.

Diese Auffassung hat keinen Anhalt in der Natur des Gebrauchsmusterschutzes, wie ihn das Gesetz bestimmt hat. Mit der Frage, ob durch Verwendung eines neuen Stoffes ein schutzfähiges Gebrauchsmuster hergestellt werden könne, hat sich der erkennende Senat schon mehrfach beschäftigt. Das Urteil vom 8. Juli 1895 (Entsch. in Zivils. Bd. 35 S. 90) verneint sie bei Fischbein aus Zelluloid, aber nicht grundsätzlich, sondern aus der dem besonderen Falle — wo nichts vorlag, als daß „die bekannten physikalischen Eigenschaften eines bekannten Stoffes für einen bekannten Zweck in bekannter Form verwendet" waren — entnommenen Erwägung, daß es an der Neuheit des Gebrauchsmusters fehle. Dagegen wird in dem Urteile vom 19. Februar 1898 (Entsch. in Zivils. Bd. 41 S. 37) grundsätzlich anerkannt, daß „die Verwendung eines bestimmten Stoffes den Gebrauchsmusterschutz für ein Modell bedingen kann, nämlich dann, wenn der gewerbliche Vorteil, den das Werk bietet, eine beabsichtigte Folge gerade dieses Stoffes ist". Dem damals behandelten Gebrauchsmuster (Zelluloid-Schutzmantel bei Mutter- und Mastdarmspiegel), dessen Herstellung erst nach langen Versuchen gelungen war, wurde Neuheit zugesprochen, und dabei erwogen, daß neu ein Modell nicht nur dann sei, „wenn es für den Anblick Abweichungen von den bisherigen Formen bietet, sondern auch dann, wenn es wegen der Wahl des Stoffes die im Raume verkörperte Darstellung eines dem Arbeits- oder Gebrauchszwecke dienenden Erfindungsgedankens ist". Im Anschlusse hieran hat das Urteil vom 16. Februar 1901 (Entsch. in Zivils. Bd. 48 S. 21) dieser Auffassung den Ausdruck gegeben, es sei davon auszugehen, „daß in der Anwendung des Stoffes als der im Raume verkörperten Darstellung des Gebrauchsmusters eine ‚Anordnung' im Sinne des § 1 des Gesetzes zu finden, daß also schon das Material, aus welchem das Arbeitsgerät oder der Gebrauchsgegenstand hergestellt werden solle, unabhängig von der äußeren Gestaltung des Modells, dem Erfordernisse der Formgebung, ohne welche ein Gebrauchsmuster gar nicht vorliegen könne, Genüge tue."

An dieser Auffassung hält der Senat fest. Es ist eine Konsequenz aus dem Wesen des Gebrauchsmusters, daß der Stoff an sich, wenn also keine besondere, von den bisher benutzten Formen abweichende Ausgestaltung des Gebrauchsmusters hinzukommt, dieses nur insofern schutzfähig machen kann, als schon in ihm ein raumausfüllendes, gestaltendes Element anzuerkennen ist. Daraus folgt aber ohne weiteres die Grundlosigkeit der von der Revision vertretenen Ansicht. Die Patronenhülse aus Messing bleibt in Hinsicht auf das Material immer das gleiche Gebrauchsmuster, mag man zu ihrer Herstellung Messing in unverarbeitetem Zustande, oder Messing, das schon zu einer Kartuschhülse verarbeitet war, verwenden. Für die Formgebung im Produkt ist dieser rein historische Vorgang, der im Erzeugnisse selbst keine Spur mehr zurückläßt, ohne jede Bedeutung." . . .

RGZ. 70, 249

Besteht die Verpflichtung des Patentverletzers zur Rechnungslegung über den gezogenen Gewinn nur im Falle der wissentlichen oder auch im Falle der grobfahrlässigen Patentverletzung?

PatG. § 35, PatG. 1936 § 47.

I. Zivilsenat. Urt. v. 3. Februar 1909.

I. Landgericht Leipzig. II. Oberlandesgericht Dresden.

Das Reichsgericht hat die Frage im Sinne der zweiten Alternative beantwortet aus folgenden

Gründen:

. . . „Die Annahme, daß der entschädigungspflichtige Verletzer eines fremden Patentes auch verbunden sei, über den aus der Patentverletzung gezogenen Gewinn Rechenschaft zu geben, beruht auf konstanter Rechtsprechung des Reichsgerichts, die schon in die Zeit vor dem 1. Januar 1900 zurückreicht und auch unter der Herrschaft des neuen Rechts festgehalten worden ist (vgl. RGZ. Bd. 46 S. 14, Bd. 62 S. 320).

. . .

An der Auffassung, daß die Handlung dessen, der widerrechtlich ein fremdes Patentrecht zu den Zwecken seines eigenen Gewerbes ausnutzt, unter den Tatbestand der sog. unechten Geschäftsführung fällt, ist festzuhalten. Bei der weiten Bedeutung, die dem Ausdrucke „Geschäft", „Geschäft besorgen" zukommt, ist es unbedenklich, von einem solchen Patentverletzer im Sinne des § 687 Abs. 2 zu sagen, er behandle ein fremdes Geschäft als eigenes. Nicht gerechtfertigt wäre die Beschränkung, daß ein fremdes Geschäft nur dann vorliegen könne, wenn ohne den Eingriff des Verletzers der Patentberechtigte selbst gerade die gleichen Patentbenutzungsakte vorgenommen haben würde, also hier die Verwendung der geschützten Konstruktion für die von der Beklagten gebauten Maschinen. Vielmehr muß es genügen, wenn der Patentberechtigte überhaupt darauf ausgeht, sein Patent gewerblich zu benutzen, daß also die Patentbenutzung recht eigentlich s e i n Geschäft ist. Nicht beachtlich ist das Bedenken der Revision, es habe dem Beklagten subjektiv nichts ferner gelegen, als fremde Geschäfte zu besorgen. Denn gerade das ist der gesetzliche Tatbestand: objektiv fremde Geschäfte werden subjektiv als eigene behandelt. . . .

Zweifelhaft aber bleibt die Beantwortung der Frage, ob die Rechnungslegung in allen Fällen der zur Entschädigung verpflichtenden

Patentverletzung, also sowohl bei Wissentlichkeit als bei grober Fahrlässigkeit verlangt werden könne, oder nur bei der wissentlichen Patentverletzung. Wenn man die Pflicht der Rechnungslegung unabhängig von den Bestimmungen des Patentgesetzes lediglich auf die direkte Anwendung der einschlagenden Vorschriften des bürgerlichen Rechts stützt — deren Heranziehung zur Ergänzung der patentrechtlichen Bestimmungen nicht ausgeschlossen ist, RGZ. Bd. 62 S. 320 —, so gelangt man auf Grund des § 687 Abs. 2 BGB. zu der Beschränkung auf die wissentliche Patentverletzung. Der Senat ist aber der Ansicht, daß es sich bei der in der Rechtsprechung des Reichsgerichts anerkannten Verpflichtung zur Rechnungslegung bei Patentverletzungen, nach Grundlage und Entwicklung der Praxis, nicht sowohl um die direkte Anwendung dieser anderen Normen auf den Tatbestand der Patentverletzung gehandelt hat, als um eine durch die Analogie mit der sog. unechten Geschäftsführung begründete Ausbildung des patentrechtlichen Begriffs der „Entschädigung", und daß daher kein Grund besteht, zwischen den beiden Formen der Patentverletzung, der wissentlichen und der grobfahrlässigen, einen Unterschied zu machen.

. . .

Es stellt sich als der Sinn der bisherigen Rechtsprechung heraus, daß, wie der bei Wissentlichkeit und grober Fahrlässigkeit gleiche Entschädigungsanspruch nach § 35 PatG.*) auch die Herausgabe des gezogenen Gewinns umfaßt, so auch die im Anschluß an diese Herausgabepflicht zu begründende Verpflichtung zur Rechnungslegung in beiden Fällen gleicherweise Platz greift. Davon abzuweichen besteht für den Senat kein Grund. Das Ergebnis findet eine wesentliche Unterstützung in der Erwägung, daß es nicht im Sinne des Patentgesetzes gelegen sein kann, die Folgen der wissentlichen und die Folgen der grobfahrlässigen Patentverletzung verschieden zu bemessen. . . . Vielmehr geht nach Geschichte und Fassung der Wille des Gesetzgebers offenbar dahin, daß die sachlich gleiche Entschädigungspflicht die bisher (nach dem Patentgesetz vom 25. Mai 1877) bei der wissentlichen Patentverletzung bestand, nunmehr auch bei der grobfahrlässigen Patentverletzung stattfinde, daß also insoweit eine Gleichstellung der groben Fahrlässigkeit mit der Wissentlichkeit eintrete.

Da nun bei der wissentlichen Patentverletzung die Entschädigungspflicht im Hinblick auf die Bestimmungen in §§ 687 Abs. 2, 681, 667, 666 BGB. unzweifelhaft auch die Pflicht zur Herausgabe des gezogenen Gewinns und zur Rechnungslegung darüber umfaßt, so muß, weil nach dem Ausgeführten eine verschiedene Bemessung der Entschädigungspflicht im Widerspruch zu dem Willen des PatGes. stehen würde, das gleiche auch bei der grobfahrlässigen Patentverletzung gelten." . . .

*) PatG. 1936 § 47.

RGZ. 70, 319

Ist die Regel, daß sich der Patentschutz nicht auf die konkrete Ausführungsform beschränkt, sondern den Erfindungsgedanken umfaßt, auch anwendbar, wenn . . . die im Patent angegebene konkrete Ausführungsform technisch unausführbar ist?

I. Zivilsenat. Urt. v. 1. Februar 1909.

I. Landgericht Leipzig. II. Oberlandesgericht Dresden.

. . .

Aus den Gründen:

. . . „Es braucht kein Gewicht darauf gelegt zu werden, daß in Wirklichkeit nicht sowohl die technische Unausführbarkeit als die Nichtausführung der unpraktischen Maschine behauptet war. Selbst wenn man Unausführbarkeit im technischen Sinne unterstellt, so würde dann zwar, da mindestens eine mögliche Konstruktion Bedingung der Patenterteilung ist, das Patent zu Unrecht erteilt worden sein. Aber über diese Frage ist jetzt nicht mehr zu befinden. Das Patent ist erteilt und besteht zweifellos noch zur Zeit in seinem ganzen Umfange weiter. Kein Grund besteht, diesem Patente die Tragweite abzusprechen, die ihm nach der Erteilung zukommt, bloß weil die Erteilung nicht hätte erfolgen sollen. Es ist nicht im mindesten widersprechend, dem Patente den ganzen über die beschriebene konkrete Ausgestaltung hinausreichenden Herrschaftsbezirk zu belassen, obgleich diese konkrete Ausgestaltung sich voraussetzungsgemäß als nicht ausführbar erwiesen hat. Der Erfindungsgedanke selbst wird dadurch nicht berührt. Die Ansicht der Revision, daß zwischen der unausführbaren Konstruktion des klägerischen Patents und einer ausführbaren Konstruktion keine Aequivalenz bestehen könne, ist, wenn sie in dem hier allein erheblichen Sinne verstanden wird, daß die ausführbare Konstruktion nicht in den durch das erteilte Patent geschützten Erfindungsgedanken eingreifen könne, offenbar unrichtig.

. . . Die Frage ist hier nicht, ob die Konstruktion der Beklagten Erfindungscharakter habe oder nicht. Erheblich ist nur, ob dabei der dem Kläger geschützte Erfindungsgedanke mitbenutzt wird. Bedient sich die Neuerung der Beklagten des durch das zu Recht bestehende klägerische Patent in Beschlag genommenen Erfindungsgedankens, so ist sie, auch wenn erst damit eine ausführbare Konstruktion gefunden war, im besten Falle eine abhängige Erfindung; denn der Erfindungsgedanke wird nicht in seinem Wesen dadurch verändert, daß er, statt in einer unausführbaren, nunmehr in einer ausführbaren Form seine Verkörperung erhält. Deshalb ist es auch unrichtig, das Patent, selbst wenn die speziell beschriebene Ausführungsform technisch nichts taugen sollte, als ein Wegelagererpatent zu brandmarken; denn über diese Einzelkonstruktion hinaus hat es einen weiterreichenden wertvollen Erfindungsgedanken offenbart.“ . . .

RGZ. 71, 195

1. . . .

2. Kann eine neue Gestaltung eines Gebrauchsgegenstandes auch dann angenommen werden, wenn die Unterschiede der neuen Form von der früheren nur mikroskopisch zu erfassen sind?

I. Zivilsenat. Urt. v. 22. Mai 1909.

I. Landgericht I Berlin. II. Kammergericht daselbst.

Aus den Gründen:

„Das angefochtene Urteil muß deshalb aufgehoben werden, weil das Vorbringen der Beklagten über das Vorbekannte keine zutreffende Würdigung gefunden hat. Die Beklagte hatte Beweis dafür angetreten, daß vor Anmeldung des streitigen Musters kubisch geformte Kondensatoren bekannt gewesen seien. Freilich hatte sie dies nur von solchen Kondensatoren behauptet, die durch Schichtung der Metall- mit den Isolierstreifen hergestellt waren, und es ist richtig, daß sich das Gebrauchsmuster auf gewickelte Kondensatoren bezieht. Allein der Unterschied der Schichtung von der Wickelung geht nur das Verfahren der Herstellung an. Für den Gebrauchsmusterschutz, der es mit dem Produkte des Verfahrens zu tun hat, kommt der Unterschied nicht in Betracht. Mit Unrecht bemerkt das Kammergericht, kubisch gewickelte Kondensatoren seien im ganzen und in den einzelnen Teilen von anderer Form als kubisch geschichtete. Hierbei wird verkannt, daß der gesetzliche Begriff der „neuen Gestaltung" des Gebrauchsgegenstandes eine sinnfällige, in die Augen springende Formgebung erheischt. Minutiöse Verschiedenheiten, die nur mit der Lupe zu entdecken sind, reichen zur Erfüllung des Begriffs nicht hin. Anders verhält es sich nur dann, wenn die geringfügigen Verschiedenheiten von einem neuen Verfahren herrühren und eine Steigerung des Gebrauchswertes des Gegenstandes zur Folge haben. In solchem Falle gelangen die Besonderheiten des Verfahrens auch im Produkte zum Ausdruck, weshalb es mitunter nach der Auffassung des Verkehrs sogar gerechtfertigt erscheinen kann, von einem neuen Gebrauchsgegenstande zu sprechen. So lag die Sache in dem vom Senate Bd. 40 S. 143 der Entsch. in Zivils. entschiedenen Falle (chirurgische Knochensäge). So liegt sie aber nicht hier. Es ist durchaus glaubhaft, daß das von der Klägerin erfundene Verfahren kubischer Wickelung hohe wirtschaftliche Bedeutung besitzt. Für einen Massenartikel, wie es der elektrische Kondensator im Fernsprechbetriebe ist, hat es gewiß seinen Wert, wenn er, statt mit der Hand, durch Maschinen hergestellt werden kann. Die Fabrikation wird dadurch schneller und billiger. Aber diese Vorteile des Verfahrens sind keine Eigenschaften, die dem fertigen Produkte anhaften. Der Kondensator bleibt immer derselbe Gebrauchsgegenstand, mag er gewickelt oder geschichtet sein; er hat im einen Falle keinen höheren Gebrauchswert als im anderen. Es beruht auf

Rechtsirrtum, wenn die Vorinstanzen die Behauptung der Beklagten deshalb für unerheblich erachtet haben, weil die kubische Form nur bei geschichteten Kondensatoren zur Anwendung gebracht sein soll." . . .

RGZ. 72, 242

1. Welchen Einfluß hat die Veräußerung des streitigen Patents auf das Verfahren wegen Erklärung der Nichtigkeit oder wegen Zurücknahme des Patents?

2. Bedeutung und Tragweite des Abkommens des Deutschen Reichs mit Nordamerika, betr. den gegenseitigen gewerblichen Rechtsschutz, vom 23. Februar 1909, insbesondere für Anträge auf Zurücknahme von deutschen Patenten amerikanischer Staatsangehöriger.

I. Zivilsenat. Urt. v. 20. November 1909.

I. Patentamt.

. . .

Aus den Gründen:

. . . „Es mußte zunächst entschieden werden, ob die amerikanische Gesellschaft mit Rücksicht auf ihre nunmehrige Eintragung in die Patentrolle ihrem Antrage gemäß an Stelle der deutschen Gesellschaft als Hauptpartei zugelassen werden darf, oder ob dies angesichts des Widerspruchs der Klägerin unterbleiben muß. Die Klägerin hat ihren Widerspruch auf § 265 Abs. 2 ZPO. gestützt. Nach dieser Vorschrift hat die Veräußerung der in Streit befangenen Sache (oder die Abtretung des geltend gemachten Anspruchs) auf den anhängigen Prozeß keinen Einfluß; der Rechtsnachfolger ist nicht berechtigt, ohne Zustimmung des Gegners den Prozeß als Hauptpartei an Stelle des Rechtsvorgängers zu übernehmen (oder eine Hauptintervention zu erheben). Es fragt sich, ob diese Vorschrift in dem durch die §§ 28—33 PatGes.*) geregelten Verfahren wegen Erklärung der Nichtigkeit oder wegen Zurücknahme von Patenten anwendbar ist. In der Literatur des Patentrechts wird dies angenommen, und auch das Patentamt hat sich in einigen älteren Rechtsfällen dafür ausgesprochen. Das Reichsgericht kann sich dieser Auffassung nicht anschließen.

Ausdrücklich erklärt das Patentgesetz (§ 30 Abs. 1 Satz 2 und 3)**) die Vorschriften der Zivilprozeßordnung für entsprechend anwendbar nur, wenn es sich um die Vernehmung von Zeugen und Sachverständigen handelt. Nun hat freilich das Reichsgericht kein Bedenken getragen, auch außerhalb dieses Gebietes manche Vorschriften der Zivilprozeßordnung auf das patentrechtliche Verfahren „entsprechend" anzuwenden. Dies hat indes mit Vorsicht zu geschehen, und es bleibt der einzelnen Vorschrift gegenüber stets zu prüfen, ob sie mit den gesetz-

*) PatG. 1936 §§ 37 ff.
**) PatG. 1936 § 39 Satz 4.

lichen Grundlagen des besonderen Verfahrens im Einklange steht. Zwischen diesem Verfahren und dem gewöhnlichen Prozesse waltet der wesentliche Unterschied ob, daß dieser nur im Parteiinteresse geführt wird, und den Parteien deswegen auch die freie Verfügung über den Prozeßstoff zusteht, jenes Verfahren aber wesentlich auf der Wahrnehmung des öffentlichen Interesses beruht und daher auch von der Offizialmaxime beherrscht wird.

Bei der hier in Rede stehenden Bestimmung ist zunächst zu beachten, daß die „Veräußerung" des Patents als solche freilich nach der ausdrücklichen Vorschrift des § 19 Abs. 2 Satz 2 PatGes*) auf das Verfahren ohne jeden Einfluß bleiben muß. In Betracht kommen kann immer nur eine Veräußerung, die zu einer Umschreibung des Patents in der Patentrolle geführt hat. Es handelt sich also lediglich um die Anwendbarkeit des § 265 Abs. 2 auf eine solche Umschreibung. Nun besteht die Tragweite dieser Bestimmung darin, daß die Veräußerung der in Streit befangenen Sache nicht nur für die rein prozeßrechtlichen Verhältnisse ohne Bedeutung sein soll, sondern auch für die Beurteilung des materiellen Rechtsverhältnisses. Abweichend von der sonstigen Regel hat der Richter hierbei nicht die zur Zeit des Urteils, sondern die zur Zeit der Veräußerung vorhandenen tatsächlichen und rechtlichen Voraussetzungen der Entscheidung zugrunde zu legen (vgl. Entsch. des RG.'s in Zivils. Bd. 56 S. 244). Dieser Rechtssatz kann im patentrechtlichen Verfahren keine Anwendung finden. Die Berücksichtigung des allgemeinen öffentlichen Interesses, auf der das Verfahren beruht, erfordert die Berücksichtigung aller tatsächlichen Umstände, auch einer Veräußerung des in Streit befangenen Patentes und ihrer Rechtsfolgen, und die Entscheidung ist — insbesondere auch im Rücknahmeverfahren — grundsätzlich nach der Sachlage zu treffen, die zur Zeit der Urteilsfällung vorliegt.

Aber auch in ihrer prozessualen Beschränkung hat die Regel des § 265 Abs. 2 Satz 1 im patentrechtlichen Verfahren keine Berechtigung. Verteidiger des mit der Nichtigkeits- oder Verwirkungsklage angefochtenen Patentes ist grundsätzlich derjenige, den die Patentrolle als Inhaber des Patents aufweist. Der Antrag richtet sich nicht gegen eine vom Kläger zu bezeichnende Person, sondern gegen das Patentamt als solches (§ 28)**). Das Patentamt erst fordert, nachdem die Einleitung des Verfahrens verfügt ist, „den Patentinhaber" (den es aus der Rolle kennt) unter Mitteilung des Antrages auf, sich zu erklären (§ 29)***). Schon aus dem unmittelbaren Inhalte dieser gesetzlichen Bestimmungen ergibt sich, daß eine zwischen dem Eingange des Antrages und der Aufforderung zur Erklärung etwa vorgenommene Umschreibung des Pa-

*) PatG. 1936 § 24 Abs. 2.
**) PatG. 1936 § 37.
***) PatG. 1936 § 38.

tents jedenfalls zu beachten wäre. Es muß aber weitergehend aus dem Zusammenhange der gesetzlichen Bestimmungen gefolgert werden, daß auch eine spätere Umschreibung einen notwendigen Wechsel in der Parteirolle des Nichtigkeits- und Verwirkungsverfahrens bedingt. Soweit hiernach eine Heranziehung der Vorschriften der Zivilprozeßordnung aus dem Gesichtspunkte der Rechtsähnlichkeit überhaupt noch in Frage kommen kann, würde es zutreffender sein, auf den Ausnahmefall des § 266 Abs. 1 zu verweisen, als auf § 265.

Der Widerspruch der Klägerin gegen die Uebernahme des Rechtsstreits durch die amerikanische Gesellschaft war demnach nicht zu beachten, diese Gesellschaft vielmehr, da sie nunmehr allein zur Verteidigung der Patente legitimiert ist, als Hauptpartei zur Prozeßführung zuzulassen.

Was die Sache selbst anlangt, so kann nach der Auffassung des Gerichts die Verwirkung der Patente, auch wenn sie vom Patentamte auf Grund des § 11 PatGes.*) mit Recht ausgesprochen worden sein sollte, nicht aufrechterhalten werden, nachdem mit dem 1. August 1909 das Abkommen des Deutschen Reiches mit den Vereinigten Staaten von Amerika, betreffend den gegenseitigen gewerblichen Rechtsschutz, vom 23. Februar 1909 (RGBl. S. 895) in Kraft getreten ist, und die Patente auf die jetzige Beklagte umgeschrieben worden sind.

Das Abkommen, das vom Bundesrate und vom Reichstage genehmigt und im ReichsGesetzblatte veröffentlicht worden ist, hat nach Art. 11 Abs. 2 und Art. 4 Nr. 5 der Reichsverfassung Gesetzeskraft (vgl. Entsch. des RG.'s in Zivils. Bd. 26 S. 123). Es bestimmt in Art. I Satz 1, daß die in den Gesetzen des einen vertragschließenden Teiles enthaltenen Vorschriften, wonach im Falle der Nichtausführung eines Patentes oder anderer Schutzrechte die Zurücknahme oder eine sonstige Beschränkung des Rechtes vorgesehen ist, auf die den Angehörigen des anderen vertragschließenden Teiles gewährten Patente usw. nur in dem Umfange der von diesem Teile seinen eigenen Angehörigen auferlegten Beschränkungen Anwendung finden sollen. Die Tragweite der Bestimmung für die hier allein interessierenden Patente ergibt sich aus dem Umstande, daß das deutsche Patentgesetz durch die Vorschriften des § 11 dem Patentinhaber unter Androhung der Verwirkung die Verpflichtung auferlegt, die Erfindung im Inlande in angemessenem Umfange zur Ausführung zu bringen, daß dagegen der Gesetzgebung der Vereinigten Staaten der Ausführungszwang unbekannt ist. Wie auch die Denkschrift, womit der Reichskanzler das Abkommen dem Reichstage vorgelegt hat (12. Legisl.-Per. I. Sess. Nr. 1377), hervorhebt, folgt daher aus der Bestimmung, daß amerikanische Staatsbürger von den Vorschriften des deutschen Rechtes über den Ausführungszwang befreit sind. „Sie werden hierdurch", wie es dort weiter heißt, „den deutschen Staats-

*) PatG. 1936 § 15 Abs. 2.

angehörigen gleichgestellt, für welche in Ansehung ihrer in den Vereinigten Staaten erteilten Schutzrechte . . . eine Ausführungspflicht nicht besteht." Sonach ergibt sich aus dem Abkommen, daß der in der deutschen Gesetzgebung vorgesehene Ausführungszwang nicht zur Anwendung gebracht werden darf, wenn das Patent einem Bürger der Vereinigten Staaten zusteht. Weil sein Heimatsstaat einen Ausführungszwang nicht kennt, soll er kraft seiner Nationalität auch in Deutschland hiervon befreit sein. . . .

Die Klägerin hat nach zwei Richtungen hin eine einschränkende Auslegung des Abkommens vertreten.

Sie hat zunächst darauf hingewiesen, daß in dem Abkommen nur von Patenten die Rede sei, die den Angehörigen des andern Vertragsteiles „gewährt" seien: das deute auf den Anmelder des Patents oder doch auf die Person, der das Patent ursprünglich erteilt worden sei, scheine aber einen späteren Erwerber, wie die jetzige Beklagte, auszuschließen. Der Zweifel ist nicht berechtigt. Er wird widerlegt durch den im Reichsgesetzblatte mit veröffentlichten englischen Text. Hier heißt es „patents . . . e n j o y e d by the citizens of the other Contracting Party", also Patente, deren sich die Staatsangehörigen erfreuen, die sie besitzen. Da das Abkommen in deutscher und in englischer Sprache vollzogen ist, also beide Texte gleichwertig nebeneinander stehen, muß eine Auslegung zurückgewiesen werden, die mit dem einen Texte vielleicht noch eben verträglich, mit dem andern aber völlig unvereinbar ist. . . .

Sodann hat die Klägerin darauf hingewiesen, daß in dem Abkommen von „Angehörigen" der vertragschließenden Teile, „citizens", gesprochen werde; die Staatsangehörigkeit aber sei eine Eigenschaft, die nur an der physischen Person hafte, und die die jetzige Beklagte, wenn sie auch eine im Staate Ohio domizilierende Company des amerikanischen Rechts sein möge, nicht für sich in Anspruch nehmen könne. Auch dieser Einwand erscheint nicht berechtigt. Das Reichsgericht hat sich schon bei einem früheren Anlasse gegen die Beschränkung der in Staatsverträgen gebrauchten Ausdrücke „Angehörige", „sujets" auf physische Personen ausgesprochen (Entsch. in Zivils. Bd. 6 S. 141), und das Einf.-Ges. z. BGB. spricht in Art. 10 von Vereinen, die „einem fremden Staate angehören". Indes bedarf die Frage nach der grundsätzlichen Ausdehnung des Begriffs der Staatsangehörigkeit auf Körperschaften und Gesellschaften hier keiner Entscheidung. Es genügt die Feststellung, daß die aufgestellte Unterscheidung auf dem Boden des hier in Rede stehenden Abkommens jedenfalls keine Berechtigung hat. Das deutsche Recht macht für den Erwerb und die Ausübung von Patenten und andern Schutzrechten keinen Unterschied zwischen physischen und juristischen Personen, und das amerikanische Recht steht auf demselben Standpunkte, indem es den Patenterwerb auch für Korporationen und

Teilhaberschaften (corporations or partnerships) zuläßt. Vgl. Walker, Patent Law (1904) pag. 154, 239. . . .

Angesichts dieser Umstände muß angenommen werden, daß die vertragschließenden Staaten es deutlich gesagt haben würden, wenn sie es auf einen derartigen Unterschied abgesehen haben sollten. Es kommt hinzu, daß das Abkommen bestimmt ist, über die Festsetzungen des allgemeinen Unionsvertrages (der Pariser Uebereinkunft zum Schutze des gewerblichen Eigentums vom 20. März 1883 nebst der Brüsseler Zusatzakte vom 14. Dezember 1900) hinaus besondere Erleichterungen für den industriellen Austausch beider Länder einzuführen. Der Unionsvertrag aber, der gleichfalls nur von den „Untertanen und Bürgern der vertragschließenden Staaten" „sujets or citoyens" spricht, ist noch niemals dahin verstanden worden, daß er sich nur auf physische Personen erstrecke, und es würde einer solchen Auffassung auch an jeder innern Berechtigung fehlen. Es muß daher unbedenklich angenommen werden, daß eine Körperschaft oder Gesellschaft, die ihren Sitz im Gebiete eines der beiden Staaten hat und nach dessen Gesetzen rechtsfähig ist, den Angehörigen dieses Staates im Sinne des Abkommens zugezählt werden muß.

Eine dritte Einschränkung des Abkommens ist zwar von der Klägerin nicht geltend gemacht, aber in einem Aufsatze der Zeitschrift für Industrierecht (1900 S. 229) verteidigt worden. Es wird dort die Ansicht aufgestellt, der Amerikaner sei von der Ausführung seines deutschen Patentes nur befreit, wenn er zugleich ein korrespondierendes Heimatspatent besitze. Darüber, ob dies im vorliegenden Falle zutrifft, weichen die Angaben der Parteien ab, so daß, wenn dieser Ansicht beizutreten wäre, hierüber eine weitere Erörterung stattfinden müßte. Die Ansicht kann aber nicht gebilligt werden. Sie wird gestützt auf die Auslegung, die das Reichsgericht dem Art. 5 des Uebereinkommens zwischen dem Deutschen Reiche und der Schweiz, betreffend den gegenseitigen Patent-, Muster- und Markenschutz, vom 13. April 1892 (RGBl. 1894 S. 511) gegeben hat. Entsch. in Zivils. Bd. 37 S. 49 und Bd. 41 S. 81. Der Artikel bestimmt, daß die Rechtsnachteile, welche nach den Gesetzen der vertragschließenden Teile eintreten, wenn eine Erfindung nicht innerhalb einer bestimmten Frist ausgeführt wird, auch dadurch ausgeschlossen werden sollen, daß die Ausführung im Gebiete des andern Teiles erfolgt. Das Reichsgericht hat dies dahin ausgelegt, daß der Schweizer, der von der Pflicht zur Ausführung seines deutschen Patentes wegen einer von ihm in der Schweiz entfalteten Tätigkeit befreit sein wolle, darlegen müsse, daß ihm die Erfindung auch in der Schweiz durch ein Patent geschützt sei. Diesem Vertrage gegenüber mit vollem Rechte. Von einer „Ausführung" des Patents „im Gebiete des andern Teiles" kann in der Tat nur gesprochen werden, wenn der Betreffende eben auch in diesem Gebiete ein Patent hat. „Die Ausführung in der Schweiz ist Ausführung einer patentierten Erfindung überhaupt nicht, wenn in der Schweiz für diese Erfindung ein Patent nicht genommen, dieselbe vielmehr dort als Gemeingut von jedermann benutzt werden kann" (Bd. 37 S. 52). Ganz anders aber die hier vorliegende Bestimmung. Sie fußt nicht auf der Gleichstellung der Ausführung hüben und drüben, sondern setzt schlechthin fest, daß Beschränkungen wegen Nichtausführung nur im Umfange des objektiven Rechtes des Heimatsstaates Platz greifen können. Zu Gunsten der Amerikaner soll der Rechtssatz der Vereinigten Staaten, daß Patente zu einer Ausführung nicht verpflichten, auch in Deutschland gelten. Die in der Denkschrift als Folge des Abkommens bezeichnete „Gleichstellung" der Amerikaner mit den Deutschen, „für welche in Ansehung ihrer in den Vereinigten Staaten erteilten Schutzrechte . . . eine Ausführungspflicht nicht besteht", würde denn auch bei einer andern Auffassung in einem nicht unwichtigen Punkte wegfallen. Denn für den deutschen Inhaber eines amerikanischen Patents besteht die Befreiung von der Ausführungspflicht völlig unabhängig davon, ob er auch ein Inlandspatent über dieselbe Erfindung hat oder nicht.

Es bleibt die Frage zu erörtern, ob das Abkommen auch auf den gegenwärtigen, bereits vor seinem Inkrafttreten anhängig gemachten Verwirkungsprozeß, der schon zu einem den Patenten nachteiligen Urteile der ersten Instanz geführt hatte, anwendbar ist.

In dieser Hinsicht ist die Annahme von vornherein auszuschließen, daß die neue für die Angehörigen der Vereinigten Staaten aufgestellte Regel etwa nur bei solchen Patenten angerufen werden könne, die erst nach dem Inkrafttreten des Abkommens angemeldet oder erteilt worden sind. Zu einer derartigen einschränkenden Auslegung bietet weder der Wortlaut, noch der Zweck des Abkommens einen Anhalt. . . .

Bei der Beantwortung dieser Frage ist von der allgemeinen Rechtsregel auszugehen, daß neue Gesetze im Zweifel in wohlerworbene Privatrechte nicht eingreifen wollen. Wäre also anzuerkennen, daß die Klägerin mit dem Ablaufe der 3 Jahre, während deren eine schuldhafte Untätigkeit der Patentinhaberin vorgelegen hatte, ein Privatrecht auf die Zurücknahme der Patente erlangt hätte, so müßte dieses Recht auch jetzt noch geschützt werden. An dieser Voraussetzung aber fehlt es. Ein Recht auf Zurücknahme gibt es nicht. Der Antrag hat die Natur einer Popularklage, die dem einzelnen nur zur Wahrnehmung des allgemeinen, öffentlichen Interesses gegeben ist. Das Patent „kann" beim Vorliegen der gesetzlichen Voraussetzungen zurückgenommen werden (§ 11)*), muß es aber nicht. Die erkennende Behörde kann von der Zurücknahme absehen, wenn nach Lage des einzelnen Falles das öffentliche Interesse des Inlandes nicht geschädigt, oder der Patentinhaber aus be-

*) PatG. 1936 § 15.

sonderen Gründen entschuldigt erscheint. Die Entscheidung ist wesentlich auf das freie richterliche Ermessen abgestellt und grundsätzlich nach der Sachlage zu treffen, die zur Zeit der Urteilsfällung vorliegt. Für das Berufungsgericht insbesondere ist der Zeitpunkt maßgebend, in dem es über die Sache erkennt.

Die Frage, was hierbei als schutzwürdiges öffentliches Interesse anzuerkennen ist, kann an und für sich verschieden beantwortet werden. Man kann dabei den Gesichtspunkt in den Vordergrund rücken, daß das Patentwesen in erster Linie der nationalen Industrie dienen, sie fördern und durch vermehrte Arbeitsgelegenheit den heimischen Wohlstand heben soll. Man kann aber auch den Gesichtspunkt betonen, daß der freie internationale Austausch aller irgendwo erzielten technischen Fortschritte und der auf diesem Wege neu gewonnenen Erzeugnisse anzustreben sei. ... Das Patentgesetz sanktioniert in § 11*) den Schutz der nationalen Industrie: es soll niemandem gestattet sein, ein Patent bloß zur Ausschließung des anderen zu benutzen; der Erfinder muß binnen angemessener Frist die Erfindung im Inlande zur Ausführung bringen. Auch die Pariser Uebereinkunft zum Schutze des gewerblichen Eigentums nebst der Brüsseler Zusatzakte halten an diesem Grundsatze fest. Das Abkommen mit den Vereinigten Staaten aber beruht auf der Anerkennung des zweiten Gesichtspunktes. Indem es die amerikanische Industrie, die nach ihren heimischen Gesetzen vom Ausführungszwange befreit ist, in Deutschland gegenüber der nationalen Industrie privilegiert und dem Amerikaner gestattet, seine deutschen Patente auch zur bloßen Unterbindung des deutschen Gewerbefleißes zu benutzen, sanktioniert es im Verhältnis zu der Industrie dieses Landes zugleich andere und neue Gesichtspunkte für die Bestimmung des öffentlichen Interesses. Mit dem Inkrafttreten des Abkommens und für die Dauer seiner Geltung entfällt damit für die deutschen Behörden die Möglichkeit, gegenüber einem Angehörigen der Vereinigten Staaten den Schutz der deutschen nationalen Gütererzeugung als ein öffentliches Interesse zur Durchführung zu bringen." . . .

RGZ. 74, 209

Verfahren in Patentstreitsachen. Bildet ein eigenes Interesse des Antragstellers an der Nichtigkeit des Patents die Voraussetzung für die Erhebung der Nichtigkeitsklage? Ist es zulässig, daß das Berufungsgericht eine Sache zur anderweiten Verhandlung und Entscheidung an das Patentamt zurückverweist?

*) PatG. 1936 § 13.

I. Zivilsenat. Urt. v. 8. Oktober 1910.

I. Patentamt.

. . .

Aus den Gründen:

. . . „Daran, daß ein Patent für nichtig erklärt werde, hat die Allgemeinheit deswegen ein wesentliches Interesse, weil infolge der Nichtigkeitserklärung der Gegenstand des Patents dem Sondernutzungsrechte eines einzelnen entzogen wird und als Gemeingut dem Volke anheimfällt. Diesem Interesse der Allgemeinheit entspricht das vom Patentgesetze (§ 28)*) jedermann erteilte Recht, die Nutzungsfreiheit für den durch das Patent geschützten Gegenstand zum Besten der Allgemeinheit zu erstreiten. Bedenken könnten sich in der Richtung aufwerfen, ob durch das jedermann verliehene Klagerecht allein die Interessen der Allgemeinheit ausreichend gewahrt werden. Wenn das deutsche Patentgesetz diese Bedenken nicht als gerechtfertigt angesehen hat, so ist dabei selbstverständlich auch die Erwägung nicht außer acht gelassen worden, daß im Einzelfalle sehr oft, ja regelmäßig, das beteiligte Eigeninteresse des Antragstellers den Anstoß zur Beschreitung des Klageweges geben werde. Insoweit rechnet das Gesetz mit dem Einflusse des Eigeninteresses. Verfehlt ist aber die Auffassung, daß ein — gegebenenfalls nachzuweisendes — eigenes Interesse des Klägers gesetzliche Voraussetzung für das Klagerecht wäre. Jedermann kann die Klage erheben; aus welchen Beweggründen im einzelnen Falle die — stets auch dem vermuteten öffentlichen Interesse dienende — Klage angestrengt wird, ist nicht zu erforschen. Dem Nichtigkeitsbeklagten den Einwand zu gestatten, daß dem Kläger das eigene Interesse fehle, müßte auch die von praktischen Gesichtspunkten aus unerwünschte Folge haben, daß der Durchführung der Klage Hindernisse entgegengestellt würden, die das Verfahren verschleppten und mehr dem Sonderinteresse des Beklagten, als dem eigentlichen Zwecke der Nichtigkeitsklage dienten. Dies würde insbesondere von dem Einwande gelten, der Kläger verfolge den Nichtigkeitsanspruch im Auftrage oder im Interesse eines anderen.

Vgl. Entsch. des RG.'s in Zivils. Bd. 59 S. 135; Jur. Wochenschr. 1902 S. 98 Nr. 37, 1897 S. 473 Nr. 43.

Nur aus Gründen, die auf einem anderen Gebiete liegen, kann ein solcher Einwand durchgreifen; so kann dem Kläger im Hinblicke auf die Rechtskraft des Urteils oder auf den Grundsatz, daß Kläger und Beklagter verschiedene Personen sein müssen, mit Recht entgegengehalten werden, daß er von einem bereits rechtskräftig abgewiesenen Nichtigkeitskläger oder vom Beklagten selbst vorgeschoben werde.

Die dargelegte Auffassung stimmt mit der in der Rechtslehre herrschenden Ansicht überein. . . .

*) PatG. 1936 § 37.

Was § 226 BGB. anlangt, so scheidet die Anwendung dieser Vorschrift hier deswegen aus, weil es auf die dem allgemeinen Interesse dienende Nichtigkeitsklage gegen ein bestehendes Patent überhaupt nicht zutrifft, daß sie „n u r den Zweck haben k ö n n e , einem anderen Schaden zuzufügen." Auch auf die Beweggründe, welche die Br.-Gesellschaft veranlaßt haben mögen, die Anstellung der Nichtigkeitsklage zu betreiben, . . . kann es nicht ankommen. . . .

Aus allem ergibt sich, daß das Patentamt den Antrag, das Patent für nichtig zu erklären, nicht als unzulässig abweisen durfte; es hätte vielmehr in die technische Prüfung der Sache eintreten müssen.

Was das weitere Verfahren betrifft, so haben beide Streitteile in der Verhandlung vor dem Berufungsgerichte erklärt, daß nach ihrer Ansicht im Falle der Aufhebung des angefochtenen Urteils Zurückverweisung an das Patentamt zur anderweiten Verhandlung und Entscheidung erfolgen müsse. Der Senat ist im Hinblicke auf die Lage des gegenwärtigen Streitfalles dieser Auffassung beigetreten. . . . Es erhellt ohne weiteres, daß keiner der in § 538 ZPO. aufgeführten einzelnen Fälle, in denen eine Zurückverweisung der Sache in die erste Instanz geschehen m u ß , unmittelbar gegeben ist. Die unmittelbare Anwendung dieser Gesetzesvorschrift versagt deswegen, weil das Nichtigkeitsverfahren in seinem Aufbau wesentlich von dem ordentlichen Prozeßverfahren abweicht. Dadurch wird jedoch keineswegs ausgeschlossen, dem Grundgedanken, auf dem die Vorschriften des § 538 beruhen, im Patentstreite in gewissem Umfange Rechnung zu tragen. Diesen Vorschriften liegt die allgemeine Erwägung zugrunde, es sei zu vermeiden, daß über den gesamten sachlichen Prozeßstoff oder doch (vgl. § 538 Nr. 3 und 4) über wesentliche Teile davon nur in der Berufungsinstanz abgeurteilt werde. Und von diesem Gesichtspunkte aus muß auch im Patentprozesse bei einer Sachlage, wie sie gegenwärtig vorliegt, die Zurückverweisung in die erste Instanz angezeigt erscheinen. Jenem in sich berechtigten Grundgedanken — so wenig er im ordentlichen Zivilprozesse dazu führen kann, die Vorschriften des § 538 auf ähnliche Fälle auszudehnen — darf im Patentstreite gerade deswegen Raum gegeben werden, weil die unmittelbare Anwendung des § 538 aus dem angeführten Grunde nicht möglich ist.

Daß die Zurückverweisung der Sache aus Rechtsgründen erfolgen m ü s s e , soll nicht ausgesprochen werden. Es ist zu beachten, daß der Streit um die Nichtigkeit eines Patents seinem Wesen nach einem Verwaltungsstreitverfahren gleicht oder doch diesem Verfahren ähnlich ist. Hierüber herrscht in der Rechtslehre Einverständnis. Wenn nun auch das Verwaltungsstreitverfahren in der Gesetzgebung im allgemeinen dem zivilprozessualen Verfahren nachgebildet ist, so unterscheidet es sich doch von diesem vornehmlich dadurch, daß es den Gerichtsbehörden eine freiere Bewegung gestattet. Mit dem Wesen eines Verwaltungsstreitverfahrens stimmt es daher überein, wenn bei der Frage, ob eine

Sache in die erste Instanz zurückverwiesen werden soll oder nicht, auch Zweckmäßigkeitsgründen ein gebührender Einfluß eingeräumt wird. Dabei liegt es auf der Hand, daß im Patentstreitverfahren zugunsten der Zurückverweisung immer auch die Bestimmung ins Gewicht fallen muß, nach der an den Entscheidungen der Nichtigkeitsabteilung des Patentamts neben rechtskundigen technische Mitglieder teilzunehmen haben (§ 14 Abs. 4 PatGes.)*)." . . .

RGZ. 74, 394

Bildet der Mangel der Bekanntmachung der Anmeldung im Patenterteilungs-Verfahren oder die mangelnde Uebereinstimmung zwischen der ausgelegten Anmeldung und dem erteilten Patente einen Patentnichtigkeitsgrund?

PatG. 1891 §§ 20, 23 (PatG. 1936 §§ 26, 30).

I. Zivilsenat. Urt. v. 5. November 1910.

I. Patentamt.

Aus den Gründen:

. . . „Präjudiziell für die Entscheidung ist der formale Angriff, welchen die Klägerin gegen die Rechtsbeständigkeit des Anspruchs 1 und einer Mehrzahl von Unteransprüchen, auf den Grund gestützt hat, daß das Erteilungsverfahren an einem wesentlichen Mangel leide, weil der Inhalt der ausgelegten und bekannt gemachten Ansprüche nicht mit dem der erteilten Ansprüche übereinstimme. ... Das Patentamt hat diesen Angriff für verfehlt erklärt, grundsätzlich mit der Erwägung, daß ein Mangel der Bekanntmachung überhaupt kein Nichtigkeitsgrund sei, eventuell weil jedenfalls keine unzulässigen Abweichungen gegenüber der bekannt gemachten Fassung vorlägen.

Der Senat tritt der prinzipalen Begründung bei. Zwar steht diese in Widerspruch mit der vom Reichsgerichte bisher befolgten Rechtsauffassung (vgl. Entsch. in Zivils. Bd. 46 S. 175, Bd. 50 S. 196). Allein bei wiederholter Prüfung der Frage glaubt der Senat an seiner früheren Ansicht nicht festhalten zu dürfen. Es steht nicht ein formaler Mangel des Patenterteilungsaktes in Frage, also nicht ein Fall, wo etwa der Zweifel möglich wäre, ob überhaupt ein Patent erteilt sei. Vielmehr handelt es sich nur darum, daß in dem der fehlerlosen Patenterteilung vorhergegangenen, diese vorbereitenden Verfahren die Vorschrift des Patentgesetzes nicht beobachtet sein soll, welche die vorgängige Bekanntmachung der Anmeldung verlangt (§ 23). Nun könnte das Gesetz allerdings angeordnet haben, daß ein Verstoß gegen dieses Gebot die Nichtigkeit des Patenterteilungsaktes herbeiführe. Selbstverständlich ist aber eine solche Folge nicht. Die Vergleichung mit einem nicht verfassungsmäßig zustande gekommenen Gesetze kann schon deshalb nicht durch-

*) PatG. 1936 § 18 Abs. 6.

schlagen, weil es sich bei der Unterlassung des Aufgebots nicht um die Ausschaltung eines zur Mitwirkung bei dem Erteilungsbeschlusse berufenen Faktors handelt. Besonders vorgeschrieben hat das Gesetz die Folge der Nichtigkeit nicht. Stellung und Inhalt der hierher gehörigen Vorschriften weisen sogar auf das Gegenteil hin. Das Gesetz überweist die Erteilung der Patente ausschließlich dem Patentamte und trifft für das von diesem zu befolgende Verfahren zur Feststellung der Patentwürdigkeit einer Anmeldung die in §§ 20 flg. enthaltenen Vorschriften, darunter in § 23 die hier in Frage stehende Vorschrift, daß die Anmeldung in näher bestimmter Weise öffentlich bekannt zu machen und zu freier Einsicht auszulegen sei. Die erfolgte Bekanntmachung eröffnet die Frist für die Erhebung des Einspruchs. Nach Ablauf der Frist hat das Patentamt über die Erteilung des Patents Beschluß zu fassen. In Ermangelung einer abweichenden Bestimmung liegt am nächsten die Auffassung, daß dies Gebote sind, deren Befolgung der Amtspflicht der patenterteilenden Behörde anvertraut, nicht aber als Voraussetzung für die Gültigkeit des Erteilungsbeschlusses gewollt ist, dergestallt, daß es den anderen Behörden, die, sei es im Nichtigkeitsverfahren der §§ 28 flg.*), sei es in gewöhnlichen Patentverletzungsprozessen, über die Vernichtung oder über die Rechtsunwirksamkeit der Patente zu entscheiden haben, gestattet wäre, die Ordnungsmäßigkeit des patentamtlichen Verfahrens nachzuprüfen. Ein solcher Eingriff in die Verwaltungstätigkeit des Patentamts würde ohne Analogie sein.

Auch nach ihrem sachlichen Gehalte kommt diesen Vorschriften keine so schwerwiegende Bedeutung zu, daß sich daraus die Absicht des Gesetzes entnehmen ließe, ihre Verletzung mit einer so einschneidenden Rechtsfolge zu bestrafen. Insbesondere gilt dies von dem Erfordernisse der öffentlichen Bekanntmachung. Allerdings beruht nach dem deutschen Patentgesetze das Erteilungsverfahren auf der Verbindung des Vorprüfungs- und des Aufgebots-Systems. Daß aber das Aufgebot als ein notwendiger Ausfluß aus dem Wesen des Patentrechts angesehen werde, kann man auch nach diesem Gesetze nicht sagen, da es, wie § 23 Abs. 5 zeigt, Fälle gibt, wo die Patenterteilung ohne jede Bekanntmachung erfolgt. Aber auch abgesehen von diesen seltenen Ausnahmefällen ergibt sich, daß das Aufgebot zwar den wichtigen Zweck hat, die Gründlichkeit und Allseitigkeit der Vorprüfung nach Möglichkeit herbeizuführen, daß indes ein Versehen darin keine endgültige Benachteiligung der Interessenten bewirkt, indem alles das, was im Wege des Einspruchs gegen die Erteilung des Patentes vorgebracht werden kann, auch dem erteilten Patente gegenüber im Wege des Antrages auf Erklärung der Nichtigkeit vorzubringen möglich bleibt. Es wäre sehr auffallend und wenig angemessen, wenn ein Patent, das sich im Nichtigkeitsverfahren

*) PatG. 1936 §§ 37 ff.

als materiell gerechtfertigt ausgewiesen hätte, deswegen vernichtet werden müßte, weil die Prüfung der gleichen Angriffe nicht schon vorher in einem Einspruchsverfahren erfolgt war. Durch das Bestehenbleiben des materiell begründeten Patents wurde ja das Recht der Allgemeinheit nicht benachteiligt, während durch die Vernichtung ein schwerer Eingriff in den materiellen Anspruch auf Erfindungsschutz getan wird. Denn selbst in dem für den Anmelder günstigsten Falle, wenn man annimmt, daß nunmehr ein neues, verbessertes Erteilungsverfahren auf Grund der ursprünglichen Anmeldung statthaft sei — worüber indes das Gesetz nichts enthält —, so müßte doch, bis es wieder wenigstens zu dem vorläufigen Schutze des § 23 Abs. 1 käme, notwendig einige Zeit verflossen sein, während welcher die durch die Patentschrift offenbarte Erfindung völlig schutzlos wäre. Wollte man gar eine zweite Patenterteilung auf Grund eines wiederholten Erteilungsverfahrens für unzulässig halten, so wäre der materielle Patentanspruch des Anmelders endgültig verloren. . . .

Aus allen diesen Gründen ist als der Wille des Patentgesetzes anzusehen, daß von den vor dem Erteilungsbeschlusse liegenden Fehlern des Patenterteilungs-Verfahrens jedenfalls der Mangel des Aufgebots oder die mangelnde Uebereinstimmung zwischen dem ausgelegten und dem erteilten Patente keine patentvernichtende Wirkung hat." . . .

RGZ. 75, 317

Setzt das Recht des Vorbenutzers voraus, daß er die Erfindung zur Zeit der Patentanmeldung benutzte? oder genügt auch eine frühere, aber wieder aufgegebene Benutzung?

PatG. § 5, Abs. 1 (PatG. 1936 § 7 Abs. 1).

I. Zivilsenat. Urt. vom 25. Februar 1911.

I. Landgericht Elberfeld. II. Oberlandesgericht Düsseldorf.

. . .

Aus den Gründen:

. . . „Das Reichsgericht ist stets davon ausgegangen, daß das Recht des Vorbenutzers bezwecke, den vorhandenen Erfindungsbesitz zu schützen, der in der Inbenutzungnahme der Erfindung oder in Veranstaltungen, die auf den ernstlichen Willen der Benutzung schließen lassen, zum Ausdrucke gelangt.

. . .

Aus der Vorschrift des § 5 des PatGe.'s ergibt sich der Gedanke, daß Kraft, Zeit und Kapital auf bestehende Anlagen, die entweder die Erfindung bereits verwerten, oder wo der ernstliche Wille, sie zu verwerten, durch Veranstaltungen zur Benutzung betätigt worden ist, nicht umsonst aufgewandt sein, und daß ein solcher Besitzstand nicht durch die Patentanmeldung eines anderen entwertet werden soll. (Vgl. Entsch. des RG.'s in Strafs. Bd. 16 S. 415.)

Dieser Gedanke trifft dann nicht zu, wenn die Erfindung zwar längere Zeit vor der Anmeldung in Benutzung genommen, aber dann freiwillig aus wirtschaftlichen oder technischen Gründen wieder fallen gelassen war. Wollte man das Recht des Vorbenutzers auch für diesen Fall anerkennen, so zwänge die Folgerichtigkeit dazu, das Recht auch dann zuzubilligen, wenn lediglich einmal Veranstaltungen zur Benutzung getroffen wären, die dann aber nicht weiter verfolgt wurden. Offenbar ist dies nicht die Meinung des Gesetzes.

Daher ist der herrschenden Meinung darin beizutreten, daß das Recht des Vorbenutzers ein Recht zur Fortbenutzung ist, d. h. zur Fortführung des Unternehmens einer in Benutzung begriffenen Erfindung, nicht aber das Recht eines älteren Erfinders, der früher einmal die Erfindung benutzt oder Veranstaltungen zu ihrer Benutzung getroffen hatte."

RGZ. 75, 400

Haftet der Lizenzgeber für die technische Ausführbarkeit der patentierten Erfindung?

I. Zivilsenat. Urt. v. 1. März 1911.

I. Landgericht Freiburg i. Br. II. Oberlandesgericht Karlsruhe

. . .

Aus den Gründen:

„Das Berufungsgericht stellt fest, daß die Erfindung des Klägers, der Secours-Entschirrungsapparat, „tatsächlich technisch vollkommen unbrauchbar" sei. Es geht hierbei davon aus, daß bei einer solchen Vorrichtung der „Nutzeffekt" der sein solle, daß man im Notfalle, wenn also ein Pferd durchgehen wolle, ein zuverlässiges Hilfsmittel habe, um das Pferd sofort zu entschirren, und legt dar, daß der Apparat dies nicht leiste. Wenn er auch im neuen Zustande bei einer Reihe von Versuchen hintereinander funktioniere, auch sogar in der Regel funktioniere, so versage er doch hin und wieder, namentlich in schwierigen Fällen, bei scharfen Wendungen, sei also nicht zuverlässig. Ein Grund dieser Unzuverlässigkeiten wird darin gefunden, daß die zur Konstruktion verwendeten Stahlfedern zum Teil ungeschützt lägen, infolge davon der Gefahr des Rostens und Beschmutztwerdens ausgesetzt seien und leicht springen könnten, so daß der Apparat, seiner Bestimmung zuwider, nicht wetterbeständig sei. Hiernach ist die Meinung des Berufungsgerichts zweifellos die, daß der Secours-Apparat nicht erst infolge mangelhafter Ausführung, sondern selbst bei genauer Konstruktion den Zweck der sicheren Entschirrung nicht erreichen könne, daß er also keine technische Lösung des Problems enthalte, daß auf diesem Wege die Herstellung eines brauchbaren Entschirrungsapparates technisch nicht ausführbar sei. Hiergegen hat die Revision nichts weiter eingewendet. Es läßt sich auch gegen diese Auffassung des Berufungsgerichts, die auf der tatsächlichen Würdigung des Ergebnisses der Beweisaufnahme beruht, kein rechtliches Bedenken erheben. Insbesondere ist nicht zu beanstanden, daß es als wesentliche Voraussetzung für die technische Brauchbarkeit des Apparates dessen absolute Zuverlässigkeit verlangt. . . .

Geht man von dieser Grundlage aus, so muß dem Berufungsgerichte zugegeben werden, daß der Klaganspruch auf Zahlung von Lizenzgebühren im Rechte nicht begründet ist. Unbedenklich und nicht angefochten ist seine Auffassung, daß die Vereinbarung vom 16. März 1903 in der Hauptsache ein Lizenzvertrag sei, wobei es, da Ansprüche auf den Lieferungspreis für die bezogenen oder zu beziehenden Garnituren nicht erhoben sind, dahingestellt bleiben kann, ob und inwiefern sich aus dem darauf gerichteten Vertragsinhalte auch noch ein unter Kaufgrundsätzen stehendes Schuldverhältnis ableiten ließe. Für den lizenzvertraglichen Inhalt der Vereinbarung nimmt das Berufungsgericht an, der Kläger als Lizenzgeber habe dem Beklagten als Lizenznehmer die Verwertung der Erfindung, jedoch mit zeitlicher und qualitativer Beschränkung, in diesem Umfange aber zum ausschließlichen Rechte überlassen. Auch hiergegen ist nichts einzuwenden.

Daß der Lizenzgeber im Zweifel für die technische Ausführbarkeit der patentierten Erfindung zu haften hat, kann nicht bezweifelt werden. Zu verneinen wäre diese Haftung nur in den Fällen, wo der Lizenzvertrag sich von seiten des Lizenzgebers in der Erlaubnis zur Benutzung der Erfindung erschöpft, also nichts anderes enthält, als den Verzicht des Patentinhabers auf die Ausschließlichkeit seiner Berechtigung zugunsten des Lizenznehmers. Daß es solche eng begrenzte Lizenzen gibt, ist nicht streitig. Wie aber der erkennende Senat in den Entsch. des RG.'s in Zivils. Bd. 57 S. 38 unter Berücksichtigung der Literatur und Rechtsprechung ausgeführt hat, ist diese Beschränkung keineswegs eine charakteristische Eigenschaft des Lizenzvertrages, vielmehr entspricht es „in der überwiegenden Zahl der Fälle der Intention der Kontrahenten und dem von ihnen beabsichtigten wirtschaftlichen Ziele, daß dem Lizenznehmer ein positives Recht, ein quasi-dingliches Benutzungsrecht an dem Rechte des Patentinhabers eingeräumt wird." Diese Tragweite des Lizenzvertrages wird bei Ausschließlichkeit der Lizenz angenommen, Urteil vom 17. Otkober 1906, Rep. I. 49/06. Da vorliegend die Lizenz zwar beschränkt, aber in dieser Beschränkung ausschließlich erteilt ist, so ist die Auslegung gerechtfertigt, daß durch die Vereinbarung vom 16. März 1903 der Kläger nicht nur auf sein Widerspruchsrecht verzichtet, sondern dem Beklagten ein Benutzungsrecht an dem Gegenstande seines damals bereits angemeldeten Patents und seines eingetragenen Gebrauchsmusters eingeräumt hat. . . .

Für die Haftung des Lizenzgebers in dem angegebenen Umfange hat sich auch die Judikatur des Reichsgerichts schon mehrfach ausgesprochen. Namentlich hat der erkennende Senat in wiederholten Entscheidungen an dem Grundsatze festgehalten, es sei regelmäßig Voraussetzung des Lizenzvertrages, daß die Erfindung in einer für den gewerblichen Zweck brauchbaren Weise ausgeführt werden könne.

Vgl. Urteil vom 19. Oktober 1904, Rep. I. 245/04; Bolze Bd. 16 Nr. 444; Jur. Wochenschr. 1897 S. 392 Nr. 19.

Mit dieser Auffassung steht er auch nicht im Widerspruche zu den Entscheidungen anderer Senate. Wenn man nur daran festhält, daß ein grundsätzlicher Unterschied zu machen ist zwischen der technischen Unausführbarkeit des Patents, die einen Mangel der Erfindung selbst bedeutet, und dem Mangel der bloßen gewerblichen Verwertbarkeit, die bei vollkommen gelungener Lösung des technischen Problems vorhanden sein kann und die nutzbringende Ausführung der Erfindung unmöglich macht, und ferner nicht außer acht läßt, daß die Begründung der Entscheidungen angesichts der konkreten Sachlage nicht immer Veranlassung hatte, diesen Unterschied mit voller Schärfe hervorzuheben, so ergibt sich, daß die anscheinend abweichenden Erkenntnisse*) nicht auf grundsätzlich anderem Boden stehen. . . . (Wird ausgeführt.)

RGZ. 76, 298

Kann die gegen ein patentvernichtendes Urteil des Patentamts von beiden Patentinhabern eingelegte Berufung, nachdem einer von ihnen das Rechtsmittel zurückgenommen hat, von dem andern allein weiter verfolgt werden? Rechtliche Folgen der Zurücknahme der Berufung.

I. Zivilsenat. Urt. v. 22. Mai 1911.

I. Patentamt.

. . .

Gründe:

„Nachdem der Mitinhaber des angegriffenen Patents Tr. die Berufung zurückgezogen hat, wird das Rechtsmittel nur noch von dem anderen Patentinhaber W. verfolgt. Die in der Verhandlung vor dem Berufungsgericht aufgeworfene Frage, ob W. allein dazu die Befugnis besitzt, ist zu bejahen.

Die Nichtigkeitsklage richtet sich gegen das Patent als solches; zu seiner Verteidigung sind die in der Rolle eingetragenen Patentinhaber, unter denen eine Rechtsgemeinschaft begründet ist, berufen (Entsch. des RG.'s in Zivils. Bd. 72 S. 245). Das Wesen der an einem Patente be-

*) z. B. RG. Bd. 33 S. 103 (abgedr. weiter oben in diesem Abschnitt).

stehenden Rechtsgemeinschaft wird durch die §§ 741 flg. BGB. näher bestimmt. Nach § 744 Abs. 2 ist jeder Teilhaber berechtigt, die zur Erhaltung des gemeinschaftlichen Gegenstandes notwendigen Maßregeln ohne Zustimmung des anderen Teilhabers zu treffen. Unter diesen Maßregeln versteht das Gesetz zwar in erster Linie Verwaltungshandlungen. Es muß indes anerkannt werden, daß zum Zwecke der Erhaltung des gemeinschaftlichen Gegenstandes auch der einzelne Teilhaber für sich als Prozeßpartei auftreten kann und insoweit — unbehindert durch die Vorschrift des § 747 Satz 2 — zu Verfügungshandlungen berechtigt ist (vgl. auch Entsch. des RG.'s in Zivils. Bd. 60 S. 270). Die Abweichung von der bezeichneten Vorschrift wird durch den Zweck der Erhaltung des gemeinschaftlichen Gegenstandes gerechtfertigt. Wollte man dagegen der Auffassung folgen, daß der Zurücktritt eines Teilhabers vom Prozesse den anderen Teilhaber der sachlichen Legitimation beraube, so daß insbesondere die von dem anderen Teilhaber allein eingelegte oder weiter verfolgte Berufung als unbegründet zurückzuweisen wäre, so erhielte dadurch der eine Teilhaber die Macht, über das ganze Recht zu verfügen. Dieses Ergebnis würde aber mit der allgemeinen Regel des § 747 Satz 2 BGB., wonach die Teilhaber über den gemeinschaftlichen Gegenstand im ganzen nur gemeinschaftlich verfügen können, nicht in Einklang zu bringen sein. Und durchgreifende Gründe für die Durchbrechung der Regel wären in diesem Falle nicht anzuerkennen. Man muß danach annehmen, daß der einzelne Mitberechtigte allein nicht imstande ist, die übrigen Teilhaber von der notwendigen Verteidigung des gemeinsamen Rechtes abzuhalten, daß vielmehr jeder Teilhaber für sich befugt ist, diese Verteidigung zu führen. Der einzelne Teilhaber kann den gemeinschaftlichen Gegenstand nicht preisgeben. Er kann ihn aber „erhalten". Was er zu seiner Erhaltung tut und was er erstreitet, kommt allen Teilhabern zugute. Der erkennende Senat hat denn auch schon früher ausgesprochen, daß die von dem einen Patentinhaber eingelegte Berufung auch für den Mitinhaber Wirkung hat (Urteil vom 26. November 1910, I. 446/09).

Der Nichtigkeitskläger kann das angegriffene Patent nur dadurch zur Vernichtung bringen, daß er im Nichtigkeitsstreite beiden Patentinhabern gegenüber — welche notwendige Streitgenossen sind, § 62 ZPO. — obsiegt. Die Zurücknahme der Berufung durch den Mitbeklagten Tr. allein ist aber deswegen nicht ohne Bedeutung. Der Kläger wurde dadurch diesem Beklagten gegenüber zu dem Antrage berechtigt, daß er s e i n e s Rechtsmittels für verlustig erklärt werde (§ 515 Abs. 3 ZPO.). Diese Verlustigkeitserklärung führt — von der Kostenfolge abgesehen — den gleichen Rechtszustand herbei, wie wenn nur der Beklagte W. Berufung eingelegt hätte. Gelingt es dem Kläger, auch der Berufung dieses Beklagten — die mitzuvertreten der Beklagte Tr. übrigens trotz der Zurücknahme seiner Berufung rechtlich nicht gehindert gewesen wäre — den Erfolg zu nehmen, so verbleibt es endgültig bei der vom Patentamte ausgesprochenen Nichtigkeitserklärung. Das gleiche Ergebnis wäre eingetreten, wenn etwa W. dem Vorgange Tr.'s in der Zurücknahme der Berufung gefolgt wäre." . . .

RGZ. 77, 248

Liegt Inverkehrbringen eines patentierten Erzeugnisses vor, wenn Muster eines außerhalb Deutschlands nach einem deutschen Reichspatent hergestellten Fabrikats, die wegen ihrer geringen Größe zu dem bestimmungsgemäßen Gebrauche des Fabrikats selbst nicht geeignet sind, im Inlande zum Zwecke der Vermittlung von Auslandsverkäufen des Fabrikats Interessenten vorgelegt und ausgehändigt werden?

I. Zivilsenat. Urt. v. 25. Oktober 1911.

I. Landgericht Hamburg. II. Oberlandesgericht daselbst.

. . .

Aus den Gründen:

. . . „Inverkehrbringen eines nach dem patentierten Verfahren hergestellten Erzeugnisses ist jede Handlung, die eine gewerbsmäßige Benutzung des Erzeugnisses im Inlande ermöglicht oder selbst schon darstellt. Es kommt nicht darauf an, ob die in Aussicht genommenen Muster wegen ihrer geringen Größe nicht zu dem bestimmungsgemäßen Gebrauche der Erzeugnisse des hier in Rede stehenden Verfahrens als Dachschiefer geeignet sind; es genügt vielmehr jede bestimmungsgemäße gewerbsmäßige Verwendung und deshalb auch eine solche, die zum Zwecke hat, dem Absatze der mit dem patentierten Verfahren zu erzeugenden Fabrikate zu dienen. Auch wer Muster oder Proben eines Fabrikats vorlegt und aushändigt oder auch nur vorlegt, um Käufer zu finden, verwendet die Muster oder Proben gewerbsmäßig, und wenn die Muster oder Proben selbst Erzeugnisse des patentierten Verfahrens sind, so begeht er eine Handlung, die im Inlande durch § 4 PatGes.*) verboten ist."

RGZ. 78, 10

1. Ist ein Lizenzvertrag nichtig, wenn der Lizenzgeber infolge unrichtiger Beurteilung des Schutzumfanges des Patents die Verleihung eines Benutzungsrechts verspricht, das er nicht gewähren kann?

2. Kann in einem solchen Falle der Lizenznehmer die gezahlten Lizenzgebühren zurückfordern?

---

*) PatG. 1936 § 6.

I. Zivilsenat. Urt. v. 18. November 1911.

I. Landgericht Erfurt, Kammer für Handelssachen.

II. Oberlandesgericht Naumburg a. S.

. . .

Der Sachverhalt ergibt sich aus den

Gründen:

(Es wird zunächst ausgeführt, daß die Sturzfeuerung für den Patentanspruch 1 des DRP. Nr. 98 800 eine wesentliche Grundlage bildet, so daß den Anspruch 1 nicht verletzt, wer die Sturzfeuerung nicht anwendet. Darauf wird dargelegt, daß sich der Lizenzvertrag nach dem Willen der Parteien auf Gliederkessel mit den im Patentanspruch erwähnten Rippen, aber ohne Sturzfeuerung erstreckt. Alsdann wird fortgefahren:)

„Aus den vorstehenden Ausführungen folgt, daß der Kläger nach dem Sinne des Vertrags für die von ihm hergestellten und in den Verkehr gebrachten Gliederkessel, obgleich an diesen die Sturzfeuerung fehlte, die vereinbarten Lizenzgebühren zu entrichten hatte und daß anderseits die Beklagte auch für Kessel dieser Art das in § 1 des Vertrags genannte „Ausführungsrecht" gewähren sollte. Ein Benutzungsrecht an derartigen Kesseln zu verleihen, war aber der Beklagten von Anfang an unmöglich, weil die durch den Patentanspruch 1 geschützte Erfindung diese Kessel nicht umfaßte. Der Vertrag war somit auf eine unmögliche Leistung gerichtet und aus diesem Grunde nichtig (§ 306 BGB.). Auf den in der Rechtslehre und Rechtsprechung bestehenden Streit über die Abgrenzung des § 306 von den Vorschriften der §§ 437, 445 BGB. einzugehen, liegt kein Anlaß vor. Denn es handelt sich gegenwärtig nicht um den Verkauf eines Gebrauchsmusters (vgl. Entsch. d. RG.'s in Zivils. Bd. 68 S. 292) oder Patents, vielmehr hat der Vertrag eine Lizenz, und zwar keine ausschließliche, sondern eine gewöhnliche Lizenz zum Gegenstande, die dem Patentinhaber die Befugnis anderweiter Lizenzerteilung beließ.

Gegen die Nichtigkeit des Vertrags kann nicht eingewendet werden, daß es dem Kläger nicht verwehrt gewesen sei, auch Kessel mit Sturzfeuerung, also durch das Patent wirklich geschützte Kessel, zu bauen, möge immerhin die Absicht des Klägers hierauf nicht gerichtet gewesen sein. Dieser Einwand greift deswegen nicht durch, weil jedenfalls eine teilweise Nichtigkeit des Vertrages bestehen bleibt und zugleich erhellt, daß sich diese Teilnichtigkeit nach Lage des Streitfalles auf den ganzen Vertrag ausdehnt. Weil es dem Kläger gerade auf den Bau von Kesseln ohne Sturzfeuerung ankam, so würde der Vertrag nicht zum Abschluß gekommen sein, wenn bekannt gewesen wäre, daß ein Patentschutz für solche Kessel überhaupt nicht vorhanden sei (§ 139 BGB,; vgl. Entsch. d. RG.'s in Zivils. Bd. 51 S. 92 und Bd. 68 S. 293).

Darauf, ob die vom Kläger wegen Irrtums erklärte Anfechtung des Vertrags zulässig war und rechtzeitig erfolgt ist, braucht nicht mehr eingegangen zu werden.

Auch das Berufungsgericht sagt in den Gründen des angefochtenen Urteils, daß es nahe liege, den Lizenzvertrag gemäß § 306 BGB. als nichtig anzusehen, glaubt aber, daß die Rechtsprechung des Reichsgerichts einer solchen Auffassung entgegenstehe. Das Berufungsgericht weist hierbei auf diejenigen Entscheidungen hin, welche Lizenzverträge oder Kaufverträge über später für nichtig erklärte Patente betreffen (Entsch. d. RG.'s in Zivils. Bd. 17 S. 53, Bd. 20 S. 128).

Es ist jedoch der Revision darin zuzustimmen, daß die Heranziehung dieser Entscheidungen abwegig ist. Zwischen der Nichtigkeitserklärung und der richtigen — einschränkenden — Auslegung eines Patents besteht ein vom Berufungsrichter nicht beachteter wesentlicher Unterschied. Das für nichtig erklärte Patent hat in der Zeit bis zum Eintritte der Rechtskraft des Nichtigkeitsurteils tatsächlich bestanden. Das Urteil hat zwar rückwirkende Kraft, allein ‚die Fiktion der Rückwirkung kann', — wie bereits a. a. O. Bd. 17 S. 55 ausgesprochen worden ist — nicht so weit ausgedehnt werden, daß sie selbst die Tatsache zerstöre, daß ein Schutz (wenn auch kein gesetzlich begründeter) wirklich bestanden habe." Dagegen ist das von einem Patente bei seiner richtigen Auslegung nicht gedeckte technische Gebiet stets gemeinfrei gewesen; der Patentschutz zugunsten eines einzelnen, des Patentinhabers oder des Lizenznehmers, wurde hier nur irrtümlich angenommen. Sucht man in dieser Beziehung nach dem Beispiele einer ähnlichen Rechtslage, so kann es in einem eingetragenen, aber der Neuheit entbehrenden und deswegen von vornherein nichtigen Gebrauchsmuster gefunden werden. Der erkennende Senat hat denn auch bereits in dem Urteile vom 26. Februar 1908 (vgl. Leipz. Zeitschr. 1908 S. 449 Nr. 28) die Ansicht vertreten, daß durch die Ueberlassung eines solchen Gebrauchsmusters an einen anderen diesem nichts gewährt werde; denn im Gegensatze zu einem Patente, das später vernichtet werde, fehle es hier von Anfang an an jedem Schutze.

Aus der Nichtigkeit des Vertrages vom 11./19 Juni 1903 ergibt sich, daß der Kläger durch die Entrichtung der Lizenzgebühren eine Nichtschuld bezahlt hat (§§ 812, 813 BGB.). Gegen den Bereicherungsanspruch des Klägers verteidigt sich der Beklagte mit dem Vorbringen, der Kläger habe aus dem Vertragsverhältnisse Vorteile gezogen, die er sich anrechnen lassen müsse. Die Beklagte hat namentlich darauf hingewiesen, daß der Kläger die Preise der von ihm vertriebenen Kessel in einem den Lizenzgebühren entsprechenden Maße erhöht haben werde und daß er jedenfalls infolge des Abschlusses des Lizenzvertrags den Angriffen der Beklagten wegen Patentverletzung entgangen sei. Die Beklagte hat ferner hervorgehoben, der Kläger habe die von ihm gebauten Kessel mit der Bezeichnung DRP. versehen, und endlich hat die Beklagte die ihr zur Last fallende Zahlung der Patentgebühren und der Prozeßkosten in der Sache Schr. w. K. herangezogen. Auch diese letzte Verteidigungsstellung ist nicht zu halten. Es steht der Beklagten freilich das Recht zu, sich auf solche Vorteile zu berufen, die sie dem Kläger auf Grund des Lizenzvertrags gewährt hat. Tatsächlich hat sie aber dem Kläger keine Vorteile zukommen lassen; sie hatte keinen Patentschutz zu vergeben, weil ihr in betreff der vom Kläger hergestellten Gliederkessel ohne Sturzfeuerung kein Schutzanspruch zustand. Hat der Kläger etwa infolge einer höheren Preisstellung geschäftliche Vorteile erlangt, so mag dazu der Lizenzvertrag den Anlaß geboten haben, aus dem Vermögen der Beklagten jedoch ist nichts an den Kläger gekommen. Die eigentliche Ursache einer etwaigen Vermögensvermehrung des Klägers müßte in dem Irrtume über den Schutzumfang des Patents 98 800 gefunden werden, in dem die Parteien befangen gewesen sind. Hat der Kläger die tatsächlich nicht geschützten Kessel mit einer einen Patentschutz anzeigenden Bezeichnung versehen, so hat er, wenn auch nach Lage der Umstände wohl nicht subjektiv, doch objektiv gegen die Norm des § 40 Nr. 1 PatGes. verstoßen; die Beklagte ist niemals in der Lage gewesen, ihm die Erlaubnis zur Anbringung jener Bezeichnung zu erteilen. Der Hinweis auf die Vermeidung eines Patentverletzungsprozesses erscheint schon deswegen als verfehlt, weil . . . die Beklagte kein Recht gehabt hätte, den Kläger wegen Patentverletzung zu belangen. Daß vollends die von der Beklagten entrichteten Patentgebühren — die den wirklichen Inhalt des . . . Patents vor dem Verfalle bewahrt haben — oder die Prozeßkosten in der Sache Schr. wider K. den Kläger nicht berühren konnten, liegt auf der Hand." . . .

RGZ. 78, 363

Uebernimmt der Patentinhaber durch die Verleihung einer ausschließlichen Lizenz die Gewähr für das Nichtbestehen von Vorbenutzungsrechten und die Verpflichtung zur Leistung vollen Schadensersatzes, oder kann der Lizenznehmer nur eine Ausgleichung in betreff seiner Gegenleistung verlangen?

Patentgesetz § 5 (PatG. 1936 § 7).

BGB. §§ 433, 434, 437, 440.

I. Zivilsenat. Urt. v. 3. Februar 1912.

I. Landgericht Hamburg, Kammer für Handelssachen. II. Oberlandesgericht daselbst.

. . .

Aus den Gründen:

. . . Sollte der Firma Tr. & S. ein Benutzungsrecht nach § 5 PatGes. zustehen, so würde die Folge sein, daß die Wirkung des Patents gegen diese Firma nicht einträte, daß sie die Erfindung für die Bedürfnisse ihres Betriebes in eigenen oder fremden Werkstätten ausnutzen, also die Schutzstoffe in beliebiger Menge vertreiben könnte und daß diese in den freien Verkehr übergingen. Die beschränkte Wirkung des Patentrechts des Klägers zöge dann ohne weiteres eine Abschwächung des vom Kläger der Beklagten durch den Vertrag vom 1. Mai 1905 verliehenen Lizenzrechtes nach sich. Auf diesen Lizenzvertrag mögen im vorliegenden Falle, wo der Kläger der Beklagten „für die Dauer der Patentzeit Lizenz zur Alleinfabrikation des Erfindungsgegenstandes . . . sowie den Alleinvertrieb erteilt" hat, die Vorschriften über den Verkauf eines Rechtes entsprechende Anwendung finden können. Man mag auch in Ansehung des Benutzungsrechts eines Dritten von einem „Mangel im Rechte" des Patentinhabers oder Lizenznehmers sprechen können. Ausgeschlossen erscheint es aber, an diesen Rechtsmangel die Folge zu knüpfen, daß der Lizenzgeber für das Nichtbestehen des fremden Benutzungsrechts voll aufzukommen und gegebenenfalls dem Lizenznehmer Schadensersatz zu leisten hätte (vgl. § 440 Abs. 1, § 325 BGB.).

Wenn der Kläger der Beklagten das Recht zur „Alleinfabrikation" und zum „Alleinvertriebe" verliehen hat, so kann darin an sich nicht mehr als der Ausspruch gefunden werden, daß die Beklagte eine sogenannte ausschließliche Lizenz erhalten solle. Ebensowenig ist die Uebernahme einer Gewähr für das Nichtbestehen eines Benutzungsrechts Dritter in anderen Vertragsbestimmungen zum Ausdrucke gekommen. Auch aus besonderen Gesetzesvorschriften läßt sich eine solche Gewährschaftspflicht nicht herleiten. Es unterliegt zunächst keinem berechtigten Zweifel, daß das Benutzungsrecht eines Dritten den „rechtlichen Bestand" des Patents (§ 437 BGB.) nicht berührt; es gehört zur gesetzlichen Natur jedes Patents, sich gegenüber einem solchen Benutzungsrechte nicht durchsetzen zu können. . . .

Hiernach darf ferner nicht gesagt werden, daß der Kläger der Beklagten das Recht zur Benutzung seines Patents nicht verschafft habe (§ 433 BGB.). Und wenn § 434 den Verkäufer verpflichtet, dem Käufer den verkauften Gegenstand „frei von Rechten, die von Dritten gegen den Käufer geltend gemacht werden können", zu verschaffen, so ist zu betonen, daß das Benutzungsrecht nach § 5 PatGes. das Patent nicht belastet. Das Benutzungsrecht ist ein originäres, nicht — wie die Lizenz — ein vom Patente abgeleitetes Recht; das Patentrecht ist vielmehr von vornherein mit der aus dem fremden Benutzungsrechte sich ergebenden gesetzlichen Einschränkung entstanden. Eine entsprechende Anwendung des § 434 BGB. wäre ungerechtfertigt. Bei den fremden Rechten, die von § 434 betroffen werden, handelt es sich ebenso, wie bei den auf den rechtlichen Bestand einer Forderung oder eines Rechts einwirkenden Umständen (§ 437), um Rechtsverhältnisse oder Tatsachen, von denen der Verkäufer eines Rechtes wenigstens in der Regel Kenntnis haben kann. Ganz anders ist dagegen die Sachlage bei einem Benutzungsrechte gemäß § 5 PatGes. Ob für irgend jemand ein solches Benutzungsrecht besteht, dessen Wirksamkeit von seiner Offenkundigkeit nicht abhängt, weiß der redliche Lizenzgeber — von besonderen Ausnahmefällen abgesehen — nicht. Dabei erscheint es völlig unausführbar, in dieser Richtung erfolgreiche Erkundungen zu veranstalten. Dem Lizenzgeber trotzdem die volle Gewährschaft für die Lückenlosigkeit des Wirkungskreises seines Patents aufzubürden, schlösse eine unbillige, unbegründete Härte in sich, und ginge über den regelmäßig zu unterstellenden Vertragswillen weit hinaus. Es darf auch beim Lizenznehmer die Erkenntnis vorausgesetzt werden, daß eine Sicherheit gegen Benutzungsrechte Dritter nicht gegeben ist.

Die Verpflichtung, für die Abwesenheit von Benutzungsrechten einzustehen, wäre ferner schwer mit der allgemein herrschenden Rechtsüberzeugung vereinbar, daß der Lizenznehmer, falls das Patent für nichtig erklärt wird, vom Lizenzgeber regelmäßig keinen Schadensersatz wegen des für die Zukunft wegfallenden Patentschutzes fordern kann. Es erschiene als ein eigenartiger Widerspruch, den Patentinhaber und Lizenzgeber nicht haften zu lassen, wenn eine offenkundige Vorbenutzung zur Vernichtung des Patents führt, ihn dagegen wegen eines geheimen Vorbenutzungsrechts gemäß § 5 PatGes. für haftbar zu erklären. Die Verneinung der Vertretungspflicht des Lizenzgebers in diesen und mehrfachen anderen Beziehungen, namentlich in Ansehung der gewerblichen Verwertbarkeit des Patents sowie der Wettbewerbskraft gegenüber neuen Erfindungen, kann um so weniger Bedenken erregen, wenn die Natur des Lizenzvertrags als eines in der Regel gewagten Geschäfts, beachtet wird. (Vgl. Entsch. des RG.'s in Zivils. Bd. 33 S. 104.) . . .

Nach alledem hat der Kläger nicht dafür einzustehen, daß der Firma Tr. & S. kein Benutzungsrecht zusteht. Die Beklagte hat dieserhalb weder einen Anspruch auf Schadensersatz, noch das von ihr geltend gemachte Recht, vom Lizenzvertrage zurückzutreten (§ 440 Abs. 1, § 325 BGB.).

Anderseits aber muß der Revision zugegeben werden, das jenes Benutzungsrecht die wirtschaftliche und rechtliche Stellung der Beklagten wesentlich beschränken kann. Ein Benutzungsrecht gemäß § 5 PatGes. kann im einzelnen Falle eine sehr verschiedene Bedeutung haben. Je nach den Umständen mag es — was auch von der Revision nicht verkannt wird — die ausschließliche Lizenz nur unwesentlich beeinflussen, insbesondere die Stärke des Lizenznehmers für den Wettbewerb nicht erheblich beeinträchtigen; ein solches Benutzungsrecht kann aber auch die Lizenz zu einem großen Teile, ja möglicherweise vollständig entwerten. Tritt eine Entwertung ein, so muß diese auf die Verpflichtung zur Gegenleistung einwirken. Denn die Natur des gegenseitigen Vertrags bringt es mit sich, daß das Gesetz, wenngleich es aus triftigen

Gründen eine Schadensersatzpflicht dem einen Teile nicht auferlegen kann, doch dem anderen Teile die Befugnis nicht vorenthalten darf, einen billigen Ausgleich der beiderseitigen Vertragsleistungen durchzusetzen. So haftet auch der Verkäufer einer mangelhaften Sache, wenn er die fehlende Eigenschaft weder zugesichert noch einen Fehler arglistig verschwiegen hat, nicht auf Schadensersatz wegen Nichterfüllung, muß sich aber die Wandelung oder Minderung gefallen lassen (§§ 462, 463 BGB.).

Im gegenwärtigen Streitfalle braucht der Kläger, wie bereits dargelegt ist, nach der Natur des Lizenzvertrags für die Abwesenheit des Vorbenutzungsrechts nicht bis zur Schadensersatzfolge einzustehen; er hat zudem weder eine besondere Zusicherung gegeben, noch fällt ihm nach den Feststellungen des Oberlandesgerichts ein Verschulden zur Last. Aber anderseits muß angenommen werden, daß die vereinbarte Gegenleistung der Beklagten mit Rücksicht auf ein Patentrecht von normaler Wirksamkeit bemessen worden ist. Daraus ist die Folgerung zu ziehen, daß der Lizenznehmer entsprechend dem Grade der Beeinträchtigung dieser Wirksamkeit eine Minderung seiner Gegenleistung verlangen kann — wobei eventuell auf die vertragsmäßige Festsetzung der hauptsächlichen Gegenleistung nach Prozenten des Nettoumsatzes statt nach festen Beträgen Rücksicht zu nehmen ist —, ja daß der Lizenznehmer unter Umständen sogar — und darauf hat sich die Beklagte berufen — zu einer Gegenleistung überhaupt nicht mehr verpflichtet ist. Die anzuwendenden Rechtsnormen müssen in § 323 BGB. gefunden werden. Ob man zu der entsprechenden Anwendung der dort aufgestellten Vorschriften von § 440 oder von §§ 157, 242 BGB. aus gelangt, kann unerörtert bleiben. . . .

RGZ. 78, 436

1. Unter welchen Voraussetzungen kann das Recht aus einer Vorbenutzung der patentierten Erfindung aus Entschließungen und Handlungen, nicht des Geschäftsherrn selbst, sondern seines Angestellten hergeleitet werden?

2. Kann angenommen werden, daß die zur Benutzung der Erfindung erforderlichen Veranstaltungen getroffen waren, wenn es zu der Zeit, als das Patent angemeldet wurde, erst noch des Baues der zur Anwendung des Verfahrens erforderlichen Fabrikräume und Fabrikanlagen bedurfte?

PatG. § 5 Abs. 1 (PatG. 1936 § 7 Abs. 1).

I. Zivilsenat. Urt. v. 4. März 1912.

I. Landgericht Beuthen O/S. II. Oberlandesgericht Breslau.

Die Klägerin war Inhaber eines Patentes auf ein Verfahren zur mechanischen Entleerung von Aufschließkammern für Superphosphat.

Die Erfindung war am 26. März 1906 zum Patent angemeldet. Die Beklagte benutzte in ihrer Fabrik das geschützte Verfahren. Sie behauptete, daß sie zur Zeit der Anmeldung des Patentes die zur Benutzung ihres Verfahrens erforderlichen Veranstaltungen schon getroffen habe. Sie ist mit diesem Einwand in allen Instanzen zurückgewiesen worden, vom Reichsgericht aus folgenden

Gründen:

„Der Vorderrichter geht davon aus, . . . daß die Beklagte als „Vorbenutzung" auch solche Handlungen für sich geltend machen könne, die nicht von dem gesetzlichen Vertreter ausgegangen seien, sondern von Personen, die zu ihr in einem der Besitzdienerstellung ähnlichen Verhältnis stehen; *in dieser Beziehung seien dieselben Grundsätze* anzuwenden, die für die Etablissementserfindung gelten.

Was letzteres angeht, so dürften erhebliche Einschränkungen geboten sein. Es käme darauf an, ob die Handlungen von Persönlichkeiten ausgehen, die nach ihrer Stellung, wenn auch nur im inneren Dienste, dazu berufen erscheinen, die einschlägigen Anordnungen in maßgeblicher Weise zu treffen, und auch dann könnte von einer endgültigen Entschließung, die Erfindung in Benutzung zu nehmen, keine Rede sein, wenn die übergeordnete Stelle widersprochen oder sich die Entscheidung vorbehalten hätte. Es kommt indes hierauf nicht an, weil es überall an den Erfordernissen des § 5 PatGes. gebricht.

Daß es bis zum Tage der Patentanmeldung zu einer Benutzung der Erfindung nicht gekommen ist, ist unbestritten. Es fragt sich nur, ob die zur Benutzung erforderlichen Veranstaltungen getroffen waren. . . .

Um festzustellen, daß die zur Benutzung der Erfindung erforderlichen Veranstaltungen getroffen sind, muß zwei Erfordernissen genügt sein. Es müssen Veranstaltungen vorliegen, welche die Erfindung im wesentlichen auszuführen bestimmt sind, und es muß daraus der ernstliche Wille erhellen, die Erfindung sofort zu benutzen.

Vgl. Entsch. des RG.s in Strafs. Bd. 16 S. 416, in Zivils. Bd. 30 S. 64.

Was das zuerst genannte objektive Erfordernis angeht, so können bei einem auf ein Verfahren erteilten Patente die erforderlichen Veranstaltungen auch in der Herrichtung der für die Ausführung des Verfahrens notwendigen Anlagen und Maschinen bestehen, und unter Umständen könnte auch die Vorbereitung dieser Herrichtung genügen. Die in diesem Punkte vom Vorderrichter daraus hergeleiteten Bedenken, daß die Konstruktion des geplanten Baggers noch nicht in jeder Beziehung fertig entworfen war, als die Klägerin ihre Erfindung anmeldete, sind nicht begründet, weil es sich in dem noch Unfertigen um eine Aufgabe handelt, die nicht Gegenstand der Patenterteilung ist. So weit als die patentierte Erfindung reicht, war der Ingenieur der Beklagten bereits gelangt, als er den Brief vom 17. Juli 1905 schrieb. Was noch fehlte, bedurfte nach der Auffassung, wie sie in der Patentanmeldung und der

Patenterteilung zum Ausdrucke kommt, weiterer erfinderischer Tätigkeit nicht, war vielmehr nur Aufgabe maschinenbaulicher Konstruktion.

Dagegen fehlt es an dem subjektiven Erfordernis, an dem ernstlichen Willen, die Erfindung sofort zu benutzen. Wie schon hervorgehoben wurde, könnte sich die Beklagte auf einen noch so ernstlichen Entschluß ihres Ingenieurs nicht berufen, wenn die maßgebliche übergeordnete Stelle in ihren Erwägungen bis zu dem kritischen Zeitpunkte zu einer endgültigen Entscheidung noch nicht gelangt war. Der Brief des Direktors vom 3. März 1906 läßt deutlich erkennen, daß das jedenfalls bis zu diesem Tage nicht der Fall gewesen ist. . . .

Eine Benutzung für die bestehenden Anlagen kam nicht in Frage, und die Neuanlage lag derart noch im Stadium der Vorbereitung, daß erst nach Monaten damit begonnen, nach Jahren erst der Betrieb eröffnet werden konnte. Bei diesem Stande der Dinge hatte die Beklagte keine Veranlassung, endgültige Entschlüsse zu fassen, und jedem Entschlusse, den sie vielleicht gefaßt hatte, wohnte objektiv ein Moment des Einstweiligen insofern bei, als sie durch nichts, was inzwischen etwa geschehen konnte, gehindert war, sich eines anderen zu besinnen. . . .

RGZ. 79, 328

Ist ein Verfahren patentfähig, dessen Erzeugnisse in Geschmacksmustern bestehen? Darf bei der Bewertung der Erfindung die ästhetische Wirkung in Betracht gezogen werden?

I. Zivilsenat. Urt. v. 4. Mai 1912.

I. Patentamt.

. . .

Aus den Gründen:

. . . „Dem Patentamt ist darin beizutreten, daß, obwohl das Erzeugnis des patentierten Verfahrens ein Geschmacksmuster ist, doch die Zulässigkeit der Patentierung aus diesem Grunde nicht bestritten werden kann. Allerdings ist es nicht möglich, ein individuelles Geschmacksmuster in der Weise unter Patentschutz zu stellen, daß man das Verfahren, durch das es geschaffen ist, zum Patent anmeldet. Wohl aber ist ein neues technisches Verfahren dem Patentschutze dann zugänglich, wenn dadurch der Weg zur Schaffung einer neuen Art, einer ganzen Gattung von Geschmacksmustern, die wieder unter sich individuell verschieden sein können, eröffnet wird. Das würde im vorliegenden Falle zutreffen, wenn, wie es nach der Beschreibung des Patentes Nr. 188 609 den Anschein hat, vor der Anmeldung dieses Patentes der Effekt, der bei einfarbigen Gebrauchsgegenständen aus Ringgeflecht durch Winkelung der Ringreihen benachbarter Teilstücke entsteht, noch unbekannt gewesen wäre. Denn dann hätte der Anmelder dieses Patentes ein neues technisches Verfahren, Teilung des Ringgeflechtes und Wiederzusammensetzung in geeigneter Weise, angegeben, mittels dessen Geschmacksmuster mit einem neuen dekorativen Effekt geschaffen wären, die untereinander wieder einer verschiedenartigen Ausgestaltung fähig waren, wobei zu erwägen ist, daß der Erfindungsgedanke des Hauptpatentes, das an sich nur das eine aus zusammengesetzten Rauten bestehende Muster betrifft, auch den verschiedenartigen, im Zusatzpatente beschriebenen Mustern zugrunde liegt. Der Anmelder hätte dann die Bahn für eine neue und mannigfaltige technische Betätigung eröffnet.

Indessen kommt dieser Erfindungsgedanke in seiner Allgemeinheit für die Aufrechterhaltung der Patente nicht in Betracht, weil er bereits durch die Muster der Firma L. B. & Fils offenbart war. ... (Wird ausgeführt.)

RGZ. 79, 427

1. Ist bei Eingriffen in ein Patent, die in Ausübung eines Hoheitsrechts erfolgen, der Rechtsweg auch für die Ansprüche auf Entschädigung und Rechnungslegung unzulässig?

2. Setzt der Entschädigungsanspruch in solchen Fällen voraus, daß der Eingriff in das Patent wissentlich oder mit grober Fahrlässigkeit begangen ist?

GVG. § 13. PatG. §§ 5 Abs. 2, 35 (PatG. 1936 § 8 Abs. 2, § 47 in der Fassung des ersten Gesetzes zur Aenderung und Ueberleitung von Vorschriften auf dem Gebiet des gewerbl. Rechtsschutzes vom 8. 7. 1949 Bl. PMZ. 1949 S. 229).

I. Zivilsenat. Urt. v. 22. Juni 1912.

I. Landgericht I Berlin. II. Kammergericht daselbst.

...

Aus den Gründen:

„Der Einbau der Ueberhitzerkonstruktion in die Kessel der Kriegsschiffe beruht auf Vorschlägen der von dem Reichsmarineamte beauftragten Werft und ist vom Amte gebilligt und angeordnet worden. Hierbei ist das Amt in Ausübung von Hoheitsrechten tätig geworden. Nach Art. 53 RVerf. bildet die Kriegsmarine eine Anstalt des Deutschen Reichs. Die oberste Verwaltungsbehörde ist das Reichsmarineamt, dem u. a. die Sorge für die Ausrüstung und Armierung der Fahrzeuge obliegt. ...

Indem daher die Behörde bestimmte, daß die Ueberhitzungskonstruktion an den Kriegsschiffen angebracht werden solle, ließ sie sich von Rücksichten leiten, die zu den Interessen der Landesverteidigung in Beziehung stehen.

Bei dieser Sachlage entspricht es dem Urteile des erkennenden Senats Entsch. des RG.'s in Zivils. Bd. 77 S. 14, wenn das Kammergericht für die Klage auf Unterlassung des Eingriffs in das klägerische Patent den Rechtsweg für ausgeschlossen erachtet hat. Unzulässig ist der Rechtsweg schon um deswillen, weil die Betätigung der obrigkeitlichen Gewalt wesentlich dem Gebiete des öffentlichen Rechts angehört und Klagen, die ein ihr entgegentretendes Verbot erstreben, keine bürgerlichen Rechtsstreitigkeiten im Sinne des § 13 GVG. sind. . . .

Die Unterlassungsklage wird nunmehr auch vom Kläger selber preisgegeben. Nur dagegen richtet sich der Angriff der Revision, daß der Rechtsweg für den Anspruch auf Schadensersatz und für den zu dessen Vorbereitung bestimmten Rechnungslegungsanspruch verneint worden ist. In dieser Beziehung sind die Ausführungen des angefochtenen Urteils in der Tat nicht zu billigen.

In dem Urteile des III. Zivilsenats Entsch. des RG.'s Bd. 70 S. 398, auf die sich das Kammergericht beruft, ist nur gesagt, daß die Ausübung öffentlicher Rechte des Staates nicht einfach dadurch, daß man eine Verletzung behauptet und Schadensersatz fordert, dem Rechtswege zugänglich gemacht werden kann. Dem ist durchaus beizutreten, und es kann hinzugefügt werden, daß auch die Verweisung auf § 826 BGB. in dieser Hinsicht nicht weiter führt (vgl. das Urteil des VII. Senats bei Gruchot Bd. 53 S. 1082). Es kommt darauf an, ob sich für das Entschädigungsverlangen eine bestimmte Grundlage in der Gesetzgebung finden läßt. Wo das aber der Fall ist und nicht zugleich Verwaltungsbehörden oder Verwaltungsgerichte zur Entscheidung über die Forderung berufen sind, da wird dem Kläger der Rechtsweg nach § 13 GVG. auch nicht versperrt. Der Streit über die Enschädigungspflicht stellt sich solchenfalls als bürgerliche Rechtsstreitigkeit dar, ohne Rücksicht auf die Natur des Aktes, durch die der Anspruch hervorgerufen ist. Ein Unterschied wird auch dadurch nicht begründet, ob die Reichs- oder die Landesgesetzgebung den Anspruch gewährt. In beiden Fällen wird die materiellrechtliche Bestimmung der preußischen Kabinettsorder vom 4. Dezember 1831 — regelmäßige Versagung jeder Klage wider den Fiskus wegen Gebrauchs von Hoheitsrechten — durch eine Ausnahme durchbrochen. Soweit die Zulässigkeit des Rechtsweges in Frage steht, entscheidet grundsätzlich überhaupt nicht mehr das Landesrecht, sondern § 13 GVG., der die Entschädigungsforderungen gegen den Fiskus den ordentlichen Gerichten zuteilt und nur eine Ueberweisung an eine Verwaltungsinstanz gestattet.

Zu prüfen ist hiernach, ob eine besondere Vorschrift des geltenden Rechtes dem Reichs- oder Staatsfiskus die Pflicht auferlegt, für Eingriffe in Patentrechte, die in Ausübung von Hoheitsrechten begangen werden, Entschädigung zu leisten. Dies muß schon im Hinblick auf das Patentgesetz selber bejaht werden.

Nach § 5 Abs. 2 PatG.*) tritt die Wirkung des Patents insoweit nicht ein, „als die Erfindung nach Bestimmung des Reichskanzlers für das Heer oder für die Flotte oder sonst im Interesse der öffentlichen Wohlfahrt benutzt werden soll. Doch hat der Patentinhaber in diesem Falle gegenüber dem Reich oder dem Staate, welcher in seinem besonderen Interesse die Beschränkung des Patents beantragt hat, Anspruch auf angemessene Vergütung, welche in Ermangelung einer Verständigung im Rechtswege festgesetzt wird."

Durch diese Vorschrift ist der Grundsatz des Enteignungsrechts für das Gebiet des Patentrechts anerkannt. Wo es sich um das Wohl des Ganzen handelt, soll das private Patentrecht keine unüberwindliche Schranke bilden. Darf das Reich einem Patentinhaber sein Recht auch nicht geradezu wegnehmen, so kann es doch ganz nach Bedarf in verschiedenem Umfange, bis zur völligen Erschöpfung des Rechtes, daran Benutzungsrechte begründen. Nur wird dem Privaten, wie bei jeder Enteignung, das aufgezwungene Opfer nicht unentgeltlich zugemutet. In dem Maße, in dem sein Recht eine Schmälerung erleidet, hat er von dem Reich oder dem Bundesstaate, dem die Enteignung zugute kommt, Entschädigung zu verlangen.

Richtig ist nun freilich, daß § 5 Abs. 2 nach seinem Wortlaute den Eintritt einerseits der Rechtsschmälerung, anderseits des Anspruchs auf Wertersatz an eine Enteignungserklärung des Reichskanzlers knüpft. Weil im vorliegenden Fall eine solche Erklärung nicht ergangen ist, hat des Kammergericht die Vorschrift für unanwendbar angesehen. Damit ist es indes ihrer Bedeutung nicht gerecht geworden. Die Bestimmung, daß vor der Benutzung der geschützten Erfindung die Voraussetzungen des Enteignungsrechts bindend festgestellt werden sollen, entspricht der Art und Weise, wie in anderen Fällen die Enteignung geregelt ist. Sie bietet für die Behörden den Vorteil, die Frage, ob wirklich eine Enteignung erforderlich ist und in welchem Umfange sie stattfinden soll, einer gründlichen Prüfung unterziehen zu können. Allein bei der einfachen Uebertragung dieser Einrichtung auf das Gebiet des Patentwesens ist die Besonderheit des gewerblichen Rechtsschutzes nicht genügend berücksichtigt. Patentrechte unterscheiden sich von den meisten anderen Privatrechten dadurch, daß ihre Grenzen überaus häufig nur mit Schwierigkeit ermittelt werden können. Handelt es sich z. B. um eine Erfindung, die für Heer oder Flotte von Bedeutung ist, so wird nicht selten die Sache so liegen, daß die technischen Beamten, die sich im Interesse der Kriegsbereitschaft des Reiches zur Benutzung eines dem patentierten ähnlichen Gegenstandes gezwungen sehen, im besten Glauben der Meinung sind, den Schutzbereich des Patents zu vermeiden, und daß sie deshalb davon Abstand nehmen, den Reichskanzler zur Enteignung zu veranlassen. Beruht ihre Ansicht über das Patent auf Irrtum,

*) PatG. 1936 § 8.

so ist der Patentinhaber in einer mißlichen Lage. Gegenüber der Ausübung der öffentlichen Gewalt kann er ein gerichtliches Verbot fernerer Patentverletzung nicht erlangen. Eine Klage gegen den Reichskanzler oder das Reich mit dem Antrage, die Enteignung zu verfügen, würde schon deshalb nicht durchdringen können, weil es dem Reichskanzler unter allen Umständen überlassen bleiben muß, für die Zukunft Inhalt und Umfang der Lizenz zu bestimmen, vor allem auch darüber zu befinden, ob sie als ausschließliche Lizenz zu begründen sei oder nicht. Soll daher die gesetzliche Bestimmung nicht wirkungslos bleiben, so muß die Auslegung die Lücke, die der Gesetzgeber gelassen hat, ausfüllen. Hierbei ist davon auszugehen, daß das Patentgesetz eine Abweichung von dem in allen deutschen Staaten geltenden großen Rechtsgrundsatze, wonach Privateigentum für öffentliche Zwecke nur gegen Entschädigung in Anspruch genommen werden darf, nicht beabsichtigt hat. Die Erklärung des Reichskanzlers kann deshalb nicht als einziger Fall der Enteignung anerkannt werden. Die Benutzung der geschützten Erfindung ist ihr gleichzustellen. Der Patentinhaber muß befugt sein, geltend zu machen, daß eine Enteignung seines Patents trotz fehlender Enteignungsverfügung doch tatsächlich stattgefunden hat.

Nach dieser Rechtsauffassung ist zur Begründung einer Entschädigungsklage gegen das Reich oder den Bundesstaat, die in Ausübung der öffentlichen Gewalt eine Erfindung in Benutzung nehmen, irgend etwas Weiteres als der Nachweis der Benutzung nicht zu erfordern. Auf den subjektiven Tatbestand komme es nicht an. § 35 PatG.*), wonach nur wissentliche oder grobfahrlässige Verletzung des Patents zur Entschädigung verpflichtet, findet keine Anwendung.

. . . Während der Anspruch nach § 35 PatG.*) aus unerlaubter Handlung entspringt, hat die Enteignungsentschädigung mit dem Gedanken an ein Delikt nichts gemein. Allerdings haben die in der Reichs- oder Staatsverwaltung beschäftigten technischen Beamten sorgfältig zu prüfen, ob eine Vorrichtung oder ein Verfahren, das sie zur Förderung der öffentlichen Wohlfahrt anwenden wollen, in ein Patent eingreift. Aber diese Verpflichtung ist nur ein Ausfluß ihrer Dienstpflicht gegenüber dem Reich oder dem Staate, denen daran gelegen sein muß, durch Entschädigungsansprüche nicht überrascht zu werden. Mit Bezug auf den Patentinhaber kann, soweit es sich um die Ausübung von Hoheitsrechten handelt, von einer Sorgfaltspflicht nicht die Rede sein. Insoweit ist das Reich oder der Staat zu einem Eingriff in das Patent schlechthin berechtigt. Die Begriffe der vorsätzlichen oder fahrlässigen Schadenszufügung, des Verschuldens, der unrechten Tat passen daher nicht, wie denn auch die ganze Frage, ob die Heranziehung einer Erfindung für öffentliche Zwecke mit dem Bewußtsein des Bestehens eines Patent-

*) PatG. 1936 § 47.

schutzes erfolgt ist oder nicht, von dem Patentinhaber gar nicht aufzuwerfen ist.

In formeller Hinsicht mag noch hervorgehoben werden, daß § 5 Abs. 2 PatG., der hiernach eine Schadensforderung von der Art der eingeklagten stützen würde, nicht nur keine Verwaltungsbehörde und kein Verwaltungsgericht mit der Aburteilung betraut hat, sondern — was nach GVG. § 13 nicht erforderlich gewesen wäre — ausdrücklich ausspricht, daß die angemessene Vergütung im Rechtswege festgesetzt werden soll." . . .

RGZ. 80, 15

1. Was ist unter „Inbenutzungnehmen" einer Erfindung (§ 5 PatGes.*) zu verstehen?

2. Kann sich derjenige, welcher bisher im Auslande produziert und seine Erzeugnisse im Inlande nur in Verkehr gebracht hat, gegenüber einem für das gleiche Verfahren erteilten deutschen Patent auf sein Vorbenutzungsrecht (§ 5 PatGes.)*) berufen?

I. Zivilsenat. Urt. v. 24. Juni 1912.

I. Landgericht I Berlin. II. Kammergericht daselbst.

. . .

Aus den Gründen:

. . . „Das Gesetz stellt sich in seiner geltenden Fassung als ein einheitliches Ganze dar, mögen auch einzelne seiner Bestimmungen erst nachträglich aufgenommen sein. Es ist nicht angängig, nachdem in § 4**) die „Wirkung des Patentes" gesetzgeberisch festgestellt ist, in dem unmittelbar anschließenden Paragraphen die „Wirkung des Patentes" in einem beschränkteren Sinne aufzufassen. Man darf dem Gesetzgeber nicht unterstellen, daß er sich der Tragweite der Erweiterung des Patentschutzes, die durch den Satz 2 des § 4**) bewirkt wurde, in ihrer Rückwirkung auf die Vorschrift des § 5 nicht bewußt gewesen sei. Könnte dies aber auch an der Hand der Gesetzesmaterialien dargetan werden, so kommt es doch wesentlich nur darauf an, was der Gesetzgeber wirklich erklärt hat, nicht darauf, was er etwa unausgesprochen beabsichtigte. Es ist auch nicht anzunehmen, daß der Gesetzgeber mit dem Ausdruck „Inbenutzungnehmen" in § 5 einen anderen Sinn hätte verknüpfen wollen als in den §§ 35, 36***). Daß aber die letzteren Vorschriften sich auch auf das „Inverkehrbringen und Feilhalten" der Produkte eines Verfahrenspatentes beziehen, kann nicht bezweifelt werden.

*) PatG. 1936 § 7.
**) PatG. 1936 § 6.
***) PatG. 1936 §§ 47, 49.

In diesem Sinne hat sich auch das Reichsgericht bereits wiederholt ausgesprochen. In dem Urteile des I. Strafsenats vom 25. Februar 1895 (Entsch. des RG.'s. in Strafs. Bd. 27 S. 52) wird der Begriff des „Inbenutzungnehmens" dahin festgestellt, daß der Täter dasjenige ausgeführt haben muß, was nach den Bestimmungen des § 4 dem Patentinhaber vorbehalten und jedem anderen verboten ist, nämlich gewerbsmäßiges Herstellen, Inverkehrbringen, Feilhalten oder Gebrauchen. In dem Urteile des erkennenden Senats vom 14. Dezember 1903 (Entsch. des RG.'s in Zivils. Bd. 56 S. 226) wird ausgeführt, eine Benutzung, die zum Erwerbe des in § 5 Abs. 1 PatGes. bezeichneten Rechtes genüge, könne durch jede der Handlungen geschehen, zu denen nach § 4 PatGes. der Patentinhaber ausschließlich befugt sei. . . .

Die Klägerin selbst hat die Erfindung im Inland in Benutzung genommen, indem sie die hiernach hergestellten Waren durch ihre Abnehmer in Deutschland in Verkehr gebracht hat. Auf den Erfindungsbesitz ihrer Abnehmer in Deutschland kommt es hiernach nicht an. Vielmehr ist sie nach § 5 Abs. 1 Satz 2 befugt, die Erfindung für die Bedürfnisse ihres Gewerbebetriebs in eigenen oder fremden Arbeitsstätten auszunutzen. Ob die Händler, von deren Lager aus das Doppelpapier der Klägerin in Deutschland auf den Markt gebracht wurde, die Herstellungsmethode kannten oder nicht, ist völlig gleichgültig. . . .

Hiernach ist davon auszugehen, daß auch der Ausländer, welcher bisher im Auslande produziert und seine Produkte in Deutschland in Verkehr gebracht hatte, in der Ausübung dieses Gewerbebetriebs durch ein späteres deutschen Patent, das die gleiche Produktion zum Gegenstande hat, nicht beeinträchtigt werden darf, sondern sich unter den übrigen gesetzlichen Voraussetzungen mit Erfolg auf den Schutz des § 5 Abs. 1 PatGes. berufen kann. Der Feststellungsanspruch der Klägerin ist deshalb in Rechten begründet."

RGZ. 80, 54

Zur Patentauslegung. Aufgabe des Patenterteilungsverfahrens und Zweck des formulierten Patentanspruchs. Bedeutung des Standes der Technik.

I. Zivilsenat. Urt. v. 9. Februar 1910.

I. Landgericht I Berlin. II. Kammergericht daselbst.

Die Beklagte ist Generallizenzträgerin des mit Gültigkeit vom 3. Dezember 1895 an dem J. de B. in Brügge erteilten Patentes Nr. 89 774, dessen Anspruch lautet:

Eine Einrichtung zum selbsttätigen Löschen der Kokse beim Austreten aus den Retorten, gekennzeichnet durch eine vor diesen fest angeordnete, zu Anfang waagerechte, später unter einem beliebigen Winkel ansteigende und in dem waagerechten Teile bewässerbare Rinne, in welcher beim Entlangführen der Kokse auf dem waagerechten Teile das Wasser mitgenommen wird, um sich an dem Knie der Rinne zu stauen und sich von oben über die Kokse zu stürzen.

Die Klägerin hat in der Gasanstalt zu C. eine Vorrichtung zum Löschen des Kokses gebaut, von der die Beklagte behauptet, daß sie in das genannte Patent eingreift.

Nach den getroffenen Feststellungen entspricht die C.er Anlage im übrigen dem Patentanspruche, jedoch ist die Steigung in dem zweiten Abschnitte der Rinne eine so geringe, daß zwar am Knie eine Stauung und ein Rückfluß des Wassers verursacht wird, nicht aber von der Stärke, daß das Wasser sich von oben über den Koks — wie ein Wasserfall — stürzt.

Die Klägerin erblickte in dem letzteren Merkmal ein wesentliches Erfordernis des Patentes und versuchte insbesondere darzulegen, daß das bloße Stauen und der Rückfluß des Wassers mit dem Mittel der aus der waagerechten Richtung ansteigenden Rinne bereits durch die Vorrichtung des englischen Patentes Nr. 5194 von 1890 erreicht werde. Die Beklagte bestritt dies und vertrat die Meinung, daß in der C.er Anlage der Erfindungsgedanke des Patentes Nr. 89 774, wenn auch in unvollkommener Weise, verwertet werde, und daß in betreff der erzielten Wirkung des Wasserrückflusses nur ein Gradunterschied bestehe.

Die Klägerin beantragte die Feststellung, daß die behauptete Patentverletzung nicht vorliege, das Verbot einer Wiederholung dieses Vorwurfs und die Zusprechung der Befugnis zur Veröffentlichung des Urteils. Beide Vorinstanzen schlossen sich indessen der Auffassung der Beklagten an und erkannten auf Klagabweisung. Die Revision der Klägerin ist zurückgewiesen worden aus folgenden

Gründen:

„Der Patentanspruch 89 774 enthält die Kombination einer Reihe von Merkmalen, und es ist daher durch Auslegung zu ermitteln, ob nur die Verbindung sämtlicher Merkmale den Patentschutz begründet, oder ob sich dieser auf Gegenstände erstreckt, bei denen das eine oder andere Merkmal fehlt. Nach den Erteilungsakten und der Beschreibung hat nur eine Abgrenzung gegenüber dem amerikanischen Patente 276 504 stattgefunden, und es ist dabei festgestellt worden, daß sich die neue Erfindung von der dort bekannt gegebenen hauptsächlich durch die fest angeordnete Laufrinne und durch deren eigentümliche Gestaltung aus einem waagerechten und einem schräg ansteigenden Teile unterscheidet. Der überall, in Erteilungsakten, Beschreibung und Anspruch, betonte Erfindungsgedanke besteht darin, daß das in dem waagerechten Teile der Rinne auf verhältnismäßig niedrigem Niveau gehaltene Wasser durch den mittels der Schleppkette beförderten Koks mitgeführt und so auf dem aufsteigenden Aste in die Höhe gestaut wird, so daß es infolge des entstehenden Niveauunterschiedes zurückfließt und sich von oben über den Koks ergießt, dadurch dessen Entlöschung in den oberen Teilen vervollständigend. Es ist klar, daß diesem Gedanken nur voll genügt wird, wenn die Steigung der Rinne steil genug ist, um eine möglichst große Wirkung herbeizuführen, und diese gewünschte Wirkung wird in dem Anspruche damit gekennzeichnet, daß sich das Wasser von oben über die Kokse s t ü r z e n soll. Ebenso klar ist aber auch an sich, daß der Gedanke benutzt wird, wenn auf eine so vollständige Wirkung verzichtet wird, indem man bei geringerer Steilheit des aufsteigenden Astes zwar ein Aufstauen und einen Rückfluß des Wassers erzielt, ohne daß jedoch von seinem Zurückfallen auf die Kokse gesprochen werden kann. Dies ist der Fall bei der von der Klägerin in C. ausgeführten Anlage, und es ist daher in keiner Weise zu beanstanden, daß das Berufungsgericht aus Patentschrift und Erteilungsakten an sich den Schluß zieht, daß auch diese Anlage unter das Patent fällt.

Damit wird allerdings eine engere Auslegung des Patentes nicht ausgeschlossen, wenn sie nach dem nachträglich festgestellten Stande der Technik zur Zeit der Anmeldung gerechtfertigt erscheint. Der Patentanspruch hat in erster Linie den Zweck, den Gegenstand der Erfindung für den Techniker möglichst genau zu bezeichnen, nicht aber den daraus sich ergebenden Patentschutz nach allen Seiten genau abzugrenzen. In dieser Beziehung muß vielmehr manches der späteren Auslegung vorbehalten bleiben. Besonders ist es regelmäßig untunlich, bei Erfindungen, die durch eine größere Zahl von Merkmalen zu charakterisieren sind, schon im Stadium der Patenterteilung festzustellen, welche Merkmale für den Patentschutz unbedingt erforderlich sind und welche ausscheiden können oder welche einzelnen oder welche Gruppen von Merkmalen für sich den Patentschutz genießen. Für die Erteilung des Patentes genügt es, daß die Erfindung in der Verbindung sämtlicher Merkmale neu und patentwürdig erscheint, und die weitere Untersuchung über die Grenzen des Schutzes würde in der Regel nur zu einer nachteiligen Verzögerung der Patenterteilung führen. Die Rechtsprechung des Reichsgerichts befolgt daher schon lange den Grundsatz, daß der Anmelder i m Z w e i f e l den Schutz und nur den Schutz beanspruchen kann, der ihm nach dem Stande der Technik zur Zeit der Anmeldung gebührt, ohne daß es — abgesehen von unzweideutig erklärten Verzichten und absichtlich verfügten Einschränkungen — wesentlich darauf ankommt, ob ihm selbst oder der patenterteilenden Behörde dieser Stand der Technik vollständig bekannt war.

Vgl. die in Gew. Rechtsschutz und Urh.-Recht 1908 S. 341 flg. abgedruckten Urteile; ferner I s a y, Wesen und Auslegung des Patentanspruchs in den Mitteil. vom Verbande Deutscher Patentanw. 1909 S. 138 flg.

Von diesem Standpunkte hat nun die Klägerin eine einschränkende Auslegung des Patentes 89 774 aus dem älteren englischen Patente

5194/90 zu begründen versucht. Allein die Revision kann auch insoweit keinen Erfolg haben. Das Berufungsgericht legt das englische Patent an der Hand des Sachverständigengutachtens dahin aus, daß der Erfindungsgedanke des Patentes 89 774 darin nicht enthalten ist. Diese Auslegung ..., die wesentlich mit auf tatsächlicher Würdigung beruht, ist rechtlich unbedenklich. Ist sie aber nicht zu beanstanden, so kann dem Berufungsgerichte nur darin beigetreten werden, daß das englische Patent zu einer einschränkenden Auslegung des deutschen keine Handhabe bietet." ...

RGZ. 83, 9

Umgrenzung des für die Zusprechung einer Zwangslizenz erforderlichen „öffentlichen Interesses".

Patentgesetz § 11 Abs. 1. (PatG. 1936 § 15 Abs. 1.)

I. Zivilsenat. Urt. v. 27. Juni 1913.

I. Patentamt.

.....

Aus den Gründen:

... In der Begründung zu der bereits erwähnten Novelle vom 6. Juni 1911, welche die Erteilung einer Zwangslizenz von der Voraussetzung abhängig macht, daß sie im öffentlichen Interesse geboten sei, wird ausgeführt, „es werde an der Vorschrift des geltenden Rechtes festzuhalten sein, daß die Entscheidung gegen den Patentinhaber nur zulässig sei, wenn ein öffentliches Interesse bestehe. Diese Beschränkung liege im Interesse des Patentinhabers, der ernsthafte Bemühungen zur Verwertung der Erfindung aufgewendet und gegenüber egoistischen Interessen des Wettbewerbes Schutz verdiene. Allgemein werde der Grundsatz gelten müssen, daß bei Abwägung der Frage, ob von der Befugnis der Erteilung einer Zwangslizenz Gebrauch zu machen sei, nicht die privaten Interessen konkurrierender Betriebe, sondern nur die Interessen der Allgemeinheit in Betracht zu ziehen seien. Ein solches Interesse werde dann anzuerkennen sein, wenn die Vorteile einer Erfindung, die dem gewerblichen Leben wertvolle Dienste bieten könne, diesem geflissentlich vorenthalten würden, oder wenn die Benutzung einer für das Gewerbe nützlichen Erfindung an unverhältnismäßig lästige Bedingungen geknüpft werde. Hierzu träten die Fälle, daß durch Ausführung der Erfindung in der Hand eines einzelnen der Bestand ganzer Industriezweige bedroht werde oder der Lizenzbedürftige sich gehindert sehe, eine ihm selbst patentierte, von dem Patente des anderen abhängige, für die Allgemeinheit nützliche Erfindung zu verwerten." (Aktenst. zu den Verh. des RT. 1909/1911 Nr. 793 S. 4038 Sp. 2.)

Aus dem Kommissionsberichte (a. a. O. Nr. 1024 S. 5309, 5310) ist noch folgendes hervorzuheben: „In der Begründung zum Entwurfe sei der Begriff des öffentlichen Interesses durchaus zutreffend umschrieben." Hinzuzufügen sei: „Das öffentliche Interesse an der Erteilung einer Zwangslizenz könne auch dann verneint werden, wenn der inländische Bedarf schon durch den Patentinhaber gedeckt werde." Alsdann wird noch die Frage erörtert, „ob als öffentliches Interesse auch das Interesse der Konsumenten an einer Verbilligung der vom Patentinhaber gestellten Preise in Betracht kommen könne." Diese Frage wird jedoch verneint. „Zum mindesten müsse man den Satz aufstellen: derjenige Inhaber eines deutschen Patentes, der dem inländischen Markte gerecht werde und für seine Erzeugnisse einen angemessenen Preis verlange, dürfe durch Zwangslizenzen zugunsten seiner ihn unterbietenden Konkurrenten nicht beunruhigt werden." ... Zum Zwecke der Preiserniedrigung „werde, sofern nicht etwa die Preisstellung der Vorenthaltung des Gegenstandes geradezu gleichkomme, eine Lizenz nicht gefordert werden können, da ein öffentliches Interesse hierfür nicht gegeben sei".

Aus der Gesamtheit der im vorstehenden erörterten Verhandlungen tritt der gesetzgeberische Gedanke, auf dem der gegenwärtig geltende § 11 Abs. 1 PatG. beruht, deutlich hervor. Bei Aufstellung des Entwurfs von 1877 hatte sich freilich eine klare Scheidung zwischen privaten und öffentlichen Interessen noch nicht vollzogen. Der oben wiedergegebene Wortlaut des Entwurfs in Verbindung mit seiner Begründung — auf die hier nicht näher einzugehen ist — läßt erkennen, daß das öffentliche Interesse im allgemeinen schon dann als verletzt angesehen wurde, wenn der Patentinhaber ein tatsächliches Monopol für das Gebiet seiner Erfindung erlange und die natürlichen Wettbewerbsverhältnisse verschiebe. Aber bereits bei der Beratung des Entwurfs in der Reichstagskommission wird bestimmt ausgesprochen, daß die ausschließliche Benutzung des Patentes ein Recht des Erfinders sei; wenn er daraus hohen Gewinn ziehe, so sei dies der wohlverdiente Lohn seiner Erfindung, den er sich durch die gewerbliche Konkurrenz nicht schmälern zu lassen brauche. Diese Gedanken sind auch bei der Verabschiedung der Novelle vom 6. Juni 1911 festgehalten worden.

Sie sind in der Sache begründet und müssen der Auslegung des § 11 Abs. 1 PatG. zur Richtschnur dienen. ... Es widerstreitet noch nicht dem öffentlichen Interesse, wenn der Patentinhaber eine tatsächliche Monopolstellung einnimmt; das öffentliche Interesse wird erst dann berührt, wenn besondere Umstände hinzutreten, die in Rücksicht auf das allgemeine Wohl Mißbilligung verdienen. Das öffentliche Interesse würde namentlich dann verletzt werden, wenn der Patentinhaber die ihm durch § 4 PatG.*) verliehenen ausschließlichen Rechte dazu mißbrauchte, die Erfindung der Allgemeinheit vorzuenthalten, oder wenn es ihm wenigstens nicht gelänge, die berechtigten Bedürfnisse des inländischen Marktes in ausreichendem Maße zu befriedigen. ...

*) PatG. 1936 § 6.

Zugegeben ist, daß öffentliche Interessen auch dadurch geschädigt werden können, daß der Patentinhaber seine Rechte in einer das billige Maß überschreitenden Weise ausbeutet, etwa durch die Versagung von Lizenzen zur Ausübung einer bahnbrechenden Erfindung den Bestand ganzer Industriezweige gefährdet. Dem allgemeinen Satze, daß es gegen die guten Sitten verstoße, wenn der Inhaber einer Monopolstellung seine Macht dazu mißbrauche, anderen unbillige und unverhältnismäßige Bedingungen vorzuschreiben (vgl. Entsch. des RG.s in Zivils. Bd. 20 S. 117, Bd. 62 S. 266, Bd. 81 S. 320), ist auch auf dem Gebiete des Patentrechts die Anerkennung nicht zu versagen. Zu beachten ist jedoch, daß die Grenzen bei der Ausnutzung des Patentschutzes deswegen nicht zu eng gesteckt werden dürfen, weil dem Patentinhaber für seine Erfindung und den damit verknüpften Aufwand an Mühe, Gefahr und Kosten ein gebührender Lohn zukommt. ...

RGZ. 83, 93

1. Zum Begriffe der ausschließlichen Lizenz.

2. Steht dem Inhaber einer gewöhnlichen Lizenz ein selbständiges Klagerecht gegen dritte Patentverletzer zu?

I. Zivilsenat. Urt. v. 17. September 1913.

I. Landgericht Hannover. II. Oberlandesgericht Celle.

.....

Aus den Gründen:

...

Das Reichsgericht hat sich in seiner neueren Rechtsprechung auf den Standpunkt gestellt, daß dem Lizenznehmer wenigstens dann, wenn die Lizenz als ausschließliche verliehen ist, eine selbständige Befugnis zur Geltendmachung seines Benutzungsrechts gegen jeden Dritten zusteht, der es beeinträchtigt (Entsch. des RG.s in Zivils. Bd. 57 S. 38, Bd. 67 S. 181; vgl. auch über die Berechtigung zur Stellung des Strafantrags wegen Patentverletzung Rechtspr. des RG.s in Strafs. Bd. 6 S. 144; Entsch. des RG.s in Strafs. Bd. 11 S. 266, Bd. 38 S. 42). Die Revision versucht darzulegen, daß die Klägerin im gegenwärtigen Falle zwar nicht im wörtlichen, aber doch im wirtschaftlichen Sinne als ausschließliche Lizenzträgerin, welche die Erfindung allein im weitesten Maße ausnutzen solle, anzusehen sei. Das kann nicht für zutreffend gehalten werden. Neben der Klägerin sind nicht nur die Patentinhaberin, die Firma R., sondern auch als Lizenznehmer wenigstens noch drei andere Firmen — darunter eine für das Ausland — berechtigt, das Patent Nr. 157 029 zu benutzen. Bei einer solchen Rechtslage darf von einer ausschließlichen Lizenz schlechterdings nicht gesprochen werden. Die Ausschließlichkeit einer Lizenz wird freilich dadurch nicht beeinträchtigt, daß die Lizenz auf einen bestimmten Zeitabschnitt oder auf einen räumlichen Bezirk beschränkt wird. Auch kann die ausschließliche Lizenz unter einer sachlichen Beschränkung erteilt werden, indem z. B. vereinbart wird, daß der Lizenznehmer nur eine bestimmte Art des Patentgegenstandes benutzen darf. Die Lizenz darf jedoch, wenn sie den Charakter der Ausschließlichkeit bewahren soll, in keinem Falle das Merkmal verlieren, daß sie dem Lizenzträger die Befugnis gibt, das Patent innerhalb eines sicher umgrenzten Bereichs, auf einem bestimmten Marktgebiet unter Ausschluß anderer Wettbewerber allein auszubeuten. So heben sich gewöhnliche und ausschließliche Lizenz scharf gegeneinander ab. Auch die unter den erwähnten örtlichen, zeitlichen oder sachlichen Beschränkungen verliehene Lizenz büßt dieses Merkmal nicht ein. Das Merkmal fehlt aber nach den hervorgehobenen Umständen offensichtlich der Lizenz der Klägerin.

Befindet sich hiernach die Klägerin nicht im Besitz einer ausschließlichen Lizenz, so wirft sich die in den angeführten Erkenntnissen nicht beantwortete Frage auf, ob die Klägerin etwa schon kraft der ihr erteilten gewöhnlichen Lizenz ein selbständiges Klagrecht gegen dritte Patentverletzer zustehe. Die Frage muß verneint werden. Bei der rechtlichen Beurteilung der ausschließlichen Lizenz drängten unabweisbare praktische Bedürfnisse dahin, ein Klagrecht des Lizenznehmers anzuerkennen. Gerade der Lizenznehmer, nicht der in der Rolle verzeichnete Inhaber des seines Nutzungswerts für diesen Inhaber ganz oder in bestimmtem Umfange entkleideten Patentrechts, hat hier das überwiegende, oft sogar das alleinige Interesse daran, daß Patentverletzungen unterbleiben oder durch Ersatz des entstandenen Schadens ausgeglichen werden. Wollte man dagegen den einzelnen Trägern gewöhnlicher Lizenzen die Klagbefugnis einräumen, so würde dies zu bedenklichen Folgen führen. Schon daraus, daß der Patentinhaber, der gewöhnliche Lizenzen verleiht, das Recht behält, weitere Lizenzen an andere zu erteilen, ergibt sich, daß auch die Verfolgung von Patentverletzungen in seiner Hand bleiben muß, soll nicht in die zwischen Patentinhaber, Lizenznehmern und dritten Beteiligten bestehenden Rechtsverhältnisse und Rechtsbeziehungen Verwirrung gebracht werden. Mit dem Rechte des Patentinhabers, Lizenzen ausdrücklich oder auch stillschweigend zu vergeben, dabei zu bestimmen, von welchem Zeitpunkt an die Lizenzen als geltend anzusehen sind und wie lange sie laufen, sind selbständige Ansprüche gewöhnlicher Lizenznehmer gegen Dritte nicht wohl vereinbar. Diese Ansprüche würden im Hinblick auf jenes Recht des Patentinhabers von Anfang an aller sicheren Grundlage entbehren und könnten jederzeit durch Verfügungen des Patentinhabers entkräftet werden.

Hiergegen läßt sich nicht der Einwand erheben, daß der Patentinhaber sich auch einem gewöhnlichen Lizenznehmer gegenüber verpflichten könne, keine weiteren Lizenzen zu erteilen, und daß auch im gegenwärtigen Falle die Firma R. eine solche Verpflichtung gegenüber der Klägerin eingegangen sei. Denn handelt der Patentinhaber einer solchen Verpflichtung zuwider, so ist er zwar schuldrechtlich dem Lizenznehmer haftbar, dadurch wird indessen der Rechtsbestand vereinbarungswidrig erteilter neuer Lizenzen nicht berührt. Das Berufungsgericht hat dies bereits zutreffend hervorgehoben.

Die Ansicht, daß jeder gewöhnliche Lizenznehmer ein eigenes Klagerecht gegen Patentverletzer ausüben könne, müßte in der Praxis auch insoweit besondere Schwierigkeiten mit sich bringen, als der Umfang des dem einzelnen Lizenznehmer erwachsenen Schadens nicht sicher abgegrenzt werden könnte. Denn als Geschädigte würden regelmäßig alle Nutzungsberechtigten in Betracht zu ziehen sein. Diese Schwierigkeiten fallen weg mit der Annahme, daß die gegen Patentverletzer zu erhebenden Ansprüche dem Patentinhaber allein zustehen. Dabei ist zu beachten, daß dem Patentinhaber nicht verwehrt ist, je nach den Umständen, anstatt eine Schadensberechnung aufzumachen, den vom Patentverletzer erzielten Gewinn zu fordern (vgl. Entsch. des RG.s in Zivils. Bd. 43 S. 56, Bd. 50 S. 115, Bd. 35 S. 14).

Was für die Entschädigungsklage zutreffend ist, muß auch für die Unterlassungsklage gelten. Beide Klagen ergänzen sich gegenseitig, indem sich die eine auf die Vergangenheit, die andere auf die Zukunft bezieht; soweit sich die Unterlassungsklage durch Zeitablauf erledigt, rückt die Entschädigungsklage an ihre Stelle. Zugleich ist ein schutzwürdiges Interesse des angeblichen Patentverletzers daran anzuerkennen, daß er nicht von allen einzelnen Inhabern einer gewöhnlichen Lizenz mit Unterlassungsklagen überzogen werden kann. Erhebliche Zweckmäßigkeitsgründe sprechen daher dafür, daß beide Klagen in einer Hand bleiben. Sie müssen auch von einem einheitlichen rechtlichen Gesichtspunkt aus beurteilt werden. Der Patentinhaber hält bei der Ausgabe gewöhnlicher Lizenzen so viel von dem Inhalte des Patentrechts zurück, daß er nach wie vor Dritte wegen Patentverletzung auf dem Prozeßwege zur Verantwortung ziehen kann; es ist nicht einzusehen, wie trotzdem eine Klagebefugnis auf die Lizenznehmer übergehen sollte. Die Patentverletzer greifen in das Patent ein, nicht in die gewöhnlichen Lizenzrechte. Daß die Erwerbsverhältnisse der gewöhnlichen Lizenznehmer durch diese Eingriffe beeinflußt werden können, ist zwar unbestreitbar; dies genügt jedoch nicht zur Begründung eines selbständigen Klagerechts der Lizenznehmer gegen die Patentverletzer. Auf diesem Standpunkte steht auch die überwiegende Zahl der Rechtslehrer. Für eine Unterscheidung zwischen Entschädigungs- und Unterlassungsklage ist somit kein Grund ersichtlich. ...

Fürchtet der Lizenznehmer im Einzelfalle, daß die Ausnutzung des von ihm zu erwerbenden Lizenzrechts durch Patentverletzungen oder neue Lizenzverleihungen wesentlich beeinträchtigt werden könnte, so muß er durch geeignete Vertragsbestimmungen Vorsorge treffen. Dies ist übrigens auch im vorliegenden Falle geschehen. Die Patentinhaberin hat sich nicht nur verpflichtet, gegen alle Patentverletzer gerichtlich vorzugehen, sondern es ist ferner noch zwischen der Firma R. und der Klägerin vereinbart worden, im Falle vertragswidriger Lizenzerteilung brauche die Klägerin keine Lizenzgebühr zu zahlen, behalte aber ihre Lizenz.

RGZ. 83, 274

Zusprechung einer Zwangslizenz. Klagebefugnis. Oeffentliches Interesse.

Patentgesetz § 11 Abs. 1. (PatG. 1936 § 15.)

I. Zivilsenat. Urt. v. 8. November 1913.

I. Patentamt.

.....

Aus den Gründen:

... „Soviel steht außer Zweifel, daß der Kläger Inhaber einer großen Zahl von Patenten ist, die sich mit Quecksilber-Gleichrichtern befassen, deren Gefäß aus Metall besteht.

Schon hieraus erhellt, daß der vom Beklagten in der Berufungsinstanz erhobene Einwand, dem Kläger fehle für die Klage die Aktivlegitimation, weil er keine Fabrik für den Bau von Gleichrichtern besitze, nicht durchgreifen kann. Ob es sich dabei überhaupt um die sog. Aktivlegitimation handelt, mag dahingestellt bleiben. Jedenfalls ist der Einwand sachlich nicht haltbar. Es ist nicht zu bestreiten und wird auch vom Beklagten nicht bestritten, daß der Kläger die ihm gehörenden Patente nicht ausführen kann, ohne von der grundlegenden Erfindung des Beklagten (Patent 157 642) Gebrauch zu machen. Daraus ergibt sich an sich ein berechtigtes Interesse des Klägers an der Erlangung einer Lizenz. Die Zwangslizenz hat freilich den rechtlichen Charakter einer gewöhnlichen, nicht einer ausschließlichen Lizenz. Der Inhaber einer Zwangslizenz kann also nicht einem anderen eine Unterlizenz erteilen, er muß die Zwangslizenz vielmehr selbst ausnutzen. Allein es kann nicht von ihm verlangt werden, daß er den geschützten Gegenstand in einer eigenen Fabrik herstelle. Er ist auch befugt — ebenso wie der Inhaber eines Benutzungsrechts nach § 5 PatG.*) —, sich „fremder Werkstätten" zu bedienen. Warum aber der Kläger außerstande sein sollte, die Hilfe fremder Fabrikationsbetriebe für sich zu verwerten, ist nicht einzusehen. Der Kläger hat in dieser Beziehung auf das zwischen ihm und der Aktiengesellschaft Br. & B. in M. bestehende Vertragsverhältnis hingewiesen. Es braucht hierauf jedoch nicht näher eingegangen zu werden. Bei dem Kläger, als dem Inhaber der bezeichneten Patente, ist die

*) PatG. 1936 § 7.

Möglichkeit, diese auszunutzen, vorauszusetzen, sofern nicht etwa ungewöhnliche Umstände entgegenstehen. Von solchen ist hier keine Rede.

Da der Kläger dem Beklagten für die nachgesuchte Lizenz eine bestimmte Vergütung mit Sicherheitsleistung angeboten, auch in der Verhandlung vor dem Berufungsgericht erklärt hat, eventuell möge die Höhe der Vergütung und Sicherheitsleistung vom Gerichte bemessen werden, so hängt die gegenwärtige Entscheidung über den Rechtsstreit von der Beantwortung der Frage ab, ob die Erteilung der Lizenz im öffentlichen Interesse geboten ist (§ 11 PatG.). Das Reichsgericht ist zu der Ueberzeugung gelangt, daß diese Frage vom Patentamte mit Unrecht verneint worden ist.

Das Patentamt bezeichnet die Erfindung des Beklagten als eine Pioniererfindung. Diese Bewertung des Patentes 157 642 verdient Zustimmung, ihr ist auch von den Parteien nicht widersprochen worden. Je bedeutender aber eine Erfindung ist, um so größeres Interesse hat die Allgemeinheit daran, daß die Erfindung technisch durchgebildet, vervollkommnet und dadurch ihr Anwendungsgebiet erweitert wird. Dem technischen Ausbau der Erfindung des Beklagten stellten sich gerade für die wichtigen Metall-Großgleichrichter besondere Schwierigkeiten entgegen. Wenn sich daher der Kläger mit der Ueberwindung dieser Schwierigkeiten, wie die angeführten Patente mit hinreichender Deutlichkeit zeigen, in ernster technischer Arbeit befaßt hat, so dienen die von ihm zu erzielenden Erfolge dem öffentlichen Interesse.

Das Patentamt sagt in den Entscheidungsgründen des angefochtenen Urteils, was die Patente und Gebrauchsmuster des Klägers brächten, „sei keineswegs von so bahnbrechender Bedeutung, daß man annehmen könne, durch sie sei erst der Weg zur praktischen Ausführung des Gleichrichters großer Leistung gegeben". Und der Beklagte hat vor dem Berufungsgericht ausführen lassen, daß er und seine Lizenznehmerin ... zur Lösung der für Metall-Großgleichrichter bestehenden technischen Aufgaben einen ganz anderen Weg einschlage als der Kläger. Insbesondere sei es vorteilhaft, die Anoden gesondert neben dem Hauptgefäß anzuordnen; die Schwierigkeiten namentlich der Anodenisolierung, der gesicherten Quecksilberdampfführung und der Kühlung könnten durch diese Maßnahme eher überwunden werden als mit den vom Kläger angewandten Mitteln. Der Weg, auf dem der Beklagte vorgehe, verspreche daher bessere Erfolge. Durch Erwägungen dieser Art läßt sich jedoch die Abweisung des Klaganspruchs nicht rechtfertigen. Denn auf der anderen Seite ist im Hinblick auf die bereits ausgeführten Anlagen in S., M., R. und Ch. nicht zu bezweifeln, daß auch der Kläger bereits beachtliche Erfolge erreicht hat. Will man also nun die Behauptungen des Beklagten als zutreffend ansehen, so zeigt sich doch, daß ein wichtige technische Fortschritte einschließendes Ziel auf verschiedenen Wegen angestrebt wird, und daß brauchbare Erfolge auf beiden Wegen erwartet werden dürfen. Auf welcher Seite der überragende Erfolg errungen werden wird, ist eine Frage der Zukunft.

Unter solchen Umständen muß es der Allgemeinheit zum Vorteile gereichen, wenn die Arbeiten auf beiden Arbeitsplätzen ohne Hemmnis fortschreiten. Voraussetzung dafür ist, daß dem Kläger die Benutzung des Patentes 157 642 nicht versagt wird. Bei dieser Beurteilung verharrt der erkennende Senat auf dem Standpunkte, den er bereits in dem Beschlusse vom 11. Februar 1903 eingenommen hat (Entsch. des RG.s in Zivils. Bd. 54 S. 5). Dort wird betont, daß die Vorteile, welche ein Patent gewähre, zu neuen „Erfindungen auf gewerblichem Gebiete anspornen und anreizen sollten; nicht aber dürfe das dem einzelnen gewährte Privileg dazu führen, die Entwickelung der gewerblichen Technik hintanzuhalten und zu schädigen. Vielmehr habe die Allgemeinheit ein Interesse daran, daß der gewerbliche Fortschritt nicht gehemmt werde". ... Als nützlich dürfen die dem Kläger geschützten Erfindungen in ihrer Gesamtheit unbedenklich auch dann angesehen werden, wenn sie nicht den einzigen Weg zeigen, auf dem die Metall-Gleichrichter einen befriedigenden Ausbau erhalten können.

Die im vorstehenden dargelegte Auffassung ist, wie bereits angedeutet wurde, geeignet, zur Verbesserung einer durch Patent geschützten Erfindung nachhaltig anzuregen, während eine engere Auffassung leicht zur Folge haben könnte, daß mit Rücksicht auf den erforderlichen Aufwand an Zeit und Vermögen von Verbesserungsversuchen von vornherein Abstand genommen würde. Es verdient Zustimmung, wenn der Kläger vor dem Berufungsgerichte hat ausführen lassen, § 11 PatG. dürfe nicht so ausgelegt werden, daß die Erfinder von zielbewußter Entwickelung eines fremden Patentgedankens abgeschreckt würden; die Erfinder müßten vielmehr ermutigt werden, auf der vom Patentinhaber geschaffenen Grundlage weiterzubauen und den Patentgedanken nutzbringend auszugestalten.

Aus den angeführten Gründen hat sich das Reichsgericht davon überzeugen müssen, daß die Erteilung der vom Kläger beanspruchten Lizenz im öffentlichen Interesse geboten ist.

Da die Sache zur Entscheidung über die für die Zwangslizenz zu gewährende Vergütung und über die Sicherheitsleistung noch nicht reif war, erschien es zweckentsprechend, das Urteil insoweit vorzubehalten, im übrigen aber, wie geschehen, zu erkennen."

RGZ. 84, 65

Verlangt das Gebrauchsmustergesetz, daß der Stoff, dessen Anwendung angeordnet wird, in unveränderter Beschaffenheit am oder im Modell sinnlich wahrnehmbar ist?*)

*) Vgl. auch RG. Bd. 86 S. 226 und Bd. 128 S. 205 (abgedr. weiter unten in diesem Abschnitt).

Gesetz, betr. den Schutz von Gebrauchsmustern, § 1 Abs. 1.

I. Zivilsenat. Urt. v. 17. Januar 1914.

I. Landgericht Chemnitz. II. Oberlandesgericht Dresden

. . .

Aus den Gründen:

Nach der Gebrauchsmusteranmeldung ist kein Verfahren, sondern eine besonders gekennzeichnete geklebte Doppelware unter Schutz gestellt worden. Geklebte Doppelware oder Klebware ist ein aus zusammengeklebten Trikotstoffen bestehendes Halbfabrikat, das vorzugsweise in der Stoffhandschuh-Fabrikation Verwendung findet. Es ist nicht zweifelhaft, daß auch Halbfabrikate Gegenstand des gewerblichen Musterschutzes sein können, sofern sie Modelle im Sinne des § 1 GebrMustSchG. sind, nämlich einen dem Arbeits- oder Gebrauchszwecke dienenden Erfindungsgedanken im Raume verkörpern. Geklebte Doppelware hat als Stückware, wie sie im Handel üblich ist, eine bestimmte, durch die zusammengeklebten Stoffe geschaffene Form. Bisher wurden die Stoffe mittels Guttapercha verbunden. Der Beklagte verwendet als Bindemittel einen pulverförmigen Klebstoff. Das Oberlandesgericht erblickt in diesem in der Gebrauchsmusteranmeldung angegebenen Kennzeichen eine neue Anordnung gemäß § 1 Abs. 1 GebrMustSchG., die in der Verbindung der beiden Stoffschichten durch ein neues eigenartiges Verbindungsmittel bestehe, wodurch nicht bloß die Herstellung der Doppelware beeinflußt, sondern auch eine Doppelware mit am Modell sinnlich wahrnehmbaren, von der bisherigen Ware nicht aufgewiesenen Eigenschaften erzeugt werde. Diese Beurteilung ist rechtlich einwandfrei.

Die Rechtsprechung des Reichsgerichts hat wiederholt anerkannt, daß in der Anwendung des Stoffes als der im Raume verkörperten Darstellung des Gebrauchsmusters eine Anordnung im Sinne des § 1 des Gesetzes zu finden sei, also schon das Material, aus welchem das Arbeitsgerät oder der Gebrauchsgegenstand hergestellt werden solle, unabhängig von der äußeren Gestaltung des Modells, dem Erfordernis der Formgebung, ohne welche ein Gebrauchsmuster gar nicht vorliegen könne, Genüge tue. Von dieser Auffassung aus, an der der erkennende Senat festhält, ist es von keiner grundsätzlichen Bedeutung, ob das Arbeitsgerät oder der Gebrauchsgegenstand ganz oder teilweise aus dem Stoffe hergestellt werden, ob dieser äußerlich sichtbar als Umkleidung (Schutzmantel) oder innerlich nicht ohne weiteres sichtbar zur Herstellung einer die angrenzenden Teile verbindenden Schicht (Lage) verwendet werden soll. Ueberall genügt hier schon die Verwendung des Stoffes dem notwendigen Erfordernis der Formgebung unabhängig von der äußeren Gestaltung des Modells. Das Gebrauchsmustergesetz verlangt auch nicht, daß der Stoff, dessen Anwendung angeordnet wird, in unveränderter Beschaffenheit am oder im Modell sinnlich wahrnehmbar ist und bleibt, sondern das Gesetz verlangt, daß durch die Anwendung des Stoffes dem Arbeits- oder Gebrauchszwecke des Modells gedient werde. Es müssen die hierdurch erstrebten Vorteile sinnlich wahrnehmbar in die Erscheinung treten. Durch welches Organ die Wahrnehmbarkeit vermittelt wird, ist gleichgültig. Es kann auch die Hand durch Fühlen (Greifen) die Vermittlerin sein.

Im vorliegenden Falle bedurfte es daher zur Anwendung des § 1 GebrMustSchG. außer der Feststellung, daß eine neue Anordnung vorliege, nicht etwa der Feststellung, daß das Modell des Beklagten für den Anblick Abweichungen von der bisherigen Form der geklebten Doppelware zeige. Zutreffend erklärt das Oberlandesgericht die Behauptung des Klägers, daß der Klebstoff bei der Verbindung der beiden Stoffschichten zerfließe und im Erzeugnis nicht einmal als einheitliche Bindeschicht vorhanden sei, für unerheblich, weil die Aufgabe des Beklagten gerade darin gelegen habe, den Klebstoff im Erzeugnis ohne Beeinträchtigung seiner Klebekraft so weit als nur möglich zurücktreten zu lassen, damit durch ihn die Porosität, Weichheit und Nähbarkeit der einzelnen Stoffschichten nicht für die Doppelware aufgehoben oder beeinträchtigt werde. Es sind dies, wie nach dem Zusammenhange der Entscheidungsgründe anzunehmen ist und das Oberlandesgericht einwandfrei feststellt, die am Modell sinnlich wahrnehmbaren Eigenschaften, durch die die Doppelware des Beklagten die bisherige mit Guttapercha geklebte Doppelware übertrifft und objektiv dem in der Gebrauchsmusteranmeldung bestimmten Gebrauchszwecke dient. Allerdings gewährt das Gebrauchsmustergesetz seinen Schutz nur für bestimmt zu beschreibende und beschriebene Modelle an Arbeitsgerätschaften oder Gebrauchsgegenständen. Auch diesem Erfordernis genügt die Gebrauchsmusteranmeldung des Beklagten. Es wird darin aus der Gattung der geklebten Doppelware eine bestimmt gekennzeichnete Art herausgehoben und unter Schutz gestellt. Das Kennzeichen — der pulverförmige Klebstoff — ist durch den übrigen Inhalt der Anmeldung ausreichend individualisiert. Es kann trotz der Mannigfaltigkeit der Klebstoffe nur ein Stoff in Betracht kommen, dessen Anwendung in Pulverform die Uebelstände der mittels Guttapercha geklebten Doppelware beseitigt oder doch ihnen wesentlich abhilft."

RGZ. 84, 142

1. Können im Patentverletzungsprozesse für die Begründung der Restitutionsklage Patenterteilungsakten als neu aufgefundene Urkunden in Betracht kommen?

2. Zur Anwendung des § 432 Abs. 2 ZPO.

I. Zivilsenat. Urt. v. 11. Februar 1914.

I. Landgericht Erfurt. II. Oberlandesgericht Naumburg a. S.

. . . . .

Aus den Gründen:

... „Die Akten über die Erteilung des Patents waren Urkunden. die sich in den Händen einer öffentlichen Behörde befanden. Diese Originalurkunden konnte der Restitutionskläger „nach den gesetzlichen Vorschriften ohne Mitwirkung des Gerichts“ nicht beschaffen. Die Voraussetzung für die Anwendung des § 432 Abs. 2 ZPO. lag also jedenfalls seinem Wortlaute nach nicht vor. Der Restitutionskläger konnte allerdings bei dem Patentamt einen Antrag auf Erteilung von Abschriften stellen. Und das Patentamt konnte alsdann von den Akten nach seinem Ermessen Abschriften und Auszüge erteilen. Der Restitutionskläger war indessen nicht genötigt, so zu verfahren. Denn es ist zu beachten, daß ihm — im Gegensatz zu den durch § 299 Abs. 1 ZPO., § 146 Abs. 1 KO., § 11 Abs. 2 GBO. geregelten und anderen ähnlichen Fällen — kein gesetzlicher Anspruch auf Erteilung jener Abschriften zur Seite stand. Er hatte somit ein berechtigtes Interesse daran, den zweckmäßigen und üblichen Weg der Akteneinziehung zu verfolgen und die einen sicheren Erfolg versprechende gerichtliche Akteneinziehung dem Versuche der Vorlegung von möglicherweise zu erlangenden Abschriften und Auszügen vorzuziehen. Der erstere Weg der Beweisführung erschien im gegenwärtigen Falle übrigens um so mehr angezeigt, als die Akten sich bei der mündlichen Verhandlung bereits im Gewahrsam des Berufungsgerichts, das sie „zur Information“ herangezogen hatte, befanden.

... Die Restitutionsbeklagten haben dem Restitutionskläger in der Verhandlung vor dem Berufungsgericht entgegengehalten, ihm habe die Einsicht in die Erteilungsakten schon in dem früheren Verfahren freigestanden, diese Akten seien keine neu aufgefundenen Urkunden. Der Beklagte sei daher imstande gewesen, den Restitutionsgrund schon damals geltend zu machen. Wenn sich der Beklagte früher nicht bemüht habe, Einsichtnahme in die Akten oder Abschriften davon zu erlangen, so müsse darin ein grobes Verschulden gefunden werden. Demgegenüber hat der Restitutionskläger keine besonderen Entschuldigungsgründe vorgebracht, vielmehr entgegnet: ob der Beklagte die Erteilungsakten früher habe einsehen können, sei gleichgültig, da er sie bis zum 8. Februar 1913 tatsächlich nicht eingesehen habe.

Dieser Standpunkt des Beklagten ist unhaltbar. Die aus Billigkeitsgründen vom Gesetze gewährte Restitutionsklage ist ein außerordentlicher Rechtsbehelf, und die Rechtssicherheit fordert seine Einschränkung auf die unumgänglich notwendigen Fälle. § 582 ZPO. bestimmt daher, daß die Restitutionsklage nur zulässig ist, wenn der Restitutionskläger ohne Verschulden außerstande war, den Restitutionsgrund in dem früheren Verfahren geltend zu machen. Dabei muß nach anerkannter Rechtsprechung ein Verschulden des Prozeßbevollmächtigten der Partei selbst zugerechnet werden. In dem zur Entscheidung stehenden Falle ist nun schlechterdings nicht einzusehen, warum der Beklagte in dem früheren Verfahren, wenn er anders die erforderliche Sorgfalt auf die Prozeßführung verwendete, sollte außerstande gewesen sein, die Erteilungsakten zu verwerten. Daß für das Patent Nr. 134 828, wie für alle Patente, Erteilungsakten vorhanden waren, unterlag keinem Zweifel. Daß die Erteilungsakten Anhaltspunkte für die Bestimmung des Schutzumfanges eines Patentes bieten können, ist offenkundig. Daß endlich in die Akten Einsicht genommen werden darf, beruht auf ausdrücklicher gesetzlicher Vorschrift. Der erkennende Senat hat auch bereits in früheren Urteilen ausgesprochen: nicht allein, daß amtliche, inländische oder ausländische, Patentschriften an sich ungeeignet sind, als zeitweilig nicht auffindbare oder sonst nicht benutzbare Urkunden angesehen zu werden (Entsch. des RG.'s in Zivils. Bd. 48 S. 375), sondern auch, daß die Restitutionsklage auf „neu aufgefundene" Gebrauchsmusteranmeldungen nicht gestützt werden könne (Entsch. Bd. 59 S. 413). Die gesetzliche Vorschrift über die Einsicht dieser Anmeldungen entspricht aber — abgesehen von den der Reichsverwaltung für die Zwecke des Heeres oder der Flotte zustehenden Schutzrechten — völlig der Vorschrift über die Einsicht in die Patenterteilungsakten (vgl. § 3 Abs. 5 GebrMustSchG. mit § 19 Abs. 3 PatG.)*). In dieser Beziehung einen Unterschied festzustellen wäre also sachlich ungerechtfertigt. Für beide Fälle würde es auch in gleichem Maße schwer erträglich sein, wenn der Bestand eines rechtskräftigen Urteils durch die spätere Heranziehung von Patenterteilungs- oder Gebrauchsmusterakten, um die sich die Partei im ordentlichen Verfahren nicht kümmerte, in Frage gestellt werden könnte."

RGZ. 85, 95

Auslegung von Patentschriften. Allgemeine Auslegungsgrundsätze. Beschränkt sich der für ein Verfahren erteilte Patentschutz auf die Anwendung des Verfahrens zu dem in der Patentschrift genannten Zwecke?

Patentgesetz § 4. (PatG. 1936 § 6.)

I. Zivilsenat. Urt. v. 23. Mai 1914.

I. Landgericht Essen. II. Oberlandesgericht Hamm.

.....

Aus den Gründen:

... „Es ist in rechtlicher Beziehung davon auszugehen, daß es Sache des Patentamts ist, den Gegenstand der patentierten Erfindung zu bestimmen und den Schutzumfang, soweit tunlich, abzugrenzen. Dies hat durch die Patentschrift zu geschehen. Nur sofern der Inhalt der Patentschrift zu Zweifeln Anlaß bietet, ist zur Ermittelung des Wesens der

*) PatG. 1936 § 24 Abs. 3.

Erfindung und des Schutzbereichs des Patentes auf die sich darbietenden Auslegungsmittel, wie den Stand der Technik zur Zeit der Patentanmeldung und den Inhalt der Erteilungsakten, zurückzugreifen (RGZ. Bd. 80 S. 54, Warn. Rechtspr. 1914 Nr. 170). Läßt dagegen die Patentschrift klar und bestimmt erkennen, was der Anmelder des Patentes als seine Erfindung beanspruchte und auch das Patentamt unter Schutz stellen wollte, so ist dies für die Gerichte im Patentverletzungsprozesse maßgebend.

Aus den einleitenden Abschnitten der Patentschrift Nr. 144 584 ergibt sich nun, daß die Klägerin das Patent angemeldet hat, weil ihre Versuche ergeben hatten, daß dem Manganmetalle, das keine magnetischen Eigenschaften besitzt, sowie den unmagnetischen Legierungen dieses Metalls, wie dem Mangankupfer, eine hohe Magnetisierbarkeit verschafft wird, wenn in das Mangan oder die Legierungen die Elemente Aluminium, Zinn, Arsen, Antimon, Wismut oder Bor in einem bestimmten Mischungsverhältnis eingeführt werden. Dieses Verhältnis wird im Patentanspruche dahin bestimmt, daß die neugewonnenen magnetisierbaren Legierungen mindestens 3 % der genannten Elemente und in der Regel nicht weniger als 9 % Mangan enthalten sollen. Auf Grund dieser Erkenntnis beantragte die Klägerin die Erteilung eines Patentes für ihr neues „Verfahren zur Darstellung magnetisierbarer Manganlegierungen“, und ihrem Antrage wurde vom Patentamte ohne Einschränkung entsprochen. Die Klägerin hat, weil sie als erste ein geeignetes Mittel erkannt hatte, im Manganmetall oder dessen Legierungen magnetische Eigenschaften zu erzeugen, ganz allgemein den Patentschutz für dasjenige Verfahren erhalten, das unter Anwendung der von ihr angegebenen Mittel, insbesondere des von ihr offenbarten Mischungsverhältnisses, in Manganlegierungen die Eigenschaft der Magnetisierbarkeit hervorruft. An diesem Umfange des Patentschutzes kann nach dem durchweg klaren Inhalte der Patentschrift kein Zweifel obwalten. Dadurch aber, daß der Klägerin das im Patentanspruche gekennzeichnete Verfahren allgemein geschützt worden ist, hat sie gemäß § 4 PatG.*) auch die ausschließliche Befugnis erlangt, die durch das Verfahren unmittelbar hergestellten Erzeugnisse gewerbsmäßig in Verkehr zu bringen, feilzuhalten oder zu gebrauchen.

Dieses Alleinrecht erfährt auch nicht, wie die Beklagte vermeint, dadurch eine Beschränkung, daß in der Patentschrift als Verwendungszweck nur die Ausnutzung der als besonders vorteilhaft geschilderten magnetischen Eigenschaften der neuen Legierungen angegeben ist. Im allgemeinen gilt für die Erteilung von Patenten der Grundsatz, daß die Merkmale des Erfindungsgegenstandes nach objektiven Gesichtspunkten zu bestimmen sind. Ein und derselbe Gegenstand oder ein und dasselbe Verfahren kann auf dem Gebiete der Technik verschiedene Vorteile bieten

*) PatG. 1936 § 6.

und für verschiedene Zwecke verwendbar sein. Die Erteilung eines Patentes auf einen körperlichen Gegenstand oder ein Verfahren ist aber, die Neuheit und den Erfindungscharakter vorausgesetzt, nur von dem Nachweis abhängig, daß durch die Neuerung auf irgendeinem technischen Gebiet ein Fortschritt erreicht wird. Ist dann das Patent erteilt worden, so beschränkt sich der Patentschutz regelmäßig nicht auf den in der Patentschrift bekannt gegebenen Verwendungszweck, vielmehr umfaßt er auch die Ausnutzung der Erfindung für andere, als die vom Erfinder selbst erkannten Zwecke (Kohler, Handbuch des deutschen Patentrechts S. 222; vgl. auch Entsch. des RG.'s im Blatt für Patent-, Muster- und Zeichenwesen Bd. 5 S. 309, Bd. 9 S. 44). Eine Beschränkung des Schutzumfanges auf den aus der Patentschrift ersichtlichen Zweck würde mit den Bedürfnissen des gewerblichen Verkehrs nicht im Einklange stehen, da es in zahlreichen Fällen außerordentlich schwierig erscheint, den Verwendungszweck ohne Schmälerung des Erfindungsgedankens scharf abzugrenzen, auch würde der Wert der Patente wesentlich verringert werden, wenn der Patentinhaber bei Nachahmungen seines Patentes zur Wahrung seiner Schutzrechte erst in der Lage wäre, nachdem er den vom Nachahmer beabsichtigten Verwendungszweck ermittelt hätte. Vor allem aber würde bei der Beschränkung auf den in der Patentschrift angegebenen Zweck das schöpferische Verdienst des Erfinders keine gerechte Entlohnung erfahren, da die Anwendung einer Erfindung für andere Zwecke sich häufig als eine naheliegende Maßnahme ergibt, die im Vergleiche zur Leistung des Erfinders von untergeordneter Bedeutung ist.

Das Verdienst des Erfinders wirkt also der Regel nach auch bei der Anwendung der Erfindung für neue Zwecke fort, und es wäre unbillig, derartige Anwendungsfälle von dem Patentschutz auszunehmen. Anderseits kann in Fällen, in denen die Uebertragung der Erfindung auf einen neuen Zweck für sich allein Erfindungscharakter trägt, die Erteilung eines besonderen Patentes in Frage kommen, das dann allerdings gegenüber dem älteren ausnahmsweise durch den Verwendungszweck abgegrenzt sein würde. Die gleiche Ausnahme greift Platz, wenn eine schon bekannte schutzfreie Einrichtung oder ein ebensolches Verfahren zu einem neuen Zwecke angewendet und allein durch diese Art der Verwendung die Grundlage für die Erteilung eines Patentes geschaffen wird. Besteht indessen für die ältere Einrichtung oder das ältere Verfahren patentrechtlicher Schutz, so würde immer noch in Frage kommen, ob nicht die Anwendung der für einen anderen Zweck geschützten Erfindung von der Erlaubnis des Patentinhabers abhängig wäre. Hierauf braucht aber gegenwärtig nicht eingegangen zu werden, da ein solcher Ausnahmefall nach der vom Berufungsgerichte zutreffend gewürdigten Patentschrift Nr. 144 584 hier nicht vorliegt. Aus dieser ergibt sich, daß das Patentamt das im Anspruche beschriebene Verfahren für neu erachtet und es wegen der dadurch erreichten Magnetisierbarkeit von Mangan und Manganlegierungen allgemein unter Schutz gestellt hat. Dieser Schutz ist nach den obigen Darlegungen nicht auf den Fall der Anwendung des Verfahrens behufs Herstellung von Erzeugnissen für magnetische Zwecke zu beschränken, sondern umgreift die Anwendung des Verfahrens für jeglichen Zweck, sofern es die Magnetisierbarkeit herbeiführt. Da die Beklagte unstreitig magnetisierbare Legierungen aus Kupfer, Mangan und Aluminium gewerbsmäßig hergestellt und in Verkehr gebracht und zur Herstellung der Legierungen ein Verfahren angewendet hat, das die im Patentanspruch angegebenen Merkmale aufweist, so hat das Berufungsgericht mit Recht eine Patentverletzung für vorliegend erachtet und der Beklagten die weitere Herstellung und Vertreibung der Legierungen untersagt, auch wenn diese von vornherein nicht für magnetische Zwecke, sondern zur Desoxydation oder Weiterlegierung bestimmt sind." . . .

RGZ. 85, 374

1. Wirkung des Krieges auf die Privatrechte der Angehörigen feindlicher Völker nach deutschem Recht. Ist das Prioritätsrecht nach Art. 4 der Pariser Konvention für die Angehörigen der mit Deutschland im Kriege befindlichen Völker erloschen? Zeit der Entstehung des Prioritätsrechts.

2. . . .*)

I. Zivilsenat. Urt. v. 26. Oktober 1914.

I. Patentamt.

. . .

Aus den Gründen:

„Die Parteien haben zunächst die Frage erörtert, ob dem Beklagten als Angehörigen eines mit uns im Kriege befindlichen Staates gemäß Art. 4 des Unionsvertrags zum Schutze des gewerblichen Eigentums vom 20. März 1883 (Pariser Konvention) die Priorität nach Maßgabe der Anmeldung seines französischen Patents zuzuerkennen sei. Diese Frage ist aus mehreren Gründen zu bejahen.

Der Beitritt Deutschlands zur Pariser Konvention, in Kraft tretend mit dem 1. Mai 1903, ist der schweizerischen Regierung am 21. März 1903 angezeigt worden, und das Abkommen wurde damit für das Deutsche Reich gemäß Art. 11 Abs. 1 der Reichsverfassung international verbindlich. Nach Art. 11 Abs. 3 daselbst (vgl. Art. 4 Nr. 5, 6 und 13) bedurfte es jedoch zur innerstaatlichen Wirksamkeit noch der Zustimmung des Bundesrats und der Genehmigung des Reichstages, also eines Aktes der Reichsgesetzgebung. Die Zustimmung des Bundesrats

*) Geringe Bedeutung.

ist am 9. Mai 1901, die des Reichstages am 15. Mai 1901 erklärt worden, und es ist alsdann der Beitritt des Reichs unter dem 9. April 1903 im Reichsgesetzblatt (S. 147) bekanntgemacht worden. Dadurch ist die Konvention zum Reichsgesetz erhoben und ein Bestandteil des deutschen Rechtes über den gewerblichen Rechtsschutz geworden. Wenn es nun auch richtig sein mag, daß die völkerrechtliche Verbindlichkeit des Abkommens denjenigen Staaten gegenüber, mit denen wir uns im Kriege befinden, durch den Ausbruch des Krieges ohne weiteres aufhört, so tritt hierdurch noch nicht der Inhalt der Konvention, soweit er zum Bestandteil unseres bürgerlichen Rechtes geworden ist, bezüglich der Angehörigen der uns feindlichen Staaten außer Kraft. Die internationale Verbindlichkeit und die innerstaatliche Wirksamkeit sind nicht unbedingt voneinander abhängig. Beide stehen und fallen miteinander nur bei solchen Verträgen, deren Ausführung mit den Zwecken der Kriegführung unvereinbar wäre. Davon kann aber, wenigstens vom Standpunkte des deutschen Rechtes aus, bei einem sich lediglich auf Privatrecht beziehenden Abkommen, wie bei dem Unionsvertrage, keine Rede sein. Dem deutschen Völkerrechte liegt die Anschauung gewisser ausländischer Rechte fern, daß der Krieg unter möglichster wirtschaftlicher Schädigung der Angehörigen feindlicher Staaten zu führen ist und daß diese daher in weitem Umfange der Wohltaten des gemeinen bürgerlichen Rechtes zu berauben sind. Vielmehr gilt der Grundsatz, daß der Krieg nur gegen den feindlichen Staat als solchen und gegen dessen bewaffnete Macht geführt wird, und daß die Angehörigen der feindlichen Staaten in bezug auf das bürgerliche Recht den Inländern in demselben Maße gleichgestellt sind, wie dies vor dem Kriege der Fall war, mithin, soweit nicht gesetzliche Ausnahmen bestehen, in allen Beziehungen.

Selbstverständlich schließt dieser Grundsatz nicht aus, daß, insbesondere nach dem Rechte der Vergeltung, durch ein besonderes Gesetz eine andere Behandlung feindlicher Ausländer vorgeschrieben wird, wie dies ja auch im gegenwärtigen Kriege mehrfach geschehen ist. Ein solches Gesetz ist aber für den gewerblichen Rechtsschutz bisher nicht ergangen. Solange dies nicht geschehen ist, hat der deutsche Richter die Bestimmungen der Konvention nach wie vor anzuwenden. Denn wenn auch die im Kriege befindlichen Staaten einander gegenüber völkerrechtlich nicht mehr an die Konvention gebunden sein sollten, so besteht doch für sie alle die Möglichkeit, den bisher bestehenden Zustand im vollen Umfang aufrecht zu erhalten und die Bestimmungen der Konvention innerhalb ihres Herrschaftsgebiets durchzuführen. Es ist keineswegs zu vermuten, daß die gesetzgebenden Faktoren Deutschlands stillschweigend die Bestimmungen der Konvention bezüglich der Angehörigen der feindlichen Staaten außer Kraft setzen wollen, und zwar um so weniger, als große Zweifel darüber bestehen können, ob und insbesondere inwieweit die Aufhebung zweckmäßig erscheint, z. B. ob sie sich auf die in Art. 3 bezeichneten Personen erstrecken soll und ob und inwieweit ihr rückwirkende Kraft beizulegen ist. Es wäre sehr bedenklich, von einer Regelung dieser und anderer schwieriger Fragen im Wege eines Gesetzes abzusehen und sie dem richterlichen Ermessen zu überlassen." . . .

RGZ. 86, 45

Zur Auslegung von Lizenzverträgen. Ist es gerechtfertigt, der späteren Nichtigerklärung des Schutzrechts bei Gebrauchsmusterlizenzverträgen eine andere Wirkung zuzuschreiben, als bei Patentlizenzverträgen?

I. Zivilsenat. Urt. v. 21. November 1914.

I. Landgericht Hannover. II. Oberlandesgericht Celle.

. . .

Aus den Gründen:

. . . Eine zutreffende Beurteilung der Sache ist nur möglich, wenn unter Berücksichtigung aller Umstände des Falles festgestellt wird, was Inhalt des Vertrags war, d. h. was von den Parteien als Vertragswille erklärt worden ist . . . (Der Inhalt des Vertrags wird gewürdigt und dann fortgefahren.)

. . . Hiernach liegt die Sache so, daß der Beklagten der Hauptsache nach eine Patentlizenz erteilt ist für eine Matratze, die, wie sich jetzt herausgestellt hat, den Patentschutz überhaupt nicht genoß, und für die ein Gebrauchsmuster zu Unrecht angemeldet worden ist. Daß die Klägerin dabei arglistig gehandelt hat, hat das Berufungsgericht in einwandfreier Feststellung für widerlegt erachtet. . . . Nach der objektiven Sachlage konnte jedoch diese Matratze, welche die Beklagte demnächst als unter das Patent fallend vertrieben hat, von jedermann ohne Rechtsverletzung hergestellt und vertrieben werden, während die Beklagte als Gegenleistung für die Lizenz nach dem Vertrage während der Dauer des Patentes und noch 10 Jahre darüber hinaus Abgaben an die Klägerin zu bezahlen hatte. Diese objektive Sachlage wurde anderseits erst offenbar durch die demnächst rechtskräftig gewordene Entscheidung vom 3. Juli 1912, durch welche das Gebrauchsmuster 299 879 wegen Vorwegnahme durch gleichartige Gebilde für ungültig erklärt wurde. Bis dahin hat die Beklagte die Erfindung als geschützt erachtet und sie als solche, wie die Abrechnung ergibt, verwertet.

Nach der bisherigen Rechtsprechung des Reichsgerichts würde hiernach der Lizenzvertrag, weil auf eine unmögliche Leistung gerichtet, als von Anfang an nichtig zu erachten sein. Diejenige Konstruktion, auf die es ankam, war irrtümlich als unter das Patent 179 054 fallend erachtet worden (vgl. RGZ. Bd. 78 S. 10), und ebenso bestand der dafür in Anspruch genommene Gebrauchsmusterschutz nicht zu Recht (Urteil des Reichsgerichts vom 26. Januar 1908, Holdheim S. 156 u. Leipz. Zeitschr. Bd. 3 S. 449 Nr. 28; vgl. auch RGZ. Bd. 78 S. 12, Jur. Wochenschr. 1900 S. 317 Nr. 18 u. RGZ. Bd. 68 S. 292).

Das Reichsgericht kann aber nach nochmaliger Erwägung an der bisherigen unterschiedlichen Behandlung des Patentlizenzvertrags, für den bei später sich herausstellender Nichtigkeit des Patentes grundsätzlich immer nur Vertragsauflösung ex nunc angenommen wurde, und des Gebrauchsmusterlizenzvertrags nicht mehr festhalten.

Es handelt sich sowohl beim Patent- wie beim Gebrauchsmusterlizenzvertrag um dispositives Recht. Selbstverständlich steht es immer den Parteien frei, zu vereinbaren, daß später erkannte Nichtigkeit den Vertrag von Anfang an aufhebt, wie auch, daß sie den Vertrag gar nicht berühren soll, wie endlich auch, daß sie das Recht zum Rücktritt ex nunc begründen soll. Da gesetzliche Bestimmungen fehlen, kommt es wesentlich darauf an, welche von diesen drei Lösungen in Ermangelung einer darauf gerichteten Vereinbarung dem wohl verstandenen Interesse von Normalparteien eines Lizenzvertrags zur Zeit des Abschlusses am meisten entspricht. Die zweite Lösung, daß die erkannte Nichtigkeit den Vertrag gar nicht berühren soll, muß von vornherein ausscheiden, weil es der Regel nach offenbar unbillig ist, den Lizenznehmer für eine Zeit bezahlen zu lassen, wo ihm nicht nur kein Schutzrecht zusteht, sondern dieser Zustand auch offenbar geworden ist, so daß auch die Möglichkeit der Ausbeutung eines Scheinrechts fehlt. Die bisher beim Gebrauchsmusterlizenzvertrag beliebte Lösung, daß Aufhebung ex tunc eintrete, beruht wesentlich auf der Annahme, daß der Lizenzgeber ein wirkliches Schutzrecht zu gewähren habe, und daß in Ermangelung eines solchen der Vertrag auf eine unmögliche Leistung gerichtet, soweit gemäß § 306 BGB. nichtig sei. Diese Erwägung setzt sich bereits in einem gewissen Widerspruch zu § 437 BGB., welcher davon ausgeht, daß da, wo ein Recht zu gewähren ist, von einer Unmöglichkeit keine Rede sein, vielmehr immer auch für den Bestand des Rechtes eingetreten werden soll. Mit Recht sieht aber die bisherige, den Lizenzgeber wenig begünstigende Lösung wenigstens davon ab, ihn für den Bestand des Schutzrechts haftbar zu machen.

Die Anschauung, daß der Lizenzvertrag über ein nachträglich wegen Nichtneuheit für ungültig erklärtes Gebrauchsmuster ein Nichts betrifft, ist aber vor allem eine rein theoretische und, weil sie den praktischen Verhältnissen nicht genügend Rechnung trägt, keine geeignete Grundlage eines dispositiven Vertragsrechts. Man könnte mit demselben Rechte auch von einem Lizenzvertrag über ein nachträglich vernichtetes Patent behaupten, daß er ein Nichts betrifft, denn die Nichtigkeitserklärung eines Patentes wirkt ohne allen Zweifel auf die ganze Dauer des Patentes zurück, so daß insbesondere Entschädigungsansprüche wegen

Verletzung des Patentes auch aus der Zeit vor der Vernichtung nicht mehr geltend gemacht werden können. Auch bei dem für nichtig erklärten Patente handelt es sich nur um ein Scheinrecht, das materiell von Anfang an nicht bestanden hat. Die Geltendmachung der Nichtigkeit im Verletzungsprozeß ist praktisch möglich, wenngleich nicht die ordentlichen Gerichte, sondern Patentamt und Reichsgericht darüber zu entscheiden haben, denn in der Regel wird bei Anhängigkeit eines Nichtigkeitsstreites die Entscheidung über die Patentverletzung gemäß § 148 ZPO. ausgesetzt werden, und es ist die Verletzungsklage abzuweisen, sobald auf Nichtigkeit erkannt ist. Anderseits übt auch ein eingetragenes Gebrauchsmuster, das wegen mangelnder Neuheit nicht zu Recht besteht, Wirkungen aus, solange die Ungültigkeit nicht erkannt ist oder sie nicht geltend gemacht wird. Materiellrechtlich besteht kein Unterschied, zumal da jetzt anerkannt ist, daß das Löschungsurteil beim Gebrauchsmuster ebenso wirkt, wie das Nichtigkeitsurteil beim Patente (RGZ. Bd. 71 S. 195), nur die prozessuale Regelung des Nichtigkeitsstreites ist eine andere.

Auch das ist nicht wesentlich, daß das Patent auf Grund einer Vorprüfung erteilt wird. Damit wird nur eine gewisse Wahrscheinlichkeit dafür gegeben, daß es sich auch hernach als haltbar erweisen wird; keineswegs schließt die Vorprüfung aus, daß sich das Patent dennoch von Anfang an als ungültig erweist. Eine gewisse Wahrscheinlichkeit für die Gültigkeit eines Gebrauchsmusters ist aber auch in der erfolgten Anmeldung und besonders in der stillschweigenden Anerkennung zu finden, die in dem Nichtbestreiten seitens der beteiligten Industrie und in der Eingehung von Lizenzverträgen liegt. Der Bestand eines Gebrauchsmusters kann im konkreten Falle sicherer sein, wie der eines Patentes. Es sind dies alles im Grunde genommen nur tatsächliche Momente, die höchstens Gradunterschiede begründen.

Es ist denn auch mehrfach in der deutschen Rechtswissenschaft, besonders von Kohler, die Meinung vertreten worden, daß auch Lizenzverträge über später für nichtig erklärte Patente ein Nichts zum Gegenstande hätten und daher im vollen Umfange für nichtig zu erachten seien, so daß etwa in der Zwischenzeit gezahlte Lizenzen kondiziert werden könnten. Logische Folgerichtigkeit läßt sich dieser Anschauung nicht absprechen; sie beachtet aber zu wenig das wirtschaftliche Moment, und daß man es unter allen Umständen mit einer Vertragsauslegung zu tun hat, die den zugrunde liegenden Interessen Rechnung tragen muß. Es ist unzweifelhaft, daß der Lizenzvertrag gültig in der Weise abgeschlossen werden kann, daß im Falle der späteren Nichtigerklärung die Lizenzen bis zu diesem Zeitpunkt oder sogar darüber hinaus zu leisten sind, einerlei ob es sich um ein Patent oder um ein Gebrauchsmuster handelt. Man sieht also, daß die Nichtigkeit des ganzen Vertrags keine notwendige Folge der späteren Nichtigerklärung des Schutzrechts ist, sondern daß es schließlich auf die Frage ankommt: was würden die Parteien abgemacht haben, wenn sie mit der späteren Nichtigerklärung gerechnet hätten? Diese Frage ist nun bei dem Patentlizenzvertrage von jeher von der Rechtsprechung aus guten Gründen dahin beantwortet worden, daß dem Lizenzgeber nicht die ganze Gefahr der etwaigen Nichtigerklärung aufzubürden ist, sondern daß er einen Anspruch auf teilweise Vergütung behält, weil der Lizenznehmer bis zur Nichtigerklärung wenigstens einen tatsächlichen Schutz genossen und Vorteile aus dem Vertrage gezogen hat. Erwägt man, daß bei jedem Patentlizenzvertrage beide Parteien mit der späteren Nichtigerklärung rechnen müssen, so kann man auch einem solchen Vertrag, in dem der Fall dieser Nichtigerklärung nicht geregelt wird, sehr wohl die Auslegung geben, daß die Gegenleistung für die tatsächlichen Vorteile der Benutzung eines zur Zeit als gültig anerkannten Patentes gewährt werden soll. Demgegenüber erscheint dann die spätere Nichtigerklärung oder schon die bloße erfolgversprechende Anfechtung des Patentes als eine neue Tatsache, welche die beim Vertragsschlusse vorhandenen Verhältnisse völlig umwirft, weil sie dem Lizenznehmer die Berufung auf das Patent unmöglich macht und ihn hindert, die beim Vertragsschlusse vorausgesetzten Vorteile fernerhin aus dem Vertrage zu ziehen; m. a. W. eine Tatsache, angesichts deren er nach Treu und Glauben nicht mehr an dem Vertrage festgehalten werden kann. Nicht die Ungültigkeit als solche, welche ja von Anfang an vorhanden war, gibt ihm also die Berechtigung zum Rücktritt ex nunc, sondern die in der Erkenntnis oder Feststellung der Ungültigkeit liegende wesentliche Umgestaltung der Verhältnisse.

Der Patentlizenznehmer erwirbt durch die Erlaubnis zur Benutzung eines demnächst der Nichtigerklärung verfallenden Patentes eine tatsächliche Benutzungsmöglichkeit, die ihm nicht ohne weiteres zur Verfügung steht. Er schränkt damit zugleich die Benutzungsmöglichkeit anderer, insbesondere des Lizenzgebers, ein. Es kann daher nicht bestritten werden, daß er für die Zeit, wo das Patent als gültig erscheint, Vertragsvorteile in Gestalt einer günstigen geschäftlichen Stellung erwirbt, die er ohne den Vertrag nicht haben würde und die eine Gegenleistung als gerechtfertigt erscheinen lassen. Würde er den Vertrag nicht eingehen, so würde er trotz der Ungültigkeit des Patentes nur rechtlich, aber nicht tatsächlich in der Lage sein, die Erfindung zu benutzen, weil er die Ungültigkeit nicht nachweisen kann. Für diese praktischen Vorteile also wird die Gegenleistung versprochen, nicht für den theoretischen Bestand des Ausschließungsrechts. Ein ungültiges Patent, das niemals angefochten wird, ist so viel wert wie ein unanfechtbares. Die Vertragsvorteile entfallen dagegen, sobald die Nichtigkeit offenbar wird, weil dann jedermann auch tatsächlich in der Lage ist, die Erfindung unentgeltlich zu benutzen. Diese Erwägungen führen dazu, dem Patentlizenzgeber die Lizenzen im allgemeinen bis zur Nichtigkeitserklärung zuzubilligen. Richtiger gesagt ist nicht unbedingt dieser Zeitpunkt entscheidend, sondern es kommt darauf an, wann und inwieweit dem Lizenznehmer infolge der offenbar oder wahrscheinlich gewordenen Nichtigkeit die Vertragsvorteile entzogen werden. Seine Verpflichtungen hören spätestens mit der rechtskräftigen Nichtigkeitserklärung auf, jedoch können sie auch schon durch die drohende Nichtigerklärung beseitigt oder gemindert werden. Hierüber wird nach billigem Ermessen und nach den konkreten Umständen zu entscheiden sein.

Es liegt nun kein hinreichender Grund vor, diese Regeln nicht auch auf den Gebrauchsmusterlizenzvertrag anzuwenden. Auch hier wird dem Lizenznehmer infolge der Eintragung und der anscheinenden Gültigkeit des Musters die tatsächliche Möglichkeit der Ausnutzung verschafft, die er ohne den Vertrag nicht haben würde, weil ihm die Ungültigkeit nicht bekannt ist und er sich gegen das in Anspruch genommene Ausschließungsrecht nicht zu wehren vermag. Um diese Möglichkeit zu haben, verspricht er die Lizenz; täte er es nicht, so würde die Möglichkeit der Ausnutzung im entsprechenden Umfange dem Lizenzgeber verbleiben oder von ihm anderweit verwertet werden können. Man kann also nicht sagen, daß er für ein Nichts bezahlt. Die Möglichkeit der Ausnutzung wird auch hier erst hinfällig, wenn die Unhaltbarkeit des Musters sich herausstellt, weil nun andere ohne Entgelt das gleiche Geschäft machen können.

Es ist ferner zu berücksichtigen, daß ein deutscher Lizenzvertrag ausländische Patente zum Gegenstande haben kann, und daß demnach Schutzrechte in Betracht kommen, die gewissermaßen in der Mitte zwischen dem deutschen Patentrecht und dem deutschen Gebrauchsmusterrechte stehen. So kennt z. B. das englische Patentrecht nur eine sehr beschränkte, das französische gar keine Vorprüfung, während das amerikanische bezüglich der Vorprüfung dem deutschen nahe steht. Nach allen drei Rechten aber urteilen die ordentlichen Gerichte über die Patentnichtigkeit und ist der darauf gestützte Einwand auch im Verletzungsverfahren zulässig. Es wäre kaum möglich zu entscheiden, wenn man nach der bislang herrschenden Ansicht den Unterschied zwischen Patent und Gebrauchsmuster in bezug auf die Wirkung der Nichtigkeit für Lizenzverträge aufrechterhalten wollte, wie man dann die Nichtigkeit dieser ausländischen Patente im gleichen Falle zu beurteilen hätte.

Unwillkürlich erhebt sich die Frage, wie das ausländische Recht die Sache regelt. Nach englischem Rechte kann jede Partei den Lizenzvertrag unter Beobachtung einer Frist von drei Monaten kündigen, wenn die den Gegenstand des Vertrags bildenden Patente erlöschen, Fletcher Moulton, On Patents S. 243; Patents and designs Act 1907 Section 38 No. 2. Die bezahlte Lizenzgebühr kann im Zweifel nicht aus dem

Grunde zurückverlangt werden, daß das Patent ungültig war; Fletcher Moulton a. a. O. S. 246, 247. Auch können Lizenzen, die vor der Erteilung des Patentes bezahlt wurden, nicht wegen Versagung des Patentes zurückverlangt werden, „since the licences has been protected from possible actions for infringement since the date of acceptance" (a. a. O. S. 247). Auch im Rechte der Vereinigten Staaten von Nordamerika gelten die gleichen Grundsätze, Macomber, Fixed Law of Patents S. 697.

Nach französischem Rechte kann der Lizenznehmer, wenn das Patent für nichtig erklärt wird, auf Auflösung des Vertrags und auf Schadensersatz klagen; Allart, Brevets d'invention, 3. A., S. 231. Diese Auflösung wirkt aber nur für die Zukunft, denn: „Tant que le licencié a exploité paisiblement l'invention, il a retiré du contrat les avantages, qu'il en devait attendre; et par conséquent il ne peut pas réclamer la restitution des redevances, qu'il a payées jusqu'au jour où sa jouissance a été troublée." Indessen kann der Lizenznehmer, wenn er im Vertrauen auf die Gültigkeit des Patentes Aufwendungen für die Zukunft gemacht hat, sich dieserhalb an dem Lizenzgeber erholen. Im Falle teilweiser Nichtigerklärung kann der Lizenznehmer je nach den Umständen Auflösung des Vertrags oder Minderung der Lizenz verlangen. Allart, a. a. O. S. 232—234.

Im großen und ganzen stimmt also das ausländische Recht auch, soweit nur eine beschränkte oder gar keine Vorprüfung stattfindet und der Einwand der Nichtigkeit im Verletzungsprozesse geltend gemacht werden kann und die ordentlichen Gerichte über die Nichtigkeit erkennen, mit der deutschen Behandlung des Patentlizenzvertrags überein. Die Grundsätze des französischen Rechtes beruhen auf der Analogie des Pachtvertrags, welcher den Verpächter dafür einstehen läßt, daß der Pächter während der Dauer der Pacht die Pachtsache nutzen kann. Allart will sie aber auch auf den Patentkauf anwenden, obwohl hier Gegenstand des Vertrags die Uebertragung des Rechtes selbst ist. Beachtenswert ist seine Begründung hierfür a. a. O. S. 216: „La cession d'un brevet nul n'en a pas moins produit, jusqu'au jour où la nullité a été prononcée, des effets dont il est impossible de ne tenir aucun compte. Si le cessionaire a exploité l'invention, s'il en a recueilli des bénéfices, si en un mot, il a joui pendant un certain temps d'un monopole de fait, sinon légitime, c'est grâce au brevet qui, lui donnant au moins les apparences d'un droit privatif, l'a mis à l'abri de la concurrence. Il est donc juste de remettre une partie de ces bénéfices au breveté qui, sans la cession, les aurait recueillis tout entiers, profitant, comme a fait le cessionaire, de l'ignorance où tout le monde, les parties elles-mêmes, pouvaient être de la nullité entachant le brevet."

Gründe der Biligkeit sprechen um so mehr für eine solche Regelung, insbesondere im Falle des Lizenzvertrags, als es bei der Anmeldung und Entwicklung sei es eines Patentes, sei es eines Gebrauchsmusters regelmäßig an einem wenigstens subjektiv erfinderischen Verdienst und an einer Förderung der Technik auch im Falle der Nichtigkeit nicht zu fehlen pflegt, wenigstens dann, wenn die erfinderische Neuheit durch Eingehung eines Lizenzvertrags anerkannt wird. Die Gründe, aus denen ein Gebrauchsmuster für ungültig erklärt wird, sind oft genug fernliegende und sogar zweifelhafte, so daß sehr wohl auch ein Gebrauchsmuster, das den Keim zukünftiger Vernichtung in sich trägt, noch als ein wirtschaftliches Gut gelten und daher Gegenstand von Rechtsgeschäften sein kann.

Bei der gegenteiligen Ansicht, daß ein wirkliches Recht zu gewähren ist, bei dessen Nichtgewährung der ganze Vertrag hinfällig wird, würde auch die äußerst unbillige Folgerung nicht abzuweisen sein, daß ein Lizenznehmer, der die ganze Zeit des Vertrags hindurch die Vorteile des Patentes oder Gebrauchsmusters genossen hat, weil die Schutzrechte niemals angefochten wurden und vielleicht nur durch Zeitablauf erloschen sind, hinterher im Wege der Feststellungsklage die Ungültigkeit des Schutzrechts nachweisen und daraufhin die bezahlte Gegenleistung als ungerechtfertigte Bereicherung zurückfordern könnte. ...

RGZ. 86, 226

Zur Frage der Modellfähigkeit eines Gebrauchsmusters.

Gesetz, betr. den Schutz von Gebrauchsmustern, § 1.

I. Zivilsenat. Urt. v. 6. Februar 1915.

I. Landgericht Essen. II. Oberlandesgericht Hamm.

. . .

Aus den Gründen:

„Gegenstand des Gebrauchsmusters ist ein Spülrohr für Bergeversatz, bei dem das als Erfindung beanspruchte Neue darin besteht, daß es aus einem bestimmten Stoffe, nämlich aus einer Stahllegierung mit einem größeren Gehalte Mangan, Chrom oder dgl. unter entsprechender Kohlenstoffbeimengung hergestellt ist. Die Klägerin hat zur Begründung der Löschungsklage in erster Linie geltend gemacht, daß den Erfordernissen des § 1 GebrMG. deshalb nicht genügt sei, weil es sich um ein Verfahren handle. Hiervon kann keine Rede sein. Angemeldet und geschützt ist nicht das Verfahren der Herstellung des Spülrohrs, sondern das Erzeugnis, nämlich das Spülrohr, also ein körperlicher Gegenstand. Die Klägerin hat ferner die Modellfähigkeit des Gebrauchsmusters deshalb in Zweifel gezogen, weil die beanspruchte Neuanwendung des bestimmten Stoffes bei dem Spülrohre keine neue Gestaltung, Anordnung oder Vorrichtung erkennen lasse. Dieser Angriff ist ebenfalls nicht gerechtfertigt. Das Reichsgericht hat seit langem daran festgehalten (vgl.

RGZ. Bd. 41 S. 40, Bd. 48 S. 24, Bd. 70 S. 162, Bd. 84 S. 66) und hält daran fest, daß neu im Sinne des § 1 GebrMG. ein Modell nicht nur dann ist, wenn es äußerlich Abweichungen von der bisherigen Form bietet, sondern auch dann, wenn es wegen der Wahl des Stoffes die im Raume verkörperte Darstellung eines dem Arbeits- und Gebrauchszwecke dienenden Erfindungsgedankens ist.

Die Klägerin hat endlich geltend gemacht, daß die Neuheit des Gebrauchsmusters im Sinne des § 1 deshalb verneint werden müsse, weil ihm das Erfordernis einer technischen Erfindung fehle. Auch dieser Angriff, den das Oberlandesgericht für gerechtfertigt erachtet hat, konnte nach dem vom Oberlandesgerichte festgestellten Sachverhalte nicht als begründet angesehen werden. Für Spülrohre zur Beförderung des Bergeversatzmaterials in die Grube verwendete man bis zur Anmeldung des angefochtenen Gebrauchsmusters das übliche Guß- oder Schmiedeeisen, teilweise auch schon Hartstahl, aber nur mit einem Zusatze von Mangan oder dgl. in geringerer Menge. Versuche, die in den maßgebenden technischen Kreisen angeregt und ausgeführt wurden, um einen im Hinblick auf die Verschleißwirkung des Versatzmaterials (Sand und Schlamm) geeigneteren Stoff auszuproben, kamen über die Verwendung der vorgenannten Stoffe zu den Spülrohren nicht hinaus und blieben im Ergebnis unklar. An Versuche, den dem Vorschlage des angefochtenen Gebrauchsmusters entsprechenden Stoff, nämlich Hartstahl (Hartstahllegierung) mit großem Mangan- oder dgl. Zusatz (beispielsweise von 12 %) für die Spülrohre zu verwenden, wurde weder damals noch später herangetreten, obgleich dieser Stoff und dessen große Härte und Zähigkeit bekannt und in der Technik durch seine Verwendung z. B. für Baggereimer und Turbinenleitschaufeln erprobt war. Die Technik verwendete vielmehr weiter für die Spülrohre nur Guß- oder Schmiedeeisen, oder auch Hartstahl mit geringerem Manganzusatz, als ihn das Gebrauchsmuster vorschlägt, und sucht seit 1904, wie die zahlreichen überreichten Patentschriften aus den Jahren 1904 bis 1909 ergeben, der Verschleißwirkung des Versatzmaterials an den Krümmungsstellen oder auch am ganzen Rohre durch besondere Maßnahmen zu begegnen, ohne indes in der Wahl des Stoffes für die Rohre selbst etwas zu ändern. Hiernach kann es zunächst nicht zweifelhaft sein, daß der Gedanke des Gebrauchsmusters, für die Spülrohre einen Hartstahl der bekannten Art von großem Manganzusatz (beispielsweise von etwa 12 %) zu verwenden, neu war.

Das Verdienst einer technischen Erfindung kann aber ebenfalls nicht in Abrede gestellt werden. . . . Nach den Feststellungen des Oberlandesgerichts sind die Spülrohre für Bergeversatz, wenn sie aus der im Gebrauchsmuster vorgeschlagenen Legierung bestehen, einmal insofern besonders geeignet, als sie wegen der Härte und Zähigkeit des Stoffes der Verschleißwirkung des Versatzmaterials besser als Spülrohre aus den vorher verwendeten Stoffen (auch wenn bei letzteren die besonderen Maßnahmen der angeführten Patente zur Anwendung kommen) Widerstand leisten. Sodann sind die bezeichneten Rohre vor allem auch deshalb geeignet, weil sich auf die Dauer Spülrohre dieses Materials erheblich billiger stellen als Spülrohre aus dem vorher verwendeten Material, obgleich die Herstellung der Spülrohre aus dem Stoffe des Gebrauchsmusters erheblich höhere Kosten verursacht als aus den vorher verwendeten Stoffen. Berücksichtigt man dies, so ist der Gesichtspunkt, aus welchem das Oberlandesgericht den Erfindungscharakter verneinen zu müssen glaubte, völlig unwesentlich. Der gewerbliche Fortschritt, den der Gedanke des Gebrauchsmusters der Technik gebracht hat und nach der Anmeldebeschreibung auch bringen sollte, beruht nicht auf der Erkenntnis, daß Spülrohre aus dem vorgeschlagenen Material der Verschleißwirkung des Versatzmaterials am besten Widerstand leisten, einer Erkenntnis, die allerdings aus dem Vorbekannten ohne weiteres abzuleiten war, sondern auf der Erkenntnis, daß die Verwendung dieses geeignetsten Stoffes sich bei den erheblichen Herstellungskosten überhaupt lohnt, sogar die Spülrohre auf die Dauer billiger erscheinen läßt als Spülrohre der vorbekannten Art. Diese für den gewerblichen Fortschritt allein wesentliche Erkenntnis mußte aber als eine technische Erfindung deshalb anerkannt werden, weil es, um sie zu gewinnen, nach der Feststellung des Oberlandesgerichts schwieriger technischer Maßnahmen und Versuche bedurfte."

RGZ. 86, 315

Offenkundigkeit der Vorbenutzung nach § 2 des Patentgesetzes in einer Fabrik.

I. Zivilsenat. Urt. v. 10. März 1915.

I. Patentamt.

Aus den Gründen:

... „Im allgemeinen muß, ohne daß besondere Maßnahmen angeordnet, insbesondere ausdrückliche Anweisungen erlassen worden sind, angenommen werden, daß den Arbeitern einer Fabrik ohne weiteres die Verpflichtung zu einem angemessenen Stillschweigen über solche technischen Vorgänge obliegt, die nicht alltäglicher, gewöhnlicher Natur sind, deren Geheimhaltung vielmehr im Interesse des Fabrikbesitzers als angebracht anzusehen ist. Diese Verpflichtung entspricht dem Treueverhältnis, in welchem der Arbeitnehmer gegenüber dem Arbeitgeber steht. Was fremde, unbeteiligte Personen anlangt, so kann es zwar nicht als völlig ausgeschlossen betrachtet werden, daß irgendein Unbeteiligter den Arbeitsraum, in welchem der Webstuhl mit der neuen Vorrichtung gebraucht wurde, betreten hat. Dies durchaus zu verhindern ist praktisch schwer durchführbar. Für die Frage der Offenkundigkeit kommt es auch hierauf nicht entscheidend an. Davon kann nach dem Ergebnis der Beweisaufnahme keine Rede sein, daß der Arbeitsraum jeder beliebigen Person offengestanden hätte. ...

Wenn etwa Handwerker zur Vornahme von Reparaturen den Arbeitsraum betreten haben, so ist deren Stellung in betreff der Offenkundigkeit von Vorgängen in diesen Räumen nicht wesentlich von der Stellung der Fabrikarbeiter verschieden."

RGZ. 86, 436

Kann, wenn sowohl ein Verfahren als eine Vorrichtung zur Ausführung des Verfahrens patentiert ist, eine Zwangslizenz des Inhalts zugesprochen werden, daß der Lizenznehmer bei dem Vertriebe der Vorrichtung die Berechtigung verleihen kann, das Verfahren zu benutzen?

I. Zivilsenat. Urt. v. 16. Juni 1915.

I. Patentamt.

.....

Aus den Gründen:

„Zur Ausführung des Verfahrens nach den Patenten 137 588, 143 640 und 216 963, insbesondere des autogenen Schneidverfahrens, vertreiben die Beklagten einen für die Verwendung von Wasserstoff als Brenngas bestimmten Schneidbrenner. Zugleich liefern die Beklagten das zur Speisung der Stichflamme erforderliche Wasserstoffgas. Dagegen ist der sog. Oxybenzbrenner der Klägerin, in dem ihre oben erwähnten Schutzrechte verkörpert sind, auf die Verwendung von flüssigem Brennstoff, namentlich von Benzol, eingerichtet. Der flüssige Brennstoff wird im Brenner vergast, worauf das Gas sich mit dem zugeführten Sauerstoff vermischt. Hieraus erhellt, daß der Gebrauch von flüssigem Brennstoff an Stelle eines fertigen Brenngases, insbesondere Wasserstoffs, ein im übrigen den Patenten der Beklagten entsprechendes Schneidverfahren nicht außerhalb des Bereichs dieser Patente stellt. Zur Herstellung und zum Vertriebe ihrer Oxybenzbrenner im Gebiete des Deutschen Reichs ist die Klägerin schon deswegen nicht befugt, weil den Beklagten im Anspruche 2 des Patentes 216 963 eine Vorrichtung geschützt worden ist, neben welcher der Oxybenzbrenner der Klägerin nicht als frei angesehen werden kann. Ueber alles dieses sind in der Berufungsverhandlung Meinungsverschiedenheiten unter den Parteien nicht hervorgetreten.

Die Klägerin behauptet, daß der Gebrauch eines flüssigen Brennstoffs wesentlich vorteilhafter sei als die Verwendung von Wasserstoff. Sie betont dabei besonders die Schwierigkeit der Versendung des Wasserstoffs. Die Beklagten sind den Ausführungen der Klägerin entgegengetreten. (Es wird dann ausgeführt, begründet sei der Antrag der Klägerin, welcher auf die Benutzung der im Patente 216 963, Anspruch 2, geschützten Vorrichtung gehe. Darauf wird fortgefahren:)

Die Zusprechung dieser Zwangslizenz verleiht der Klägerin ein Nutzungsrecht an dem Patente 216 963 der Beklagten, soweit dieses den Schneidbrenner zum Gegenstande hat (Anspruch 2), dagegen kein Nutzungsrecht an den den Beklagten erteilten Verfahrenspatenten. Kraft der zugesprochenen Lizenz ist die Klägerin fortan namentlich befugt, ihre Oxybenzbrenner in diejenigen Gebiete des Auslandes zu liefern, wo die Patente der Beklagten nicht bestehen, z. B. in das Osmanische Reich, sowie ferner ohne irgendwelche Einschränkung auch im Inlande Bestellungen der Personen zu übernehmen, die ihrerseits etwa die Erlaubnis zur Benutzung der Verfahrenspatente der Beklagten erlangt haben sollten. Der Schwerpunkt der Anträge der Klägerin wird damit aber nicht getroffen. Das Hauptziel der Klägerin ist, eine so geartete Lizenz zu erlangen, daß sie bei dem Vertriebe ihres Oxybenzbrenners den einzelnen Erwerber des Brenners ermächtigen kann, die Verfahren der Beklagten anzuwenden. Eine Zwangslizenz solchen Inhalts muß der Klägerin versagt werden, weil ihre Erteilung überhaupt nicht zulässig ist. Die Zwangslizenz nach § 11 PatG.*) hat den rechtlichen Charakter einer gewöhnlichen, nicht einer ausschließlichen Lizenz. Der erkennende Senat hat dies bereits früher ausgesprochen (RGZ. Bd. 83 S. 276) und befindet sich mit seiner Auffassung in Uebereinstimmung mit der Rechtslehre. Diese Auffassung würde preisgegeben, wenn die Klägerin mit ihrem Hauptantrage durchdränge.

Im Besitz einer dem Hauptantrag entsprechenden Lizenz wäre die Klägerin nicht bloß Nutznießerin der Patente der Beklagten für eigene Zwecke, ihr gewerblicher Machtbereich wäre viel weiter ausgedehnt: die Klägerin stände gleichsam als ebenbürtige Machthaberin neben den Beklagten, sie könnte in gleicher Weise wie die Beklagten selber die Interessen einer unbestimmten Zahl von Gewerbetreibenden befriedigen und an sie die aus den Verfahrenspatenten der Beklagten fließenden Befugnisse vergeben. Die Verleihung einer solchen Machtstellung — deren Gegenwert übrigens im voraus sehr schwer abzuschätzen wäre — griffe über die mit dem § 11 PatG. verfolgten Ziele weit hinaus. Der einzelne Lizenzbedürftige hat sich an den Patentinhaber zu wenden und, kann er von diesem trotz Angebots angemessenen Entgelts die Lizenz nicht erlangen, so soll der Richter im öffentlichen Interesse die Lizenz zusprechen können, aber immer nur dem einzelnen für dessen eigenes Nutzungsgebiet. Wollte man dagegen der dem Hauptantrage der Klägerin zugrunde liegenden Auffassung folgen, so fiele die Erteilung einer unbestimmten Anzahl von weiteren Lizenzen in das freie Ermessen des Inhabers einer Zwangslizenz; zwischen ihm und dem Patentinhaber wäre das Recht der Vergebung von Verfahrenslizenzen geteilt. Zu einer solchen

*) PatG. 1936 § 15.

Verminderung seiner Rechte kann sich der Patentinhaber in einem freiwilligen Abkommen herbeilassen, ein Zwang gegen ihn kann auf Grund des § 11 PatG. nicht ausgeübt werden.

Die Klägerin hat darzulegen versucht, daß die Erteilung von Unterlizenzen durch den Inhaber der Zwangslizenz an dritte Personen überhaupt nicht in Frage komme. Sie meint, es sei eine rechtliche Folge des Besitzes der Zwangslizenz, daß die Abnehmer der auf Grund dieser Zwangslizenz in den Verkehr gebrachten Brenner einer weiteren Lizenz für das Schneidverfahren nicht bedürften. Eine Patentverletzung liege nämlich dann nicht vor, wenn ein Gegenstand, der ohne Verletzung fremder Patentrechte in den freien Verkehr übergeführt worden sei, bestimmungsgemäß benutzt werde. Dies ist zutreffend, sofern es sich *lediglich um ein Sachpatent handelt. Die einmal rechtmäßig in den* freien Verkehr gelangte patentierte Sache ist gemeinfrei geworden. Ihre gewerbsmäßige Benutzung durch spätere Erwerber oder Inhaber kann niemals Verletzung des Sachpatentes sein. Besteht aber zugleich ein Verfahrenspatent, so äußert dieses selbständig seine Wirksamkeit. Wer das Verfahren ausüben will, bedarf dazu der Erlaubnis des Inhabers des Verfahrenspatents. Und diese Erlaubnis ist eine wahre und eigentliche Lizenz, mag sie auch öfter stillschweigend erteilt werden, falls es der Inhaber des Verfahrenspatents ist, der die zur Ausübung des Verfahrens bestimmte patentierte Vorrichtung in den Verkehr bringt. Man kann auch im vorliegenden Falle nicht sagen, daß der eigentliche Kern der den Beklagten zustehenden Schutzrechte in der Maschine gemäß Anspruch 2 des Patentes 216 963 bestehe. Im Gegenteil, das neue Verfahren ist die wichtige Haupterfindung der Beklagten. Die Schaffung einer geeigneten Vorrichtung zur Ausführung des Verfahrens erscheint hier als eine technische Folge der Haupterfindung. ...

RGZ. 88, 208

Ist die Wirksamkeit der Patentanmeldung in bezug auf die Priorität davon abhängig, daß die Anmeldung allen Vorschriften des § 20 PatG.*) genügt? Muß insbesondere die Erfindung dergestalt beschrieben sein, daß danach ihre Benutzung durch andere Sachverständige möglich erscheint?

I. Zivilsenat. Urt. v. 12. April 1916.

I. Patentamt.

Aus den Gründen:

„Grundlegend ist die Frage, ob die Anmeldung vom 17. Juni 1908 genügt, um dem Patente die Priorität dieses Tages zu belassen. Diese Frage ist mit dem Patentamte zu bejahen. Die erste Anmeldung war

*) PatG. 1936 § 26.

ohne Zweifel unvollkommen, weil in Ermangelung beigefügter Zeichnungen auch Sachverständige danach schwerlich den Erfindungsgegenstand ohne weitere erhebliche Gedankenarbeit hätten herstellen können. Diese Unvollkommenheit und Unvollständigkeit der Anmeldung erkannte der Erfinder selbst bereits in einer Eingabe vom 1. Juli 1908 an, in der er um eine Frist zur Einreichung von „Zeichnungen und Unterlagen" bat, weil er durch eine Auslandsreise an der Fertigstellung gehindert sei. ... Hierauf folgt in der Eingabe vom 8. September 1908 eine allen Erfordernissen des § 20 PatG.*) genügende Beschreibung unter Beifügung von Zeichnungen. Diese Beschreibung steht jedoch nirgends im Widerspruche mit der ursprünglichen Anmeldung, vielmehr ergibt die unbefangene Prüfung beider, daß aller Wahrscheinlichkeit nach die Anmeldung genau so gemeint war, wie sie in der vervollständigten Darstellung vom 8. September erscheint. ... (Wird ausgeführt.)

Es muß hiernach als erwiesen erachtet werden, daß der Anmeldung dieselbe, schon damals fertige Erfindung zugrunde gelegen hat, wie sie demnächst patentiert wurde. Dagegen muß anderseits zugegeben werden, daß die ursprüngliche Beschreibung insofern nicht der Vorschrift des § 20 PatG.) entsprach, als nach ihr noch nicht ohne weiteres die Benutzung der Erfindung durch andere Sachverständige möglich war. Eine solche Vollständigkeit der ursprünglichen Beschreibung ist aber nicht eine Bedingung für die Gültigkeit und Priorität der Anmeldung, vielmehr ist es gerade eine Hauptaufgabe der Vorprüfung, in dieser Hinsicht für die erforderliche Ergänzung und Klarstellung zu sorgen (§ 20 Abs. 3 PatG.*). Die ursprüngliche Anmeldung ist für das Patentamt, nicht aber für die Oeffentlichkeit bestimmt. Der Oeffentlichkeit wird die Anmeldung in der Form mitgeteilt, die sie im Vorprüfungsverfahren erhalten hat (§ 23 PatG.**). Die Priorität des Patentes bestimmt sich gemäß §§ 2, 3 PatG.***) nach der Anmeldung der Erfindung im gesetzlichen Verfahren schlechthin, woraus folgt, daß durch nachträgliche Angaben nur ihre Identität nicht verändert werden darf. Vgl. Kohler, Handbuch des Patentrechts S. 286 flg., Urteile des I. Zivilsenats des RG.'s vom 28. Oktober 1903 und vom 30. November 1903 Bl. für Pat.- usw. Wesen 1904 S. 77 und 173." ...

RGZ. 89, 81

Ist die Klagebefugnis des ausschließlichen Lizenznehmers davon abhängig, daß sich sein unmittelbarer Rechtsvorgänger als Patentinhaber in die Patentrolle hat eintragen lassen?

Patentgesetz 1891 § 19 Abs. 2. (PatG. 1936 § 24.)

*) PatG. 1936 § 26.
**) PatG. 1936 § 30.
***) PatG. 1936 §§ 2—4.

I. Zivilsenat. Urt. v. 1. November 1916.

I. Landgericht I Berlin. II. Kammergericht daselbst.

. . . . .

Aus den Gründen:

„Für die Revisionsinstanz ist zu unterstellen, daß H., der in der Patentrolle eingetragen ist, die Patente 139 022 und 228 316 auf die Tabul. Mach. Co. of. N. J. übertragen und sodann diese Gesellschaft der Klägerin eine ausschließliche Lizenz verliehen hat. Das Kammergericht nimmt in Uebereinstimmung mit der Rechtsprechung des Reichsgerichts an, daß die Tabul.-Gesellschaft nicht die Befugnis erlangt habe, Eingriffe in die Patente vor den Gerichten zu verfolgen, da die Rechtsänderung in der Person des Patentinhabers nicht in der Rolle vermerkt worden sei (vgl. PatG. § 19 Abs. 2 Satz 2; Entsch. des RG.'s in Jur. Wochenschr. 1902 S. 97/98 Nr. 36 und 37, RGZ. Bd. 67 S. 181). Wenn aber das Kammergericht dann aus der Rechtsstellung des nicht eingetragenen Patenterwerbers folgert, daß auch die Klägerin, welche ihre Rechte von diesem ableite, keine Klagebefugnis besitze, so wird diese Folgerung von der Revision mit zutreffenden Gründen bekämpft. ...

... Im vorliegenden Falle ist die Klägerin nicht Patentinhaberin, sondern sie hat nur eine ausschließliche Lizenz erworben. ... Die Klagebefugnis steht dem ausschließlichen Lizenzträger ohne Eintragung zu (RGZ. Bd. 57 S. 38; Bd. 67 S. 181; Bd. 83 S. 94). Der Umstand, daß sein Rechtsvorgänger nicht in die Rolle eingetragen wurde, kann dieses Klagerecht ebensowenig beeinträchtigen, wie das Klagerecht des eingetragenen Vollrechtsnachfolgers dadurch berührt wird, daß sein Vorgänger im Rechte sich nicht hatte eintragen lassen.

Das Berufungsgericht weist noch darauf hin, die Eintragung des Vollrechts decke auch alle von ihm unmittelbar abgespaltenen Teilrechte (die ausschließlichen Lizenzen); allein von diesem Standpunkt aus könne man über den Widerspruch hinwegkommen, daß der Inhaber des Vollrechts nur nach Eintragung, der Inhaber des Teilrechts ohne Eintragung zu klagen befugt sei. Dem hält die Revision mit Recht entgegen, daß der ausschließliche Lizenznehmer in einem Falle wie dem vorliegenden seine Legitimation nicht bloß aus der Person seines unmittelbaren Vorgängers, sondern auch des noch eingetragenen Vorvorgängers herleite. Es ist nicht einzusehen, warum es einen rechtserheblichen Unterschied machen sollte, ob H. der Klägerin unmittelbar eine Lizenz verlieh, oder ob er der Tabul.-Gesellschaft sein ganzes Recht übertrug, auf Grund dessen dann diese Gesellschaft — die hierzu jetzt nur noch allein befugt war — der Klägerin die Lizenz erteilte. Kann doch auch das Recht des ausschließlichen Lizenzträgers von dem ersten Lizenznehmer weiter übertragen werden, ohne daß dadurch das Klagerecht verloren geht.“ ...

RGZ. 91, 188

Hat die Erteilung einer Zwangslizenz an einem älteren Patente zugunsten des Inhabers des jüngeren Patentes die rechtskräftige Feststellung oder das Anerkenntnis zur Voraussetzung, daß das jüngere Patent von dem älteren abhängig ist?

I. Zivilsenat. Urt. v. 17. November 1917.

I. Patentamt.

. . . . .

Aus den Gründen:

. . . . .

Nach den im ersten Rechtszuge abgegebenen Erklärungen „sind die Kläger weit davon entfernt, die Abhängigkeit des Patentes 242 575 anerkennen oder sie auch nur als unbestritten bezeichnen zu wollen. Im Grunde genommen wird mit der Erklärung, die Abhängigkeit für das gegenwärtige Verfahren dahingestellt zu lassen, in der Sache auch nichts gewonnen. Denn diese Erklärung beeinträchtigt die Wirkung der später über die Abhängigkeit im ordentlichen Zivilprozeß etwa zugunsten der Kläger ergehenden Entscheidung in keiner Richtung. Fiele die Entscheidung zu ihren Gunsten aus, so hätten sie es nicht nötig, noch länger von der ihnen zugesprochenen Zwangslizenz Gebrauch zu machen, sie könnten vielmehr in Zukunft das Patent 242 575 bei der Herstellung und Benutzung ihrer Gleisrücker verwerten, ohne eine Vergütung an die Beklagten entrichten zu müssen. Ob sie auch zur Rückforderung der schon bezahlten Vergütung nach den Grundsätzen der ungerechtfertigten Bereicherung befugt sein würden, ist hier nicht zu erörtern. (Die Kläger haben in der Verhandlung vor dem Berufungsgericht erklären lassen, daß sie einen Rückforderungsanspruch nicht geltend machen würden.)

Aus der bezeichneten Rechtslage wird aber mit Unrecht gefolgert, daß im Verfahren über die Erteilung einer Zwangslizenz bereits die Feststellung der Abhängigkeit des dem Kläger zustehenden Patentes die Voraussetzung bilde für die Erlangung der Lizenz. Diese Abhängigkeit kann rechtskräftig nur im ordentlichen Zivilprozesse festgestellt werden. Eine Feststellung im Verfahren über die Zwangslizenz, wie sie von dem Beklagten für erforderlich gehalten wird, müßte der entscheidenden Bedeutung ermangeln. Es ist völlig zutreffend, wenn das Patentamt den Parteien zum Protokolle vom 25. Januar 1917 eröffnet hat, eine Verneinung der Patentabhängigkeit durch das ordentliche Gericht gebe den Klägern ohne weiteres die Befugnis, das Patent 242 575 auszuführen, und demgegenüber komme die Ansicht des Patentamts, das Abhängigkeitsverhältnis sei zu Unrecht verneint worden, nicht irgendwie in Betracht. Für das Berufungsgericht gilt das gleiche. Freilich würde ein Anerkenntnis der Kläger, das Patent 242 575 sei von dem Patente 242 464 abhängig, wirken können wie ein die Abhängigkeit des Patentes bejahendes Erkenntnis des ordentlichen Gerichts. In der Tat wird in der Rechtslehre die Ansicht vertreten, der beklagte Patentinhaber könne von dem Lizenzträger das Anerkenntnis verlangen, die nach dessen Patente herzustellende Ausführungsform falle unter das Patent des Beklagten, für welches die Lizenz begehrt werde. Allein diese Ansicht ist nicht zu billigen. Ihre Durchführung müßte in den meisten Fällen die Folge haben, daß auf den Lizenzkläger ein unzulässiger Druck ausgeübt würde. Dies kann nicht gestattet werden, vielmehr ist allgemein daran festzuhalten, daß der Lizenzkläger in der Freiheit seiner rechtlichen Entschließungen überhaupt nicht beschränkt werden darf. Das bezeichnete Anerkenntnis ist denn auch in keiner der Streitsachen, die dem erkennenden Senate bisher vorgelegen haben, verlangt worden. Mehrfach ist vom Kläger erklärt worden, daß er die Abhängigkeit seines Patentes nicht bestreite. Aber dadurch hatte der Kläger seinen Rechten für den Fall, daß sich später das Gegenteil herausstellte, nichts vergeben.

Aus der Nichtfeststellung der Patentabhängigkeit entstehen für die Durchführung des Zwangslizenzverfahrens keine wesentlichen Hindernisse, insbesondere auch nicht für die Bestimmung der Vergütung und Sicherheitsleistung. Die Zusprechung der Zwangslizenz in Rücksicht auf ein jüngeres Patent des Klägers kann nicht anders als unter der Voraussetzung erfolgen, daß dieses Patent von dem Patente des Beklagten abhängig ist. Ebenso kann die Regelung der zuzusprechenden Lizenz im einzelnen nur von der Annahme aus geschehen, daß die Abhängigkeit besteht. Mehr als das Bestehen der Abhängigkeit wird aber auch in dem um die Abhängigkeit geführten Rechtsstreite durch das Urteil wenigstens regelmäßig nicht festgestellt. Jedem Urteil über die Erteilung einer solchen mit einem jüngeren Patente verknüpften Zwangslizenz wohnt mit rechtlicher Notwendigkeit der Sinn bei, daß es seine maßgebliche Bedeutung einbüßt, falls sich später die Nichtabhängigkeit des Patentes des Klägers zeigen oder diese eintreten sollte. Mit einem derartigen Falle ist selbst da zu rechnen, wo die Abhängigkeit vor der Entscheidung des Zwangslizenzstreits rechtskräftig festgestellt ist; denn das Patent des Beklagten kann für nichtig erklärt werden, er kann darauf verzichten oder es verfallen lassen. Der Wortlaut des § 11 PatG.*) steht mit dieser Auffassung durchaus im Einklange. Es soll „die Berechtigung zur Benutzung der Erfindung“ des Beklagten zugesprochen werden. Gezwungen ist der obsiegende Kläger nicht, seinen Sieg auszunutzen und von der erstrittenen Berechtigung Gebrauch zu machen. Wenn der Kläger aus irgend einem Grunde, z. B. weil die festgesetzte Vergütung ihm zu hoch erscheint, von der Benutzung des Patentes des Beklagten Abstand nehmen sollte, so hat der Beklagte nicht die Macht, ihn zur Entrichtung der

*) PatG. 1936 § 15 in der Fassung des Ersten Gesetzes zur Aenderung und Ueberleitung von Vorschriften auf dem Gebiete des gewerbl. Rechtsschutzes vom 8. Juli 1949 (BlPMZ. 1949 S. 229).

Vergütung oder zur Leistung der Sicherheit anzuhalten. Insoweit kann die Zwangslizenz dem Lizenzberechtigten mehr Freiheit gewähren als eine vertragsmäßige Lizenz. Verliert etwa das ganze Patent, an dem die Zwangslizenz zuerkannt ist, seine Kraft oder stellt sich heraus, daß sein Schutzumfang den Kläger nicht berührt, so fehlt für die Ausübung der Nutzungsberechtigung in Zukunft die Grundlage und der Anlaß. Hieraus ergibt sich ohne weiteres, daß bei der Zusprechung der Zwangslizenz besondere Vorbehalte, welche den Fortbestand des Patentes des Beklagten oder die demnächstige Feststellung der Unabhängigkeit des dem Kläger zustehenden Patentes betreffen, nicht erforderlich sind. Es versteht sich namentlich von selbst, daß der Kläger, sobald die Nichtabhängigkeit festgestellt ist, frei wird in der Ausführung seiner jüngeren Erfindung und die Zwangslizenz außer acht lassen kann. Wo bereits ein Recht besteht, ist für die Verleihung desselben Rechtes kein Raum mehr.

Nur die dargelegte Auffassung führt zu einem praktisch brauchbaren Ergebnis. Angenommen, das öffentliche Interesse gebietet es, dem Kläger sofort die beanspruchte Mitbenutzung eines Patentes freizugeben, so würde das öffentliche Interesse verletzt werden, wollte man die rechtskräftige Entscheidung über die Abhängigkeit des Patentes des Klägers abwarten. Auch eine Lizenzerteilung im Lizenzprozeß unter der Bedingung, daß die Abhängigkeit demnächst festgestellt werde, würde die erforderliche alsbaldige Hilfe dem Kläger vorenthalten. Daß es anstößig wäre, den Zwangslizenzsucher, zumal wenn er unter dem Zwange eines gerichtlichen Verbots steht, zur Anerkennung der an sich zweifelhaften Abhängigkeit seines Patentes zu nötigen, wurde schon bemerkt. Und wenn es denkbar sein mag, daß einmal jemand eine Zwangslizenz begehren würde, wo sich die Abhängigkeit seines Patentes als äußerst unwahrscheinlich darstellt, so hat es das Patentamt oder das Berufungsgericht nach Wort und Sinn des § 11 PatG. in der Hand, die Zwangslizenz zu verweigern oder ihre Erteilung zur Zeit abzulehnen. Gegebenenfalls kann auch eine Aussetzung des Verfahrens gemäß § 148 ZPO. in Frage kommen. Solche Fälle sind aber nach der Erfahrung des Rechtslebens viel weniger zu befürchten als leichtfertige Eingriffe in ein fremdes Patent seitens solcher Personen, die sich um eine Lizenz nicht kümmern. Diesen Eingriffen ist entgegenzuwirken, während anderseits die gesetzestreue und ehrliche Lizenzwerbung Unterstützung verdient. ...

Hiernach bleibt noch übrig, zu prüfen, ob das öffentliche Interesse an der Erteilung der Zwangslizenzen anerkannt werden muß. (Die Frage wird bejaht.)

Unter Beachtung der vorstehenden Erwägungen kann auch dem Kläger zu 2 die erbetene Zwangslizenz nicht versagt werden. Dieser Kläger gebraucht freilich die Gleisrücker nicht in eigenen Betrieben, sondern überläßt sie gegen Entgelt an andere Betriebe zur Benutzung.

Das Patentamt vermißt hier die näheren Darlegungen darüber, in welchen Betrieben die vom Kläger zu 2 in Verkehr gebrachten Maschinen benutzt würden, und welche Tatsachen dafür sprächen, daß sich gerade hier für die Kleberschen Gleisrücker ein öffentliches Interesse geltend mache. Man muß jedoch annehmen, daß für die Verwendung der Gleisrücker in diesen Betrieben wesentlich gleiche Gründe in Betracht kommen wie für die Verwendung auf der Grube Ilse. Es wäre auch in hohem Maße unzweckmäßig, etwa die Inhaber der einzelnen Betriebe zur Anstrengung von Lizenzprozessen zu veranlassen. Ueberhaupt müßten bei der Untersuchung der Betriebsverhältnisse auf den einzelnen Gruben für die Erteilung der Zwangslizenz Verzögerungen und Hemmnisse entstehen, deren Vermeidung im öffentlichen Interesse liegt. Verlangen einmal die gegenwärtigen Zeitumstände und die Bedeutung des Patentes 242 575, wie dargelegt wurde, daß den Kleberschen Gleisrückern ein den berechtigten Bedürfnissen entsprechendes Arbeitsgebiet erschlossen wird, so wird dieses Ziel auf dem einfachsten zweckentsprechenden Wege erreicht, wenn der Inhaber des Patentes 242 575 oder wer diesem gleich zu achten ist — hier der Kläger zu 2 als Inhaber einer ausschließlichen Lizenz — ein Benutzungsrecht an dem Patente 242 464 erlangt.

Was die Höhe der Vergütung angeht, so weichen die Ansichten der Parteien weit von der richtigen Mittellinie ab. Unter Würdigung der auf Betriebskenntnis fußenden Ausführungen des zugezogenen Sachverständigen hat das Berufungsgericht sich überzeugt, daß die in der Urteilsformel getroffnen Festsetzungen angemessen sind." ...

RGZ. 93, 172

Enthält der Abschluß des Lieferungsvertrags über eine durch Patent geschützte Sache, die erst nach Ablauf des Patentes hergestellt werden soll, eine Patentverletzung?

I. Zivilsenat. Urt. v. 19. Juni 1918.

I. Landgericht Düsseldorf. II. Oberlandesgericht daselbst.

.....

Aus den Gründen:

... Mit dem Ablaufe des Patentes erlöschen die Sonderrechte des Patentinhabers. Hat von diesem Zeitpunkt an die Allgemeinheit, was Herstellung und Gebrauchen der früher geschützten Sache und die sie betreffenden Rechtshandlungen anlangt, völlig freie Hand, so ist nicht einzusehen, wie vor dem Patentablaufe geschlossene Geschäfte und vorgenommene Rechtshandlungen, die gerade auf die freigewordene Zeit gerichtet sind, gesetzwidrig sein könnten. Das von der Beklagten Ende des Jahres 1912 abgeschlossene Geschäft und die vorhergehenden Verhandlungen hatten die zukünftige Herstellung und Lieferung einer in dem betroffenen zukünftigen Zeitraume gemeinfreien Maschine zum Gegenstand. Es würde in sich widerspruchsvoll, jedenfalls sachlich ungerechtfertigt erscheinen, die Herstellung und Lieferung für gesetzmäßig, dagegen die lediglich hierauf gerichtete geschäftliche Vorbereitungshandlung, die sich naturgemäß aus der Tatsache des bevorstehenden Freiwerdens der Patentsache entwickelt, für gesetzwidrig zu erklären. Der erkennende Senat hat in der Entscheidung vom 28. Dezember 1910 (RGZ. Bd. 75 S. 128) ausgesprochen, daß solche Geschäfte und Handlungen im Inlande bezüglich eines dort durch Patent geschützten Verfahrens oder der hiernach hergestellten Erzeugnisse nicht patentverletzend sind, die auf das patentfreie Ausland abzielen. Eine Patentverletzung wurde nicht, insbesondere auch nicht unter dem Gesichtspunkte des Feilhaltens oder Inverkehrbringens, darin gefunden, daß ein Fabrikant in Deutschland sich erbot, gewisse nach einem deutschen Patente herzustellende Maschinenteile in Rußland anzufertigen oder doch dabei behilflich zu sein, und dann zu diesem Zwecke einen Monteur von Deutschland nach Rußland schickte, wo die Maschinenteile fertiggestellt wurden. Was in dieser Entscheidung für den patentfreien Raum zugestanden und bejaht worden ist, kann hier für die patentfreie Zeit nicht versagt und verneint werden. Derartige Maßnahmen und Geschäfte verbieten zu wollen, müßte auch vom Standpunkte des Gesetzgebers aus als eine Ueberspannung des Patentschutzes angesehen werden. Sie würden nur in seltenen Fällen zur Kenntnis des Patentinhabers gelangen und ohne praktischen Erfolg die freie Geschäftstätigkeit ungebührlich beengen.

Kann hiernach der Beklagten ein gesetzwidriges Feilhalten nicht zur Last gelegt werden, so trifft dies zweifellos auch für das Inverkehrbringen zu. Soweit ein Inverkehrbringen überhaupt nach dem festgestellten Sachverhalt in Frage kommen könnte, würde dafür das gleiche gelten, was in Ansehung des Feilhaltens näher ausgeführt wurde. ...

RGZ. 94, 248

Fahrlässigkeit bei Geltendmachung eines zwar formell eingetragenen, materiell aber der Neuheit entbehrenden Gebrauchsmusters.

BGB. §§ 823, 276; Reichsges., betr. den Schutz von Gebrauchsmustern v. 1. Juni 1891 §§ 1 bis 4.

VI. Zivilsenat. Urt. v. 19. Dezember 1918.

I. Landgericht Köln. II. Oberlandesgericht daselbst.

Aus den Gründen:

„1. Das Berufungsgericht geht zunächst in Uebereinstimmung mit dem ersten Richter zutreffend davon aus, daß die Handlungsweise der Beklagten einen Eingriff in einen eingerichteten Gewerbebetrieb darstelle und dieser als ein durch § 823 BGB. geschütztes Rechtsgut anzusehen sei. Diese Auffassung steht mit der ständigen Rechtsprechung des Reichsgerichts im Einklang (vgl. RGZ. Bd. 58 S. 24, Bd. 64 S. 52).

... Im Gegensatz zu den für das Patentrecht geltenden Grundsätzen, wonach die Erteilung des Patents (und die gemäß § 19 PatG.*) erfolgte Eintragung in die Patentrolle) dem Patentinhaber ohne weiteres das ausschließliche Recht verleiht, den Gegenstand der Erfindung gewerbsmäßig herzustellen, in Verkehr zu bringen und feilzuhalten (§ 4 PatG.)**), erlangt derjenige, zu dessen Gunsten ein Gebrauchsmuster in die Gebrauchsmusterrolle eingetragen ist, nur dann ein ausschließliches Recht, das Muster gewerbsmäßig nachzubilden und in Verkehr zu bringen, wenn es dem Arbeits- oder Gebrauchszweck durch eine neue Gestaltung, Anordnung oder Vorrichtung dient. Mit anderen Worten: die Eintragung in die Gebrauchsmusterrolle verleiht dem Eingetragenen kein ausschließliches Benutzungsrecht, das ihn ermächtigen könnte, in den bestehenden Gewerbebetrieb eines anderen einzugreifen, wenn nicht die Voraussetzungen vorliegen, die in § 1 GebrMustG. aufgestellt sind.

Es kann also schon ein fahrlässiger Eingriff in den Gewerbebetrieb eines anderen vorliegen, wenn jemand, zu dessen Gunsten ein Gebrauchsmuster eingetragen ist, lediglich auf Grund dieser Tatsache einem Gewerbetreibenden den Vertrieb solcher Gegenstände verbietet, auf die sich das Gebrauchsmuster bezieht. Wer auf Grund eines für ihn eingetragenen Gebrauchsmusters sich eines Eingriffs in den Gewerbebetrieb eines anderen schuldig macht, kann demnach unter Umständen schon dann fahrlässig im Sinne des § 823 BGB. handeln, wenn er sich nicht die Ueberzeugung von der Wirksamkeit seines Gebrauchsmusters verschafft hat, ehe er die Eintragung nachsucht. Denn diese wird im Gegensatz zu den für die Patenterteilung geltenden Vorschriften der §§ 20 flg. PatG.***) nicht auf Grund einer behördlichen Prüfung darüber verfügt, ob die materiellen Voraussetzungen vorliegen, unter denen nach § 1 GebrMustG. ein Gebrauchsmuster einen Anspruch auf Rechtsschutz hat. Vielmehr muß das Patentamt nach § 3 GebrMustG. die Eintragung des Gebrauchsmusters in die Gebrauchsmusterrolle schon dann anordnen, wenn lediglich die formellen Voraussetzungen des § 2 des Gesetzes vorliegen (vgl. auch Urt. des RG. vom 27. Februar 1900, VI a. 347/99).

2. ... Da die Eintragung dem Eingetragenen nur ein rein formelles, nicht aber ein materielles Recht gewährt, so übt er es, wie der erkennende Senat bereits in dem Urteil vom 3. Juli 1916, VI. 186/16 ausgesprochen hat, lediglich auf seine Gefahr und Verantwortung aus, soweit es sich um die Frage der Neuheit und der Vorbenutzung des Gebrauchs-

*) PatG. 1936 § 24.
**) PatG. 1936 § 6.
***) PatG. 1936 §§ 28 flg.

musters handelt. Demnach muß „derjenige, der auf Grund eines Gebrauchsmusters mit dem einschneidenden Verbot, die Ware weiter herzustellen und feilzuhalten, in einen fremden Gewerbebetrieb eingreift und dadurch Schaden verursacht, fortdauernd aufs sorgfältigste prüfen, ob und wie lange er hierzu berechtigt ist".

Geht man von diesem grundsätzlichen Standpunkt aus, so liegt ein fahrlässiges Verhalten der Beklagten zu 1 schon darin, daß sie, obwohl der Beklagte des Vorprozesses Bi. schon in dem Schriftsatz vom 3. März 1911 unter Berufung auf die Zeugen K. und Sch. behauptet hatte, daß der Gegenstand des Gebrauchsmusters Nr. 342 454 bereits am 25. Mai 1908, dem Tage seiner Anmeldung beim Patentamt, in Deutschland offenkundig benutzt worden sei, gleichwohl am 21. März 1911 die hier fraglichen Verwarnungsschreiben abgesandt hat. Denn die Beklagten mußten damit rechnen, daß die Zeugen K. und Sch. die Richtigkeit der Angaben des damaligen Beklagten Bi. bestätigen würden.

Einer ganz besonders groben Fahrlässigkeit haben sich aber die Beklagten dadurch schuldig gemacht, daß sie nach der im April 1911 erfolgten Vernehmung der Zeugen K. und Sch., die, wie das Berufungsgericht selbst nicht verkennt, die Behauptung des Bi. im vollen Umfang bestätigt haben, gleichwohl ihre Verwarnung nicht zurückgenommen haben." ...

RGZ. 95, 220

1. Schadensersatz wegen Patentverletzung. Hat der Verletzte, wenn er den ihm entgangenen Gewinn geltend macht, von vornherein die Darlegungs- und Beweislast dafür, daß die sein Patent verletzenden Lieferungen ohne die Patentverletzung tatsächlich ihm selber zugefallen sein würden?

2. Wie ist der Schaden zu bemessen, wenn der Verletzte Schadensersatz aus dem Gesichtspunkte der Lizenzgebühr geltend macht?

PatG. § 35. (PatG. 1936 § 47.)

I. Zivilsenat. Urt. v. 29. März 1919.

I. Landgericht Chemnitz. II. Oberlandesgericht Dresden.

Aus den Gründen:

... Bei den 39 Tüllwebstühlen, die die Beklagte mit der patentverletzenden Einrichtung versehen geliefert hat, sind die Lieferungen, welche sie an eine Tüllweberei in Plauen abgesetzt hat, zu unterscheiden von den Lieferungen, die sie an Firmen des Auslandes geliefert hat.

Bezüglich der ersteren stellt das Oberlandesgericht auf Grund erhobenen Beweises einwandfrei fest, daß die Plauener Weberei die Stühle auch mit jeder anderen Führung bezogen haben würde, und zwar nur von der Beklagten, daß aber niemals eine Lieferung dieser Stühle der Klägerin zugekommen wäre. Damit ist widerlegt, daß der Klägerin durch die Lieferung dieser 22 Stühle ein Gewinn entgangen sein kann. Insoweit ist also der Revisionsangriff gegenstandslos.

Was die ins Ausland gelieferten 17 Stühle anlangt, so würde es allerdings nicht gerechtfertigt sein, wie die Revision mit Recht hervorhebt, der Klägerin als der Verletzten von vornherein die Beweispflicht dafür aufzuerlegen, daß sie die Stühle an die ausländischen Firmen geliefert haben würde, wenn die Beklagte sie nicht mit der patentverletzenden Treiberbarrenführung versehen hätte. Nach § 252 BGB. gilt als entgangen der Gewinn, welcher nach dem gewöhnlichen Laufe der Dinge oder nach den besonderen Umständen mit Wahrscheinlichkeit erwartet werden konnte, und für die Entschädigung bei Patentverletzungen darf nach der Rechtsprechung des Reichsgerichts (Jur. Wochenschr. 1890 S. 162 Nr. 17) regelmäßig davon ausgegangen werden, daß dem Patentberechtigten an Absatz entgangen ist, was der Nichtberechtigte in unberechtigter Anwendung des Gegenstandes der Erfindung abgesetzt hat. Gemäß § 287 ZPO. hat der Richter sich zunächst unabhängig von einer Darlegungspflicht auf Grund der Umstände des Falles ein Urteil darüber zu bilden, ob durch die unberechtigte Anwendung der patentierten Erfindung mit Wahrscheinlichkeit der vom Verletzer erzielte Absatz dem Berechtigten entzogen wurde. Es ist aber nicht ersichtlich, daß das Oberlandesgericht dem entgegen die Beweispflicht der Klägerin auferlegt habe. Wie das Gutachten des gerichtlichen Sachverständigen M. ergibt, wurde der Tüllwebstuhl durch die der Klägerin patentiert gewesene Treiberbarrenführung zwar in gewisser Richtung verbessert, aber gegenüber Tüllwebstühlen mit anderen Führungen, z. B. der seit 1906 freien Richterschen Kulissenführung, zur Zeit der in Betracht kommenden Verletzungen doch nur noch in der Weise, daß die der Klägerin patentierte Treiberbarrenführung die Herausnahme der fertigen Ware erleichterte. Trotz dieses Vorzugs war, wie der Sachverständige ermittelt hat, die Auffassung in den beteiligten Kreisen zu der fraglichen Zeit keineswegs die, daß dem Tüllwebstuhle mit der der Klägerin geschützten Vorrichtung vor anderen, z. B. dem Tüllwebstuhle mit der Richterschen Kulissenführung, allgemein der Vorzug gegeben wurde. Die Auffassung war vielmehr geteilt, und das Oberlandesgericht entnimmt daraus einwandfrei, daß die Stühle mit den verschiedenen Vorrichtungen von 1906 an im Verkehr für annähernd gleichwertig angesehen wurden, daß jedenfalls aber der Tüllwebstuhl z. B. mit der Richterschen Kulissenführung nicht vom Wettbewerbe mit dem Tüllwebstuhle, der die patentierte Treiberbarrenführung hatte, ausgeschlossen war. Von diesen Erwägungen aus bildete sich das Oberlandesgericht, wozu es im Rahmen des § 287 ZPO. befugt war, das Urteil, es könne nicht anerkannt werden, daß die ausländischen Abnehmer die Tüllwebstühle deshalb von der Beklagten bezogen hätten, weil die Stühle der Klägerin patentierte Treiberbarrenführung zeigten, und daß, wenn die Stühle diese nicht gehabt, sondern z. B. die freie Richtersche Kulissenführung aufgewiesen hätten, sie nicht von der Beklagten, sondern von der Klägerin bezogen worden wären. Das Oberlandesgericht bezeichnet es also im Rahmen des § 287 ZPO. nach den erörterten besonderen Umständen als keineswegs wahrscheinlich, daß die Patentverletzung ursächlich dafür gewesen sei, daß die 17 Stühle nicht von der Klägerin geliefert wurden, und stellt in diesem Zusammenhange sein Urteil weiter dahin auf, „die Sachlage sei nicht so, daß es eines Beweises für den ursächlichen Zusammenhang nicht erst bedürfe". Und in diesem Zusammenhang erst erachtet es die Klägerin für beweispflichtig. Das war zutreffend. Dann folgt aber, daß das Oberlandesgericht es auch mit Recht abgelehnt hat, der Klägerin die Entschädigung aus dem Gesichtspunkt eines ihr entgangenen Gewinns zuzuerkennen, denn sie hat den ihr hiernach obliegenden Beweis nicht erbringen können.

Hiernach blieb für die Entschädigung der Klägerin nur der Gesichtspunkt einer zu zahlenden Lizenzgebühr, die das Oberlandesgericht in Uebereinstimmung mit dem von ihm gehörten Sachverständigen M. gemäß § 287 ZPO. auf 1000 M. für jeden der 39 Verletzungsfälle geschätzt hat. Die Revision erachtet den Betrag für zu niedrig. ... Für die Bemessung der Entschädigungslizenzgebühr können immer nur die besonderen Umstände des einzelnen Falls in Betracht kommen. Wenn, wovon im gegenwärtigen Falle auszugehen, die Sachlage so ist, daß durch die festgestellten Verletzungen nach dem einwandfreien Urteil des Tatsachenrichters dem Verletzten überhaupt keine schädigende Konkurrenz gemacht wurde, so kann, da die Lizenzgebühr bei der nach § 35 PatG. zu beanspruchenden Entschädigung diesen letzteren Gesichtspunkt nicht außer acht lassen darf, immer nur die nach objektiven Gesichtspunkten zu bemessende übliche Vergütung in Betracht kommen. Hiervon ist auch das Oberlandesgericht ausgegangen. Dabei hat es zutreffend angenommen, daß für die Berechnung der Lizenzgebühr nicht der Wert des ganzen mit der patentierten Einrichtung versehenen Webstuhls, sondern nur der Wert dieser Einrichtung selbst in Betracht zu ziehen ist.

RGZ. 95, 304

Wann hat der Inhaber eines älteren Patentes gegenüber dem Inhaber eines jüngeren ein rechtliches Interesse an alsbaldiger Feststellung der Abhängigkeit des jüngeren Patentes?

ZPO. § 256; PatG. § 4 (PatG. 1936 § 6).

I. Zivilsenat. Urt. v. 30. April 1919.

I. Landgericht Düsseldorf. II. Oberlandesgericht daselbst.

.....

Aus den Gründen:

... Die Revision vertritt in erster Linie folgenden Standpunkt: Das im § 256 ZPO. erforderte Feststellungsinteresse müsse dem Inhaber eines älteren Patentes — und dem stehe hier die Klägerin als ausschließliche Lizenzinhaberin gleich — gegenüber dem Inhaber eines jüngeren, als abhängig in Anspruch genommenen Patentes grundsätzlich dann zuerkannt werden, wenn wie hier die praktische Ausübung des als abhängig in Anspruch genommenen jüngeren Patentes bevorstehe und schon in die Wege geleitet sei. Es könne dem Inhaber des älteren Patentes nicht zugemutet werden zu warten, bis eine Patentverletzung vorliege. Bei der beschränkten Dauer eines Patentes müsse dem Inhaber des älteren Patentes die Möglichkeit gegeben sein, alsbald die Frage der Abhängigkeit festgestellt zu wissen, und das geeignete Mittel hierzu sei allein die Feststellung der Abhängigkeit gegenüber dem Inhaber des jüngeren Patentes, da sie gemäß § 325 ZPO. die Abhängigkeit umfassend auch gegen Rechtsnachfolger regle. Dieser grundsätzliche Standpunkt entspreche einer vernünftigen Prozeßökonomie, und das hiernach anzuerkennende Feststellungsinteresse könne auch nicht dadurch beseitigt werden, daß der Inhaber des jüngeren Patentes wie hier erklärt habe, die Abhängigkeit nicht bestreiten zu wollen.

Dieser grundsätzliche Standpunkt der Revision ist nicht gerechtfertigt. Was die Revision dafür geltend macht, begründet lediglich, daß der Inhaber des älteren Patentes überhaupt ein rechtliches Interesse an der Feststellung der Abhängigkeit des jüngeren Patentes habe, und daran ändert auch nichts, daß hier die praktische Ausübung des jüngeren Patentes bevorsteht, was nach dem gewöhnlichen Laufe der Dinge regelmäßig der Fall ist. Das rechtliche Interesse an der Feststellung der Abhängigkeit überhaupt genügt nicht als Voraussetzung des § 256 ZPO. Der Schwerpunkt liegt vielmehr darin, daß das rechtliche Interesse an alsbaldiger Feststellung anzuerkennen ist, und zwar an alsbaldiger Feststellung gegenüber dem Beklagten. Wie ein Schuldner nicht zu jeder beliebigen Zeit und ohne Grund auf Feststellung der Rechte des Gläubigers, wie auch niemand ohne Grund von einem Eigentümer auf Feststellung seines Eigentums in Anspruch genommen werden kann, sondern dies nur zulässig ist, wenn durch das Verhalten des in Anspruch genommenen Beklagten das Gläubiger- oder Eigentümerrecht gefährdet oder wenigstens die begründete Besorgnis einer Gefährdung gerechtfertigt ist, so kann auch der Inhaber des jüngeren Patentes auf Feststellung der Abhängigkeit nur in Anspruch genommen werden, wenn er die Rechtslage des Inhabers des älteren Patentes — oder des Inhabers der ausschließlichen Lizenz an demselben — durch sein Verhalten gefährdet oder erkennbaren Anlaß zur Besorgnis einer solchen Gefährdung gibt. ...

Mit der Revision mußte aber in Abweichung von der Auffassung des Oberlandesgerichts anerkannt werden, daß diese letztere Voraussetzung im vorliegenden Falle gegenüber dem Beklagten trotz seiner im Prozeß abgegebenen Erklärung, die Abhängigkeit nicht bestreiten zu wollen, vorhanden ist. Es kommt in Betracht, daß durch die ausweichenden Erklärungen des Patentanwalts W., auch wenn er nicht Bevollmächtigter des Beklagten war, die Abhängigkeit der beiden Patente in nicht mißzuverstehender Weise bestritten worden ist. ... W. hat die Klägerin ja auch für die Frage der Abhängigkeit auf die „zuständige Stelle", also auf den Prozeßweg, verwiesen. Diese Sachlage war aber dem Beklagten in der Klagschrift dargelegt, also bekannt. Sie ergibt eine erhebliche Gefährdung der Rechtslage der Klägerin in bezug auf das Verhältnis der beiden Patente, was bei der jederzeit bevorstehenden praktischen Ausübung des jüngeren Patentes durch den hinter W. stehenden Interessenten keiner Begründung bedarf. Diese Gefährdung konnte der Beklagte als Inhaber und zur Zeit noch allein Verfügungsberechtigter des jüngeren Patentes mit Wirkung gegen alle Rechtsnachfolger, auch gegen die hinter W. stehenden Interessenten, gemäß § 325 ZPO. leicht dadurch beseitigen, daß er, wenn ihm wirklich daran gelegen war, daß die Abhängigkeit nicht mehr in Zweifel gezogen werden könnte, den Feststellungsanspruch anerkannte und damit ein Urteil gemäß § 307 ZPO. ermöglichte. An der Beseitigung der Gefährdung der Rechtslage der Klägerin war aber offensichtlich dem Beklagten nicht gelegen. Denn dadurch, daß er lediglich erklärte, die Abhängigkeit nicht bestreiten zu wollen, war diese Gefährdung nicht beseitigt, und indem er nur diese Erklärung im Prozeß abgab, im übrigen aber die Abweisung der Klage unter Bestreiten des Feststellungsinteresses erstrebte, ließ er erkennen, daß er die durch W. hervorgerufene Unsicherheit der Rechtslage der beiden Patente auch seinerseits unterstützte. ...

RGZ. 99, 211

Zu den Begriffen Erfindung, Neuheit und Aequivalenz bei Gebrauchsmustern.

GebrMG. § 1.

I. Zivilsenat. Urt. v. 12. Juni 1920.

I. Landgericht II München. II. Oberlandesgericht daselbst.

Aus den Gründen:

... „Es handelt sich um ein Gebrauchsmuster. Sowohl hinsichtlich der Höhe wie der Neuheit des Erfindungsgedankens ist daher ein anderer Maßstab anzulegen als bei einem Patente. ... Das Gebrauchsmuster 548 309 hat zum Gegenstand den Gedanken, daß die abwärts gelegene, senkrecht angebrachte Kurbelscheibe größer gemacht wird als bei sonstigen Gras- und Getreidemähmaschinen, damit sie so als Schwungrad wirken könne. Die Zeichnung ergibt gleichzeitig, wie sich der Kläger die Größe der Kurbelscheibe in Wirklichkeit etwa denkt. Die auf diese Weise hinreichend ersichtlich gemachte Gestaltung des Erfindungsgedankens ist sowohl von genügender Bedeutung als auch neu. Der Gedanke, die Kurbelscheibe einer Maschine abzunehmen und einfach durch ein an ihre Stelle gesetztes größeres Rad zu ersetzen, das wie ein Schwungrad wirkt, ist nicht eine Selbstverständlichkeit, die keine nennenswerte technische Ueberlegung erfordert hätte. Die Einfachheit des Ergebnisses tut dessen Gehalt und dessen Bedeutung keinen Abbruch. Die Erfindungshöhe war in Ansehung eines Gebrauchsmusters unbedenklich als gegeben zu erachten. Die Konstruktion ist aber auch neu. Mag auch der allgemeine Erfindungsgedanke, an Mähmaschinen überhaupt Schwungräder anzubringen, schon als vorbekannt angesehen werden, so ist doch bisher nicht dargetan, daß die Ausgestaltung der abwärts gelegenen und senkrecht angebrachten Kurbelscheibe zu einem Schwungrade, so wie es der Kläger ausgeführt hat, irgendwo schon einmal ausgeführt oder veröffentlicht worden ist. ... (Wird näher ausgeführt.) Daß dadurch auch Vorteile erreichbar waren und welche, ist in der Gebrauchsmusterbeschreibung genügend zum Ausdruck gekommen; das Wesentlichste hieran ist die Ueberwindung des sogenannten toten Punktes. ...

Auch der Beklagte ersetzt die abwärts gelegene, senkrecht angebrachte Kurbelscheibe durch ein Schwungrad. Nur nicht auf dem Wege, daß er das ganze Rad abmontiert und ein anderes an dessen Stelle setzt, sondern dadurch, daß er durch Aufsetzen von zwei halben Kreisbogen den Umfang der Kurbelscheibe so weit vergrößert, bis die Kurbelscheibe annähernd den Umfang hat, den das Schwungrad in dem Gebrauchsmuster des Klägers aufweist. Hierin liegt ein Fall der Aequivalenz. Diese wird dadurch nicht ausgeschlossen, daß vielleicht in dem Gebrauchsmuster des Beklagten noch ein weiterer technischer Fortschritt liegt." ...

RGZ. 100, 35

1. Kann ein Arbeitsgerät, das aus zwei umfangreichen und technisch schwierigen Maschinen zusammengesetzt ist, als Gebrauchsmuster geschützt werden?

2. Zur Frage der widerrechtlichen Entnahme eines Gebrauchsmusters.

I. Zivilsenat. Urt. v. 10. Juli 1920.

I. Landgericht Düsseldorf. II. Oberlandesgericht daselbst.

. . .

Aus den Gründen:

Das angegriffene Gebrauchsmuster betrifft die Verbindung eines Grabenbaggers mit einem Automobil. Aus der dem Patentamt bei der Anmeldung eingereichten Beschreibung des Schutzgegenstandes und dem Schutzanspruch ergibt sich, daß ein nach dem Trockeneimersystem gebauter Bagger über der Hinterachse eines Lastautomobils angebracht ist, und zwar dergestalt, daß der Motor des Automobils zugleich den Bagger antreibt. Die für diesen Antrieb erforderlichen Maschinenteile sind in der Beschreibung einzeln angegeben und in der zeichnerischen Darstellung des ganzen Arbeitsgeräts deutlich sichtbar gemacht. ... Die Vereinigung von Automobil und Bagger soll dazu dienen, den Grabenbagger, der an einer Baustelle seine Arbeit verrichtet hat, schnell und ohne größere Montage mit eigener Kraft zu einer anderen Stelle zu schaffen. . . .

Gegen die Rechtsgültigkeit des Gebrauchsmusters hat die Revision in erster Reihe eingewendet, daß der angemeldete Gegenstand kein Modell einer Arbeitsgerätschaft oder eines Gebrauchsgegenstandes im Sinne des § 1 GebrMG. sei, da die Verbindung von Grabenbagger und Automobil keine bloße Raumformkombination sei. Vielmehr handle es sich um eine kunstvolle, aus vielen ineinandergreifenden Arbeitsmitteln zusammengesetzte, zur Bewegung von Naturkräften bestimmte Maschine, die sich nicht mehr im Rahmen einer zum Gebrauchsmusterschutz geeigneten einfachen Vorrichtung halte. Dieser Angriff ist unbegründet. In der Rechtsprechung des Reichsgerichts ist zwar mehrfach angenommen worden, daß Maschinen mit verwickelten und schwer verständlichen Getrieben sich für den Gebrauchsmusterschutz nicht eignen (RGZ. Bd. 36 S. 16, Bd. 41 S. 74, Bd. 66 S. 313). Einer erneuten Stellungnahme zu dieser zweifelhaften und auch im Schrifttum nicht unbestrittenen Frage bedarf es jedoch nicht, da die in Rede stehende Arbeitsgerätschaft, soweit ihre für den Musterschutz wesentlichen Teile in Betracht kommen, jedenfalls als eine Maschine mit verwickeltem Getriebe nicht anzusehen ist. Unter den Musterschutz fällt weder das Automobil als solches noch das Getriebe eines Trockeneimerkettenbaggers. Beide Maschinen, die in die Technik längst eingeführt waren, werden vielmehr als bekannt vorausgesetzt und erfahren auch durch den Inhalt des Gebrauchsmusters keine Abänderung oder Umgestaltung ihres Wesens. Was das Gebrauchsmuster erstrebt, ist lediglich die Verbindung der beiden Maschinen zu einem einheitlichen Arbeitsgerät. Mithin sind für den Musterschutz nur diejenigen maschinellen Teile bedeutsam, die der Vereinigung von Bagger und Automobil dienen und besonders die Einwirkung des Automobilmotors auf den Antrieb des Baggers und die Umsetzung des Motors von Baggerantrieb auf Straßenfahrt regeln. Diese Teile sind aber, mag ihre erstmalige Einführung in die Praxis auch auf mancherlei technische Schwierigkeiten gestoßen sein, doch in ihrem Zusammenwirken verhältnismäßig leicht zu überschauen und zu verstehen. Deshalb kann auch der Schutzgegenstand als solcher nicht als eine Maschine angesehen werden, die wegen der technischen Schwierigkeit und Verzwicktheit ihres Getriebes des Musterschutzes unfähig wäre. Unerheblich ist es ferner, daß das Arbeitsgerät als Ganzes von beträchtlichem Umfang ist und zwei größere Maschinen mit verwickeltem Getriebe in sich vereinigt. Für den Gebrauchsmusterschutz kommt es nach § 1 GebrMG. in Ansehung der äußeren Gestalt des Schutzgegenstandes nicht auf dessen *Größe, sondern allein darauf an, ob er durch ein Modell im Raume* verkörpert werden kann. Diese Voraussetzung trifft auf das geschützte Arbeitsgerät unzweifelhaft zu.

(Die folgenden Ausführungen des Urteils beschäftigen sich mit der Rüge der mangelnden Neuheit. Die Rüge wird für unbegründet erklärt. Alsdann fährt das Urteil fort:)

Die dritte Rüge der Revision betrifft den vom Vorderrichter zurückgewiesenen Klagegrund der widerrechtlichen Entnahme.

... Der Vertrag der Parteien stellt sich als ein Werkvertrag dar. Das Werk, das die Klägerin gegen die vereinbarte Vergütung gemäß § 631 BGB. dem Beklagten zu leisten hatte, bestand nach den Briefen vom 3. und 8. Juli 1915, wie der Vorderrichter zutreffend hervorhebt, in der „zeichnerischen Durchkonstruktion" des vom Beklagten angefertigten Entwurfs eines Grabenbaggers und in der Ausführung desselben. Ausdrücklich wurde in jenen Bestellschreiben auch bereits hervorgehoben, daß der Konstrukteur an den Entwurf des Beklagten, von gewissen Einzelheiten abgesehen, sich nicht zu halten brauchte. Hieraus erhellt ohne weiteres, daß schon von vornherein mit einer erheblichen Umgestaltung des Entwurfs gerechnet wurde und daß alle Leistungen, die zu diesem Zweck von der Klägerin und ihren zur Mitarbeit herangezogenen Angestellten geleistet wurden, einerseits dem Beklagten zustatten kommen, anderseits durch die vereinbarte Vergütung abgegolten werden sollten. In Erfüllung dieses Vertrags erhielt der Beklagte von der Klägerin die Zeichnung 9700 geliefert. Indem er sie gemäß § 640 BGB. abnahm, erlangte er an ihr unbeschränktes Eigentum und wurde zur freien Verfügung über sie und die darin verkörperten technischen Gedanken befugt, gleichviel, ob diese von ihm selbst herrührten oder abweichend von seinem Entwurf erst auf Grund seiner Bestellung von der Klägerin oder ihren Angestellten neu entwickelt wurden (Urt. des Reichsgerichts vom 28. März 1917 I 183/16). Selbst Erfindungen, die bei Gelegenheit der Umkonstruktion gemacht wurden und in der Zeichnung ihren schließlichen Niederschlag fanden, wurden von dem Eigentumserwerbe des Beklagten mitbetroffen, da diesem das fertiggestellte Werk in vollem Umfange gegen die vertragsmäßige Vergütung gebührte. Deshalb bedarf es keiner Unterscheidung dessen, was als schöpferische Tätigkeit des Beklagten und was als Gedankenarbeit der klägerischen Angestellten zu bewerten ist; vielmehr ist der Beklagte als allein und unbeschränkt verfügungsberechtigt über die Zeichnung anzusehen. Demgemäß kann auch keine Rede davon sein, daß der Beklagte den Inhalt des von ihm angemeldeten Gebrauchsmusters den Zeichnungen, Gerätschaften oder Einrichtungen der Klägerin ohne deren Einwilligung entnommen habe (§ 4 Abs. 3 GebrMG.)*).

RGZ. 101, 36

1. Ist eine offenkundige Vorbenutzung oder eine Beschreibung in öffentlichen Druckschriften, wenn sie am Tage der Anmeldung des Patents oder des Gebrauchsmusters erfolgt, der Erteilung des Patents oder der Wirksamkeit des Gebrauchsmusters hinderlich?

2. Zum Tatbestande des § 2 des Patentgesetzes und des § 1 des Gebrauchsmusterschutzgesetzes).**

3. Macht nachträglicher Verrat seitens einer zur Benutzung zugezogenen Person die Vorbenutzung zu einer von vornherein offenkundigen?)**

I. Zivilsenat. Urt. v. 27. November 1920.

I. Landgericht Halle a. S. II. Oberlandesgericht Naumburg a. S.

Zu 1 heißt es in den Gründen:

... Der Berufungsrichter hat in dem Zwischenurteil rücksichtlich der offenkundigen Vorbenutzung alle Tatsachen, die sich am 5. Juni 1909, dem Tage der Anmeldung des Gebrauchsmusters, zugetragen haben sollen, ausgeschieden. Dies wird von der Revisionsklägerin mit Unrecht beanstandet. Zutreffend nimmt die herrschende Ansicht an, daß unter „Zeit der Anmeldung" im Sinne des § 2 PatG. und des § 1 Abs. 2 GebrMG. allgemein der kalendermäßige Beginn des Anmeldetags verstanden werden muß, so daß eine Beschreibung, die druckschriftlich erst am Anmeldungstage selbst abgeschlossen vorliegt, oder eine Benutzung, die erst am Anmeldungstage selbst im Inlande erfolgt ist, als neuheitsschädlich nicht mehr in Betracht kommt. Wie Damme (Patentrecht 2. Aufl. S. 165 und 207) mit Recht ausführt, muß man zu diesem Ergebnis schon aus dem Grunde gelangen, weil gemäß der Verordnung zur Ausführung des Patentgesetzes vom 11. Juli 1891 (RGBl. S. 349) die zeitliche Folge des Eingangs der Anmeldungen beim Patentamt nicht

*) GebrMG. 1936 § 5 Abs. 3.

**) Zu 2 und 3: vgl. Bd. 167 S. 339 (abgedr. weiter unten in diesem Abschnitt).

nach der Uhr, sondern nach der Stempelung mit einer laufenden Nummer und mit dem Datum bezeichnet wird. Deshalb kann man zwar bei zwei an demselben Tage an das Patentamt gelangenden Sachen feststellen, welche von ihnen früher eingegangen ist, da die spätere die höhere Geschäftsnummer trägt (§ 27 Abs. 3 der Verordnung), aber der genaue Zeitpunkt des Eingangs der einzelnen Anmeldung entzieht sich der Feststellung. ...

RGZ. 101, 135

1. Zu den Erfordernissen der patentrechtlichen Untersagungsklage und der Klage auf Feststellung einer Patentverletzung.

2. *Verkauf eines als Hilfsmittel zum patentierten Verfahren* dienenden, im Patent beschriebenen Stoffes als Inverkehrbringen des geschützten Verfahrens?*)

3. Zur Frage der Anstiftung und Beihilfe zur Patentverletzung*).

I. Zivilsenat. Urt. v. 18. Dezember 1920.

I. Landgericht Köln. II. Oberlandesgericht daselbst.

.....

Zu 1 heißt es in den Gründen:

... Der Revision ist darin beizustimmen, daß auf dem Gebiete des Patentrechts, wie auf dem der gewerblichen Schutzrechte überhaupt, die zur Abwehr künftiger Eingriffe dienende Untersagungsklage, die ihre rechtliche Grundlage in § 4 PatG.**) und in der entsprechenden Anwendung des § 1004 BGB. hat, nicht ausschließlich an eine bereits betätigte Patentverletzung geknüpft ist, sondern auch schon dann erhoben werden kann, wenn Tatsachen vorliegen, welche die Vorbereitung und die Absicht eines solchen Eingriffs mit Sicherheit erkennen lassen (RGZ. Bd. 54 S. 415 flg., Bolze, Praxis Bd. 8 Nr. 148). Ebenso erscheint es für die Feststellungsklage zur Begründung des rechtlichen Interesses an der alsbaldigen richterlichen Entscheidung als genügend, daß durch das Verhalten des Beklagten das Schutzrecht der Klägerin gefährdet oder doch wenigstens ein erheblicher Anlaß zur Besorgnis einer solchen Gefährdung geboten wird (RGZ. Bd. 95 S. 306). Verschulden des Beklagten, also wissentliche oder grobfahrlässige Handlungsweise zu der beabsichtigten Verletzung des Patentes (§ 35 PatG.)***), ist für beide Klagarten nicht erforderlich. Demnach ist der Revision darin beizupflichten, daß es für die Klagen auf Feststellung und Unterlassung nicht des Nachweises der wirklichen Patentverletzung bedarf, sondern daß ein ausreichender Anlaß dazu schon gegeben ist, wenn beim Verkauf des Schweißpulvers der Be-

*) Zu 2 und 3 s. Bd. 146 S. 26 und Bd. 149 S. 102 (abgedr. weiter unten in diesem Abschnitt).

**) PatG. 1936 § 6.

***) PatG. 1936 § 47.

klagte und der Käufer darüber einig gewesen sind, daß das Pulver zu dem geschützten Verfahren verwendet werden soll. Hinzukommen muß aber noch, daß in Zukunft Eingriffe in das Patent seitens des Beklagten zu besorgen sind (§ 1004 BGB.). Das Vorhandensein einer derartigen Besorgnis stellt sich zugleich als eine solche Gefährdung des klägerischen Schutzrechts dar, wie sie zur Annahme des Feststellungsinteresses im Sinne des § 256 ZPO. erforderlich ist. Ob zwischen dem Beklagten und den Käufern seines Pulvers Willensübereinstimmung über die Verwendungsart bestanden hat, ist Tatfrage. Hierzu hat das Berufungsgericht bisher noch nicht ausdrücklich Stellung genommen. Zu erwägen bleibt auch noch, ob neben der auf Unterlassung gerichteten Leistungsklage und neben der außerdem noch erhobenen Schadensersatzklage für die Feststellungsklage überhaupt Raum ist. Hierzu bedarf es der Prüfung, ob die Klägerin an der Feststellung noch ein rechtliches Interesse nachweisen kann, das durch die Untersagungs- und Schadensersatzklage nicht gedeckt wird. ...

RGZ. 101, 235

1. Darf der Lizenznehmer die Vernichtung des Patents betreiben?

2. Wird er durch die Vernichtung von der Pflicht zur Zahlung der bereits vorher fällig gewordenen Lizenzgebühren befreit?

I. Zivilsenat. Urt. v. 22. Januar 1921.

I. Landgericht I Berlin. II. Kammergericht daselbst.

.....

Aus den Gründen:

... Man darf allerdings dem Lizenznehmer nicht grundsätzlich das Recht versagen, das Patent durch Erhebung der Nichtigkeitsklage selbst zu Fall zu bringen, um so von dem Lizenzvertrage mit seinen für den Lizenznehmer lästigen Pflichten befreit zu werden. Häufig ist die Zweifelhaftigkeit der Rechtsbeständigkeit eines gewerblichen Schutzrechts für den Lizenznehmer der Anlaß zum Abschluß des Lizenzvertrags, um in seinen geschäftlichen Verfügungen nicht durch das Patent gehindert zu sein. In einem solchen Falle will sich der Lizenznehmer bei Abschluß des Lizenzvertrags des Rechts, die Nichtigkeitsklage zu erheben, nicht begeben. Selbst wenn der Lizenznehmer bei Abschluß des Vertrags die Nichtigkeit des Patents gekannt hat, verstößt die spätere Erhebung der Nichtigkeitsklage, um dadurch für die Zukunft von der Zahlung der Lizenzgebühr frei zu werden, nicht notwendig gegen Treu und Glauben. Vielmehr ist im einzelnen Fall unter Berücksichtigung aller Umstände zu prüfen, ob der Lizenznehmer nach Inhalt des Lizenzvertrags zur Aufrechterhaltung des Patents verpflichtet ist, und in solchem Falle darf er die Nichtigkeitsklage nicht erheben. Einen solchen Fall nimmt der Berufungsrichter hier offenbar als vorliegend an, denn nach seiner Auffassung soll der Lizenznehmer „vertragswidrig" die Nichtigkeit herbeigeführt haben, und die vom Berufungsrichter festgestellten Tatsachen rechtfertigen seine Annahme.

Die Beklagte hatte eine ausschließliche Lizenz. Sie hatte die Verpflichtung übernommen, mindestens 100 000 Hülsen herzustellen und dafür 12 Pfg. für das Stück als Lizenzabgabe zu zahlen, außerdem aber hatte sie dem Kläger monatlich 5000 Hülsen zu liefern. In Wirklichkeit hat sie während der ganzen Dauer des Vertrags die patentierten Hülsen gar nicht, wohl aber die Lampen ohne die patentierte Vorrichtung fabrikmäßig hergestellt. Trotzdem die Lizenz eine ausschließliche war, hat die Beklagte also während der ganzen Vertragsdauer dem Vertrage zuwidergehandelt. Dabei kann sie nicht zu ihrer Entschuldigung anführen, die Berechtigten anderer Schutzrechte hätten Widerspruch gegen ihre Fabrikation eingelegt. Denn wie der Berufungsrichter feststellt, waren diese Schutzrechte jüngeren Datums als das Patent, so daß eine Abhängigkeit des letzteren von jenen nicht in Betracht kommen konnte; auch standen die vom Reichsgericht als neuheitsschädlich angesehenen Patente der Verwertung des klägerischen Patents nicht entgegen. ... Die Beklagte wäre also in der Lage gewesen, auf Grund des Lizenzvertrags während der ganzen Vertagsdauer Vorteil aus dem Patent zu ziehen, und sie vermag keinen stichhaltigen Grund anzugeben, warum dies unterblieben ist. Berücksichtigt man alle diese Umstände, so rechtfertigt sich die Annahme, daß sie gegen Treu und Glauben und ihre Vertragspflichten verstoßen hat, wenn sie, um von den Folgen ihrer Vertragsverletzung loszukommen, die Vernichtung des Patents betrieb und dadurch die Bedingung des § 7 des Vertrags herbeiführte (§ 162 BGB.).

Unrichtig ist auch die Auffassung der Beklagten, daß die nachträgliche Vernichtung des Patents den Lizenznehmer von der Zahlung der bereits vorher fällig gewordenen Lizenzgebühren befreit, vielmehr hat der Lizenznehmer nach ständiger Rechtsprechung des Reichsgerichts, da er, wenngleich dem Patent von Rechts wegen der Patentschutz nicht hätte zuteil werden sollen, bis zu seiner Vernichtung die Möglichkeit der vollen Ausnutzung des Patents gehabt hat, die bis dahin fällig gewordenen Lizenzgebühren zu zahlen. ...

RGZ. 104, 227

Gilt die Vorschrift des § 271 Abs. 3 ZPO., daß der Kläger bei Klagezurücknahme die Kosten zu tragen hat, auch für das Patentstreitverfahren?

I. Zivilsenat. Urt. v. 25. März 1922.

I. Reichspatentamt.

Die Klägerin erhob gemäß § 10 Nr. 1 PatG.*) Klage auf Vernichtung des Anspruchs 1 des Patents Nr. 289 476, als dessen Inhaberin die Beklagte in der Patentrolle eingetragen war. Die Beklagte beantragte Abweisung der Klage. Veranlaßt war die Klägerin zur Klage dadurch, daß die Beklagte gegen sie Klage wegen Verletzung des Anspruchs 1 dieses Patents erhoben hatte. Im Verlaufe des Nichtigkeitsverfahrens wurde festgestellt, daß ein der Patentschrift 289 476 entsprechendes Patent von der Beklagten zwar am 26. September 1912 angemeldet, ihr aber nicht erteilt, daß vielmehr im Einspruchsverfahren im Einverständnis der Beklagten ihr durch Beschluß der Beschwerdeabteilung der Anspruch 1 versagt und nur ein im wesentlichsten dem Anspruch 2 entsprechendes Patent auf Grund neuer Unterlagen erteilt war. Versehentlich war aber die Patentschrift 289 476 auf Grund der Unterlagen der ursprünglichen Anmeldung ausgefertigt worden; sie war also unrichtig. Nach dieser Feststellung zog die Klägerin ihren Antrag auf Nichtigkeitserklärung zurück und beantragte, der Beklagten die Kosten des Nichtigkeitsverfahrens aufzuerlegen. Diesem Antrage gab das Reichspatentamt statt. Die Berufung der Beklagten hatte keinen Erfolg.

Gründe:

Die entsprechende Anwendung des § 271 Abs. 3 ZPO. im Patentstreitverfahren ist, wie das Reichspatentamt zutreffend annimmt, keine ausnahmslose, vielmehr können nach § 31 PatG.**) auch bei Zurücknahme der Klage die Kosten der beklagten Partei auferlegt werden, wenn besondere Billigkeitsgründe dies rechtfertigen, und solche Billigkeitsgründe hat das Reichspatentamt mit Recht im vorliegenden Fall als gegeben angesehen, da einerseits die Klägerin begründeten Anlaß hatte, die Klage zu erheben und anderseits die Beklagte durch die Verletzungsklage, die sie auf Grund des ihr nicht gewährten Anspruchs 1 der Patentschrift 289 476 erhoben hatte, der Klägerin erst den Grund zur Nichtigkeitsklage gegeben hatte, obgleich der Beklagten nach Inhalt der Erteilungsakten und der darin enthaltenen Zustellungsnachweise bei nur geringer Sorgfalt klar sein konnte, daß ihr ein der Patentschrift 289 476 entsprechendes Patent nicht erteilt sei und diese Patentschrift auf einem Irrtum beruhen müsse. Die Klägerin hatte keinen Anlaß, sich vor Erhebung der Nichtigkeitsklage aus den Erteilungsakten über die wahre Sachlage zu unterrichten, da sie davon ausgehen durfte, daß die ausgegebene Patentschrift in Ordnung sei, auf deren ersten Anspruch ja auch die Beklagte ihre Verletzungsklage stützte. Mit Recht hat daher

*) PatG. 1936 § 13 Nr. 1.
**) PatG. 1936 § 40.

die Vorinstanz es auch nicht für der Billigkeit entsprechend erachtet, der Klägerin einen Teil der Kosten aufzuerlegen. ...

RGZ. 106, 237*)

Liegt „neue Gestaltung" eines Gebrauchsgegenstandes vor, wenn ein bekanntes Modell für einen neuen Gebrauchszweck dadurch verwendbar gemacht wird, daß es mit anderen Schriftzeichen versehen wird?

I. Zivilsenat. Urt. v. 27. Januar 1923.

I. Landgericht Frankfurt a. M., Kammer für Handelssachen.

II. Oberlandesgericht daselbst.

...

Aus den Gründen:

... Als Gebrauchsmuster werden Modelle von Arbeitsgerätschaften oder Gebrauchsgegenständen oder von Teilen solcher geschützt, insoweit sie dem Arbeits- oder Gebrauchszweck durch eine neue Gestaltung, Anordnung oder Vorrichtung dienen sollen (§ 1 GebrMG.). Diesen Anforderungen des Gesetzes entspricht das Gebrauchsmuster des Beklagten nicht. Der bekannten Postpaketkarte ist ein dritter Abschnitt, der als Versicherungsschein dienen soll, angefügt worden. Die Einteilung in drei Abschnitte ist, wie auch das Oberlandesgericht nicht verkennt, schon bisher bei anderen Gebrauchsgegenständen üblich gewesen, insbesondere bei Postanweisungs- und Postscheckmustern. Der Beklagte hat danach sein Modell bekannten Gebrauchsgegenständen entlehnt, um dadurch einen bisher unbekannten technischen Erfolg zu erzielen. Das allein vermag aber den Musterschutz nicht zu begründen. Eine neue Gestaltung im Sinne des Gesetzes liegt in einem solchen Falle nur vor, wenn das bekannte Modell dem neuen Zweck angepaßt und dem entsprechend gestaltet werden mußte, weil es in der alten Gestalt hierzu nicht geeignet war (Warneyer 1916 Nr. 289). Das trifft hier nicht zu. Denn dazu reicht, wie der Revision beizupflichten ist, die bloße Anbringung bestimmter Buchstaben und Zahlen, die lediglich ihrer Bedeutung als Schriftzeichen entsprechend sich an den menschlichen Geist wenden, ohne räumlich in irgendeiner Weise in die Erscheinung zu treten, an dem bekannten Modell nicht aus. Eine andere Veränderung hat der Beklagte daran nicht vorgenommen. Der Gebrauchsmusterschutz muß seinem Modell daher versagt werden.

*) Vgl. Bd. 50, 124 [126]; 114, 144 [147]; 115, 128 [133] (abgedr. in diesem Abschnitt).

RGZ. 107, 100

Unterschied zwischen Gebrauchsmuster und Geschmacksmuster, insbesondere bei Reklamegegenständen. Muß bei der Anmeldung eines Gebrauchsmusters der Gebrauchszweck ausdrücklich angegeben werden?

I. Zivilsenat. Urt. v. 30. Juni 1923.

I. Landgericht Dresden. II. Oberlandesgericht daselbst.

. . .

Aus den Gründen:

Das umstrittene Gebrauchsmuster hat zum Gegenstand einen ovalen Bilderrahmen. Er liegt, wie üblich, mit der Rückseite flach an der Wand an, während die massive Vorderseite gewölbt ist nach Art eines Flach- oder Halbrundstabs. Da, wo der äußere Rand der Vorderseite an der Wand aufschließt, bildet die Kontur eine Wellenlinie in Form gleichmäßiger Bogen. Diese wellenmäßige Form erstreckt sich aber nicht bloß auf die äußere Randlinie, sondern auch auf die vordere Oberfläche des Rahmens selbst, und zwar so, daß die Wellungen etwa bis zur Hälfte der Rahmenbreite gegen den inneren, an das Bild anschließenden Rand hineinreichen und auf diese Weise abwechselnd Vertiefungen und Erhöhungen auf der Vorderseite des Rahmens ergeben. Diese wellige Form ist gefräst, d. h. durch einen Fräser hergestellt, der nicht bloß am äußeren Rahmenrand angesetzt, sondern so über die vordere Rahmenrundung hereingebracht wird, daß er auch auf der Oberfläche Wellen erzeugt. Die Form des Rahmens ergibt sich aus der der Anmeldung beigelegten Zeichnung und besonders deren Schattenstrichen. In der Beschreibung ist angeführt: „Durch die Anordnung dieser Neuerung erhält man einen in der Form besonders gefällig und reich wirkenden Rahmen auf einfache Weise." ...

Ob dem Modell der Beklagten der gesetzliche Schutz eines Gebrauchsmusters zuteil werden kann, hängt nur davon ab, ob es neu ist, ob es Gebrauchszwecken dient und einen hinreichenden Fortschritt, eine Bereicherung des Standes der Technik darstellt.

Darüber, ob das Modell neu sei, läßt sich das angefochtene Urteil nicht deutlich aus. Aeußerlich erscheint die Neuheit zunächst gegeben. Ob etwa der Unterschied zwischen einem ovalen Rahmen mit bogigen Randkonturen und einem solchen auch noch mit Oberflächenwellung so geringfügig ist, daß es sich nur um eine für den Gebrauchszweck belanglose und unwesentliche Abweichung handelt, mußte sich der Vorderrichter klar machen, bevor er auf die Frage einging, ob nicht etwa auf dem Wege über das Herstellungsverfahren ein neues Modell geschaffen war. Alle diese Fragen stehen aber im unmittelbaren Zusammenhang mit jener, ob und inwieweit es sich um einen Gebrauchsgegenstand handelt, dem die neue Gestaltung dienen soll, oder ob nur ein Geschmacksmuster vorliegt. Der Unterschied liegt darin, daß das Gebrauchsmuster dem Nützlichkeitsgedanken entspricht, das Geschmacksmuster dem des Gefälligen. Beide schließen einander bei einem und demselben Gegenstand aber keineswegs notwendigerweise aus. Es handelt sich hier um einen Rahmen. Seine Bestimmung ist zunächst, den eingerahmten Gegenstand — Bild oder Text — räumlich nach außen abzuschließen und vor nachteiligen Einflüssen zu schützen. Das hiermit im Zusammenhang stehende Erfordernis der Dauerhaftigkeit und geeigneten Gestaltung des Rahmens ist zweifellos beherrscht vom Nützlichkeitsgedanken. Neben dieser rein sachlichen Beziehung zwischen Rahmen und Bild besteht aber noch gewissermaßen eine ideelle. Diese wird, insoweit es sich um eine geeignete Uebereinstimmung zwischen Bild und Rahmen handelt, vielfach eine ästhetische sein und daher dem Bereich des Geschmacksmusters angehören. Diese ideelle Beziehung — und hierin irrt der Vorderrichter — muß sich aber keineswegs ausschließlich in der ästhetischen Wirkung erschöpfen. Auch hier kann der Nützlichkeitsgedanke zum Vorschein und sogar zum Vorherrschen gelangen. Diesen letzteren Gesichtspunkt nimmt die Beklagte hier in Anspruch, indem sie behauptet, die Rahmengestaltung diene der Verwendung als Reklamemittel. Reklame ist Nützlichkeitszweck. Sie braucht sich nicht bloß einer ästhetisch und gefällig wirkenden Geschmacksform zu bedienen. Die Gesetze der Reklame sind andere, selbständige. Sie bevorzugen das Auffallende, Merkwürdige, Eigenartige. Dies braucht mit dem ästhetisch Gefälligen nicht zusammenzufallen, kann ihm vielmehr nach Umständen geradezu widersprechen. Es ist deshalb rechtlich verfehlt, wenn das Oberlandesgericht meint, es könne unterstellt werden, daß die Rahmen bei Einrahmung von Plakaten für Werbezwecke als „Blickfänger" wirken; denn dies sei nur eine Folge der ästhetischen Wirkung, die nur dem Geschmacksmusterschutze, nicht dem des Gebrauchsmusters unterstehe. Handelt es sich wirklich um einen zum Gebrauch als Reklamemittel geeigneten, neu gestalteten Gegenstand, so genoß er auch den Schutz des Gebrauchsmusters. Ob die tatsächlichen Voraussetzungen vorliegen, mußte — gegebenenfalls an der Hand des angebotenen Sachverständigenbeweises — geprüft und festgestellt werden.

Rechtlich bedenklich erscheint aber auch der zweite Ablehnungsgrund, daß die Anmeldung die neue Gestaltung nicht ersehen lasse, die dem Gebrauchszwecke dienen solle. Zieht man den Text und die Zeichnung der Anmeldung gleichermaßen heran, so kann sich zunächst im Grunde genommen kein ernstlicher Zweifel darüber ergeben, worin der Erfinder die neue Gestaltung erblickt hat: nämlich in einem ovalen Rahmen mit Seiten- und Oberflächenwellen, die durch Fräsung hergestellt sind. Maßgebend ist dabei in erster Linie die Zeichnung, die an Stelle des Modells tritt. Einer Anspruchsformulierung bedurfte es an sich nicht*). War sie — wie das Oberlandesgericht annimmt — hier zu

*) Vgl. aber jetzt GebrMuGes. 1936 § 2.

weit gefaßt, so entfiel deshalb nicht die Gebrauchsmusterschutzfähigkeit, wenn sich nur aus der Zeichnung das richtig Gewollte ergab. Bestanden hierüber aber Zweifel, so mußte durch Einholung eines Sachverständigengutachtens festgestellt werden, was der Fachmann als den Inhalt der Anmeldung ansah. Es wäre endlich aber auch ein zu weit gehendes Verlangen, wenn das angefochtene Urteil das Erfordernis der Gebrauchszweckangabe dahin verstehen wollte, daß die Anmeldung den Gebrauchszweck — hier die Eignung für Reklamezwecke — wörtlich aufführen mußte*). Es handelt sich um eine Mengenware; in der Anmeldung war gesagt, daß man einen reichwirkenden Rahmen auf einfache Weise erhalte. Daß Rahmen auch zur Aufnahme von Plakaten dienen und, wenn sie nach Grundsätzen der Reklamewirkung gearbeitet werden, hierfür auch geeignet erscheinen, liegt nicht so außerhalb der allgemeinen Zweckbestimmung eines Rahmens, daß hierfür eine besondere Darlegung nötig erscheint. Auch in dieser Richtung konnten bestehende Zweifel durch einen Sachverständigen aufgeklärt werden.

RGZ. 107, 251

1—2. . . . . .**)

3. ... **Zum Umfange der Beweislast für den Rechnungslegungsanspruch.**

I. Zivilsenat. Urt. v. 13. Oktober 1923.

I. Landgericht Karlsruhe, Kammer für Handelssachen.

II. Oberlandesgericht daselbst.

. . . . .

Aus den Gründen:

... Nicht gerechtfertigt ist sodann die Entscheidung der Vorinstanzen insoweit, als sie die Klage auf Rechnungslegung und Schadensersatz für die Zeit vor dem 18. Juni 1921 abweist, weil der Kläger nicht den Beweis erbracht habe, daß der Beklagte schon damals das geschützte Verfahren angewandt habe. Hier liegt eine Ueberspannung der dem Kläger zuzumutenden Beweislast vor. Den Nachweis, an welchem Tage ein Patentverletzer mit Verletzungen, die längere Zeit hindurch fortgesetzt worden sind, den Anfang gemacht hat, wird der Patentinhaber in der überwiegenden Mehrzahl der Fälle überhaupt nicht führen können, da es sich dabei um innere Betriebsvorgänge handelt, in welche außenstehende Personen keinen Einblick gewinnen können. Deshalb muß sich das Gericht damit begnügen, daß ihm überhaupt der Nachweis einer wissentlichen oder grobfahrlässigen Patentverletzung aus nicht

*) Vgl. dazu RG. Bd. 120 S. 224 (abgedr. weiter unten in diesem Abschnitt).

**) Uebergangsrecht und daher gegenstandslos.

rechtsverjährter Zeit erbracht wird, sofern zur Vorbereitung des Schadensersatzanspruchs die Klage zugleich auf Rechnungslegung gerichtet wird. Der Zweck der Rechnungslegungspflicht, die in der Rechtsprechung des Reichsgerichts sowohl bei wissentlicher als auch bei grob fahrlässiger Patentverletzung anerkannt wird (RGZ. Bd. 46 S. 17, Bd. 70 S. 249), besteht gerade darin, daß der Verletzer angehalten werden soll, über den von ihm erzielten Gewinn in vollem Umfange dem geschädigten Patentinhaber Auskunft zu erteilen. Dieser Zweck würde erheblich beeinträchtigt werden, wenn der Patentinhaber in jedem Falle zunächst nachzuweisen hätte, wann die schädigenden Handlungen des Verletzers begonnen haben. Als Unterlage für die Pflicht zur Rechnungslegung genügt es vollkommen, daß der Geschädigte die Begehung von Patentverletzungen im Sinne des § 35 PatG.*) nachweist. Den genauen Umfang insbesondere ihren Anfang, braucht er nicht sogleich im einzelnen darzutun, sondern er kann zunächst das Ergebnis der Rechnungslegung abwarten.

RGZ. 110, 181

Zum Begriff „neuer Stoff" im Sinne des § 35 Abs. 2 des Patentgesetzes.

(PatG. 1936 § 47 Abs. 3.)

I. Zivilsenat. Urt. v. 11. Februar 1925.

I. Landgericht Nürnberg. II. Oberlandesgericht daselbst.

. . .

Der Sachverhalt ergibt sich aus den

Gründen:

Das Wesen des klägerischen Patentes 247 898 ergibt sich aus dem Beschluß der Beschwerdeabteilung des Patentamts vom 4. April 1912. Die geschützte Erfindung hat zum Ziele: dünnste Metallblätter mit einer Schicht von Klebstoff zu versehen, der in der Wärme erweicht und klebkräftig wird. Die Metallfolie wird bei ihrer Verwendung mit einem erwärmten Prägestempel auf die zu verzierende Unterlage aufgedrückt, der Klebstoff erweicht dabei und verbindet die Metallfolie mit der Unterlage. Geschützt ist nun ein bestimmtes Verfahren, die Metallfolie mit Klebstoff zu versehen. Die Herstellung soll in der Weise geschehen, daß man den Klebstoff löst, auf einer geeigneten Unterlage, z. B. einer Glasplatte, ausbreitet, das Lösemittel teilweise verdunsten läßt und, solange das entstehende Häutchen noch klebrig ist, die Metallfolie aufträgt. Das soll die in dem genannten Beschluß dargelegten Vorzüge, auf die es hier im einzelnen nicht ankommt, vor anderen bereits

*) PatG. 1936 § 47.

bekannten Herstellungsarten haben. Letztere bestanden darin, daß man nicht erst ein Häutchen aus Klebstoff herstellte, sondern vielmehr entweder die Metallfolie mit der Klebstofflösung bestrich und letztere eintrocknen ließ, oder daß man pulverförmigen Klebstoff (Harz, Gelatine) auf die Metallfolie streute und durch Erwärmen zum Anhaften brachte.

Die Klägerin macht geltend, daß die nach ihrem Verfahren hergestellten Metallfolien mit Klebstoff einen „neuen Stoff" im Sinne des § 35 Abs. 2 PatG. darstellten und daß die Erzeugnisse der Beklagten mit ihren eigenen identisch seien. Daraus — so wird gefolgert — ergebe sich, daß die Erzeugnisse der Beklagten bis zum Beweise des Gegenteils als nach dem patentierten Verfahren hergestellt gälten, und daß die Beklagte den Gegenbeweis zu führen habe, widrigenfalls die Klage begründet sei. ...

Die Entscheidung des Rechtsstreits ist davon abhängig, ob die der Klägerin geschützte Zusammenfügung von Blattmetall mit daran haftender Klebstoffschicht als ein Stoff, insbesondere als ein neuer Stoff, im Sinne des § 35 anzusehen ist. Das ist in Uebereinstimmung mit dem Berufungsgericht verneint worden. Stoffe im Sinne des § 35 sind Substanzen, die in der Regel zur technischen Verwendung oder zur technischen Weiterverarbeitung bestimmt sind, die keine Einzelindividualität aufweisen, die äußerlich nicht formgestaltet sind, oder bei denen es wenigstens auf die Formgebung nicht in erster Linie ankommt. Schon danach erscheint es nicht unzweifelhaft, ob das Erzeugnis der Klägerin sich als Stoff bezeichnen läßt. Dieser Zweifel wird bestätigt durch die weitere Erwägung, ob ein neuer Stoff vorliegt. Neuheit des Stoffes ist gegeben, wenn Unterschiede in den mechanischen oder chemischen Eigenschaften gegenüber dem Bekannten hervortreten. Aber nicht jeder Unterschied in den Eigenschaften genügt. Der Unterschied muß so durchgreifend und das Wesen der Substanz betreffend sein, daß nicht etwa nur ein mit einzelnen besseren Eigenschaften ausgestatteter alter, bereits bekannter Stoff vorliegt. Die Klägerin behauptet, daß ihr Erzeugnis infolge der dickeren und zusammenhängenden Klebstoffschicht haltbarer und beständiger sei, als die vorher bekannten, gummierten Metallfolien, und daß der Klebstoff nicht durch die Poren der Folien auf die unrechte Seite durchgedrungen sei. Es mag sein, daß ihr Erzeugnis sich dadurch als wertvoller erweist. Aber es kann dem Berufungsgericht nicht entgegengetreten werden, wenn es, wie nach dem Zusammenhang seiner Ausführungen angenommen werden muß, zu dem Ergebnis gekommen ist, daß diese behaupteten besseren Eigenschaften nicht das Wesen der Substanz ergreifen und dieses nicht in der Art umgestaltet haben, daß man von einem neuen Stoff sprechen kann. Diese Ausführung ist zudem im wesentlichen tatsächlicher Art. Muß darin dem Berufungsgericht gefolgt werden, so kann sich die Klägerin auf die Vermutung des § 35 Abs. 2 nicht berufen, vielmehr hätte sie ihrerseits den

Nachweis führen müssen, daß das Erzeugnis der Beklagten in dem ihr patentierten Verfahren hergestellt ist.

RGZ. 111, 350

Unter welchen Voraussetzungen enthält die Benutzung eines nicht selbständig geschützten Teiles eines Kombinationspatents eine Patentverletzung?

PatG. §§ 4, 35 (PatG. 1936 §§ 6, 47).

I. Zivilsenat. Urt. v. 7. Oktober 1925.

I. Landgericht I Berlin. II. Kammergericht daselbst.

.....

Der Sachverhalt ergibt sich aus den

Gründen:

Das Patent Nr. 220 218 der Klägerin „betrifft eine Sicherung für elektrische Anlagen, deren einzelne Teile so ausgebildet sind, daß sie nur bei bestimmten Stromstärken und Spannungen stromführend ineinandergesetzt werden können. Teile dieser Sicherung, die für eine bestimmte Stromstärke und Spannung vorgesehen sind, lassen sich mit den für andere Stromstärken und Spannungen eingerichteten anderen Teilen stromführend nicht vereinigen. Dies wird dadurch erreicht, daß die Köpfe der Kontaktschrauben um so niedriger gebaut werden, je höher die Spannung ist, für die sie bestimmt sind, und daß die zentralen Bohrungen der von den Kontaktschrauben gehaltenen Isolierkörper um so weiter sind, je größer die Stromstärke ist. Für die einzelnen Teile der Sicherung als solche, insbesondere für die Patronen, nimmt die Klägerin keinen Patentschutz in Anspruch; es handelt sich nach ihrem Vortrage vielmehr um eine sog. Kombinationserfindung in dem Sinne, daß die Erfindung gerade in der Zusammenstellung der Teile ohne Rücksicht auf deren Neuheit liegt. Das ist auch die Auffassung der beiden Vordergerichte, entspricht dem klaren Wortlaut des Patentanspruchs und dem übrigen Inhalt der Patentschrift und steht mit dem Stande der Technik zur Zeit der Anmeldung des Patentes nach den Erörterungen, die im ersten Rechtszuge darüber stattgefunden haben, im Einklang.

Bei solchen Patenten enthält die Nachbildung der Gesamtkonstruktion stets eine Patentverletzung, und einer solchen haben sich die Beklagten nach den insoweit mit der Berufung nicht angefochtenen landgerichtlichen Feststellungen schuldig gemacht; denn danach haben sie die in der vorliegenden Preisliste beschriebenen Sicherungen, die sämtliche Merkmale des Klagepatents aufweisen, nicht nur angeboten, sondern auch gewerbsmäßig hergestellt und vertrieben. Bei bestehender Wiederholungsgefahr erweist sich daher die vom Landgericht ausgesprochene Verurteilung der Beklagten, die Herstellung und Inverkehrbringung der geschützten Gesamteinrichtung zu unterlassen, als gerechtfertigt. Berufung haben die Beklagten dagegen nicht eingelegt. Abweichende Feststellungen konnten daher vom Kammergericht nicht getroffen werden und sind von ihm nicht getroffen worden.

Daraus ergibt sich ohne weiteres gemäß § 35 PatG., sofern die Beklagten die Patentverletzung wissentlich oder aus grober Fahrlässigkeit begangen haben, ihre Verpflichtung zum Schadensersatz, soweit die Gesamteinrichtung von ihnen benutzt worden ist, und im Zusammenhang damit nach feststehender Rechtssprechung insoweit auch die Verpflichtung zur Rechnungslegung. Daß die Beklagten aber mindestens mit bedingtem Vorsatz gehandelt haben, hat das Kammergericht kraft der ihm zustehenden freien Beweiswürdigung ohne ersichtlichen Rechtsirrtum angenommen. Das bezweifelt auch anscheinend die Revision nicht; jedenfalls hat sie dagegen nichts Erhebliches vorgebracht. Sie wendet sich gegen die Ansicht des Kammergerichts, daß schon die Herstellung der Patronen allein eine Verletzung des Klagepatents enthalte, und sucht darzulegen, daß demgemäß die Beklagten in Ansehung der Patronen zu Unrecht zur Unterlassung der Benutzung und zur Auskunfterteilung verurteilt worden seien.

In aller Regel verletzt ein Kombinationspatent nicht, wer nur einen selbständig nicht geschützten Teil des Patents benutzt, es sei denn, daß die Benutzung sich als Teilnahme an der von einem anderen begangenen Patentverletzung darstellt. Von diesem allgemeinen Grundsatz sind aber Ausnahmen anzuerkennen, und eine solche Ausnahme rechtfertigt sich in dem vorliegenden eigenartigen Fall. Er weist nämlich die Besonderheit auf, daß der von dem Beklagten benutzte Teil, die Patronen, für die gewerbliche Verwertung der Erfindung von besonderer Bedeutung ist. Wer die Sicherung der Klägerin einmal angeschafft hat, wird nur ausnahmsweise noch Bedarf an Ersatz von Kontaktschrauben, Isolierkörpern und Stöpselköpfen haben, während die Patronen mit den darin enthaltenen Sicherungsdrähten regelmäßig verbraucht und neu beschafft werden müssen. Daß jemand gewerbsmäßig die von den Beklagten hergestellten Patronen dazu benutzt, um unter Hinzufügung der übrigen Teile der Sicherungseinrichtung Schraubstöpselsicherungen von der der Klägerin geschützten Art zu bauen und diese dann zu vertreiben, wird kaum vorkommen. Es hieße daher, das Patent der Klägerin wesentlich seiner Bedeutung entkleiden, wenn man den Beklagten gestatten wollte, Patronen von solcher Form und Größe herzustellen, daß sie mit den nach dem Patent der Klägerin eingerichteten, für die gleiche Stromstärke und Spannung bestimmten anderen Sicherungsteilen zusammengefügt werden können und mit ihnen als eine alle Merkmale des klägerischen Patents enthaltende Schraubstöpselsicherung verwendbar sind. Damit würde man Umgehungen des Patents Tür und Tor öffnen und den Patentschutz durch Auseinanderhaltung der einzelnen Kombinationsteile zerstören, was, wie schon RGZ. Bd. 22 S. 167 gesagt worden ist, nicht im Sinne des Gesetzes liegt. Dazu kommt, daß hier die Befürchtung einer beabsichtigten Umgehung des Patents besonders naheliegt, weil die Beklagten festgestelltermaßen alle Teile der klägerischen Erfindung hergestellt und vertrieben und dadurch das Patent bedingt vorsätzlich verletzt haben. Lassen sich nun auch die Patronen für andere Sicherungseinrichtungen als die der Klägerin gebrauchen, so wissen doch weder die Beklagten bei ihrem Vertriebe, wozu sie von den Verbrauchern tatsächlich benutzt werden, noch hat die Klägerin eine Gewähr dafür, daß man sie nicht für die ihr geschützte Sicherungseinrichtung verwendet.

Nun könnten die Ausführungen des Kammergerichts den Anschein erwecken, daß die Anpassung der Patronen an die der Klägerin geschützte Einrichtung nur in der Wahl der gleichen Farben und Maßeinheiten erblickt worden sei. Das ist zur Patentverletzung weder erforderlich noch allein ausreichend. Verletzt wird das Klagepatent vielmehr durch eine solche Ausgestaltung der Patronen nach Form und Größe, daß sie bei gleichen Spannungen und Stromstärken zu den anderen Teilen der Sicherungsvorrichtung der Klägerin genau passen und mit diesen zusammen deren Erfindung verkörpern. In diesem Sinne muß das kammergerichtliche Urteil verstanden werden.

Danach rechtfertigt sich der Unterlassungsanspruch auch hinsichtlich der Patronen; denn daß die Beklagten Patronen hergestellt haben, die nicht nur nach Farbe und Maßeinheiten, sondern auch nach Form und Größe der Einrichtung der Klägerin angepaßt waren, sagt das Kammergericht zwar nicht ausdrücklich, es ist das aber seinen Ausführungen zu entnehmen.

Was über den bedingten Vorsatz festgestellt ist, mit dem die Beklagten gehandelt haben, bezieht sich nicht nur auf die Gesamteinrichtung, sondern auch auf die Patronen als solche. Deshalb ist auch der Schadensersatz- und Rechnungslegungsanspruch hinsichtlich dieser begründet. Können die Beklagten nachweisen, daß von ihnen hergestellte Patronen für eine andere als die der Klägerin geschützte Einrichtung verwandt worden sind, so würde der Schadensersatz- und Rechnungslegungsanspruch insoweit entfallen. Diese Regelung der Beweislast rechtfertigt sich durch die Lage des Falles, weil die Beklagten die Gesamteinrichtung der Klägerin verletzt haben und die Wahrscheinlichkeit dafür spricht, daß ihre Patronen für die der Klägerin geschützte Sicherung gebraucht werden sollen und benutzt werden".

RGZ. 112, 361

1. Zur Frage der Nichtigkeit eines Vertrags, durch den sich nahe Verwandte eines Patentinhabers beim Verkauf von dessen Patent den Erwerbern gegenüber verpflichtet haben, künftig jede Herstellung von Maschinen der patentierten Art zu unterlassen, sich an der Herstellung

und am Vertrieb solcher Maschinen nicht zu beteiligen und alle ihre zukünftigen Gedanken für Verbesserungen und Neukonstruktionen an solchen Maschinen den Patenterwerbern zur Ausnutzung kostenlos auszuliefern.

2. Zur Anwendung der §§ 340, 341 BGB.

3. Sinngemäße Anwendung des § 744 Abs. 2 BGB. auf ein Gesellschaftsverhältnis.

4. Zum Erfordernis der Unentgeltlichkeit beim Schenkungsversprechen.

BGB. §§ 138, 340, 341, 518, 744.

I. Zivilsenat. Urt. v. 23. Januar 1926.

I. Kammer für Handelssachen beim Amtsgericht Zittau.

II. Oberlandesgericht Dresden.

Der Kraftwagenhändler Otto F. hatte eine Kreuzeinlesemaschine erfunden und darauf ein Patent erteilt erhalten. Beim Bau und beim Vertrieb der Maschine waren ihm sein Vater Robert und sein Bruder, der Beklagte Oskar F., behilflich. Im Jahre 1909 hatte Otto F. gegen die Fabrikanten H. G., M. P. (Gesellschafter der Klägerin) und G. H. wegen Verletzung seines Patents Klage erhoben. Zur Beilegung dieses Rechtsstreits wurde am 9. Juli 1909 ein Vertrag geschlossen, durch den Otto F. den drei Fabrikbesitzern seine sämtlichen Erfindungen einer Kreuzeinlesemaschine und die darauf angenommenen Schutzrechte mit alleiniger Ausnahme der in England genommenen überließ. § 3 dieses auch von dem Beklagten und dem Vater Robert F. unterschriebenen Vertrags lautet: „Der Patentgeber, wie auch dessen Vater und Bruder verpflichten sich, zukünftig jede Fabrikation von Kreuzeinlesemaschinen zu unterlassen; sie verpflichten sich weiterhin, sich weder direkt noch indirekt an der Fabrikation und am Vertrieb derartiger Maschinen zu beteiligen, und sie verpflichten sich, all ihre zukünftigen Ideen für Verbesserungen und Neukonstruktionen an Kreuzeinlesemaschinen den Patenterwerbern zur Ausnutzung kostenlos auszuliefern. Bei Verletzung dieser Vereinbarung verpflichten sich die Obengenannten zur sofortigen Barzahlung einer Konventionalstrafe von 30 000 M. an die Patenterwerber." Nach § 4 des Vertrags erhielt Otto F. als Gegenleistung bar 50 000 M.

Seit einigen Jahren stellt der Beklagte eine Kreuzeinlesemaschine nach dem ihm erteilten DRP. Nr. 361 854 her. Die Klägerin verlangt mit der vorliegenden Klage seine Verurteilung:

1. die Herstellung und den Vertrieb von Kreuzeinlesemaschinen zu unterlassen, es auch zu unterlassen, sich mittelbar an der Herstellung oder am Vertrieb solcher Maschinen zu beteiligen,

2. der Klägerin eine Vertragsstrafe von 30 000 M. nebst Zinsen zu zahlen,
3. ihr über die von ihm seit dem 9. Juli 1909 hergestellten und verkauften Kreuzeinlesemaschinen und die dabei erzielten Preise Auskunft zu erteilen.

Die Kammer für Handelssachen hat den Anträgen zu 1 und 2 entsprochen und den Antrag zu 3 abgewiesen. Das Oberlandesgericht hat die Klage auch zu 2 abgewiesen und die Berufung des Beklagten im übrigen zurückgewiesen. Die Revision des Beklagten hatte keinen Erfolg.

Aus den Gründen:

1. Nach der Auslegung des Vertrags durch das Oberlandesgericht hat sich der Beklagte darin verpflichtet, Herstellung und Vertrieb von Kreuzeinlesemaschinen nicht nur nach dem Otto F.'schen Patent, sondern jeder beliebigen Bauart zu unterlassen und alle von ihm künftig erdachten Verbesserungen und Neubauten solcher Maschinen, gleichviel ob sie nach dem Otto F.'schen Patent oder auf anderen und neuen Grundlagen hergestellt würden, den Patenterwerbern zur Ausnutzung kostenlos auszuliefern; und zwar ist diese Verpflichtung nicht nur für die Dauer des Otto F.'schen Patents, sondern mindestens auf so lange eingegangen worden, als sich die Patenterwerber mit der Herstellung und dem Vertrieb von Kreuzeinlesemaschinen befassen würden. Diese Auslegung entspricht dem Wortlaut des Vertrags und steht mit den festgestellten Umständen im Einklang. Sie paßt insbesondere zu der auf freier, in der Revisionsinstanz nicht nachprüfbarer Beweiswürdigung beruhenden Annahme des Oberlandesgerichts, daß es den Patenterwerbern nicht nur auf die Sicherung des Otto F.'schen Patents ankam, das seinen Schutz in sich selber trug, sondern daß sie einen ihnen lästigen Wettbewerb von ihrem Gewerbebetrieb über die Schutzdauer des Otto F.'schen Patents hinaus fernhalten wollten. Die Angriffe der Revision gegen diese Auslegung sind nicht begründet.

2. Mit eingehenden Ausführungen sucht die Revision ferner nachzuweisen, daß ein Vertrag dieses Inhalts wegen Verstoßes gegen die guten Sitten als nichtig betrachtet werden müsse. Es kann ihr aber hierin nicht gefolgt werden.

Zunächst besteht kein Grund dafür, daß das Oberlandesgericht das wucherische Geschäft (§ 138 Abs. 2 BGB.) nicht als einen Sonderfall des unsittlichen Rechtsgeschäfts überhaupt (§ 138 Abs. 1 BGB.) betrachtet hat. Die mangelnde Notlage des Beklagten bei Abschluß des Vertrags und sein freier Entschluß, ihn einzugehen, sind nur zur Unterstützung der Auffassung herangezogen worden, nicht etwa, daß kein wucherisches, sondern vielmehr, daß überhaupt kein unsittliches Rechtsgeschäft vorliege, und hierfür sind diese Umstände in der Tat nicht ohne Bedeutung.

Die Revision meint, schon die Verkümmerung der Verwendung der schöpferischen Tätigkeit des Beklagten ohne jede Gegenleistung sei vom Standpunkt des gerecht Denkenden unerträglich. Das ist nicht als zutreffend anzuerkennen. Das Oberlandesgericht nimmt allerdings anscheinend an, daß der Beklagte zunächst in der Weberei tätig gewesen sei, stellt aber fest, daß er zur Zeit des Vertragsschlusses einen Handel mit Kleiderstoffen getrieben habe und in seinen damaligen Erwerbsverhältnissen durch den Abschluß des Vertrags nicht beschränkt worden sei. Abgesehen davon sei ihm aber auch ein seiner ursprünglichen Ausbildung entsprechendes ausreichend weites Feld der Betätigung verblieben, und er habe bereits nach Vertragsschluß eine ebenfalls der Weberei dienende Anknüpfmaschine erfunden. Unter solchen Umständen läßt sich nicht sagen, daß die Verpflichtung des Beklagten, Kreuzeinlesemaschinen nicht mehr herzustellen oder zu vertreiben, eine übermäßig harte und drückende Beschränkung seiner persönlichen Freiheit enthielte.

Ohne entscheidende Bedeutung ist es, wenn der Beklagte für die von ihm übernommene Verpflichtung ein Entgelt nicht erhalten haben sollte. Denn er hat, wie als erwiesen angesehen worden ist, den Vertrag im Interesse seines Bruders Otto geschlossen, um ihm den Kaufpreis von 50 000 M. zukommen zu lassen, den das Oberlandesgericht für die damalige Zeit und mit Rücksicht auf die alsbald erfolgte Auszahlung als erheblich betrachtet. Dabei ist erwogen worden, daß der Vertrag ohne die Verpflichtung des Beklagten überhaupt nicht oder nicht zu dem verhältnismäßig hohen Kaufpreise zustande gekommen wäre, weil sonst für die Käufer die Gefahr bestanden hätte, daß der Beklagte oder sein Vater, die Otto F. auch im eigenen Interesse hätte vorschieben können, früher oder später eine andere, denselben Zwecken dienende Maschine in den Handel bringen und dadurch das den Gegenstand des Vertrags bildende Patent erheblich entwerten würden. Was die Revision hiergegen vorbringt, betrifft zum Teil das dem Tatrichter vorbehaltene Gebiet der Beweiswürdigung und ist im übrigen unzutreffend. Die festgestellten Umstände lassen erkennen, daß sich der Beklagte nicht ohne wirtschaftlich berechtigten Grund gebunden hat, und ergeben zugleich sittlich einwandfreie und des Rechtsschutzes würdige Beweggründe der Käufer. Was sie nach Annahme des Oberlandesgerichts erstrebten, nämlich die Ausschaltung des Wettbewerbs des Beklagten auf dem Gebiet der Kreuzeinlesemaschinen, war ohne die Eingehung einer Verpflichtung des Beklagten selbst nicht gesichert. Der Erwerb des Otto F.'schen Patents gab ihnen einen so weit gehenden Schutz nicht. Aus diesem letzteren Umstande läßt sich aber nicht, wie es die Revision versucht, die Sittenwidrigkeit des Vertrags herleiten. Unerwünschten Wettbewerb von seinem Gewerbebetrieb fernzuhalten, steht jedermann frei, sofern die dazu verwandten Mittel nicht sittlich verwerflich sind, was sich hier nach Lage der Verhältnisse nicht sagen läßt. Weder berücksichtigt der Vertrag ganz einseitig lediglich die Interessen der Patentkäufer noch schränkt er den Beklagten übermäßig ein. Daß die Vervollkommnung der Arbeitsweisen volkswirtschaftlich wünschenswert und die Heranziehung aller fähigen Köpfe dazu erstrebenswert ist, trifft zwar zu, rechtfertigt aber eine andere Beurteilung nicht, zumal nach den Ausführungen der Urteilsgründe zur Zeit des Abschlusses des Vertrags die Möglichkeit fernlag, daß sich der Beklagte auf dem Gebiet der Kreuzeinlesemaschinen erfinderisch betätigen würde. Die Verpflichtung des Beklagten, wie sie sich bei der Vertragsauslegung des Oberlandesgerichts darstellt, erscheint weder nach ihrem Inhalt noch nach ihrer Dauer als so weitgehend und drückend, daß von einer mit den guten Sitten nicht zu vereinbarenden Knebelung gesprochen werden könnte. Und zwar bezieht sich dies auch auf die Verpflichtung zur kostenlosen Ueberlassung etwaiger künftiger Erfindungen auf dem Gebiete der Kreuzeinlesemaschinen. In dieser Beziehung fällt insbesondere ins Gewicht, daß nach den getroffenen Feststellungen für den Beklagten keine zwingende Veranlassung vorlag, sich gerade der Verbesserung solcher Maschinen zu widmen. Hat er dies trotzdem getan, so muß er auch die im Vertrage vorgesehenen Folgen tragen, also seine Erfindungen, soweit sie Kreuzeinlesemaschinen betreffen, den Patenterwerbern überlassen, und zwar grundsätzlich kostenlos. Dabei ist jedoch zu bemerken, daß im Einzelfalle trotzdem nach dem Grundsatz von Treu und Glauben, der auch seine Leistungspflicht gemäß § 242 BGB. beherrscht, ein Anspruch auf angemessene Gegenleistung begründet sein kann. Ist hiernach die Ansicht des Oberlandesgerichts, daß der Vertrag in keinem seiner Teile gegen die guten Sitten verstößt, aus Rechtsgründen nicht zu beanstanden, so braucht auf den aus § 139 BGB. entnommenen Hilfsgrund nicht weiter eingegangen zu werden.

3. In der Klage hatte die Klägerin den Anspruch auf Unterlassung und daneben den auf Zahlung der Vertragsstrafe erhoben. Die Kammer für Handelssachen hatte den Beklagten demgemäß verurteilt trotz des Einwandes, daß, da die Vertragsstrafe gefordert werde, gemäß § 340 BGB. daneben nicht noch Unterlassung verlangt werden könne. Vor dem Berufungsgericht hat dann die Klägerin erklärt, daß sie für den Fall der Zuerkennung des Unterlassungsanspruchs auf Geltendmachung der Vertragsstrafe und deren Aufwertung verzichte, sich jedoch vorbehalte, sie in einem besonderen Prozesse zu fordern, falls der Unterlassungsanspruch als durch die ursprüngliche Geltendmachung des Anspruchs auf Vertragsstrafe hinfällig geworden erachtet werden sollte. Ob bei dieser Sachlage die besondere Voraussetzung des § 340 Abs. 1 Satz 2 BGB. gegeben wäre, wenn der Fall überhaupt dem § 340 unterfiele, ist nicht ohne Zweifel. Das Oberlandesgericht hat nicht § 340, sondern § 341 BGB. angewendet und deshalb angenommen, daß die verwirkte Strafe neben der Erfüllung verlangt werden könne. Es hat sich dabei von der Rechtsprechung des Reichsgerichts insbesondere in RGZ. Bd. 70 S. 439 leiten lassen und die Entscheidung im wesentlichen davon ab-

hängig gemacht, ob mit der Vertragsstrafe das Interesse der Patenterwerber an der ganzen Unterlassung oder nur am Unterbleiben einer einzelnen Zuwiderhandlung gedeckt werden sollte. Im ersteren Fall will es § 340, im letzteren § 341 BGB. angewendet wissen. Bei der Prüfung dieser Frage ist es zu dem Ergebnis gelangt, daß die ausbedungene Strafe hier nicht das volle Interesse der Patentkäufer an der Einhaltung der von dem Beklagten und seinen Angehörigen in § 3 des Vertrags übernommenen Verpflichtungen umfasse. Es hat das eingehend aus der Sachlage, insbesondere mit Rücksicht auf die Höhe der Strafe und die Aufwendungen der Patentkäufer, begründet. Nach allen diesen Richtungen ist ein Rechtsirrtum nicht erkennbar. Gegenüber der Annahme des Berufungsgerichts, daß der Betrag der Strafe von 30 000 M. für den einzelnen Fall der Zuwiderhandlung gewollt und nur deshalb verhältnismäßig hoch bemessen worden sei, um den Beklagten und dessen Angehörige von einer Zuwiderhandlung abzuschrecken, weist die Revision darauf hin, daß das Interesse an der Unterlassung der einzelnen Zuwiderhandlung niemals auf 30 000 M. zu bewerten gewesen sein könne. Es kommt indessen darauf an, was im Sinne des Vertrags unter einer den Anspruch auf die Vertragsstrafe begründenden Zuwiderhandlung zu verstehen ist, worüber sich das Berufungsgericht nicht näher ausgesprochen hat. Das kann nicht jeder Verstoß gegen die Vertragspflichten sein, der sich möglicherweise bei Maschinen derselben Bauart oft wiederholt. Das ist auch offensichtlich nicht die Meinung des Berufungsgerichts. Möglicherweise ist die Grenze nach dem, was die Beteiligten beabsichtigt haben, dahin zu ziehen, daß alle Verstöße gegen Vertragspflichten, die Maschinen derselben Bauart betreffen, als eine die Vertragsstrafe von 30 000 M. nur einmal auslösende Zuwiderhandlung zu betrachten sind. Indessen bedarf der Sinn der Abrede in dem vorliegenden Rechtsstreit keiner weiteren Klarstellung. Dafür, daß, wie die Revision weiter rügt, der Wortlaut des Vertrags nicht gewürdigt sein sollte, der allerdings von dem in RGZ. Bd. 70 S. 439 entschiedenen Fall wesentlich abweicht, fehlt es an jedem Anhalt. Eine abweichende tatsächliche Würdigung kann der Revision nicht zum Erfolge verhelfen; den Sachverhalt selbst, den das Berufungsgericht zugrunde gelegt hat, vermag sie nicht zu erschüttern. Die rechtliche Beurteilung, daß es unter den obwaltenden Umständen Sache des Beklagten gewesen wäre, einen Gegenbeweis zu führen, ist nicht als rechtsirrig zu bezeichnen.

4. Ohne Grund bemängelt die Revision ferner die Sachbefugnis der Klägerin. Sie ergibt sich für den allein noch im Streit befindlichen Unterlassungsanspruch aus § 744 Abs. 2 BGB., der auch in dem Falle sinngemäß anzuwenden wäre, daß zwischen den Patenterwerbern ein Gesellschaftsverhältnis bestanden haben sollte.

5. Der Einwand des Beklagten, daß es sich bei den in § 3 des Vertrags übernommenen Verpflichtungen um ein mangels Beobachtung der gesetzlichen Form nichtiges Schenkungsversprechen handele, ist vom

Oberlandesgericht für unbegründet erachtet worden. Die von der Revision erbetene Nachprüfung führt zu keinem anderen Ergebnis. An der ein Erfordernis der Schenkung bildenden Unentgeltlichkeit fehlt es auch dann, wenn die Gegenleistung im Einverständnis der Vertragsparteien an einen Dritten bewirkt werden soll. Das trifft nach der Feststellung des Oberlandesgerichts hier zu, indem die Gegenleistung der Patenterwerber für die von den Angehörigen des Otto F. übernommenen Verpflichtungen in der vereinbarten Vergütung von 50 000 M. enthalten und mit der Zustimmung aller Beteiligten an Otto F. gezahlt worden ist.

RGZ. 113, 115

1. Kann das Angebot angemessener Vergütung und Sicherheitsleistung noch nach Erhebung der Klage auf Erteilung der Zwangslizenz nachgeholt oder ergänzt werden?

2. Wann ist die Erteilung der Erlaubnis zur Erfindungsbenutzung (Zwangslizenz) im öffentlichen Interesse geboten?*)

PatG. § 11 Abs. 1 (PatG. 1936 § 15 Abs. 1).

I. Zivilsenat. Zwischenurt. v. 11. März 1926.

I. Reichspatentamt.

. . . . .

Die erste Frage ist bejaht worden aus folgenden

Gründen:

1. Nicht beizustimmen ist der Auffassung der Beklagten, daß die Klägerin schon deshalb mit der Klage abgewiesen werden müsse, weil sie es an einem Versuche gütlicher Erledigung habe fehlen lassen. Allerdings verlangt das Gesetz von dem, der auf Erteilung der Zwangslizenz klagt, daß er vorher beim Patentinhaber die Gewährung der Nutzungserlaubnis nachgesucht und ihm angemessene Vergütung und Sicherheitsleistung angeboten habe. Diese Voraussetzungen können aber, wenn sie zur Zeit der Klageerhebung noch nicht erfüllt sind, im Laufe des Verfahrens nachgeholt werden. Und ein summenmäßig bestimmtes Angebot der Vergütung ist, wenn es auch die Regel bilden mag, nicht ausnahmslos möglich. Das Maß der Gegenleistung kann auch mittelbar durch Bezugnahme auf andere zahlenmäßig feststehende Beispiele bestimmt werden; die Möglichkeit, daß der Lizenzsucher sich zu „angemessenem" Entgelt bereit erklärt und dem Patentinhaber überläßt, eine gewisse Summe oder Leistung als seiner Meinung nach angemessen zu fordern, wird ebenfalls nicht grundsätzlich auszuschließen sein. ... Jedenfalls hat ... die Klägerin den Prozeßvoraussetzungen, die im vorliegenden Verfahren bestehen, doch nachträglich genügt. Sie hat sich in der Klage

*) Vgl. Bd. 143 S. 223 (abgedr. weiter unten in diesem Abschnitt).

erboten, „dieselben Lizenzen zu bezahlen, wie die ... anderen Lizenznehmer der Beklagten"; und ihre späteren Anträge haben den Sinn, daß sie die für angemessen zu erachtende Vergütung leisten wolle. Auch hat sie sich in der Klage zu „jeder vom Patentamt für angemessen gehaltenen Sicherheit" bereit erklärt.

Damit ist der Mangel, der in dieser Hinsicht am Anfange des Verfahrens etwa vorlag, behoben.

2. . . . . .

RGZ. 115, 128

1. Zur Frage der Neuheit, des technischen Fortschritts und der erfinderischen Bedeutung eines Gebrauchsmusters.

Schutzfähigkeit eines Gebrauchsmusters dadurch be-
der danach hergestellte Gegenstand nicht gebrauchs-
Teilen geliefert wird, die erst vom Bezieher zusam-
n sollen?

der Raumverkörperung des Erfindungsgedankens.

;t eine des Gebrauchsmusterschutzes fähige neue Ge-
:annten Modells für einen anderen Zweck vor?

›etr. den Schutz von Gebrauchsmustern, § 1.

ivilsenat. Urt. v. 15. Dezember 1926.

I. Landgericht Duisburg, Kammer für Handelssachen.

II. Oberlandesgericht Düsseldorf.

. . . . .

Aus den Gründen:

Nach den mit dem Inhalt der Anmeldeakten übereinstimmenden Feststellungen des Berufungsgerichts besteht der Zweck des Gebrauchsmusters der Beklagten in der Herstellung einer Ordnung in einer Registratur, bei der die aufzubewahrenden Urkunden in Mappen gelegt und diese in gewisser Reihenfolge nebeneinander aufgestellt werden. Zu diesem Zweck sind die Rücken der Mappen durch gerade und parallele Striche in zwei nebeneinander liegende senkrechte Spalten und diese wieder durch waagerechte Linien in Felder eingeteilt. Die Felder der einen Spalte sind in der Reihenfolge des Alphabets mit untereinander stehenden Buchstaben oder mit Zahlen in der Reihenfolge dieser oder in ähnlicher Weise bedruckt, die Felder der danebenliegenden Spalte sind nicht bedruckt. Oben über den beiden Spalten wird ein Leitbuchstabe (Leitzahl) aufgeklebt. Dieser wird ferner dadurch kenntlich gemacht, daß eine Oblate einer beliebigen Farbe und Form (z. B. schwarz und kreisrund) in ein Feld der einen nicht bedruckten Spalte geklebt wird, und zwar neben den seiner Bezeichnung entsprechenden Buchstaben, zum Beispiel b, wenn der über den Spalten aufgeklebte Leitbuchstabe

B ist. So werden die Hauptgruppen gekennzeichnet. Die Kennzeichnung der Untergruppen geschieht dadurch, daß in der mit Buchstaben (Zahlen) bedruckten Spalte sowohl das unmittelbar über, wie das unmittelbar unter dem Buchstaben (der Zahl) der Untergruppe befindliche Feld mit einer Oblate anderer Farbe, und bei der mit der Anmeldung eingereichten Zeichnung auch anderer Form (z. B. blau quadratisch), beklebt wird. Ist also z. B. der Buchstabe der Untergruppe e, so werden die Felder d und f mit diesen Oblaten beklebt. Die Aufstellung der Mappen ist so gedacht, daß die Mappen jeder Gruppe und innerhalb der Gruppe die Mappen jeder Untergruppe zusammengestellt werden und daß die Hauptgruppen untereinander und ebenso die zu jeder Hauptgruppe gehörigen Untergruppen untereinander in der Reihenfolge des Alphabets (der Zahlen) stehen. Geschieht dies, so bilden alle denselben Buchschaben in den Haupt- und in den Untergruppen betreffenden Oblaten waagerechte Linien, die sich über alle Mappen der Haupt- und Untergruppe fortlaufend hinwegziehen, und zwar stehen diese Linien um so höher, je weiter nach vorn im Alphabet die Buchstaben ihren Platz haben und je niedriger die durch sie bezeichneten Zahlen sind. Die Oblaten jeder Hauptgruppe stehen um eine Stufe tiefer als die der unmittelbar vorangehenden Hauptgruppe, und entsprechendes gilt für die Untergruppen. Wird eine Mappe der einen Hauptgruppe ordnungswidrig zwischen die Mappen einer anderen Hauptgruppe gestellt, so zeigt sich an dieser Stelle eine Unterbrechung der die andere Hauptgruppe anzeigenden Oblatenreihe. Wird die Mappe einer Untergruppe zwischen die Mappen einer anderen Untergruppe gestellt, so sind dort die diese andere Untergruppe anzeigenden beiden Oblatenreihen unterbrochen.

Die Klägerin hat zur Begründung ihrer Klage unter anderem behauptet, daß das Modell des Gebrauchsmusters der Beklagten nicht neu sei, und die Revision kommt darauf zurück. Die Behauptung trifft indessen nur für die äußere Form der Mappe zu, die man schon lange gekannt hat und die nichts besonderes aufweist, nicht aber für die Ausbildung des Mappenrückens. ... (Wird ausgeführt.)

Unzutreffend ist ferner die Ansicht der Revision, daß die Beklagte nur Schutz für ein System, eine Gebrauchsanweisung, ein Verfahren beanspruche; geschützt ist vielmehr, wie das Berufungsgericht mit Recht annimmt, eine Registriermappe, also ein körperlicher Gegenstand. Für diese Frage ist nach der gleichfalls zutreffenden Ansicht des Berufungsgerichts unerheblich, ob die Mappen in vollständig gebrauchsfertigem Zustand den Kunden geliefert oder ob Mappen und Oblaten getrennt abgegeben werden und dann die Beklebung der Mappen mit Leitbuchstaben und Oblaten erst durch die Kunden erfolgen soll. Auch im letzteren Falle würde nichts daran geändert werden, daß Gegenstand des Schutzes die in bestimmter Weise eingerichtete und mit Leitbuchstaben und Oblaten versehene Registriermappe ist. Sie bildet das Modell im Sinne von § 1 GebrMG. Genauer gesagt handelt es sich um soviel Registriermappen und soviel Modelle, als sich bei Zusammenstellung jedes Leitbuchstabens mit jedem Buchstaben der Untergruppen ergeben. Für sie alle ist Schutz beansprucht worden, und dieser Schutz wird nicht dadurch ausgeschlossen, daß der vom Erfinder verfolgte Zweck nur erreicht wird, wenn die hierfür von ihm ausgebildeten Mappen in bestimmter Weise gebraucht werden. Ebensowenig betrifft das Gebrauchsmuster der Beklagten ein bloßes Flächenmuster, sondern das vorhandene Muster kommt nur als Ausgestaltung eines Körpers, der Mappe, in Betracht.

Nach feststehender Rechtsprechung des Reichsgerichts kann die Verwendung eines bekannten Modells zu einem neuen Zweck den Gebrauchsmusterschutz nicht begründen (RGZ. Bd. 50 S. 126, Bd. 106 S. 238, Bd. 114 S. 147; WarnRspr. 1916 Nr. 289). Anders aber verhält es sich, wenn das bekannte Modell dem neuen Zweck angepaßt und dementsprechend gestaltet werden mußte, weil es in der alten Gestalt hierzu nicht geeignet war (RGZ. Bd. 106 S. 238; WarnRspr. 1916 Nr. 289). Letzteres ist in dem in RGZ. Bd. 106 S. 238 entschiedenen Falle verneint worden, weil an dem bekannten Modell nur bestimmte Buchstaben und Zahlen angebracht worden waren, die lediglich ihrer Bedeutung als Schriftzeichen entsprechend sich an den menschlichen Geist wenden sollten, ohne räumlich in irgendeiner Weise in die Erscheinung zu treten. Das ist damals für unzureichend erachtet worden und daran ist festzuhalten. Die Entscheidung der vorliegenden Frage hängt deshalb davon ab, ob in der Ausbildung, die der Rücken der bekannten Mappe durch die Beklagte erfahren hat, eine neue Gestaltung, Anordnung oder Vorrichtung im Sinne von § 1 GebrMG. zu erblicken ist.

Dies wird nicht schon dadurch ausgeschlossen, daß sich die auf dem Mappenrücken befindlichen Buchstaben oder Zahlen an den menschlichen Geist wenden. Das geschieht zunächst jedenfalls insoweit, als derjenige, der die Mappen benutzt, daraus entnehmen soll, welche Urkunde in jede einzelne Mappe zu legen ist. Doch ist dies für die vorliegende Erfindung, die sich auf die Ordnung der Mappen untereinander bezieht, wenn auch vorausgesetzt, so doch von nebensächlicher Bedeutung. Die Ordnung der nach dem Gebrauchsmuster der Beklagten ausgebildeten Mappen untereinander kann hergestellt und aufrechterhalten werden, wenn man sich ohne Beachtung der Buchstaben oder Zahlen allein nach den durch die Oblaten gebildeten Linien richtet. Freilich ist auch insoweit eine gewisse Tätigkeit des menschlichen Geistes vorausgesetzt, die durch die Linienzüge der Oblaten angeregt werden soll. Aber es würde zu weit gehen und sich aus dem Gesetz nicht rechtfertigen lassen, wenn man deswegen die Schutzfähigkeit verneinen wollte; denn naturgemäß erfordert jedes Gebrauchsmuster sinngemäßen Gebrauch, der nur durch den menschlichen Geist vermittelt werden kann. Diese Vermittlung wird vom Gesetz nicht ausgeschlossen, sondern vielmehr vorausgesetzt. Erforderlich ist nur, daß der Erfindungsgedanke auch räumlich in die

Erscheinung tritt, sich in dem Modell verkörpert und nicht nur in Schriftzeichen äußert, die sich lediglich an den menschlichen Geist wenden sollen, wie es in dem in RGZ. Bd. 106 S. 238 entschiedenen Fall zutraf.

An einer räumlichen Verkörperung des Erfindungsgedankens fehlt es vorliegend nicht. Hierbei bedarf es keiner Stellungnahme zu der Streitfrage, ob Modell im Sinne des Gesetzes nur ein plastischer Gegenstand sein kann; denn die Mappe ist ein solcher. Es handelt sich vielmehr darum, ob sich die neue Gestaltung (Anordnung oder Vorrichtung) eines bekannten Modells für einen anderen Zweck gemäß § 1 Abs. 1 des Gesetzes im Raume nach drei Richtungen hin darstellen muß oder ob es genügt, wenn dies auf einer ebenen Fläche geschieht. Das Gesetz bietet für eine Einschränkung in ersterem Sinne keinen Anhalt; es muß daher das letztere als hinreichend angesehen werden. Die zur Kennzeichnung der Haupt- und Untergruppen dienenden Oblaten stehen aber nach der Erfindung an bestimmten Stellen des Mappenrückens. Der Erfindungsgedanke tritt dadurch räumlich in die Erscheinung und ist insofern in einer den gesetzlichen Anforderungen hinreichenden Weise im Modell verkörpert. Darin liegt eine das Modell der Beklagten von den bisher üblichen Mappen unterscheidende neue Gestaltung.

RGZ. 115, 280

1. Zu den allgemeinen Voraussetzungen des Gebrauchsmusterschutzes.

2. Kann die bloße Aenderung der Größe eines bekannten Modells eine „neue Gestaltung" sein?

3. Ueber die Erfordernisse der Anmeldung eines Gebrauchsmusters.

Gesetz, betr. den Schutz von Gebrauchsmustern, §§ 1, 2.

I. Zivilsenat. Urt. v. 24. November 1926.

I. Landgericht I Berlin. II. Kammergericht daselbst.

Die Beklagte ist Inhaberin des Gebrauchsmusters Nr. 887 308, einen „Induktionszähler für einphasigen Wechselstrom", und des Gebrauchsmusters Nr. 887 310, einen „Wechselstromzähler nach dem Induktionsprinzip" betreffend. Als neu ist beansprucht bei ersterem „die Unterbringung eines in Deutschland beglaubigungsfähigen Induktionszählers für einphasigen Wechselstrom im Raum eines Würfels von weniger als 11, im besonderen von ungefähr 10 cm Seitenlänge" und bei letzterem folgendes: „ein Induktionszähler für einphasigen Wechselstrom mit einem Vollastdrehmoment von nicht weniger als 2 gcm, bei Einhaltung der Beglaubigungsfehlergrenzen, ist im Raum eines Würfels mit 8 bis 10 cm Seitenlänge untergebracht". Die Klägerin verlangt, daß die Beklagte in die Löschung dieser Gebrauchsmuster willige, da sie nicht schutzfähig seien. Das Landgericht hat der Klage stattgegeben. Die Berufung der Beklagten ist vom Kammergericht zurückgewiesen worden. Ihre Revision hatte Erfolg.

Aus den Gründen:

Beide Anmeldungen und Eintragungen bezeichnen Wechselstromzähler als geschützt, die angeblich neu gestaltet sind. Das Neue soll nicht sowohl in der Form liegen, als welche vielmehr die auch schon bisher übliche Würfelform beibehalten worden ist, sondern lediglich in den Abmessungen, die bei Muster Nr. 887 308 auf „weniger als 11, im besonderen auf ungefähr 10 cm" und bei Muster Nr. 887 310 auf „8 bis 10 cm Seitenlänge" angegeben werden. Diese Maße gelten für die Gehäuse. Es wäre aber falsch, daraus zu folgern, daß nur die Gehäuse neu gestaltet sein sollen, sondern entsprechendes hat auch für die eigentlichen Zähler zu gelten, die in die Gehäuse eingefügt werden und deshalb in einer dies ermöglichenden Weise im Verhältnis zu der bisher üblichen Größe verkleinert werden müssen. Geschützt sind als einheitliche Gebrauchsgegenstände nicht nur die Gehäuse, sondern die Zähler einschließlich ihrer Gehäuse, die mit den eigentlichen Zählern in ihrem Innern zum Zwecke des Gebrauchs verbunden werden. Die angegebenen Maße sind nach der Behauptung der Beklagten und nach den den Anmeldungen beigefügten Beschreibungen das Ergebnis von Versuchen zur Ermittlung des „Grenzgebiets, in dem bei Verkleinerung der Abmessungen die Möglichkeit schwindet, einen in Deutschland beglaubigungsfähigen Zähler zu bauen" (so bei Nr. 887 308) oder „der kleinsten Abmessungen, die ein Induktionszähler haben darf, um den gesetzlichen Vorschriften über die Meßgenauigkeit und den praktischen Forderungen der Massenherstellung noch zu genügen" (so bei Nr. 887 310). Hierin liegt zunächst allerdings, wie das Kammergericht mit Recht sagt, nur eine vielleicht wertvolle Erkenntnis, die aber zu schutzfähigen Erfindungen geführt haben kann und geführt hat, wenn die Voraussetzungen des § 1 des Gebrauchsmustergesetzes erfüllt sind. Das letztere ist aus unzureichenden Gründen verneint worden.

Zunächst ist nicht ersichtlich, weshalb das Kammergericht Wert darauf legt, daß über die Ausgestaltung der Hauptsache, wie es sagt, nämlich der eigentlichen Zähleranordnung, weder aus der Beschreibung noch aus der der Anmeldung beigefügten Zeichnung etwas zu entnehmen sei. Denn nach der Darstellung der Beklagten beschränkt sich das Neue auf die Größe, während die Anordnung des Zählers die bisher übliche bleiben soll. Wenn das Kammergericht ferner sagt, daß die Beklagte nur ein „jeder Eigenart entbehrendes" würfelförmiges Zählergehäuse zum Gebrauchsmusterschutz angemeldet habe, so handelt es sich dabei anscheinend um eine Ueberspannung der gesetzlichen Erfordernisse. Originell braucht die Abweichung der Formgebung nicht zu sein; es genügt, wenn sie eigentümlich ist, und das wird von der Beklagten behauptet. Sollte das Kammergericht aber angenommen haben, daß es an einer neuen Gestaltung fehle, wenn ein bekanntes Muster lediglich in seiner Größe verändert wird, so wäre das rechtsirrtümlich. Natürlich ist nicht jede Aenderung der Größenverhältnisse ohne weiteres schutzfähig (vgl. die eine Buttermaschine betreffende Entscheidung des Senats vom 27. Mai 1908 I 245/07, abgedr. bei Cantor, Gesetz betr. den Schutz von Gebrauchsmustern usw. S. 237 flg.). Daß sie es aber sein kann, ist bereits in RGZ. Bd. 99 S. 213 für eine Mähmaschine anerkannt worden, bei der eine Kurbelscheibe größer gemacht worden war als bisher üblich, damit sie als Schwungrad wirken konnte. Auch im vorliegenden Falle würde es, wenn man dem Vortrag der Beklagten folgt, an einer neuen Gestaltung nicht fehlen.

Wenn das Kammergericht ferner sagt, daß bei dem Gebrauchsmuster Nr. 887 308 nur ein Gehäuse von bestimmten Höchstmaßen angemeldet worden sei, so scheint es daran gedacht zu haben, daß das Gesetz eine bestimmte Form voraussetzt. Dadurch wird aber auch dort, wo das Neue gerade im Größenunterschied gegenüber bekannten Mustern liegen soll, eine gewisse Unbestimmtheit der Größenangabe nicht ausgeschlossen, sofern die Größe nur innerhalb bestimmter Grenzen liegt. Deshalb fehlt es dem Gebrauchsmuster Nr. 887 310 nicht an der erforderlichen Bestimmtheit der Form, da sie in einem Würfel von 8 bis 10 cm Seitenlänge bestehen soll. Dagegen können gewisse Bedenken bei dem Gebrauchsmuster Nr. 887 308 bestehen. Auch hier ist in Anspruch und Beschreibung von einem Würfel die Rede, aber seine Seitenlänge ist auf „weniger als 11, insbesondere auf ungefähr 10 cm“ angegeben. Hierbei ist zwar kein Gewicht darauf zu legen, daß es sich um keinen eigentlichen Würfel in mathematischem Sinne handeln kann, da die Seitenlängen nach der Beschreibung nicht völlig, sondern nur annähernd gleich sein sollen. Aber im Anspruch fehlt es an jeder Begrenzung der Größe nach unten, und das wäre mit dem Erfordernis der Bestimmtheit der Form unvereinbar. Allein es ist nicht unzulässig, vielmehr geboten, die Beschreibung zur Erläuterung heranzuziehen, und in ihr wird der Rauminhalt auf rund 1 cdm angegeben. Sollten gleichwohl noch Zweifel bestehen, ob damit der Anforderung einer bestimmten Begrenzung der Größe nach unten genügt ist, so wird nähere Prüfung anheimgestellt. Die erforderliche Bestimmtheit der Form kann auch nicht deshalb in Abrede gestellt werden, weil nur für die Gehäuse und nicht auch für die eigentlichen Zähler Maße angegeben worden sind. Denn es ist das natürliche und ergibt sich auch aus dem Gesamtinhalt der Anmeldungen zur Genüge, daß die eigentlichen Zähler nur soviel kleiner als ihre Gehäuse gebaut werden sollen, um darin gerade untergebracht werden zu können. Die Maße für die Gehäuse bestimmen daher auch die der Zähler selbst.

Den Anforderungen der Anmeldung durch Angabe der neuen Gestaltung, die dem Gebrauchszweck dienen soll, gemäß § 2 Abs. 2 des Gesetzes, ist genügt. Ebenso entsprechen die beigefügten Abbildungen der Modelle dem Gesetz (§ 2 Abs. 3 a. a. O.). Das kann nicht deshalb bezweifelt werden, weil nur die Gehäuse abgebildet worden sind. Von den eigentlichen Zählern sieht man nicht viel; aber es ist doch erkennbar, daß sie in den Gehäusen stecken. So wie sie den Anmeldungen in Abbildungen beigefügt sind, stellen sich die Zähler im Gebrauch dem Auge dar. Es war nicht erforderlich, auch Abbildungen der Zähler ohne Gehäuse beizufügen. Als Modelle sind nicht die Gehäuse allein, auch nicht nur die eigentlichen Zähler, sondern die letzteren, umgeben von ihren Gehäusen, anzusehen. Dem steht die Erklärung des Prozeßbevollmächtigten der Beklagten, das Modell sei der äußere Kasten, nicht entgegen, da es sich dabei nicht um eine bloße Angabe von Tatsachen, sondern um eine irrige rechtliche Beurteilung handelt.

Erfordernis des Gebrauchsmusterschutzes ist ferner, daß die geschützten Gebrauchsgegenstände die im Raum verkörperte Darstellung eines dem Gebrauchszweck dienenden Erfindungsgedankens sind (vgl. RGZ. Bd. 41 S. 40). Der Erfindungsgedanke soll hier darin bestehen, daß man die bekannten Zähler in ihrer Größe auf die Maße der Gebrauchsmuster verkleinern kann, ohne daß sie ihre Beglaubigungsfähigkeit in Deutschland oder die Eigenschaften verlieren, die bei solchen Zählern im Ausland verlangt werden. Diesen Gedanken verkörpern die Modelle in hinreichendem Grade, indem sie die einzuhaltenden Maße räumlich veranschaulichen. Es ist nicht erforderlich, daß die Beglaubigungsfähigkeit in der Gestalt der Muster in die Erscheinung tritt, sondern ausreichend, was hierüber in den Anmeldungen offenbart wird. Denn wenn man den Angaben der Beklagten folgt, führt die in den Modellen und Anmeldungen offenbarte Anweisung, die Zählergehäuse und dementsprechend die eigentlichen Zähler selbst in der Größe der Modelle herzustellen, unter Anwendung der dem Fachmann ohne weiteres zu Gebote stehenden Mittel zu dem erstrebten Ergebnis. Sollte sich allerdings das Ziel der Beklagten nur erreichen lassen, wenn die Einrichtung der Zähler selbst in einer für den Fachmann nicht zutage liegenden Art geändert wird, so wäre der Erfindungsgedanke weder genügend offenbart noch in den Modellen verkörpert. Diese Behauptung der Klägerin bedarf daher der Prüfung. . . .

RGZ. 116, 2

Voraussetzungen für die Zurücknahme eines Patents.

PatG. § 11 Abs. 2 (PatG. 1936 § 15 Abs. 2 in der Fassung des Ersten Gesetzes zur Aenderung und Ueberleitung von Vorschriften auf dem Gebiet des gewerbl. Rechtsschutzes v. 8. Juli 1949 (BlPMZ. 1949 S. 229).

I. Zivilsenat. Urt. v. 15. Januar 1927.

I. Reichspatentamt.

Aus den Gründen:

... Das Reichspatentamt hat die Zweckbestimmung des § 11 Abs. 2 PatG., der inländischen Wirtschaft als Kampfmittel gegenüber einer schädlichen ausländischen Einfuhr zu dienen, richtig erkannt und zutreffend angenommen, daß nach der Absicht des Gesetzes von der Befugnis („kann") der Patentzurücknahme nur Gebrauch gemacht werden solle — dann allerdings auch müsse —, wenn die Verhinderung der ausschließlichen Einfuhr aus dem Ausland im öffentlichen Interesse liege, wenn sie zum Schutze der deutschen Industrie erforderlich erscheine. Nun weist die angefochtene Entscheidung mit Recht darauf hin, daß die patentierte Vorrichtung in vollem Umfang in Deutschland benutzt worden ist dadurch, daß die Nebenintervenienten mit ihr in ausgedehntem Maße nach dem F.'schen Verfahren arbeiten. Ein Bedürfnis dafür, daß auch ihre Herstellung im Inland erfolge, hat allein der Kläger für sich in Anspruch genommen. Daß irgend ein anderer industrieller Betrieb, etwa auch eine Maschinenfabrik, sich für die Herstellung des Rollenaufzugs nebst Kühlschacht in Deutschland eingesetzt hätte, hat der Kläger nicht darzulegen vermocht. Kein anderer als der Kläger hat also offenbar ein unmittelbares Interesse an der Herstellung der patentierten Vorrichtung geltend zu machen gehabt. Hiernach hat das Reichspatentamt das Vorliegen eines öffentlichen Interesses mit Recht verneint. ...

RGZ. 117, 47

1. .....

2. Kann ein Miterfinder gegenüber dem anderen eine widerrechtliche Entnahme begehen?

3. Ist ein Vorbenutzungsrecht an einer gemeinsamen Erfindung denkbar?

PatG. § 3 Abs. 2, §§ 5, 10 Abs. 1 Nr. 3, GebrMusterSchGes. § 4 Abs. 3, § 6 Abs. 2. (PatG. 1936 § 4 Abs. 2, §§ 7, 13 Abs. 1 Nr. 3, GebrMuGes. 1936 § 5 Abs. 3, § 7 Abs. 2.)

I. Zivilsenat. Urt. v. 30. April 1927.

I. Landgericht Bielefeld. II. Oberlandesgericht Hamm.

. . .

Aus den Gründen:

... Bei dieser Sachlage kann das Modell I, das von der Klägerin zum Gebrauchsmusterschutz angemeldet worden ist, nicht als ihre alleinige Erfindung (vorausgesetzt, daß es überhaupt eine war) angesehen werden, sondern muß als gemeinsame Erfindung gelten. Die Parteien standen somit in bezug auf den Gegenstand des Gebrauchsmusters in Rechtsgemeinschaft (§§ 741 flg. BGB.).

Daraus folgt aber nicht, daß in der Anmeldung der Klägerin eine widerrechtliche Entnahme im Sinne des § 4 Abs. 3 GebrMusterSchG. gelegen habe und ein Löschungsanspruch der Beklagten nach § 6 Abs. 2 das. bestehe. Die Frage, ob in solchem Falle eine rechtswidrige Entnahme anzunehmen sei, ist für das Patent- und das Gebrauchsmusterschutzgesetz gleichermaßen streitig. Das Reichsgericht hat bisher zu dieser Frage noch nicht Stellung genommen. Zwar ist die bei Bolze Bd. 23 unter Nr. 244 im Auszug abgedruckte Entscheidung vielfach als Beleg dafür angeführt worden, daß der Senat die Frage bejaht habe. Indessen ist dieser Eindruck nur dadurch entstanden, daß ein Satz der Entscheidungsgründe aus dem Zusammenhang gelöst worden ist. Die vollständigen Entscheidungsgründe ergeben ganz klar, daß der Senat damals in dem Nichtigkeitskläger den alleinigen Erfinder gesehen hat. Ueberwiegende Gründe sprechen für die Verneinung der Frage. Die strafrechtliche Anschauung, daß ein Miteigentümer gegen den anderen Unterschlagung und Diebstahl an der gemeinsamen Sache begehen kann, ist für die Auslegung des Patent- und des Gebrauchsmusterschutzgesetzes nicht ohne weiteres zu verwerten. Die Vorschriften über die rechtswidrige Entnahme haben den Fall im Auge, daß ein Nichtberechtigter dem Berechtigten gegenübersteht, nicht ein Mitberechtigter einem anderen Mitberechtigten. Im Falle der Mitberechtigung stehen nicht Beschreibungen usw. eines anderen, sondern gemeinsame Beschreibungen in Frage. Der Vorschrift, daß jeder Teilhaber einer Gemeinschaft die zur Erhaltung des Gegenstandes notwendigen Maßregeln ohne Zustimmung der andern treffen kann (§ 744 Abs. 2 BGB.), entspricht bei einer Erfindung das Recht jedes Teilhabers auf Anmeldung. Zwar hat er die Erfindung auf den Namen aller Teilhaber anzumelden und handelt, wenn er sie nur auf seinen Namen anmeldet, insoweit widerrechtlich. Aber diese Widerrechtlichkeit ist dadurch auszugleichen, daß die Umschreibung auf den Namen aller erfolgt oder daß die Teilhaber sich auseinandersetzen. Es würde über das Schutzbedürfnis der anderen hinausgehen und das Recht des Teilhabers, der angemeldet hat, verletzen, wenn man ihnen das Recht geben wollte, die Erteilung des Patents zu hindern oder die Vernichtung des Patents sowie die Löschung des Gebrauchsmusters herbeizuführen. Dazu käme für Patente, daß das Patentamt im Erteilungs- und Nichtigkeitsverfahren mit der Prüfung streitiger Gemeinschaftsverhältnisse befaßt werden müßte, die ihrer Natur nach vor die ordentlichen Gerichte gehören.

Hiernach kann die Widerklägerin nicht Löschung des Gebrauchsmusters, sondern nur Feststellung ihrer Mitberechtigung beanspruchen. Vorausgesetzt ist aber, daß das Muster überhaupt schutzfähig war (§ 1 Abs. 1) und daß es nicht schon zur Zeit der Anmeldung offenkundig benutzt war (§ 1 Abs. 2). Diese Fragen, die vom Berufungsgericht offen gelassen sind, bedürfen noch der Prüfung. Dagegen kommt ein Vorbenutzungsrecht im Sinne des § 5 des Patentgesetzes (RGZ. Bd. 80

S. 206) für die Beklagte als Teilhaberin an einer gemeinsamen Erfindung nicht in Frage.

RGZ. 118, 46

Kann ein Mitinhaber eines Patents von dem anderen Mitinhaber, auf dessen Mitarbeit ein Unteranspruch beruht, wegen Nichtzustandekommens des beabsichtigten Gesellschaftsvertrags verlangen, daß er seinen Namen als Mitinhaber des Patents dem Patentamt gegenüber zurückziehe und für Ausnutzung des Patents eine Lizenzgebühr zahle?

PatG. § 3. BGB. § 812 Abs. 1 Satz 2, § 745 Abs. 2.

I. Zivilsenat. Urt. v. 17. September 1927.

I. Landgericht Braunschweig. II. Oberlandesgericht daselbst.

.....

Der Sachverhalt ergibt sich aus den

Gründen:

Richtig hat schon das Landgericht erkannt, daß zwischen den Parteien im Hinblick auf den von ihnen abzuschließenden Gesellschaftsvertrag ein Gemeinschaftsverhältnis entstanden ist, dessen Auseinandersetzung jetzt, da der Vertrag nicht zustande gekommen ist, begehrt werden kann. Demgemäß verlangt das Berufungsgericht mit Recht, wenn der Kläger das Patent für sich allein beanspruchen und dann auch als alleiniger Patentinhaber eine Lizenzgebühr für die Benutzung seiner Erfindung berechnen will, den Nachweis, daß sämtliche in dem Patent enthaltenen und unter Patentschutz stehenden Gedanken von ihm allein stammen, mithin das Patent lediglich zur Vorbereitung des durch den Vertrag zu begründenden Gesellschaftsverhältnisses auf den Namen beider Parteien angemeldet worden ist. Nur dann könnte der Klaganspruch, wenn nicht aus den Abreden, die der Begründung der Gemeinschaft selbst zugrunde lagen (§ 752 BGB.), so doch jedenfalls, weil der mit ihrer Begründung bezweckte Erfolg nicht eingetreten wäre, aus dem Gesichtspunkt der ungerechtfertigten Bereicherung (§ 812 Abs. 1 Satz 2 BGB.) berechtigt sein. Daß die Parteien bei Begründung der Gemeinschaft darüber klar geworden wären, was rechtens sein solle, wenn die Verwertung des Patents nicht gelänge, dafür ist keinerlei Anhalt gegeben. Als Klagegrund bleibt also nur ungerechtfertigte Bereicherung übrig. Hierfür müßte aber, abgesehen davon, daß die gemeinschaftliche Verwertung des Patents nicht zustande gekommen ist, vom Kläger dargelegt und bewiesen werden, daß der Zustand der Gemeinschaft nicht dem wirklichen Verhältnis der Parteien zueinander entspreche.

Der Vorderrichter hat nun ohne Rechtsirrtum festgestellt, daß der im Anspruch 4 des Patents verkörperte Gedanke jedenfalls von dem

Beklagten herrühre. Die Bedeutung der geschützten Rückleitung für dünnes Pumpgut erblickt das Berufungsgericht (auf Grund des Gutachtens des Sachverständigen M. und der Entscheidung des Reichspatentamts im Nichtigkeitsstreit) in der Verbindung mit der nach den Ansprüchen 1 bis 3 geschützten Kläranlage. Auch die heutige Entscheidung des Senats im Nichtigkeitsstreit billigt diese Auffassung. Wie dort, so bedarf auch hier die Frage keiner Entscheidung, ob im Anspruch 4 ein selbständiger Erfindungsgedanke verkörpert ist. Die Revision nimmt jedoch an, daß gerade hierauf abgestellt werden müsse, und sucht auszuführen, daß materiellrechtlich an der Patentgemeinschaft nur der eigentliche Erfinder teilhaben könne, nicht dagegen derjenige, der in einem Unteranspruch lediglich eine zweckmäßige Ergänzung der nach anderen Ansprüchen geschützten Anlage bringe. Die Beklagten hätten im Anspruch 4 nur eine an und für sich bekannte Maßnahme mit der in den Ansprüchen 1 bis 3 patentierten Schlammentleerung kombiniert. Sie hätten damit etwas so Geringfügiges zum Patent hinzugefügt, daß, wolle man eine Auseinandersetzung für nötig halten, gar nicht abzusehen sei, was für ein Anteil auf sie entfallen sollte.

Wenn wirklich die Regel hier nicht gälte, daß im Zweifel den Teilhabern gleiche Anteile zustehen (§ 742 BGB.), so ist nicht ersichtlich, weshalb eine Auseinandersetzung nicht auch bei noch so geringfügigem Anteil erfolgen sollte. Aber es bedarf hier keiner Erörterung der Höhe des Anteils. Vielmehr kommt es nur auf folgendes an. Wenn derjenige, auf dessen Gedanken der wesentlichste Teil der Erfindung zurückzuführen ist, sich der Mitarbeit eines anderen bedient und auf dessen Anregung einen Unteranspruch in die Patentanmeldung aufgenommen, wenn er weiter in Verfolg dessen sich entschlossen hat, eine gemeinsame Patentanmeldung vorzunehmen, so entsteht eine auf rechtlicher Grundlage beruhende Gemeinschaft an dem später erteilten Patent. Das Patent, dessen einzelne Ansprüche ein einheitliches Ganzes bilden, beruht auf der gemeinsamen Arbeit derjenigen, die es gemeinschaftlich angemeldet haben. Gemeinsame Tätigkeit bildet also den rechtlichen Grund für die Patentgemeinschaft. Im vorliegenden Falle hat das Berufungsgericht festgestellt, daß der Anspruch 4 auf die Tätigkeit der Beklagten zurückzuführen ist. Dies genügt für die Begründung einer Mitberechtigung der Beklagten an dem gemeinsam angemeldeten und den Parteien gemeinschaftlich erteilten Patent.

Auf die Rechtsbeständigkeit dieser Gemeinschaft blieb es ohne Einfluß, daß der von den Parteien für die Verwertung des gemeinsamen Patents beabsichtigte Gesellschaftsvertrag später nicht zustande gekommen ist. Die Voraussetzung des § 812 Abs. 1 Satz 2, daß der rechtliche Grund für die Begründung der Gemeinschaft später weggefallen ist, fehlt also.

... Eine Umschreibung des Patents auf den Namen des Klägers allein kommt hiernach nicht in Frage.

Ebensowenig kann der Kläger von den Beklagten wegen der Ausführung der Anlage in Oe. die Zahlung von 1000 RM verlangen. Daß innerhalb der zwischen den Parteien bestehenden Gemeinschaft keine Lizenzgebühr beansprucht werden kann, hat der Vorderrichter zutreffend dargelegt. Nur eine Schadensersatzforderung auf Grund der Gemeinschaft ließe sich geltend machen. Daß dem Kläger ein Schaden entstanden wäre, hat sich aber nicht feststellen lassen. Selbst wenn man, etwa auf dem Wege des § 745 Abs. 2 BGB., die Benutzung des Patents innerhalb der Gemeinschaft hätte regeln wollen, so wäre dabei naturgemäß doch nur die Auszahlung eines erzielten Gewinns in Betracht gekommen. Es steht aber fest, daß durch die Anlage in Oe. kein Gewinn, sondern Verlust entstanden ist, so daß die Beklagten dem Kläger keinesfalls etwas entzogen haben, worauf er aus der Gemeinschaft einen Anspruch erheben könnte. ...

RGZ. 119, 19

Wie ist zu verfahren, wenn eine Partei im Patentnichtigkeitsstreit Wiedereinsetzung in den vorigen Stand gegen die Versäumung der Frist zur Einlegung der Berufung und zur Zahlung der Berufungsgebühr beantragt?

I. Zivilsenat. Beschl. v. 21. November 1927.

I. Reichspatentamt.

Aus den Gründen:

... Nach § 2 der Verordnung betreffend das Berufungsverfahren beim Reichsgericht in Patentsachen vom 6. Dezember 1891*) hat das Patentamt die Berufung als unzulässig zu verwerfen, wenn die Berufungsschrift nicht rechtzeitig eingegangen ist oder wenn sie die Berufungsanträge nicht enthält. Der Berufungskläger kann dann binnen einer Woche nach Zustellung dieses Beschlusses auf die Entscheidung des Reichsgerichts antragen. Hieraus ergibt sich für den Fall eines Antrags auf Wiedereinsetzung in den vorigen Stand gegen die Versäumung der Frist zur Einlegung der Berufung und zur Einzahlung der Berufungsgebühr in Patentnichtigkeitssachen folgendes: Das Reichspatentamt hat zu prüfen, ob die Berufung rechtzeitig eingegangen ist, und dabei den Wiedereinsetzungsantrag mit zu berücksichtigen. Hält es die Voraussetzungen für die Wiedereinsetzung in den vorigen Stand nicht für gegeben, so hat es den Antrag zurückzuweisen, entweder durch besonderen Beschluß oder indem es gleichzeitig die Berufung als unzulässig verwirft (§§ 237, 238 ZPO.; § 2 VO. v. 6. Dez. 1891). In beiden Fällen kann der Berufungskläger auf die Entscheidung des Reichsgerichts antragen. Hält das Reichspatentamt den Wiedereinsetzungsantrag für begründet und des-

*) Jetzt Verordnung vom 30. 9. 1936 (RGBl. II S. 316).

halb die Berufung für zulässig, so hat es nach der Verordnung zu verfahren, d. h. die Gegenerklärung des Berufungsbeklagten einzuholen, die Verhandlungen nebst den Akten erster Instanz dem Reichsgericht vorzulegen und hiervon die Parteien zu benachrichtigen. ... In gleichem Sinne hat sich der Senat auch schon einmal gelegentlich geäußert in seinem Beschluß vom 18. Mai 1927 I 126/27, Marksch-Wettbew. 1927 S. 399.

.....

RGZ. 119, 70

Ueber die Voraussetzungen, unter denen sich der Patentschutz auf *gleichwertige Mittel (Aequivalente)* erstreckt.

PatG. § 4 (PatG. 1936 § 6).

I. Zivilsenat. Urt. v. 12. November 1927.

I. Landgericht Wiesbaden. II. Oberlandesgericht Frankfurt a. M.

.....

Aus den Gründen:

... Es ist im Schrifttum vereinzelt die Ansicht vertreten worden, es dürfe kein Patent so ausgelegt werden, daß die glatten Aequivalente nicht mit darunter fielen, weil das Patent andernfalls praktisch so gut wie nichtig wäre (H. Isay, Gew.Rschutz 1911 S. 327 und Mitt. 1912 S. 24). Allein dieser Satz hat wenig Zustimmung gefunden (vgl. dagegen auch Wirth, Erfindung und Nachahmung S. 227), und jedenfalls ist diese Auffassung niemals die des Reichsgerichts gewesen. Sie wird auch nicht von der Revision geteilt, die, wie sich aus ihren Ausführungen ergibt, Ausnahmen anerkennen will, aber nur für vorbekannte Aequivalente. Insofern findet sie in der Rechtsprechung des Reichsgerichts auch eine gewisse Stütze. Im Urteil des Senats vom 9. Dezember 1916 I 125/16 heißt es, der Anmelder könne, abgesehen von einem unzweideutigen Verzicht oder einer einschränkenden Verfügung des Patentamts, im Zweifel den Schutz beanspruchen, der ihm nach dem Stande der Technik zur Zeit der Anmeldung des Patents gebühre. Der Schutz erstrecke sich daher im Zweifel auch auf gleichwertige Mittel, und nur, wenn sie vorbekannt seien, entstehe die Frage, ob das Patent auf den unmittelbar beschriebenen Gegenstand zu beschränken sei. Und auch in dem vom erkennenden Senat im RGZ. Bd. 79 S. 186 entschiedenen Fall ist die Abweisung der Klage damit begründet worden, daß die vom Beklagten angewandten gleichwertigen Mittel im Inlande offenkundig vorbenutzt worden seien (vgl. auch RGZ. Bd. 86 S. 202). Allein der im Urteil vom 9. Dezember 1916 ausgesprochene Grundsatz kann fernerhin nicht mehr vollinhaltlich aufrechterhalten werden; denn es sind Fälle denkbar, in denen die Erstreckung des Schutzumfangs eines Patents auf gleichwertige

Mittel ungerechtfertigt erscheinen müßte, auch wenn sie nicht vorbekannt gewesen sind.

Hierzu führen Erwägungen, die im wesentlichen schon in RGZ. Bd. 79 S. 186 niedergelegt worden sind. Die Lehre von der patentrechtlichen Gleichwertigkeit (Aequivalenz) ist auf das Bestreben zurückzuführen, dem Erfinder den ihm gebührenden Lohn ungeschmälert zuzuwenden, und darin allein findet sie ihre Berechtigung. Ist ihm die Lösung einer Aufgabe zum erstenmal gelungen, so wäre es eine unbillige Verkürzung, wenn der Schutz seines Patents nicht auch Mittel umfaßte, die von ihm nicht zur Lösung der Aufgabe benutzt, die aber patentrechtlich gleichwertig sind. Die gleiche Beurteilung erscheint auch sonst oft angezeigt, wo eine Aufgabe nicht zum erstenmal ihre Lösung gefunden hat. Ist sie aber schon vielfach und mit vielerlei Mitteln gelöst worden, und zeigt der Erfinder nun ein neues Mittel, das eine bessere Lösung verspricht oder vielleicht auch tatsächlich bringt, so wird es oft als eine durch nichts begründete Bevorzugung zum Schaden der Allgemeinheit erscheinen, wollte man ihm ausschließlich die Benutzung von Mitteln vorbehalten, die mit dem von ihm vorgeschlagenen Mittel — abgesehen davon, daß sie zum gleichen Ziele führen — wenig oder nichts gemeinsam haben, dagegen vorbekannten Mitteln nahe stehen. Dann kann es kommen, daß mehrere, die nacheinander verschiedene gleichwertige Mittel zur Lösung derselben Aufgabe offenbaren, einen voneinander unabhängigen Patentschutz genießen. Es läßt sich nicht sagen, daß dadurch das ältere Patent praktisch aller Wirksamkeit entkleidet werde; es wird damit vielmehr nur auf seine wahre Bedeutung zurückgeführt. Eine Ueberholung durch nachfolgende bessere Erfindungen droht jedem Patent.

So liegt der Fall hier nach der Ansicht des Berufungsgerichts, die auf Grund der getroffenen tatsächlichen Feststellungen ohne Rechtsirrtum begründet worden ist. Die Aufgabe, eine Vorrichtung zum Abscheiden von Wasser aus strömender Preßluft herzustellen, war schon vor Anmeldung des Klagepatents Nr. 284 011 vielfach mit mancherlei Mitteln gelöst worden. Der Klägerin gebührt das Verdienst, ein neues, besonders billiges Mittel von vielleicht besonders guter, bisher nicht erreichter Wirksamkeit im Quarzkieskleinschlag offenbart zu haben. Der Lohn hierfür soll ihr ungeschmälert bleiben. Aber es ließe sich nach dem Stande der Technik nicht rechtfertigen, wenn man ihr auch die ausschließliche Benutzung der im Patent des Beklagten und im Klagantrag bezeichneten anderen Mittel, nämlich harter Schlacken, Glas- und Porzellanscherben, Marmorbrocken oder dergleichen unpöröser scharfkantiger Stoffe, zu dem gleichen Zwecke ausschließlich vorbehalten wollte. Damit würde man die Bedeutung des eine Förderung der Technik erstrebenden Patentschutzes in ihr Gegenteil verkehren. Anders würde die Beurteilung freilich sein müssen, wenn die Klägerin gezeigt hätte, daß die Wirksamkeit des Quarzkieskleinschlags auf Eigenschaften beruht, die bisher für die gestellte Aufgabe noch nicht benutzt worden waren oder deren Bedeutung hierfür man früher noch nicht erkannt hatte, und wenn die Mittel des Beklagten dieselben oder ähnliche Eigenschaften aufwiesen. Aber dies ist nicht der Fall; denn unporöse und scharfkantige Stoffe mit mehr oder minder rauhen Flächen, wie sie das Klagepatent als geeignet bezeichnet, sind schon vor dessen Anmeldung zum Abscheiden von Wasser aus Preßluft gebraucht worden. Das Verdienst der Klägerin besteht nur darin, daß sie ein Mittel gefunden hat, das die bekannten Eigenschaften in glücklicher Weise vereinigt. Zudem scheint nach den eigenen neueren Angaben der Klägerin die Eigenschaft der Rauhflächigkeit die ihr in der Patentschrift zugeschriebene Wirkung tatsächlich nicht zu besitzen. Daß die vorbenutzten Mittel weniger geeignet sein mögen als Quarzkieskleinschlag, weil sie leicht rosten und deshalb oft erneuert werden müssen, oder aus einem anderen Grunde, ist für die hier behandelte Frage unerheblich. Um völlig gleiche Mittel mit nur anderen Namen handelt es sich bei den vom Beklagten benutzten Stoffen ebenfalls nicht.

.....

RGZ. 120, 224

1. Allgemeine Voraussetzungen des Gebrauchsmusterschutzes.

2. Wie ist der Gegenstand eines Gebrauchsmusters nach § 2 Abs. 2 GebrMG. zu bestimmen?*)

3. Zur Frage der rechtlichen Bedeutung von Schutzansprüchen, die nach Eintragung eines Gebrauchsmusters eingereicht worden sind.

I. Zivilsenat. Urt. v. 29. Februar 1928.

I. Landgericht Hamburg, Kammer für Handelssachen.

II. Oberlandesgericht daselbst.

...

Aus den Gründen:

... Zur Entscheidung steht, ob der Anspruch auf Löschung des Gebrauchsmusters gerechtfertigt ist, weil die Erfordernisse des § 1 dieses Gesetzes nicht vorliegen, und das kann man erst beurteilen, wenn klargestellt worden ist, worin der Gegenstand des Gebrauchsmusters besteht. Letzterer deckt sich nicht mit dem Schutzumfang, der darüber hinausgehen kann. Er deckt sich aber auch nicht mit dem körperlichen Modell, dessen Abbildung mit der Anmeldung eingereicht worden ist. Dieses kann Eigentümlichkeiten haben und hat sie vielfach, die mit der Erfindung, zu deren Schutz das Gebrauchsmuster dienen soll, nichts zu tun haben, mögen sie rein zufällig vorhanden oder vom Erfinder aus irgendwelchen anderen Gründen gewählt worden sein. Es kommt

*) Vgl. RGZ. Nr. 133 S. 260 (abgedr. weiter unten in diesem Abschnitt).

vielmehr auf den Gedanken an, der sich im Modell räumlich verkörpert, und um ihn zu ermitteln, ist es erforderlich, auf die Anmeldung zurückzugehen, die nach § 2 Abs. 2 die Angabe enthalten muß, welche neue Gestaltung oder Vorrichtung dem Arbeits- oder Gebrauchszweck dienen soll. Es ist also außer der Nach- oder Abbildung des Modells auch der gesamte übrige Inhalt der Anmeldung, Bezeichnung, Beschreibung und es sind, soweit vorhanden, die Schutzansprüche in Betracht zu ziehen. Was darin nicht als neu hervorgehoben ist, kann nicht Gegenstand des Gebrauchsmusterschutzes sein. Letzteres hat der Senat schon in seinem Urteil vom 24. November 1900 I 263/00, abgedruckt im PMZBl. 1901 S. 148, und seitdem noch mehrfach ausgesprochen. Diese Auffassung liegt auch den von Isay Patentgesetz 4. Auflage in Anm. 9 zu § 2 GebrMG. angezogenen neueren Entscheidungen des Reichsgerichts vom 7. Oktober 1916 I 86/16 (ZIndustrR. 1916 S. 231), vom 30. Juni 1923 I 457/22 (RGZ. Bd. 107 S. 100) und vom 4. April 1925 (PMZBl. 1925 S. 239) zugrunde. Sie sind nicht dahin zu verstehen, daß bei Ermittlung des Gegenstandes eines Gebrauchsmusters auf die nach § 2 Abs. 2 GebrMG. abzugebende Erklärung kein Gewicht zu legen sei. Ebensowenig ist daraus zu entnehmen, daß es auf die Erkenntnis der Erfindung nicht ankomme. Die letztere Annahme würde dem Erfindungsbegriff widersprechen. Denn ebenso wie das Patent ist auch das Gebrauchsmuster dazu bestimmt, eine offenbarte technische Regel zu schützen, die allerdings beim Gebrauchsmuster im Raum verkörpert sein muß. Eine technische Regel kann aber nur geben, wer sich des ursächlichen Zusammenhangs zwischen seinem Tun und dessen Wirkung bewußt ist. Es kann wohl sein, daß jemand diese Erkenntnis zufällig erlangt, sie braucht auch nicht wissenschaftlich zu sein; ebensowenig ist erforderlich, daß der Erfinder weiß, worin die Neuheit seines Erfindungsgedankens liegt oder weshalb ihm die Eigenschaft einer Erfindung zukommt. Aber ohne die Erkenntnis des ursächlichen Zusammenhangs liegt eine Erfindung nicht vor. Es muß daher durch Auslegung der mit der Anmeldung eingereichten Ab- und Nachbildung und des gesamten übrigen Inhalts der Anmeldung der Gegenstand des Gebrauchsmusters gefunden werden. ... Die Schutzansprüche, soweit sie vorhanden sind, unterliegen mit dem gesamten übrigen Anmeldungsinhalt der Auslegung. Sie sind erfahrungsgemäß selten völlig klar und unzweideutig. Und auch wo das der Fall zu sein scheint, werden sich häufig aus dem Modell, der Bezeichnung oder der Beschreibung Zweifel darüber ergeben, welche neue Gestaltung oder Vorrichtung nach der Absicht des Anmelders dem Arbeits- oder Gebrauchszweck dienen soll. Dabei fällt ins Gewicht, daß eine Prüfung der Ansprüche durch das Reichspatentamt, wie bei Patentanmeldungen, nicht stattfindet und daß bei der Auslegung von Gebrauchsmuster-Anmeldungen in besonders hohem Maße mit ungeschickten Ausdrücken, Ungenauigkeiten und Unvollständigkeiten zu rechnen ist. Daher rechtfertigt sich hier noch mehr als bei Patenten der Grundsatz, daß bei bestehenden Zweifeln als Gegenstand des Gebrauchsmusters alles das anzusehen ist, was nach dem Stande der Technik als neu und schutzfähig erscheint und demnach, wie zu vermuten, vom Anmelder für den Gebrauchsmusterschutz in Anspruch genommen werden sollte.

Der vorliegende Fall bietet nun die Besonderheit, daß die am 17. Mai 1922 eingegangene Anmeldung zwar die Bezeichnung, Abbildung und Beschreibung, aber keine Schutzansprüche enthalten hat, daß solche kurze Zeit darauf, am 30. Mai 1922, nachgereicht worden sind und daß die Beklagte dann mehrere Jahre nach der Eintragung des Gebrauchsmusters neue Schutzansprüche zu den Akten des Reichspatentamts gebracht hat. Die letzteren können nicht den Erfolg haben, daß an die Stelle des ursprünglichen Gebrauchsmuster-Gegenstandes ein anderer Gegenstand tritt oder daß der ursprüngliche Gebrauchsmuster-Gegenstand erweitert wird. Denn dieser liegt seit der Eintragung in die Rolle für Gebrauchsmuster abgeschlossen vor. Schutz für etwas anderes oder weiteres kann nur durch eine neue Eintragung erlangt werden (vgl. RGUrt. vom 8. Mai 1897 I 3/97 im PMZBl. 1897 S. 176 und Präsidialbescheid vom 2. Juni 1902, a. a. O. 1902 S. 210). Nur die nachträgliche Einreichung beschränkender Ansprüche ist nach der Mitteilung der Anmeldestelle im PMZBl. 1894/95 S. 152 zugelassen worden. Was nicht durch die Anmeldung und ihre Ergänzung vor der Eintragung unter Schutz gestellt worden war, ist der Beklagten nicht geschützt.

Letzteres wird auch von der Beklagten nicht verkannt. Die Parteien sind darüber einig, daß das, was die Beklagte in ihren ursprünglichen Schutzansprüchen offenbart hat, nach dem Stande der Technik zur Zeit der Anmeldung des Gebrauchsmusters nicht mehr schutzfähig gewesen ist. Der Streit der Parteien geht in erster Reihe darum, ob das, was in den nach Eintragung des Gebrauchsmusters eingereichten Schutzansprüchen enthalten ist, bereits von der ersten Anmeldung mitumfaßt wird, ob insbesondere die im neuen ersten Schutzanspruch gekennzeichnete Arretierungsvorrichtung Gegenstand des Gebrauchsmusters der Beklagten ist. Die Beantwortung dieser Frage ist allerdings nicht unzweifelhaft: aber es läßt sich nicht sagen, daß dem Berufungsgericht dabei eine Gesetzesverletzung zur Last fiele. Es hat sich bei der ihm obliegenden Prüfung offensichtlich von den oben entwickelten Rechtsgrundsätzen leiten lassen und bei der Ermittlung des Gegenstandes des Gebrauchsmusters den gesamten Inhalt der Anmeldung in Betracht gezogen. ... (Wird ausgeführt.) Auf die Frage des technischen Fortschritts braucht hiernach nicht eingegangen zu werden. Abgesehen von der Arretierungsvorrichtung, die nicht Gegenstand des Gebrauchsmusters ist, enthält der zweite Schutzanspruch festgestelltermaßen nichts Neues, und das gleiche gilt für den dritten Anspruch, der ohne Angabe von Merkmalen nur auf Beschreibung und Zeichnung verweist.

RGZ. 121, 328

Hindert das deutsch-amerikanische Abkommen vom 23. Februar 1909 (RGBl. S. 895) die Erteilung einer Zwangslizenz an dem Patent eines Amerikaners?

I. Zivilsenat. Urt. v. 27. Juni 1928.

I. Reichspatentamt.

Die Beklagte, eine amerikanische Gesellschaft, besitzt das vom 8. Januar 1908 ab laufende und dann verlängerte Patent 203 284. Die Klägerin hat beantragt, ihr die Benutzung dieses Patentes gegen eine näher bezeichnete Lizenz und Sicherheitsleistung zu gestatten, weil ein öffentliches Interesse an der Erteilung der Zwangslizenz bestehe. Die Beklagte machte hiergegen unter anderem geltend, daß die Erteilung einer Zwangslizenz dem deutsch-amerikanischen Abkommen vom 23. Februar 1909 widerspräche.

Das Patentamt hat der Klägerin die begehrte Zwangslizenz erteilt. Die Berufung der Beklagten hatte (abgesehen von gewissen, hier nicht interessierenden Maßgaben) keinen Erfolg.

Aus den Gründen:

... Die rechtliche Vorfrage, die zu beantworten ist, betrifft die Zulässigkeit einer Zwangslizenz gegenüber dem deutsch-amerikanischen Abkommen vom 23. Februar 1909, das nach dem Krieg wieder in Geltung getreten ist (RGBl. 1922 II S. 132; Preuß. Archiv 1922 S. 704). Das Abkommen lautet in Art. I:

„Die in den geltenden oder den zukünftigen Gesetzen des einen der vertragschließenden Teile enthaltenen Vorschriften, wonach im Falle der Nichtausführung eines Patents, Gebrauchsmusters ... die Zurücknahme oder eine sonstige Beschränkung des Rechtes vorgesehen ist, sollen auf die den Angehörigen des anderen vertragschließenden Teiles gewährten Patente, Gebrauchsmuster ... nur in dem Umfange der von diesem Teile seinen eigenen Angehörigen auferlegten Beschränkungen Anwendung finden. Die Ausführungen des Patents, Gebrauchsmusters ... in dem Gebiete des einen vertragschließenden Teiles wird der Ausführung in dem Gebiete des anderen Teiles gleichgestellt."

Das Abkommen war vor der Novelle zum Patentgesetz vom 6. Juni 1911, also zu einer Zeit getroffen worden, als noch die alte Fassung des § 11 PatG.*) in Geltung war. Damals war die Erteilung von Zwangslizenzen dem geltenden deutschen Patentrecht noch unbekannt und statt dessen die Möglichkeit einer Zurücknahme des Patents nach bestimmter

*) PatG. 1936 § 15 in der Fassung des Ersten Gesetzes zur Aenderung und Ueberleitung von Vorschriften auf dem Gebiet des gewerbl. Rechtsschutzes vom 8. Juli 1949 (BlPMZ. 1949 S. 229).

Zeit in zwei Fällen gegeben, bei Nichtausführung im Inland und bei Lizenzverweigerung, falls ihre Erteilung im öffentlichen Interesse geboten erschien. Zwar gibt es auch nach der Novelle noch eine Zurücknahme des Patents im Falle des § 11 Abs. 2 PatG.*), also wenn die Erfindung ausschließlich oder hauptsächlich außerhalb des Deutschen Reichs ausgeführt wird. Aber eine Zurücknahme kommt hier nicht in Frage. Daraus folgt indes nicht, daß die Bestimmungen des Abkommens auf das Zwangslizenz-Streitverfahren überhaupt unanwendbar wären (so Damme-Lutter, Das deutsche Patentrecht 3. Aufl. S. 534; auch Seligsohn PatG. 6. Aufl. S. 242 Anm. 13 zu § 11, s. dagegen S. 233 Abs. 3 Anm. 3 das.). Denn für den Lizenzstreit bleibt der zweite Fall des Art. I von Bedeutung, daß nämlich „eine sonstige Beschränkung des Rechtes" auch nach jetzigem deutschen Patentrecht „im Falle der Nichtausführung" des Patents eintreten kann. Diese Möglichkeit besteht aus dem Grunde, weil nach der reichsgerichtlichen Rechtsprechung im Einklang mit der Anschauung des Schrifttums die Nichtausführung des Patents im Inland nach Lage des Falles die Erteilung einer Zwangslizenz zu begründen vermag (RGZ. Bd. 106 S. 214; Isay 4. Aufl. Anm. 2 zu § 11 PatG. S. 376; Seligsohn a. a. O. S. 232 Anm. 3 zu § 11; Kisch Handbuch S. 203). Wenn Damme-Lutter dagegen anführen, die Erteilung einer Zwangslizenz sei keine Beschränkung des Patentrechts, so kann ihnen darin nicht gefolgt werden. Im Gegenteil stellt die Erteilung einer Zwangslizenz einen besonders starken Eingriff in das Recht des Patentinhabers dar. Ebensowenig kann dem von Damme-Lutter ferner hervorgehobenen Umstand Bedeutung beigelegt werden, daß nach dem geltenden deutschen Patentrecht die Nichtausführung des Patents im Inland „nur ein Erwägungsgrund, aber kein gesetzliches Tatbestandsmerkmal" sei. Es genügt, daß die Nichtausführung in Deutschland zu denjenigen Gründen gehört, die nach Lage des Falles ein öffentliches Interesse an Erteilung der Zwangslizenz zu rechtfertigen vermögen. Daß es sich nach dem deutsch-amerikanischen Abkommen nur um sogenannte absolute Gründe für die Zurücknahme oder sonstige Beschränkung des Rechtes handeln müsse, ist im Art. I nicht gesagt. Wie sich hieraus ergibt, kann jedenfalls eine Zwangslizenz an einem Patent, dessen Inhaber ein Amerikaner ist, nicht mit der Begründung erteilt werden, daß der Patentinhaber sein Patent in Deutschland nicht ausführe. Anderseits nötigt das Abkommen vom 23. Februar 1909 nicht dazu, es über seinen Wortlaut hinaus auszudehnen und es auf alle die Fälle zu erstrecken, wo sich irgendein Zusammenhang oder eine Beziehung mit der Nichtausführung im deutschen Inland denken läßt. Man darf also — und hierin ist Damme-Lutter a. a. O. beizustimmen — nicht so weit gehen, aus Art. I Satz 2 des Abkommens eine Fiktion des Inhalts herzuleiten, daß es nun allgemein und in jeder Beziehung so anzusehen wäre, als ob der amerikanische Schutzrechtinhaber das Patent wirklich in Deutschland ausführe. Nur die Nichtausübung selbst hat ihm gegenüber als Grund für die Erteilung einer Zwangslizenz auszuscheiden; aus anderen Gründen dagegen, mag auch ein gewisser Zusammenhang mit der tatsächlichen Nichtausübung im Inland bestehen, kann auch ihm eine Zwangslizenz auferlegt werden (ebenso Isay 4. Aufl. S. 376 Anm. 2 und S. 392 Anm. 22 zu § 11 PatG.). ...

RGZ. 122, 70

Ist die zeitlich beschränkte Ueberlassung einer Erfindung zur Benutzung und Ausbeutung als Pachtvertrag anzusehen?

BGB. § 581.

III. Zivilsenat. Urt. v. 28. September 1928.

I. Landgericht Magdeburg. II. Oberlandesgericht Naumburg a. S.

Die Klägerin, eine schwedische Aktiengesellschaft, schloß am 6. März 1925 mit der S.er Maschinenfabrik und Eisengießerei (S.), einer deutschen Aktiengesellschaft, einen Vertrag ab, in dem sie dieser auf 15 Jahre das Recht einräumte, Laval-Zentrifugal-Pumpen „Zeta" in Deutschland anzufertigen und zu verbreiten. Sie verpflichtete sich, der Vertragsgegnerin Arbeits- und Zusammenstellungszeichnungen für alle Zetapumpen, die bei dieser hergestellt werden sollten, sowie ihre Versuchs- und Erfahrungsresultate „auszuhändigen". S. verpflichtete sich, eine Lizenzgebühr von 7½ % des Fakturapreises für verkaufte Pumpen von allerlei Art und im Falle eines Verkaufs außerhalb Deutschlands, der immer die besondere Erlaubnis der Klägerin erforderte, eine im Wege des Uebereinkommens festzusetzende Lizenzgebühr zu zahlen. Dabei übernahm S. die Garantie, daß die Lizenzgebühren, das erste Vertragsjahr ausgenommen, mindestens 10 000 schwedische Kronen im Jahre erreichten. Für den Fall, daß dieser Betrag nicht erreicht würde, sollte S. den fehlenden Betrag am Jahresschluß decken. Am 29. Dez. 1925 wurde über das Vermögen von S. der Konkurs eröffnet; der Beklagte wurde zum Verwalter bestellt. Auf das am 30. August 1926 gestellte Verlangen der Klägerin nach einer Abrechnung über die bisher fällig gewordenen Lizenzgebühren antwortete der Konkursverwalter, daß er in den Vertrag vom 6. März 1925 nicht eintrete und daß er, da mit dem Bau von Pumpen noch nicht begonnen sei, einen Anspruch der Klägerin auf Lizenzgebühren nicht anerkennen könne. Die Klägerin vertritt demgegenüber den Standpunkt, daß sie für die Zeit vom 6. März 1926 bis 31. August 1926 den entsprechenden Teil der garantierten jährlichen Mindestvergütung von 10 000 schwedischen Kronen vom Beklagten als Masseschuld gezahlt verlangen könne. Auf die Verurteilung des Beklagten zur Entrichtung dieses Betrags richtet sich der Antrag der Klägerin. Das Landgericht hat die Klage abgewiesen. Das Oberlandesgericht hat ihr stattgegeben. Die Revision des Beklagten ist zurückgewiesen worden.

Gründe:

Das Berufungsgericht bezeichnet als Gegenstand des Vertrags, aus dem die Klägerin ihre Ansprüche herleitet, eine „geheime Erfindungsidee“. Durch diese auf dem Gebiete der tatrichterlichen Feststellung liegende und deshalb in der Revisionsinstanz nicht nachprüfbare Annahme erledigt sich der Einwand, den der beklagte Konkursverwalter dahin erhoben hat, daß die Bauart der Zetapumpen nach der Entwicklung in den letzten Jahren nicht mehr als eine Geheimkonstruktion angesehen werden könne; sie sei in der deutschen und ausländischen Fachliteratur zahlreiche Male beschrieben worden, so daß sie jedem Techniker geläufig sei. Die bei Zugrundelegung dieses Vorbringens sich ergebenden Fragen, ob ein auf ein wesenloses Nichts, also auf eine unmögliche Leistung gerichteter und deshalb nichtiger Vertrag vorliege (§ 306 BGB.) oder ob der Vertrag durch eine nach seinem Abschluß ohne das Zutun der Klägerin erfolgte Veröffentlichung der Erfindung hinfällig geworden sei (§ 323 BGB.), bedürfen demnach nicht der Entscheidung.

Der von der Klägerin mit ihrem Antrag verfolgte Masseschuldanspruch hat gemäß § 59 Nr. 2 KO. zur Voraussetzung, daß der Vertrag kraft Gesetzes und ohne das Verlangen des Konkursverwalters für die Zeit nach Eröffnung des Konkursverfahrens erfüllt werden mußte (RGZ. Bd. 55 S. 267). Eine solche Pflicht hätte der Klägerin nicht obgelegen, wenn das Vertragsverhältnis dahin aufzufassen wäre, daß diese sich an dem Handelsgewerbe der Gemeinschuldnerin mit einer Vermögenseinlage als stille Gesellschafterin beteiligt habe. Dann wäre die Gesellschaft durch die Konkurseröffnung aufgelöst worden (§ 25 KO., § 335 HGB., § 728 BGB.). Diese Beurteilung des Vertragsverhältnisses wird jedoch dadurch ausgeschlossen, daß sich die Klägerin als Gegenleistung nicht die Beteiligung am Gewinn des Pumpen-Unternehmens der Vertragsgegnerin, sondern 7½ % des Fakturenbetrags der zum Verkauf gelangenden Zetapumpen ausbedungen hat und vom Ablauf des ersten Vertragsjahres an eine feste Mindestgebühr hat zusichern lassen. Wenn aber dies allein nicht als ausschlaggebend gelten könnte (RGZ. Bd. 90 S. 16), so müßte als entscheidend betrachtet werden, daß sich die Klägerin nicht den geringsten Einfluß auf den Geschäftsbetrieb der Gemeinschuldnerin, namentlich keinerlei Ueberwachungsrechte zur Sicherung ihrer Geldansprüche vorbehalten hat (RGZ. Bd. 57 S. 177). Der Vertragsurkunde ist auch kein Anhalt dafür zu entnehmen, daß der Konkurs der Gemeinschuldnerin nach dem Willen der Beteiligten die Beendigung der Vertragsbeziehungen zur Folge haben sollte. Das Einverständnis der Klägerin mit einer derartigen Regelung kann um so weniger unterstellt werden, als sie nach der Preisgabe des Herstellungsgeheimnisses an die andere Vertragspartei dieses schwerlich durch Ueberlassung an einen anderen Unternehmer noch hätte verwerten können.

Der Beklagte hat denn auch eine solche stillschweigende Abrede nicht behauptet. Der Berufungsrichter gelangt zur Bejahung der geltend gemachten Masseverbindlichkeit von der Erwägung aus, daß es sich um ein Abkommen handle, das dem patentrechtlichen Lizenzvertrag zu vergleichen sei, durch den der Patentinhaber dem Erwerber nicht ein ausschließliches, sondern nur ein einfaches Benutzungsrecht an der patentierten Erfindung unter Uebernahme der lediglich schuldrechtlichen Verpflichtung einräume, keine weiteren Lizenzen zu vergeben. Ein solcher Vertrag sei, falls er, wie hier, auf Zeit abgeschlossen werde, ein pachtähnlicher Vertrag, auf den § 19 KO. sinngemäß anzuwenden sei. Der Konkursverwalter habe daher den Vertrag durch seine Erklärung vom 1. September 1926 frühestens an diesem Tage zur Auflösung gebracht und die Klägerin könne mithin gemäß § 59 Nr. 2 KO. vom Beginn des zweiten Vertragsjahres, also vom 6. März 1926 an, bis zum 31. August des gleichen Jahres einen entsprechenden Teil der vereinbarten Mindestabgabe fordern.

Diese Ausführungen unterliegen insofern nicht unerheblichen Bedenken, als der Berufungsrichter eine sinngemäße Anwendung der für Miet- und Pachtverträge aufgestellten Sondervorschrift des § 19 KO. für statthaft erachtet, die sich gegenüber der Regelvorschrift des § 17 über den Einfluß des Konkurses auf beiderseits nicht oder nicht völlig erfüllte Verträge als Ausnahme darstellt. Es bedarf indessen keiner Stellungnahme zu der Ansicht des Berufungsgerichts. In der zeitlich begrenzten Ueberlassung der Erfindung, eines unkörperlichen Gegenstandes, zum Gebrauch und zur wirtschaftlichen Ausbeutung gegen fortlaufende Zahlung eines Entgelts sind die Begriffsmerkmale eines Pachtvertrags verwirklicht (§ 581 BGB.). Mit dieser Auffassung ist es nicht unvereinbar, daß die Gemeinschuldnerin der Klägerin zugesagt hat, während der Vertragszeit keine Zentrifugalpumpen anderer Herstellungsweise als Zetapumpen ohne Genehmigung der Vertragsgegnerin anzufertigen und zu verkaufen. Ebensowenig ändert es etwas an der Natur des Vertrags, daß die Klägerin sich das Recht vorbehalten hat, Zetapumpen nach Deutschland anzubieten und zu liefern, wenn sie als Hilfsmaschinerie mit einer Dampfturboanlage eingeführt würden. Und endlich ist es auf die rechtliche Beurteilung des Vertrags ohne Einfluß, daß die Klägerin sich verpflichtet hat, die Zeichnungen für sämtliche Zetapumpen, die der andere Vertragsteil herstellen sollte, zu liefern und ihm seine Versuchs- und Erfahrungsresultate mitzuteilen. Bei allen diesen Vereinbarungen handelt es sich um Nebenabreden, die eine nähere Ausgestaltung der beiderseitigen Verpflichtungen enthalten und die Rechtsnatur der — das Kernstück des Vertrags bildenden — zeitlich beschränkten Einräumung eines Gebrauchs- und Ausnutzungsrechts an der Erfindung gegen Zahlung einer fortlaufenden Abgabe unberührt lassen. Fraglich erscheint es allerdings, ob sich die im Bürgerlichen Gesetzbuch aufgestellten besonderen Vorschriften über den Pachtvertrag, soweit sie nicht mit

Rücksicht auf den Vertragsgegenstand von vornherein ausscheiden, zur Anwendung auf Verträge der vorliegenden Art eignen. Auch wenn dies indessen von den hierbei allein in Betracht kommenden §§ 595 bis 597 mit Rücksicht auf die bei den Vertragschließenden regelmäßig vorauszusetzenden Willensabsichten zu verneinen sein sollte, so würde dieser Umstand die Unterstellung unter den Pachtvertrag nicht ausschließen, weil jene Vorschriften nachgiebiges Recht enthalten und deshalb einer abweichenden Regelung der dabei in Frage kommenden Vertragspunkte zu weichen haben. Ebensowenig steht § 581 Abs. 2 der Würdigung des Abkommens unter dem Gesichtspunkt des Pachtvertrags entgegen, weil er für diese Vertragsgattung, soweit nicht für sie besondere Vorschriften gelten, nur die entsprechende Anwendung der Vorschriften über den Mietvertrag anordnet. Soweit also bei Verträgen wie dem hier vorliegenden diese Vorschriften im Hinblick auf die Natur des Vertragsgegenstandes, die Verkehrsbedürfnisse und den anzunehmenden Vertragswillen zu einer solchen übertragungsweisen Anwendung nicht geeignet sind, verbietet sich ihre Heranziehung ohnehin. Damit erweisen sich die Bedenken als bedeutungslos, die sich insbesondere gegen die Anwendung der §§ 566, 567, 571 flg. BGB. erheben. Auch mit der rechtlichen Behandlung, die in der Rechtsprechung des Reichsgerichts die nahe verwandten, auf patentierte Erfindungen sich beziehenden Lizenzverträge gefunden haben, steht die hier vertretene Auffassung im Einklang. Die hier allein in Betracht zu ziehenden Verträge, welche Lizenzrechte nur schuldrechtlicher Art, also nicht mit dem Charakter der Ausschließlichkeit, begründen, sind vom VII. Zivilsenat des Reichsgerichts auf dem Gebiet des Stempelrechts als Pachtverträge anerkannt worden (RGZ. Bd. 90 S. 162). Der II. Zivilsenat hat zwar ausgesprochen, daß auf Lizenzverträge die Rechtsgrundsätze über Miete (Pacht) nur insoweit anwendbar seien, als es die Gestaltung des einzelnen Falles zulasse (Blatt für Patent-, Muster- und Zeichenwesen Bd. 10 S. 13). Allein damit hat er die grundsätzliche Behandlung des Lizenzvertrags als Pachtvertrag nicht abgelehnt, sondern in Uebereinstimmung mit dem oben Ausgeführten nur zum Ausdruck gebracht, daß bei Anwendung der Rechtsregeln über die Pacht der Eigenart des Lizenzvertrags und dem Parteiwillen Rechnung zu tragen sei. Auch die Ausführungen des I. Zivilsenats in RGZ. Bd. 75 S. 400 (405) können in keinem anderen Sinne verstanden werden. Zwar heißt es dort, daß nicht von unmittelbarer, sondern nur von analoger Anwendung der Rechtssätze über den Pachtvertrag die Rede sein könne. Der Zusammenhang, in dem hierauf hingewiesen wird, läßt aber deutlich erkennen, daß auch damit nur die Notwendigkeit einer vorsichtigen, die Natur des Rechtsverhältnisses berücksichtigenden Anwendung der Rechtsgrundsätze über den Pachtvertrag betont werden soll.

Zu einer anderen Auffassung läge hiernach nur dann Veranlassung vor, wenn der Umstand, daß sich die Klägerin das Entgelt für die Einräumung des Benutzungsrechts an der Erfindung in Gestalt eines Anteils an den Fakturenbeträgen und vom zweiten Vertragsjahr an in Gestalt fester Mindestbeträge ausbedungen hat, dem Vertrag das entscheidende Gepräge gegeben und ihm einen gesellschaftsähnlichen Charakter verliehen hätte, so daß die entsprechende Anwendung des § 728 BGB. naheläge. Diese Annahme könnte jedoch nur Platz greifen, falls sich die Vertragsparteien in dem Abkommen gegenseitig zu Leistungen zum Zweck der gewinnbringenden Ausbeutung der Erfindung verpflichtet hätten. Der Vertrag enthält aber keine Bestimmung, daß die Gemeinschuldnerin zur Herstellung und zum Vertrieb von Zetapumpen verbunden sein solle. Die Klägerin hat sich lediglich durch die Vereinbarung gesichert, daß, wenn die Vertragsgegnerin Pumpen herstelle, sie dies nur unter Verwertung der Erfindung tun dürfe und daß, wenn sie auf Wunsch ihrer Abnehmer die Pumpen in anderer Bauart liefere, sie ebenfalls zur Zahlung der vertraglich festgesetzten Abgabe verpflichtet sein solle. Diese Abmachungen bilden nur einen Bestandteil des Pachtvertrags, der dem Vertrag in seiner Gesamtheit den Stempel aufdrückt.

RGZ. 122, 243

1. Ist die Vorbenutzung eines patentierten Verfahrens dann offenkundig, wenn die zur Ausübung des Verfahrens dienende Maschine in der Fabrik, für die sie bestimmt ist, hergestellt wird, insbesondere dann, wenn dafür ein betriebsfremder Unternehmer hinzugezogen wird?

2. Ist in diesem Falle Offenkundigkeit vorhanden, wenn der fremde Unternehmer die erforderlichen Maschinenzeichnungen in seinen eigenen Betriebsräumen anfertigen läßt?

3. Ist . . . eine mittelbare Benutzung des Verfahrens durch Anfertigung der Maschinenzeichnungen begrifflich möglich?

PatentG. § 2.

I. Zivilsenat. Urt. v. 10. November 1928.

I. Reichspatentamt.

Zu 1 u. 2: Hier nicht abgedruckt. Vgl. RG. Bd. 167 S. 339 (abgedr. weiter unten in diesem Abschnitt).

Zu 3 heißt es in den

Gründen:

... Gegenstand des Streitpatentes, insbesondere seines Anspruchs 1, ist keine Vorrichtung, sondern ein Verfahren. Wenn man dies erwägt, so erhellt sofort, daß die — gegebenenfalls offenkundige — Herstellung von Bauzeichnungen für eine Vorrichtung, mit der ein Verfahren ausgeübt werden soll, niemals eine Vorbenutzung des Verfahrens selbst sein kann; dies auch dann nicht, wenn der Fachmann aus den Zeichnungen das beabsichtigte Verfahren erkennen konnte. Der Bau der Spezialmaschine zur Ausübung des Verfahrens könnte an sich eine mittelbare Benutzung des Verfahrens sein (RGUrt. vom 25. Mai 1927 I 366/26 in M. u. W. 27/28 S. 139). Die Zeichnungen aber dienten nur der Vorbereitung zur unmittelbaren oder mittelbaren Benutzung des Verfahrens. Wahrnehmung dieser Vorbereitungen ist nicht gleichbedeutend mit der erst später vorgenommenen unmittelbaren oder mittelbaren Benutzung selbst. Es kann schon deshalb dahingestellt bleiben, ob wirklich der Fachmann schon aus der Bauzeichnung das Verfahren erkennen konnte, zu dessen Ausübung die nach der Zeichnung herzustellende Maschine bestimmt war. Und es kann weiter unerörtert bleiben, ob das G.er Verfahren auf dem gleichen Gedanken beruht, wie er dem Streitpatent in Anspruch 1 zugrundeliegt. ...

RGZ. 123, 113

Kann die gemäß § 10 Abs. 1 Nr. 2 PatG. erhobene Nichtigkeitsklage auf ein vernichtetes Patent gestützt werden?

(PatG. 1936 § 13 Abs. 1 Nr. 2.)

I. Zivilsenat. Urt. v. 9. Januar 1929.

I. Reichspatentamt.

Der Beklagte ist Inhaber des vom 16. Oktober 1920 ab laufenden Patents 347 757, für das die Priorität vom 10. August 1920 beansprucht ist. Die Klägerin hat beantragt, das Patent für nichtig zu erklären, weil es den Gegenstand des älteren Patents 323 479 bilde. Der Beklagte hat dies bestritten. Das Patent 323 479, das der C. L. AG. mit Wirkung vom 6. November 1918 erteilt worden war, ist durch rechtskräftige Entscheidung des Reichspatentamts vom 12. Oktober 1925 wegen Fehlens der Neuheit für nichtig erklärt worden. Das Reichspatentamt hat die Klage mit sachlicher Begründung abgewiesen. Es nimmt an, daß die Gegenstände beider Patente verschieden seien. Der Umstand hingegen — so fährt die Begründung fort —, daß das Patent 323 479 für nichtig erklärt worden sei, spiele gemäß dem Urteil des Reichsgerichts vom 13. Januar 1900 keine Rolle. Die Berufung der Klägerin hatte keinen Erfolg.

Aus den Gründen:

Die Berufung der Nichtigkeitsklägerin konnte schon aus rechtlichen Gründen keinen Erfolg haben, deshalb nämlich, weil das gemäß § 10 Abs. 1 Nr. 2 PatG. entgegengehaltene Patent 323 479 rechtskräftig für nichtig erklärt worden ist. Wenn die Nichtigkeitsabteilung meint, die Vernichtung des älteren Patents spiele keine Rolle, d. h. sie mache die Entgegenhaltung nicht wirkungslos, und wenn sie glaubt, sich hierfür auf das Urteil des Reichsgerichts vom 13. Januar 1900 berufen zu können, so trifft dies in beiden Beziehungen nicht zu.

Das Urteil vom 13. Januar 1900 (I 390/99, abgedr. in PMZBl. 1900 S. 148 flg.) betrifft nur den Fall, daß das ältere Patent erloschen ist, also wenn der Patentinhaber auf das Patent verzichtet oder die Gebühren nicht rechtzeitig gezahlt hat (§ 9 PatG.*). Dort ist als leitender Gesichtspunkt der Grundsatz aufgestellt worden, „daß, nachdem eine Erfindung in einem bestimmten Gebiet der Technik patentiert worden ist, dieselbe aufhört, in diesem Rechtsgebiet ferner patentierbar zu sein", oder anders ausgedrückt: für das, was bereits einmal Gegenstand eines Patents gewesen ist, kann nicht nochmals ein Patent gewährt werden. Dieser im Schrifttum nicht unangefochten gebliebene Satz ist dann noch später öfters vom Reichsgericht wiederholt worden (Urteil vom 6. November 1901 I 205/01, abgedr. JW. 1901 S. 805 Nr. 34; Urteil vom 20. Februar 1904 I 435/03; Urteil vom 30. März 1912, abgedr. im PMZBl. 1912 S. 276; zu vgl. auch RGZ. Bd. 61 S. 400; ferner aus früherer Zeit: RGZ. Bd. 33 S. 154/55).

Der jetzt zur Entscheidung stehende Fall, daß das ältere Patent vernichtet worden war, ist in keinem dieser Urteile behandelt worden.

... Es besteht aber zwischen den Fällen des Erlöschens eines Patents und dem Fall der Vernichtung gerade für die Frage, auf die das Reichsgerichtsurteil vom 13. Januar 1900 abstellt, ein weitgehender Unterschied. Das erloschene Patent hat einmal im Rechtssinn bestanden. Ganz anders das später vernichtete Patent; dieses war, wie sich nachträglich herausgestellt hat, nur ein Scheinpatent. Denn darüber herrscht im allgemeinen Einigkeit, daß die Vernichtung eines Patents rückwirkende Kraft hat. Das Nichtigkeitsurteil spricht, wenngleich rechtsgestaltend, aus, daß das Patent von Anfang an nur ein Scheinrecht gewesen ist. Hierauf kommt es allein an. Bestand nur ein Scheinrecht, also in Wahrheit überhaupt kein Patentrecht, so kann man dem jüngeren Patent nicht entgegenhalten, daß sein Gegenstand schon früher einmal patentiert worden sei. Denn das erschien nur so, in Wirklichkeit war es rechtlich nicht der Fall. Das ältere Patent ist nach seiner Vernichtung ebenso unschädlich wie eine zurückgewiesene ältere Anmeldung. ...

*) PatG. 1936 § 12.

RGZ. 123, 252

Ueber den Erwerb eines Vorbenutzungsrechts nach § 5 PatG.*). Was bedeutet: eine Erfindung in Benutzung nehmen? Was bedeutet: die zur Benutzung erforderlichen Veranstaltungen treffen? Muß die Benutzung bis zur Patentanmeldung gedauert haben? Wie verhält es sich in dieser Beziehung mit dem Treffen von Veranstaltungen?

I. Zivilsenat. Urt. v. 9. Februar 1929.

I. Landgericht I Berlin. II. Kammergericht daselbst.

. . .

Aus den Gründen:

... Das Patentgesetz erfordert in § 5*) — von den dort erwähnten Veranstaltungen abgesehen — eine Benutzung der Erfindung. Es ist ganz klar, daß derjenige, der einsieht, daß der Benutzung seiner Erfindung Patente entgegenstehen, und der deshalb während dieses Zustandes von einer Verwendung der Erfindung bis auf weiteres Abstand nimmt, die Erfindung nicht benutzt. Der vielfach gebrauchte Begriff des Erfindungsbesitzes verleitet leicht dazu, Regeln vom Sachbesitz und Regeln über Verzichte auf Rechte, also Verzichte, die gemeinhin nicht vermutet werden, auf die Rechtslage des Vorbenutzers anzuwenden, was nicht angängig ist. Hier handelt es sich einfach um die Frage, ob die Beklagte ihre Erfindung noch benutzt hat, obwohl sie jahrelang im Hinblick auf entgegenstehende Patentrechte keinen Gebrauch von der Erfindung gemacht hat. Das hat der Vorderrichter verneint, und hierin kann ihm nicht entgegengetreten werden. Keineswegs hat er verkannt, daß nicht jede Unterbrechung in der Benutzung dem Vorbenutzer schädlich zu sein braucht. In der Tat genügt es, daß die betreffende Maschine oder das betreffende Verfahren zu dem Bestande von technischen Mitteln gehören, deren sich das Unternehmen je nach Bedarf bedient. So lag aber nach den Feststellungen der Instanzgerichte der Fall hier nicht.

Aus den vom Kammergericht gebilligten Ausführungen des Landgerichts ergibt sich, daß es überhaupt nicht zu einer Benutzung der Erfindung gekommen ist. Nach den dabei zugrunde gelegten Angaben der Beklagten hatte diese weiter nichts getan, als daß sie mehrfach Ende 1915 und Anfang 1916 das Entgasen der Metallteile in Vakuumröhren von außen her durch hochfrequente Felder vornahm und dabei jedesmal den Erfolg des Verfahrens nach der Entgasung sofort feststellte. Das lief, wie das Landgericht offensichtlich annimmt, auf ein bloßes Ausprobieren der Erfindung, auf Laboratoriumsversuche hinaus. Man wollte sehen, ob das der Beklagten von Dr. von D. beschriebene und empfohlene Verfahren ausführbar war. Deshalb prüfte man jedesmal hinterher,

*) PatG. 1936 § 7.

ob die Entgasung auch gelungen war. Damit schloß aber die Tätigkeit der Beklagten auf diesem Gebiete ab. Eine Benutzung der Erfindung wäre erst dann vorgenommen worden, wenn man die fabrikmäßige Herstellung der auf diese Weise entgasten Vakuumröhren begonnen hätte. . . .

Ebensowenig geht aber aus den Ausführungen der Beklagten hervor, daß sie irgendwelche Veranstaltungen zur Ausführung der Erfindung getroffen hätte, wie schon das Landgericht zutreffend dargelegt hat. Für solche Veranstaltungen kommt noch hinzu, daß sie bis zur Patentanmeldung nicht unterbrochen worden sein dürfen und in der Absicht sofortiger Ausführung der Erfindung vorgenommen sein müssen (RGZ. Bd. 30 S. 63, Bd. 78 S. 436 [439 flg.]; RG. in LZ. 1915 Sp. 356 Nr. 7; RG. in PMZBl. 1917 S. 19; vgl. Isay PatG. 4. Aufl. S. 284 Anmerkung 12 zu § 5; Pietzcker Anm. 14 zu § 5). Aus welchen Gründen die Beklagte von einer alsbaldigen Benutzung der Erfindung Abstand genommen hat, ist dafür gleichgültig (WarnRspr. 1916 Nr. 177).

RGZ. 124, 368

Kann die Anfertigung von Werkstattzeichnungen für eine durch deutsches Patent geschützte, im Auslande herzustellende Anlage bereits einen Teil der Herstellung ausmachen und somit das inländische Patent verletzen?

PatG. § 4 (PatG. 1936 § 6).

I. Zivilsenat. Urt. v. 12. Juni 1929.

I. Landgericht I Berlin. II. Kammergericht daselbst.

. . .

Aus den Gründen:

. . . Die Angriffe der Revision vertreten die Ansicht, daß allein mit der Anfertigung von Werkstattzeichnungen, die den Erfindungsgegenstand genau wiedergeben, die Erfindung noch nicht in Benutzung genommen werde. Das wird zwar in der Regel zutreffen, sofern es bei bloßer Anfertigung der Zeichnungen bewendet. Wenn aber die Anlage dann im wesentlichen nach den Zeichnungen gebaut, der Zusammenbau der im Auslande hergestellten Teile auf Grund von Anweisungen aus dem Inland erfolgt, von dazu entsandten Angestellten überwacht, die fertige Vorrichtung durch sie schließlich geprüft wird, ist andere Beurteilung geboten. In solcher Aufeinanderfolge der Ereignisse kommt der Anfertigung von Werkstattzeichnungen keine geringere Bedeutung für die Herstellung des Ganzen zu als der Anfertigung einzelner wesentlicher Teile. Denn für Plan und Ergebnis, also für die Bedeutung des aus ihnen ersichtlichen Erfindungsgedankens, sind sie sogar von größerem Gewicht, als es einzelnen Teilen zuzuschreiben ist, die unter Umständen innerhalb des ganzen Gefüges nur einer untergeordneten Verrichtung dienen. Sie bilden, wenn sich ihnen so wie hier die Herstellung der Anlage planmäßig anschloß, bereits einen Anfang und somit einen Teil dieser Herstellung selbst, und zwar einen Teil, der sich im Inlande vollzogen hat. ...

RGZ. 125, 391

1. Voraussetzungen und Inhalt des Unterlassungsanspruchs bei Patentverletzung. Genügt zur Annahme der Wiederholungsgefahr schon die Gefahr irgendeiner künftig zu besorgenden Patentverletzung oder muß die Gefahr bestehen, daß gerade die bereits begangene Patentverletzung wiederholt wird? Zur Frage der Beweislast hierbei.

2. Zum Begriff der groben Fahrlässigkeit bei Patentverletzungen*).

PatG. § 4 (PatG. 1936 § 6). BGB. § 1004.

I. Zivilsenat. Urt. v. 9. Oktober 1929.

I. Landgericht Görlitz. II. Oberlandesgericht Breslau.

Aus den Gründen:

Das Berufungsgericht geht offenbar davon aus, daß der erfolgte Eingriff in das Patentrecht der Kläger durch die mit ihnen im gewerblichen Wettbewerb stehende Beklagte an und für sich hinreiche, um die Besorgnis der Wiederholung zu rechtfertigen, und daß es demgegenüber Sache der Beklagten sei, diese tatsächliche Vermutung zu widerlegen. Das entspricht der vom erkennenden Senat ständig vertretenen Auffassung und auch der Ansicht des II. Zivilsenats des Reichsgerichts insbesondere auf dem Gebiet des Warenzeichenrechts und des Gesetzes gegen den unlauteren Wettbewerb (vgl. z. B. RGZ. Bd. 108 S. 10, Bd. 96 S. 244).

Ob die Beklagte den ihr hiernach obliegenden Beweis geführt hat, ist im wesentlichen Sache tatsächlicher Beurteilung. Aus Rechtsgründen ist es nicht zu beanstanden, wenn das Berufungsgericht hierfür die Tatsache als unzureichend ansieht, daß die Beklagte, wie sie behauptet, Zeichnungen, Gußformen und alle sonstigen Vorrichtungen zur Herstellung der Pumpe Regina vernichtet hat, weil es die Ueberzeugung gewonnen hat, daß die Erzeugung der Pumpe gleichwohl jederzeit von neuem in Angriff genommen werden könne. Regelmäßig mag ferner allerdings die Wiederholung einer Patentverletzung nicht zu befürchten sein, wenn der Verletzer ein neues Modell des geschützten Gegenstandes gebaut hat, bei dem die Erfindung nicht benutzt wird und das eine erheblich bessere Wirkung als das Modell des Patentinhabers zeigt.

*) Vgl. jetzt PatG. 1936 § 47 (einfache Fahrlässigkeit).

Allein das gilt nicht ausnahmslos, und jedenfalls enthält es keinen Rechtsirrtum, wenn das Berufungsgericht unter den besonderen Umständen des vorliegenden Falles eine solche Ausnahme für gegeben hält, indem es sagt, es bestehe trotzdem keine Gewähr dafür, daß die Beklagte bei ihrem jetzigen Modell stehen bleibe und nicht wieder ein neues in den Verkehr bringe und dadurch das Patent der Kläger verletze. ...

Dagegen bestehen, wie die Revision zutreffend geltend macht, in anderer Beziehung rechtliche Bedenken.

Die Ausführungen des Berufungsgerichts lassen nicht mit hinreichender Deutlichkeit erkennen, ob die Gefahr als bestehend angenommen worden ist, daß die Beklagte künftig das Patent der Kläger durch Benutzung der Regina-Pumpe oder durch Benutzung einer anderen Pumpe verletzen werde. Denn die Erörterungen, die das Berufungsgericht an die Behauptung der Beklagten knüpft, daß sie ein neues Modell mit einem um 30 % besseren Wirkungsgrad gebaut habe, beziehen sich anscheinend nicht auf die Regina-Pumpe. In der Klage ist der Anspruch auf Unterlassung ausschließlich darauf gestützt worden, daß die Beklagte die Regina-Pumpe gebaut und in den Handel gebracht habe, wenngleich der Klagantrag im Anschluß an die Patentschrift allgemeiner lautet, und es ist nicht ersichtlich, daß hierin im Laufe des Verfahrens eine Aenderung eingetreten ist. In diesem Sinne sollen deshalb auch wohl die beiden Vorderurteile verstanden werden. Aus ihnen geht insbesondere nicht hervor, daß die Kläger auch den Antrag gestellt haben, der Beklagten Bau und Vertrieb ihres Pumpenmodells c zu untersagen. Dies um so weniger, als sich der Antrag auf Unterlassung dem zu befürchtenden Eingriff anpassen muß und aus den Akten nicht entnommen werden kann, jedenfalls aber nicht festgestellt ist, daß das Modell c die im Klagantrag und in der Formel des landgerichtlichen Urteils aufgeführten Merkmale zeigt. Immerhin bestehen in dieser Beziehung Zweifel, die zur Aufhebung des Berufungsurteils führen müssen, weil dieses mit Rücksicht auf die Zwangsvollstreckung Klarheit darüber zu schaffen hat, welche genau zu bezeichnenden Handlungen der Beklagten verwehrt sein sollen. Beziehen sich diese aber lediglich auf die Regina-Pumpe, so ist auch die Frage der Wiederholungsgefahr allein darauf abzustellen, ob zu besorgen ist, daß die Beklagte diese Pumpe erneut herstellen, in Verkehr bringen oder feilhalten werde. Denn nach dem in RGZ. Bd. 48 S. 241 niedergelegten Grundsatz, an dem der Senat seitdem in ständiger Rechtsprechung festgehalten hat, kann der Beklagten — von dem hier nicht vorliegenden Fall einer noch nicht erfolgten, sondern erst künftig zu besorgenden Patentverletzung (vgl. RGZ. Bd. 101 S. 135) abgesehen — nur das zu tun verboten werden, was sie schon getan hat und dessen Wiederholung zu befürchten ist. Es muß die Fortsetzung eines der Vergangenheit angehörenden Tuns der Beklagten auch in Zukunft zu erwarten sein. Dazu genügt nicht irgendeine künftig zu besorgende Verletzung des Klagepatents durch die Beklagte, sondern es muß die bereits früher durch Herstellung und Vertrieb der Regina-Pumpe begangene Verletzung sein. Damit ist natürlich nicht gesagt, daß jede noch so geringfügige Abweichung davon die Wiederholungsgefahr ausschlösse, wenn das Modell, dessen Benutzung in der Zukunft zu befürchten steht, im wesentlichen, insbesondere in Ansehung der die Patentverletzung begründenden Merkmale, mit der Regina-Pumpe übereinstimmt. Insoweit fehlt es aber an ausreichenden Feststellungen, und auch aus diesem Grunde ist die Aufhebung des Berufungsurteils in seinem den Unterlassungsanspruch betreffenden Teil geboten.

Da es ferner nach dem oben Gesagten nicht völlig zweifelsfrei ist, ob sich die ausgesprochene Verurteilung zur Unterlassung nicht auch auf andere Formen als die Regina-Pumpe erstrecken soll, in dieser Richtung aber eine bereits erfolgte Patentverletzung nicht festgestellt ist, unterliegt das angefochtene Urteil auch im übrigen der Aufhebung.

RGZ. 126, 65

1. Unter welchen Voraussetzungen begründet Einräumung der Lizenz an einem Patent ein Gesellschaftsverhältnis?

2—3 .....*)

BGB. §§ 326, 705. PatG. § 6 (PatG. 1936 § 9).

I. Zivilsenat. Urt. v. 26. Oktober 1929.

I. Landgericht Essen. II. Oberlandesgericht Hamm.

Aus den Gründen:

Mit Recht bemängelt die Revision des Klägers die Rechtsansicht des Berufungsgerichts, daß der Vertrag vom 14. Juni 1926 ein Gesellschaftsverhältnis der Parteien begründet habe. Werden, wie hier, gewerbliche Schutzrechte (Patent, Gebrauchsmuster) dergestalt vergeben, daß sich der Veräußerer vom Erwerber einen bestimmten Teil (Hundertsatz oder ähnl.) vom Kaufpreis der zu vertreibenden Ware (oder vom Umsatz oder Gewinn) als Lizenzgebühr versprechen läßt, so liegt darin allein, auch wenn mehrjährige Dauer bedungen ist, in der Regel noch nichts Gesellschaftsartiges. Merkmale der Gesellschaft finden sich erst, wenn beide Teile zu einem gemeinsamen Ziele Tätigkeit entfalten sollen (§ 705 BGB.). Solches trifft z. B. zu, wenn Konstruktionszeichnungen auszutauschen, Verbesserungen gegenseitig mitzuteilen sind; wenn die Erfindung für gemeinschaftliche Rechnung ausgenutzt werden soll; wenn weitere Patente gegenseitig überlassen werden sollen; wenn Aufträge, die der eine Teil nicht ausführen kann oder will, dem anderen anheim-

*) Geringere Bedeutung.

fallen und dergl. (RGZ. Bd. 57 S. 38, Bd. 115 S. 20, Bd. 116 S. 82; JW. 1907 S. 136 Nr. 17; Pietzcker PatG. Anm. 13, 16 und 23 zu § 6). Im gegenwärtigen Falle lagen dem Beklagten Herstellung und Vertrieb der nach Patent und Gebrauchsmuster anzufertigenden Gegenstände ob. Der Kläger sollte nur bis Ende 1927 zur Einführung der Sachen in den einzelnen Bezirken Deutschlands die ihm vom Beklagten zu bezeichnenden Vertreter in Wesen und Vorzügen des Patents und der Muster unterweisen (§ 2 des Vertrags). Diese Hilfstätigkeit während 1½ Jahren war im Vergleich zu der des Beklagten nur von untergeordneter und namentlich von vorübergehender Bedeutung. ...

Fehlt es somit an einem ausreichenden Merkmal, woraus ein Gesellschaftsvertrag folgte, so ist die Auffassung abzulehnen, daß es zur Kündigung vor Ablauf der vertragsmäßigen Zeit eines wichtigen Grundes gemäß § 723 BGB. bedurft hätte und daß die Anwendung des § 326 BGB. auszuschließen sei. Zweiseitige Verträge eigener Art, die, wie der vorliegende, im wesentlichen auf die Einräumung einer Stücklizenz hinauskommen, sind den allgemeinen schuldrechtlichen Regeln und damit auch dem § 326 BGB. unterworfen.

RGZ. 126, 127

1. Kann der Inhaber eines abhängigen Patents gegen den Verletzer dieses Patents auf Unterlassung klagen, obwohl letzterer schon auf die Klage des Inhabers des älteren Patents, von dem das jüngere abhängig ist, rechtskräftig zur Unterlassung verurteilt worden war?

2. Hat in diesem Falle der Inhaber des abhängigen Patents gegen dessen Verletzer auch einen Anspruch auf Schadensersatz, wenn ersterer auf die Klage des Inhabers des älteren Patents selber rechtskräftig zur Unterlassung der Benutzung seines abhängigen Patents verurteilt worden war?

Patentgesetz § 4 (PatG. 1936 § 6).

I. Zivilsenat. Urt. v. 6. November 1929.

I. Landgericht Berlin. II. Kammergericht daselbst.

Die Kläger sind Inhaber des Patents 394 733, erteilt mit Wirkung vom 26. Mai 1920; die Patentschrift ist am 2. Mai 1924 ausgegeben worden. Die ersten drei Patentansprüche lauten:

1. Wicklung für Transformatoren aus übereinandergeschichteten Einzelspulen, dadurch gekennzeichnet, daß auf jede Einzelspule, innerhalb oder außerhalb oder innerhalb und außerhalb des Spulenquerschnittes, bei der Anfertigung der Spule achsiale Stützringe gleicher oder etwas größerer Höhe als die Spule aufgebracht sind.

2. Spule nach Anspruch 1, dadurch gekennzeichnet, daß die außerhalb des Spulenquerschnittes angeordneten Stützringe durch Distanzstücke in Abstand von der Spule gehalten sind und zwischen Spule und Stützring Kühlkanäle bestehen bleiben.
3. Spule nach Anspruch 1 und 2, dadurch gekennzeichnet, daß zwecks Ausleitung der Spulenenden oder zum Uebergang des Spulendrahtes aus einer Lage in die nächstfolgende der Stützring unterbrochen ist.

Die ursprünglich verklagte offene Handelsgesellschaft in Firma A. G. & Co. hat eine Anzahl von Großtransformatoren hergestellt und in Verkehr gebracht (wieviel und bis zu welcher Zeit, ist nicht festgestellt), bei denen gleichfalls die Spulenpakete vom Gewichts- und Verspannungsdruck entlastet sind. Nur benutzte sie dazu keine achsialen Stützringe, sondern eine Mehrzahl einzelner kurzer bogenförmiger Isolationsstücke aus hartem, druckbeständigem Stoff, die in die Spulen fest eingewickelt und etwas höher sind als die Spulenpakete.

Die Kläger erblicken hierin eine schuldhafte Verletzung ihres Patents und haben Klage erhoben auf Unterlassung, Rechnungslegung und Feststellung der Schadensersatzpflicht. Die Firma A. G. & Co. hat bestritten, daß die von ihr seinerzeit hergestellten, mit kurzen, aus dem Spulenpaket herausragenden Isolationsstücken ausgestatteten Hochspannungstransformatoren in das Klagepatent eingriffen. Weiter hat sie geltend gemacht, daß auch abgesehen hiervon die Klaganträge unbegründet seien. An dem Unterlassungsanspruch hätten die Kläger kein Interesse, weil sowohl die beanstandete Vorrichtung, für die ihr übrigens ein Patent erteilt sei, wie auch das Klagepatent vom S.schen Patent 251 229 abhängig seien. In zwei Vorprozessen, die S. gegen sie und die jetzige Klägerin angestrengt habe, sei ihnen beiden untersagt worden, die Hochspannungstransformatoren ihres Systems zu benutzen. Ein abermaliges Verbot sei gegenstandslos. Wiederholungsgefahr bestehe auch deshalb nicht, weil die Firma A. G. & Co. ihre Transformatoren schon seit einiger Zeit in anderer Art baue. Da ferner die Kläger selber ihr Patent wegen Abhängigkeit vom S.-Patent nicht ausführen dürften, hätten sie durch den angeblichen Eingriff in ihr Patent auch keinen Schaden erleiden können.

Das Landgericht erkannte nach dem Klagantrag und gab dabei, entsprechend der Art, wie die Firma A. G. & Co. die Transformatoren herstellte, der Verurteilung zur Unterlassung folgende Fassung:

> ... gewerbsmäßig elektrische Transformatoren herzustellen usw., deren Wicklungen aus übereinander geschichteten Einzelspulen bestehen, in die bei ihrer Anfertigung achsiale Stützstücke eingefügt worden und die dann so aufeinander gelegt worden sind, daß die Stützstücke der übereinander liegenden Einzelspulen entweder unmittelbar übereinander oder oben und unten auf Zwischenstücken

liegen, die zwischen die Einzelspulen gelegt worden sind, und so den Druck der Spulen voneinander abfangen.

Hiergegen legte die Firma A. G. & Co. Berufung ein mit dem Antrag auf Klagabweisung. Im Mai 1928 schloß die Firma A. G. & Co. mit der A. E. G. (die hinter dem S.-Patent stand) einen Stillegungsvertrag ab, demzufolge jene ihren Betrieb einstellte. Die offene Handelsgesellschaft ist gelöscht worden. Die bisherigen Gesellschafter sind an die Stelle der bisherigen Beklagten getreten. Mit Rücksicht hierauf haben die Kläger nunmehr beantragt, die Berufung mit der Maßgabe zurückzuweisen, daß der Unterlassungsanspruch in der Hauptsache erledigt sei. Das Berufungsgericht hat in diesem Sinne erkannt und die Kosten des zweiten Rechtszugs den Beklagten auferlegt. Ihre Revision blieb erfolglos.

Gründe:

Der erkennende Senat hat sich über das Verhältnis des S.-Patents zum Patent der Kläger und zu der jetzt von diesen beanstandeten Bauart der Beklagten in zwei früheren Urteilen (das eine abgedruckt in M. u. W. Bd. 27/28 S. 276) ausgesprochen. Die Rechtslage war danach folgende. Das S.-Patent hatte sich zum ersten Male die Aufgabe gestellt, bei Hochspannungstransformatoren die Spulenpakete von dem Gewichts- und Verspannungsdruck vollständig zu entlasten. Sein Lösungsgedanke bestand darin, daß eine Mehrzahl von segmentartigen Tragstücken, aus mindestens zwei Teilen bestehend, die Spule auf den Segmentstrecken umgab und so den Druck abfing. Die Transformatoren der jetzigen Prozeßparteien dagegen gingen zwar von der gleichen Aufgabe aus, umgaben aber nicht die Spulen an mehreren Stellen mit druckfesten Hüllensegmenten, sondern versahen sie mit Abstützungen, die entweder in Ringform (so die Kläger) oder in Form kurzer bogenförmiger Isolationsstücke (so die Beklagten) beim Wickeln der Spulen mit diesen verbunden wurden und mindestens die gleiche Höhe wie die Spulenpakete hatten oder (so bei den Beklagten stets) etwas über die Spulenpakete hinausragten. Im Anschluß an das Gutachten des dort vernommenen Sachverständigen wurde die Herstellungsform des S.-Patents mit einem Weichtier verglichen, das zum Schutz einer äußeren Schale bedarf, dagegen die Abstützungen der jetzigen Prozeßparteien mit einem Knochengerüst. Durch dieses anschauliche Bild ist das Verhältnis der Bauart nach S. zu den Bauarten der Prozeßparteien gekennzeichnet. Es ist angenommen worden, daß die letzteren Bauarten von dem allgemeinen Erfindungsgedanken des S.-Patents (vollständige Druckentlastung) Gebrauch machen, möglicherweise unter Hinzufügung erfinderischer Verbesserungen.

Nunmehr war zu prüfen, ob die Bauweise der Beklagten von dem Erfindungsgedanken des Klagepatents (vollständige Abstützung mittels „Knochengerüsts") Gebrauch macht. Die Instanzgerichte haben die Frage bejaht. Das Kammergericht insbesondere führt dazu aus: Der neue Gedanke des Klagepatents bestehe darin, daß achsiale Stützstücke (von gleicher oder größerer Höhe als der des Spulenpakets) auf (d. h. zwischen) die einzelnen Spulen aufgebracht wurden, und zwar gleich beim Wickeln der Spulen. Nach Anspruch 3 des Klagepatents brauchten die Stützringe nicht geschlossen zu sein. Aber auch abgesehen hiervon sei der Lösungsgedanke nicht auf die Anbringung lückenloser Ringe beschränkt. Weder der Verlauf des Erteilungsverfahrens noch der damalige Stand der Technik nötigten zu solcher Einschränkung. Allerdings habe das S.-Patent nicht zugelassen, den Gedanken vollständiger Druckentlastung allgemein zu schützen. Aber auch der auf die Abstützung mittels „Knochengerüsts" gerichtete Erfindungsgedanke umfasse innerhalb dieses Bereichs die Aequivalente, und um ein solches handle es sich bei Anbringung segmentartiger Abstützungen von innen. Ob die Vorrichtung der Beklagten nebenbei noch eine erfinderische Zutat aufweise, sei für die Frage der Abhängigkeit belanglos.

Diesen Ausführungen ist im wesentlichen beizustimmen. Sollte allerdings die beanstandete Bauart der Beklagten eine erfinderische Verbesserung enthalten, so käme ein Aequivalent nicht in Frage. Das schlösse aber keinesfalls aus — und darauf will auch der Vorderrichter im Grunde hinaus —, daß der Erfindungsgedanke des Klagepatents eben die Abstützung durch Stützkörper war, welche die Spulen nicht von außen umgaben, sondern in oder an ihnen angebracht waren, und daß der nämliche Erfindungsgedanke auch der Bauweise der Beklagten zugrunde lag.

Ebenso hat das Kammergericht ohne Rechtsirrtum die Voraussetzungen der Unterlassungsklage, wie sie von der Rechtsprechung entwickelt worden sind, als gegeben erachtet. Daß auch der Inhaber eines abhängigen Patents die Eingriffe anderer verbieten kann, ist unbedenklich anzunehmen (vgl. P i e t z c k e r PatG. § 3 Anm. 24). Das, was hier zweifelhaft erscheinen könnte, ist lediglich die Frage der Wiederholungsgefahr im Hinblick auf die bereits erfolgte Verurteilung der Beklagten zur Unterlassung auf die S.sche Klage. Allein wenn man überhaupt dem Inhaber eines abhängigen Patents das Recht zubilligen muß, Eingriffe in sein Patent abzuwehren, auch wenn er es selbst ohne Einwilligung des Inhabers des grundlegenden Patents nicht ausüben darf, so braucht er sich nicht damit zu begnügen, daß dem Verletzer schon auf Grund des unabhängigen Patents die Benutzung der beanstandeten Bauweise untersagt ist. Darauf, daß S. an seinem Verbot festhält, haben die Kläger keinen Einfluß. Ferner sind die Laufzeiten beider Patente verschieden; das S.-Patent soll sogar inzwischen, am 12. September 1929, abgelaufen sein. Wenn endlich das Berufungsgericht es als belanglos für die Frage der Wiederholungsgefahr ansieht, daß die Firma A. G. & Co. die beanstandete Bauweise nicht mehr ausführt, so kann ihm darin aus Rechtsgründen nicht entgegengetreten werden. Denn diese Firma hat, worauf der Vorderrichter mit Recht Gewicht legt, bis zuletzt bestritten, daß sie damit in das Klagepatent eingreife. Und noch bis zum August 1927 hat sie, wie ebenfalls festgestellt wird, Werbeschriften mit der Verletzungsform verbreitet. Mit Recht haben daher die Kläger die Verurteilung der Beklagten zur Unterlassung begehrt. Ebenso trifft zu, daß dieser Anspruch erst durch den Stillegungsvertrag der Beklagten seine Erledigung gefunden hat. ... (Es folgt die Erörterung der Verschuldensfrage.)

Der letzte Einwand der Beklagten geht dahin, daß den Klägern kein Schaden entstanden sein könne, weil ihnen selbst die Ausführung ihres Patents wegen seiner Abhängigkeit vom S.-Patent nicht gestattet sei. Das Landgericht hatte dazu Stellung genommen, indes mit unhaltbarer Begründung. Es führte aus: In jedem Falle hätten die Beklagten den Klägern Schadensersatz für diejenigen Transformatoren zu leisten, die vor ihrer auf Grund des S.schen Patents ausgesprochenen Verurteilung zur Unterlassung hergestellt worden seien. Auf diesen Zeitpunkt kann es aber nicht ankommen. Die Kläger durften schon seit der Erteilung des S.-Patents und sogar wegen des einstweiligen Schutzes nach § 23 Abs. 1 Satz 2 PatG.*) noch früher, seit der Bekanntmachung der Anmeldung, ihre nachmals patentierte Bauweise nicht mehr ausführen. Als zweiten Grund gibt das Landgericht an, jede Patentverletzung habe eine „Diskreditierung" des verletzten Patents zur Folge. Ein Erfahrungssatz dieses Inhalts kann jedoch nicht anerkannt werden.

Indes schon die Kläger haben im zweiten Rechtszug darauf hingewiesen, daß der Patentinhaber bei Verletzung seines Patents den ihm entstandenen Schaden in verschiedener Weise begründen kann. Einmal so, daß er berechnet, was er weniger abgesetzt hat, ferner in der Art, daß er die ihm entgangenen Lizenzgebühren veranschlagt, endlich auch so, daß er den vom Verletzer erzielten Gewinn für sich beansprucht (RGZ. Bd. 84 S. 370 [376 a. E., 377]; RGZ. Bd. 95 S. 220). Die erste von diesen drei Arten fällt hier natürlich fort. Aber die Beklagten hätten, wenn sie erlaubterweise die Abstützungsvorrichtung benutzt hätten, sowohl an S. wie an die Kläger Lizenzgebühr zu entrichten gehabt. Dies meint auch offenbar das Kammergericht, indem es, im Anschluß an die allgemeine Erörterung des Unterlassungsanspruchs bei abhängigen Patenten, sagt, die Abhängigkeit schließe auch einen Schadensersatzanspruch nicht aus, namentlich nicht „unter dem Gesichtspunkte der angemessenen Lizenzgebühr". Ferner würde an sich der von den Beklagten erzielte Gewinn sowohl von S. wie von den Klägern, je zu einem entsprechenden Teile, beansprucht werden können, weil die Beklagten von beiden Erfindungsgedanken Gebrauch gemacht haben. Der Umstand, daß im Vorprozeß von S. gegen die Firma A. G. & Co. die Annahme einer subjektiven Patentverletzung abgelehnt worden ist, spielt hier keine Rolle.

*) PatG. 1936 § 30 Abs. 1 Satz 2.

Denn es genügt für die Feststellung des Schadensersatzanspruchs der Kläger, daß ihnen an den nach der zweiten oder dritten Berechnungsweise zustehenden Beträgen ein Anteil zusteht.

RGZ. 126, 257

1. Muß im Patentstreitverfahren der Berufungsschriftsatz handschriftlich unterzeichnet sein?

2. Unter welchen Umständen liegt in der Einreichung einer nicht unterzeichneten Berufungsschrift durch das Patentbüro einer größeren Firma ein unabwendbarer Zufall?

3. Kann bei Stellung eines Wiedereinsetzungs-Antrags im Patentstreitverfahren die Berufungsschrift unmittelbar beim Reichsgericht eingereicht werden, wenn diese Einreichung die nachzuholende Prozeßhandlung ist?

Patentgesetz § 33 (PatG. 1936 § 42). Verordnung betr. das Berufungsverfahren beim Reichsgericht in Patentsachen, § 1.

I. Zivilsenat. Urt. v. 27. November 1929.

I. Reichspatentamt.

. . .

Gründe:

Ob die Berufung fristgemäß eingelegt worden war, ist davon abhängig, ob der Schriftsatz der Klägerin vom 29. April 1929 dem in § 33 Abs. 1 Satz 3 PatG. aufgestellten Erfordernis schriftlicher Einlegung und Begründung der Berufung genügt, obwohl er nicht unterzeichnet ist. Die Klägerin meint, daß den Anforderungen des Gesetzes bereits durch die Einreichung eines nicht unterzeichneten Schriftsatzes genügt werde. Ihr kann jedoch nicht beigepflichtet werden.

Daß der Berufungsschriftsatz von der Klägerin herrührt, ist nicht im Streit. ... (Wird ausgeführt.) Wollte man daher annehmen, daß die Unterzeichnung des Berufungsschriftsatzes entbehrlich sei, wenn aus seinem sonstigen Inhalt zweifelfrei erkennbar sei, daß er von der das Rechtsmittel in Anspruch nehmenden Partei oder ihrem Vertreter ausgehe, so könnte man zu dem Ergebnis gelangen, daß der Berufungsschriftsatz den Formvorschriften genüge. Diesen Standpunkt hat das Reichspatentamt eingenommen, da es den Mangel der Unterschrift nicht gerügt, sondern die Akten zur Entscheidung über die Berufung dem Reichsgericht vorgelegt hat. Für das Gebiet der Zivilprozeßordnung hat die Rechtsprechung des Reichsgerichts jedoch ständig angenommen, der

Berufungsschriftsatz oder zum mindesten seine in beglaubigter Form gleichzeitig eingereichte Abschrift müsse handschriftlich unterzeichnet sein, um jeden Zweifel auszuschließen, daß er vom Unterzeichner herrühre und daß dieser die Verantwortung für ihn übernehme (RGZ. Bd. 31 S. 375 [378], Bd. 46 S. 375, Bd. 65 S. 81, Bd. 119 S. 62; JW. 1910 S. 338 Nr. 20, 1914 S. 98 Nr. 28 und S. 834 Nr. 11). Es sei, so wird diese Stellungnahme im wesentlichen begründet, nicht vom Ergebnis einer vom Gericht anzustellenden Prüfung abhängig zu machen, ob ein Schriftsatz, mit dessen Einreichung eine den Gang des Rechtsstreits bestimmende Prozeßhandlung vorgenommen werde, von der in Betracht kommenden Person herrühre, sondern dies müsse sich aus ihm ohne weiteres in zweifelsfrei schlüssiger Weise ergeben (RGZ. Bd. 31 S. 378 in Verb. mit JW. 1910 S. 338 Nr. 20).

Gegen die Anwendung dieser Grundsätze auch im Patentstreitverfahren bestehen weder formelle, aus der Fassung des Gesetzes, noch grundsätzliche, aus der Eigenart dieses Verfahrens zu entnehmende Bedenken. Daß die handschriftliche Unterzeichnung nicht ausdrücklich in § 33 PatG. oder in der weiter in Betracht kommenden Vorschrift des § 1 der VO. vom 6. Dezember 1891 erwähnt ist, gibt keine Veranlassung zu gegenteiligen Schlüssen. Die Anwendung jener Grundsätze ist daher auch im Patentstreitverfahren geboten. Maßgebend sind dafür die gleichen Erwägungen wie im bürgerlichen Rechtsstreit. Diese Auffassung beruht somit nicht auf inhaltlosem Formalismus, sondern findet ihre innere Begründung darin, daß sie die Grundlage schafft für einen glatten, durch unnötige Zwischenprüfungen formeller Art nicht beschwerten Gang des Verfahrens; sie liegt demnach im Sinne einer dem Bedürfnis des Rechtsverkehrs gerecht werdenden und somit gesunden Prozeßökonomie. Für das preußische Verwaltungsstreitverfahren, das in mancher Hinsicht Aehnlichkeit mit dem Patentstreitverfahren zeigt, neigt allerdings die Rechtsprechung in neuerer Zeit anscheinend zu anderer Auffassung hin (vgl. Urt. des preuß. Oberverwaltungsgerichts vom 21. März 1910, DJZ. 1910 S. 1414 = preuß. Verw. Bl. Bd. 32 S. 57, im Gegensatz zu den Urteilen vom 7. Juli 1903, preuß. Verw. Bl. Bd. 25 S. 197 und vom 23. April 1908, a. a. O. Bd. 30 S. 559); aber das kann keinen Grund zur Abweichung von der bisherigen Auffassung des Reichsgerichts bieten. ... Danach ist die Berufung nicht innerhalb der gesetzlichen Frist formgerecht eingelegt worden.

Weiter ist zu prüfen, ob der Berufungsklägerin Wiedereinsetzung in den vorigen Stand gegen die Versäumung der Berufungsfrist erteilt werden kann. Den Formerfordernissen, auch denen des § 236 ZPO., ist genügt. Zur Entscheidung über den Antrag auf Wiedereinsetzung ist das Reichsgericht nach § 237 das. zuständig, nachdem das Reichspatentamt durch Uebersendung der Akten zu erkennen gegeben hat, daß es die Berufung für form- und fristgerecht hält. Gemäß § 236 hat der Wiedereinsetzungsantrag auch die Nachholung der versäumten Prozeßhandlung zu enthalten. Es ist darum nicht zu beanstanden, daß die Berufung erneut beim Reichsgericht und nicht beim Reichspatentamt eingelegt worden ist. Auch in diesem Teil des Verfahrens die Einreichung des Berufungsschriftsatzes beim Reichspatentamt zu fordern, liefe lediglich auf eine rein formelle Bemühung des Patentamts um Weitergabe des Schriftsatzes hinaus.

Zur sachlichen Begründung ihres Wiedereinsetzungs-Antrags hat sich die Klägerin darauf berufen, daß der Leiter ihrer Patentabteilung den Berufungsschriftsatz einer in dieser Abteilung ständig mit den dort einschlägigen Verrichtungen befaßten und als zuverlässig und gewissenhaft erwiesenen Hilfskraft zur Vornahme von Verbesserungen ununterzeichnet herausgegeben und daß die Hilfskraft ihn versehentlich, ohne die Unterschrift einzuholen, beim Reichspatentamt eingereicht habe. Diese Angaben erscheinen auf Grund einer eingereichten eidesstattlichen Versicherung glaubhaft.

Bei einem Betrieb von der Bedeutung desjenigen der Klägerin ist eine Arbeitsteilung zulässig, bei welcher mechanische Arbeiten, wie die Fertigmachung und Absendung von Schriftsätzen, der Fürsorge von Hilfskräften überlassen bleiben. Ein Versehen der letzteren ist in solchem Falle nicht dem Abteilungsleiter oder Geschäftsführer zur Last zu legen, wenn diese ihrer Ueberwachungs- und Sorgfaltspflicht nachgekommen sind (vgl. WarnRspr. 1928 Nr. 141 und die dort angeführten Entscheidungen). Als Maßnahme, die im vorliegenden Fall voraussichtlich den Formfehler ausgeschlossen hätte, kommt die Einrichtung einer alle ausgehenden Schreiben nochmals überprüfenden Stelle in Betracht. Billige Rücksicht auf die Wirtschaftlichkeit und Vereinfachung des Geschäftsverkehrs läßt es jedoch als geboten erscheinen, solche Anforderungen, welche die Gefahr einer Ueberorganisation mit sich bringen, nicht zu überspannen. Die Sorgfaltspflicht wird, von besonderen Fällen abgesehen, in erster Linie ihren Ausdruck darin finden, daß nur eine in solcher Tätigkeit erprobte und als zuverlässig befundene Person ständig mit ihr betraut wird, selbstverständlich ohne daß damit eine Ueberwachung dieser Tätigkeit wegfiele, wie sie sich im täglichen Verkehr ohne weiteres als möglich ergibt. Für Geschäftsbetriebe, in denen die Beachtung von Formalien ständig eine besondere Rolle spielt (z. B. bei Rechtsanwaltskanzleien), mögen die Anforderungen zu erhöhen sein. Im vorliegenden Fall fehlt es an hinreichenden Anhaltspunkten für die Notwendigkeit, eine derartige Ueberwachungsstelle einzuschalten.

Danach beruht die Nichtunterzeichnung der Berufungsschrift nicht auf einem Verschulden leitender Stellen der Klägerin, sondern auf dem als unabwendbarer Zufall zu bezeichnenden Versehen einer an sich erprobten Hilfskraft.

RGZ. 126, 280

1. Was gehört zur Verschaffung eines verkauften Rechts?

2. Gehört es beim Patentverkauf zur Vorleistung des Verkäufers, daß er dem Käufer eine beglaubigte Abtretungserklärung über die Rechte an dem Patent aushändigt?

3. Ausschließung des Verzugs durch das bloße Bestehen eines Einrederechts, auch ohne dessen Geltendmachung.

BGB. §§ 284, 320, 398, 403, 413, 433. Patentgesetz § 19 Abs. 2.

(PatG. 1936 § 24 Abs. 2.)

I. Zivilsenat. Urt. v. 14. Dezember 1929.

I. Landgericht Hanau. II. Oberlandesgericht Kassel.

. . .

Aus den Gründen:

... Das Urteil gründet sich darauf, daß nach dem Vertrage vom 3. Mai 1927 die erste vom Käufer zu leistende Teilzahlung am 1. Oktober 1927 fällig geworden, aber erst am 31. Januar 1928, somit mehr als einen Monat zu spät entrichtet worden, also die vertraglich vorgesehene Folge eingetreten sei: Fälligkeit des ganzen Kaufpreisrestes. Die Beklagten verfechten dawider die Auffassung: „B. hätte als Verkäufer vorleisten müssen. Zu seiner Vorleistung gehörte, daß er dem Käufer (K.) eine öffentlich (gerichtlich oder notariell) beglaubigte Urkunde über die Abtretung der Rechte am Patent 448 499 aushändigte. Tat er das nicht, so wurde der vom 1. Oktober 1927 ab in Teilbeträgen zu entrichtende Kaufpreis nicht fällig; Verspätung der ersten Teilzahlung über den 1. November 1927 hinaus bewirkte mithin keine Fälligkeit des ganzen Restes. Uebrigens wäre Verzug, soweit eingetreten, dadurch geheilt worden, daß der Gläubiger, ohne ihn geltend zu machen, die Forderung an die jetzige Klägerin veräußert hat. Und die geleisteten drei Teilzahlungen sind sämtlich nicht länger als einen Monat nach dem Vierteljahrsanfang erfolgt." Ausführungen hiergegen enthält allerdings das Berufungsurteil nicht. Aber eine auf Rechtsirrtum beruhende Lücke seiner Begründung liegt darin um so weniger, als die Beklagten größtenteils erst in der Revisionsverhandlung diese Darlegung ihres Rechtsstandpunktes unternommen haben. Ihrer Ansicht ist nicht beizutreten.

Wer, wie es im Vertrage vom 3. Mai 1927 geschah, ein Recht verkauft, ist verpflichtet, dem Käufer dieses Recht zu verschaffen und, wenn das Recht zum Besitz einer Sache befugt, die Sache zu übergeben (BGB. § 433 Abs. 1 Satz 2). Der Vertrag bezeichnet sich in der Ueberschrift ausdrücklich als Kaufvertrag und spricht im ersten Satze aus, daß B. seine sämtlichen ihm aus dem Patent Nr. 125 069 IX/B 4 des Patentamts (nachher Nr. 448 499) zustehenden Rechte betr. den „in sich verstellbaren Reflektor" an K. verkaufe. Da nach diesem Vertragsinhalt auch die Verfügung über das Patent an K. übertragen wurde, so liegt unbedenklich ein Verkauf vor.

a) Die dem Verkäufer (kraft schuldrechtlichen Vertrags) obliegende (dingliche) Verschaffung des Rechts am Patent vollzieht sich dadurch, daß es auf den Käufer übertragen und er in den Stand gesetzt wird, darüber zu verfügen. Das Verkehrsleben pflegt zwischen der Abtretung des Patents (Uebertragung, Verschaffung) und ihrer schuldrechtlichen Vertragsgrundlage nicht scharf zu unterscheiden. Meistens geschieht — bei Sachen wie bei Rechten — mit dem Verkauf oder der sonstigen Veräußerung zugleich unmittelbar und stillschweigend alsbald die Abtretung. Auch bei der Veräußerung von Patenten werden deshalb regelmäßig mit dem Abschluß des Veräußerungsgeschäfts Anspruch und Recht sogleich auf den Erwerber übergehen, ohne daß es außer dem Vertrage noch einer besonderen Uebertragungshandlung bedarf. ... Patentrechte werden nach den allgemeinen Vorschriften des Bürgerlichen Gesetzbuchs (§§ 398, 413) durch bloßen formfreien Vertrag übertragen. Die Lehrmeinung, daß es dazu der Eintragung in die Patentrolle (§ 19 Abs. 2 PatG.)*) bedürfe, wird von der Rechtsprechung abgelehnt (RGZ. Bd. 75 S. 227.) Allerdings gehört bei Rechten, über die man nur verfügen kann, wenn man eine bestimmte Urkunde in Händen hat, zur Verschaffung auch die Uebergabe dieser Urkunde (RGZ. Bd. 63 S. 424/25). Aber die beglaubigte Abtretungserklärung bei Patentveräußerungen ist keine solche Urkunde. Denn für den Uebergang des Patentrechts ist — auch Dritten gegenüber — das Uebertragungsgeschäft allein erforderlich und ausreichend. Nur bleibt „nach Maßgabe des Patentgesetzes" der bisherige Patentinhaber berechtigt oder verpflichtet, solange der neue nicht in der Patentrolle vermerkt ist. Um diese Kundmachung herbeizuführen, muß die geschehene Aenderung in beweisender Form zur Kenntnis des Patentamts gebracht werden (§ 19 Abs. 2 PatG.*); JW. 1902 S. 97 Nr. 36 und S. 98 Nr. 37, 1908 S. 53 Nr. 32, 1911 S. 374 Nr. 40). Demnach umfaßt die Vorleistung des Patentverkäufers nicht notwendig die Aushändigung einer beglaubigten Abtretungserklärung. Abweichendes kann allerdings bedungen werden. Eine solche Abrede muß jedoch, sofern sie nicht klar aus den Vertragsworten erhellt, aus dem besonderen Zweck oder aus den begleitenden Umständen des Vertrags zu erkennen sein. Im vorliegenden Fall ist dergleichen nicht ersichtlich. Dem Vertrage kann man nicht entnehmen, daß der Preis zur vereinbarten Zeit nur dann fällig sein solle, wenn B. vorher dem Käufer eine öffentlich beglaubigte Abtretungserklärung ausgehändigt und ihm dadurch die sicheren Unterlagen zur Umschreibung in der Patentrolle gewährt habe. ... Daß es etwa verkehrsüblich sei, alsbald eine beglaubigte

*) PatG. 1936 § 24 Abs. 2.

Einwilligung zur Umschreibung in der Patentrolle an den Erwerber auszuhändigen, ist nicht geltend gemacht worden; es bestand also keine Veranlassung, diese Möglichkeit und ihre rechtlichen Folgen zu erörtern. Verstoß gegen § 139 ZPO. ist nicht gerügt.

b) Nach herrschender Gesetzesauslegung wird allerdings Eintritt des Verzugs regelmäßig schon durch das tatsächliche Bestehen eines Einrederechts ausgeschlossen. Daß dieses Recht geltend gemacht wird, ist nicht nötig. Bei gegenseitigen Verträgen gerät daher der Schuldner nicht in Verzug, so lange der Gläubiger zur Erfüllung der ihm obliegenden Leistung nicht bereit und imstande ist; und zwar auch dann nicht, wenn er mit Rücksicht auf die noch ausstehende Leistung des andern Teils (§ 320 BGB.) die eigene Leistung noch nicht ausdrücklich verweigert hat (RGZ. Bd. 59 S. 24/25; Seuff. Arch. Bd. 76 Nr. 48 = JW. 1921 S. 523 Nr. 2 = WarnRspr. 1921 Nr. 42). Daraus ließe sich für den gegenwärtigen Fall folgern: Wenn B. schon vor dem 1. Oktober 1927 — an dem die erste Kaufpreisrate fällig wurde — die Aushändigung einer beglaubigten Abtretungserklärung verweigert hätte, so wäre in diesem Zeitpunkte der Käufer befugt gewesen, die erste Teilzahlung zu verweigern, und es wäre, Fortdauer solcher Rechtslage vorausgesetzt, der Verzug nicht eingetreten, bei dessen mehr als einmonatiger Dauer der ganze Kaufpreisrest fällig sein sollte. In dieser Hinsicht fehlt es jedoch wiederum an Behauptungen der Beklagten. Der unstreitige oder von der Vorinstanz festgestellte Sachverhalt gewährt keinen Anhalt. ...

c) Die Meinung der Beklagten, ihr etwa eingetretener Zahlungsverzug sei dadurch geheilt, daß B. ihn nicht geltend gemacht habe, findet in den begleitenden Umständen keine ausreichende Stütze. (Wird dargelegt.) . . .

RGZ. 127, 243

Ueber die Pflicht des Zwangslizenznehmers zur Rechnungslegung, ihren Umfang und Inhalt.

BGB. § 259. Patentgesetz § 11 (PatG. 1936 § 15).

I. Zivilsenat. Urt. v. 12. Februar 1930.

I. Landgericht Bochum. II. Oberlandesgericht Hamm.

. . .

Aus den Gründen:

Das Berufungsgericht nimmt mit Recht an, daß die Klägerin, wenn sie befugt sein sollte, den durch das Urteil des Reichsgerichts vom 3. Januar 1927 für H. S. begründeten Anspruch auf Zahlung einer Zwangslizenzgebühr geltend zu machen, von der Beklagten Rechnungslegung verlangen könnte. Eine solche Pflicht zur Rechnungslegung ist für die vertragliche Lizenz vom erkennenden Senat bereits im Urteil vom 9. Juli 1921 I 23/20 (Ztschr. f. Industrierecht Bd. 15 S. 93 = M. u. W. Bd. 21 S. 189) anerkannt worden, und das muß in entsprechender Anwendung der Vorschriften der §§ 666, 681 BGB. auch gegenüber dem Zwangslizenznehmer gelten. Der Streit der Parteien geht um Inhalt und Umfang der Pflicht zur Rechnungslegung. ...

Die Pflicht zur Rechenschaftsablage hat, da die Erteilung von Belegen weder als üblich behauptet noch verlangt wird, gemäß § 259 Abs. 1 BGB. die Verpflichtung zum Inhalt, dem Berechtigten eine geordnete Zusammenstellung der Einnahmen mitzuteilen. Hierin erschöpft sie sich aber regelmäßig nicht. Der Zweck der Rechnungslegung ist der, dem Berechtigten eine Prüfung zu ermöglichen, ob und in welcher Höhe ihm Ansprüche gegen den Verpflichteten zustehen. Deshalb ist in der Rechtsprechung des Reichsgerichts stets anerkannt worden, daß die erteilte Auskunft dem Berechtigten die Möglichkeit der Nachprüfung ihrer Richtigkeit geben muß (RGZ. Bd. 53 S. 254; RGU. vom 26. Januar 1926 VI 459/25*); RGU. vom 11. Januar 1929 III 212/28). Was hierzu erforderlich ist, bestimmt sich nach den Umständen des einzelnen Falles unter Berücksichtigung der Verkehrsübung. Vor allem aber steht die Verpflichtung zur Auskunfterteilung aus § 259 Abs. 1 BGB. unter der allgemeinen Regel des § 242 BGB. Das versteht sich von selbst, ist aber auch vom Reichsgericht im Urteil vom 31. Mai 1919 I 32/19 ausgesprochen worden. Die Beklagte braucht daher dem Klageverlangen nicht nachzukommen, wenn dies Treu und Glauben widersprechen würde, mag es auch unter anderen Umständen als gerechtfertigt erscheinen.

Nun stellt das Oberlandesgericht fest, daß die Klägerin die Klage erhoben hat, nicht weil sie befürchtet, in ihren Zwangslizenzgebühren zu kurz zu kommen, sondern weil sie Wert darauf legt, zu Wettbewerbszwecken ständig die ihr nicht bekannten Abnehmer der Beklagten zu erfahren. Diese Feststellung ist einwandfrei getroffen. ... Die Annahme widerspricht auch nicht allgemeiner Lebenserfahrung, sondern liegt bei dem wirtschaftlichen Kampf, in dem die Parteien miteinander stehen, ziemlich nahe. Außerdem hat das Oberlandesgericht in rechtlich nicht zu beanstandenden Ausführungen seine Ueberzeugung dahin begründet, daß die beanspruchte Auskunft nicht erforderlich sei, um der Klägerin die Prüfung der Richtigkeit der gelegten Rechnung zu ermöglichen. ... Bei dieser besonderen Sachlage enthält es keine Gesetzesverletzung, wenn das Berufungsgericht die Beklagte nach Treu und Glauben nicht für verpflichtet erachtet, dem Klagebegehren zu genügen.

*) „Recht 1926 Nr. 406".

RGZ. 128, 205

1. Zur Auslegung einer Gebrauchsmuster-Anmeldung.

2. Welche Anforderungen sind an die Offenbarung des Erfindungsgedankens bei einem Gebrauchsmuster zu stellen?

3. Zum Begriff der neuen Gestaltung in § 1 GebrMG., insbesondere in dem Falle, daß sie das Ergebnis eines neuen Verfahrens ist.

4. Genügt eine geringe Verschiedenheit gegenüber Vorbekanntem? Muß sie nach außen hin in die Erscheinung treten? Muß sie durch die menschlichen Sinne ohne weitere Hilfsmittel wahrnehmbar sein?

Gebrauchsmusterschutzgesetz § 1.

I. Zivilsenat. Urt. v. 9. April 1930.

I. Landgericht I Berlin. II. Kammergericht daselbst.

.....

Aus den Gründen:

1. .....

... Der gerichtliche Sachverständige und mit ihm das Kammergericht unterscheiden zwei Arten der Gußverschweißung. Bei der einen befindet sich zwischen den zusammengeschweißten Schichten zweier Metalle nur so wenig Metall aus beiden Schichten, nur eine so dünne durch Diffusion entstandene Verschweißungsschicht (Haut), daß räumlich nur zwei unmittelbar aneinander stoßende Schichtkörper zu unterscheiden sind, wenn auch im Querschnitt eine sich strichförmig andeutende feine Zwischenschicht sichtbar wird. Bei der zweiten Art stoßen die verschweißten Metalle räumlich nicht aneinander, sondern zwischen ihnen und stofflich mit ihnen verbunden befindet sich eine Zwischenschicht von einer gewissen Stärke, eine Verschmelzungsschicht. Nach dem Gebrauchsmuster der Klägerin soll, wie das Kammergericht annimmt, die Rotgußlagerschale mit dem eisernen Mantel in der ersten Art verschweißt sein. Die Bedenken, welche die Beklagte gegen diese Unterscheidung vorgebracht hat, sind, wie in den Urteilsgründen ausdrücklich bemerkt wird, gewürdigt worden, das Kammergericht hat sie aber auf Grund der schriftlichen Gutachten des Sachverständigen und seiner Erläuterungen in der mündlichen Verhandlung nicht für begründet erachtet. Das muß für das Revisionsgericht maßgebend sein. Daß die physikalischen Vorgänge beim metallurgischen Schweißen und beim Löten gleichartig seien, sagt auch der Sachverständige. Daraus folgt aber nicht, daß es sich bei dem Gebrauchsmuster der Klägerin um keine Schweißung handelt. Von einem dritten zur Verbindung des Rotgusses mit dem Eisen dienenden Metall, wie es nach der Revisionsbegründung beim Löten benutzt wird, ist dort nicht die Rede. Sind hiernach die Begriffe der

Verschweißung und Verschmelzung und die beiden Arten der Gußverschweißung einwandfrei festgestellt, so ist auch die Auslegung der Gebrauchsmusteranmeldung nicht zu beanstanden. Dann konnte, wenn auch in dem Schutzanspruch nur von Verschweißung die Rede ist, der Beschreibung unbedenklich entnommen werden, daß Gußverschweißung ohne Verschmelzung — also mit einer sog. Diffusionsschicht — gemeint ist, obgleich sich der Ausdruck „Diffusionsschicht" dort nicht findet.

2. Daraus ergibt sich auch schon, daß es nicht an einer genügenden Offenbarung des Erfindungsgedankens fehlt. ... Insbesondere ist es nicht erforderlich, daß der Gegenstand des Gebrauchsmusters aus der Zeichnung allein mit aller Deutlichkeit zu entnehmen ist, wenn er nur aus ihr in Verbindung mit der Beschreibung hervorgeht. Das aber ist nach der auf Grund des Gutachtens des Sachverständigen einwandfrei getroffenen Feststellung des Kammergerichts der Fall. Denn danach zeigt die Zeichnung dem Fachmann unzweideutig die Verbindung der beiden Schichten einer einstückigen Lagerschale, von denen die innere zur Aufnahme des Lagermetalls bestimmt ist, durch Gußverschweißung; und aus der Beschreibung, insbesondere aus ihrem Hinweis auf das Monnot-Patent, ersieht er, welche der beiden Arten von Gußverschweißung gemeint ist. ... Zu weit gehende Anforderungen stellt die Revision, wenn sie in der Beschreibung des Gebrauchsmusters eine Angabe darüber vermißt, wie die Verbindung der Rotgußschale mit dem eisernen Mantel räumlich in Erscheinung treten und erkennbar sein soll, z. B. durch Röntgenometrie oder Röntgenographie; denn diese Kenntnis wohnt jedem Fachmann ohne weiteres inne, wie aus dem Gutachten des Sachverständigen entnommen werden muß. Der Fachmann weiß offenbar auch, wie er verfahren muß, um eine dem Gebrauchsmuster entsprechende Verschweißung zu erzielen.

3. Die Revision vertritt ferner die Meinung, daß das Gebrauchsmuster der Klägerin nicht schutzfähig sei; denn es fehle an einer Raumform im Sinne des Gesetzes, weil das Ergebnis des darin behandelten Verfahrens im Raum nicht in die Erscheinung trete und nicht unmittelbar durch die menschlichen Sinne, sondern erst nach Zerstörung der Vorrichtung und nur unter Zuhilfenahme anderer Naturkräfte wahrgenommen werden könne. Die Schutzfähigkeit ist indessen vom Kammergericht mit Recht bejaht worden.

Ein Gebrauchsgegenstand ist des Gebrauchsmusterschutzes fähig, wenn er die im Raum verkörperte Darstellung eines dem Gebrauchszweck dienenden Erfindungsgedankens ist (RGZ. Bd. 115 S. 280 [285]). Lagerschalen aus Eisen mit Rotgußeinlage waren bekannt, wie sich aus der Gebrauchsmusteranmeldung der Klägerin selbst ergibt. Neu ist die Art der Verbindung der beiden Teile durch Gußverschweißung ohne Verschmelzung. Die Frage ist, ob dieses Neue in einer den Anforderungen des Gesetzes entsprechenden Weise räumlich in die Erscheinung tritt. Das kann nicht schon deshalb geleugnet werden, weil es sich dabei um eine gegenüber den vorbekannten Lagerschalen nur sehr geringe Verschiedenheit handelt. Denn, wie der Senat bereits in RGZ. Bd. 71 S. 195 (198) anerkannt hat, braucht die Verschiedenheit jedenfalls dann nicht eine in die Augen springende zu sein, wenn sie von einem neuen Verfahren herrührt und eine Steigerung des Gebrauchswertes des Gegenstandes zur Folge hat, weil in einem solchen Falle die Besonderheiten des Verfahrens auch im Ergebnis zum Ausdruck gelangen. So liegt die Sache hier. Gußverschweißung ohne Verschmelzung war zwar an sich bekannt, neu ist sie aber in ihrer Anwendung bei Lagerschalen, und hier hat sie zur Folge, daß die Lagerschalen dadurch für ihren Zweck brauchbarer werden.

Die Schutzfähigkeit des Gebrauchsmusters der Klägerin ist auch nicht deshalb zu verneinen, weil die Art der Verbindung der beiden Lagerschalenteile erst nach Zerstörung der Lagerschale erkannt werden kann. Denn das Gesetz verlangt nur eine neue Gestaltung, Anordnung oder Vorrichtung, ohne das Erfordernis aufzustellen, daß sie nach außen sichtbar sein müsse. Ob in einem Fall wie dem vorliegenden der Vorschrift in § 2 Abs. 3 GebrMG. nach ihrem Zweck nur durch ein Modell oder eine Abbildung genügt wird, welche die neue Gestaltung der Vorrichtung in ihrem Inneren ersichtlich macht, braucht nicht entschieden zu werden, da hier dieser Anforderung genügt wäre. Demgemäß hat der Senat in seinem Urteil vom 24. Januar 1914 I 212/13 die Musterschutzfähigkeit eines Wagenrades nicht deshalb verneint, weil das dort offenbarte Neue zum Teil die inneren, bei nur äußerer Besichtigung nicht erkennbaren, verborgenen Teile betraf.

Wenn auch nach dem Gesagten der neue Erfindungsgedanke bei einem Gebrauchsmuster in einer Raumform verkörpert sein muß, so ist es doch nicht erforderlich, daß sie gerade durch die Augen wahrzunehmen ist; es genügt vielmehr auch die durch einen anderen Sinn vermittelte Wahrnehmbarkeit. Dies ist in RGZ. Bd. 84 S. 65 allerdings nur für den dort behandelten Fall ausgesprochen worden, daß eine neue Anordnung im Sinne des § 1 GebrMG. durch Anwendung eines neuen Stoffes gegeben ist, hat aber allgemeine Gültigkeit, da das Gesetz eine Unterscheidung nicht rechtfertigt. Grundsätzlich kann es für die Frage der Gebrauchsmusterschutzfähigkeit auch nicht darauf ankommen, ob die menschlichen Sinne für sich allein zur Wahrnehmung hinreichen, oder ob dies nur unter Zuhilfenahme von Erfahrungstatsachen und Schlußfolgerungen möglich ist, oder ob die Sinne dazu andere ihre Leistungsfähigkeit erhöhende Hilfsmittel brauchen, oder ob man sich wissenschaftlich ausgearbeiteter Verfahrens- und Erkenntnisweisen bedienen muß. Es genügt daher den gesetzlichen Erfordernissen, daß die schmelzungsfreie Verschweißung zwischen den beiden Teilen des Gebrauchsmusters der Klägerin mit Hilfe der Röntgenometrie oder der Röntgenographie zu erkennen ist. ...

RGZ. 130, 6

Zum Begriff „neue Gestaltung, Anordnung oder Vorrichtung" nach § 1 des Gebrauchsmustergesetzes.

I. Zivilsenat. Urt. v. 17. September 1930.

I. Landgericht Köln, Kammer für Handelssachen. II. Oberlandesgericht daselbst.

Der Beklagten ist mit Wirkung vom 18. April 1928 durch das Gebrauchsmuster Nr. 1 031 778 „eine Käse-Auslese enthaltende Käsepackung" geschützt. Der Schutzanspruch lautet ebenso wie die Bezeichnung.

Die Beschreibung sagt hierüber: Es seien Käsepackungen „mit in sogenannte Teilchen oder Eckchen unterteiltem Käse" bekannt, wobei die einzelnen in Zinnfolie oder dergleichen eingewickelten Stücke in einer halbrunden oder runden Schachtel untergebracht seien. Eine solche Käsepackung sei auch Gegenstand der vorliegenden Anmeldung. Die Neuerung bestehe darin, daß verschiedene Käsesorten, also eine Käse-Auslese, zu einer Packung vereinigt seien, so daß die Hausfrau, auch wenn sie nur eine Käsepackung erwerbe, eine Käse-Auslese auf den Tisch bringen könne. Das Modell stelle eine halbrunde Käsepackung dar mit drei verschiedenen Sorten. Die Käsepackung könne aber auch rund oder eckig sein und beliebig viele Sorten Käse enthalten.

Die Klägerin behauptet, daß die durch das Gebrauchsmuster geschützte Käsepackung nicht neu und schutzfähig sei. Sie hat deshalb beantragt, die Beklagte zur Löschung des Gebrauchsmusters zu verurteilen. Die Beklagte hat das Klagevorbringen bestritten. Sie unterlag in allen drei Rechtszügen.

Aus den Gründen:

... Mit dem Vorderrichter ist anzunehmen, daß eine Käsepackung wie jede andere Warenpackung sehr wohl Gegenstand eines Gebrauchsmusters sein kann. Allein das streitige Gebrauchsmuster beansprucht nicht den Schutz für die Raumform der Packung an sich, also nicht für die beispielsweise im Modell gewählte halbrunde Form mit kleinen Käsestücken in Form von Tortenstücken, sondern es will den Gedanken geschützt haben, daß diese tortenstückartig zugespitzten (oder beliebig anders gestalteten) kleinen Käsestücke aus verschiedenen Käsearten bestehen. Dieser Gedanke tritt aber, wie das Berufungsgericht mit Recht angenommen hat, nicht als Raumform in die Erscheinung. Als Raumform, die an sich, d. h. abgesehen von Neuheit und Erfindungshöhe, schutzfähig sein könnte, ist nur die Verpackungsart selbst anzusehen, nicht dagegen das, was in die Verpackung hineinkommt. Man kann auch nicht an eine etwa schutzfähige Stoffvertauschung denken in der Weise, daß bisher ein Nebeneinandergeordnetsein kleiner Käsestücke derselben Sorte bekannt war und statt dessen jetzt ein Nebeneinandergeordnetsein kleiner Käsestücke verschiedener Sorten vorgeschlagen wird. Denn als Raumform tritt immer nur hervor die Anordnung von kleinen Käsestücken in einer allgemeinen Packung (Schachtel), wobei jedoch jedes einzelne Käseteilchen außerdem eine besondere Verpackung erhalten hat. Der Unterschied von den bekannten Fällen der Stoffvertauschung, z. B. in RGZ. Bd. 41 S. 37, liegt zutage. Dort nimmt die Stoffvertauschung an der Raumform selbst teil, ist der neue Stoff Teil der Raumform. Hier ist das Neue die Füllung der Raumform, aber nicht sie selbst.

So betrachtet erweist sich die gemischte Verbraucherpackung des Gebrauchsmusters, soweit die Raumform in Frage kommt, als formgleich mit der bekannten Verbraucherpackung von Käsestückchen gleicher Sorte und entbehrt daher der Neuheit. Schon deshalb ist das Berufungsurteil begründet, ohne daß es eines Eingehens auf die weiter darin angeführten Gründe bedarf.

RGZ. 130, 108*)

1. Wann kann der Patentinhaber vom Verletzer denjenigen Betrag herausverlangen, um welchen der Verlust, den der Verletzer bei Herstellung und Vertrieb des betreffenden Gegenstandes gehabt hat, noch gewachsen wäre, wenn der Verletzer hierbei das Patent nicht benutzt hätte (sog. Verlustersparnis)?

2. Zur Schadensermittlung gemäß § 287 ZPO.

Patentgesetz § 35 (PatG. 1936 § 47).

I. Zivilsenat. Urt. v. 22. Oktober 1930.

I. Landgericht Stuttgart. II. Oberlandesgericht daselbst

Der Beklagte war Inhaber der Patente 189 636 und 208 441, die Klägerin Inhaberin des Gebrauchsmusters 322 281. Die Klägerin hat auf Feststellung geklagt, daß sie mit den von ihr hergestellten Glühlampen die beiden Patente nicht verletze, ferner, daß sie befugt sei, das Patent 208 441 zu benutzen. Der Beklagte behauptete, die Klägerin verletze durch Herstellung und Vertrieb von Glühlampen nach ihrem Gebrauchsmuster seine Patente. Neben weiteren Ansprüchen hat er wegen dieser Verletzungen widerklagend Rechnungslegung und Schadensersatz begehrt. Dem Antrag auf Rechnungslegung ist unter zeitlicher Beschränkung rechtskräftig entsprochen worden.

---

*) Vgl. Bd. 144, 187 [192] (abgedr. weiter unten in diesem Abschnitt).

Der Beklagte hat darauf die Klägerin zur Rechnungslegung aufgefordert. Die Klägerin kam dieser Aufforderung nach; ihre vier Vorstandsmitglieder haben die Richtigkeit und Vollständigkeit der Rechnungslegung gemäß weiter ergangenen Teilurteilen durch den Offenbarungseid bekräftigt, in Verbindung hiermit aber noch eine weitere Rechnungslegungs-Erklärung überreicht.

Im Verfahren vor dem Landgericht hatte der Beklagte neben dem Antrag auf Auferlegung des Offenbarungseides beantragt, die Klägerin schon jetzt durch Teilurteil zur Zahlung von 325 000 RM. nebst Zinsen zu verurteilen, da in dieser Höhe ein der Klägerin aus der Patentverletzung erwachsener Gewinn bereits feststellbar sei. Die Klägerin bestritt indes, daß sie im Gesamtergebnis aus der Patentverletzung überhaupt einen Gewinn erzielt habe. Das Oberlandesgericht erkannte in Uebereinstimmung mit dem Landgericht dem Beklagten den Betrag von 100 000 RM. nebst Zinsen zu. Die Revision der Klägerin führte zur Aufhebung dieses Urteils und zur Zurückverweisung der Sache.

Aus den Gründen:

I. Drei Wege der Schadensberechnung stehen nach ständiger Rechtsprechung (RGZ. Bd. 43 S. 56, Bd. 50 S. 111, Bd. 84 S. 376, Bd. 95 S. 220, neuerdings noch Reichsgerichtsurteil vom 6. November 1929 I 152/29)*) dem Patentinhaber gegen den Verletzer offen, die Forderung des eigenen entgangenen Gewinnes, die Forderung der Lizenzgebühr, die ihm dem Verletzer gegenüber entgangen ist, und schließlich die Forderung der Herausgabe des vom Verletzer erzielten Gewinnes. Hiervon hat der Beklagte den dritten Weg gewählt. Der Umfang dieses Anspruchs ist unter den Parteien nicht nur ziffernmäßig streitig. Uneinigkeit besteht auch schon darüber, wie der Begriff des herauszugebenden Gewinnes grundsätzlich zu umgrenzen ist. Zu diesem Punkte hat sich das Berufungsgericht bereits in einem früheren Teilurteil geäußert, und es hat die dort niedergelegte Auffassung ersichtlich auch der Schadensbemessung in dem jetzt angegriffenen Urteil zugrunde gelegt. In jenem Teilurteil ist hierzu ausgeführt: Für die Feststellung des von der Klägerin durch die Verletzung gezogenen Gewinnes sei die Frage zu beantworten, um wieviel sich die Vermögenslage der Klägerin schlechter gestellt hätte, wenn sie von dem für den Beginn der Gewinnherausgabe maßgebenden Tage, dem 2. November 1911, bis zum Aufhören der Verletzung — nach der jetzigen Feststellung spätestens bis Ende 1915 — die Patente des Beklagten durch Herstellung und Vertrieb von Glühlampen gemäß dem Gebrauchsmuster 322 281 nicht verletzt hätte.

Diese Erwägungen des Berufungsgerichts sind von Rechtsirrtum beeinflußt. Ein Anspruch des Verletzten auf Herausgabe des vom Verletzer durch die Verletzung gezogenen Gewinnes kann grundsätzlich nur

*) Abgedr. in M. u. W. 1930 S. 24.

geltend gemacht werden, wenn der Verletzer durch die Benutzung des Patents tatsächlich einen Gewinn im Sinne eines Ueberschusses des Erlöses über die Unkosten herausgewirtschaftet hat. Kommt kein solcher Gewinn, sondern ein Arbeiten mit Verlust in Betracht, so sind die Voraussetzungen für eine Schadensberechnung des Verletzten auf dieser Grundlage nicht gegeben. Die erörterte Art der Schadensberechnung beruht auf der Erwägung, daß der Verletzer sich so behandeln lassen müsse, als ob er das Patent lediglich in Geschäftsführung für den Inhaber benutzt hätte, und daß er daher in rechtsähnlicher Anwendung der Grundsätze in § 687 Abs. 2, § 667 BGB. zur Herausgabe des durch die Verletzung Erlangten gehalten sei. Jedoch darf bei Betrachtung des Sachverhalts unter diesem Gesichtspunkt nicht aus dem Auge gelassen werden, daß es sich nach § 35 PatG. immer allein um den Ersatz des Schadens handelt, der dem Verletzten dadurch entstanden ist, daß der Verletzer die Früchte des Patents gezogen hat. Mit dem Begriff des Schadensersatzes ist es indes nicht vereinbar, dem Verletzten einen Anspruch auf die Vorteile einzuräumen, die der Verletzer bei an sich verlustbringender Benutzung des Patents durch dessen Verwertung gegenüber den ihm zugänglichen Herstellungsweisen gezogen hat. In solchem Falle stehen dem Verletzten die beiden anderen Wege der Schadensberechnung offen. Der abweichenden Auffassung des Berufungsgerichts, daß auch Verlustersparnis herauszugeben sei, kann nicht beigetreten werden. ...

II. ... Das Berufungsgericht hat von der Befugnis aus § 287 ZPO. Gebrauch gemacht und den Schaden in Höhe eines Mindestbetrags nach freier Ueberzeugung geschätzt. Als wesentlichen Umstand für seine Ueberzeugungsbildung hat es dabei verwertet, daß die Klägerin dem Beklagten in der Zeitspanne zwischen dem Erlaß des Urteils auf Leistung des Offenbarungseides und dem Revisionsurteil ein Vergleichsangebot auf Zahlung von 150 000 RM. und 20 000 RM. Kostenzuschuß gemacht hat. Es kann kein Zweifel darüber bestehen, daß der Berufungsrichter bei Ausübung der unter Wahrnehmung aller Umstände vorzunehmenden Schätzung gemäß § 287 ZPO. auch diesen Umstand zu Rückschlüssen auf die Höhe des tatsächlichen Schadens heranziehen durfte.

Bei der Anwendung des § 287 ZPO. sind jedoch folgende rechtlichen Gesichtspunkte verletzt worden. Die Prüfung der Schadenshöhe war, wie bereits erwähnt, unter Würdigung aller Umstände vorzunehmen. Das schloß die Verpflichtung des Richters in sich, bei Ausübung seines Ermessens die schätzungsbegründenden Tatsachen aus dem Vorbringen der Parteien zu würdigen (RGZ. Bd. 40 S. 424; Gruch. Bd. 61 S. 799 [803]; JW. 1904 S. 574 Nr. 6, 1907 S. 310 Nr. 11, 1912 S. 694 Nr. 22). Gegen diesen Grundsatz ist gefehlt worden. Die Klägerin hatte eine ausführliche, zu einem Teil auf ihren Büchern beruhende Rechnungslegung gebracht. ... Die Klägerin hatte ferner unter Hinweis auf die Eidesleistung ihrer Vorstandsmitglieder und unter Bezugnahme auf beigebrachte eidesstattliche Versicherungen von Angestellten sowie auf vorgelegte Betriebsbücher in Berichtigung ihres bisherigen Vorbringens bestimmte Behauptungen über die Dauer der Herstellung der Verletzungsform und den sonstigen Umfang dieser Herstellung aufgestellt und ihre Rechnungslegung entsprechend geändert. ... Jede positive Würdigung dieses Vorbringens, das für die Schadenshöhe zweifellos erheblich war, fehlt jedoch. Es fehlt damit jede Prüfung, inwieweit sich die Zuerkennung eines Schadensbetrags auf Grund der aus dem Vergleichsangebot entnommenen Beweisanzeige nach dem Vorbringen der Klägerin und der Stellungnahme des Beklagten dazu rechtfertigen läßt. Der Erörterung bedurfte insbesondere auch die Behauptung der Klägerin, die Herstellung der Verletzungsform habe bereits mit dem Spätsommer 1913, nicht dagegen, wie vorher angegeben, erst im Jahre 1915 aufgehört. Das Vergleichsangebot über 150 000 RM. ist vom 2. März 1929. Die Erhebungen aber, welche die Klägerin bei ihren Angestellten vornahm und die sie zur Einschränkung ihrer Behauptung veranlaßten, stammen erst vom Herbst und von Ende des Jahres 1929, konnten also bei Abgabe des Vergleichsangebots nicht berücksichtigt worden sein.

Eine Würdigung dieses Parteivorbringens war auch bei Ausübung des freien Ermessens nach § 287 ZPO. notwendig. War sie ohne sachverständige Beratung nicht möglich, so war die Sachlage zur Entscheidung über den zuerkannten Teilbetrag noch nicht reif. Die Entnahme der Entscheidung allein aus einem beweisanzeigenden Umstand unter Vernachlässigung des gesamten unmittelbaren Sachvorbringens bedeutet auch im Rahmen des § 287 ZPO. unzulässige Willkür (JW. 1904 S. 574 Nr. 6).

Im einzelnen geben die Erwägungen des Berufungsrichters noch zu folgenden Bemerkungen Anlaß: Er führt aus, der Gewinn der Klägerin aus der Verletzung könne nicht ganz unerheblich gewesen sein, auch wenn man die bis zum 2. November 1911 aus der Verletzung gezogenen und im Betrieb der Klägerin weiter arbeitenden Gewinne ganz außer Betracht lasse. Weiterhin wird dann die Bereicherung am 31. Oktober 1927 auf 100 000 RM. beziffert. Danach ist die Auffassung nicht von der Hand zu weisen, daß der Berufungsrichter es für zulässig erachtet hat, zu den von der Klägerin herauszugebenden geldwerten Vorteilen auch den zu zählen, daß die Gewinne aus der Verletzung, anstatt an den Beklagten herausgegeben zu werden, in ihrem Betrieb als Verstärkung des Stammvermögens stehen blieben und so als dessen Teil weiterhin Reingewinn abwarfen. Bei der Schätzung des dem Beklagten auf der Grundlage entgangener Lizenzgebühren erwachsenen Schadens ist der Berufungsrichter von einer ähnlichen Auffassung ausgegangen. Diese Auffassung ist jedoch als unrichtig zurückzuweisen. Dem Beklagten wird in rechtsähnlicher Anwendung des § 668 BGB. eine Verzinsung der Gewinn- oder Lizenzbeträge zugebilligt werden können. Dagegen stehen die Gewinne, welche die Klägerin in weiterer Tätigkeit aus dem nicht ausgeschütteten Gewinn gezogen hat, nicht mehr in ursächlichem Zusammenhang mit der Verletzung und daher nicht mehr in Beziehung zu dem Schaden, der dem Beklagten erwachsen ist. ...

RGZ. 130, 158

1. Ist bei der auf rechtswidrige Entnahme gestützten Nichtigkeitsklage nur die Identität des Gegenstands des angegriffenen Patents mit der entnommenen Erfindung nachzuprüfen oder ist auch der Schutzumfang des angegriffenen Patents zu erörtern?

2. Ist im Verletzungsstreit der Einwand zulässig, daß der Patentinhaber die dem Klagepatent zugrunde liegende Erfindung dem Gegner rechtswidrig entnommen habe?

Patentgesetz § 3 Abs. 2, § 10 Abs. 1 Nr. 3, § 35.

(PatG. 1936 § 4 Abs. 3, § 13 Abs. 1 Nr. 3, § 47.)

I. Zivilsenat. Urt. v. 29. Oktober 1930.

I. Reichspatentamt.

.....

Aus den Gründen:

Der Erfindung, die den Gegenstand des Streitpatents (450 335 auf eine Schaltvorrichtung bei Wäschekastenmangeln) bildet, liegt die Aufgabe zugrunde, das Vor- und Zurückziehen der Auflaufrolle bei Wäschekastenmangeln, das bisher von Hand bewirkt wurde, selbsttätig herbeizuführen. Ganz die gleiche Aufgabe hatte sich offensichtlich die Klägerin bei ihrer Schaltvorrichtung gestellt. Anders verhält es sich jedoch in beiden Fällen mit dem Lösungsgedanken. Nach dem Streitpatent muß die Lösung der Aufgabe gemäß dem Patentanspruch 1 in dem Vorschlag gefunden werden, die hin- und hergehende Bewegung der Kastenzahnstange dazu zu verwenden, daß man das Vor- und Zurückziehen der Auflaufrolle zwangsläufig eintreten läßt. ... (Wird dargelegt.) Wie nun die zwangsläufige Bewegung der Auflaufrolle zu erzeugen ist, steht hier nicht zur Erörterung. Beansprucht ist in Anspruch 1 der allgemeine Lösungsgedanke. Nur darum, ob dieser allgemeine Lösungsgedanke schon aus der Erfindung hervorgeht, welche die Klägerin für sich in Anspruch nimmt, handelt es sich bei Prüfung des Anspruchs 1. Mit Recht hat das Reichspatentamt diese Frage verneint, ganz ebenso der gerichtliche Sachverständige. Allerdings ist, wenn man das Vorbringen der Klägerin zugrunde legt, sie die erste gewesen, die auf den Gedanken gekommen ist, die hin- und hergehende Bewegung der Kastenzahnstange überhaupt zum Antrieb der Auflaufrolle zu benutzen. Aber der allgemeine Lösungsgedanke, den der Durchschnittsfachmann den Zeichnungen „Entwurf" und „B" entnehmen kann, ist nur der, daß die Kastenzahnstange allein das Vorziehen des Rollenbocks bewirkt, während das Zurückziehen nicht durch die Kastenzahnstange, sondern durch die Federn k geschieht. Der große technische Unterschied besteht darin, daß die patentierte Erfindung das Vor- und Zurückziehen des Rollenbocks ausschließlich zwangsläufig herbeiführt, während nach den Zeichnungen der Klägerin der Rollenbock zwangsläufig nur vorgezogen, dagegen kraftschlüssig (nicht zwangsläufig) zurückgezogen wird. Mit Recht hat daher das Reichspatentamt die Identität beider Erfindungen verneint, soweit der Anspruch 1 in Frage kommt.

Was die Klägerin hiergegen einzuwenden hat, ist nicht durchgreifend. Sie meint, daß bei der Nichtigkeitsklage nach § 10 Abs. 1 Nr. 3 PatG.*) auch der Schutzumfang des angegriffenen Patents nachzuprüfen sei. Dann ergebe sich, daß alle Vorrichtungen, bei denen die hin- und hergehende Bewegung des Belastungskastens zum Hervorbringen der seitlichen Verschiebung des Rollenbocks benutzt werde, unter das Streitpatent fielen, somit auch ihre eigenen Schaltvorrichtungen. Im Verletzungsprozeß könne sich aber der Beklagte auf die ihm gegenüber erfolgte rechtswidrige Entnahme durch den Verletzungskläger nicht berufen. Also müsse dies im Nichtigkeitsstreit wegen widerrechtlicher Entnahme geschehen können. Das Streitpatent müsse daher mit Rücksicht auf seinen Schutzumfang mindestens teilweise für nichtig erklärt werden. Dem ist jedoch nicht beizutreten. Es ist eine Grundregel des Nichtigkeitsverfahrens, daß der Schutzumfang des angegriffenen Patents in diesem Verfahren nicht zu prüfen ist. Im Nichtigkeitsstreit handelt es sich in aller Regel immer nur um den Gegenstand des Patents. Die Prüfung seines Schutzumfangs gehört vor den Verletzungsrichter. Weder folgt etwas Gegenteiliges aus § 3 Abs. 2 PatG.**), noch ist es richtig, daß der Verletzungsbeklagte im Verletzungsstreit gehindert wäre, sich auf widerrechtliche Entnahme durch den Verletzungskläger zu berufen (vgl. Pietzcker PatG. § 3 Anm. 39, § 4 Anm. 79, § 10 Anm. 17; Isay PatG. Anhang zu §§ 1, 2 Anm. 26). Soweit in dem von Pietzcker a. a. O. § 3 Anm. 39 angeführten Urteil des erkennenden Senats vom 29. März 1916 I 159/15 ein abweichender Standpunkt vertreten ist, wird daran nicht festgehalten. ... (Es folgt eine Zurückweisung des sonstigen Vorbringens der Klägerin.)

RGZ. 130, 242

1. Erstrecken sich Patentschutz und Warenzeichenschutz dann, wenn der patentierte oder gezeichnete Gegenstand mit einem anderen ver-

*) PatG. 1936 § 13 Abs. 1 Nr. 3.
**) PatG. 1936 § 4 Abs. 3.

bunden wird und beide zusammen in Verkehr gelangen, auch auf den anderen Gegenstand?

2. Gerichtsbekannte Verkehrsanschauung.

Patentgesetz § 4. WZG. § 12. ZPO. § 291. (PatG. 1936 §§ 6, 26. WZG. 1936 § 15).

I. Zivilsenat. Urt. v. 5. November 1930.

I. Landgericht Potsdam. II. Kammergericht Berlin.

Für die Klägerin ist unter Nr. 363 247 das am 30. September 1925 angemeldete Warenzeichen „Type H" für elektrische Heizkissen eingetragen. Sie besitzt ferner das seit dem 3. November 1910 wirksame DRP. Nr. 239 912 auf einen elektrischen Drehschalter. Dieser dient zum Einschalten und Regeln des Stroms für elektrische Heizkissen und ist an der Zuleitungsschnur des Kissens befestigt. Die Klägerin stellt in ihrem Betrieb die Schalter nebst den Heizkissen her und gibt grundsätzlich, wenn es sich nicht etwa um gelegentliche Ausbesserung von Kissen oder Schaltern handelt, beide nur zusammen ab. Die Drehschalter tragen ebenso wie die Kissen das Warenzeichen „Type H".

Der als Installateur am Niederlassungsorte der Klägerin (in der Umgegend Berlins) ansässige Beklagte bezog von der Firma W. in Elberfeld ein elektrisches Heizkissen, das ebenso wie der zugehörige Kissenbezug deren Warenzeichen „Wetzotherm" trug. Er ersetzte den Schalter dieses Kissens durch einen aus der Fabrik der Klägerin stammenden Drehschalter nach dem DRP. 239 912, der mit dem Warenzeichen „Type H" versehen war. Das so zusammengestellte Heizkissen wurde im Ladenschaufenster des Beklagten ausgelegt. Ein Beauftragter der Klägerin erwarb es.

Die Klägerin wirft dem Beklagten vor, daß sein Verhalten u. a. den Tatbestand der Patent- und Warenzeichenverletzung erfülle. Sie verlangt von ihm Unterlassung des rechtsverletzenden Tuns und ferner Feststellung seiner Pflicht, den ihr schon erwachsenen und noch entstehenden Schaden zu ersetzen.

Das Landgericht entsprach in der Hauptsache den Anträgen der Klägerin. Das Kammergericht wies die Klage ab. Die Revision der Klägerin hatte keinen Erfolg.

Aus den Gründen:

1. Den von der Klägerin gegen den Beklagten erhobenen Vorwurf der Patentverletzung erachtet das Berufungsgericht mit zutreffender Begründung für ungerechtfertigt.

Patentschutz gebührte der Klägerin nur für einen elektrischen Drehschalter. Dieser wird nach dem Anspruch 1 der Patentschrift 239 912 dadurch gekennzeichnet, daß die Kontakte des einen der gegeneinander zu verdrehenden Schalterteile die Enden der Zuleitungen von der Stromquelle, und die Gegenkontakte des anderen Schalterteils die Enden der Ableitungen zum Stromverbraucher bilden. Die Ansprüche 2 und 3 betreffen besondere Anordnungen des Schalters.

a) Der Beklagte hat einen von der Klägerin dem Patent entsprechend hergestellten Drehschalter, den er erworben, mit einem W.schen Heizkissen — als Ersatz für den Hebelschalter, der sich daran befand — verbunden. Beides zusammen hat dann in seinem Schaufenster gelegen und ist einem Käufer ausgehändigt worden. Das Kammergericht nimmt ohne Rechtsirrtum an, hierin liege, soweit der Drehschalter der Klägerin für sich allein in Frage komme, keine Verletzung des DRP. 239 912. Denn nachdem der geschützte Schalter einmal bestimmungsgemäß in den Verkehr gelangt war, konnte der Beklagte als Erwerber darüber verfügen, er durfte ihn also selbst gebrauchen oder weiterveräußern.

b) Darin, daß der Beklagte den Drehschalter der Klägerin mit dem W.schen Heizkissen verband, sieht das Kammergericht ebenfalls keine Patentverletzung. Es führt aus:

> Der Patentschutz ist auf den Gegenstand der Erfindung beschränkt (PatG. § 4)*); und was jeweils unter Schutz gestellt ist, ergeben zusammen mit dem sonstigen Inhalte der Patentschrift die Patentansprüche (§ 20 PatG.)**). Die Auffassung, daß der Patentschutz sich über den geschützten Gegenstand hinaus auf einen zweiten oder weiteren mit ihm verbundenen ungeschützten (oder auf die Verbindung mit diesem) erstrecke, erweitert somit unzulässig den durch die Patenterteilung ein für allemal festgelegten Erfindungsgegenstand. Sie widerspricht dem unzweideutigen Inhalte des § 4 PatG.*). Hierbei ist es gleichgültig, ob der ungeschützte Gegenstand im Verhältnis zum Ganzen dem geschützten Gegenstande gleich- oder untergeordnet ist. Gleichgültig ist ferner, ob der Patentinhaber den geschützten Teil etwa nicht für sich allein, sondern nur zusammen mit dem ungeschützten Teil in Verkehr bringt.

Im Einklange mit der herrschenden Rechtsprechung und der im Schrifttum überwiegenden Lehre lehnt das Berufungsgericht die Ansicht ab, daß sich der Schutz, der einem für das Ganze wesentlichen Teil gebühre, auf den ganzen Verkehrsgegenstand beziehe, wenn der Patentinhaber nicht den Teil für sich allein, sondern grundsätzlich nur mit dem Ganzen, in dieses eingefügt, hinausgehen lasse. An der Rechtsprechung, von der diese Lehrmeinung abweicht, ist festzuhalten (RGZ. Bd. 32 S. 52 [54, Soxhlet-Flaschen]; RGSt. Bd. 26 S. 377 [379/381]). Das Berufungsgericht bemerkt zutreffend, daß die abweichende Ansicht nicht sowohl von patentrechtlichen als von wettbewerbsrechtlichen Grundgedanken bestimmt werde. Es erwägt, daß es gerade um der Verkehrs-

*) PatG. 1936 § 6.
**) PatG. 1936 § 26.

sicherheit willen nicht im Belieben des Patentinhabers stehen dürfe, den ihm erteilten Schutz beliebig auszudehnen, indem er den geschützten Gegenstand bloß in Verbindung mit einem anderen, dem er regelmäßig zu dienen bestimmt sei, verkaufe (vgl. Pietzcker Bem. 2 b [S. 224] und 15 [S. 235] zu § 4 PatG.). Nicht die etwa vorhandene Wesentlichkeit des geschützten Teils für die übrigen Teile, sondern die Bedeutung des Erfindungsgedankens für die praktische Brauchbarkeit gebe den Ausschlag (RGZ. Bd. 108 S. 129 [130, 131]). Der — nach dem längst bekannten Gedanken der Mehrfachsicherungen gebaute — Drehschalter des DRP. 239 912 habe für das Heizkissen keinen besonderen, bisher nicht dagewesenen Fortschritt gebracht. Daß es etwa außer diesem patentierten sonst keinen Regulierschalter für Heizkissen gebe, behaupte die Klägerin nicht; übrigens würde der Hinweis auf den Hebelschalter am W.schen Heizkissen eine solche Behauptung widerlegen. Nach dem Wortlaut und Sinn der Patentschrift 239 912 sei Schutzgegenstand allein ein elektrischer Drehschalter, aber nicht seine Verbindung mit irgend einem elektrischen Gerät, für dessen Verwendung er geeignet oder bestimmt sei. Der Schalter sei so, wie die Patentschrift ihn schildere, ein selbständiges abgeschlossenes Gerät zu beliebiger Verwendung auch außerhalb eines elektrischen Heizkissens; man könne sich seiner z. B. auch an einem elektrischen Kocher oder Heizer bedienen. Wenn dergestalt eine selbständige Teilvorrichtung geschützt sei, die der Patentinhaber nur mit der ergänzenden Vorrichtung zusammen verkaufe, so könne nach den in der Rechtsprechung entwickelten Grundsätzen die Ergänzungsvorrichtung beliebig ersetzt werden; hier also sei es demnach statthaft, den Drehschalter des DRP. 239 912 beliebig mit irgendwelchen ungeschützten elektrischen Geräten zu verbinden (RGZ. Bd. 32 S. 53). Selbst die — abzulehnende — Annahme, daß der Schalter wesentlicher Bestandteil (§ 93 BGB.) des Heizkissens sei, würde dem nicht entgegenstehen. ...

2. Soweit die Gründe des Berufungsurteils ausführen, daß dem Beklagten keine Warenzeichenverletzung zur Last falle, verstoßen sie ebenfalls nicht gegen Rechtsregeln.

a) Bei dem elektrischen Drehschalter allein hat der Beklagte das von der Klägerin auf ihm angebrachte Warenzeichen „Type H", mit dem sie ihn in den Verkehr entsandt, nicht angetastet. Ob die Klägerin solche Schalter nur mit dem Heizkissen zusammen zu verkaufen pflegt, ist, wie das Berufungsgericht richtig bemerkt, auch hier bedeutungslos. Denn mit der Inverkehrsetzung wird — aus entsprechenden Rechtsgründen wie beim Patentrecht — die Wirkung des Zeichenrechts erschöpft. (RGZ. Bd. 50 S. 229 bis 232 [231], Bd. 51 S. 263 [265], Bd. 103 S. 359 [363]). Der Abnehmer verletzt dieses Recht nicht, wenn er die vom Zeicheninhaber gekennzeichnete Ware weiter gewerblich verwendet und veräußert (Seligsohn Bem. 9 zu § 12 WZG. S. 183 flg. der

3. Aufl.; Pinzger-Heinemann Anm. 20 zu § 12 WZG.; Hagens Anm. 19 und 22 zu § 12 WZG.).

b) Anerkannten Rechtsgrundsätzen gemäß könnte jedoch eine Zeichenverletzung (§ 12 WZG.)*) vorliegen, wenn ein beachtlicher Teil der Verkehrskreise durch das auf dem Drehschalter angebrachte Warenzeichen zu der Meinung gekommen wäre, auch das (vom Beklagten mit dem Schalter verbundene) Heizkissen stamme vom Inhaber jenes Warenzeichens her. Die Verbindung des Drehschalters mit dem Heizkissen wäre dann eine unzulässige Benutzung des Zeichens der Klägerin durch den Beklagten gewesen. Aus dem Vorhandensein zweier verschiedener Kennzeichnungen auf dem aus Kissen und Schalter zusammengesetzten Gegenstande hätte unter Umständen gefolgert werden können, zwischen den beiden Betrieben bestünden wirtschaftliche Beziehungen; Verwirrung der Verkehrsauffassung wäre denkbar gewesen, und die Kennzeichnungskraft des Warenzeichens hätte darunter leiden können. Auch das würde zur Anwendbarkeit der Gesetzesvorschriften über Warenzeichenverletzung ausreichen (JW. 1927 S. 1563 Nr. 6 [über das Wortzeichen „Asbach-Uralt"] und die dort angeführten älteren Urteile; auch Kohler Warenzeichenrecht [1910] S. 160, 163, 170, 178, 181). Indessen trifft das Berufungsgericht Feststellungen über die Auffassung im Verkehr, aus denen es ohne Rechtsverletzung den Schluß zieht: im vorliegenden Falle bestehe keine Gefahr, daß man die Betriebe miteinander verwechsle oder auch nur Beziehungen zwischen ihnen vermute, oder daß sonstwie Verwirrung in den beteiligten Verkehrskreisen hervorgerufen werde. Es bemerkt:

> In Geschäftszweigen für Heizkissen werden nicht nur (wie bei der Klägerin) Heizkissen und Schalter im gleichen Betriebe hergestellt und miteinander verbunden; es ist vielmehr daneben üblich, daß die Kissenfabrikanten die Kissenschalter anderwärts beziehen und mit ihren Kissen verbinden. Die Klägerin selbst hat angegeben, daß es sogar Fabriken gibt, welche sich nur mit der Herstellung von Schaltern für elektrische Heizkissen beschäftigen; und die Firma W. bezieht, wie auch das vom Beklagten überreichte Wetzothermkissen mit dem Originalschalter mit dem fremden Warenzeichen ergibt, die Schalter von einer anderen Firma. Hiernach rechnet der Verkehr bei elektrischen Heizkissen ohne weiteres damit, daß Schalter und Kissen aus verschiedenen Betriebsstätten stammen, und man wird bei verschiedener Kennzeichnung von Schalter und Kissen keine irrigen Schlüsse auf die Identität oder den Zusammenhang der Ursprungsstätten ziehen oder auch nur unsicher werden.

Die Folgerung des Kammergerichts, daß der Beklagte durch die Verbindung des Drehschalters der Klägerin mit dem W.schen Heizkissen keine Warenzeichenverletzung begangen habe, beruht nach allem dem

*) WZG. 1936 § 15.

nicht auf rechtlich fehlerhafter Grundlage. Daß sie auf unrichtige Tatsachen gegründet und deshalb hinfällig sei, ist gleichfalls nicht ersichtlich. .....

RGZ. 130, 360

1. Können Kohlen-Industrie-Vereine eine Zwangslizenz für ihre Mitglieder nachsuchen?

2. Inwieweit kann ein öffentliches Interesse an der Erteilung einer Zwangslizenz bei Hilfsmaschinen des Bergbaues bestehen, wenn der Patentinhaber nur in Verbindung mit seinen jüngeren Patenten gegen entsprechend höhere und länger zu zahlende Gebühr Lizenz zu erteilen bereit ist, der Lizenzsucher aber die jüngeren Patente nicht benutzen will?

Patentgesetz § 11 Abs. 1. (PatG. 1936 § 15 Abs. 1.)

I. Zivilsenat. Urt. v. 26. November 1930.

I. Reichspatentamt.

Den Beklagten stehen die Patente 242 464 und 310 983 zu, das erste vom 4. Februar 1909, das zweite vom 14. Februar 1914 ab wirksam. Beide beziehen sich auf Gleisrückmaschinen mit einer auf zwei Drehschemeln ruhenden Brücke.

Die Kläger — und zwar die beiden klagenden Vereine für ihre Mitglieder — haben sich vergeblich bemüht, Lizenzen an diesen beiden Patenten zu erhalten. Ihre Versuche scheiterten an Höhe und Berechnungsart der von den Beklagten verlangten Lizenzgebühren, an den sonstigen von ihnen gesetzten Bedingungen und insbesondere daran, daß die Beklagten in erster Linie die Maschinen mit Einrichtungen liefern wollten, die ihnen durch spätere Patente geschützt sind, und entsprechend längere Zahlung von Lizenzgebühren (bis zum Jahre 1941) begehrten.

Die Kläger verlangen daher mit der Klage Erteilung einer Zwangslizenz an den beiden bezeichneten Patenten, und zwar die beiden klagenden Vereine für die über die selbst klagenden Firmen hinaus ihnen angeschlossenen Werke, die sie nur zum Teil namentlich angegeben haben. Zur Begründung machen sie geltend, es bestehe ein öffentliches Interesse daran, daß der Braunkohlenbergbau die für den praktischen Betrieb genügenden Maschinen nach den beiden alten Patenten gegen entsprechend mäßige Lizenzgebühren zu erträglichen Bedingungen erhalte, um sie auch in Verbindung mit anderen Bauarten ohne zu starke geldliche Belastung benutzen zu können.

Die Beklagten bestreiten die Berechtigung der klagenden Vereine, für ihre Mitglieder eine Zwangslizenz zu verlangen, und bitten auch im übrigen um Abweisung der Klage, weil sie lediglich bestrebt seien, zu angemessenen Bedingungen technisch und wirtschaftlich einwandfrei arbeitende Maschinen mit den — neueren Erfahrungen entsprechenden — Verbesserungen zu liefern, und weil die Oeffentlichkeit kein Interesse an der Lieferung veralteter Maschinen haben könne.

Das Reichspatentamt hat die Klage abgewiesen, weil den klagenden Vereinen „die subjektive Eignung des Lizenzsuchers" fehle und weil im übrigen die klagenden Werke auch mit Maschinen anderer Bauart — nach H. oder L. — wirtschaftlich arbeiten und ihre Betriebe aufrechterhalten könnten, so daß kein öffentliches Interesse an der Gewährung der Zwangslizenz bestehe.

Die Kläger, welche Berufung eingelegt haben, machen hiergegen geltend, die H.- und L.-Maschinen, die mit Auslegern arbeiteten, seien den Brückenmaschinen der Beklagten nicht gleichwertig. Um das öffentliche Interesse darzutun, berufen sie sich jetzt auch auf Patente, Patentanmeldungen und Gebrauchsmuster, die sämtlich ihnen allen frei oder gegen Lizenzgebühr zur Verfügung ständen, aber ohne Lizenz an den beiden grundlegenden Patenten der Beklagten praktisch nicht verwertet werden könnten. Die Beklagten erklären die Neuanführungen der Kläger für eine unzulässige Klageänderung. Sachlich halten sie ihnen entgegen, die Schutzrechte, auf welche die Kläger sich jetzt beriefen, verfolgten keinen anderen Zweck als ihre eigenen Veredlungspatente; die Auswertung jener Schutzrechte liege daher keinesfalls im öffentlichen Interesse, weil die Ausführung der Veredlungspatente genüge.

Das Reichsgericht, das einen Sachverständigen zugezogen hat, ist zur Bestätigung der Entscheidung des Reichspatentamts gelangt.

Aus den Gründen:

Wenn nach § 11 PatG.*) die Berechtigung zur Benutzung einer Erfindung zugesprochen werden kann, so ist damit — ebenso, wie im § 4**) — gewerbsmäßige Benutzung gemeint. Die beiden klagenden Vereine haben aber weder einen Gewerbebetrieb, noch können sie einen solchen nach ihrer rechtlichen Stellung jemals erlangen. Sie sind eingetragene Vereine, deren Zweck nicht auf einen wirtschaftlichen Geschäftsbetrieb gerichtet ist, und die, wenn sie dennoch einen derartigen Zweck verfolgen wollten, die Entziehung der Rechtsfähigkeit zu gewärtigen hätten (§§ 21, 43 Abs. 2 BGB.). Eine Zwangslizenz kann nur für bestimmte einzelne Mitglieder der Vereine in Frage kommen, die selbst in der Lage sind, die ihnen zugesprochene Berechtigung auszunutzen. Nur für jedes Einzelmitglied könnte auch das öffentliche Interesse festgestellt werden, das Voraussetzung für Erteilung der Zwangslizenz ist. Die beiden Vereine können also nicht, wie sie es tun, aus

*) PatG. 1936 § 15.
**) PatG. 1936 § 6.

eigenem Rechte klagen. Es käme auch für sie ein Erwerb der Zwangslizenz zur Weitergabe an ihre Mitglieder deshalb nicht in Betracht, weil bei dem stets wechselnden Mitgliederbestand eines Vereins der Umfang der Zwangslizenz nicht zu übersehen und wiederum eine Prüfung, inwieweit deren Erteilung im öffentlichen Interesse geboten erscheinen möchte, nicht möglich wäre. Ganz anders lag der früher (RGZ. Bd. 91 S. 194) entschiedene Fall, auf den sich die Kläger berufen, wo der Kläger, dem die Zwangslizenz erteilt wurde, Gleisrücker gegen Entgelt an andere Betriebe zur Benutzung überließ. Die Klage wäre übrigens auch nicht dadurch zu halten, daß die klagenden Vereine, wie sie sich schriftsätzlich erboten haben, weitere Gebühren zahlen und ihre Mitglieder benennen würden. Es ist nicht zulässig, nachträglich andere Kläger in den Streit eintreten zu lassen. Die Entscheidung des Reichspatentamts, soweit sie die Klage der Vereine abweist, war also hiernach ohne weiteres zu bestätigen.

Die übrigen Kläger begründen ihren Anspruch auf Erteilung einer Zwangslizenz an den Patenten 242 464 und 310 983 einmal damit, daß es im öffentlichen Interesse liege, im Bergbau die unentbehrlichen Hilfsmaschinen nach jenen Patenten arbeiten und sich nicht auf die nach späteren Patenten verbesserten Maschinen mit entsprechend höheren Lizenzgebühren verweisen zu lassen. In zweiter Instanz haben sie sich aber ferner darauf berufen, daß ihnen Schutzrechte (zum Teil von Mitgliedern der klagenden Vereine) zur Verfügung ständen, die auf jenen beiden Patenten fußten und deren Verwertung durch entsprechende Veränderung der den Beklagten patentierten Gleisrückmaschinen gleichfalls dem Wohl der Allgemeinheit diene. Daß hierin eine Klagänderung liege, die unter entsprechender Anwendung des § 527 ZPO. ohne Einwilligung der Beklagten unzulässig wäre, kann nicht anerkannt werden. Es braucht nicht untersucht zu werden, ob Klagegrund bei der Zwangslizenzklage ganz allgemein das Vorliegen eines öffentlichen Interesses ist oder ob dazu die dieses Interesse begründenden einzelnen Tatsachen gehören. Die Zwangslizenz ist nämlich von vornherein — ob mit Recht, muß hier dahingestellt bleiben — ganz allgemein verlangt worden, ohne Ausschluß des Gesichtspunkts, daß die nach den beiden Patenten geschützten Maschinen umgebaut werden könnten. Schon in der Klage findet sich, wenn auch nur zur Frage der Höhe der Lizenzgebühren, ein entsprechender Hinweis darauf, daß das Patent 242 464 in Verbindung mit anderen Patenten benutzt werden könne, die inzwischen erteilt worden seien. Danach handelt es sich jetzt nur um eine nach § 268 ZPO. zulässige Ergänzung der Klage.

In der Sache selbst ist mit dem Reichspatentamt davon auszugehen, daß es im öffentlichen Interesse liegt, dem Kohlenbergbau die zur Aufrechterhaltung seiner Betriebe nötigen Maschinen zu verschaffen. Darüber hinaus muß ihm zum Wohl der Allgemeinheit die Möglichkeit zugestanden werden, insoweit wirtschaftlich mit den für ihn unentbehrlichen Maschinen zu arbeiten, daß seine Abnehmer nicht unter einer Erhöhung der Kohlenpreise zu leiden haben. Unter diesem Gesichtspunkt allein könnte den Klägern, zunächst ohne Rücksicht auf die ihnen selbst zur Verfügung stehenden Schutzrechte, die Zwangslizenz gewährt werden.

Mit zwei verschiedenen Systemen von Gleisrückmaschinen, die vornehmlich dem Verlegen der Baggergleise bei fortschreitendem Abbau dienen, hat man im Braunkohlenbergbau praktische Erfahrungen gemacht: mit dem Auslegersystem und dem Brückensystem. Nach jenem arbeiten die Maschinen der Firma H. und der M. St.-Werke (L.). Es besteht darin, daß vom Kopfe (oder — je nach der Fahrtrichtung — vom Ende) der auf dem Gleis fahrenden Maschine ein Arm mit der Rückvorrichtung (Rollen, welche die Schienen packen und seitwärts biegen) ausgeht. Die Maschinen der Beklagten dagegen, die nach den Patenten 242 464 und 310 983 gebaut sind, beruhen auf dem Brückengedanken: die zum Gleisrücken dienenden Rollen hängen in der Mitte einer Brücke zwischen zwei auf dem Gleis fahrenden Schemeln in einem seitwärts verschiebbaren Rahmen. Während nach dem ersten Patent zwischen den Fahrschienen noch eine besondere Schiene notwendig war, an der die von beiden Seiten festgeklemmten Hubrollen die durch Schwellen verbundenen Schienen (meist fünf nebeneinander) hochhoben, läßt das zweite Patent die Hubrollen an zwei Fahrschienen selbst anfassen und zugleich als Schub- oder Zwängrollen zum Seitwärtsschieben des Gleises dienen. Diese Brückenmaschinen können zwar nicht, wie die Auslegermaschinen, das Schwanzende einer Gleisanlage erfassen. Auch müßte theoretisch das Material beim Einspannen zwischen den beiderseits auf den Schienen lastenden Schemeln mehr als bei den Auslegermaschinen in Anspruch genommen werden. In der Praxis ergibt sich aber, wie der Sachverständige durch Versuche bestätigt gefunden hat, daß mit den Auslegermaschinen im allgemeinen weit schärfer gerückt, also auch das Material weit stärker beansprucht wird, wozu noch die Notwendigkeit zeitraubender und besonders sorgfältige Arbeit erfordernder Nachregelung der durch das Rücken entstehenden Gleiskrümmungen kommt. Das läßt nach der überzeugenden Ansicht des Sachverständigen, der übrigens auch die Beklagten nicht mehr entgegengetreten sind, Brückenmaschinen jeder, auch der alten Art, so weit überlegen erscheinen, daß es nicht zu rechtfertigen ist, den im Interesse der Allgemeinheit arbeitenden Braunkohlenbergbau auf die unzweckmäßigeren Auslegermaschinen zu verweisen, selbst wenn an ihnen — wie an sich möglich — die weiterhin für Brückengleismaschinen noch zu erörternden Verbesserungen angebracht würden. Der Unterschied ist so groß und wirkt sich im Materialverbrauch und in der Ersparnis von Arbeitskräften derartig aus, daß es bedenklich erscheint, den Klägern schon hier — wie später in anderem Zusammenhang — entgegenzuhalten, daß die Gleisrückkosten im Verhältnis zu den Gesamtförderkosten überhaupt zu niedrig seien, um die Allgemeinheit zu berühren.

Anderseits haben aber auch die Beklagten unter gleichen Erwägungen einen Anspruch darauf, daß Lizenznehmer und Käufer ihrer Brückenmaschinen diejenigen Verbesserungen mitübernehmen, die sie an den Maschinen unter dem Schutz neuerer Patente angebracht haben, um eine noch bessere Materialschonung und weitere Erleichterung der Bedienung und damit Abkürzung der Bedienungszeit zu erreichen. Sie dürfen nur nicht unerfüllbare Forderungen stellen, wenn sie hierauf verweisen wollen.

Daß die sog. Veredlungspatente der Beklagten technisch in der angegebenen Richtung erhebliche Vorteile gebracht haben, kann nach dem Gutachten des Sachverständigen keinem Zweifel unterliegen. Sie alle beruhen auf dem Bestreben, zur größeren Schonung des Materials die Arbeit der die Schienen hebenden und seitwärts drückenden Rollen schmiegsamer zu gestalten und überall einen immer besseren Druckausgleich herbeizuführen. ... (Wird näher dargetan.) Der Sachverständige hat nun Besichtigungen und Versuche vorgenommen und Berechnungen angestellt, um die Leistungen und Kosten der sog. starren A.-K.-Maschinen mit denen der veredelten Maschinen zu vergleichen. Doch braucht hierauf nicht näher eingegangen zu werden. Ganz allgemein machen nämlich — und das ist entscheidend — die Gleisrückkosten überhaupt nur einen äußerst geringen Prozentsatz der in den geförderten Kohlen steckenden Werte aus; sie betragen nur 3 ‰ des Kaufpreises. Und der Anteil der Lizenzen (unter Zugrundelegung der tatsächlich gezahlten Beträge) beläuft sich sogar nur auf 0,4 ‰.

Danach erscheint es im Interesse der Allgemeinheit, die keineswegs durch die für die veredelten Maschinen zu zahlenden Lizenzen eine Erhöhung der Kohlenpreise zu erwarten hat, nicht geboten, dem an sich berechtigten Verlangen der Beklagten entgegenzutreten, die veredelten Maschinen mit entsprechend höheren und länger laufenden Lizenzen in den Verkehr zu bringen. Selbstverständlich zeigt die Monopolstellung des Patentinhabers ihre Wirkung auch in der Festsetzung der Lizenzgebühr und in der Aufstellung von Bedingungen. Nur in Ausnahmefällen kann hier im Wege der Zwangslizenz eingegriffen werden; so, wenn im öffentlichen Interesse untragbare Bedingungen auferlegt werden sollen. Das ist aber hier nicht der Fall, weder (wie sich aus dem Ausgeführten ergibt) hinsichtlich der Höhe der Lizenzen noch auch insofern, als die Beklagten die sog. Freizügigkeit — die Verbringung der Maschinen von einer Grube in die andere — versagt haben. Dies war dadurch gerechtfertigt, daß die Beklagten die Höhe der Lizenzgebühren nach der in den einzelnen Gruben verschiedenen Leistung der Maschinen zu bemessen pflegten.

Nun wäre es aber denkbar, daß die Kläger deshalb die neuen Ausführungen der Beklagten verweigern und Zwangslizenz an den grundlegenden Patenten verlangen könnten, weil ihnen selbst Verbesserungen zur Verfügung ständen, die, zum Teil schon patentiert, lediglich auf den beiden alten Patenten der Beklagten aufbauen. Daß die auf seiten der Kläger noch schwebenden Anmeldungen zu Patenten führen, mag unterstellt werden. Dann erhebt sich die Frage, ob sich die Kläger darauf berufen können, soweit ihnen selbst die Schutzrechte nicht zustehen und obgleich sie nach ihnen die Maschinen in eigener Werkstatt nicht herzustellen vermögen, sondern auf fremde Hilfe angewiesen sind. Für die Bejahung spricht, daß eine Erfindung auch von demjenigen gewerblich ausgenutzt werden kann, der lediglich eine Lizenz besitzt und der in fremder Werkstatt arbeiten lassen muß. Um so mehr, wenn gerade er es ist, der, wie hier die Kläger, ein öffentliches Interesse für die Benutzung der jene Ausnutzung versperrenden Erfindung nach der Art seines Gewerbebetriebs geltend machen kann. Eigener Erfindungsbesitz oder Lizenz, soweit die M.- und D.-Schutzrechte in Betracht kommen, sowie die von den Klägern unter Beweis gestellte Bereitwilligkeit der M. St.-Werke, Maschinen nach den ihnen gehörigen Patenten herzustellen und an die Kläger zu liefern, lassen sich von diesen gewerblich nur verwerten, wenn sie über die Grundlage aller dieser Rechte, die beiden alten Patente der Beklagten, nach Erteilung einer Zwangslizenz verfügen können.

Mag es nun aber endgültig möglich sein, den Anspruch auf Zwangslizenz so zu begründen, oder nicht: jedenfalls läßt er sich nicht auf jedes beliebige neue Schutzrecht stützen, vielmehr nur auf ein solches, das für die Belange der Allgemeinheit einen wesentlichen Fortschritt bedeutet. Ist diese Voraussetzung gegeben, dann allerdings darf die technische Entwicklung nicht durch das Monopol des Patentinhabers behindert werden, um so weniger dann, wenn eine der Allgemeinheit stark dienende Industrie sich das Neue zunutze machen will, wie das hier der Fall ist. Doch kann hier jene Frage, wie auf der Hand liegt, nicht beantwortet werden auf Grund eines einfachen Vergleichs zwischen den Patenten, an denen die Zwangslizenz begehrt wird, und dem Neuen, das der Lizenzsucher bringen will. Vielmehr hat der Patentinhaber einen Anspruch darauf, daß auch geprüft werde, was für Fortschritte er selbst inzwischen auf dem gleichen Gebiet gemacht habe. So können die Beklagten den für die Zwangslizenz angeführten Schutzrechten gegenüber wiederum auf ihre eigenen, bereits erwähnten Veredlungspatente verweisen und geltend machen, daß sie nach diesen selbst in der Lage seien, der Industrie Gleichwertiges zur Verfügung zu stellen, so daß diese der Hilfe der Kläger nicht bedürfe und folglich auch ein öffentliches Interesse an solcher Mithilfe nicht bestehen könne. Niemals kann die Verbesserung eines Patentes, die der Patentinhaber selbst auszuführen vermag, Anlaß zur Erteilung der Zwangslizenz geben, wenn dann nicht etwa (wie in RGZ. Bd. 126 S. 266 und in dem vom Senat am 3. Januar 1927 — I 139/26*) — entschiedenen Falle) in irgendeiner anderen Beziehung (z. B. im Hinblick auf die öffentliche Gesundheit oder die Arbeitssicherung im Bergwerk) das öffentliche Interesse es gebietet. Im vorliegenden Falle kann aber nur das Allgemeininteresse an möglichst wirtschaftlicher Arbeit im Bergbau im Hinblick auf Kohlenförderung und Kohlenpreise in Betracht kommen. Und da müßten die Kläger zur Begründung der Zwangslizenzforderung schon dartun, daß sie im Verhältnis zu den eigenen Veredlungspatenten der Beklagten zum Besten der Allgemeinheit etwas technisch erheblich Ueberlegenes zu bringen oder gar einen völlig neuen Weg zu gehen imstande seien. Um dies beurteilen zu können, war *ein Vergleich der beiderseitigen Schutzrechte* unerläßlich. Ihm hat sich der Sachverständige unterzogen. Das Ergebnis hat er in seinem Ergänzungsgutachten niedergelegt. ... (Es folgen Einzelangaben; das Ergebnis ist:) Danach können sich die Kläger im allgemeinen Interesse auf kein einziges Schutzrecht berufen, das neben den Veredlungspatenten der Beklagten, die in der Praxis ständig ausgeführt werden, von solchem wirtschaftlichem Werte wäre, daß sich danach die Erteilung einer Zwangslizenz auf die Patente 242 464 und 310 983 rechtfertigen ließe. Nirgends läßt sich sagen, daß sich ein Vorteil für die Allgemeinheit irgendwie entscheidend — etwa im Sinne der Preisherabsetzung bei den Braunkohlen — bemerkbar machen könnte, um so weniger als, wie oben ausgeführt, die Gleisrückkosten überhaupt keine so erhebliche Rolle innerhalb der Gesamtkosten spielen.

RGZ. 133, 260

1. Wie ist der Gegenstand eines Gebrauchsmusters nach § 2 Abs. 2 GebrMG. zu bestimmen? Was muß darin über den beanspruchten Schutz gesagt sein?

I. Zivilsenat. Urt. v. 16. September 1931.

I. Landgericht Düsseldorf, Kammer für Handelssachen.

II. Oberlandesgericht daselbst.

.....

Aus den Gründen:

... Die Grundregel, an der das Reichsgericht stets festgehalten hat, ist: Aus dem Inhalt der Anmeldung muß — gegebenenfalls im Wege der Auslegung — zu entnehmen sein, was als neue Raumform angemeldet werden soll. Wie in RGZ. Bd. 120 S. 224 (227) gesagt worden ist: was nicht in der Anmeldung als neu hervorgehoben ist, kann nicht

*) Abgedr. in M. u. W. XXVI S. 193.

Gegenstand des Gebrauchsmusters sein. Maßgebend hierfür sind jedoch keineswegs allein die Schutzansprüche. ... Mit zu prüfen ist also auch der gesamte übrige Inhalt der Anmeldung samt Zeichnung und Modell. Wo Zweifel sind, ist der Stand der Technik heranzuziehen, wie dies in RGZ. Bd. 120 S. 228 näher auseinandergesetzt ist. Was dagegen nicht angegeben zu sein braucht, ist die Begründung für die beanspruchte Neuheit gegenüber dem bisherigen Stand der Technik und die Begründung für den Erfindungscharakter der Neuheit. Etwas anderes sollte auch in RGZ. Bd. 120 S. 227 a. E., 228 oben nicht gesagt werden (vgl. Wertheimer in JW. 1928 S. 1294 zu Nr. 12).

Von diesen Grundsätzen ist das Reichsgericht, wie bereits in Bd. 120 a. a. O. betont wurde, in den dort genannten früheren Entscheidungen nicht abgewichen. So wird in RGZ. Bd. 107 S. 100 (103) ausgeführt, daß der Fachmann aus der Anmeldung erkennen müsse, worin der Erfinder die neue Gestaltung erblickt habe, wenn es auch nicht notwendig einer Anspruchformung bedürfe. Ferner heißt es im Reichsgerichtsurteil vom 4. April 1925 JW. 1926 S. 44 Nr. 1 nur, daß es unschädlich sei, wenn der Anmelder den neu aufgefundenen Vorzug (also den technischen Fortschritt) unzutreffend oder überhaupt nicht angebe. Endlich enthält auch das Reichsgerichtsurteil vom 7. Oktober 1916 in Z. f. JR. 1916 S. 231 nichts Abweichendes. Am Schlusse dieses Urteils ist nur gesagt, es sei belanglos, daß die dortige Klägerin ursprünglich das Neue in ihrem Gebrauchsmuster in anderen Vorzügen erblickt und mit ihren Angaben darüber mehrfach gewechselt habe. Hieraus läßt sich also nicht entnehmen, daß überhaupt von dem Inhalt der Gebrauchsmuster-Anmeldung die Rede sein soll, und außerdem handelt es sich dort wesentlich um die Frage der Fortschrittlichkeit, von der das früher Gesagte gilt.

Worin aber im Streitfall das Neue bestehen soll, darüber gibt die Anmeldung als Ganzes für den mit dem Stande der Technik vertrauten Fachmann genügenden Aufschluß. ...

RGZ. 133, 326

1. Ueber mittelbare Patentverletzung und ihre Beziehung zur Beihilfe zur Patentverletzung.

2. Ueber Nebenverpflichtungen schuldrechtlicher Art, die der Patentinhaber den Abkäufern der ihm patentierten Waren auferlegt.

Patentgesetz §§ 4, 35 (PatG. 1936 §§ 6, 47).

I. Zivilsenat. Urt. v. 14. Oktober 1931.

I. Landgericht Hamburg. II. Oberlandesgericht daselbst.

Dem Kläger ist mit Wirkung vom 10. Februar 1925 ab das Patent 433 974 erteilt. Die ersten vier Patentansprüche lauten:

1. Verfahren zum Abbinden isolierter oder Isolieren blanker elektrischer Leitungen, dadurch gekennzeichnet, daß auf passende Längen abgeschnittene Stücke von Gummischläuchen möglichst kleiner lichter Weite in mindestens zwei verschiedenen Richtungen mechanisch aufgeweitet und nach Einstecken der Leitung die Aufweitungskräfte derart aufgehoben werden, daß das Schlauchstück unter Spannung die Leitung umschließt.

2. Verfahren nach Anspruch 1, dadurch gekennzeichnet, daß nach Einstecken der Leitung die Aufweitungskräfte zunächst in der einen und dann erst in der anderen Richtung aufgehoben werden.

3. Gerät zur Ausübung des Verfahrens nach Anspruch 1 und 2, gekennzeichnet durch einen entsprechend der lichten Weite des aufzuweitenden Schlauchstückes bemessenen, gespaltenen Dorn, dessen Teile an den auseinanderbeweglichen Schenkeln eines zweckmäßig zangenartigen Werkzeuges derart sitzen, daß die Mündungen des dadurch aufgeweiteten Schlauchstückes freiliegen.

4. Hilfsgerät zum Gerät nach Anspruch 3, gekennzeichnet durch zwei im Abstand voneinander liegende, durch ein gewölbtes Blech miteinander verbundene Stifte.

Die Beklagte hatte in Werbeschriften angeboten „Gummitüllen zum Abbinden und Isolieren elektrischer Leitungen". Der Kläger sieht hierin einen Eingriff in sein Patent, weil die Verwendung der von der Beklagten feilgehaltenen Gummitüllen zum Abbinden und Isolieren nur möglich sei unter Anwendung des ihm geschützten Verfahrens. Seine Klage geht auf Unterlassung. Die Beklagte bestreitet, daß sich der Schutzumfang des Patents auf den Vertrieb der Gummitüllen erstrecke.

Das Landgericht gab der Klage statt. Entgegengesetzt entschied das Oberlandesgericht. ...

Die Revision des Klägers wurde zurückgewiesen aus folgenden

Gründen:

Die Beklagte befaßt sich gewerbsmäßig damit, kleine Gummiröhrchen von engem Innendurchmesser herzustellen, die an beiden Enden offen sind, sog. Gummitüllen. Sie bietet sie an „zum Abbinden und Isolieren elektrischer Leitungen". Wie das Oberlandesgericht zutreffend angenommen hat, sind diese Gummitüllen nicht unmittelbar Gegenstand des Patents des Klägers, sondern werden nur bei Ausübung des in den Patentansprüchen 1 und 2 geschützten Verfahrens benutzt. Da die Beklagte das Verfahren selbst nicht ausübt, könnte sie, wie gleichfalls in der Vorinstanz richtig erkannt worden ist, nur aus dem Gesichtspunkt der Beihilfe und aus dem der mittelbaren Benutzung eines patentierten Verfahrens haftbar gemacht werden. Bei seinen Ausführungen zur Frage der Beihilfe übersieht indes der Vorderrichter, daß Beihilfe vorsätzliches Mitwirken zur vorsätzlichen Tat eines anderen erfordert und daß daher dieser rechtliche Gesichtspunkt bei dem hier behaupteten Sachverhalt ohne weiteres entfällt.

Gleichwohl behalten zwei Annahmen tatsächlicher Art, von denen das Oberlandesgericht ausgeht, auch Bedeutung für die Beurteilung aus dem Gesichtspunkt der mittelbaren Benutzung. Der erkennende Senat hat die Berechtigung der letzteren Betrachtungsweise bereits in einer größeren Zahl von Entscheidungen anerkannt (RGUrt. vom 25. Mai 1927 in M. u. W. Jahrg. 27/28 S. 139, vom 25. Januar 1928 in M. u. W. Jahrg. 27/28 S. 272; vom 22. Februar 1928 in M. u. W. Jahrg. 27/28 S. 312; vom 3. Oktober 1928 in M. u. W. Jahrg. 29 S. 75; RGZ. Bd. 122 S. 243 [246]; endlich RGUrt. vom 31. Januar 1931 in M. u. W. Jahrg. 31 S. 209, in Mitt. 1931 S. 101 und in GRUR. 1931 S. 385).

Die Gummitüllen, um die es sich hier handelt, lassen allerdings, wie nach den Feststellungen des Berufungsgerichts angenommen werden muß, eine verschiedenartige Verwendung zu; sie sind nicht besonders auf das geschützte Verfahren des Klägers abgestimmt und daher als neutrale Teile anzusehen. Auch die Revision gibt das zu. Gleichwohl ist auch bei solchen neutralen Teilen eine mittelbare Benutzung des Verfahrens möglich, wenn der Verkäufer sie ausgesprochen zur Benutzung dieses geschützten Verfahrens angeboten und geliefert hatte*). Dies ist nach den Werbeschriften der Beklagten der Fall, und zwar gemäß der Unterstellung des Vorderrichters insofern, als die Verwendung der Gummitüllen zum Abbinden nur unter Benutzung des geschützten Verfahrens möglich sein soll. Es erhellt ohne weiteres, daß ohne diese Unterstellung jede Beziehung zwischen dem Verkauf der Tüllen und dem geschützten Verfahren fortfiele. Das Oberlandesgericht will unterstellen: man kann mit den engen Gummitüllen die isolierten und an ihren Enden etwas freigelegten Leitungen nur dann abbinden, wenn man die Tüllen in mindestens zwei verschiedenen Richtungen aufweitet.

Allein damit sind die Voraussetzungen einer mittelbaren Benutzung noch nicht erfüllt. Hinzukommen muß noch, daß der Abnehmer selber die ihm von seinem Verkäufer gelieferten Verfahrensmittel patentverletzend benutzt. Hier ergeben sich zwei Möglichkeiten. Entweder kann man die Gummitüllen in der vorher genannten Weise auch ohne das nach Anspruch 3 und 4 geschützte Gerät (Zange und Hilfsgerät) aufweiten, oder es ist das bloß möglich mit diesem Gerät. Hierzu sagt der Vorderrichter, nachdem er als richtig unterstellen zu wollen erklärt hat, daß ein Abbinden mittels Gummitüllen nur nach dem geschützten Verfahren des Klägers ausführbar sei: „Dann kann auch nur jemand in dieser Weise abbinden, der die Zange des Klägers gekauft hat oder besitzt." Diese Annahme, die im wesentlichen tatsächlicher Art ist, und gegen welche die Revision vergebens ankämpft, entscheidet den Rechts-

*) Vgl. auch RGZ. Bd. 141 S. 336 (abgedr. weiter unten in diesem Abschnitt).

streit*). Wenn hier die Revision von Lizenznehmern des Klägers spricht und ihnen solche Abkäufer der Beklagten gegenüberstellt, die nicht Lizenznehmer seien, so übersieht sie dabei die Lehre vom Zusammenhang der Benutzungsarten. Hat einmal der Patentberechtigte eine geschützte Ware, im vorliegenden Falle die Zange, in den freien Verkehr gelangen lassen, dann ist die Ware patentfrei geworden und kann in jeder Weise zu dem Zwecke, zu dem sie bestimmt ist, benutzt werden; für eine Lizenzerteilung ist dann insoweit kein Raum mehr. Etwaige Beschränkungen, die der patentberechtigte Verkäufer seinen Abnehmern auferlegt, haben dann bloß schuldrechtliche Bedeutung; patentrechtlich sind sie belanglos (näheres hierüber z. B. bei Pietzcker PatG. § 4 Anm. 17; Krauße PatG. § 4 Anm. 5 zu a). Anders läge der Fall nur, wenn sich etwa die Abnehmer der Beklagten eines patentwidrig (von unbefugter Seite) in den Verkehr gebrachten Geräts — Zange mit Hilfsgerät — bedienten. Hierfür ist indes nichts vorgebracht.

RGZ. 133, 377

1. Berechtigt das Vorbenutzungsrecht den Vorbenutzer, sich auch diejenige Ausführungsform zu eigen zu machen, die der Patentinhaber in der Patentschrift gezeigt hat?

2. Begründet schon die Anmeldung eines Schutzrechts für den Anmelder ein Vorbenutzungsrecht an dem Gegenstand der Anmeldung?

Patentgesetz § 5 (PatG. 1936 § 7).

I. Zivilsenat. Urt. v. 21. Oktober 1931.

I. Landgericht I Berlin. II. Kammergericht daselbst.

Zur ersten Frage vgl. Bd. 166 S. 326 (abgedr. weiter unten in diesem Abschnitt).

Zur zweiten Frage heißt es in den

Gründen:

... Die Anmeldung eines Schutzrechts beweist bloß den Erfindungsbesitz, ist jedoch nicht gleichbedeutend mit der Benutzung der Erfindung. Das gleiche gilt von dem Entwurf einer Anmeldung. Selbst wenn man also mit dem Vorderrichter als erwiesen ansieht, daß L. den vollen Erfindungsbesitz gehabt habe, so ist damit der Erwerb eines Vorbenutzungsrechts noch nicht nachgewiesen. Es ist dies um so weniger der Fall, als nach feststehender Rechtsprechung das Treffen von Veranstaltungen nur dann ein Vorbenutzungsrecht zu begründen vermag, wenn der ernstliche Wille vorhanden ist, die Erfindung sofort zu benutzen. In

*) Vgl. die Entscheidung des späteren Rechtsstreits derselben Parteien. RG. Bd. 149 S. 12 (abgedr. weiter unten in diesem Abschnitt).

dieser Beziehung sagt aber der Vorderrichter nur, die Beklagte habe beabsichtigt, die Schaltung praktisch in Benutzung zu nehmen, „sobald die Gelegenheit sich bot". Dies reicht nicht aus. Selbstverständlich wird der Anmelder diese Absicht immer haben, es sei denn, daß es sich um ein Sperrpatent handelt. ...

RGZ. 135, 145

1. Zur Behandlung der sog. Konstruktionspatente.

2. Welche Rechtsfolgen treten ein, wenn der Inhaber eines Verfahrens-Patents jemandem eine nicht geschützte Maschine zur Ausübung des Verfahrens käuflich liefert, insbesondere wenn dazu außer der Maschine noch andere Gegenstände erforderlich sind?

Patentgesetz §§ 4, 6 (PatG. 1936 §§ 6, 9).

I. Zivilsenat. Urt. v. 10. Februar 1932.

I. Landgericht Darmstadt. II. Oberlandesgericht daselbst.

Die Klägerin ist ausschließliche Lizenznehmerin des seit dem 3. April 1921 geschützten Deutschen Reichspatents Nr. 362 520, betreffend ein Verfahren zum Schließen der um Kisten, Ballen und sonstige Packstücke gelegten Bandeisenreifen. Der Patentanspruch lautet:

„Verfahren zum Schließen der um Kisten, Ballen und sonstige Packstücke gelegten Bandeisenreifen, deren Enden durch gemeinsam hergestellte, umgebogene Ausstanzungen verbunden werden und wobei eine flache Blechhülse Anwendung findet, welche die übereinanderstoßenden Enden des Bandeisens umfaßt, dadurch gekennzeichnet, daß nach dem Aufschieben der flachen Blechhülse und Anziehen des Bandeisens an einer oder beiden Seitenkanten der Hülse mittels eines oder mehrerer Paare von Randeinschnitten aus der Hülse und den beiden darin liegenden Bandeisenenden zungenartige Teile gebildet und so umgebogen und gegen die Hülse gepreßt werden, daß dadurch eine Verschiebung der Bandeisenenden und der Blechhülse unmöglich und auch ein Aufbiegen der gegebenenfalls geschlitzten Blechhülse verhindert wird."

Die Beklagte hatte früher von der Klägerin Spann- und Verschlußapparate und Blechhülsen (sog. Cyklopverschlußhülsen) bezogen und damit das Verfahren des Patents angewendet. Im Jahre 1927 wurden ihr von der Klägerin ebenfalls Spann- und Verschlußapparate geliefert, die sie in der Folgezeit zum Schließen ihrer Packstücke benutzte, indessen unter Anwendung von Blechhülsen, die sie nicht von der Klägerin bezogen, sondern selbst angefertigt oder anderweit geliefert erhalten hatte. Die Klägerin sieht darin eine Verletzung ihres Patents und vertraglicher Pflichten und hat auf Verurteilung zur Unterlassung, zur Rechnungslegung und auf Feststellung der Schadensersatzpflicht der Beklagten Klage erhoben.

Das Landgericht hat die Beklagte durch Teilurteil verurteilt, bei Meidung von Strafen für jeden Fall der Zuwiderhandlung die Anwendung des durch das Patent 362 520 geschützten Verfahrens zum Schließen von Bandeisenreifen außer bei Verwendung von Cyklopverschlußhülsen . . . zu unterlassen. . . . Die Berufung der Beklagten ist zurückgewiesen worden. Ihre Revision führte zur Aufhebung und Zurückverweisung.

Aus den Gründen:

Die Parteien streiten über den Schutzumfang des Patents der Klägerin Nr. 362 520. . . . Die Beklagte steht auf dem Standpunkt, daß der Schutzumfang des Klagepatents nach dem Stande der Technik zur Zeit seiner Anmeldung der Einschränkung dahin bedürfe, daß er sich nur erstrecke auf ein Verfahren, bei dem die aus der Hülse und den Bandeisenenden ausgeschnittenen Zungen um 180 °, jedenfalls nicht nur um 45 °, herumgebogen und auf den Rand der Hülse aufgepreßt würden. Sie behauptet, daß mit den ihr von der Klägerin gelieferten Werkzeugen die Zungen nur um 45 ° herumgebogen werden könnten und daß sie daher durch Benutzung dieser Geräte nicht in den Schutzbereich des Klagepatents eingegriffen habe. Als zum Stande der Technik gehörig hat die Beklagte auch die beiden amerikanischen Patentschriften 1 290 707 und 1 319 127 angeführt. Der so verstandene Einwand war erheblich und hätte zu einer Prüfung des Inhalts der beiden amerikanischen Patentschriften führen müssen. . . . Die Prüfung muß nun nachgeholt werden. Sollte sie ergeben, daß der Erfindungsgedanke des Klagepatents dadurch im wesentlichen vorweggenommen ist, so könnte dies nach der neueren Rechtsprechung des Senats nicht dahin führen, daß die beiden entgegengehaltenen Patente unberücksichtigt zu lassen wären, sondern der Schutzumfang des Klagepatents müßte dann auf das darin offenbarte Neue beschränkt werden, auch wenn ihm nicht mehr die Bedeutung einer Erfindung zuerkannt werden könnte.

Der Schutzumfang des Klagepatents kann auch für die Frage erheblich sein, ob und welche vertragliche Verpflichtungen die Beklagte der Klägerin gegenüber bei der im Jahre 1927 erfolgten Lieferung von Maschinen übernommen hat, insbesondere ob die Verpflichtung zum Hülsenbezug an die Voraussetzung geknüpft war, daß die Beklagte die

Werkzeuge in einem durch das Klagepatent geschützten Verfahren verwendete.

... Auszugehen ist davon, daß durch Patent Nr. 362 520 ein Verfahren geschützt ist; die zur Ausübung dieses Verfahrens dienende Maschine, die Hülse, das Bandeisen und was dazu sonst etwa noch gebraucht wird, sind dadurch nicht unmittelbar geschützt. Unterstellt man zunächst, daß zur Ausübung des Verfahrens nur die Maschine erforderlich wäre, so würde die Lieferung der Maschine durch den Patentberechtigten an einen Käufer in aller Regel die Erteilung der Berechtigung an diesen in sich einschließen, die ihm gelieferte Maschine ihrer Bestimmung gemäß zu benutzen, d. h. das geschützte Verfahren damit auszuüben. Das Verfahren, soweit es mit dieser Maschine ausgeübt wird, würde dadurch gemeinfrei, wie nach der Lehre vom Zusammenhang der Benutzungsarten eine geschützte Ware patentfrei wird, wenn sie der Patentberechtigte in den freien Verkehr hat gelangen lassen (vgl. RGZ. Bd. 133 S. 330). Ob es sich ebenso verhält, wenn zur Ausübung des Verfahrens außer der Maschine noch andere Gegenstände benötigt werden und der Patentberechtigte nur die Maschine liefert, ist Sache der Beurteilung nach den Umständen des einzelnen Falles. Hier scheinen die Parteien darüber einig zu sein — eine Feststellung hat das Berufungsgericht nicht getroffen —, daß die Klägerin der Beklagten vor dem Jahre 1927 außer der Maschine auch alles sonst zur Ausübung des Verfahrens Erforderliche, insbesondere die dazu notwendigen Hülsen geliefert hat, ohne die Beklagte ausdrücklich dahin zu beschränken, daß sie das Verfahren nur mit Hülsen der Klägerin benutzen dürfe. Es muß daher nach den gesamten Umständen, insbesondere dem Verhalten der Klägerin bei diesen Lieferungen, unter Berücksichtigung von Treu und Glauben im Verkehr und der Verkehrsanschauung geprüft werden, ob danach anzunehmen ist, daß die Klägerin der Beklagten die Benutzung des geschützten Verfahrens nur unter Anwendung der von der Klägerin bezogenen Hülsen gestatten wollte und ob der Beklagten das erkennbar gewesen ist. ... Die Erteilung der Erlaubnis zur Benutzung des Verfahrens wäre dann an eine Bedingung geknüpft worden, bei deren Nichtinnehaltung die Beklagte das Patent verletzt haben würde. ...

Hiernach ist es erforderlich, daß der Vorderrichter erneut prüft, ob die Beklagte mit den ihr vor dem Jahre 1927 von der Klägerin gelieferten Maschinen und selbstgefertigten oder von anderer Seite bezogenen Hülsen das durch das Patent 362 520 geschützte Verfahren ausüben durfte und künftig ausüben darf, und dann erst wird sich ermessen lassen, ob ihr die Ausübung dieses Verfahrens ohne die Cyklopverschlußhülsen allgemein zu untersagen ist oder dann nicht, wenn sie die vor dem Jahre 1927 bezogenen Maschinen benutzt. Das Ergebnis der Prüfung kann auch für die Frage der Wiederholungsgefahr von Erheblichkeit werden. ...

RGZ. 136, 320

Wann kann der Patentinhaber, der eine ausschließliche Lizenz erteilt hat, von dem Patentverletzer Schadensersatz fordern?

Patentgesetz §§ 6, 35 (PatG. 1936 §§ 9, 47).

I. Zivilsenat. Urt. v. 28. Mai 1932.

I. Landgericht I Berlin. II. Kammergericht daselbst.

.....

Aus den Gründen:

... Die Revision der Beklagten vertritt die schon in den beiden ersten Rechtszügen verfochtene Meinung, daß der Kläger als nur mittelbar Geschädigter Schadensersatzansprüche gegen die Beklagten für diejenige Zeit nicht erheben könne, für die er das ausschließliche Recht zur Benutzung seines Patents durch Lizenzvertrag auf einen Dritten übertragen gehabt habe. Daß es sich bei den Verträgen mit M. und mit Kö. um solche über Erteilung einer ausschließlichen Lizenz handelt, ist von keiner Seite bezweifelt worden. Der Ansicht der Revision kann aber nicht beigetreten werden. Nach dem Vertrage mit M. sollte der Kläger außer einer Barabfindung von 125 000 M. und einer Anzahlung von 75 000 M. auf die sonstigen Vergütungen eine Lizenzabgabe vom Umsatz in Höhe von 5 % vom reinen Rechnungswert jeder von M. gelieferten vollständigen Regneranlage oder Teilen dazu einschließlich der dazu gehörigen Stammleitung, Pumpen, Armaturen und Zubehör außer Motoren, aber einschließlich etwaiger von Landwirten zu entrichtender Lizenz- oder Mietbeträge erhalten. Kö. sollte an ihn als Entschädigung zahlen: 5 % der Rechnungs-Endbeträge (ausschließlich der Beträge für Fracht, Verpackung und Montage) für alle während der Vertragsdauer verkauften Regneranlagen, deren Teile und Zubehör einschließlich Pumpen, Antriebsmaschinen und sog. Stammleitungen und bis zum 1. Juli 1926 zusätzlich 2½ % als Entschädigung für die Kosten der Mitarbeit bei Einführung in das Regner-Geschäft. In solchen Fällen ist der Patentinhaber geschädigt, wenn anzunehmen ist, daß die vom Patentverletzer unter Verletzung des Patents hergestellten Anlagen ohne die Patentverletzung vom Lizenznehmer hergestellt worden wären und der Lizenznehmer dafür dem Patentinhaber die vereinbarte Vergütung gezahlt hätte. Und zwar ist der Patentinhaber dann unmittelbar verletzt. Denn die Lizenzbeträge, die er in diesem Fall infolge der Handlungen der Patentverletzer eingebüßt hat, stellen sich als ihm entgangener Gewinn dar. Insoweit ist er ganz allein geschädigt und kommt eine Schädigung des Lizenznehmers nicht in Frage. Letzterer kann zwar ebenfalls gegen den Patentverletzer Schadensersatzansprüche erheben, aber nur in Höhe des ihm erwachsenen Schadens. Diesen Schaden kann er nur unter Abzug der Entschädigung berechnen, die er seinerseits dem Patentinhaber zu zahlen gehabt hätte, wenn er selbst die vom Patentverletzer hergestellte Anlage ausgeführt haben würde. Es fehlt an jedem Rechtsgrunde, der ihn berechtigen könnte, den dem Patentinhaber entgangenen Gewinn vom Patentverletzer ersetzt zu verlangen. Die abweichende Ansicht der Revision verkennt, daß der Patentinhaber dadurch, daß er eine ausschließliche Lizenz erteilt, sich seines Patentrechts nicht völlig entäußert, sondern Inhaber dieses Rechts bleibt, und daß daher eine Verletzung des Patents ihn neben dem Lizenznehmer trifft. ...

RGZ. 136, 415

Ueber Begriff, Voraussetzung und Wirkung der Gesellschafter-Erfindung.

I. Zivilsenat. Urt. v. 11. Juni 1932.

I. Landgericht Hagen, Kammer für Handelssachen. II. Oberlandesgericht Hamm.

Der Beklagte war vom August 1926 bis Ende 1929 bei der klagenden Firma tätig, zuerst als Prokurist, dann — vom 1. Januar 1928 ab — als persönlich haftender Gesellschafter. Schon als Prokurist war er nach dem Anstellungsvertrag befugt, die Gesellschaft allein zu vertreten. Allerdings war dabei die Möglichkeit vorgesehen gewesen, einen technischen Leiter zu bestellen, und für diesen Fall war vorbehalten, daß der Beklagte die Gesellschaft nur gemeinsam mit diesem technischen Leiter oder einem anderen Prokuristen vertreten solle. Dieser Fall ist aber nicht eingetreten. Die Stellung des Beklagten bei der Klägerin erreichte dadurch ihr Ende, daß er sich, wie diese behauptet, verschiedene Handlungen zum Nachteil der Gesellschaft zuschulden kommen ließ.

Während der Tätigkeit des Beklagten bei der Klägerin ließ diese ein Verfahren und eine Vorrichtung zur Ausübung des Verfahrens beim Reichspatentamt zum Patent anmelden, ferner eine Eventualanmeldung der Vorrichtung als Gebrauchsmuster bewirken. Es handelte sich dabei um folgendes. Die klagende Firma stellt Holzschrauben her. Die neue Erfindung dient dazu, Schwierigkeiten zu beseitigen, die beim Herstellen von Holzschrauben aus besonders widerstandsfähigem Stoff (sog. Deltametall, Selvametall) aufgetreten waren. Die Schutzrechte sollten zunächst auf einen in der Schraubenindustrie unbekannten Namen angemeldet werden, um die Konkurrenz abzulenken. Zu diesem Zweck trat die Klägerin mit dem Kaufmann S. in Verbindung. Dieser hat die Anmeldungen bewirkt. Den Briefwechsel mit ihm ließ der Beklagte als vertretungsberechtigter Mitinhaber der klagenden Gesellschaft durch den Patentanwalt N. führen. S. hat seine Rechte aus den Anmeldungen am 7. Mai 1929 an den Beklagten abgetreten.

Die Klägerin behauptet, daß die Rechte aus den Anmeldungen ihr zuständen, weil es sich um eine Betriebs- oder doch um eine Diensterfindung handle. Die Abtretung vom 7. Mai 1929 habe ihr der Beklagte verheimlicht; sie habe erst Anfang 1930 davon erfahren. Ihre Klage geht auf Feststellung ihrer Rechte an der angemeldeten Erfindung.

Der Beklagte bestritt, daß es sich um eine Betriebs- oder Diensterfindung handle. Die Erfindung rühre ganz allein von ihm her und stamme aus der Zeit seiner früheren Tätigkeit in Schw. Er sei ferner in seiner Stellung bei der Klägerin nur kaufmännischer Leiter gewesen und habe mit technischen Dingen nichts zu tun gehabt, sei also auch nicht verpflichtet gewesen, für die Klägerin Erfindungen zu machen.

Der Beklagte unterlag in allen drei Rechtszügen.

Aus den Gründen:

Den Gegenstand des Rechtsstreits bildet allein die Frage, ob die streitige Erfindung zum Vermögen der Gesellschaft gehört. Ob und welches Auseinandersetzungsguthaben dem Beklagten als ehemaligem Gesellschafter der Klägerin zusteht, darüber ist hier nicht zu entscheiden. ...

Ueber die Erfindung trifft der Vorderrichter folgende Feststellungen: Erfinder war der Beklagte; um eine Betriebserfindung handelt es sich nicht; eine Mitwirkung anderer an der Erfindung war nicht festzustellen; Ausprobung der Erfindung im Betrieb der Klägerin und mit deren Mitteln macht die Erfindung noch nicht zur Betriebserfindung. Hiergegen läßt sich rechtlich nichts erinnern. Aber auch als Alleinerfindung des Beklagten sei sie, so führt das Berufungsurteil weiter aus, als Diensterfindung „Eigentum" der Klägerin geworden. Gemacht habe der Beklagte die Erfindung im März/April 1929, möge er immerhin schon früher während seiner Tätigkeit in Schw. die „Idee" seiner Erfindung gehabt haben. Um was es sich hierbei gehandelt habe, zeige seine eidesstattliche Versicherung vom 18. Juni 1930, worin er erkläre, „der Gedanke, daß das Material auf eine rationellere Art müsse verarbeitet werden können als bisher", sei ihm schon früher gekommen. Eine Idee sei noch nicht die Erfindung. Dazu gehöre hier die genaue Festlegung des Hitzegrades bei der Anwärmung des fortlaufenden Drahtes, wofür erst praktische Versuche die nötige Unterlage hätte schaffen müssen. Damals sei der Beklagte alleiniger Geschäftsführer und persönlich haftender, zur Mitarbeit verpflichteter Gesellschafter der klagenden Firma gewesen. Er habe seine ganze Kraft in den Dienst des Unternehmens zu stellen gehabt. Der Betriebsleiter Si., auf den er verweise, sei nicht der im Anstellungsschreiben des Beklagten erwähnte mitzeichnungsberechtigte technische Betriebsleiter gewesen, sondern habe unter dem Beklagten gestanden. Allein auch abgesehen hiervon sei die Erfindung des Beklagten als Diensterfindung anzusehen. Bei Gesellschaftern, die ihre Arbeitskraft zu gemeinsamem Zweck vereinigten, sei eine scharfe Scheidung ihres Pflichtenkreises wie bei Angestellten und Beamten nicht möglich, auch wenn sie untereinander eine gewisse Arbeitsteilung vornähmen. Daher gehörten auch die einschlägigen Erfindungen eines im wesentlichen nur kaufmännisch tätigen Gesellschafters der Gesellschaft, zumal im Streitfall, wo dem Beklagten der gesamte Betrieb, auch der technische Teil, unterstanden habe. ...

Die eigenartige Wirkung der Diensterfindung beruht darin, daß das Recht an solchen Erfindungen unmittelbar in der Person des Dienstherrn entsteht. Die Grundsätze, nach denen eine Diensterfindung anzunehmen ist, stehen in der reichsgerichtlichen Rechtsprechung fest; zu vgl. aus letzter Zeit RGZ. Bd. 127 S. 197, Bd. 131 S. 328. Im vorliegenden Fall handelt es sich allerdings um keine eigentliche Dienst-, sondern um eine Gesellschafter-Erfindung. Aber für diese müssen, wie das Oberlandesgericht in Uebereinstimmung mit dem patentrechtlichen Schrifttum annimmt, die Grundsätze der Diensterfindung noch in erhöhtem Maße gelten. ... Die reichsgerichtliche Rechtsprechung hatte, soweit ersichtlich, bisher keine Gelegenheit, hierzu Stellung zu nehmen. Die Entscheidung kann aber gar nicht anders ausfallen. Ebenso wie die Angestellten haben die im Betrieb tätigen Gesellschafter ihre Kraft dem Unternehmen zu widmen. In den beiden Reichsgerichtsentscheidungen ist der Grundsatz anerkannt, daß höhere Angestellte oder Beamte in der Regel die von ihnen erdachten Verbesserungen erfinderischer Art für das Unternehmen machen. Um so mehr muß dieser Grundsatz Geltung beanspruchen für die im Betrieb tätigen Gesellschafter selbst. Im nicht patentrechtlichen Schrifttum wird zum Teil ein abweichender Standpunkt vertreten, übrigens auch nicht genügend scharf unterschieden, ob das Unternehmen unmittelbar das Recht an der Erfindung erwirbt oder nur einen Anspruch auf Uebertragung des in der Person des Erfinders entstandenen Rechts. Staudinger (BGB. 9. Aufl. Bd. II 3 S. 1240 § 706 Anm. 3) geht von dem an sich richtigen Grundsatz aus, mehr, als der Gesellschaftszweck es mit sich bringe, könne nicht den Inhalt der Dienste ausmachen. Und er folgert daraus: danach werde sich entscheiden, ob die Gesellschaft Anspruch auf die Erfindung habe. Aber, so fährt er fort, dies sei nur dann zu bejahen, wenn es gerade die Aufgabe der Gesellschaft sei, Erfindungen zu machen. Diese enge Auffassung ist durch nichts begründet, ganz abgesehen davon, daß es Gesellschaften mit dem Gesellschaftszweck, Erfindungen zu machen, schwerlich geben wird. Vielmehr gehört es zu den Aufgaben eines jeden Fabrikunternehmens, seine Herstellungsweisen zu verbessern, zu verbilligen, zu vereinfachen. Alles, was diesem Zweck dient, fällt in den Rahmen der Gesellschaftszwecke, an deren Verwirklichung mitzuhelfen die im Betrieb tätigen Gesellschafter in erster Linie berufen sind. Daher kann auch Düringer-Hachenburg (HGB. § 110 Anm. 4) nicht zugestimmt werden, wenn sie unterscheiden wollen, ob sich die Erfindung bezieht auf die von der Gesellschaft verwendeten Herstellungsmaschinen oder auf Maschinen, welche die Gesellschaft selber herstellt, und wenn sie nur im letzteren Fall die Grundsätze der Dienst- und Gesellschafter-Erfindung angewandt wissen wollen. Nicht billigenswert ist endlich der Standpunkt von Staub-Koenige (HGB. § 111 Anm. 4; ähnlich anscheinend auch Schwarz HGB. § 109 Anm. 4, der sich sowohl auf Staub wie auf Düringer beruft), die darauf abstellen, ob es sich um eine Erhöhung der Einlage des Gesellschafters handelt oder nicht, und hierfür die vertraglichen Abreden entscheiden lassen wollen. Dieser Gesichtspunkt ist anwendbar auf die vom Berufungsgericht gestreifte Frage, wie zu entscheiden wäre, wenn der Beklagte die fertige Erfindung bei seiner Anstellung schon mitgebracht hätte. Nicht brauchbar ist er aber für die Frage, wenn der Gesellschafter die Erfindung erst im Lauf des Gesellschaftsverhältnisses und somit während seiner gesellschaftlichen Leistungspflicht gemacht hat.

Ist hiernach die Annahme des Vorderrichters nicht zu beanstanden, daß die Gesellschaft das Recht an der Erfindung unmittelbar erworben hat, so erwarb sie auch unmittelbar die Rechte aus den Anmeldungen der Schutzrechte (über diese s. Kraußе PatG. § 6 Anm. 1 a), die S. für sie in verdeckter Stellvertretung vornahm. Und ebensowenig verstößt es gegen Rechtsregeln, wenn das Berufungsgericht der vom Beklagten namens der Gesellschaft angeordneten Abtretung dieser Rechte an ihn selber nach § 181 BGB. die Rechtswirksamkeit versagt. Denn die Bewirkung der Anmeldung durch S. als Anmelder war im Innenverhältnis eine bloße Rechtsform; sachlich war es hier so anzusehen, als sei die Klägerin selbst Anmelderin gewesen und habe der Beklagte als ihr zeichnungsberechtigter Geschäftsführer die Abtretung an sich selbst vorgenommen. Die Revision erhebt hiergegen auch keine Angriffe.

Was die Revision geltend macht, erweist sich nicht als begründet. Sie ... bringt vor:

Weder der Dienstvertrag noch der Gesellschaftsvertrag habe etwas über Erfindungen der Angestellten oder der Gesellschafter enthalten. Hierauf kommt es indessen nicht an. Allerdings sind die vorher besprochenen Grundsätze über die Dienst- und die Gesellschafter-Erfindung kein zwingendes Recht. Sie beruhen aber auf der Natur dieser Rechtsverhältnisse, finden also gerade immer dann Anwendung, wenn nichts Abweichendes vereinbart worden ist.

Ebensowenig kommt dem zweiten Umstand Bedeutung zu, daß der Beklagte „mit der technischen Betriebsleitung nichts zu tun hatte". Das Berufungsgericht hat diesen Sachverhalt seiner Entscheidung zugrundegelegt, durfte aber mit der herrschenden Anschauung, wie sie bereits erörtert wurde, trotzdem das Vorhandensein einer Gesellschafter-Erfindung annehmen. ...

RGZ. 137, 64

1. Muß der Patentanmelder, um die Wirkung des Ausstellungsschutzes zu erlangen, bereits im Erteilungsverfahren eine entsprechende Ausstellungspriorität beanspruchen?

2. Gilt der Ausstellungsschutz für Erfindungen auch dann, wenn nicht der spätere Anmelder, sondern sein Lizenznehmer oder der Zweiterwerber der Lizenz die Erfindung ausstellt?

Patentgesetz § 2. Gesetz betr. den Schutz von Erfindungen, Mustern und Warenzeichen auf Ausstellungen vom 18. März 1904 (RGBl. S. 141).

I. Zivilsenat. Urt. v. 24. Juni 1932.

I. Reichspatentamt.

Die Klägerin forderte Vernichtung des am 22. September 1925 vom Erfinder G. angemeldeten Patents Nr. 464 469, weil die ihm zugrunde liegende Erfindung im Inland offenkundig vorbenutzt worden sei. Die offenkundige Vorbenutzung sollte u. a. darin liegen, daß die Erfindung auf der Leipziger Herbstmesse vom 30. August bis zum 9. September 1925 durch eine Firma F. & V. öffentlich vorgeführt worden sei. Die Beklagte als Rechtsnachfolgerin des Anmelders berief sich darauf, daß diesem der zeitweilige Schutz, den das Gesetz über den Schutz von Erfindungen usw. auf Ausstellungen vom 18. März 1904 dem Anmelder gewährleiste, auch dann zugute kommen müsse, wenn — wie im vorliegenden Falle — die Schaustellung von einem Lizenznehmer vorgenommen worden sei. Das Reichspatentamt vernichtete das Patent. Die Berufung der Beklagten führte zur Abweisung der Nichtigkeitsklage.

Aus den Gründen:

... Der angefochtenen Entscheidung ist in der Rechtsauffassung beizustimmen, daß man, um die Wirkung der Vorschriften des erwähnten Gesetzes zu erreichen, nicht genötigt ist, eine entsprechende Priorität im Erteilungsverfahren zu beanspruchen, sondern daß diese Priorität auch noch nach Erteilung beansprucht werden kann. Darüber kann nach der Fassung des Gesetzes im Gegensatz zu den Bestimmungen der Pariser Uebereinkunft Artikel 4 zu d kein Zweifel obwalten. ...

Nach der Aussage der im ersten Rechtszuge vernommenen Zeugen lag die Sache so, daß der Erfinder G., der die Erfindung auch innerhalb der in jenem Gesetz vorgeschriebenen sechs Monate seit Schaustellung zum Patent angemeldet hat, an die Firma F. & V. vor der Schaustellung das Alleinvertriebsrecht übertragen hatte und daß danach die Schaustellung auf der Messe im Rahmen dieser Vereinbarung der Lizenzinhaberin, die Erwirkung des Patentrechts dagegen dem Erfinder zufiel. Hieran hat die im zweiten Rechtszuge vorgenommene Beweisaufnahme nichts geändert. ... (Wird ausgeführt.)

In der angefochtenen Entscheidung ist die Anwendbarkeit des Gesetzes vom 18. März 1904 verneint worden, weil die Beweisaufnahme nicht ergeben habe, daß die ausstellende Firma das ihr durch die Schaustellung erwachsene Prioritätsrecht auf den späteren Anmelder übertragen und dadurch die Schaustellung für die Anmeldung unschädlich gemacht habe. Dieser Auffassung kann nicht zugestimmt werden. Sie gründet sich auf den Wortlaut des Gesetzes, wonach die vorgesehenen Wirkungen der Schaustellung dem Aussteller und dessen Rechtsnachfolger bei Anmeldung binnen bestimmter Frist zukommen. Sie legt jedoch der Wortfassung zu großes Gewicht bei und wird dem im Gesetz verfolgten Rechtsgedanken nicht gerecht. Das Gesetz hat, wie seine Begründung ergibt (PMZBl. 1904 S. 182), die Sicherstellung des Erfinders gegen die mit der Bekanntgabe der Erfindung auf Ausstellungen verbundenen rechtlichen Nachteile im Auge; die Schaustellung soll der Erlangung des Schutzes nicht entgegenstehen. Berücksichtigt ist, wenn dies auch in der Begründung nicht zu besonderem Ausdruck gelangt, ersichtlich der Gedanke, daß die Schaustellung einer Erfindung auf Ausstellungen dazu mitwirkt, den in ihr offenbarten Fortschritt für die Technik dienlich zu machen. Damit dieser Vorteil nicht durch die Besorgnis vor den Rechtsfolgen einer mit der Schaustellung verbundenen offenkundigen Vorbenutzung beseitigt werde, schafft das Gesetz die Regelung, daß der Schaustellung die Wirkung der Neuheitsschädlichkeit genommen wird. Es ist kein ausreichender Grund erkennbar, warum diese Rechtswohltat nicht auch dem Erfinder zuteil werden sollte, der bereits durch vertragliche Abmachungen Schritte getan hat zur Verwertung seiner Erfindung in einer Weise, wie sie häufigem wirtschaftlichen Geschehensablauf entspricht, indem er das Recht zur Benutzung der Erfindung ganz oder teilweise einem Dritten überträgt, während ihm als dem besonders Sach- und Fachkundigen die Erwirkung des Patents überlassen bleibt. Wird die Schaustellung in solchem Falle vom Lizenznehmer bewirkt, so handelt der Erfinder mittelbar als Aussteller. Es ist daher billig, daß ihm die Rechtsvorteile des Gesetzes von 1904 zukommen. Die abweichende Auffassung führte zu einer Folge, die von jenem Gesetze nach dem von ihm verfolgten Rechtsgedanken nicht gewollt und daher abzulehnen ist, nämlich dazu, daß dem späteren Anmelder die Schaustellung seiner eigenen Erfindung, die im Rahmen der Verwertung der Erfindung stattfindet, als neuheitsschädlich entgegengehalten werden könnte. Von den in Frage kommenden Wirtschaftskreisen, die — wie die Beweisaufnahme zeigt — über die Bedeutung der Ausstellungspriorität häufig nicht unterrichtet sein werden, zur Sicherung gegen Nachteile den Abschluß eines besonderen Uebereinkommens über die Uebertragung der Priorität zu verlangen, wie es die angefochtene Entscheidung möchte, heißt dem Rechtsverkehr unnötige formale Fesseln auferlegen. Nichts anderes kann gelten, wenn — wie im vorliegenden

Falle — der erste Erwerber einer Vertriebslizenz diese weiter überträgt und der zweite Erwerber die Schaustellung vornimmt. War das Recht zur Patenterwirkung beim Erfinder verblieben, so kann der in Verfolgung dieses Rechts eingereichten Anmeldung die von einem Lizenzerwerber veranstaltete Schaustellung nicht entgegengehalten werden. Ob die Lizenznehmer geglaubt haben, daß es sich um eine bereits angemeldete Erfindung handelt — wie nach den Zeugenaussagen in Frage kommen könnte — ist dabei ohne Bedeutung.

Danach kann die Schaustellung auf der Leipziger Messe der Beklagten in dem Umfang, wie sie geschah, nicht als neuheitsschädlich entgegengehalten werden. Ebenso wirkt nach gesetzlicher Bestimmung in solchem Falle eine anderweitige spätere Benutzung oder Veröffentlichung nicht mehr als neuheitsschädlich. ...

RGZ. 138, 346

1. .....*)

2. Unabwendbarer Zufall; Sorgfaltspflicht des Unternehmers und seines Vertreters bei der Wahrung von Fristen in Betrieben mit Arbeitsteilung.

Patentgesetz § 28 Abs. 3 (PatG. 1936 § 43). ZPO. §§ 232, 233.

I. Zivilsenat. Urt. v. 19. November 1932.

I. Reichspatentamt.

.....

Aus den Gründen:

... Mit der angegriffenen Entscheidung ist von den anerkannten Grundsätzen der Rechtsanwendung auszugehen. Danach ist unabwendbarer Zufall ein Ereignis, das unter den gegebenen, nach der Besonderheit des Falls zu berücksichtigenden Umständen auch durch die äußerste diesen Umständen angemessene und vernünftigerweise zu erwartende Sorgfalt weder abgewehrt noch in seinen schädlichen Folgen vermieden werden kann. Was unabwendbar ist, muß also nach einem den beteiligten Menschen und den Umständen angepaßten Maßstab bestimmt werden; aus ihm ergeben sich die Anforderungen an die Sorgfalt, die dem Handelnden gerechterweise zuzumuten ist (RGUrt. vom 12. Mai 1928 I 12/28, abgedr. SeuffArch. Bd. 82 Nr. 148 und JW. 1928 S. 1855 Nr. 4, und die dort angeführten früheren Urteile). Verschulden der Partei selbst, ihres Vertreters oder Bevollmächtigten kann nicht als unabwendbar angesehen werden (ZPO. § 232 Abs. 2). Wohl aber ist ein Versehen von Hilfskräften, deren sich diese Personen bedienen,

*) Ueberholt durch Wegfall der Präklusivfrist für die Erhebung der Nichtigkeitsklage.

unter Umständen als unabwendbar zu beurteilen. Ferner muß für die Frage, ob die nötige Sorgfalt angewandt worden sei, der ebenfalls anerkannte Grundsatz beachtet werden: Eine Partei ist zwar berechtigt, eine Frist bis zur äußersten Grenze auszunutzen. Tut sie das aber ohne triftige Gründe, so trägt sie die Folgen der damit verbundenen, ihr erkennbaren Gefahr, wenn die Frist dann nicht gewahrt wird (RGBeschl. vom 9. Juni 1928 I B 7/28 in SeuffArch. Bd. 82 Nr. 181). Und zwar muß das Abwarten bis nahe ans Ende der Frist und die damit verbundene Gefahr bei langen Fristen wie der fünfjährigen Ausschlußfrist, die dem Berechtigten geräumige Zeit lassen, entsprechend schwerer ins Gewicht fallen als bei kürzeren von Wochen oder Tagen, die schnellere Entschließung fordern. ...

Das Reichspatentamt legt den in der Rechtsanwendung anerkannten Satz zugrunde, daß, zumal in großen Betrieben mit weitgehender Arbeitsteilung, das Verfahren eines sonst zuverlässigen, erprobten Angestellten einen Wiedereinsetzungsgrund bilden kann. Ein Rechtsanwalt z. B. muß die Ueberwachung von Fristen und andere mehr mechanische Aufgaben seinen Angestellten überlassen können, deren Gewissenhaftigkeit und Zuverlässigkeit er geprüft hat; ihre Arbeit untersteht lediglich seiner Aufsicht, die sich geeignetenfalls auf Stichproben beschränkt. Entsprechende Regeln sind auf Patentabteilungen großer Fabriken und Industrieunternehmen anzuwenden, wo erfahrungsmäßig viele Fristen ständig überwacht werden müssen (RG. in JW. 1926 S. 2431 Nr. 2, 1927 S. 2625 Nr. 5; RGZ. Bd. 96 S. 324; RG. in SeuffArch. Bd. 82 Nr. 148). Daß zugunsten des Klägers diese Grundsätze anzuwenden seien, nimmt das Reichspatentamt an. Mit Recht erwägt es aber: es müsse stets, und zwar je nach den Umständen des Falls, geprüft werden, ob nicht schon darin ein die Wiedereinsetzung ausschließendes Verschulden zu sehen sei, daß die Erledigung des Geschäfts dem Angestellten allein überlassen worden ist. Dies bejaht es für den vorliegenden Fall. Und zwar hauptsächlich aus zwei Gründen: Auch in größeren Betrieben gehöre die Erhebung der Nichtigkeitsklage gegen ein Patent, wenngleich nicht zu den ganz seltenen, so doch nicht gerade zu den alltäglichen Vorkommnissen. Hier sei die Klage überdies erst kurz vor dem Ablauf der Ausschlußfrist eingereicht worden. Diesen zweiten Grund sieht es als entscheidend an im Sinn einer Uebernahme der damit verbundenen Gefahr und der Verneinung eines unabwendbaren Zufalls. Bei der Prüfung im einzelnen gelangt das Reichspatentamt zu dem Ergebnis: weder der Kläger selbst noch sein Patentingenieur Dr. T. habe alle nach den Umständen gebotene Sorgfalt aufgewendet. ...

Dr. T. war seit etwa vier Jahren Patentingenieur beim Kläger. Er bearbeitete dort alle Patentangelegenheiten und leitete das Patentbüro. Im vorliegenden Fall hatte überdies der Kläger, weil selbst durch langwierige Krankheit behindert, ihn im November 1931 mündlich mit der

Einreichung der Nichtigkeitsklage beauftragt. Demgemäß unterzeichnete T. die Klagschrift „in Vertretung" des Klägers; ebenso die Schriftsätze vom 21. Dezember 1931 und 12. Januar 1932, in denen der Antrag auf Wiedereinsetzung angekündigt wurde. Unter diesen Umständen war er nicht, wie der Kläger will, als bloßer Angestellter zu betrachten, sondern als „Vertreter" des Klägers im Sinne des § 232 Abs. 2 ZPO. Denn zu den Vertretern gemäß dieser auf die besondere Lage des einzelnen Falls berechneten Vorschrift gehören nicht nur gesetzliche Vertreter, sondern auch Bevollmächtigte (BGB. §§ 164 flg., § 166 Abs. 2) und selbst unbeauftragte Geschäftsführer (BGB. §§ 677 flg.), deren Tätigkeit der Vertretene nachträglich billigt (RGZ. Bd. 48 S. 413, Bd. 115 S. 72 und S. 412). Hatte, wie dargetan, im vorliegenden Fall der Vertreter nicht die den besonderen Umständen entsprechende Sorgfalt angewandt, so kann die Versäumung der Frist, welche dadurch eintrat, nicht als unverschuldete des Vertretenen, also des Klägers, behandelt werden (ZPO. § 232 Abs. 2).

RGZ. 139, 3

Steht einer patentrechtlichen Nichtigkeitsklage die rechtskräftige Abweisung des Klägers in einem früheren Nichtigkeitsstreit gegen dasselbe Patent auch dann entgegen, wenn er die frühere Nichtigkeitsklage auf fehlende Erfindungshöhe, die jetzige auf fehlende Neuheit gestützt hatte?

Patentgesetz § 10. (PatG. 1936 § 13.)

I. Zivilsenat. Urt. v. 23. November 1932.

I. Reichspatentamt.

. . . . .

Aus den Gründen:

. . . Die reichsgerichtliche Rechtsprechung geht seit längerer Zeit dahin, nur die drei Nichtigkeitsgründe des § 10 Abs. 1 Nr. 1 bis 3 PatG.*) als Klagegründe der patentrechtlichen Nichtigkeitsklage anzuerkennen; vgl. RGUrt. vom 12. November 1930 in M. u. W. XXXI S. 161 und die nähere Darstellung nebst Angabe des Schrifttums bei Krauße PatG. S. 156, 157 § 10 Anm. 7 zu c. . . .

In der Berufungsverhandlung hat der Vertreter des Klägers ausgeführt, daß auch dann, wenn man für die Nichtigkeitsklage nur die drei Klagegründe des § 10 Abs. 1 PatG. anerkenne, die Klage zuzulassen sei, weil die Nichtigkeitsklage eine Popularklage sei und die Vorschriften der Zivilprozeßordnung nur entsprechend anwendbar seien. Hierbei wird jedoch verkannt, daß die Frage der Rechtskraft von der Frage

*) PatG. 1936 § 13.

des Klagegrundes nicht zu trennen ist. Daraus, daß das Gesetz den Patentinhaber unbestimmt vielen Angriffen anderer Personen aus § 10 Abs. 1 Nr. 1 aussetzt, folgt nicht, daß nun auch der Nichtigkeitskläger, der bereits einmal mit seiner Klage aus § 10 Abs. 1 Nr. 1 abgewiesen worden ist, wie jeder beliebige Dritte dastehe und deshalb von neuem die Popularklage aus § 10 Abs. 1 Nr. 1 erheben könne. Der Kläger zieht denn auch diese sonst unabweisbare Folgerung selbst nicht, sondern betont gerade den Unterschied, daß er seine frühere Klage auf § 1, die jetzige dagegen auf § 2 PatG. gestützt habe. Er beruft sich also selbst auf die Verschiedenheit des Klagegrundes. Da aber, wie gezeigt, diese Verschiedenheit nicht besteht, so kommt es nicht darauf an, ob er das erste Mal seine Klage auf § 1, das zweite Mal (auch) auf § 2 PatG. gestützt hat. Vielmehr ist entscheidend, daß in beiden Fällen als Klagegrund § 10 Abs. 1 Nr. 1 PatG. geltend gemacht worden war.

RGZ. 139, 52

Ist eine Vereinbarung rechtlich möglich, wonach der eine Teil für den anderen zur Lösung einer ihm gestellten Aufgabe erfinderisch tätig werden und die fertige Erfindung zunächst auf seinen eigenen Namen zum Patent anmelden soll, mit der Wirkung aber, daß das Patent sogleich mit seiner Erteilung dem anderen unmittelbar (originär) zustehen soll?

Patentgesetz § 3.

I. Zivilsenat. Urt. v. 30. November 1932.

I. Landgericht Altona. II. Oberlandesgericht Kiel.

Wie der Kläger behauptet, war er im Jahre 1923 als Vertreter für die Rheinische Kunstdarmfabrik P.-Werke tätig, deren Mitinhaber sein Vater war. Zur nämlichen Zeit trat er mit dem damaligen Studenten und jetzigen Chemiker Dr. S. in Verbindung und veranlaßte ihn, sich mit der Herstellung eines gewebelosen Kunstdarms zu befassen. Auf Grund der Anregungen des Klägers soll S. schließlich auf den Gedanken gekommen sein, den gewebelosen Kunstdarm aus einer Leimmasse herzustellen, die zunächst auf eine Gewebehülle aufgebracht, dann aber wieder von ihr getrennt und geräuchert wurde. Bald nach der Vornahme von Versuchen habe sich, so behauptet der Kläger, die Notwendigkeit herausgestellt, für die erforderlichen Geräte einen Techniker zuzuziehen, und hierfür sei der Beklagte, damals Student an der Technischen Hochschule in Darmstadt, gewonnen worden. Es entspann sich, etwa von Mitte des Jahres 1923 an, ein reger Briefwechsel des Klägers mit S. und dem Beklagten. Dabei wurde auch die Frage der Anmeldung der Erfindung zum Patent behandelt. Nach der Darstellung des Klägers ist man dahin übereingekommen: S. und der Beklagte sollten für den

Kläger nach den von diesem gegebenen Richtlinien die Erfindungen ausarbeiten und gebrauchsfertig machen. Die entstehenden Kosten sollte allein der Kläger übernehmen. Die zu erwirkenden Patente sollten dem Kläger zustehen. Nur sollte verhindert werden, daß die Konkurrenz auf die Patentanmeldungen aufmerksam gemacht wurde. Dies würde aber, so meint der Kläger, der Fall gewesen sein, wenn er selbst die Erfindung zum Patent angemeldet hätte, weil sein Name auf dem Gebiet der Kunstdarm-Herstellung bekannt gewesen sei. Darum habe man beschlossen, daß der Beklagte zunächst auf seinen Namen die Erfindung zum Patent anmelden solle, und zwar, um die Anmeldung ganz unauffällig zu machen, von Stuttgart aus statt von Darmstadt. So sei es auch geschehen.

Jedenfalls sind dem Beklagten am 20. August 1925 zwei Patente erteilt worden, das Patent 419 262 für ein Verfahren zur Herstellung nahtloser Kunstdärme und das Patent 419 263 für eine Vorrichtung zur Ausübung des Verfahrens. ...

Das Unternehmen nahm einen ungünstigen Verlauf, weil sich bisher die erforderliche Festigkeit des Kunstdarms nicht erreichen ließ. Der vom Kläger in Hamburg eingerichtete Betrieb mußte schließlich eingestellt werden. Durch Schreiben vom 17. und 18. Juni 1926 erklärte der Beklagte seinen Rücktritt von den Vereinbarungen vom 12. Januar 1924. Unter dem 17. Januar 1927 trat er die beiden Patente ab an die offene Handelsgesellschaft B., Sch. & Co. in Altona (deren Mitinhaber er war).

Mit der Klage begehrt der Kläger Uebertragung der beiden Patente Nr. 419 262 und 419 263, Rechnungslegung und Ersatz des ihm durch die unbefugte Verwertung der Patente entstandenen Schadens.

Der Beklagte bestritt die Sachdarstellung des Klägers und behauptete, selbst der alleinige Erfinder zu sein. Bei den vom Kläger angegebenen mündlichen Vereinbarungen habe es sich bloß um unverbindliche Vorbesprechungen gehandelt, aus denen ein Vertragsverhältnis nicht zu entnehmen sei. Was der Kläger über seinen unmittelbaren Patenterwerb behaupte, sei unzutreffend. Niemals habe er (Beklagter) die Absicht gehabt, seine Erfinderrechte entschädigungslos aus der Hand zu geben. Ein Vertrag sei erst am 12. Januar 1924 gemäß dem Bestätigungsschreiben von diesem Tage zustandegekommen. Danach sei er zur Uebertragung der Patente nur verpflichtet gewesen im Zusammenhang mit den darin vom Kläger übernommenen Verpflichtungen. Diesen Verpflichtungen sei indes der Kläger nicht nachgekommen, vor allem habe er nicht die nötigen Geldmittel zur Verbesserung der Erfindung zur Verfügung gestellt. Aus diesem Grunde sei er (Beklagter) mit Recht vom Vertrag zurückgetreten. Außerdem stehe ihm ein Zurückbehaltungsrecht zu, weil er weder das vereinbarte Gehalt noch die vereinbarte Umsatzprovision erhalten habe.

Das Landgericht wies die Klage ab. Das Oberlandesgericht erkannte gemäß den (inzwischen entsprechend geänderten) Anträgen des Klägers dahin, daß der Beklagte verurteilt wurde, dem Kläger die zur Umschreibung der beiden Patente nötigen formellen Erklärungen zu verschaffen (dies mit Rücksicht auf die Umschreibung des Patents auf die Firma B., Sch. & Co.). Ferner wurde der Beklagte zur Rechnungslegung verurteilt und seine Schadensersatzpflicht festgestellt.

Die Revision des Beklagten hatte keinen Erfolg.

Aus den Gründen:

Das Berufungsgericht entnimmt aus dem Gesamtinhalt des vorgelegten Briefwechsels und dem sonstigen Beweisstoff, daß der Kläger „allein als Auftraggeber und Geschäftsherr anzusehen war". ...

Zutreffend ist zunächst der Ausgangspunkt des Vorderrichters, daß eine Vereinbarung zulässig und rechtswirksam ist, wonach sich jemand verpflichtet, für einen anderen auf einem ihm näher angegebenen Gebiete erfinderisch tätig zu werden und die zukünftige Erfindung zum Patent anzumelden mit der Wirkung, daß das Patent sofort und unmittelbar mit seiner Erteilung dem anderen zustehen soll. Das wird seit langem in Rechtsprechung und Rechtslehre angenommen (Pietzcker PatG. S. 211 § 3 Anm. 40 zu Nr. 2; Seligsohn PatG. 7. Aufl. S. 106 § 3 Anm. 23; Burlage in M. u. W. XVII S. 40; RGZ. Bd. 84 S. 49 [53]; RGUrteile vom 15. Februar 1913 in M. u. W. XII S. 504 und vom 28. März 1917 in M. u. W. XVII S. 55). Das Vertragsverhältnis, das solchen Vereinbarungen zugrunde liegt, kann sehr verschieden sein. Es kann ein Dienstvertrag sein. Auch kann ein Werkvertrag zugrunde liegen, z. B. wenn sich etwa bei Ausführung des Werkes herausstellt, daß gleichzeitig eine erfinderische Tätigkeit entfaltet werden muß. Mit der Kennzeichnung des Vertrages als Geschäftsbesorgung wird wenig gewonnen, weil die in diesem Fall geltenden Vorschriften vom Auftrag für die zu entscheidenden Fragen kaum von Bedeutung sind. Ueberdies erscheint es zweifelhaft, kann aber hier dahinstehen, ob die vom Beklagten übernommene reine Erfindungstätigkeit den Begriff der Geschäftsbesorgung erfüllt. Ebenso muß die Beurteilung der Rechtslage aus sachenrechtlichen Gesichtspunkten („Eigentum" an der Erfindung) als ungeeignet abgelehnt werden (vgl. RGUrt. vom 8. Juni 1932 in M. u. W. XXXII S. 390). Endlich kommt auch nicht etwa ein Gesellschaftsvertrag oder gesellschaftsartiger Vertrag in Frage. ... (Es wird eine in einem Vorprozeß ergangene reichsgerichtliche Entscheidung erörtert.) Das, worauf es entscheidend ankommt, ist die auf das Beweisergebnis gegründete Feststellung des Berufungsgerichts, daß der Kläger derjenige war, für den der Beklagte die erfinderische Tätigkeit entwickeln und die Patente erwerben sollte. Der Vorderrichter nimmt ebenfalls an, daß „an sich" der Kläger die Patente unmittelbar erwerben konnte und sollte. Er meint aber, daß die Verschleierungsabrede und ihre Ausführung dieser Wirkung entgegenständen. An anderer Stelle führt er allerdings — hiermit im Widerspruch — aus, im Innenverhältnis habe der Kläger bereits Patentinhaber sein sollen und es habe nur noch der „formellen" Berechtigung nach außen bedurft. Nur die letztere Auffassung trifft zu. Wenn die Parteien die Rechtsfolge des unmittelbaren (originären) Patenterwerbs des Klägers vereinbarten, so konnten sie aus Gründen, die es ihnen zweckmäßig erscheinen ließen, den Beklagten zunächst als Anmelder und als Patentinhaber auftreten lassen, ohne darum ihre Absicht aufgeben zu müssen, daß der Kläger das Patent unmittelbar und sofort nach seiner Erteilung erwerben sollte. Ebensowenig wie der Erwerb eines Patentrechts von der Umschreibung in der Patentrolle abhängt oder von der Aushändigung der Patenturkunde, ebensowenig ist die Wirksamkeit einer Abrede, wie sie hier getroffen ist, davon abhängig, daß auch die Patenterteilung sofort auf den Namen des wahren Berechtigten erfolgt. Es handelt sich hierbei im vorliegenden Falle nur um eine Frage der rechtlichen Beurteilung, eine Frage also, deren Beantwortung durch den Vorderrichter das Revisionsgericht nachzuprüfen und zu berichtigen in der Lage ist.

Hat man aber hiervon auszugehen, so ergibt sich alles weitere von selbst. Die Rechtswirkung, daß der Kläger wahrer Berechtigter bezüglich beider Patente war, wurde durch die Rücktrittserklärung des Beklagten nicht berührt. Diese Rechtswirkung war bereits längst eingetreten und blieb auf alle Fälle bestehen, auch dann, wenn er mit Recht zurückgetreten sein sollte. Dann aber blieb weiter die Pflicht des Beklagten bestehen, zu bewirken, daß der Kläger auch nach außen hin als wahrer Berechtigter erschien. Mit dem Vorderrichter läßt sich dies sehr wohl als Rechtsfolge einer weiter bestehenden Art von Treuhänderverhältnis rechtlich erklären. Jene Verpflichtung war immerhin eine Leistung des Beklagten, und nach der allgemeinen Regel des § 273 BGB. würde dieser befugt sein, wegen etwaiger Verpflichtungen des Klägers aus demselben rechtlichen Verhältnis ein Zurückbehaltungsrecht auszuüben. Mit Recht prüft daher der Vorderrichter nur, was der Beklagte nach dieser Richtung hin im zweiten Rechtszug noch aufrechterhalten oder neu geltend gemacht hat. Er kommt hier aus zutreffenden Gründen, die nochmals bei Erörterung der Revisionsangriffe zu erwähnen sind, zu dem Ergebnis, daß schlüssige Behauptungen über solche Gegenansprüche fehlen. ... (Wird im einzelnen dargelegt, gleichzeitig unter Zurückweisung der Revisionsrügen.)

RGZ. 140, 184

1. Ueber Patenterschleichung, wenn der Anmelder nachträglich patenthindernde Umstände erfährt und nicht mitteilt, nachdem er zuvor auf Erfordern der Erteilungsbehörde eine Erklärung über den Stand der

Technik abgegeben hatte, wonach der Patenterteilung nichts im Wege stand.

2. Ueber Patenterschleichung in der Weise, daß der Anmelder Mitbewerber, die über eine offenkundige Vorbenutzung der Erfindung unterrichtet sind, in Kenntnis dieses Umstandes davon abhält, dies der Erteilungsbehörde gegenüber geltend zu machen.

3. Ueber sittenwidrige Herbeiführung der Patentruhe nach Erteilung des Patents und Nichtigkeit der hierüber mit Mitbewerbern getroffenen Abreden.

BGB. §§ 138, 826. Patentgesetz §§ 4, 35 (PatG. 1936 §§ 6, 47).

I. Zivilsenat. Urt. v. 25. März 1933.

I. Landgericht Düsseldorf. II. Oberlandesgericht daselbst.

. . . . .

Aus den Gründen:

Das Berufungsgericht nimmt an, daß der Beklagte seit dem Wegfall des aufgekündigten Lizenzvertrags das Klagpatent (357 867 auf eine Kopfhaarbinde) vorsätzlich verletzt habe, und verneint, daß der Beklagte die Geltendmachung des durch das Patent gewährten Ausschlußrechts als sittenwidrige Handlung gemäß § 826 BGB. zurückweisen könne, da es an der Voraussetzung hierfür, einer Patenterschleichung, fehle, der Beklagte aber außerdem an einen Verzicht auf solche Einwendung gebunden sei, der sich aus seinem Verhalten zum Kläger ergebe.

Diese Auffassung ist nicht in allen wesentlichen Punkten ausreichend begründet. Das Berufungsgericht legt bei seiner Beurteilung der Sachlage zugrunde den in RGZ. Bd. 76 S. 67 niedergelegten Rechtsgrundsatz. Danach verstößt die Ausnutzung des durch die formell ordnungsmäßige Patenterteilung geschaffenen Ausschlußrechts gegen die guten Sitten, wenn die Erteilung dieses Ausschlußrechts in arglistiger, gegen die guten Sitten verstoßender Weise erwirkt worden ist. Zur Annahme einer die Anwendung des § 826 BGB. rechtfertigenden Handlungsweise des Patentinhabers wird für erfoderlich erachtet, daß das Patentamt zur Erteilung des Patents durch absichtliche Irreführung bestimmt worden ist. Hierfür wird nicht als ausreichend angesehen, wenn der Anmelder, ohne daß irreführende Erklärungen vorliegen, Zweifelspunkte und der Patenterteilung ungünstige Umstände bloß nicht zur Sprache gebracht hat (vgl. auch RGZ. in PMZBl. 1906 [Bd. 12] S. 39, 164; M. u. W. Bd. 24 S. 178). Nun hatte aber der Anmelder W. in seiner Eingabe vom 14. April 1920 auf die Aufforderung der Behörde vom 13. März 1920, mit Bezug auf entgegengehaltene Patente das Neue gegenüber dem Bekannten deutlich in Wesen und Wirkung zum Ausdruck zu bringen, eine Patentbeschreibung eingereicht, die der nachmals veröffentlichten entspricht. Hierin werden als vorbekannt nur gewisse andersartige Kopfhaarbinden angeführt. Zugleich war in einer ferneren Eingabe vom 16. April 1920 erklärt, die neue Beschreibung entspreche der erwähnten Aufforderung der Erteilungsbehörde. War dem Anmelder in diesem Zeitpunkt bereits bekannt, daß dem Gegenstand der Erfindung, für die der Patentschutz erstrebt wurde, wegen anderweitiger offenkundiger Vorbenutzung die Neuheit fehlte, so liegt in den Ausführungen der genannten Eingaben, worin als bekannt nur andere nicht neuheitsschädliche Ausführungsformen hingestellt werden, allerdings eine Irreführung der Erteilungsbehörde, die geeignet wäre, den Tatbestand des § 826 BGB. zu verwirklichen. Der Fall ist insofern ähnlich dem der Entscheidung in RGZ. Bd. 76 S. 67. Der Berufungsrichter führt jedoch aus, daß für diesen Zeitpunkt weder dem W., auf dessen Namen zu jener Zeit noch die Anmeldung betrieben wurde, noch dem Kläger, der zu diesem Zeitpunkt bereits mit W. zu einer Gesellschaft zusammengetreten war, bestimmte Kenntnis der offenkundigen Vorbenutzung des Erfindungsgedankens nachgewiesen sei. Er leitet daraus ab, daß, selbst unterstellt, W. sei vom Kläger als Strohmann vorgeschoben gewesen, eine betrügerische Patenterschleichung keinesfalls, weder für diesen Zeitpunkt noch für einen späteren, angenommen werden könne. Denn, so fügt er ergänzend hinzu, das Verschweigen einer nach diesem Zeitpunkt gewonnenen Kenntnis von einer offenkundigen Vorbenutzung könne den Tatbestand betrügerischer Täuschung der Erteilungsbehörde nicht mehr erfüllen. Die letztere Erwägung ist, wie der Revision zugegeben werden muß, nicht frei von Rechtsirrtum. Der Berufungsrichter übersieht, daß eine betrügerische Täuschung in der arglistigen Ausnutzung eines bei dem anderen Teil vorhandenen Irrtums gefunden werden kann. Daß die Aufklärung des Standes der Technik an sich Aufgabe der Erteilungsbehörde ist, steht dem nicht entgegen. Diese Ermittlungspflicht bestand von vornherein. Ihr Vorhandensein hindert aber nach anerkannter Rechtsprechung nicht, daß dem Ergebnis einer Handlungsweise, welche der Erteilungsbehörde durch geflissentliche Täuschung die Erkenntnis des richtigen Standes der Technik fernhält, gemäß § 826 BGB. kein rechtlicher Schutz gewährt wird. Es ist nicht ersichtlich, warum eine abweichende Auffassung für den Fall Platz greifen sollte, daß nachträglich ein erkannter oder als möglich angenommener Irrtum der Erteilungsbehörde über den Stand der Technik arglistig aufrechterhalten wird. Arglistig aufrechterhalten wird aber ein solcher Irrtum dann, wenn der Anmelder auf Grund einer den Stand der Technik unrichtig darstellenden Erklärung nach Erkenntnis ihrer Unrichtigkeit die Patentanmeldung weiterbetreibt, ohne daß er einen Anhaltspunkt für die Annahme hätte, die Erteilungsbehörde werde diesen Irrtum selbst erkennen, und obwohl ihm weiter bewußt ist, daß die Erteilungsbehörde bei Kenntnis des richtigen Standes der Technik das Patent versagen würde. Im Gang des Erteilungsverfahrens einmal abgegebene Erklärungen müssen, soweit sie nicht ausdrücklich zurückgenommen werden oder nach den Umständen auf Grund weiterer Erklärungen als zurückgenommen anzusehen sind, als aufrechterhalten gelten. Die stillschweigende Wiederholung wird — in gleicher Weise, wie dies die von vornherein bewußt unrichtig abgegebene Erklärung ist — arglistig in dem Augenblick, wo die Kenntnis ihrer Unrichtigkeit in Verbindung mit dem Bewußtsein eintritt, daß diese Kenntnis der Erteilungsbehörde fehlen und für die Frage der Erteilung oder Versagung des Patents wesentlich sein werde.

Bei Würdigung des Sachverhalts an Hand dieser Richtlinien könnte sich ergeben, daß der Kläger das Klagpatent in einer die Voraussetzungen des § 826 BGB. erfüllenden Weise erworben hat. War ihm nämlich bis zum Zeitpunkt des endgültigen Antrags auf Erteilung des Patents bekanntgeworden, daß ihr eine offenkundige Vorbenutzung entgegenstand und daß im Lauf des Erteilungsverfahrens Erklärungen abgegeben worden waren, die den Stand der Technik anders darstellten, so hat er nach den dargelegten Rechtsgrundsätzen das Patent in sittenwidriger Weise erwirkt und muß sich dies bei Geltendmachung des mit der Patenterteilung verbundenen Ausschlußrechts entgegenhalten lassen. Es würde dabei allerdings noch der Erörterung bedürfen, inwieweit dem Kläger die Vorgänge im Erteilungsverfahren, die nach dem Ausgeführten die Grundlage für eine Täuschung des Reichspatentamts zu bilden vermochten, in ihrem maßgebenden Inhalt bekannt waren. ... (Wird näher angegeben.)

Die Einwendung der Patenterschleichung würde freilich dann keine Bedeutung besitzen, wenn der Beklagte, wie das Berufungsgericht annimmt, rechtswirksam auf sie verzichtet hätte. ... Zugrundezulegen ist für die Würdigung der Sachlage aus dem Gesichtspunkt eines Verstoßes gegen die guten Sitten der anerkannte Rechtsgrundsatz, daß hierfür der Gesamtinhalt des Rechtsgeschäfts nach Gegenstand, Beweggrund und Zweck maßgebend ist (vgl. z. B. RGZ. Bd. 80 S. 221). Bei einem zweiseitigen Rechtsgeschäft ist zur Bejahung der Sittenwidrigkeit erforderlich, daß die Kenntnis der sie begründenden Umstände bei beiden am Rechtsgeschäft Beteiligten vorhanden ist, es sei denn, daß ein sittenwidriges Handeln des einen Beteiligten gegen den anderen in Frage steht oder daß sich das Geschäft bereits seinem Gegenstand und Inhalt nach als sittenwidrig kennzeichnet (SeuffArch. Bd. 65 Nr. 88; RGZ. Bd. 93 S. 30, Bd. 97 S. 255, Bd. 98 S. 78). Handelt es sich mithin um kein an sich unerlaubtes Geschäft, sondern um einen Vertrag, der nach den Beweggründen, die zu ihm geführt haben, und nach den Zielen, die mit ihm verfolgt werden, unsittlich erscheint, so muß die bezeichnete Kenntnis bei beiden Vertragsgegnern vorhanden gewesen sein. Eine Abrede über die Ausnutzung eines erteilten Patents kann nur wegen ihres Beweggrundes oder wegen ihrer Ziele den Stempel eines Verstoßes gegen die guten Sitten erhalten. Aber nach dem Sachvortrag der Parteien kommt diese Möglichkeit in Betracht. Es ist bereits ausgeführt worden, unter welchen Umständen das Patent als vom Kläger erschlichen zu erachten ist. Ist solche Patenterschleichung zu bejahen, so verstoßen auch Abreden über die Ausnutzung des Patents, die der Patentinhaber mit einem anderen trifft, der über diesen Sachverhalt unterrichtet ist, gegen die guten Sitten und entbehren der Rechtswirksamkeit, vorausgesetzt allerdings, daß der andere nicht wegen der formell wirksamen Erteilung des Patents die Beteiligung an einem Ausnutzungsvertrag trotz der Vorgänge bei der Erwirkung für berechtigt gehalten haben sollte (RGZ. Bd. 71 S. 112, Bd. 79 S. 24, Bd. 91 S. 359; RGUrt. vom 10. Juli 1911 IV 634/10 im Recht 1911 Nr. 3182, vom 21. Dezember 1911 VI 156/11 das. 1912 Nr. 581 = JW. 1912 S. 290 Nr. 11, vom 5. November 1914 VI 321/14 im Recht 1915 Nr. 866, vom 25. November 1915 VI 340/15 das. 1916 Nr. 466, vom 16. Dezember 1932 III 192/32). Ein rechtswirksamer Verzicht auf die Einrede der Patenterschleichung kommt in solchem Falle nicht in Betracht, und der Beklagte ist daher, ohne daß ihm die Gegeneinrede der Arglist entgegensteht (WarnRspr. 1914 Nr. 273; LZ. 1927 Sp. 448 Nr. 3), imstande, gegen die Geltendmachung des Patents die Einrede der Patenterschleichung zu erheben. Sind dagegen dem Beklagten bei seinem Beitritt zu den mehrgenannten Abreden diejenigen Vorgänge nicht bekannt gewesen, in denen eine Patenterschleichung liegen könnte, so kann er schon aus diesem Grund auf Geltendmachung der sich daraus ergebenden Einrede nicht verzichtet haben. Das hat der Berufungsrichter verkannt.

Nach dem zur Beurteilung stehenden Sachstoff könnte jedoch der Beklagte möglicherweise noch aus einem anderen Gesichtspunkt der Geltendmachung des Patents die Einrede entgegensetzen, daß es sittenwidrig erwirkt worden sei. Nach dem Sachvortrag hat der Kläger schon vor Erteilung des Patents mit Wettbewerbern, welche die Berechtigung eines Ausschlußrechts bestritten hatten, R. und B., Abreden getroffen über die gemeinsame Ausnutzung des bereits erteilten Gebrauchsmusterrechts und des erstrebten Patentschutzes mit der Verpflichtung, sich des Angriffs gegen sie zu enthalten. Sollte der Kläger diesen Weg in zweifelsfreier völliger Klarheit darüber beschritten haben, daß die drohenden Angriffe die Versagung des Patents zur Folge haben würden, so würde er, selbst wenn ihm irreführende Erklärungen dem Reichspatentamt gegenüber aus irgendwelchem Grunde nicht zuzurechnen sein sollten, damit geflissentlich diejenigen, von denen eine Aufklärung des Amtes über den richtigen Stand der Technik zu erwarten war, beeinflußt haben, diese Aufklärung nicht zu geben, und so der Erteilungsbehörde diejenige Kenntnis vorenthalten haben, welche — ihm erkennbar — von entscheidender Bedeutung für die Erteilung oder Versagung des Patents war. Solche Handlungsweise muß in ihrer sittlichen Würdigung einer Täuschung der Erteilungsbehörde über den Stand der Technik gleichgestellt werden. Sie geht hinaus über die bloße einseitige Verschweigung des richigen Standes der Technik durch den Anmelder, die nach RGZ. Bd. 76 S. 69 wegen der Prüfungspflicht der Erteilungsbehörde und der durch die Bekanntmachung der Anmeldung ermöglichten Mitwirkung der Allgemeinheit bei Prüfung der Patentfähigkeit als die Voraussetzung des § 826 BGB. noch nicht erfüllend bezeichnet worden ist. Das Unterscheidende liegt wesentlich darin: durch positives Handeln wird geflissentlich verhindert die Kenntnisnahme offenkundiger Vorbenutzung durch Ausschaltung desjenigen aus der Allgemeinheit, der imstande war, sie zur Kenntnis der Patenterteilungsbehörde zu bringen, und hieran ein Interesse hatte.

Einem auf diese Weise erwirkten Patent könnte daher die Einrede sittenwidriger Patenterwirkung entgegengehalten werden. Diese Einrede stände dem Beklagten auf jeden Fall zur Seite. Denn die gleiche Einschätzung eines Verstoßes gegen die guten Sitten müssen nach Erteilung des Patents getroffene Abreden erfahren, die in Kenntnis beider Teile über alle maßgeblichen Umstände eingegangen worden sind zu dem Zweck, die Früchte des sittenwidrig erwirkten Patents den Vertragsbeteiligten zu sichern durch Hintanhaltung drohender Vernichtungsanträge und Ausnutzung des Patents in dem kleinen Kreis der Vertragsbeteiligten, insbesondere durch Vorgehen gegen andere, über den Sachverhalt nicht unterrichtete Benutzer nach eingetretener Patentruhe. Insoweit kann ein Erschleichen der Patentruhe gegenüber der Allgemeinheit in Frage kommen, das nach den besonderen Umständen des Falles sittenwidrig ist. Hat sich der Beklagte bewußt an solchen Abkommen beteiligt, so ist ein darin etwa liegender Verzicht auf Geltendmachung der sittenwidrigen Patenterwirkung zusammen mit der Abrede wirkungslos. Hat er dagegen die maßgeblichen Umstände nicht gekannt, so kommt ein Verzicht auf die Geltendmachung dieser Einrede überhaupt nicht in Betracht. Dagegen kann sich der Beklagte auf ein Erschleichen der Patentruhe ihm gegenüber, wie der Berufungsrichter mit Recht ausführt, schon deshalb nicht berufen, weil er, wie festgestellt ist, vor Eintritt der Patentruhe die Angreifbarkeit des Patents gekannt hat.

Bereits diese Erwägungen müssen zur Aufhebung des angefochtenen Urteils in vollem Umfang und zur Zurückverweisung der Sache führen. . . .

RGZ. 140, 366*)

Wie ist bei der Auslegung des Schutzumfangs eines Patents im Verletzungsstreit eine Veröffentlichung zu behandeln, die den Erfindungsgedanken des Klagepatents vollständig vorweggenommen hat?

Patentgesetz § 4 (PatG. 1936 § 6).

*) Vgl. auch Bd. 157 S. 154 und Bd. 167 S. 339 (abgedr. weiter unten in diesem Abschnitt).

I. Zivilsenat. Urt. v. 20. Mai 1933.

I. Landgericht I Berlin. II. Kammergericht daselbst.

.....

Aus den Gründen:

Das Klagepatent 357 698 bringt die Zusammenfassung sämtlicher für den Zahnarzt bei der Behandlung nötigen Gerätschaften in einem Instrumentarium bei möglichst zweckmäßiger Anordnung. Die Beklagte verwendet die gleiche Anordnung, gibt aber die Einheit auf, indem sie das Gesamtgehäuse in zwei oder mehr Säulen teilt, die sich genau zusammenpassen lassen. Das zeigt sie auch in ihrer Patentschrift 502 772.

Das Berufungsgericht hat festgestellt, daß der Gegenstand des Anspruchs 1 des Klagepatents „restlos" — auch in der beschriebenen Ausführungsform — durch das in der Zeitschrift O.-H. im Juli 1917 bekanntgemachte Instrumentarium vorweggenommen sei. ...

Der Senat hat, entgegen früherer, in jetzt ständiger Rechtsprechung immer wieder ausgesprochen, daß die Vorwegnahme einer Erfindung durch eine Vorveröffentlichung oder offenkundige Vorbenutzung niemals dazu führen kann, diese Veröffentlichung oder Benutzung aus dem Stand der Technik — so, wie es das Berufungsgericht im vorliegenden Fall tut — völlig auszuscheiden (vgl. RGZ. Bd. 135 S. 147; M. u. W. 1931 S. 533, 1932 S. 92; s. a. Isay in GRUR. 1933 S. 97). Das schlechteste Patent darf nicht etwa auf solche Weise den umfassendsten Schutz erhalten (Krauße Anm. 7 D d zu § 4 PatG.). Dieser Grundsatz darf selbst dann nicht aufgegeben werden, wenn, wie im vorliegenden Fall nach der Feststellung des Berufungsgerichts, sogar das in der Patentschrift beschriebene Ausführungsbeispiel nach dem Stand der Technik restlos vorweggenommen ist. Es ist in solchem Fall zwar, wie in RGZ. Bd. 139 S. 155 dargelegt, nicht angängig, den Schutz etwa auf Merkmale zu beschränken, die in keiner Weise mehr den Erfindungsgedanken des Patents berühren können. Wenn es aber in der letztangeführten Entscheidung (S. 159) weiter heißt, es müsse bei dieser Sachlage die entgegenstehende Vorveröffentlichung bei Bestimmung des Schutzumfangs des Patents unberücksichtigt bleiben, so ist dies im Rahmen der vorerwähnten ständigen Rechtsprechung des Senats und im Hinblick auf den in den Gründen RGZ. Bd. 139 S. 159 nächstfolgenden Satz nur dahin zu verstehen, daß „nach dem vollkommen klaren Inhalt der Beschreibung und der Ansprüche" das, was nun einmal vom Reichspatentamt als Erfindung anerkannt und beschrieben worden ist, ohne Rücksicht auf die Vorveröffentlichung Schutz genießen muß. Aber eben auch nur das Beschriebene, beschränkt auf seinen unmittelbaren Gegenstand, die bestimmte Ausführungsform, ohne jede Möglichkeit, den Schutzumfang — von glatten Aequivalenten (Gleichwerten) etwa abgesehen — durch Auslegung zu erweitern (vgl. hierzu die Ueberschrift der Entscheidung in M. u. W. 1933 S. 192 und Kraußе Das Konstruktionspatent, ebenda S. 165). So gesehen darf die Veröffentlichung niemals, wie dies das Kammergericht für geboten hält, „vollkommen außer Betracht bleiben". Vielmehr hat sie, wenn danach Anspruch 1 des Klagepatents weder einen erfinderischen noch überhaupt einen Ueberschuß aufzuweisen hat, die engste Beschränkung auf den aus dem klaren Wortlaut des Anspruchs ersichtlichen Gegenstand der Erfindung zur notwendigen Folge. Auf Grund der tatsächlichen Feststellungen des Berufungsgerichts enthält die Ablehnung dieser Beschränkung im Berufungsurteil einen Rechtsirrtum. Dieser wirkt auch auf den Anspruch 3, da dessen zusätzliches Merkmal der Rollenführung für Luft- und Stromleitungen keinesfalls für sich allein Schutz genießen kann.

Geschützt kann hiernach nur ein Instrumentarium sein, welches das im Anspruch 1 und damit in sämtlichen Ansprüchen hervorgehobene Kennzeichen eines einzigen Säulenständers besitzt, durch den, wie es am Schlusse der Beschreibung heißt, „alle Vorrichtungen zu einer einheitlichen Anlage vereinigt sind, welche als Ganzes an der Seite des Operationsstuhles aufgestellt werden kann". Bei dieser Zusammenfassung handelt es sich in Verbindung mit der Anordnung der einzelnen Vorrichtungen um einen — wenn nicht um den — entscheidenden Gedanken für die allein noch schutzfähige Ausführungsform des Klagepatents. Von ihm hat die Beklagte keinen Gebrauch gemacht; sie hat die Einheit durch die Teilung in mindestens zwei Säulen aufgegeben. Was an Gemeinsamem übrig bleibt — die zweckmäßige Anordnung der einzelnen Instrumente am Mittelbau —, kann angesichts der völligen Vorwegnahme durch die Vorveröffentlichung ohne den die Ausführungsform kennzeichnenden Einheitsgedanken zur Begründung der Abhängigkeits- und Verletzungsklage keinesfalls ausreichen.

RGZ. 141, 295

1. Voraussetzungen des Anspruchs auf Unionspriorität für eine deutsche Patentanmeldung: älteres Patentgesuch (und zwar unter mehreren das erste) in einem anderen Verbandslande und inhaltliche Gleichheit der dort und hier angemeldeten Erfindung.

2. Sind ergänzende Versuche für die fachmännische Auslegung einer Patentschrift zu unterstellen?

3. Offenbarung des Erfindungsgedankens; Verhältnis der technischen Regel eines Patents zu den durch ihre Anwendung erreichbaren Wirkungen.

Revidierte Pariser Verbands-Uebereinkunft zum Schutze des gewerblichen Eigentums in der Fassung vom 6. November 1925; Reichsgesetz vom 31. März 1928 (RGBl. II S. 175) Art. 4; Patentgesetz § 2.

I. Zivilsenat. Urt. v. 1. Juli 1933.

I. Reichspatentamt.

.....

Aus den Gründen:

I. Mit Recht nimmt das Reichspatentamt an, daß dem DRP. 530 187 (auf ein Verfahren zur Herstellung von Schokolade und Schokoladewaren) nicht die von der Beklagten beanspruchte Unionspriorität der Anmeldung in Frankreich vom 20. Juli 1929 zukommt, sondern nur der Altersrang der Anmeldung vom 14. Mai 1930.

1. Das Alter der Anmeldung in Frankreich vom 20. Juli 1929 kann schon deshalb nicht in Anspruch genommen werden, weil diese Anmeldung nicht die erste in einem Verbandslande war. Die Anmeldung derselben Erfindung im Deutschen Reiche vom 8. Juli 1929 war ihr vorausgegangen. Daß beide Anmeldungen die nämliche Erfindung betrafen, unterliegt keinem Zweifel; es ist auch nicht streitig. Die deutsche Anmeldung vom 8. Juli 1929 deckt sich inhaltlich sowohl im Anspruch als in der Beschreibung durchaus mit der französischen Patentschrift 678 792. Man kann die eine im wesentlichen als eine Uebersetzung der anderen bezeichnen.

a) Maßgebend für die Frage des Altersranges ist die Pariser Verbands-Uebereinkunft vom 20. März 1883 zum Schutze des gewerblichen Eigentums, revidiert in Brüssel am 14. Dezember 1900, in Washington am 2. Juni 1911, im Haag am 6. November 1925. (Reichsgesetz vom 31. März 1928, RGBl. 1928 II S. 175.) Die Haager Fassung ist, nach Ratifikation vom 27. Mai 1928 (RGBl. II S. 489), am 1. Juni 1928 im Deutschen Reich in Kraft getreten. Der Unionsvertrag stellt den Grundsatz auf, daß die Anmeldung in einem der Verbandsstaaten unter gewissen näher bestimmten Voraussetzungen zugunsten jeder späteren Anmeldung in einem anderen Verbandslande den Altersvorrang (die Unionspriorität) begründet (Art. 4).

Früher war streitig, welche Rechtslage entstehe, wenn dieselbe Erfindung in mehr als einem Verbandslande angemeldet werde; ob in solchen Fällen die Priorität nur der ersten dieser mehreren Anmeldungen beansprucht werden könne oder auch die einer späteren (zweiten, dritten usw.) Anmeldung. Die Frage wurde in Deutschland nicht einheitlich beantwortet. Ueberwiegend vertrat das Schrifttum die Ansicht, daß nicht bloß die erste, sondern jede Anmeldung in einem Verbandslande ein selbständiges Prioritätsrecht begründe, der Anmelder also nicht nur den Altersrang der ersten, sondern auch jeder späteren Anmeldung beanspruchen könne. Dem schloß sich — abweichend von seiner älteren, mit der Auffassung der ausländischen Behörden übereinstimmenden Meinung — später auch das Reichspatentamt an (Ztschr. f. Industrierecht Bd. 8 — 1913 — S. 183; PMZBl. 1914 S. 10).

In der Haager Fassung der Pariser Uebereinkunft ist die Frage der Prioritätsausnutzung so geregelt, daß für diese Auslegung zugunsten späterer Anmeldungen kein Raum mehr bleibt (vgl. Pietzcker PatG. I S. 215, Anh. zu § 3 Anm. 4). Die Prioritätsfrist von zwölf Monaten, innerhalb deren man für spätere Anmeldungen in anderen Verbandsländern den Altersrang der früheren Anmeldung beanspruchen kann, läuft nach ausdrücklicher Vorschrift nunmehr von dem Zeitpunkt an, in dem das erste Gesuch in einem Verbandslande hinterlegt wird (Art. 4, c Abs. 2). Wer die Priorität einer vorhergehenden Hinterlegung in Anspruch nehmen will, hat eine Erklärung über die Zeit und das Land dieser Hinterlegung abzugeben. Jedes Land bestimmt, bis wann die Erklärung spätestens abgegeben werden muß (Art. 4, d Abs. 1). Die Angaben sind in die Patenturkunde aufzunehmen (Art. 4, d Abs. 2).

b) Hat ein Patentsucher die Erfindung, die er in Deutschland zum Patent anmeldet, schon vorher in einem anderen Verbandslande zum Patent angemeldet, so kann er mithin, Wahrung der Frist vorausgesetzt, den Altersrang der früheren Anmeldung auch für die deutsche beanspruchen. Und wenn er in anderen Verbandsländern mehrere ältere Anmeldungen der nämlichen Erfindung eingereicht hat, so kann er nur den Rang der ersten, nicht den einer späteren beanspruchen (Art. 4, c Abs. 2). Er soll also nicht die Möglichkeit haben, die Prioritätsfrist über die gesetzlichen zwölf Monate hinaus zu verlängern, indem er zur Sicherung des Altersranges statt der ältesten Anmeldung eine jüngere benutzt. Zweck der neugefaßten Vorschrift ist, für die bestimmte Erfindung eines Anmelders innerhalb der Verbandsländer ein einheitliches Prioritätsrecht zu gewährleisten, die Möglichkeit mehrerer verschiedener Prioritäten derselben patentierten Erfindung aber auszuschließen. Daher macht es keinen Unterschied, ob das erste in einem Verbandslande hinterlegte Gesuch zur Patenterteilung führt oder nicht. Namentlich ist es belanglos, ob es etwa später zurückgenommen wird. Unerheblich ist auch, ob solche Zurücknahme (wie im vorliegenden Falle) der Einreichung eines Patentgesuches in einem anderen Verbandslande nachfolgt oder ihr bereits vorausgeht. Das einmal eingereichte älteste Gesuch ist und bleibt das erste, ohne Rücksicht auf sein weiteres rechtliches Schicksal.

Da die Beklagte für die nämliche Erfindung, auf welche sie nachher das französische Patent 678 792 erhalten hat, schon zwölf Tage, bevor sie sie anbrachte, die deutsche Anmeldung eingereicht hat, so war dieses Gesuch im Deutschen Reiche vom 8. Juli 1929 das erste in einem Verbandslande (Art. 4, c Abs. 2). Daß sie auf dieses erste Gesuch hin nur für spätere Anmeldungen in anderen Verbandsländern hätte den Altersrang vom 8. Juli 1929 begehren können und nicht für eine spätere Anmeldung im Deutschen Reiche (vgl. Art. 4, a), ist im gegenwärtigen Streit ohne Bedeutung; es begründet keine Ausnahme von der gesetzlichen Regel des Unionsvertrages (PatA. im PMZBl. Bd. 20 — 1914 — S. 10).

Fehlt es also, weil die Anmeldung in Frankreich vom 20. Juli 1929 nicht die erste in einem Verbandslande war, an einer wesentlichen Voraussetzung der beanspruchten Unionspriorität, so gebührt dem DRP. 530 187 nur der Altersrang seiner eignen Anmeldung, d. h. der vom 14. Mai 1930. Daran kann auch der Umstand nichts ändern, daß am 14. Mai 1930 seit dem 8. Juli 1929 noch keine zwölf Monate verstrichen waren. Denn ein in Deutschland eingereichtes älteres Patentgesuch könnte für ein jüngeres in demselben Lande keine Priorität begründen, selbst wenn der Anmelder sie beansprucht hätte.

2. Außerdem gebührte dem DRP. 530 187 der Altersrang der französischen Anmeldung vom 20. Juli 1929 auch deshalb nicht, weil ihm nicht dieselbe Erfindung zugrunde liegt, also eine weitere wesentliche Voraussetzung der Unionspriorität fehlt.

a) Das durch das DRP. 530 187 geschützte Verfahren zur Herstellung von Schokoladewaren wird dadurch gekennzeichnet, daß zu der Schokoladenmasse (1.) neben 0,25 bis 1 % Lezithin (2.) weniger Kakaobutter hinzugefügt wird, als ohne Lezithinzusatz erforderlich ist. Neben der Ersparnis an Kakaobutter soll der Zusatz der geringen Lezithinmenge den weiteren Vorteil bringen, daß der Geschmack der Schokolade verfeinert wird; ferner daß die Schokolade nicht stumpf, grau und unansehnlich wird und beschlägt („ausblüht"), somit an Lagerfähigkeit durch Wegfall jener nachteiligen Erscheinung wesentlich gewinnt.

Das französische Patent 687 792 schreibt ebenfalls die Beimischung geringer Lezithinmengen zur Schokoladenmasse vor. Daß es hierbei die Mindest- und Höchstgrenze anders angibt als das deutsche Patent (nämlich mit 0,1 bis 0,5 %), könnte allenfalls für unwesentlich erachtet werden, zumal, wenn man berücksichtigt, daß bei derartigen technischen Weisungen innerhalb des freigelassenen Spielraums dem Fachmann, an den sich die Patentschrift wendet, anheimgegeben werden darf, die für seinen besonderen Zweck geeignete Menge auszuproben. Davon aber, daß beim Zusatze geringer Lezithinmengen zur Schokoladenmasse weniger Kakaobutter hinzugefügt werden solle, als es ohne diesen Lezithinzusatz geschähe, sagt die französische Patentschrift nichts. Weder im Anspruche noch in der Beschreibung enthält sie eine derartige Weisung. Sie erwähnt zwar einmal Kakaobutter, jedoch in ganz anderem Zusammenhang und nicht in dem Sinne, daß ein geringer Lezithinzusatz dazu diene, Kakaobutter zu sparen.

b) Der Sachverständige Professor H. meint allerdings, daß schon die französische Patentschrift 678 792 der Fachwelt den im DRP. 530 187 offenbarten Erfindungsgedanken gezeigt habe. Seine Schlußfolgerungen, die zu solchem Ergebnis führen, sind aber aus Rechtsgründen nicht haltbar. Er führt aus: Jeder Schokoladenfachmann, der den Lezithinzusatz nach dem französischen Patente zum ersten Mal erprobe, werde ohne weiteres erkennen, daß sich dadurch eine Ersparnis an Kakaobutter erzielen lasse. Denn er mache sogleich die überraschende Wahrnehmung, daß nach geringem Lezithinzusatze die Schokoladenmasse jenen Flüssigkeitsgrad bekomme, den man ihr bisher durch Hinzufügung von Kakaobutter verliehen habe, um sie z. B. zum Täfeln geeignet zu machen. Bei Versuchen also werde der Fabrikant oder Nahrungsmittelchemiker die Möglichkeit der Ersparnis von Kakaobutter „zwangsläufig" alsbald erkennen. Denn hierauf zu achten dränge sich ihm schon darum auf, weil Kakaobutter gegenüber Kakaokernen — den von Schalen befreiten, zum Zwecke der Weiterverarbeitung gerösteten Kernen der Kakaobohne — und Zucker der teuerste Bestandteil der Schokolade sei. — Die dem Gutachten zugrunde liegende Annahme, daß der Fachmann im Anschluß an das Lesen der Patentschrift Versuche mache, ist nicht zu billigen. Der Erfindungsgedanke muß grundsätzlich schon aus der Patentschrift, ohne ergänzende Versuche, zu entnehmen sein. Aus dem französischen Patent aber wird, wie der Sachverständige auf Befragen erklärt hat, der Fachmann ohne Versuche nicht ersehen, daß ihm ein geringer Lezithinzusatz die Ersparung von Kakaobutter ermögliche; nur Proben können ihn zu dieser Erkenntnis führen. Ferner fällt auf, daß die Beklagte erst eine Reihe von Monaten, nachdem sie den Lezithinzusatz als Mittel zur Verbesserung der Lagerfähigkeit von Schokolade empfohlen, ihn in der weiteren Patentanmeldung ausdrücklich zu dem vorher nicht erwähnten Erfolge vorgeschlagen hat, Kakaobutter zu sparen. Dies spricht (wie auch Professor H. nicht verkennt) dafür, daß die Beklagte selbst erst nachträglich den Vorteil solcher Ersparnis als Folge geringen Lezithinzusatzes erkannt habe. War aber das der Fall, so konnte einem Fachmanne, der nur die französische Patentschrift 678 792 las, keinesfalls zugetraut werden, aus deren Inhalt allein zu ersehen, er erspare Kakaobutterzusatz, wenn er einen geringen Lezithinzusatz verwende.

c) Nun befürwortet freilich die Beklagte eine Auslegung des Patentes 530 187, bei der die eigentliche technische Regel sich im wesentlichen mit der des französischen Patentes 678 792 decken würde. Sie meint: Den Erfolg, durch geringen Lezithinzusatz Kakaobutter zu sparen, habe schon das französische Patent gebracht. Es habe sich jedoch auf die technische Regel beschränkt und beschränken dürfen, den Lezithinzusatz vorzuschreiben. Die Anwendung dieses Zusatzes habe mit der Erhöhung des Flüssigkeitsgrades ohne weiteres den Vorteil der Ersparnis an Kakaobutter gebracht. Diesen Erfolg besonders hervorzuheben, sei entbehrlich gewesen; ein Hinweis auf ihn gehöre nicht zur technischen Regel. Das DRP. 530 187 enthalte im Patentanspruch Ueberflüssiges, indem es den Erfolg der technischen Weisung mit aufnehme. Für die Vergleichung der beiden Patente von dem Gesichtspunkte aus, welche Erfindung offenbart sei, müsse alles Entbehrliche ausgeschieden und nur die technische Regel in Betracht gezogen werden. Befolgung der technischen Regel, einen geringen Lezithinzusaz anzuwenden, zeitige als nähere Wirkung die Ersparnis an Kakaobutter, als entferntere Wirkung eine erhöhte Lagerungsfähigkeit. — Die von der Beklagten gewünschte Auslegung ist abzulehnen, weil sie sich mit dem Inhalte der Patentschrift 530 187 nicht verträgt. Diese gibt auf die Frage, welche Erfindung in ihr offenbart sei, an zwei Stellen der Beschreibung deutlich Auskunft. Im Anschluß an einleitende Bemerkungen über den Stand der Technik heißt es dort: „Es ist nun gefunden worden, daß durch Zusatz von Lezithin bei der Herstellung von Schokoladewaren, wie Pralinen, Ueberzugsmasse u. dgl., weniger Kakaobutter als ohne Lezithinzusatz erforderlich ist." Und am Schlusse der Beschreibung wird nochmals ausdrücklich betont: „Die Erfindung wird in der Verminderung des erforderlichen Kakaobutterzusatzes bei Zugabe von Lezithin unter gleichzeitiger Geschmacksverbesserung und Erhöhung der Lagerungsfähigkeit erblickt". Die französische Patentschrift 678 792 bezeichnet zum Unterschiede davon als die in ihr offenbarte Erfindung: ein Verfahren zur Verbesserung der Lagerungsfähigkeit von Schokolade und Pralinen. Die Beschreibung erläutert das näher, spricht aber nur davon, daß durch einen geringen Lezithinzusatz das Ausblühen der Schokolade und das dadurch entstehende schlechte Aussehen verhütet werde.

Die Vergleichung der wesentlichen Stellen beider Patentschriften zeigt somit, daß Aufgabe und Lösung des DRP. 530 187 mit der des französischen Patentes 678 792 nicht übereinstimmen. Das DRP. 530 187 betrifft daher nicht dieselbe Erfindung wie das französische Patent.

II. Kommt also dem DRP. 530 187 die beanspruchte Unionspriorität vom 20. Juli 1929 nicht zu, dann können ihm als hinderlich für seine Neuheit alle druckschriftlichen Veröffentlichungen (aus den letzten hundert Jahren) entgegengehalten werden, die dem Tage seiner Anmeldung, dem 14. Mai 1930, vorausgegangen sind (PatG. § 2 Abs. 1). . .

RGZ. 141, 336

1. Ist die Widerrechtlichkeit ausgeschlossen, wenn der Patentinhaber in gutem Glauben an den Umfang seines Patentes vor dessen Verletzung warnt?

2. Wann ist der Vertrieb sogenannter neutraler Ware eine mittelbare Patentverletzung?

BGB. §§ 823, 1004. Patentgesetz § 4 (PatG. 1936 § 6).

I. Zivilsenat. Urt. v. 8. Juli 1933.

I. Landgericht München I. II. Oberlandesgericht daselbst.

Aus den G r ü n d e n :

Das Oberlandesgericht geht zutreffend davon aus, daß die mit der Klage beanstandete Warnung vor Patentverletzung nur soweit verboten werden kann, als sie einen unzulässigen Eingriff in das Rechtsgut des eingerichteten Gewerbebetriebs der Klägerin darstellt. Für die Unterlassungsklage, um die es sich hier allein handelt, kommt es dabei nur auf die objektive Rechtsverletzung an; dazu gehört aber die Feststellung eines widerrechtlichen Eingriffs in das geschützte Rechtsgut (RGZ. Bd. 116 S. 151 [153]). Widerrechtlich handelt ein Patentinhaber, der sich auf eine andere Berechtigung als sein Patent nicht berufen kann, schon dann, wenn er durch seine Warnung eine Handlung verhindern will, die sich nicht als Patentverletzung darstellt, wenn er also in seiner Warnung seinem Patent einen Schutzumfang beilegt, der diesem tatsächlich nicht zukommt (so Urteil des erkennenden Senats vom 5. Juni 1930, abgedr. M. u. W. S. 480, und die ständige Praxis dieses Senats, vgl. auch K r a u ß e Anm. 12 B I a zu § 4 PatG., S. 101). Allerdings hat der II. Zivilsenat des Reichsgerichts in einem Urteil vom 16. Mai 1930 (M. u. W. 1930 S. 441) ausgesprochen, daß der Patentinhaber nicht widerrechtlich handle, wenn er gutgläubig warne, also zwar einen zu weit gehenden Patentschutz in Anspruch nehme, dabei aber nicht vorsätzlich oder aus fahrlässiger Unkenntnis der Grenzen seines Rechtes vorgehe. Dieser Ansicht kann jedoch nicht beigetreten werden. Für die objektive Widerrechtlichkeit der Verletzung eines Rechtes oder eines Rechtsgutes kommt es auf guten oder bösen Glauben des Verletzers nicht an. Obwohl sich nun das Berufungsgericht der Ansicht des II. Zivilsenats angeschlossen hat, bedarf es hier keiner Stellungnahme der Vereinigten Zivilsenate des Reichsgerichts. Denn der Vorderrichter hat dem Beklagten — für den nach der Bekanntmachung seiner Anmeldung gemäß § 23 Abs. 1 Satz 2 PatG.*) der vorläufige Schutz der bekanntgemachten Anmeldung gilt — den guten Glauben abgesprochen, weil er in seinen Warnungen objektiv unrichtige Angaben über den Schutzumfang seines Patents aufgestellt habe und sich dessen auch bewußt gewesen sei oder doch sich dessen bei sorgfältiger Prüfung hätte bewußt werden müssen. Die Begründung dieser Ansicht ist, wie nachstehend zu erörtern sein wird, nicht frei von Rechtsirrtum. Deshalb muß das angefochtene Urteil aufgehoben werden, ohne daß die vorstehend dargelegte Ansicht des erkennenden Senats über die Widerrechtlichkeit einer Warnung vor Patentverletzung entscheidend wäre (vgl. RGZ. Bd. 94 S. 11 [14]).

Das Oberlandesgericht hat sich bemüht, klarzustellen, ob dem Beklagten das, was er der Klägerin und anderen Wettbewerbern verbieten will, durch die Bekanntmachung der Patentanmeldung geschützt ist, ob es sich also als objektive Patentverletzung darstellt. Dabei ist sich das Oberlandesgericht auch darüber klar, daß sich eine zulässige Warnung

*) PatG. 1936 § 30 Abs. 1 Satz 2.

in gleicher Weise gegen die mittelbare wie gegen die unmittelbare Patentverletzung richten kann. Der Begriff der mittelbaren Patentverletzung, der sich in neuerer Zeit auf Grund eines zweifellos bestehenden praktischen Bedürfnisses in der Rechtsprechung durchgesetzt hat (RGZ. Bd. 122 S. 246; RG. in M. u. W. 1927/28 S. 312, 1929 S. 75, 1931 S. 209), ist allerdings, wie die Revision mit Recht rügt, vom Berufungsgericht nicht in seinem vollen Umfang erkannt worden. Denn es übersieht, daß, wie nach der älteren Rechtsprechung, die sich der rechtlichen Konstruktion der Beihilfe zur Patentverletzung durch den Benutzer bediente (vgl. GRUR. Bd. 12 S. 77), auch nach neuerer Rechtsprechung der Verkauf sog. „neutraler" Ware dann als Patentverletzung angesehen werden muß, wenn deren Vertrieb regelmäßig nur den Zweck haben kann, das dem Patentinhaber geschützte Verfahren zur Anwendung zu bringen. ... Etwas anderes sagt auch das Urteil in RGZ. Bd. 133 S. 326 nicht; dort war die Klage aus Gründen abgewiesen worden, die hier nicht in Betracht kommen.

In dieser Beziehung fehlt die ausreichende Prüfung durch das Oberlandesgericht. ... Ist das Diagum oder ein unter anderem Namen vertriebenes Johannisbrot-Kernkeimhüllenmehl ein Erzeugnis „neutraler Art" in dem Sinne, daß es für die Anwendung des dem Beklagten vorläufig geschützten Verfahrens in Betracht kommt, so muß klargestellt werden, ob der Verdacht des Beklagten begründet war, daß es tatsächlich auch so verwendet werden sollte. Die gegenteilige Ansicht des Oberlandesgerichts bedarf daher einer tatsächlichen Begründung, wobei auch die Zuziehung eines Sachverständigen wahrscheinlich nicht zu entbehren sein wird. Vorfrage ist dabei aber stets, ob die vom Beklagten beanstandeten Erzeugnisse überhaupt zur Anwendung des geschützten Verfahrens geeignet sind. ...

RGZ. 141, 427

1. Unterbricht die Eröffnung des Konkurses über das Vermögen des Nichtigkeitsklägers das Patentstreitverfahren mindestens dann, wenn er Gewerbetreibender ist und die Umstände dafür sprechen, daß er die Klage mit Rücksicht auf seinen Gewerbebetrieb erhoben hat?

2. Ueber Aufnahme des unterbrochenen Patentstreitverfahrens.

KO. §§ 1, 10, 11. Patentgesetz § 28 (PatG. 1936 § 37).

I. Zivilsenat. Urt. v. 27. September 1933.

I. Reichspatentamt.

Dem Beklagten ist mit Wirkung vom 13. März 1927 das Patent 475 488 erteilt worden. Die Firma D. T. u. K. GmbH. hat gegen das Patent die Nichtigkeitsklage erhoben und diese auf § 10 Abs. 1 Nr. 1

PatG.*) gestützt. Der Beklagte beantragte, die Klage abzuweisen. Im Laufe des Verfahrens wurde über das Vermögen der ursprünglichen Klägerin Konkurs eröffnet und W. zum Konkursverwalter bestellt. Die Nichtigkeitsabteilung des Reichspatentamts erklräte das Patent 475 488 für nichtig. Das Berufungsgericht bestätigte diese Entscheidung.

Aus den Gründen:

In verfahrensrechtlicher Beziehung ist vorauszuschicken, daß Klagepartei jetzt W. als Verwalter im Konkurse der Firma D. T. u. K. GmbH. ist. Damit ist im Gegensatz zur Entscheidung der Nichtigkeitsabteilung vom 20. Juni 1932 (inzwischen abgedr. in Mitt. 1932 S. 217) angenommen, daß der Nichtigkeitsstreit zur Konkursmasse des Nichtigkeitsklägers gehört, obwohl die Nichtigkeitsklage eine sog. Popularklage ist, die von jedermann erhoben werden kann. Der Grund hierfür liegt darin, daß durch die Erhebung der Nichtigkeitsklage zwischen dem Nichtigkeitskläger und dem Patentinhaber eine vermögensrechtlich bedeutsame Beziehung geschaffen wird. In diesem Sinne hat sich das Reichsgericht bereits in der Entscheidung vom 13. Januar 1906 ausgesprochen (JW. 1906 S. 206 Nr. 31). Es handelte sich dort um die Frage, ob die Erben des Nichtigkeitsklägers den Rechtsstreit aufnehmen können. Die Frage ist bejaht worden. ...

Ebenso ist in der Rechtsprechung die Rechtskraftwirkung im Nichtigkeitsstreit anerkannt und ausgesprochen, daß der mit seiner Nichtigkeitsklage rechtskräftig abgewiesene Nichtigkeitskläger nicht so wie jeder Dritte dastehe (RGZ. Bd. 139 S. 5), wiederum ein weiteres Zeichen dafür, daß die Erhebung der Nichtigkeitsklage besondere Beziehungen zwischen den Parteien des Nichtigkeitsstreits schafft. Diese besonderen Beziehungen laufen aber auf eine Rechtslage von vermögensrechtlichem Charakter hinaus (vgl. über die entsprechende Rechtslage beim Einspruch RGZ. Bd. 125 S. 58 [64], Bd. 138 S. 346 [348 flg.]). Wie Isay bei Besprechung der Entscheidung der Beschwerdeabteilung des Reichspatentamts (in Mitt. a. a. O.) mit Recht bemerkt, kann der Gemeinschuldner zum Nachteil der Masse aus der Nichtigkeitsklage durch einen Vergleich mit dem Patentinhaber nicht unerhebliche Beträge herausschlagen. Zutreffend wird auch dort auf den engen Zusammenhang zwischen der Verletzungsklage und der Nichtigkeitsklage als ihrem Gegenstück hingewiesen, beide gleichermaßen den eingerichteten Gewerbebetrieb des Nichtigkeitsklägers betreffend (s. RGZ. Bd. 134 S. 379). Wollte man einen gegenteiligen Standpunkt einnehmen, so würde es zu unhaltbaren Ergebnissen führen, wenn der im ersten Rechtszug obsiegende Nichtigkeitskläger verstürbe in der Zeit zwischen der Zustellung der das Patent vernichtenden Entscheidung des Reichspatentamts und der Einlegung der Berufung. Denn dann wäre dem Patentinhaber die Möglichkeit genom-

*) PatG. 1936 § 13 Abs. 1 Nr. 1.

men, die erstinstanzliche Entscheidung überhaupt anzufechten, eine Auffassung, die ja bereits in dem vorher angeführten Reichsgerichtsurteil vom 13. Januar 1906 als unhaltbar abgelehnt worden ist. Dieser Lage gegenüber, wie sie in Wirklichkeit besteht, müssen rein begriffliche, „theoritisierende“ Bedenken über den vermögensrechtlichen Charakter der einmal erhobenen Nichtigkeitsklage zurückstehen. Jedenfalls wird eine Beziehung der Nichtigkeitsklage zu dem Vermögen des Nichtigkeitsklägers stets dann anzunehmen sein, wenn dieser Gewerbetreibender ist und die Umstände dafür sprechen, daß er die Klage mit Rücksicht auf den Gewerbebetrieb erhoben hat. Das ist hier nach der Sachlage zweifellos der Fall. Die Konkurseröffnung über das Vermögen des Nichtigkeitsklägers hat also das Verfahren unterbrochen, entsprechend den Vorschriften der Zivilprozeßordnung. Nicht geeignet zur entsprechenden Anwendung sind bloß die Formvorschriften der Zivilprozeßordnung über die Aufnahme des unterbrochenen Verfahrens. Aufgenommen wird daher das Verfahren vom Konkursverwalter durch formlose Erklärung gegenüber dem Reichsgericht. So ist es auch hier geschehen, und dies entspricht der ständigen Uebung des Reichsgerichts (vgl. Isay PatG. § 10 Anm. 11, S. 396/397; Krauße PatG. S. 268, Anm. 2 III c zu § 28, auch S. 249, Anm. 4 V a zu § 24). ...

RGZ. 142, 168

1. Zur Rechtsstellung des Erwerbers einer Maschine, durch die sog. „neutrale Teile“ eines patentierten Gegenstandes hergestellt werden.

2. Erlischt mit der ausschließlichen Lizenz auch die Unterlizenz?

Patentgesetz §§ 4, 6 (PatG. 1936 §§ 6, 9).

I. Zivilsenat. Urt. v. 1. November 1933.

I. Landgericht I Berlin. II. Kammergericht daselbst.

Der Klägerin steht seit dem 1. Januar 1931 die ausschließliche Lizenz an dem Patent 401 073 auf ein Loseblätterbuch mit Schraubenfeder zum Zusammenhalten der Blätter zu; das Buch ist dadurch gekennzeichnet, daß die Schraubenfeder durch gleichmäßig in der Schraubenganghöhe am Rande angeordnete Löcher geschraubt ist. An dem Patent hatte am 31. Januar 1930 K. Generallizenz und durch diesen wiederum die Firma A. & F. eine Lizenz erworben, die von der Beklagten gleichfalls als Generallizenz bezeichnet wird. K. hat seinen Generallizenzvertrag der Patentinhaberin durch Brief vom 26. November 1930 mit deren Einverständnis zum 31. Januar 1931 gekündigt. Die Lizenz der Firma A. & F. ist bereits mit dem 31. Dezember 1930 erloschen.

Die Beklagte hat laut Bestätigungsschreiben vom 16. September 1930 von der Firma A. & F. eine Maschine zur Herstellung von Schraubenfedern käuflich erworben und der Firma 5 % des Rechnungsbetrags aller mit Spiralbindung hergestellten Erzeugnisse zugesagt. Seitdem stellt sie Loseblätterbücher mit den Merkmalen des Patents 401 073 her und vertreibt sie.

Die Klägerin erblickt hierin einen unzulässigen Eingriff in ihr Generallizenzrecht und hat Klage auf Unterlassung, Rechnungslegung und Festtsellung der Schadensersatzpflicht erhoben. Die Beklagte beruft sich auf Fortdauer ihrer Lizenz.

Das Landgericht hat die Klage abgewiesen, das Kammergericht aber nach dem Klagantrag erkannt. Die Revision der Beklagten blieb ohne Erfolg.

Gründe:

Mit Recht hat das Berufungsgericht es abgelehnt, den Grundsatz des sog. Zusammenhangs der Benutzungsarten auf den vorliegenden Fall anzuwenden. Nach den im Berufungsurteil getroffenen Feststellungen kann die Beklagte nicht für sich in Anspruch nehmen, daß ihr von dem dazu berechtigten Lizenznehmer eine Maschine verkauft und übereignet worden sei, die der Herstellung des patentierten Loseblätterbuchs diente. Wäre dies der Fall, so würde — entsprechend den in RGZ. Bd. 124 S. 317, Bd. 133 S. 326 und Bd. 135 S. 148 entwickelten Gedanken — die Beklagte geltend machen können, daß ihr mit dem Eigentum an der Maschine notwendigerweise auch das Recht zustehe und verbleibe, sie bestimmungsgemäß zur Herstellung der patentierten Ware zu benutzen und dann die Ware auch zu vertreiben. Die der Beklagten verkaufte Maschine war aber nur für die Herstellung von Schraubenfedern geeignet, die vielen Zwecken dienen können und so auch als sog. neutraler Teil bei dem geschützten Loseblätterbuch Verwendung finden. Ob in einem solchen Fall des Maschinenverkaufs etwa doch einmal ausnahmsweise nach den Umständen auf einen „Verbrauch des Patentrechts" geschlossen werden kann, ist Tatfrage, die hier vom Berufungsgericht ohne Rechtsirrtum verneint worden ist. Unter diesem Gesichtspunkt kann also die Beklagte ein Benutzungsrecht nicht für sich in Anspruch nehmen, und die von der Revision hierzu erbetene Nachprüfung mußte ohne Erfolg für die Beklagte sein.

Im übrigen durfte die Revision unterstellen, was das Berufungsgericht dahingestellt gelassen hat, daß nämlich die Firma A. & F. eine ausschließliche Lizenz von dem in gleicher Weise berechtigten K. erworben hatte. Daraus folgt aber nicht mehr, als das Berufungsgericht zugunsten der Beklagten angenommen hat: die Firma A. & F. war berechtigt, Lizenzen zu vergeben, und hat der Beklagten rechtswirksam eine solche erteilt. Soweit bei der ausschließlichen Lizenz von einem dinglich wirksamen (quasi dinglichen) Recht gesprochen werden kann, ist es doch rechtlich unmöglich, für die Beklagte mit der Revision einen „gutgläubigen Erwerb" des vom Patentrecht „abgespalteten" Lizenzrechts vom dinglich berechtigten Inhaber der ausschließlichen Lizenz zu konstruieren und ihr eine Einrede entsprechend § 986 BGB. zu gewähren. Der Gesichtspunkt der Gutgläubigkeit kann hier überhaupt nicht in Betracht kommen, wo es sich allein darum handelt, ob mit der Lizenz des Lizenzgebers — die, wie die Beklagte übrigens selbstverständlich wußte, erlöschen konnte — auch die Unterlizenz der Beklagten erlosch. Vielmehr ist entscheidend, daß die Firma A. & F. nicht mehr Rechte übertragen konnte, als sie selbst hatte. Deshalb unterscheidet Schumann (GRUR. 1932 S. 539) mit Recht, ob der Patentinhaber selbst, bindend für den Patentrechtsnachfolger, oder ob ein Lizenznehmer, beschränkt auf Bestand und Zeit seines eigenen Rechts, eine Lizenz vergibt. Allerdings ließe sich denken, daß in besonderen Ausnahmefällen der Patentinhaber den Lizenznehmer, vornehmlich den Erwerber einer ausschließlichen Lizenz, ermächtigte, auch über die Dauer seiner Lizenz hinaus Unterlizenzen zu vergeben. Das ist aber hier keinesfalls anzunehmen, weil K., von dem die Firma A. & F. ihr Recht ableitet, in seinem Vertrag ausdrücklich die Bedingungen, die für den Fall seiner Kündigung gelten sollen, auch für seine Unterlizenznehmer als gültig anerkannt hat. Deshalb läßt sich auch nicht mit der Revision sagen, daß das Recht des K. bei Rückfall an den Patentinhaber mit dem Recht der Beklagten belastet blieb. Vielmehr ist — im wesentlichen übereinstimmend mit Kent (Anm. 163/165, 180, 197 zu § 6 PatG.) und Seligsohn (Anm. 7 zu § 6 PatG.) — der Formulierung von Pietzcker (Anm. 32 Nr. 3 zu § 6 PatG.) zuzustimmen, daß in der Regel die Unterlizenz mit der ausschließlichen Lizenz untergeht. Und eine Abweichung von der Regel lassen die von dem Berufungsrichter getroffenen Feststellungen nicht zu.

Dann aber hat die Beklagte nach Ablauf ihrer Lizenz das Patent 401 073 verletzt und in das ausschließliche Lizenzrecht der Klägerin eingegriffen; sie hat dabei auch, wie der Berufungsrichter ohne Rechtsirrtum darlegt, grob fahrlässig gehandelt, so daß sie außer zur Unterlassung auch zur Rechnungslegung und zum Schadensersatz verpflichtet ist.

RGZ. 142, 325

Umfaßt der Schutz eines Kombinationspatents auch die sog. „neutralen Teile", wenn diese nicht zu der geschützten Kombination gehören, aber mit ihr zusammen benutzt werden sollen, insbesondere wenn die Benutzung der geschützten Vorrichtung praktisch nur bei Benutzung des neutralen Gegenstandes in Frage kommt?

Patentgesetz § 4 (PatG. 1936 § 6).

I. Zivilsenat. Urt. v. 29. November 1933.

I. Landgericht Münster. II. Oberlandesgericht Hamm.

Der Kläger ist Inhaber des mit Wirkung vom 27. Januar 1929 erteilten Patents 491 562, dessen erster Anspruch lautet:

Müllwagen mit einer über einer Förderschnecke angeordneten Fülltrommel, an die das Müllgefäß angehängt ist und die mit ihm gedreht wird, dadurch gekennzeichnet, daß ein in der Trommel liegender Füllschacht an seiner Eingangsöffnung einen mit der Trommeldrehung zwangsläufig gekuppelten Verschlußschieber besitzt, der auf die Müllgefäßwandung aufsetzt und den nicht vom Müllgefäß ausgefüllten Teil der Oeffnung des Füllschachtes abdeckt.

. . .

Der Kläger hat die Ausnutzung des Patents der Firma A. Sch. übertragen. Diese Firma hat der Stadtverwaltung der Stadt Münster je eine Beschickvorrichtung nach DRP. 491 562 für einen Krupp- und einen MAN-Müllabfuhrwagen geliefert. Außerdem bezog die Stadt Münster von der Firma zunächst 1600 und dann noch weitere 250 Mülltonnen. Einen späteren Auftrag auf 600 Mülltonnen erhielt nicht diese Firma, sondern die Beklagte, weil sie der Stadt Münster ein günstigeres Angebot gemacht hatte. Unstreitig sind diese Mülltonnen zur Verwendung an den mit der Beschickvorrichtung nach DRP. 491 562 versehenen Wagen bestimmt und geeignet.

Der Kläger erblickt in der Herstellung und dem Vertrieb dieser Mülltonnen eine Verletzung seines Patents und hat Klage auf Unterlassung der Lieferung solcher Tonnen an die Stadt Münster erhoben. Die Beklagte bestreitet, daß sich der Patentschutz des Klägers auf die Mülltonnen erstrecke. Das Landgericht hat sich dieser Ansicht angeschlossen und die Klage abgewiesen. Dagegen hat das Oberlandesgericht der Berufung des Klägers stattgegeben. Auf die Revision der Beklagten wurde das angefochtene Urteil aufgehoben und die Berufung des Klägers zurückgewiesen.

Aus den Gründen:

. . .

Wie in ständiger Rechtsprechung immer wieder betont worden ist (vgl. RG. in MittPatAnw. 1933 S. 261), kann von einer patentrechtlich erheblichen Kombination nur gesprochen werden, wenn durch gemeinsame Verwendung mehrerer Arbeitsmittel (oder Verfahren) ein einheitlicher technischer Erfolg herbeigeführt und durch dieses Zusammenwirken der Einzelglieder eine erhebliche Bereicherung der Technik erzielt wird. Unter diesem Gesichtspunkt ist als Grundlage des Gegenstandes des DRP. 941 562 dessen Patentanspruch zu betrachten und der in der Beschreibung bereits unstreitig richtig angegebene Stand der Technik als Mittel für die Auslegung des Willens des Patentamts zu berücksichtigen. Dann erweist sich als Gegenstand der Erfindung des Klägers nur eine selbsttätig wirksam werdende Verschlußvorrichtung, die sich an der Eingangsöffnung des Füllschachts einer Müllwagen-Trommel befindet und den zwischen der Außenwandung des Müllgefäßes und der Innenwandung der Eingangsöffnung der Trommel verbleibenden Raum abschließt. Denn zur Zeit der Anmeldung des Klagepatents waren bereits bekannt Müllwagen mit einer über einer Fördervorrichtung (Schnecke) angeordneten Fülltrommel, an die das Müllgefäß außen angehängt und in deren Füllschacht es teilweise hineingekippt werden kann, worauf dann die Trommel mit dem Müllgefäß gedreht wird, um dieses zu entleeren. Daß sich hierbei nach Einführung der Mülltonne ein offenbleibender Raum ergeben muß, leuchtet ohne weiteres ein. Denn die Eingangsöffnung des Füllschachts der Trommel muß so groß gehalten werden, daß die Tonne beim Drehen um den äußeren Anhängehaken nirgends anstößt. Jenen Raum kann die Tonne nach der Einführung nicht ausfüllen. Der Kläger hat nun, wie die Patentbeschreibung unmißverständlich sagt, die Zweckmäßigkeit eines Abschlusses der verbleibenden unausgefüllten Oeffnung des Füllschachtes zur Vermeidung der lästigen Staubentwicklung erkannt und eine Abschlußvorrichtung angemeldet, die vom Reichspatentamt im Patentanspruch 1 unter Schutz gestellt worden ist. Diese Vorrichtung muß selbstverständlich den Größenverhältnissen und der Form der Oeffnung des Füllschachts angepaßt sein. Deshalb sagt der Patentanspruch weder von der Form der Oeffnung noch von der Gestaltung des Verschlußschiebers irgend etwas.

Der Patentinhaber hat zwar nach Patentbeschreibung und -zeichnung in erster Linie an Tonnen mit rundem Querschnitt und an eine entsprechende Gestaltung der Schachtöffnung gedacht. Der Gegenstand der Erfindung ist aber nicht derart beschränkt, sondern erstreckt sich laut Patentanspruch auch auf Verschlußvorrichtungen an Fülltrommeln mit ovaler oder viereckiger Oeffnung. Natürlich muß dieser Oeffnung einerseits der Querschnitt der verwendeten Tonnen, anderseits die Form und Größe des Schiebers angepaßt werden. Das sind Selbstverständlichkeiten, wie schon das Landgericht zutreffend bemerkt hat. Zu der im Patent unter Schutz gestellten Vorrichtung gehört jedenfalls nicht das der Trommelöffnung angepaßte Müllgefäß. Denn ein Verschluß soll erst hergestellt werden, nachdem das Müllgefäß in den Schacht hineinbefördert worden ist und bevor es in diesen entleert wird. Es wäre eine vollständige Verkennung der entwickelten Rechtssätze von dem Zusammenwirken der Kombinationsglieder, wollte man mit dem Oberlandesgericht sagen, daß hier die Tonne mit dem Schieber zusammen die unter Schutz gestellte Verschlußvorrichtung bilde. Davon könnte vielleicht noch gesprochen werden, wenn nach der Patentschrift die Wandung des Müllgefäßes irgendwie ausgebildet wäre, um im Zusammenwirken mit dem Verschlußschieber erst einen wirksamen Verschluß herzustellen. Von einer solchen Ausgestaltung der Außenfläche des Müllgefäßes sagt aber die Patentschrift nichts. . . . Das Müllgefäß selber gehört also zu der im Patentanspruch unter Schutz gestellten Kombination überhaupt nicht.

Zu einem anderen Ergebnis kommt man auch nicht, wenn man den sich aus Aufgabe und Lösung ergebenden Erfindungsgedanken des Klagepatents betrachtet, um den etwa über den Gegenstand hinausreichenden Schutz uneingeschränkt zu gewähren. Wie die vorstehenden Erörterungen ergeben, kann die Aufgabe nur darin erblickt werden, den bei der Drehung der Trommel durch Entleerung des Müllgefäßes entstehenden Staub nicht aus der Trommel herausdringen zu lassen und deshalb die oberhalb des eingeschobenen Müllgefäßes verbleibende Oeffnung vor Entleerung des Gefäßes zu verschließen. Mittel zur Lösung der Aufgabe ist der zwangsläufig mit der Trommeldrehung gekuppelte Verschlußschieber. Zu dieser Vorrichtung gehört die Mülltonne nicht und kann nicht dazu gehören. Das Oberlandesgericht scheint das auch erkannt zu haben, denn es spricht schließlich davon, daß die Beschickvorrichtung eine besonders geartete Tonne voraussetze, weshalb eine patentrechtliche Kombination gegeben sei, zu der die Tonne gehöre. Das ist unzutreffend. Gehört die Tonne nicht zu dem im Patentanspruch unter Schutz gestellten kombinierten Erfindungsgegenstand, erstreckt sich der Schutzumfang auch nicht auf die Tonne, so kann auf dem Umweg über eine sog. Voraussetzung für die Benutzung der patentierten Vorrichtung der Schutz nicht auf Dinge erstreckt werden, die nach Sinn und Zweck des Patentschutzes von diesem nicht umfaßt werden sollen.

Wenn unter den Parteien darüber Einverständnis herrscht, daß Mülltonnen der beanstandeten und zu Verschlußvorrichtungen nach dem Klagepatent passenden Art längst bekannt waren und deshalb selbständigen Schutz nicht genießen können, wie das Oberlandesgericht ausdrücklich feststellt, so können diese sog. neutralen Teile nur im Rahmen und als Teil einer geschützten Kombination Schutz genießen, nicht aber, wenn sie gar nicht zu einer geschützten Kombination gehören. Genießt ein sog. neutraler Teil eines zusammengesetzten körperlichen Gegenstandes (Maschine oder dgl.) weder selbständig noch im Rahmen einer patentrechtlichen Kombination Schutz, so kann der Patentinhaber seine Benutzung nicht verbieten. Zu Unrecht beruft sich das Oberlandesgericht auf die Rechtsprechung des Reichsgerichts. Aus ihr ist mit voller Deutlichkeit zu erkennen, daß der Schutz immer nur auf die Elemente einer zweifellos geschützten Kombination erstreckt werden sollte (RGZ. Bd. 111 S. 350; RG. in MuW. Bd. 27/28 S. 605).

Auch bei erneuter Prüfung ist an der schon in RGZ. Bd. 32 S. 52 vertretenen Auffassung festzuhalten, daß eine weitere Erstreckung des Patentschutzes nicht in Frage kommt, weil nur die ungenehmigte Benutzung des im Patent offenbarten Erfindungsgedankens auf Grund des Patents verboten werden kann. Die Erfindung wird aber nicht benutzt, wenn ein körperlicher Gegenstand hergestellt oder vertrieben wird, der nicht zu der geschützten Kombination gehört, sondern nur mit dieser zusammen benutzt werden soll. Das gilt auch dann, wenn erst bei Benutzung dieses Gegenstandes die Benutzung der patentierten Vorrichtung praktisch in Frage kommt, so daß gelegentlich von einer Voraussetzung der Patentbenutzung, aber ohne ersichtlichen Nutzen für die Klarstellung des Patentschutzes gesprochen worden ist (vgl. Pietzcker PatG. Anm. 2 b zu § 4; Krauße PatG. Anm. 4 I b und Anm. 7 C I c zu § 4). Diese Ansicht deckt sich auch vollständig mit der bisher vom erkennenden Senat vertretenen Auffassung (RGZ. Bd. 130 S. 242), an der festzuhalten ist.

Es mag allerdings für den Patentinhaber wirtschaftlich von besonderer Bedeutung sein, wenn es ihm gelingt, den Abnehmer einer patentierten Vorrichtung dazu zu bewegen, daß dieser die seit Benutzung der Erfindung benötigten sonstigen Gegenstände auch von ihm bezieht. Der Wunsch, die Ausbeutung der Erfindung besonders vorteilhaft zu gestalten, kann aber für die Abgrenzung des Patentschutzes nicht entscheidend sein. Dessen innere Berechtigung ergibt sich aus der Bereicherung der Technik durch Offenbarung des Erfindungsgedankens. Ueber diese Grenze hinaus ist eine Behinderung der nationalen Industrie nicht gerechtfertigt. Der Kläger hätte sich daher nur durch Vertrag mit dem Abnehmer seiner Vorrichtung die Lieferung aller etwa erforderlichen Tonnen sichern können. Den Wettbewerbern dagegen konnte er nur entgegentreten, wenn er wegen sklavischen Nachbaus in Täuschungsabsicht einen Verstoß gegen § 1 UnlWG. behaupten könnte (vgl. RG. in JW. 1932 S. 872 Nr. 5). Derartige Behauptungen sind nicht aufgestellt, die Klage ist nur auf Patentverletzung gestützt worden. Deshalb mußte das angefochtene Urteil aufgehoben und die Berufung des Klägers zurückgewiesen werden.

RGZ. 143, 173

Setzt Feilhalten im Inland nach § 4 PatG.*) notwendig voraus, daß die feilgehaltene Ware, die das Patent verletzt, im Inland lagert?

I. Zivilsenat. Urt. v. 13. Januar 1934.

I. Landgericht I Berlin. II. Kammergericht daselbst.

.....

Aus den Gründen:

... Es ... war nur zu entscheiden, ob ein Feilbieten im Inland aus dem Grunde keine Patentverletzung ist, weil sich der feilgehaltene Gegenstand im Ausland befindet. In dieser Beziehung hat im ganzen Ver-

*) PatG. 1936 § 6.

lauf des Rechtsstreits bisher kein Bedenken bestanden; erst die Revision hat es aufgegriffen. Nun ist in RGZ. Bd. 77 S. 248 für solche Fälle ein Eingriff in das Patent auch schon dann angenommen worden, wenn im Inland Muster des Erzeugnisses vorgelegt worden waren, die wegen ihrer geringen Größe zu dem bestimmungsgemäßen Gebrauche des geschützten Erzeugnisses selbst nicht geeignet waren. Darin liegt offenbar der Gedanke ausgesprochen, daß auf diese Art eine gewisse örtliche Beziehung des angebotenen Gegenstandes zum Reichsgebiet geschaffen oder doch vermittelt wird (vgl. Krauße PatG. S. 74 § 4 Anm. 4 zu III a Abs. 2). Hieran ist festzuhalten. Dann aber liegt der hier zu entscheidende Fall nicht anders als dort. Die Werbeschrift enthält Wiedergaben von Lichtbildern und technischen Zeichnungen, unterrichtet also den Fachmann ebensogut über den Bau der Wälzkolbenpumpe, wie es ein verkleinertes Modell zu tun vermöchte. Nur wird man das Angebot dann richtiger als Feilhalten, nicht als Inverkehrbringen (so RGZ. a. a. O.) zu bezeichnen haben. . . .

RGZ. 143, 223

1. Zur Frage des öffentlichen Interesses an der Vermeidung von Arbeiterentlassungen größeren Umfangs, die nötig wären, wenn die Zwangslizenz nicht erteilt würde und deshalb das Unternehmen ganz oder teilweise stillgelegt werden müßte.

2. Nach welchen Gesichtspunkten ist bei Erteilung einer Zwangslizenz die Höhe der Lizenzgebühr und der zu leistenden Sicherheit zu bemessen?

Patentgesetz § 11 (PatG. 1936 § 15).

I. Zivilsenat. Urt. v. 24. Januar 1934.

I. Reichspatentamt.

. . . Die Nichtigkeitsabteilung des Reichspatentamts hat der Klägerin die nachgesuchte Zwangslizenz zur Herstellung von elektrisch aufgenommenen Schallplatten nach dem DRP. 400 634 erteilt (mit einer unwesentlichen Ausnahme), und zwar gegen eine Lizenzgebühr von 1/2 Reichspfennig für die Schallplatte, wobei die Abrechnung und Zahlung vierteljährlich zu geschehen habe, erstmals am 1. Januar 1933. Die von der Klägerin zu leistende Sicherheit wurde auf 20 000 RM. festgesetzt. . . .

Hiergegen haben beide Parteien Berufung eingelegt. Die Klägerin will nur eine Lizenzgebühr von 5 % des Wertes der geschützten Vorrichtung, äußerstenfalls aber eine Schallplatten-Stücklizenz von nur 1/5 Pfennig zahlen. Die Beklagte erstrebt gänzliche Klagabweisung.

Das Berufungsgericht bestätigte die angegriffene Entscheidung, erhöhte aber die Lizenzgebühr auf einen Reichspfennig.

Aus den Gründen:

I. Von allen den Gründen, auf welche die Klägerin ihren Antrag auf Erteilung der Zwangslizenz an dem Patent 400 634 glaubt stützen zu können, erweist sich jedenfalls der eine als durchgreifend, daß sie sonst gezwungen sei, ihre Betriebe stillzulegen. Trifft letzteres zu, wie noch darzutun ist, dann ist das vom Gesetz geforderte öffentliche Interesse an Erteilung der Zwangslizenz in heutiger Zeit unbedingt zu bejahen. Denn bekanntlich gehört heute die Bekämpfung der allgemeinen Arbeitslosigkeit zu den wichtigsten Aufgaben des Staates, denen gegenüber alles andere zurückzutreten hat. Man kann also nicht dagegen einwenden, wie es die Beklagte tut, daß die Berücksichtigung dieses Grundes die Erfindertätigkeit lähmen und den Erfinder um seinen Lohn bringen würde, indem jede Verbesserung der Technik dem Inhaber des Schutzrechts einen Vorsprung gegenüber den Mitbewerbern verschaffe und diese sich dann mit derselben Begründung die Früchte des Patents aneignen könnten. Einmal ist es keineswegs so, daß der Vorsprung, den ein Patent seinem Inhaber verschafft, jedesmal so einschneidend sein müßte, daß die anderen nicht mehr wettbewerbsfähig blieben oder daß die technische Verbesserung die Betriebe der anderen in allen ihren Teilen lahmlegen würde. Tritt aber einmal, wie hier, ein solcher Fall heute ein, dann muß eben der Patentinhaber ein Opfer bringen, zudem nur ein solches, für das er nicht entschädigungslos bleibt. Ebensowenig ist der Einwurf der Beklagten berechtigt, daß es sich im Falle einer Betriebseinstellung für die Arbeitnehmer nur um eine Vertauschung der Arbeitsplätze handle. Denn es ist gar nicht gesagt, daß alle die Arbeiter des stillgelegten Betriebes nun ohne weiteres von den weitergeführten übrigen Betrieben desselben Faches aufgenommen würden. Es liegt vielmehr nahe, daß diese anderen Unternehmungen, die vielleicht nur halb oder noch weniger beschäftigt waren, durch Vermehrung der Arbeitsstunden ohne wesentliche Neueinstellungen zum Vollbetrieb übergehen. Gerade umgekehrt aber kommt es heutzutage darauf an, möglichst viele Hände an dem Arbeitsvorgang teilnehmen zu lassen, also nötigenfalls die Arbeit zu strecken. . . . Es ist ferner nicht richtig, daß der Kundenkreis des stillgelegten Betriebes ohne weiteres und in jedem Fall auf die anderen Betriebe übergehen müßte. Dasselbe gilt von denjenigen Firmen, denen der stillgelegte Betrieb durch Bezug von Rohstoffen und dgl. Beschäftigung gab, und entsprechend von den Künstlern für die Schallplattenaufnahme. Diese rechtliche Beurteilung ist auch nichts durchaus Neues. Schon einmal hatte der Senat eine ähnliche Zwangslizenzsache zu entscheiden. Es handelte sich damals darum, daß eine Firma bis zum Ende des Krieges Schießpulver und Schießwolle hergestellt hatte, sich aber dann auf Anregung der Reichsregierung der Herstellung von Kunstseide zuwandte, wozu sie die Benutzung fremder

Patente benötigte (RGZ. Bd. 113 S. 115). Damals ist ausgesprochen worden:

Die von der Regierung angeregte, ja geforderte Betriebsumwandlung der Klägerin war eine Maßnahme, welche von großen Teilen des Volkes drohenden Schaden abwenden und zugleich dringenden Bedürfnissen der Gemeinschaft dienen sollte. Ihre Bestimmung für das allgemeine Beste unterliegt also keinem Bedenken. Es handelt sich nicht bloß (was allein schon genügen würde) darum, die bei der Klägerin tätigen Angestellten und Arbeiter weiter zu beschäftigen. Auch für sonstige Arbeitskräfte, namentlich für die aus dem Felde Heimkehrenden, sollte vorgesorgt werden.

Diese Entscheidung hat im Schrifttum allgemein Billigung gefunden.... Um so mehr muß das aber gelten bei dem Umfang, den die allgemeine Arbeitslosigkeit seit den letzten Krisenjahren angenommen hatte.

II. Nach dem Ergebnis der Verhandlung und Beweisaufnahme ist anzunehmen, daß in der Tat die Klägerin ohne die von ihr begehrte Zwangslizenz ihren Betrieb nicht fortführen könnte, wobei nach bekannter Rechtsprechung für das Zwangslizenzverfahren zu unterstellen ist, daß das von ihr benutzte Verfahren zur Herstellung der Schallplatten unter den Schutzumfang des Streitpatents fällt. . . . (Wird ausgeführt.)

III. Nach alledem ist der Antrag auf Erteilung der Zwangslizenz dem Grunde nach gerechtfertigt. Für die Höhe der Lizenzgebühr scheidet zunächst ohne weiteres die Bemessung nach dem Preise des Aufnahmegeräts aus, weil ein solcher Maßstab hier auch nicht entfernt eine angemessene Vergütung zu gewährleisten vermag. Der Prozeßbevollmächtigte der Klägerin hat denn auch in der Verhandlung selbst erklärt, daß er eine Stücklizenz für berechtigt halte. Wenn er aber diese Stücklizenz auf 1/5 Pf. für die Platte bemißt, so kann ihm darin nicht gefolgt werden. Allgemein hat sich die Bemessung der Zwangslizenzgebühr innerhalb von zwei Grenzen zu halten. Sie soll dem Patentinhaber eine angemessene Entschädigung gewähren, sie soll aber auch dem Lizenzsucher die Aufrechterhaltung seines Betriebes gestatten. Im übrigen ist das Gericht auf die ihm von den Parteien dargebotenen Anhaltspunkte angewiesen und kann nur schätzungsweise auf einen bestimmten Satz kommen. Diese Anhaltspunkte geben der Lizenzvertrag der Firma ... und der Firma . . . (Wird ausgeführt.)

So glaubte denn der Senat mit Erhöhung der Stücklizenz auf 1 Pf. den richtigen Satz zu treffen, bei dem die Klägerin noch bestehen, aber auch die Beklagte eine angemessene Vergütung erhalten würde. Der Satz entspricht etwa 2 % des Verkaufspreises für die billigste Schallplatte. Er hält sich also in dem Rahmen, den das Reichsgericht in RGZ. Bd. 92 S. 329 als Maßstab angegeben hatte. Von der Festsetzung einer jährlichen Mindestlizenz mußte bei der Ungewißheit der künftigen Entwicklung und dem Fehlen jeglicher Unterlagen in dieser Beziehung abgesehen werden. . . .

Bei der Sicherheit, wie die Nichtigkeitsabteilung sie festgesetzt hat, ist es belassen worden. An sich soll die Sicherheit dem Jahresbetrag der Zwangslizenzgebühr entsprechen. Die Klägerin hatte ihren Umsatz auf etwa 3 Millionen Stück Platten angegeben; man würde also danach zu einer höheren Sicherheitsleistung kommen. Indessen erschien es mit Rücksicht auf die Zeitverhältnisse nicht geboten, über den vom Reichspatentamt festgesetzten Betrag hinauszugehen. Da endlich der Klägerin die Leistung der Sicherheit durch Bürgschaft einer Großbank nachgelassen worden ist, erscheint auch die notwendige Rücksicht auf die Lage des Geldmarktes gewahrt.

RGZ. 144, 187

1. Wann kann der Patentinhaber, der eine ausschließliche Lizenz mit der Maßgabe erteilt hat, daß die Erteilung von Unterlizenzen seiner Zustimmung bedürfe, von dem Patentverletzer eine angemessene Lizenzgebühr als Schadensersatz beanspruchen?

2. Zur Berechnung der als Schadensersatz wegen Patentverletzung zu zahlenden angemessenen Lizenzgebühr. Ist dabei auch der Wert sog. neutraler Teile zu berücksichtigen? Kommt die Werterhöhung in Betracht, welche die das Patent verletzenden Anlagen durch die Benutzung eigner Patente des Verletzers erfahren?

3. Vermag die Rechtskraft eines zur Rechnungslegung verurteilenden Erkenntnisses die Höhe des Schadensersatzes zu beeinflussen?

Patentgesetz §§ 6, 35 (PatG. 1936 §§ 9, 47). ZPO. § 322.

I. Zivilsenat. Urt. v. 21. März 1934.

I. Landgericht I Berlin. II. Kammergericht daselbst.

. . .

Aus den Gründen:

(Es wird zunächst ausgeführt, daß der Kläger den im Vorprozeß durch das Urteil vom 27. Juni 1931 rechtskräftig festgestellten Schadensersatzanspruch verfolge und daß es einer erneuten Prüfung durch das Berufungsgericht darüber bedürfe, ob die 26 Anlagen der Beklagten unter jenes Urteil fielen. Dann heißt es:)

Ergibt die hiernach vorzunehmende Prüfung, daß die 26 Anlagen der Beklagten unter das im Vorprozeß ergangene Urteil vom 27. Juni 1931 fallen, so folgt daraus ohne weiteres die Schadensersatzpflicht der Beklagten, soweit der Kläger einen ihm durch die Lieferung der Anlagen entstandenen Schaden nachzuweisen vermag. Von den ihm hierfür nach der Rechtsprechung des Reichsgerichts offenstehenden Wegen hat der Kläger den gewählt, daß er von den Beklagten Zahlung einer angemessenen Lizenzgebühr verlangt. Das Kammergericht hat die zwischen den Parteien streitige Frage bejaht, ob der Kläger eine solche Lizenzgebühr beanspruchen kann, obgleich er der Firma Gebr. K. AG. an seinem Patent 380 896 auf eine Beregnungsanlage eine ausschließliche Lizenz erteilt hat. Es stützt diese Ansicht darauf, daß der Kläger in seinem Vertrag mit Gebr. K. AG. nicht vollständig abgefunden worden sei und darin die Erteilung von Unterlizenzen seitens seiner Lizenznehmerin von seiner Genehmigung abhängig gemacht habe. Das Kammergericht sagt hierzu, der Kläger sei also imstande gewesen, in Gemeinschaft mit dem Generallizenznehmer den Beklagten einfache Lizenz zu erteilen. Daraus folge, daß er vom Patentverletzer für sich eine *angemessene Lizenz als Schadensersatz beanspruchen könne. Ob die* Gebr. K. AG. außerdem Ersatz beanspruchen dürfe, sei in dem vorliegenden Prozeß nicht zu prüfen. Für angemessen erachtet das Kammergericht eine Lizenz von 5 v. H. des Wertes jeder Gesamtanlage einschließlich der sog. neutralen Teile wie Pumpen, Kraftmaschinen und dergleichen, wobei es Gewicht darauf legt, daß der Kläger außer einer erheblichen Pauschallizenz von Gebr. M. wie von Gebr. K. AG. eine vertragliche Einzellizenz von 5 v. H. erhalten habe.

Die Revision steht dagegen auf dem Standpunkt, daß der Kläger eine angemessene Lizenz nicht beanspruchen könne, und beruft sich dafür auf das in RGZ. Bd. 136 S. 320 abgedruckte Urteil des Senats. In dem dort entschiedenen Fall, in dem ein anderer Weg der Schadensberechnung eingeschlagen worden war, hat sich indessen das Reichsgericht über die hier zu entscheidende Frage weder in verneinendem noch in bejahendem Sinn ausgesprochen. Dort ist nur der Grundsatz aufgestellt worden, daß der Patentinhaber, der, ohne vollständig abgefunden zu sein, eine ausschließliche Lizenz erteilt habe, durch eine Patentverletzung unmittelbar geschädigt sei, wenn die vom Patentverletzer unter Verletzung des Patents hergestellten Anlagen ohne die Patentverletzung vom Lizenznehmer hergestellt worden wären und der Lizenznehmer dafür dem Patentinhaber die vereinbarte Vergütung gezahlt haben würde. Solche Behauptungen sind hier nicht vorgetragen worden; der Kläger verlangt vielmehr eine angemessene Lizenz von den Beklagten. Dieser Weg der Schadensberechnung ist dem Patentinhaber durch die Rechtsprechung deshalb eröffnet worden, weil der schuldhaft handelnde Verletzer nicht besser gestellt sein dürfe als derjenige, der sich vertraglich die Erlaubnis zur Benutzung der Erfindung erwirkt habe (Urt. v. 26. Januar 1912 I 122/11 in JW. 1912 S. 407 Nr. 30). Eine Lizenz für denselben Bezirk kann aber nicht mehr erteilen, wer an seinem Patent bereits einem anderen eine ausschließliche Lizenz eingeräumt hat. Deshalb ist es rechtsirrig, wenn das Kammergericht annimmt, daß der Kläger imstande gewesen sei, in Gemeinschaft mit der

Gebr. K. AG. den Beklagten eine einfache Lizenz zu erteilen. Dieses Recht stand vielmehr nach der von der Revision nicht bemängelten und aus Rechtsgründen auch nicht zu beanstandenden Vertragsauslegung des Kammergerichts nur der Gebr. K. AG. zu, die dazu freilich der Zustimmung des Klägers bedurfte. Deshalb kann der Kläger von den Beklagten eine angemessene Lizenzgebühr nur beanspruchen, wenn anzunehmen ist, daß ihm eine solche bei Abschluß eines Lizenzvertrags zwischen der Gebr. K. AG. und den Beklagten, sei es unmittelbar von den letzteren, sei es über die Gebr. K. AG. als Teil der dieser zukommenden Lizenzgebühr, zugestanden worden wäre. Hierüber hat das Kammergericht in Verkennung der Rechtslage keine Feststellung getroffen. Sie ist aber nicht zu entbehren; denn es liegt auch nicht etwa ohne weiteres klar zutage, daß die Gebr. K. AG. den Beklagten keine Lizenz erteilt haben würde oder daß, wenn dies doch geschehen wäre, der Kläger dem, ohne für sich eine Vergütung zu beanspruchen, zugestimmt haben würde. Die Lebenserfahrung spricht dafür, daß ein Patentinhaber, der bei Erteilung einer ausschließlichen Lizenz die Gewährung einer weiteren einfachen Lizenz seitens des Lizenznehmers von seiner Zustimmung abhängig macht, dies in der Absicht tut, hieraus Gewinn zu ziehen. Das Kammergericht wird hiernach die Parteien mit ihren Anführungen nach der bezeichneten Richtung zu hören haben und die bisher fehlende Feststellung entweder treffen oder sich darüber aussprechen müssen, daß und warum sie nicht getroffen werden könne.

Sollte sich danach ergeben, daß der Kläger von den Beklagten eine angemessene Lizenzgebühr beanspruchen kann, so erhebt sich die weitere Frage, ob diese Gebühr nicht nur von den patentierten Teilen, sondern von den gesamten Anlagen einschließlich der sog. neutralen Teile zu berechnen ist. Das Kammergericht hat letzteres angenommen, und die Revision wendet sich hiergegen. Ihr ist darin zuzustimmen, daß es auf Rechtsirrtum beruht, wenn das Kammergericht sich in dieser Beziehung an das rechtskräftige Urteil des Vorprozesses vom 27. Juni 1931 gebunden erachtet, weil dieses der Pflicht zur Rechnungslegung die Anlagen einschließlich der Stammleitungen, Pumpen, Armaturen und Kraftmaschinen nebst Zubehör unterwerfe. Das beruht auf einer Verkennung der Bedeutung von § 322 Abs. 1 ZPO., wonach Urteile der Rechtskraft nur insoweit fähig sind, als über den durch die Klage oder durch die Widerklage erhobenen Anspruch entschieden ist. Erhoben war der Anspruch auf Rechnungslegung auch bezüglich der Stammleitungen, Pumpen usw. Ihm ist stattgegeben worden, und damit steht er jetzt rechtskräftig fest. Dagegen hatte der Kläger im Vorprozeß zwar die Feststellung der Schadensersatzpflicht der Beklagten, aber nicht zugleich eine Feststellung über die Art der Berechnung dieses Schadens begehrt. Insoweit ist das Urteil des Vorprozesses der Rechtskraft nicht fähig. Anderseits irrt die Revision, wenn sie den Urteilen des Senats in RGZ. Bd. 92 S. 329 und Bd. 95 S. 220 (224) den allgemeinen Grundsatz entnehmen will, daß die angemessene Lizenzgebühr gemäß § 35 PatG.*) nach dem Wert der patentierten Einrichtung und nicht nach dem der ganzen Anlage zu berechnen sei. Das ist dort nicht ausgesprochen worden. Das erstgenannte Urteil betrifft nicht den Fall des § 35 PatG.*), sondern eine Zwangslizenz (§ 11 das.)**). Abgesehen hiervon ist in beiden Urteilen auf die Verkehrsübung abgestellt worden und war die Sachlage in beiden Fällen von der des vorliegenden Rechtsstreits sehr verschieden. In RGZ. Bd. 92 S. 329 war die Art und Weise des Einbaus der Signalsender bei Unterwasserschallsignal-Anlagen patentiert, und die Parteien stritten darüber, ob die Lizenzgebühr nach dem Lieferpreis für den Sender und die für dessen Einbau erforderlichen Teile oder nach dem Lieferpreis der ganzen Signalanlage zu bemessen sei. Das Reichsgericht hat ersteres für zutreffend erklärt, weil dies der Uebung des Verkehrs entspreche und auch an sich gerechtfertigt sei, da durch den Einbau gemäß dem Patent unmittelbar nur der Sender eine Wertsteigerung erfahre, nicht aber die ganze Anlage. In dem der Entscheidung in RGZ. Bd. 95 S. 220 zugrunde liegenden Fall war eine Treiberbarrenführung patentiert und es fragte sich, ob für die Entschädigungslizenzgebühr gemäß § 35 PatG.*) der Wert des ganzen mit der patentierten Einrichtung versehenen Webstuhls oder nur der Wert dieser Einrichtung selbst in Betracht zu ziehen sei. Das Reichsgericht hat letzteres als verkehrsüblich bezeichnet. Beide Entscheidungen lassen darüber keinen Zweifel, daß sie keine allgemeine Gültigkeit beanspruchen. In RGZ. Bd. 95 S. 224 ist ausdrücklich bemerkt, daß für die Bemessung der Entschädigungslizenzgebühr nur die besonderen Umstände des einzelnen Falls in Betracht kommen könnten (übereinstimmend das Urteil vom 26. Januar 1912 I 122/11 in JW. 1912 S. 407 Nr. 30). Es ist deshalb kein Rechtsirrtum, wenn das Kammergericht Gewicht darauf gelegt hat, daß die Beregnungsanlagen überlicherweise als Ganzes geliefert würden und daß nach dem Vertrag des Klägers mit der Gebr. K. AG. die Einzellizenz von 5 v. H. von der Gesamtanlage einschließlich Pumpen, Maschinen, Stammleitungen und Zubehör berechnet werden solle. Ins Gewicht fällt ferner, wie das Kammergericht weiterhin mit Recht hervorhebt, daß die Benutzung der Lehre des Klagepatents den Wert der Gesamtanlage und nicht nur einzelner Teile von ihr erhöht. Hiernach ist die Ansicht des Kammergerichts, daß die geforderte Lizenzgebühr von dem Wert der gesamten Anlagen zu berechnen sei, nach den bisher getroffenen Feststellungen nicht zu beanstanden, dies um so weniger, als Gegenstand des Klagepatents nicht eine Vorrichtung, sondern eine in gewisser Weise angeordnete und mit bestimmten Vorrichtungen versehene Anlage ist. Den Beklagten steht indessen der Nachweis offen, daß die Verkehrsübung in Fällen der vorliegenden Art anders sei.

*) PatG. 1936 § 47.
**) PatG. 1936 § 15

. . . Die von den Beklagten zu zahlende Lizenzgebühr hatte das Berufungsgericht gemäß § 287 ZPO. unter Würdigung aller Umstände nach freier Ueberzeugung zu bemessen. Dadurch ist ihm die Pflicht auferlegt worden, den gesamten Sachverhalt, insbesondere auch das Vorbringen der Beklagten, in der angegebenen Richtung zu prüfen (RGZ. Bd. 130 S. 112). Das ist, wie es nach den Urteilsgründen scheint, bisher nicht vollständig geschehen, möglicherweise, weil für die Höhe der Lizenzgebühr in Betracht kommende Umstände rechtsirrig für unerheblich gehalten worden sind. Hierher kann, wie die Revision zutreffend hervorhebt, die von den Beklagten behauptete Tatsache gehören, daß viele Besitzer von Regneranlagen, insbesondere auch die Besitzer der ihnen von den Beklagten gelieferten 26 Anlagen, damit zweckmäßig und wirtschaftlich arbeiten können, auch wenn sie nicht von der Lehre des Klagepatents Gebrauch machen. Hierher gehört ferner der bereits oben hervorgehobene und vom Berufungsgericht jedenfalls nicht in seiner vollen Bedeutung erkannte und gewürdigte Umstand, daß nur die Firma Gebr. K. AG., nicht der Kläger, berechtigt gewesen ist, den Beklagten eine Lizenz zu erteilen, daß die Höhe der hierfür angemessenen Gebühr nicht ohne weiteres gleichgesetzt werden kann der Lizenzgebühr, die der Kläger erzielt haben würde, wenn er den Beklagten die Lizenz gegeben hätte, und daß der Kläger von dem Betrag, den die Beklagten für die Erteilung der Lizenz aufzuwenden in der Lage gewesen wären, vermutlich günstigstenfalls nur einen Teil erhalten haben würde. Nicht zu beanstanden sind die Ausführungen des Kammergerichts darüber, daß das Patent des Klägers für die Beregnungstechnik eine große Bedeutung gehabt hat und auch jetzt noch besitzt. Unerläßlich ist es aber, daneben bei Bemessung der Höhe der Lizenzgebühr auch zu berücksichtigen, daß die Beklagten, wenn sie bei ihren Beregnungsanlagen von dem Klagepatent Gebrauch machen, dabei doch auch eigne Patente verwenden, die sich insbesondere auf die Benutzung von Leichtmetall und auf Weitstrahler beziehen und von denen behauptet wird, daß sie Beregnungsanlagen größeren Umfangs erst ermöglichten und besonders zweckmäßig und wirtschaftlich gestalteten, auch den Lieferwert der Anlagen bedeutend erhöhten. Dem kann in der Weise Rechnung getragen werden, daß die Lizenzgebühr niedriger festgesetzt wird, als es zu geschehen hätte, wenn die Beklagten keine werterhöhenden eignen Patente verwendeten. Der entgegengesetzten Ansicht des Kammergerichts kann nicht zugestimmt werden. Es ist nicht verständlich, wie die hier vertretene Rechtsanschauung dazu führen könnte, daß der Inhaber eines abhängigen Patents dem Erstpatentinhaber überhaupt keinen Verletzungsschaden mehr zu erstatten brauchte.

RGZ. 144, 389

Kann der berechtigte Patentinhaber gegen den zu Unrecht in der Patentrolle als Inhaber Eingetragenen Ansprüche wegen Verletzung des

Patents erheben, ohne zum mindesten gleichzeitig die Berichtigung der Patentrolle zu verlangen?

Patentgesetz §§ 4, 19 (PatG. 1936 §§ 6, 24).

I. Zivilsenat. Urt. v. 6. Juni 1934.

I. Landgericht I Berlin. II. Kammergericht daselbst.

. . .

Aus den Gründen:

. . . Nach feststehender Rechtsprechung bedarf es zur Geltendmachung des Patentschutzes der formellen Eintragung als Patentinhaber (RGZ. Bd. 67 S. 176 [180/181], Bd. 89 S. 83; Krauße PatG. § 4 Anm. 12 A II S. 97, § 35 Anm. 6 I a S. 301; Pietzcker PatG. § 4 Anm. 77, 2., S. 313). Stehen jedoch der materiell berechtigte Patentinhaber als Verletzter und der formelle Patentinhaber als Verletzer einander gegenüber, und ist die Sachlage weiter so, daß jener von diesem ohne weiteres die Berichtigung der Patentrolle auf seinen Namen verlangen kann, so könnte man zunächst den Gedanken verfolgen: es sei allerdings nicht erforderlich, daß der materiell Berechtigte zunächst die Umschreibung des Patents erzwinge, ehe er seinen Verletzungsschaden geltend machen könne, es müsse aber doch von ihm verlangt werden, daß er mindestens gleichzeitig die Umschreibung fordere und daß mindestens gleichzeitig mit der Zusprechung des Schadensersatzes auch die formelle Rechtslage richtig gestellt werde. Es könnte angenommen werden, daß dies durch die Gesetzesbestimmung des § 19 Abs. 2 Satz 2 PatG. bedingt sei, die nun einmal nach der ihr durch die Rechtsprechung gegebenen Auslegung ausspricht, daß nur der in die Rolle eingetragene Patentinhaber Verletzungsschutz beanspruchen könne. Versagen würde eine solche Auffassung aber z. B. bereits in dem Fall, daß der materiell Berechtigte nur für eine bestimmte Zeit in der Vergangenheit wegen Patentverletzung Ansprüche erheben, für die Zukunft aber dem formell Berechtigten auch die Stellung des materiell berechtigten Patentinhabers einräumen wollte. In solchem Fall eine Feststellungsklage zu verlangen, daß der Kläger berechtigt gewesen sei, die Forderung auf Umschreibung zu erheben, hieße, die Form über das Wesen der Sache zu setzen. Es erscheint daher nur möglich, in einem Fall, in dem sich materiell Berechtigter und formell Berechtigter unmittelbar gegenüberstehen, von der Forderung der Eintragung in die Patentrolle als Voraussetzung für die Geltendmachung von Verletzungsansprüchen abzusehen, da die Ausweisfrage, um derentwillen die gesetzliche Bestimmung aufgestellt ist, hier ihre gleichzeitige Klärung erfahren muß. Im Verhältnis zwischen der Klägerin und der Beklagten muß Entsprechendes gelten, mag es sich nun darum handeln, daß jene aus eigenem Patentrecht Ansprüche erhebt oder aus abgetretenen Verletzungsansprüchen des bis zur Abtretung der Patentrechte materiell berechtigt gewesenen R. . . .

RGZ. 146, 26

1. Kann in der Vorführung eines patentierten Verfahrens bereits eine Patentverletzung liegen?

2. Ueber mittelbare Patentverletzung.

Patentgesetz § 4 (PatG. 1936 § 6).

I. Zivilsenat. Urt. v. 31. Januar 1931.

I. Landgericht Bochum. II. Oberlandesgericht Hamm.

Die Klägerin ist Inhaberin des Patents 300 671 auf ein „Verfahren zum Betrieb von Saugtrommeln zum Absondern von festen Stoffen aus Flüssigkeiten oder breiigen Massen". Sie behauptet, daß die Beklagte vorsätzlich Vorrichtungen, die dieses Patent verletzten, feilhalte, Kaufliebhabern vorführe und in den Verkehr bringe, und hat Klage auf Unterlassung, Rechnungslegung und Schadensersatz erhoben. Das Landgericht hat die Klage abgewiesen. Das Berufungsgericht dagegen hat durch Teilurteil der Beklagten untersagt, Saugtrommeln, die für die Anwendung des der Klägerin durch das DRP. Nr. 300 671 geschützten Filterverfahrens geeignet sind, Interessenten vorzuführen und anzubieten und für Interessenten und Betriebe zu liefern, für welche die Anwendung des der Klägerin geschützten Verfahrens des Filterns mittels einer Kunstschicht in Frage kommt, ferner Rechnung über die seit dem 2. Mai 1925 erfolgten Verletzungshandlungen der bezeichneten Art zu legen.

Die Revision der Beklagten wurde zurückgewiesen. Jedoch wurde das Untersagungsgebot in der Urteilsformel neu gefaßt. Es wurde danach der Beklagten untersagt,

a) Saugtrommeln, die für die Bildung einer besonderen Filterschicht geeignet sind, unter Anwendung solchen Verfahrens als Abnehmer in Betracht kommenden Personen vorzuführen oder unter Erläuterung dieses Verfahrens anzubieten oder

b) Saugtrommeln der zu a) bezeichneten Art an solche im Inland arbeitende nichtlizenzberechtigte Betriebe zu liefern, bei welchen nach Art der zu bearbeitenden Stoffe die gelieferten Filter

1. ausschließlich zur Anwendung des bezeichneten Verfahrens bestimmt erscheinen oder

2. neben anderer Benutzung für die Anwendung des bezeichneten Verfahrens in Frage kommen, in letzterem Fall, soweit die Beklagte nicht geeignete Vorkehrungen trifft, um eine Verletzung des Klagpatents durch ihren Abnehmer zu verhindern.

Der Beklagten wurde ferner auferlegt, der Klägerin Rechnung darüber zu legen, wieviel Saugtrommeln der zu b) bezeichneten Art sie unter den dort angegebenen Umständen seit dem 2. Mai 1925 geliefert habe und zu welchen Preisen diese Lieferungen erfolgt seien. Von der Rechnungslegungspflicht sollten diejenigen Saugtrommeln nicht betroffen werden, die von den Abnehmern zu einem patentverletzenden Verfahren nicht verwendet worden seien.

Aus den Gründen:

Die Beklagte hat in einem von Verjährung nicht erfaßten Zeitraum zur Hebung ihres Absatzes ihren Kunden das der Klägerin geschützte Verfahren an ihren Filtern gezeigt und auf dessen Vorteile hingewiesen, obgleich sie wußte, daß sie dazu nicht berechtigt war. Darin liegt bereits ein aus Erwerbsrücksichten erfolgtes unbefugtes Gebrauchen des Verfahrens (RGZ. Bd. 46 S. 14 [17]; JW. 1903 S. 248 Nr. 32). Das rechtfertigt bei der zu bejahenden Wiederholungsgefahr ein entsprechendes Unterlassungsgebot. Gegen die Auslegung des Klagantrags dahin, daß mit Rücksicht auf den Sachvortrag der Klägerin auch dieses Verhalten als mit dem Klaganspruch angegriffen anzusehen sei, bestehen keine Bedenken. Dagegen erfordert die Fassung der Urteilsformel eine Ergänzung durch Bezeichnung der Handlungsweise der Beklagten, in der das unbefugte Gebrauchen besteht, nämlich der Vorführung des Verfahrens.

In der Lieferung von Saugtrommeln, die zur Ausführung des geschützten Verfahrens geeignet sind, liegt kein Inverkehrbringen des Verfahrens (RGZ. Bd. 65 S. 157 [159], Bd. 101 S. 135 [139]). Nicht nur für ein Unterlassungs-, sondern auch für ein Rechnungslegungsgebot sind die Voraussetzungen jedoch dann gegeben, wenn die von der Beklagten an Dritte gelieferten Filter, die an sich ja in gleicher Weise auch für ein das Patent freilassendes Verfahren geeignet sind, von den mit Benutzungsrecht nicht ausgestatteten Abnehmern im Inland für ein auch nur objektiv patentverletzendes Verfahren gebraucht worden sind und wenn die Beklagte trotz Erkenntnis der möglichen Absicht solch' unbefugter Verwendung die Lieferung bewirkt hat. Die frühere Rechtsprechung hat auch für solche Fälle, jedenfalls ausdrücklich nicht nur lediglich für Fälle, in welchen auch auf seiten der Abnehmer ein vorsätzliches Handeln festgestellt war, den Gesichtspunkt der Beihilfe zur Patentverletzung herangezogen (RGZ. Bd. 65 S. 157, Bd. 101 S. 135). Nach Begriff und Voraussetzungen ist hier jedoch richtiger der Gesichtspunkt der mittelbaren Patentverletzung zu verwenden, der bereits in dem Urteil des erkennenden Senats vom 25. Januar 1928 I 214/27 (MuW. 1927/28 S. 272) Erwähnung findet (vgl. auch Krauße in MuW. a. a. O. S. 555). Die bezeichneten Voraussetzungen liegen, wie entgegen den Ausführungen der Revision zu bemerken ist, nach den vom Berufungsgericht getroffenen Feststellungen vor. Sofern, wie im vorliegenden Fall vom Berufungsgericht für das abnehmende Werk zugrunde gelegt wird, nach der Art der verschiedenen Abwässer eine Benutzung der Saugtrommel mit und ohne Anwendung des geschützten Verfahrens in Betracht kommt, kann ohne Bedenken angenommen werden, daß ein

Verkäufer, der, wie die Beklagte, ausdrücklich auf die Anwendung seiner Saugtrommel zur Benutzung dieses Verfahrens ohne Rücksicht auf eine etwaige Berechtigung der Abnehmer zu verweisen pflegt, auch mit der ihm bekannten Möglichkeit solcher Verwendung rechnet. Bei der Vervollständigung des Tatbestandes durch unberechtigte Benutzung des Verfahrens auf seiten der Abnehmer sind dann die Voraussetzungen der mittelbaren Patentverletzung erfüllt. In solchem Fall ist auch insoweit nicht nur ein Unterlassungsanspruch gegeben, zu dessen Begründung schon die dem Verkäufer bekannte Besorgnis der Patentverletzung durch den Abnehmer genügen würde, sondern auch ein Rechnungslegungsgebot berechtigt. Die vom Berufungsgericht gewählte Fassung ist jedoch ebenfalls zu ergänzen und den Merkmalen der verletzenden Handlung anzupassen, wie dies in der Entscheidungsformel zum Ausdruck gebracht ist. Zu dieser ist im einzelnen noch folgendes zu bemerken:

Sofern bei einem Abnehmer nebeneinander erlaubte und verbotene Anwendungsarten in Frage kommen, ist nach den vorstehenden Ausführungen das Verbot der Lieferung berechtigt, wenn nach den Umständen des Falles die Saugtrommel auch zur Benutzung des unerlaubten Verfahrens bestimmt erscheint (vgl. auch JW. 1927 S. 1557 Nr. 1). In solchen Fällen muß der Beklagten, wenn sie Saugtrommeln lediglich zu der erlaubten Benutzungsart liefern will, überlassen werden, durch geeignete Maßnahmen, z. B. durch Ausbedingung einer Vertragsstrafe für den Fall unberechtigter Benutzung, ernstliche Vorsorge dafür zu treffen, daß die Maschinen nicht zu einem in den Schutzumfang des Klagpatents eingreifenden Verfahren verwendet werden. Ein bloßer Hinweis auf die Möglichkeit einer Patentverletzung genügt in solchen Fällen nicht schlechthin (MuW. 1927/28 S. 273). Auch das war in der Entscheidungsformel zum Ausdruck zu bringen.

RGZ. 146, 29

1. Ueber die Voraussetzungen selbständigen Patentschutzes des in einem Unteranspruch enthaltenen Erfindungsgedankens.

2. Unter welchen Umständen liegt in der Lieferung einer auch für patentfreie Benutzung geeigneten Vorrichtung eine Patentverletzung?

Patentgesetz § 4 (PatG. 1936 § 6).

I. Zivilsenat. Urt. v. 14. November 1934.

I. Landgericht I Berlin. II. Kammergericht daselbst.

Der Kläger ist Inhaber des angemeldeten DRP. 374 560 auf eine „Tourenregulierung von Hochfrequenzumformern". Die Patentansprüche lauten:

1. Tourenregulierung von Elektromotoren, besonders für Hochfrequenzumformer der drahtlosen Technik, dadurch gekennzeichnet,

daß mehrere durch verschiedene Zentrifugalgewichte direkt betätigte Kontakte zwecks stufenweiser Einschaltung von Korrektionswiderständen angeordnet werden.

2. Tourenregulierung von Elektromotoren nach Anspruch 1, dadurch gekennzeichnet, daß mehrere Zentrifugalgewichte oder mehrere Gruppen davon derart angeordnet werden, daß verschiedene Tourenzahlen eingestellt werden können.

Die Beklagte vertreibt elektrische Maschinen mit Drehzahlreglern verschiedener Ausführungsform, deren Bauart in einer Werbeschrift beschrieben ist. Der Kläger erblickt darin eine Verletzung von Anspruch 1 und 2 seines Patents und hat auf Unterlassung, Rechnungslegung und Feststellung der Schadensersatzpflicht Klage erhoben. Die Vorinstanzen haben, unter Abweisung der Klage im übrigen, den Klaganträgen hinsichtlich einer Verletzungsform entsprochen, bei der mehrere Zentrifugalgewichte derart angeordnet sind, daß damit verschiedene Tourenzahlen eingestellt werden können. Die Revision der Beklagten führte zur Aufhebung und Zurückverweisung.

Aus den Gründen:

Der Anspruch 1 des Klagpatents bezieht sich, wie das Berufungsgericht zunächst ausführt, auf einen Zentrifugaldrehzahlregler für Hochfrequenzmaschinen der drahtlosen Technik. Kontakte, deren Schließung die Einschaltung von drehzahlbeeinflussenden Widerständen bewirkt, werden unmittelbar durch Berührung mit Reglerorganen betätigt. Diese unterliegen der Einwirkung der Zentrifugalkraft; es sind Gewichtskontakte, Federn oder biegsame Metallstücke. Geschützt ist nach Darlegung des Berufungsgerichts der Erfindungsgedanke, den Regler in der Weise auszugestalten, daß infolge verschiedenen Gewichts der Kontakte, verschiedener Spannung der Federn oder verschiedener Biegsamkeit der Metallstücke ein stufenweises Ab- und Zuschalten der Widerstände erfolgt. Also ist, wie der Berufungsrichter an anderer Stelle unter Bezugnahme auf die Erteilungsakten darlegt, nicht unter Schutz gestellt, die widerstandeinschaltenden Kontakte unmittelbar (d. h. ohne eine verbindende, mehrfache Hebelübersetzung) durch die der Zentrifugalwirkung unterliegenden Reglerorgane betätigen zu lassen, sondern lediglich die stufenweise Einschaltung mehrerer Kontakte durch entsprechend angeordnete Reglerorgane.

Das Berufungsgericht führt weiter aus, daß nach dem Inhalt des Anspruchs 2 und dem sich mit ihm beschäftigenden Teile der Patentbeschreibung zwei verschiedene Anordnungen der Reglerorgane in Betracht kämen. Die eine betreffe die Einstellung mehrerer nicht unerheblich voneinander abweichender Tourenzahlen durch mehrere einzelne Zentrifugalorgane. Sie unterscheide sich von der in Anspruch 1 beschriebenen Anordnung dadurch, daß diese sich auf die stufenweise Einschaltung eng benachbarter, nicht auf die Einstellung wesentlich verschiedener Drehzahlen beziehe . . . Die andere Anordnung betreffe den Fall, daß zwecks Einstellung verschiedener Tourenzahlen mehrere Gruppen von Zentrifugalorganen so angeordnet seien, daß in jeder Gruppe eine stufenweise Ab- und Zuschaltung erfolge. Dieser Fall allein stelle einen echten Unterfall des Anspruchs 1 dar.

Für die noch zur Entscheidung stehenden Klaganträge kommt nur in Betracht, ob eine Verletzung eines der erstgenannten Anordnung entsprechenden Erfindungsgedankens — Einstellung mehrerer erheblich verschiedener Tourenzahlen durch mehrere ihnen einzeln zugeordnete Zentrifugalorgane — angenommen werden kann. Die Beklagte hat die Auffassung vertreten, dem Unteranspruch 2 und damit dem in Rede stehenden Erfindungsgedanken komme kein selbständiger Patentschutz zu. *Das Berufungsgericht* führt demgegenüber aus, aus der Patentbeschreibung und dem Patentanspruch ergebe sich klar der erörterte Erfindungsgedanke. Die Erteilungsakten ließen auch nicht ersehen, daß in dieser Richtung ein Verzicht des Anmelders oder eine Beschränkung durch die Erteilungsbehörde stattgefunden habe.

Einen Verzicht oder eine Beschränkung hat das Berufungsgericht mit Recht verneint . . . (Wird ausgeführt.) Es hat ferner dargelegt, daß der Gedanke, jeder einzustellenden Tourenzahl einen besonderen Kontakt zuzuordnen, nach dem Stande der Technik neu gewesen sei. Seinen Ausführungen zu diesem Punkte ist die Revision nicht entgegengetreten. Es besteht auch zur Beanstandung kein Anlaß.

Weiter hat der Berufungsrichter den Standpunkt vertreten, daß sich der zur Erörterung stehende Erfindungsgedanke aus dem Wortlaut der Patentschrift und des Patentanspruchs ergebe und daß daher, da hiernach das Reichspatentamt ein Patent dieses Inhalts habe erteilen wollen, insoweit grundsätzlich eine Nachprüfung der Erfindungshöhe nicht einzutreten habe. Er hat aber weiter in ergänzender Erwägung auch diese Frage geprüft und ist zur Bejahung der Erfindungshöhe gelangt.

Zu diesen Darlegungen ist zu bemerken: Die Auffassung des Berufungsgerichts, die in Rede stehende technische Anweisung sei in der Patentbeschreibung und im Anspruch 2 ausreichend klar zum Ausdruck gebracht, ist nicht zu beanstanden. Insbesondere kann Abweichendes nicht daraus hergeleitet werden, daß dieser Gedanke nach der Fassung des Anspruchs 2 als Unterfall des Anspruchs 1 erscheint. Eine unmittelbare innere Beziehung zwischen dem Erfindungsgedanken des Anspruchs 1, dem Gedanken stufenweiser Einschaltung mehrerer unmittelbar auf Widerstandskontakte einwirkender Zentrifugalkontakte, und dem Erfindungsgedanken des Anspruchs 2, soweit es sich dabei lediglich um die Einstellung mehrerer Tourenzahlen durch Zuordnung je eines Zentrifugalkontaktes handelt, mag fehlen. Und es mag deswegen insoweit im Anspruch 2 begrifflich nicht mit Recht auf den Anspruch 1 Bezug genommen werden. Damit entfällt jedoch nicht die Möglichkeit selbständigen Schutzes der in Rede stehenden Anordnung. Entscheidend für sie ist auch in solchem Falle zunächst, ob der Fachmann die in Frage kommende technische Anweisung aus der Patentschrift zu entnehmen vermag (GRUR. 1909 S. 174, 1925 S. 158; MuW. 1925/26 S. 41). Das hat das Berufungsgericht in tatsächlicher Feststellung angenommen. Soweit es sich danach um einen gegenüber dem des Anspruchs 1 selbständigen Erfindungsgegenstand handelt, steht dann dessen Schutz nicht entgegen, daß er äußerlich in einem Unteranspruch zu Anspruch 1 enthalten ist (MittPatA. 1931 S. 79). Es mag ferner die Frage aufgeworfen werden können, ob ein im Verhältnis zum Erfindungsgedanken des Hauptanspruchs selbständiger Erfindungsgedanke, der in der Beschreibung und in den Ansprüchen an sich klar zum Ausdruck gekommen ist, bei der Fassung der Ansprüche aber in einem als Unteranspruch zum Hauptanspruch bezeichneten Anspruch Aufnahme gefunden hat, im Verletzungsverfahren noch auf seine Erfindungshöhe zu prüfen ist. Für eine Bejahung dieser Frage spricht, daß anderenfalls einer technischen Anweisung Erfindungshöhe verliehen würde, die möglichenfalls von der Erteilungsbehörde einer Prüfung auf ihre Erfindungshöhe nicht unterworfen worden war. Einer abschließenden Erörterung dieser Frage bedarf es jedoch im vorliegenden Falle nicht, da das angefochtene Urteil in seinen Erwägungen auch zur Frage der Erfindungshöhe ohne ersichtlichen Rechtsirrtum bejahend Stellung genommen hat. Die Angriffe, welche die Revision zu diesem Punkt erhebt, sind nicht durchschlagend. Es kann keinem Zweifel unterliegen, daß das Berufungsgericht, wenn es im Rahmen der Prüfung der Erfindungshöhe die durch den Erfindungsgedanken vermittelte erhebliche Vereinfachung der Tourenzahlregelung hervorhebt, damit nicht allein auf eine Prüfung des technischen Fortschritts als solchen abstellen, sondern daraus auch das Vorhandensein der gebotenen Erfindungshöhe ableiten wollte. . . .

Unter den erörterten Erfindungsgedanken stellt das Berufungsgericht zunächst eine von der Beklagten hergestellte Sonderausführung des Drehzahlreglers, bei der laut ausdrücklicher Angabe durch die Anordnung von zwei Kommutatorringen neben zwei Zentrifugalkontakten der wahlweise Betrieb mit zwei verschieden eingestellten konstant zu haltenden Drehzahlen möglich wird. Das greift die Revision nicht an, und ein Rechtsirrtum ist darin nicht erkennbar.

Von dieser Sonderausführung abgesehen führt aber das Werbeschreiben der Beklagten aus, daß bei ihrem Tourenregler im Betriebe immer nur eine der beiden vorhandenen Kontakteinrichtungen, bestehend aus je einem verstellbaren Anschlagkontakt und einer mit einem Kontaktplättchen versehenen einseitig eingespannten Feder, benutzt werden, die andere dagegen zur Reserve dienen solle. Auch diese Ausführungsform hält das Berufungsgericht für patentverletzend, weil es der Benutzer des Reglers jederzeit in der Hand habe, die Reservefeder für eine bestimmte Tourenzahl einzustellen und dann den Regler im Sinne des Erfindungsgedankens zu benutzen, und weil er dies tun werde, wenn sein Hochfrequenzumformer dies erfordere.

Die Revision rügt, daß diese Ausführungsform von der Verurteilung nicht ausgenommen worden sei. . . . Ihre Darlegungen hierzu sind allerdings technischer Art und in den Tatsacheninstanzen noch nicht vorgetragen worden. Dort hatte die Beklagte lediglich ausgeführt, daß bei ihrer Vorrichtung mit Reserveregler eine Umstellung bei laufender Maschine nicht vorgenommen werden könne, nicht aber auch, daß — wie die Revision geltend macht — eine Rückstellung ohne umständliche Neueinstellung nicht möglich sei. Auch der gerichtliche Sachverständige hat in seinem Gutachten diese Frage nicht berührt, da er die Frage der Verletzung des in Rede stehenden Erfindungsgedankens durch die Ausführungsform mit Reservefeder überhaupt nicht erörtert hat. Daraus, daß der Berufungsrichter auf die von der Revision angeschnittenen Punkte nicht im besonderen eingeht, ist daher ein verfahrensrechtlicher Verstoß nicht herzuleiten.

Die Ausführungen des Berufungsrichters geben aber zu Beanstandung in anderer Richtung Anlaß. . . . Seine Feststellungen lassen nicht ersehen, ob er alle die Gesichtspunkte beachtet hat, die in Betracht kommen, wenn in der Lieferung von Reglern mit Reservefeder und den sie vorbereitenden und begleitenden Maßnahmen der Herstellung und des Feilbietens eine patentverletzende Handlung liegen soll. Der Gebrauch der patentierten Erfindung ist nach dem Schutzumfang verletzend nur, wenn er für die Einstellung verschiedener Tourenzahlen erfolgt.

Dabei ist jedoch zu beachten, daß eine rein gedankliche Möglichkeit der Einstellung verschiedener Tourenzahlen, die jeder praktischen Bedeutung entbehrt und sich womöglich als eine ganz unwirtschaftliche Maßnahme darstellt, als Verletzung nicht in Betracht kommen kann. Das um so weniger, wenn für solche Verwendung des Reglers an der Vorrichtung noch Veränderungen, z. B., wie vom Kläger in der Revisionsverhandlung angedeutet, am Leitungsweg, vorgenommen werden müssen. Das Berufungsurteil läßt nicht ersehen, daß diese Gesichtspunkte erkannt und bei den Feststellungen berücksichtigt worden sind. Zu solchen Darlegungen bestand Anlaß, da in der Werbeschrift die Regler nach ihrer Ausführung unterschieden werden und die für Betriebe mit verschiedenen Tourenzahlen bestimmten ausdrücklich als „Sonderausführung" bezeichnet sind.

Da die Beklagte die Vorrichtungen nicht selbst verwendet, ist auch noch auf folgenden Gesichtspunkt hinzuweisen: Der Vertrieb der Vorrichtungen kann eine Patentverletzung nur darstellen, wenn die Vorrichtungen für eine in dem dargelegten Sinn patentverletzende Verwendung geeignet waren und wenn der Lieferant trotz Erkenntnis der möglichen Absicht solcher (im Verhältnis zum Patentinhaber unbefugten)

Verwendung die Lieferung bewirkt hat oder bewirken wollte. Die danach in Betracht kommenden subjektiven Gesichtspunkte werden in der Regel jedoch nicht bejaht werden können, wenn die mögliche Verwendung dem bestimmungsmäßigen Gebrauch fernliegt. Eine Verstärkung erfährt dieser Gedankengang noch, wenn bei der möglichen Verwendung im Sinne des Erfindungsgedankens die nach diesem erstrebten technischen Vorteile in praktisch erheblichem Maße nicht erzielt werden können. Insofern besteht eine gewisse Aehnlichkeit mit der Rechtslage bei der mittelbaren Benutzung eines Verfahrenpatents (vgl. hierfür insbesondere das Urteil des erkennenden Senats vom 31. Januar 1931 I 228/30, abgedruckt in diesem Bande S. 26).

Damit die danach erforderlichen Erwägungen nachgeholt werden können, bedarf es, soweit es sich um die Verurteilung hinsichtlich des Tourenreglers mit Reservefeder handelt, der Aufhebung des angefochtenen Urteils und der Zurückverweisung der Sache an das Berufungsgericht. Dort wird die Beklagte auch Gelegenheit haben, auf die Gesichtspunkte hinzuweisen, die ihrer Meinung nach eine Verwendung der Regler mit Reservefeder im Sinne des Erfindungsgedankens als praktisch bedeutungslos und daher vom Lieferanten nicht in Rechnung zu stellen erscheinen lassen. Es könnte sich möglichenfalls auch die Notwendigkeit ergeben (vgl. das vorgenannte Urteil vom 31. Januar 1931), der Beklagten die Pflicht aufzuerlegen, bei der Lieferung für die Vermeidung einer patentverletzenden Benutzung Sorge zu tragen, eine Art der Entscheidung, die das Berufungsgericht übrigens auch auf der Grundlage der von ihm getroffenen Feststellungen hätte in Betracht ziehen müssen.

RGZ. 146, 79

1. Inwieweit sind Ergänzungen einer Patentanmeldung im Erteilungsverfahren ohne Beeinträchtigung der Priorität zulässig?

2. Zur Auslegung von Vorveröffentlichungen.

Patentgesetz §§ 2, 21 (PatG. 1936 §§ 2, 28).

I. Zivilsenat. Urt. v. 5. Dezember 1934.

I. Reichspatentamt.

. . .

Aus den Gründen:

Abraumförderbrücken, die z. B. den Tagebau von Braunkohlen überspannen, um für den auf der Deckgebirgsseite durch Bagger gewonnenen Abraum einen unmittelbaren Weg zur Haldenseite hinüber zu schaffen, sind beiderseits durch Fahrgestelle auf Schienen fahrbar. Die Anforderungen des Betriebes sowohl wie die unvermeidliche Unebenheit des Geländes bringen es mit sich, daß die Unterwagen, auf denen der Brückenträger ruht, diesseits und jenseits fortdauernd wechselnd zueinander eingestellt sein können: in der Waagerechten durch Voraufeilen der einen Seite vor der anderen oder durch Aenderung des Abstands der Gleise voneinander; in der Senkrechten quer zu den Schienen durch Höhenunterschiede der beiden Gleisstränge oder der beiden Schienen innerhalb jedes Stranges; in der Senkrechten längs zu den Schienen endlich durch beiderseits verschiedenes Gefälle der Gleistrossen. Ueberall nun, wo bei derartigen Verschiebungen gegeneinander ein entsprechendes Gelenk fehlt, treten schädliche Materialbeanspruchungen auf. Sie zu vermeiden, hat sich der Erfinder nach dem angefochtenen Patent 455 863 als Aufgabe gestellt. Er erblickt die Lösung in einer allseitig raumbeweglichen Lagerung des Brückenträgers auf den Unterwagen und zeigt, wie sie durch Einbau allseitige Bewegung gestattender Gelenke, verbunden mit einer Verschiebbarkeit zur Entfernungsregelung, zu erzielen ist. Dabei ist es eine Selbstverständlichkeit, daß die Beweglichkeit, wenn anders die Lösung der Aufgabe nicht mißlungen sein soll, niemals auf Kosten der Standsicherheit der Förderbrücke gehen darf. Es ist also nicht denkbar, daß im Patent etwa die Raumbeweglichkeit ohne Berücksichtigung ihres Einflusses auf die Standfestigkeit in technisch brauchbarer Weise behandelt sein könnte.

Der Sachverständige hat überzeugend dargelegt, daß die Dreipunktlagerung, die das angefochtene Patent im Ausführungsbeispiel seiner jetzigen Fassung (mit einem Unterwagen auf der Deckgebirgsseite, zwei Unterwagen auf der Haldenseite) vorsieht, durchweg eine Lagerung in Kugelzapfen, und damit allseitige Raumbeweglichkeit gestattet. . . .

1. Nun ist aber das Patent in seiner jetzigen Fassung dem Reichspatentamt von der Beklagten erst im Laufe des Erteilungsverfahrens mitgeteilt worden. Enthielt diese Fassung der ursprünglichen Anmeldung gegenüber, wie die Klägerinnen behaupten und wie auch von Amts wegen zu prüfen ist, eine unzulässige Aenderung, d. h. einen anderen Anmeldungsgegenstand, so würde der Erfindung, wie sie dann erst damit offenbart worden wäre, die unstreitig frühere eigene Veröffentlichung der Beklagten entgegenstehen und damit das Patent der Vernichtung anheimfallen.

In dieser Beziehung ist zunächst in Uebereinstimmung mit der Ansicht des Sachverständigen tatsächlich festzustellen, daß im Ausführungsbeispiel der ursprünglichen Fassung ganz eindeutig eine Zweitpunktabstützung beschrieben wird; daran lassen Text und Zeichnung keinen Zweifel, und auch der Anspruch ist davon noch soweit beeinflußt, daß darin von den b e i d e n Unterwagen die Rede ist. Wenn anderseits als raumbewegliche Konstruktion an einer Stelle hier neben dem Kugelzapfen auch das Kreuzgelenk genannt ist, so kann darunter — mag die Bezeichnung auch sonst in der Technik anderer Deutung fähig sein — nur dasselbe verstanden werden wie in der jetzigen Patentbeschreibung, also eine dem Kugelzapfen gleichwertige Konstruktion, welche die Bewegung in mindestens drei Ebenen gestattet. Daraus glaubte dann der Prüfer mit Recht Bedenken gegen die Standsicherheit der Brücke herleiten zu müssen, worauf im weiteren Verlauf des Verfahrens die Beklagte zur Beschreibung einer Dreipunktabstützung und zu einem entsprechend geänderten Anspruch überging.

Für die Frage, ob diese Aenderung ohne Schaden für die Prioritätsrechte zulässig war, kommt es, im Anschluß an frühere (insbesondere die in RGZ. Bd. 63 S. 163/164 und Bd. 88 S. 208 veröffentlichten) Entscheidungen des erkennenden Senats, entscheidend darauf an, ob die nachgebrachte Fassung mit dem, was ursprünglich dem Reichspatentamt offenbart war, noch wesensgleich ist. Hier ist bei der Beurteilung, wie nicht zu verkennen ist, äußerste Vorsicht geboten, damit nicht Unfertiges zur Sicherung der Priorität angemeldet und dann im Laufe des Erteilungsverfahrens erst zur eigentlichen Erfindung ausgestaltet werden kann. Auch darf ein etwaiges Bestreben des Anmelders, seine Erfindung in Dunkel zu hüllen und so wenig wie möglich im Patent zu offenbaren, keinesfalls durch weitherzige Zulassung der auf Verlangen des Prüfers notgedrungen gemachten Ergänzungen gefördert werden. Auf der anderen Seite ist aber das Patenterteilungsverfahren (wie schon in RGZ. Bd. 88 S. 211 hervorgehoben) gerade dazu bestimmt, Unvollständigkeiten zu ergänzen und Unklarheiten zu beseitigen, und zwar bis zur Bekanntmachung unter Ausschluß der Oeffentlichkeit und der beteiligten Fachkreise, im Meinungsaustausch allein zwischen Prüfer und Anmelder. Dabei kann es auch zu weitgehenden Aenderungen sowohl der Beschreibung wie der Zeichnung kommen, wenn nur der Gegenstand der ursprünglichen Anmeldung erhalten bleibt und auch z. B. nicht durch Hinzunahme einer ganz neuen Erfindung in seinem Wesen verändert wird.

Nun hat die Beklagte in ihrer ursprünglichen Anmeldung den eigentlichen Erfindungsgedanken allseitiger Raumbeweglichkeit (einschließlich Verschiebbarkeit) zwischen Brückenträger und Unterwagen, den Erfindungsgegenstand des Patents, wie es schließlich erteilt worden ist, bereits klar offenbart. Nachgebracht hat sie nur das, was die Prüfungsstelle des Reichspatentamtes noch zum Nachweise dafür zu klären wünschte, daß sich die Ausführung der Erfindung nicht etwa in anderer Richtung, nämlich für die Standsicherheit, als schädlich erweise. Dabei hat sie mit dem nunmehr vollzogenen Uebergange von der Zweipunkt- zur Dreipunktabstützung nur von dem Erfindungsbesitz Gebrauch gemacht, den sie von vornherein in dem Sinne hatte, daß sich aus der Dreipunktabstützung eine praktisch ausführbare und brauchbare Konstruktion ergab. Denn der Senat hat die Ueberzeugung erlangt, daß ihr eine Zeichnung mit der Doppelwagenkonstruktion auf der Haldenseite schon vor dem 10. Oktober 1922 zur Verfügung stand. Daß sie deren Ueberreichung vielleicht versehentlich, jedenfalls aber ohne jede unlautere Absicht zunächst unterlassen hat, ergibt sich daraus, daß sie die jetzt patentierte Dreipunktabstützung der Oeffentlichkeit übermittelte, ohne sie dem Reichspatentamt bereits mitgeteilt zu haben. Daß die Brücke standsicher sein mußte, war für die Beklagte als eine anerkannte Fachfirma eine Selbstverständlichkeit. Diese, die mit dem Erfindungsgedanken der Raumbeweglichkeit unmittelbar nichts zu tun hatte, hat sie auf Verlangen des Prüfers dargelegt, nachdem sie sie bei der ursprünglichen Zweipunktabstützung außer acht gelassen hatte. Ob sie hätte nachweisen können, daß auch die ursprüngliche Konstruktion standsicher auszuführen wäre, bedarf nicht der Prüfung. Es genügt, daß sie unter Beibehaltung des Erfindungsgegenstandes und, ohne etwas zu der *eigentlichen Erfindung hinzuzutun, die Prüfstelle* und ebenso *später die* Anmelde- und die Beschwerdeabteilung des Reichspatentamts zu überzeugen vermochte, daß sich die Erfindung bei gehöriger Ausführung für die Standsicherheit nicht als schädlich erweist. Darauf ist ihr das Patent auf die von vornherein offenbarte Erfindung erteilt worden. Ob diese neu war, ist also allein nach dem Anmeldetage zu beurteilen.

2. Die vor diesem Zeitpunkt veröffentlichte, von den Klägerinnen entgegengehaltene amerikanische Patentschrift bezieht sich auf einen Förderer für Material zum Uferdammbau. Es handelt sich hier um ein Gerät von sehr viel kleineren Ausmaßen als denen einer Abraumförderbrücke. Was an ihm erprobt worden ist, auf die Förderbrücke zu übertragen, würde also schon allgemein bedenklich sein. . . . Aber die amerikanische Patentschrift vermittelt auch sonst nirgends dem Fachmann den Gedanken a l l s e i t i g e r Raumbeweglichkeit zwischen Bandstraße und Unterwagen. . . . Daß der damalige Erfinder die Aufgabe überhaupt erfaßt, insbesondere auch die Neigung der beiden Gleise in der Querachse oder gar ihre windschiefe Lage zueinander in der Fahrrichtung berücksichtigen wollte, dafür gibt seine Ausdrucksweise für den, der das angefochtene Patent nicht kennt, keinen genügenden Anhalt. Erst nachdem die Beklagte den Gedanken der Technik durch ihr Patent offenbart hat, kann der Durchschnittsfachmann, wie der gerichtliche Sachverständige ausgeführt hat, r ü c k b l i c k e n d erkennen, daß sich die amerikanische Konstruktion auch im Sinne allseitiger Raumbeweglichkeit ausgestalten läßt; das verstand sich aber zur Zeit der Anmeldung des angefochtenen Patents nicht von selbst und lag auch nicht nahe.

Die hiernach neue Erfindung der Beklagten bedeutet einen erheblichen technischen Fortschritt, da sie eine sehr viel bessere Anpassung der wichtigen Abraumförderbrücken an jeden Betrieb gewährleistet. . . .

RGZ. 146, 225

1. Von welchem Zeitpunkt an kann Schadensersatz wegen schuldhafter Patentverletzung verlangt werden?

2. Genügt zur Begründung der Schadensersatzpflicht des Patentverletzers die Kenntnis oder grobfahrlässige Unkenntnis vom Gegenstand des Patents, oder muß ihm auch noch die Kenntnis oder grobfahrlässige Unkenntnis des Schutzumfangs des Patents nachgewiesen werden?

3. Welche Maßnahmen muß der wegen Patentverletzung Verwarnte ergreifen, um dem Vorwurf grobfahrlässiger Unkenntnis vom Schutzumfang des Patents zu begegnen?

Patentgesetz § 35 (PatG. 1936 § 47).

I. Zivilsenat. Urt. v. 15. Dezember 1934.

I. Landgericht Hamburg. II. Oberlandesgericht daselbst.

. . .

Aus den Gründen:

. . . Das angefochtene Urteil hat die Schadensersatzpflicht der Beklagten auf die Zeit nach dem 22. Februar 1933 begrenzt, weil die Beklagten erst nach Empfang des Warnungsschreibens vom 14. Februar 1933 und nach Ablauf der dort gesetzten Frist grobfahrlässig gehandelt hätten. Die grobe Fahrlässigkeit wird darin erblickt, daß sie trotz Kenntnis des ihnen übersandten Beschlusses der Beschwerdeabteilung des Reichspatentamts, mit dem das Erteilungsverfahren endete, nicht einen Sachverständigen auf dem Gebiet des Patentrechts zugezogen hätten. Mit Recht rügt die Revision, daß diese Begrenzung der Schadensersatzpflicht durch Rechtsirrtum beeinflußt sei.

Das Oberlandesgericht verkennt offenbar nicht, daß es bei der Feststellung des Verschuldens immer auf die besonderen Verhältnisse des einzelnen Falles ankommt, daß danach insbesondere auch die Frage zu beurteilen ist, ob die Beklagten einen Sachverständigen hätten zu Rate ziehen müssen (vgl. RG. in JW. 1933 S. 2516 Nr. 5). Doch kann dem Oberlandesgericht darin nicht gefolgt werden, daß es grobe Fahrlässigkeit für die Zeit vor dem obengenannten Tage deshalb ablehnt, weil es sich um die Beurteilung rechtlich und technisch nicht einfacher Fragen gehandelt habe.

Hier ist eine wichtige Frage überhaupt nicht geprüft. Man muß zwar stets davon ausgehen, daß von einem Verschulden des Patentverletzers nur die Rede sein kann, wenn dieser das Patent kennt oder seine Unkenntnis auf grober Fahrlässigkeit beruht. Wenn es nun aber auch den Anschein hat, als ob das Oberlandesgericht eine Kenntnis auf seiten der Beklagten erst vom 14. Februar 1933 ab feststellen will, so fehlt doch jede Erörterung darüber, daß auch eine etwaige Unkenntnis auf Verschulden der Beklagten beruhen konnte, und ferner eine Begründung dafür, warum das im vorliegenden Fall nicht angenommen werden soll. Ebensowenig ist die Frage erörtert, warum das Oberlandesgericht eine Schadensersatzpflicht erst für die Zeit nach dem 22. Februar 1933 annimmt. Will man den Empfang des Schreibens vom 14. Februar 1933 für die Kenntnis der Beklagten zugrunde legen, so kann für den Beginn der Schadensersatzpflicht nur die Kenntnis vom Inhalt des Schreibens, nicht aber die für eine Antwort gesetzte Frist von 8 Tagen berücksichtigt werden. Wesentlicher ist aber, daß das Oberlandesgericht das Schreiben der Firma G. an die Erstbeklagte vom 29. November 1932 ganz unbeachtet gelassen hat, wie die Revision mit Recht rügt. Durch dieses Schreiben, dessen Empfang nicht bestritten ist, hatten die Beklagten bereits von dem Klagepatent Kenntnis erlangt, und es mußte deshalb — wenn man sonst dem Oberlandesgericht folgen wollte — erörtert werden, weshalb die Beklagten trotz dieser Kenntnis ohne Verletzung der ihnen obliegenden Sorgfaltspflicht die Herstellung und den Vertrieb der beanstandeten Faltschachteln fortsetzen durften. Denn wenn die Beklagten das Patent kannten und auf die Möglichkeit der Patentverletzung hingewiesen waren, mußten sie damit rechnen, daß tatsächlich eine Patentverletzung vorliege; Zweifel in dieser Hinsicht gehen zu ihren Lasten. Der Hinweis im Urteil darauf, daß es sich um rechtlich und technisch nicht einfach zu beurteilende Fragen handle, genügt keineswegs. Gerade bei solcher Sach- und Rechtslage mußte den Beklagten eine sehr sorgfältige Prüfung der Verletzungsfrage und bei bestehenden Zweifeln die Zuziehung von Sachverständigen ganz besonders geboten erscheinen; die Unterlassung wird in solchen Fällen in der Regel als grobfahrlässige Verletzung der Sorgfaltspflicht angesehen werden müssen.

Mit Recht macht die Revision ferner darauf aufmerksam, daß die Annahme rechtlich und technisch schwieriger Fragen mit den Erörterungen des Oberlandesgerichts über die objektive Patentverletzung in Widerspruch stehe. In der Tat hat das Oberlandesgericht, ebenso wie das Landgericht, ohne Zuziehung eines technischen Sachverständigen die rechtliche Bedeutung des Patents festgestellt und so auch die Gleichwertigkeit des von den Beklagten abweichend verwendeten Merkmals ohne weiteres als gegeben erachtet. Technisch schwierig zu beurteilende Fragen sieht das Oberlandesgericht im ersten Teil seiner Entscheidungsgründe also selbst nicht als gegeben an. Aber auch rechtlich schwierige Fragen hat es in diesem Zusammenhang nicht erörtert. Es ist vielmehr von dem im Anspruch festgelegten Gegenstand als Zusammenfassung bekannter Einzelheiten ausgegangen und hat dann nur den Schutz auf eine solche Einrichtung ausgedehnt, bei der ein Merkmal durch ein anderes, nach Ansicht des Oberlandesgerichts für die Gesamtwirkung unbedenklich gleichwertiges Merkmal ersetzt war. Bei dieser Sachlage bedarf es einer nochmaligen Prüfung der Frage, ob nicht die Beklagten seit ihrer Kenntnis des Klagepatents ohne weiteres erkennen oder wenigstens als wahrscheinlich erachten mußten, daß sie von dem in diesem Patent offenbarten Erfindungsgedanken Gebrauch machten (vgl. RG. in JW. 1932 S. 1831 Nr. 9). Der Hersteller solcher Gegenstände, die wegen behaupteter Patentverletzung beanstandet werden, ist in der Regel selbst sachverständig genug, um die Benutzung des fremden Erfindungsgedankens in dem eigenen Erzeugnis ohne weiteres erkennen zu können, wenn diese Annahme, wie im vorliegenden Fall, naheliegt. Dann ist er von Kenntnis des fremden Schutzrechtes an für die Folgen seines Entschlusses, die Herstellung trotzdem fortzusetzen, allein verantwortlich, kann sich vor allem nicht darauf berufen, daß er vom Patentinhaber erst in einem späteren Zeitpunkt gewarnt worden sei. Fortsetzung der Herstellung ohne sorgfältigste Prüfung ihrer Zulässigkeit wird in solchem Fall als grobfahrlässiges Handeln bezeichnet werden müssen.

Die Revision rügt ferner, das Oberlandesgericht habe nichts darüber festgestellt, ob die Beklagten das Klagepatent auch schon vor dem 29. November 1932 gekannt haben. Die ursprüngliche Klägerin hatte schon mit der Klage vorgetragen, daß sie ihre Faltschachteln gemäß Klagepatent ursprünglich mit dem Vermerk „DRP. angem." und sodann mit dem Vermerk „DRP." und mit ihrer Firma versehen habe und daß so die Schachteln in großem Umfang in den Verkehr gekommen seien; die Beklagten hätten hierdurch Kenntnis von dem Klagepatent erlangt oder erlangen können. Zu dieser Behauptung hätte das Oberlandesgericht Stellung nehmen und erörtern müssen, ob hier etwa den Beklagten der Vorwurf mangelnder Sorgfalt bei Prüfung der Erzeugnisse der Wettbewerber gemacht werden muß. Für den Schadensersatzanspruch kommt allerdings nur die Zeit seit Beginn des einstweiligen Schutzes nach § 23 Abs. 1 Satz 2 PatG.*) in Betracht. Die zu dieser Zeit bereits bestehende Kenntnis wird mit der Bekanntmachung der Anmeldung wirksam, die später, aber vor Erteilung des Patents erlangte Kenntnis mit dieser. Von solcher Kenntnis an muß jedermann mit der Patenterteilung rechnen und handelt in der Regel grobfahrlässig, wenn er die Bekanntmachung unbeachtet läßt. Die Sorgfaltspflicht erhöht sich, sobald die Kenntnis von der Patenterteilung hinzukommt; sie besteht aber schon seit Kenntnis der Bekanntmachung der Anmeldung. Grobfahrlässige Unkenntnis der Bekanntmachung oder der Patenterteilung steht der Kenntnis für die Frage des Schadensersatzes nach § 35 PatG. völlig gleich. Die Prüfung der Klagebehauptungen muß deshalb nach vorstehenden Rechtsgrundsätzen ergänzt werden.

Schließlich hat die Revision auch mit Recht darauf hingewiesen, es könne in der Zeit nach der Bekanntmachung einer Patentanmeldung als grobe Fahrlässigkeit im Sinne des § 35 PatG. schon die Tatsache angesehen werden, daß der Fabrikant die Anmeldungen seines begrenzten Sondergebiets nicht nachprüft und deshalb von einem auf diesem Gebiet wesentlichen Patent keine Kenntnis erlangt (vgl. RG. in MittPatA. 1932 S. 254). . . .

*) PatG. 1936 § 30 Abs. 1 Satz 2.

RGZ. 146, 273

Kann der Patentinhaber über den von ihm gezeigten Lösungsweg hinaus Patentschutz beanspruchen, wenn der Weg sich als falsch erwiesen hat, wenn aber doch eine technische Entwicklung auf anderem Wege durch das Patent angeregt worden ist?

Patentgesetz § 1.

I. Zivilsenat. Urt. v. 2. Januar 1935.

I. Landgericht I Berlin. II. Kammergericht daselbst.

. . .

Aus den Gründen:

Der Berufungsrichter hat zutreffend erwogen, daß an sich der Erfinder (des DRP. 371 641 auf einen Sämereiausleser) das allgemein verbreitete Vorurteil überwunden haben könnte, das gegen den Schnellauf von Samenauslesern wegen der damit angeblich für die Güte der Auslese verbundenen Nachteile bestand. Er hat aber mit Recht, gestützt auf das Gutachten des Sachverständigen, ausgeführt, daß das Klagepatent umgekehrt das Vorurteil geradezu der Erfindung zugrunde legt und mit der in der Trommel eingebauten Kulisse ein besonderes Mittel vorschlägt, durch dessen Anwendung die nach der Patentschrift „natürlich" die Leistung steigernde Erhöhung der Umdrehungsgeschwindigkeit erzielt werden könne. Die Kulisse soll nämlich die auf und ab schwankende Bewegung des Samengemenges, in der der Erfinder das eigentliche Hindernis gegen einen schnelleren Umlauf erblickt, dadurch wirkungslos machen, daß sie sich dem Gemenge ständig in den Weg stellt. Der Sachverständige hat das treffend so ausgedrückt, daß der Erfinder der bei allem (selbstverständlichen) Bestreben der Leistungssteigerung nun einmal bestehenden „Angstvorstellung der Fachmeinung" Rechnung getragen habe, das Schwanken des Gemenges könnte bei schnellerer Umdrehung eine richtige Einstellung der Auffangmulde unmöglich machen und die Langkörner in unerwünschter Weise mit übergehen lassen. Die, wie sich herausgestellt hat, richtige (für den praktischen Betrieb jedenfalls weithin richtige) Erkenntnis, daß sich die Umdrehungsgeschwindigkeit auch ohne jede besondere Maßnahme der im Patent vorgeschlagenen Art steigern läßt, ist dem Erfinder gerade noch verschlossen geblieben und von ihm deshalb mit seinem Patent der Fachwelt auch nicht offenbart worden. Es hat sich ergeben, daß die Aufgabe, die er sich gestellt hat, nämlich das seiner Ansicht nach dem Schnellauf hinderliche Schwanken des Samengemenges zu beseitigen, in Wahrheit mit dem Schnellauf nichts zu tun hat und daß die Aufgabe, einen Schnelläufer zu konstruieren, von ihm überhaupt nicht gelöst worden ist.

Es trifft hiernach nicht zu, daß der Klägerin, wie die Revision meint, der Erfindungsgedanke des schnellen Umlaufs geschützt wäre, ebensowenig, daß die Drehzahlsteigerung das Erste, die Anbringung von

Einbauten das Zweite in der Erfindung sei. Ganz allein diese vielmehr sollte die der Technik selbstverständlich längst erwünschte Steigerung der Geschwindigkeit und damit der Leistung ermöglichen. Gewiß kommt es auf die subjektive Auffassung und technische Vorstellung des Erfinders für den Schutzumfang des Patents nicht entscheidend an. Hier aber hat er objektiv dem Fachmann nichts gegeben als die Empfehlung der Einbauten, die sich dann als Irrtum erwies; das gegen die Geschwindigkeitssteigerung an sich bestehende Vorurteil aber hat er damit nur bestärkt. Das bestand, wie die Revision richtig sagt, gegen jede Steigerung des Schnellaufs; und das Klagepatent enthält nichts weiter, als daß diese dennoch, nämlich — wie die Revision selbst sich ausdrückt — bei Anwendung geeigneter Zusatzmaßnahmen, aber eben doch nicht ohne diese, erreicht werden könne. Daß schließt nicht aus, daß sich an das Patent, wie die Klägerin behauptet, tatsächlich die eigentliche Entwicklung der schnell umlaufenden Sämereiausleser angeschlossen hat, daß der Erfinder durch seine falsche Lehre die Frage des schnelleren Umlaufs vielleicht sogar ins Rollen gebracht haben mag. Auch in einem solchen Falle kann aber dem Erfinder doch immer nur der Weg geschützt sein, den er geglaubt hat als den richtigen vorschlagen zu können. Es trifft also durchaus nicht zu, was die Revision dem Berufungsurteil gegenüber vorbringt, daß das Patent auf diese Weise seiner Bedeutung entkleidet würde. Der Vorhalt erinnert an den Streit um die Auslegung eines vom Reichspatentamt erteilten Patents, das sich im Verletzungsprozeß nach dem Stande der Technik als vollkommen vorweggenommen herausstellt. Doch hat damit die gegenwärtige Entscheidung in Wirklichkeit nichts gemein. Vielmehr soll hier dem Patentinhaber für den Lösungsweg, den das Patent gezeigt hat, der Schutz uneingeschränkt erhalten bleiben, d. h. aber für den Weg, der sich später als untauglich erwiesen hat. Das Berufungsurteil hat also nur das Patent auf seinen wahren Schutzumfang zurückgeführt und an dem Verdienst des Erfinders nichts zu Unrecht geschmälert. Den von der Klägerin beanspruchten umfassenden Schutz auf alle schnell laufenden Trommelausleser aber hat der Berufungsrichter mit Recht versagt. . . .

RGZ. 148, 146

Kann der aus einem Patent oder einer ausschließlichen Patentlizenz bei Verletzung des Rechts erwachsende Unterlassungsanspruch ohne gleichzeitige Uebertragung des Patents oder der Lizenz abgetreten werden?

Patentgesetz §§ 4, 6 (PatG. 1936 §§ 6, 9).

I. Zivilsenat. Urt. v. 15. Juni 1935.

I. Landgericht I Berlin. II. Kammergericht daselbst.

Die Inhaber der ausschließlichen Lizenz an einem Patent haben der Klägerin alle Ansprüche abgetreten, die ihnen aus der Verletzung des Patents durch die Beklagten erwachsen sind. Die Klägerin hat Klage auf Verurteilung der Beklagten zur Unterlassung der Verletzung und zur Rechnungslegung über die Verletzungsfälle sowie auf Feststellung der Schadensersatzpflicht der Beklagten erhoben. Die Vorinstanzen haben der Klage entsprochen. Die Revision führte zur Aufhebung und Zurückverweisung.

Aus den G r ü n d e n :

. . . Das Recht aus dem Patent umfaßt eine positive Befugnis, das Recht zur Verwertung der Erfindung, und eine negative Befugnis, die Benutzung der Erfindung jedem Dritten zu untersagen. Die Abspaltung des Verbietungsrechts durch Abtretung betrifft danach nicht lediglich eine aus der Verletzung des Patentrechts sich ergebende Forderung, wie z. B. das Recht auf Schadensersatz, sondern einen begriffswesentlichen Bestandteil des Rechts selbst. Zurückbleiben in der Hand des Patentinhabers würde nur ein Rest des absoluten Rechts, der dieses Recht nicht mehr darstellt. Aus diesem Grunde muß die Abtretung des Verbietungsrechts als solchen als der Natur des Rechts aus dem Patent widerstreitend und daher unzulässig angesehen werden. Für den Unterlassungsanspruch gegen einen bestimmten Störer, der aus dem Untersagungsrecht erwächst, muß Gleiches gelten. Hinzukommt, daß hier die dem Untersagungsanspruch entsprechende Leistung, die Unterlassung des Eingriffs in das Patentrecht, nur zugunsten des Rechtsinhabers als des Verletzten erfolgen kann, ein Umstand, der dazu führen muß, die Abtretung des Unterlassungsanspruchs als dem Abtretungsverbot des § 399 BGB. unterliegend zu behandeln. Für die gerichtliche Geltendmachung des Unterlassungsanspruchs gegen einen Störer ist zudem in der Person des Abtretungsempfängers das Rechtsschutzbedürfnis, erwachsend aus der Gefahr drohender Verletzung eines dem K l ä g e r zustehenden Rechts, nicht gegeben.

Die Abtretung des Unterlassungsanspruchs kann danach nur in Verbindung mit der Uebertragung des Patentrechts erfolgen (vgl. für den Unterlassungsanspruch aus unlauterem Wettbewerb RGZ. Bd. 85 S. 252).

Dagegen ergeben die erörterten Gesichtspunkte (entsprechend der reichsgerichtlichen Rechtsprechung — RGZ. Bd. 91 S. 390 [395/396] —) kein Bedenken gegen die Ermächtigung eines Dritten, den Anspruch auf Unterlassung in eigenem Namen für Rechnung des ermächtigenden Patentinhabers geltend zu machen, vorausgesetzt, daß der Ermächtigte ein eigenes rechtliches Interesse an der Geltendmachung des Rechts hat. Damit wird auch dem praktischen Bedürfnis Genüge getan, dem ein Klagrecht nicht besitzenden Inhaber einer einfachen Lizenz die Klage durch eine solche Ermächtigung zu ermöglichen.

Für eine ausschließliche Lizenz, bei der zu Lasten des Rechts des Patentinhabers der Lizenznehmer ebenfalls ein Verwertungs- und Verbietungsrecht erlangt (RGZ. Bd. 57 S. 38 [40], muß dem Patentrecht Entsprechendes gelten. Daß dabei ein Verbietungsrecht des Inhabers des belasteten Patentrechts neben dem des Lizenznehmers angenommen wird (vgl. Kisch Handbuch des deutschen Patentrechts, S. 222 Anm. 76), steht dem nicht entgegen.

Aus diesen Gründen bedarf es der Prüfung, ob die Klägerin von dem Inhaber der ausschließlichen Lizenz die Ermächtigung erhalten hat, den Unterlassungsanspruch in eigenem Namen für Rechnung des Lizenzinhabers zu verfolgen, und ob er ein eigenes rechtsschutzwürdiges Interesse an dieser Verfolgung besitzt.

RGZ. 148, 297

Erfordert ein Zusatzpatent gegenüber dem nicht vorveröffentlichten Hauptpatent einen erfinderischen Schritt?

Patentgesetz § 7 Abs. 1 Satz 2 (PatG. 1936 § 10).

I. Zivilsenat. Urt. v. 23. August 1935.

I. Reichspatentamt.

Die Frage ist verneint worden aus folgenden, zugleich den sie betreffenden Sachverhalt ergebenden

Gründen:

Das Hauptpatent betrifft einen selbsttragenden Kraftfahrzeugkasten. Ein solcher nimmt die auf das Fahrzeug wirkenden inneren und äußeren Beanspruchungen (namentlich die biegenden und verwindenden Kräfte) selbst auf, ohne durch einen besonderen Fahrgestellrahmen unterstützt zu werden. Aus der Patenbeschreibung und den Zeichnungen ergibt sich, daß es sich um einen Kasten für geschlossene Fahrzeuge handelt. Das Patent stellt sich als technische Aufgabe, den Kasten eines solchen Fahrzeugs auf einfache Weise ohne Zuhilfenahme von Sonderkonstruktionen biegungs- und verdrehungssteif auszubilden. . . . Das den Gegenstand des Streits bildende Zusatzpatent behandelt die Weiterentwicklung jenes Patents für offene Wagen. . . . Hieraus ergibt sich bereits, daß Aufgabe und Lösungsmittel des Haupt- und des Zusatzpatents sich unterscheiden, daß also Wesensgleichheit nicht vorliegt. . . . Für das Zusatzpatent braucht dabei auf die Erfindungshöhe gegenüber der durch den Erfindungsgedanken des Hauptpatents bereits grundlegend bedingten Gestaltung nicht eingegangen zu werden. Da das Hauptpatent erst nach Anmeldung des Zusatzpatents veröffentlicht worden ist, erfordert die Patentfähigkeit des Zusatzes nicht, daß er sich vom Gegenstand des Hauptpatents durch einen erfinderischen Schritt unterscheidet. Unter der Voraussetzung, daß das Hauptpatent nicht vorveröffentlicht ist, sind an das Zusatzpatent in seinem Verhältnis zum Hauptpatent keine weitergehenden Anforderungen zu stellen als an einen entsprechenden Unteranspruch des Hauptpatents. Die Gefahr, daß bei Zugrundelegung dieser Auffassung mit Hilfe eines Zusatzpatents eine unbillige zeitliche Erstreckung des Patentschutzes für den im Zusatzpatent enthaltenen Erfindungsgedanken des Hauptpatents bewerkstelligt werden könnte, wird durch die Vorschrift des § 7 Abs. 1 Satz 2 PatG. verhütet. Wesensgleichheit des Haupt- und des Zusatzpatents darf allerdings nicht bestehen, damit eine Doppelpatentierung vermieden wird. Ebensowenig darf in der Anweisung des Zusatzpatents im Verhältnis zum Hauptpatent eine „glatte Selbstverständlichkeit" liegen, wie sie auch die Aufnahme in den Unteranspruch des Hauptpatents verhindern würde. Im vorliegenden Fall bedeutete es aber nach den Darlegungen des gerichtlichen Sachverständigen keine solche Selbstverständlichkeit, zum Erfindungsgedanken des Zusatzpatents zu gelangen.

Gegenüber dem Stande der Technik muß dagegen das Zusatzpatent die Eigenschaften einer fortschrittlichen und erfinderisch neuen Maßnahme besitzen. . . .

RGZ. 148, 400

1. Kann im Patentverletzungsstreit noch in der Revisionsinstanz berücksichtigt werden, daß das Patent bereits vor der letzten Verhandlung vor dem Berufungsgericht ohne dessen Kenntnis erloschen war?

2. Zur Anfechtung der Kostenentscheidung.

3. Muß der Kläger sogleich nach Erledigung der Hauptsache seinen Antrag ändern, um seiner Verurteilung in die Kosten des Rechtsstreits zu entgehen?

Patentgesetz § 9 (PatG. 1936 § 12). ZPO. §§ 91, 93, 99, 561.

I. Zivilsenat. Urt. v. 12. Oktober 1935.

I. Landgericht Aachen. II. Oberlandesgericht Köln.

. . .

Aus den Gründen:

1. . . . Einigkeit der Parteien besteht nicht nur über die Erledigung der Hauptsache vor Verkündung des Berufungsurteils, sondern auch darüber, daß sich bereits vor der ihr vorausgehenden letzten mündlichen Verhandlung der Streit durch Erlöschen des Klagepatents erledigt hatte. Dieses Erlöschen dürfte allerdings gemäß § 561 ZPO. in der Revisionsinstanz nicht mehr vorgebracht und berücksichtigt werden, wenn es als eine — aus dem Tatbestand des Berufungsurteils oder dem Sitzungsprotokoll nicht ersichtliche — neue Tatsache zu bewerten wäre.

Nun ist es aber bereits feststehende Rechtsprechung des Senats, daß die durch Nichtigkeitsurteil erfolgende Vernichtung eines Patents in der Revisioninstanz des Verletzungsstreits selbst dann noch beachtet werden kann und muß, wenn sie erst nach Abschluß des Berufungsrechtszuges ausgesprochen worden ist. Dazu ist in der grundlegenden, in RGZ. Bd. 63 S. 140 veröffentlichten Entscheidung (S. 142) u. a. die Begründung gegeben worden: „Das Patent hat die Natur eines Spezialgesetzes, welches jubjektive Rechte mit Wirkung gegen alle schafft wie eine objektive Rechtsnorm." Das Schrifttum hat sich zwar überwiegend auf einen hiervon abweichenden Standpunkt gestellt (vgl. darüber Krauße Anm. 1 c zu § 1 PatG.). Gleichwohl ist jedenfalls am Ergebnis festzuhalten. Es braucht dabei die in der mitgeteilten Entscheidung ferner vertretene Auffassung des Patents als eines staatlichen Privilegs nicht gebilligt, nicht einmal das Patent einem Sondergesetz geradezu gleichgesetzt zu werden. Der Umstand aber, daß das Patent von einer Behörde, dem Reichspatentamt, als ein Recht von ausschließender Art (vgl. Pietzcker Anm. 2 zu § 1 PatG.) erteilt wird, ermöglicht und rechtfertigt es nach wie vor, Patent und Gesetz entsprechend zu beurteilen. Demgemäß ist es denn auch schon einer noch in der Revisionsinstanz zu berücksichtigenden Gesetzesänderung gleich behandelt worden, wenn die nach § 23 PatG.*) von ihrer Bekanntmachung an unter einstweiligen Schutz gestellte Patentanmeldung endgültig versagt oder geändert wurde (vgl. RGZ. Bd. 65 S. 303 und die in GRUR. 1935 S. 741 veröffentlichte Entscheidung des erkennenden Senats vom 30. Januar 1935 I 92/34). Es stand dann, ebenso wie im Falle der völligen Patentvernichtung, fest, daß der mit der Klage in Anspruch genommene und vom Berufungsgericht seiner Verurteilung zugrunde gelegte Patentschutz in Wahrheit nicht oder nicht in dem Umfang bestanden hatte.

Gleiches ergibt sich aber auch im vorliegenden Fall, in dem die Parteien darüber einig sind, daß das Reichspatentamt gemäß § 8 Abs. 3 Satz 3 PatG.**) auf das bei Nichtzahlung der Jahresgebühr binnen Monatsfrist eintretende Erlöschen des Patents hingewiesen hatte und daß nach fruchtlosem Ablauf der Frist das Patent bereits erloschen war, noch ehe die letzte mündliche Verhandlung vor Erlaß des angefochtenen Urteils stattfand. Zu diesem Erlöschen bedurfte es keines behördlichen Ausspruchs mehr. Daß das Patent erlischt, weinn seine Höchstdauer von achtzehn Jahren abgelaufen ist (§ 7 PatG.) oder wenn die Jahresgebühr nicht rechtzeitig bezahlt wird (§§ 8, 9 das.), liegt im Rahmen der Patenterteilung und geht auf diese selbst zurück. Auch der Patentschutz, auf den sich die gegenwärtige Klage gründete, bestand also, weil die Erteilung des Rechts durch das Reichspatentamt nicht weiter reichte, schon am Schluß der Berufungsinstanz nicht mehr. Das ist jetzt aufgedeckt worden. Ueber den Umfang der Patenterteilung (auch zeitlich) hinaus

*) PatG. 1936 § 30.
**) PatG. 1936 § 11 Abs. 3.

konnte und wollte in Wahrheit auch das Berufungsgericht eine Verurteilung der Beklagten nicht aussprechen. Und in der Revisionsinstanz hat sich daraus die eigenartige Lage ergeben, daß auch keine der Parteien die Verurteilung noch gelten lassen will: die Beklagte wünscht sie mit der Revision zu beseitigen, und die Klägerin macht — allerdings . . . zu Unrecht — geltend, die Beklagte sei nicht einmal mehr durch sie beschwert.

Dieser Rechtslage muß durch Aufhebung des Berufungsurteils Rechnung getragen werden. Ein anderes Ergebnis würde im vorliegenden Fall um so mißlicher sein, weil sonst die im angefochtenen Teilurteil und im später ergangenen Schlußurteil enthaltenen Entscheidungen auf verschiedener, in Wahrheit in jenem auf falscher, in diesem auf richtiger Grundlage beruhen würden.

Die Klägerin hätte hiernach, als sie in der letzten mündlichen Verhandlung den Unterlassungsantrag trotz bereits eingetretenen Erlöschens des Klagepatents noch aufrechterhielt, ohne weiteres mit ihrer ganzen Klage abgewiesen werden müssen, also auch mit dem Teil, der Gegenstand des Teilurteils und der gegenwärtigen Revision ist. Dem trägt der Revisionsantrag noch Rechnung. Da jetzt aber beide Parteien darüber einig sind, daß schon damals die Hauptsache erledigt war, die Beklagte auch nur an der Beseitigung ihrer Verurteilung ein Interesse hat, so steht nichts im Wege, der unstreitigen Rechtslage gemäß statt der Klagabweisung noch in der Revisionsinstanz durch Urteil die Erledigung der Hauptsache im Rahmen der angefochtenen Entscheidung auszusprechen.

2. Die Bedenken der Klägerin gegen die Zulässigkeit der Revision sind unberechtigt. Allerdings handelt es sich bei dem von der Beklagten angefochtenen Schlußurteil, da die Parteien über die Erledigung des nach dem Teilurteil noch anhängig gebliebenen Teils der Hauptsache einig waren, trotz des Ausspruchs der Erledigung in der Urteilsformel um ein reines Kostenurteil, das an sich nach § 99 Abs. 3, § 567 Abs. 3 ZPO. überhaupt nicht mehr angefochten werden könnte. Doch wird allgemein angenommen, daß die Revision insoweit statthaft ist, als sie zugleich mit der Revision gegen das über die Hauptsache entscheidende Urteil ergänzend eingelegt wird, wie ja auch das Kostenurteil nur eine Ergänzung des Teilurteils über die Hauptsache ist (vgl. RGZ. Bd. 68 S. 301). Das trifft nun im vorliegenden Falle für das Kostenurteil nur wegen der Patentverletzung an gebogenen Rohren zu, mit der sich das Teilurteil befaßt. Doch ist die Kostenentscheidung einheitlich gefaßt und nicht ohne weiteres für die erledigte und die nicht erledigte Hauptsache zu trennen. In solchem Fall ist die einheitliche Anfechtbarkeit gemäß § 99 Abs. 1 ZPO. gegeben (vgl. dazu RGZ. Bd. 55 S. 395, Bd. 59 S. 429 [432]; die jetzt — in Abweichung von früheren Auflagen — entgegenstehende Ansicht von Stein-Jonas Bem. VI 2, insbesondere b, zu § 99 ZPO. kann nicht gebilligt werden).

Die Revision ist auch begründet. Wie zu 1 des näheren ausgeführt ist, kann und muß die unstreitig gewordene Tatsache noch jetzt berücksichtigt werden, daß das Patent bereits vor der letzten Verhandlung, die vor dem Teilurteil stattfand, durch Nichtzahlung der Jahresgebühr erloschen war. Dann hat aber die Klägerin ihren hierdurch unbegründet gewordenen Antrag, die Beklagte zur Unterlassung zu verurteilen, damals zu Unrecht noch aufrechterhalten. Deshalb hätten ihr unter Abweisung ihrer Klage ohne weiteres die gesamten Kosten des Rechtsstreits auferlegt werden müssen; und an dieser Rechtslage konnte sich dadurch nichts mehr ändern, daß sie im weiteren Verlauf des Prozesses von der Erledigung der Hauptsache Mitteilung machte und nur noch Kostenurteil begehrte. Hier muß für den Kläger Entsprechendes gelten wie für den Beklagten bei Anerkennung des Klaganspruchs nach § 93 ZPO. (vgl. Sydow-Busch-Krantz-Triebel Anm. 1b zu § 91 ZPO.; Stein-Jonas Bem. III Abs. 2 zu § 91 ZPO.; JW. 1931 S. 1189 Nr. 10). Im vorliegenden Fall ergibt sich die Kostenpflicht der Klägerin weiterhin aus dem Grunde, daß die Klägerin das Patent durch Nichtzahlung der Gebühr hat verfallen lassen und damit aus freiem Entschluß den Klaganspruch zur Erledigung gebracht hat (Stein-Jonas Bem. III Abs. 2 zu § 91 ZPO.; JW. 1911 S. 769 Nr. 33). Da über die Erledigung der Hauptsache kein Streit mehr herrscht, diese auch schon in der Urteilsformel des Schlußurteils bloß zur Klarstellung ausgesprochen worden ist, so brauchte, unter Aufhebung der angefochtenen Entscheidung, nur noch die Klägerin in sämtliche Kosten des Rechtsstreits verurteilt zu werden.

RGZ. 149, 12

1. Ueber die Voraussetzungen der mittelbaren Patentverletzung.

2. Wird ein Patent auch dann verletzt, wenn der in ihm bezweckte Erfolg nur in ganz unbedeutendem Maße eintritt?

3. Welche Maßnahmen müssen zur Sicherung gegen künftige Patentverletzungen getroffen werden, insbesondere bei Sachen, die nicht bloß zu patentverletzender, sondern auch zu anderer Benutzung dienen können?

Patentgesetz §§ 4, 35 (PatG. 1936 §§ 6, 47).

I. Zivilsenat. Urt. v. 5. Oktober 1935.

I. Landgericht Berlin. II. Kammergericht daselbst.

Die Klägerin hat die ausschließliche Lizenz an dem DRP. 433 974, dessen Ansprüche im Urteil RGZ. Bd. 133 S. 326*) wiedergegeben sind.

Die Beklagte bietet in Werbeschriften „Gummitüllen zum Abbinden und Isolieren elektrischer Leitungen“ an und vertreibt sie.

*) Abgedr. Seite 261 in diesem Band.

Der Patentinhaber, Ingenieur H., hat in dem früheren Rechtsstreit von der Beklagten Unterlassung gefordert, weil die Verwendung jener Gummitüllen zu dem angepriesenen Zwecke nur unter Verletzung des ihm durch sein Patent geschützten Verfahrens möglich sei. Das Landgericht hatte damals verurteilt. Das Oberlandesgericht stellte fest: Das geschützte Verfahren des Abbindens könne nur mit dem geschützten Gerät ausgeführt werden; dafür aber, daß sich die Abnehmer der Beklagten eines patentwidrig in den Verkehr gebrachten Geräts bedienten, sei nichts vorgebracht. Es wies daher die Klage ab. Das Reichsgericht wies die Revision des Klägers zurück (Urt. des erkennenden Senats vom 14. Oktober 1931 I 71/31; RG. Bd. 133 S. 326).

Im gegenwärtigen Rechtsstreit behauptet die Klägerin: Die klagabweisende Entscheidung des Vorprozesses sei von unrichtigen tatsächlichen Voraussetzungen ausgegangen. Denn die Ausübung des durch das Patent 433 974 geschützten Verfahrens sei auch mit anderen Werkzeugen als dem geschützten Gerät möglich. Trotzdem habe die Beklagte bewußt rechtswidrig weiter die Gummitüllen an ihre Abnehmer geliefert, ohne sich darum zu kümmern, ob diese berechtigt seien, die der Klägerin geschützten Tüllen zu verwenden. Die Beklagte habe sich der Beihilfe zur Patentverletzung und der mittelbaren Patentverletzung schuldig gemacht. Der Antrag der Klägerin geht u. a. auf Untersagung. Dem Untersagungsverlangen hat sie zwei Hilfsanträge hinzugesetzt, die der Beklagten aufgeben, auf das Patent 433 974 hinzuweisen. Den zweiten dieser Anträge hat die Beklagte anerkannt. Im übrigen aber hat sie Klagabweisung beantragt, weil — wenn nicht schon die rechtskräftige Entscheidung des früheren Prozesses durchgreife — aus demselben Grunde wie im Streit mit dem Patentinhaber der erhobene Anspruch für ungerechtfertigt erachtet werden müsse.

Die Vorinstanzen haben nach dem von der Beklagten anerkannten Hilfsantrag dieser untersagt, Gummitüllen zum Abbinden isolierter Leitungen und (oder) zum Abbinden von Leitungen herzustellen, feilzuhalten oder in den Verkehr zu bringen, ohne darauf hinzuweisen, daß bezüglich der Verwendung zum Abbinden und Isolieren elektrischer Leitungen das DRP. 433 974 besteht. Die Revision der Klägerin hatte keinen Erfolg.

Gründe:

I. Das Berufungsurteil verneint zugunsten der Beklagten sowohl eine mittelbare Patentverletzung als eine Beihilfe zur Patentverletzung.

A. Sollte mittelbare Patentverletzung vorliegen, so müßte — wie das Berufungsgericht unter Hinweis auf das Reichsgerichtsurteil des Vorprozesses bemerkt —

1. die Beklagte die Gummitüllen ausgesprochenermaßen zur Benutzung des geschützten Verfahrens angeboten und geliefert haben;

2. außerdem aber müßten die Abnehmer die gelieferten Tüllen patentverletzend benutzen.

Zu 1. Im Anschluß an das Gutachten des Sachverständigen nimmt das Berufungsgericht an: Das Aufrollen und Ueberstülpen der Tüllen werde in der Praxis kaum angewandt; also müsse man davon ausgehen, daß die Gummitüllen zum Abbinden fast nur unter Benutzung des der Klägerin geschützten Verfahrens verwendet würden. Demnach sei das erste Erfordernis einer mittelbaren Patentverletzung der Beklagten gegeben; wenn sie die Gummitüllen anbiete und liefere, so geschehe es (das ist der Sinn der Urteilsgründe) nach den gesamten Umständen des Angebots und der Lieferung ersichtlich zu dem Zweck oder mindestens in dem Bewußtsein, daß man bei der Verwendung der Tüllen das durch das Patent 433 974 geschützte Verfahren benutze.

Zu 2. Dagegen verneint das Oberlandesgericht das zweite Erfordernis mittelbarer Patentverletzung, die patentverletzende Benutzung der Tüllen durch die Abnehmer.

a) Es bemerkt: In den weitaus meisten Fällen werde man die geschützte Zange der Klägerin verwenden. Darin aber liege keine Patentverletzung; denn sobald die geschützte Zange einmal als Ware in den freien Verkehr gelangt sei, könne sie — patentfrei geworden — in jeder Weise zu ihrem bestimmungsmäßigen Zwecke verwendet werden. Nun bleibe die Klägerin auch im jetzigen Rechtsstreit auf dem Standpunkt: zum Isolieren mit den Gummitüllen komme für Fachleute nur das Gerät des Patents 433 974 in Betracht, obwohl es denkbar sei, „mit ausgefallenen Hilfsmitteln" (Federhalter) einmal eine Tülle über das Leitungsende zu bringen. Dem stehe das Beweisergebnis nicht entgegen. Zwar meine der Sachverständige, das Abbinden und Entlasten von Anschlußstellen an beweglichen Leitungen mittels Gummitüllen könne auch ohne das der Klägerin geschützte Verfahren vorgenommen werden. Seine weiteren Ausführungen aber zeigten, daß dies wegen der dabei zu überwindenden Schwierigkeiten (zwei Rundzangen, gehandhabt von zwei Mann) für Betriebe kaum in Frage komme. Für ein so umständliches Verfahren werde sich kein Fachmann derartige Tüllen anschaffen; er werde entweder weiter mit Isolierband arbeiten oder das der Klägerin patentierte Gerät anschaffen. Praktisch könnten also als Abnehmer der Beklagten nur solche Betriebe in Frage kommen, die im Besitze der Patentzange der Klägerin seien.

Das Oberlandesgericht spricht damit auf Grund seiner Tatsachenwürdigung die Ueberzeugung aus: Wenn wirklich ganz vereinzelt eine in den Schutzumfang des Patents 433 974 fallende Benutzung der Gummitüllen vorkommen sollte, so könne ihr — als seltener Ausnahme im Vergleich zu der durchaus überwiegenden Regel — weder bisher noch für die Zukunft eine praktische Bedeutung beigemessen werden. In dieser Beurteilung liegt kein sachlich-rechtlicher Irrtum, namentlich kein Verstoß gegen patentrechtliche Grundsätze. Es widerspricht der herrschenden Rechtsanwendung nicht, die Patentverletzung dann zu verneinen, wenn der Erfolg des Patents nur in ganz unbedeutendem, für die regelrechte verkehrsmäßige Patentausnutzung völlig unwesentlichem Maße oder Umfange eintritt. Aus tatsächlichen Gründen kann freilich zuweilen zweifelhaft sein, ob ein derart praktisch unbeträchtlicher Fall vorliege; darum ist in manchen Grenzfällen die Patentverletzung bejaht, in anderen verneint worden (Pietzcker PatG. Bd. 1 S. 232/3 Anm. 12 zu § 4 und die dort angeführten Urteile; ferner RGUrt. vom 20. Dezember 1930 I 160/30 in MuW. Bd. 31 S. 213 und vom 2. März 1935 I 241/34 das. Bd. 35 S. 216). Daß im gegenwärtigen Falle die tatsächliche Würdigung durch einen sachlich unrichtigen Rechtsstandpunkt beeinflußt worden wäre, ist nicht ersichtlich.

b) Verfahrensrechtlich aber sind die Ausführungen des angegriffenen Urteils nicht bedenkenfrei.

Das Berufungsgericht kommt auf Grund der erwähnten tatsächlichen Würdigung des Sachverhalts zu dem Ergebnis: es sei im vorliegenden Fall die gleiche Rechtslage gegeben wie im Vorprozeß; daher bestehe kein Anlaß, von der damals getroffenen Entscheidung abzuweichen.

Die Klägerin hat jedoch von Anfang an im gegenwärtigen Rechtsstreit darzulegen versucht, daß das Sachverhältnis anders beschaffen sei, als man im früheren Rechtsstreit angenommen habe. Besonders hat sie behauptet, es bestehe (abweichend von der Annahme der Urteile des Vorprozesses) mannigfach die Möglichkeit, mit den Gummitüllen, welche die Beklagte vertreibe, das durch das Patent 433 974 geschützte Verfahren auch ohne die dort beschriebene Zange zu benutzen. So hat sie mehrere Geräte genannt, mit denen man das im Klagpatent geschützte Verfahren ausüben könne und tatsächlich auch ausübe: eine gewöhnliche Rundzange, eine Radio-Rundzange, ein Werkzeug mit Fußbetätigung, ferner die Spreizvorrichtung des Patents 474 991 mit elastischen Stahlnadeln, durch Schieber bewegt, und endlich die von der D. G. A. GmbH. zum Patent angemeldete Montagezange zum Isolieren von Zuleitungsdrähten. Außerdem hat sie noch auf DRP. 599 866 hingewiesen. Die Revision rügt, daß das Berufungsurteil auf dies alles nicht eingehe, und sieht darin eine Verletzung des § 286 ZPO. Es ist ihr zuzugeben, daß die Urteilsbegründung insofern eine Lücke aufweist.

Nur das am 21. Juni 1934 erteilte DRP. 599 866 wird im Berufungsurteil ausdrücklich erwähnt mit dem Bemerken: Soweit die Abnehmer der Beklagten die durch dieses Patent geschützte Vorrichtung (zum Aufweiten von schlauchartigen Gummiteilen oder ähnlichen elastischen Isolierhülsen) benutzen sollten, müsse die mittelbare Verletzung des Patents 433 974 ebenfalls verneint werden. Ob das DRP. 599 866 vom Klagpatent abhängig sei, brauche nicht erörtert zu werden. Jedenfalls liege nichts dafür vor, daß die Beklagte die Gummitüllen ausgesprochenermaßen zu dem Zwecke vertrieben habe, dem Abbinden elektrischer Leitungen gerade mittels dieser Vorrichtung zu dienen.

Diese Begründung wird von der Revision mit Recht bemängelt. Ob die Beklagte die Gummitüllen eigens dazu vertrieben hat, daß sie zum Abbinden elektrischer Leitungen mittels der nach dem Patent 599 866 angeordneten Vorrichtungen benutzt würden, ist nicht entscheidend. Für eine mittelbare Verletzung des Klagpatents 433 974 genügt es, wenn die Gummitüllen tatsächlich zum Abbinden fast n u r unter Anwendung des durch dieses Patent geschützten Verfahrens benutzt werden können. Das aber stellt das Berufungsurteil ja fest. Und damit ist erfahrungsmäßig die Wahrscheinlichkeit, also auch die Besorgnis patentverletzender Benutzung durch die Abnehmer gegeben (RGZ. Bd. 146 S. 26 und 29). Im Vorprozeß wurde diese Besorgnis allerdings verneint, weil praktisch bei den Abnehmern der Beklagten nur mit der Zange der Klägerin gearbeitet werde, jede andre Benutzung des geschützten Verfahrens umständlich und sehr schwierig, tatsächlich daher belanglos sei. Im gegenwärtigen Rechtsstreit aber ist unter Beweisantritt behauptet, das treffe nicht zu. Es sind außer der Vorrichtung des DRP. 599 866 noch die oben erwähnten fünf anderen genannt worden, sämtlich in dem Sinne, daß damit, ohne Verwendung der Zange des Patents 433 974, in dessen Verfahren eingegriffen werde. Das Berufungsurteil geht darauf nicht ein. Die an einer Stelle gemachte allgemeine Bemerkung über besondere Schwierigkeiten andrer Wege oder Geräte kann sich nicht auf die sämtlichen fünf Anordnungen beziehen . . . (Wird ausgeführt.) Auf diese unerwähnt gelassenen Vorrichtungen kann demnach die zusammenfassende Folgerung nicht bezogen werden: kein Fachmann werde sich derartige Tüllen (wie die Beklagte sie vertreibt) anschaffen; sondern er werde — statt des schwierigen, umständlichen Verfahrens — entweder weiter mit Isolierband arbeiten oder das der Klägerin patentierte Gerät anschaffen. Vielmehr erweist sich nach den sonstigen Feststellungen des Kammergerichts, wegen erfahrungsmäßig gegebener Besorgnis verletzender Benutzung des Patents 433 974 durch die Abnehmer der Beklagten, der vorbeugende Unterlassungsanspruch der Klägerin als begründet. Die Beklagte meint zwar, daß es auf die von der Klägerin herangezogenen Geräte nicht ankomme, solange keines davon in praktischer Ausführung vorgewiesen werde, und das sei nicht geschehen. Dem ist jedoch nicht beizustimmen. Die Behauptung der Klägerin (nebst Beweisantritt) erstreckte sich auch auf die tatsächliche Benutzung der Geräte. Ueberdies müßte mit der Wahrscheinlichkeit gerechnet werden, daß das eine oder andere jener Geräte, selbst wenn es bislang nicht gebrauchsfertig auf den Markt gekommen wäre, in absehbarer Zeit praktisch ausgeführt und tatsächlich verwendet würde. Damit wäre für eine nahe Zukunft die Besorgnis gerechtfertigt, daß mit einem andern Gerät als dem des DRP. 433 974 ein Verfahren ausgeübt werde, welches in den Schutzbereich dieses Patents eingreift. Denn auch die Beklagte bestreitet nicht, daß die von der Klägerin erwähnten Vorrichtungen praktisch eine Vervollkommnung des Geräts der Klägerin bedeuten. Daher ist mit Abhängigkeit späterer Patente eines solchen Gegenstandes vom Patent 433 974 zu rechnen.

B. Daß der Beklagten Beihilfe zur Patentverletzung zur Last falle, lehnt das Berufungsgericht mit rechtlich einwandfreien Gründen ab, weil ihm der festgestellte Sachverhalt nichts dafür erbracht hat, daß die Beklagte an einer vorsätzlichen Verletzung des DRP. 433 974 vorsätzlich mitgewirkt habe.

II. Aus dem Rechtsgrunde der mittelbaren Patentverletzung wäre es demnach bei fortdauernder Gefahr der Patentverletzung gerechtfertigt, der Beklagten zu untersagen, Gummitüllen zum Abbinden isolierter Leitungen und (oder) zum Abbinden von Leitungen herzustellen, feilzuhalten oder in den Verkehr zu bringen. Landgericht und Oberlandesgericht nehmen jedoch übereinstimmend an: Es genüge, wenn die Beklagte zur Abwendung der Verletzungsgefahr (d. h. zur Verhütung patentverletzender Benutzung der Tüllen durch ihre Abnehmer) das tue, was ihr zu diesem Zwecke nach Treu und Glauben zugemutet werden könne. Diese Maßnahme der Gefahrverhütung bestehe darin, daß die Beklagte beim Vertrieb der Tüllen darauf hinweise: bezüglich der Verwendung zum Abbinden und Isolieren elektrischer Leitungen bestehe das DRP. 433 974. Die Verpflichtung zu solchem Hinweise ist der Beklagten ihrem Anerkenntnisse gemäß auferlegt worden. Dadurch kann die Klägerin gegen Patentverletzungen der Abnehmer als genügend gesichert angesehen werden. Denn diese werden bei der Anpreisung wie beim Bezuge der Gummitüllen stets an das Patentrecht der Klägerin ausdrücklich erinnert, also vor Verletzungen gewarnt; unbedenklich kann bei den Abnehmern der Beklagten damit gerechnet werden, daß dies ausreicht, sie von Verletzungen des Patents der Klägerin zurückzuhalten. Weitergehende Maßregeln erscheinen nicht gerechtfertigt. Je nach Lage des einzelnen Falls muß die Art den Sicherung gegen Verletzungen dem Tatrichter überlassen bleiben. Daß dieser in der vorliegenden Sache rechtlich fehlgegriffen hätte, indem er die Sicherungsmaßnahmen so wie geschehen bestimmte, ist nicht ersichtlich. Wenn eine Sache als „neutrale" zu mehrerlei Benutzungen (mit oder ohne Eingriff in einem Erfindungsschutz) dienen kann, so muß mit entsprechender Vorsicht darauf geachtet werden, daß mit der patentverletzenden Benutzungsart nicht zugleich auch die zulässige Verwendung unbilligerweise unterbunden werde. Die angeordnete Auflage des Hinweises erscheint genügend. Weder eine andere, tiefer eingreifende Maßnahme (wie etwa Vereinbarung von Vertragsstrafen mit den Abnehmern) noch eine andere Fassung des Hinweises ist durch die Umstände des Falls geboten.

Obwohl das Oberlandesgericht seinen Spruch in bezug auf den Untersagungsantrag der Klägerin nicht fehlerfrei begründet hat, muß es demnach im Ergebnis bei der von ihm bestätigten Entscheidung des Landgerichts bewenden, und die Revision muß zurückgewiesen werden.

RGZ. 149, 102

1. Wird das Verfahren, dessen Ausübung eine Maschine dienen soll, im Inland feilgehalten oder in den Verkehr gebracht, wenn Werbeschriften für die Maschine vom Inland ins Ausland versandt werden?

2. Liegt mittelbare Verletzung eines Verfahrenspatentes vor, wenn die zur Ausübung des Verfahrens bestimmten Maschinen im Inland hergestellt, aber nur im Ausland abgesetzt und verwendet werden?

3. Liegt eine patentverletzende Benutzung des geschützten Verfahrens darin, daß Erzeugnisse lediglich zur Erprobung einer der Ausübung des Verfahrens dienenden Maschine hergestellt werden?

4. Kann ein auf ein Verfahren erteilter Patentschutz auf den Schutz einer der Ausübung des Verfahrens dienenden Vorrichtung umgedeutet werden?

Patentgesetz §§ 4, 35 (PatG. 1936 §§ 6, 47).

I. Zivilsenat. Urt. v. 19. Oktober 1935.

I. Landgericht Frankfurt a. M. II. Oberlandesgericht daselbst.

Die Klägerin ist Inhaberin einer ausschließlichen Lizenz an den deutschen Patenten 262 288 und 374 579. Diese schützen Verfahren zur Bearbeitung der Ränder von Lederstücken durch Hitzewirkung; das letztgenannte Patent fügt noch eine Hämmerung hinzu.

Die Beklagte stellt in Deutschland eine Oberleder-Kantenbrennmaschine her. Jede einzelne fertiggestellte Maschine prüft sie, indem sie mit ihr die Ränder eines Abfallederstückes bearbeitet. Das bearbeitete Lederstückchen heftet sie der Maschine zum Beweise ihres richtigen Arbeitens an. Die fertigen Maschinen vertreibt sie ins Ausland. Sie läßt ferner in Deutschland eine Werbeschrift für die Maschine drucken und versendet sie ins Ausland.

Die Klägerin behauptet, die Maschine der Beklagten arbeite nach dem Verfahren ihrer Patente. Sie fordert, daß der Beklagten verboten werde, auf dieser Maschine die erwähnten Lederstückchen zu bearbeiten, ferner Rechnungslegung über den Umfang der ausgeführten Arbeiten und Feststellung der Schadensersatzpflicht der Beklagten. Im zweiten Rechtszuge hat sie weiter ein Verbot erstrebt, daß die Beklagte die genannten Werbeschriften vertreibe und die beanstandete Maschine herstelle, feilhalte und in Verkehr bringe.

Landgericht und Oberlandesgericht haben die Klage abgewiesen. Die Revision der Klägerin blieb ohne Erfolg.

Gründe:

Die Patente 262 288 und 374 579 schützen nach der Fassung ihrer Ansprüche Verfahren. . . .

Von den vier dem Rechtsinhaber im Patentgesetz vorbehaltenen Arten der Benutzung scheidet bei einem Verfahrenspatent die Herstellung begrifflich aus.

In den Verkehr gebracht wird ein Verfahren, unter dem Gesichtspunkt unmittelbarer Benutzung betrachtet, nicht bereits durch den aus Erwerbsrücksichten erfolgenden Uebergang der Verfügungsmöglichkeit über die zur Ausführung des Verfahrens nötige Vorrichtung (RGZ. Bd. 65 S. 157 [159], Bd. 101 S. 135 [139], Bd. 146 S. 26 [28]; Urteil des erkennenden Senats vom 19. Juli 1935 I 40/35), wohl aber durch entsprechende Entäußerung der Verfahrensvorschrift (RGZ. Bd. 46 S. 14, Bd. 75 S. 128 [131], Bd. 101 S. 135 [138]). Für das Berufungsgericht bestand jedoch kein Anlaß, hierauf einzugehen, da die Klägerin in ihren Klaganträgen weder auf diese Handlungsweise der Beklagten abgestellt noch sie in diesem Sinne zur Begründung der Klaganträge herangezogen hat.

Als unzulässiges Inverkehrbringen und gleichzeitig auch Feilhalten des Verfahrens sieht es die Klägerin dagegen an, daß die Beklagte der Werbung für ihre Maschine dienende Drucksachen vom Inland ins Ausland versandt habe. Das Berufungsgericht hält die Auffassung der Klägerin schon deshalb für unbegründet, weil das Feilhalten einer zur Ausführung des Verfahrens dienenden Maschine nicht dem Feilhalten des Verfahrens selbst gleichzusetzen sei. Dem ist, wenn man den Sachverhalt lediglich unter dem Gesichtspunkt unmittelbarer Benutzung betrachtet, zuzustimmen (RGZ. Bd. 65 S. 157 [159]; Urteil des erkennenden Senats vom 19. Juli 1935 I 40/35). Nicht ausdrücklich eingegangen ist dabei allerdings auf die Behauptung der Klägerin, es sei in dem Werbeschreiben auch eine das Nacharbeiten ermöglichende Beschreibung des Verfahrens der Patente enthalten. Dadurch wird jedoch daran nichts geändert, daß, wie das Berufungsgericht ohne Rechtsirrtum angenommen hat, die Beklagte in dem Werbeschreiben nicht das Verfahren, sondern die von ihr hergestellten Maschinen angeboten hat. Ein Feilhalten des Verfahrens kommt deshalb insoweit nicht in Betracht. Was die Benutzung durch Inverkehrbringen angeht, so kann allerdings durch die ausreichend genaue Beschreibung eines Verfahrens in einem Werbeschreiben ein Inverkehrbringen liegen. Obgleich das Berufungsgericht die Sachlage in dieser Hinsicht nicht gewürdigt hat, ist jedoch nach dem sonst festgestellten Sachverhalt dem Ergebnis des Berufungsurteils beizupflichten. Aus dem Grundsatz der Beschränkung des Geltungsbereichs eines Patents auf das Gebiet des Deutschen Reichs ergibt sich, daß ein Eingriff in das deutsche Patentrecht nicht durch Handlungen erfolgen kann, die zwar zum Teil innerhalb des Deutschen Reichs vor sich gehen und insoweit eine örtliche Beziehung zu diesem haben, eine zu dem Patentrecht in Beziehung stehende Wirkung aber ausschließlich im Auslande ausüben (RGZ. Bd. 30 S. 52 [55]). Ein Werbeschreiben, welches das Verfahren eines inländischen Patents darstellt, und zwar im Inlande hergestellt, aber lediglich im Auslande vertrieben wird, kann aus diesem Grunde nicht lediglich deshalb als patentverletzend angesehen werden, weil die Versendung vom Inland aus erfolgt. Denn die patentverletzende Wirkung könnte sich erst im Auslande vollziehen. Sie läge, soweit ein Feilhalten des Verfahrens in Frage steht, erst im Zugehen des Angebots im Auslande. Auch in Verkehr gebracht kann das Verfahren erst durch die Mitteilung der Beschreibung werden. Daß Gesichtspunkte des öffentlichen Nutzens dieser Auffassung entgegenständen, ist nicht ersichtlich. Es handelt sich vielmehr lediglich um eine Folge der vom deutschen Gesetz selbst aus höheren, hier nicht im einzelnen zu erörternden Gesichtspunkten, z. B. dem der Machtabgrenzung, angeordneten räumlichen Beschränkung des Patentschutzes. Soweit aus der Entscheidung dieses Senats in RGZ. Bd. 46 S. 14 (17) eine abweichende Stellungnahme zu dieser Frage (deren Beantwortung der Senat übrigens in der Entscheidung in RGZ. Bd. 75 S. 128 [131] wieder offengelassen hat) zu entnehmen sein sollte, kann sie nicht aufrechterhalten werden. Das gleiche muß hinsichtlich der Entscheidung in RGZ. Bd. 51 S. 139 (142) gelten, soweit man ihr über das Inverkehrbringen von Erzeugnissen hinaus Bedeutung zusprechen wollte.

Endlich kommt in Frage, ob die Beklagte die der Klägerin geschützten Verfahren im Inland gebraucht, d. h. bestimmungsgemäß ausgeführt hat. Die Klägerin sieht eine unzulässige unmittelbare Anwendung des Verfahrens darin, daß die Beklagte die von ihr hergestellten, lediglich ins Ausland gelieferten Maschinen auf ihr ordnungsmäßiges Arbeiten hin dadurch geprüft hat, daß sie mit ihr die Ränder eines zur Weiterverarbeitung nicht geeigneten Lederabfallstücks bearbeitet und dann dieses Abfallstück der betreffenden Maschine bei deren Lieferung ins Ausland beigefügt hat. Sie erblickt ferner eine unzulässige mittelbare Benutzung ihrer Patente darin, daß die Beklagte Maschinen, die zur Ausübung der geschützten Verfahren bestimmt sind, überhaupt im Inland hergestellt hat. Das Berufungsurteil lehnt es ab, die Handlungsweise der Beklagten insoweit als patentverletzend zu betrachten. Eine unzulässige mittelbare Benutzung des Verfahrens komme schon deshalb nicht in Frage, weil die Maschinen lediglich zum Vertrieb ins Ausland hergestellt und nur dorthin vertrieben worden seien. Aus diesem Grunde sei für die mittelbare Verletzung eines Verfahrenspatents die Voraussetzung nicht gegeben, daß der Empfänger der zur Anwendung des geschützten Verfahrens dienenden Maschine von dieser einen zum mindesten sachlich patentverletzenden Gebrauch mache oder machen werde. Ferner würden bei Ausprobung der Maschinen durch Bearbeitung eines zur Weiterverarbeitung nicht verwendbaren Lederstückes die geschützten Verfahren lediglich zur Prüfung ihres ordnungsmäßigen Ganges ausgeübt, nicht aber, auch nicht probeweise, zur Befriedigung des Bedürfnisses, dem sie zu dienen bestimmt seien, nämlich zur Herrichtung des Randes von Lederstücken in einer seine Weiterverarbeitung ermöglichenden oder doch erleichternden Weise. Deshalb sei auch insoweit in der Handlungsweise der Beklagten eine Patentverletzung nicht zu erblicken.

Im Ergebnis ist diese Auffassung des Berufungsgerichts nicht zu beanstanden. Zur Frage der mittelbaren Benutzung erhebt die Revision keinen bestimmten Angriff, sie bittet vielmehr nur um Nachprüfung der Erwägungen des Berufungsgerichts. Diese lassen jedoch keinen Rechtsirrtum ersehen. Die Entscheidung des Senats in RGZ. Bd. 146 S. 26 legt die Voraussetzungen mittelbarer Patentverletzung grundsätzlich dar. Diese erfordert danach nicht nur die Lieferung der zur Ausführung eines Verfahrenspatents geeigneten Vorrichtungen in dem Bewußtsein, daß sie vom Erwerber in derselben Weise verwendet werden würden, sondern auch eine sachlich unbefugte Benutzung der Vorrichtungen durch den Erwerber (vgl. RGZ. Bd. 133 S. 326 [330], ferner Urteil des erkennenden Senats vom 19. Juli 1935 I 40/35). Ist diese Benutzung nicht patentverletzend, weil sie im Ausland erfolgt und daher von dem in seiner Wirksamkeit auf das Gebiet des Deutschen Reichs beschränkten Schutzrecht nicht ergriffen wird, so kann auch in der Lieferung einer solchen Maschine vom Inland ins Ausland keine mittelbare patentverletzende Benutzung des Verfahrens liegen, zu dessen Ausführung die Maschinen dienen. Zu einer Aenderung dieser bereits im Urteil vom 19. Juli 1935 (I 40/35) vertretenen Rechtsansicht sieht der Senat keine Veranlassung. Es handelt sich insoweit lediglich um eine Folge der gesetzlich festgelegten Beschränkung des räumlichen Geltungsbereichs der durch das Patent verliehenen Berechtigung. Daß allgemeine Belange des deutschen Wirtschaftslebens bei dieser Auffassung geschädigt würden, ist nicht ersichtlich. Vielmehr wird dadurch den in Betracht kommenden deutschen Betrieben die Betätigung auf dem vom Patent nicht ergriffenen ausländischen Wirtschaftsmarkt freigehalten. Der rechtspolitische Gesichtspunkt, der im wesentlichen zur Anerkennung der Verletzung eines patentierten Verfahrens durch mittelbare Benutzung geführt hat, kann nicht Veranlassung geben zu der von der Klägerin erstrebten Stellungnahme, daß schon die inländische Herstellung von Maschinen, die der Ausübung eines im Inland geschützten Verfahrens im patentfreien Ausland dienen sollen, als patentverletzende mittelbare Benutzung des Verfahrens anzusehen sei. Denn der Gesichtspunkt einer Vervollständigung des unzureichenden Verfahrensschutzes kann Bedeutung nur für das dem Patentschutz gesetzlich eingeräumte Geltungsgebiet haben.

Durch die Erprobung jeder Maschine und die daraufhin in Gestalt des bearbeiteten Lederstückchens ihr beigefügte Bestätigung dieser Erprobung soll die Beklagte, wie die Revision meint, den Wert der Maschine für den Käufer erhöhen und in diesem Sinne die geschützten Verfahren im Inlande gewerbsmäßig anwenden. Das kann jedoch nicht entscheidend zugunsten der von der Klägerin erstrebten Stellungnahme ins Gewicht fallen. Ist die Beklagte, wie rechtsirrtumsfrei angenommen worden ist, befugt, zur Anwendung der geschützten Verfahren dienende Maschinen herzustellen, so kann in ihrer am Ort der Herstellung erfolgenden Erprobung auf ordnungsmäßigen Gang keine patentverletzende Anwendung des Verfahrens erblickt werden, wenn bei dieser Erprobung keine Erzeugnisse hergestellt werden, die als solche gewerblicher Verwertung dienen können. Zum mindesten muß eine Erprobung der Maschinen auf ihre richtige Einstellung durch Bearbeitung eines Probestückes dann als zur ordnungsmäßigen Herstellung gehörig betrachtet werden, wenn zum ordnungsmäßigen Gang, wie die Beklagte unwidersprochen behauptet hat, eine mit dem Auge nicht ohne weiteres feststellbare Einstellung auf Bruchteile von Millimetern notwendig ist. Insoweit handelt es sich um eine zur erlaubten Herstellung gehörige Erprobung der Maschine, nicht des Verfahrens als solchen. Die Beifügung des zu weiterer Verarbeitung nicht geeigneten Probestückes bei der Lieferung der Maschine stellt demzufolge auch lediglich die Beifügung eines Augenscheinstückes dafür dar, daß die Maschine mit zufriedenstellendem Ergebnis auf ihren ordnungsmäßigen Gang geprüft worden ist. Erschöpft sich, wie es vorliegend der Fall ist, die Verwendbarkeit des Erzeugnisses in solcher Zweckbestimmung, so handelt es sich nicht um ein Erzeugnis der von § 4 Satz 2 PatG.*) betroffenen Art. Denn durch diese Bestimmung werden zwar alle Erzeugnisse eines geschützten Verfahrens, von Anwendungspatenten abgesehen, auch für andere als im Patent genannte Zwecke mitgeschützt (RGZ. Bd. 85 S. 95 [98]). Das können aber, wie sich aus dem Begriff der Erfindung ergibt, nur solche sein, die infolge der ihnen durch das geschützte Verfahren gegebenen Beschaffenheit ein technisches Bedürfnis zu erfüllen geeignet und deswegen gewerblich verwertbar sind, nicht aber solche, die lediglich die Eigenschaft einer Beweisurkunde besitzen. Eine Anwendung der in RGZ. Bd. 51 S. 139 (142) entwickelten Grundsätze über das Inverkehrbringen von geschützten Erzeugnissen kommt aus diesem Grunde nicht in Frage. Inwiefern sich an diesem Sachverhalt durch die Beifügung der Werbeschrift etwas ändern sollte, ist nicht ersichtlich.

Demnach ergibt sich, daß die Klagansprüche unter dem Gesichtspunkte der Verletzung eines Verfahrenspatents mit Recht als unbegründet betrachtet worden sind. Daß aber in dem Patent 374 579 eine

*) PatG. 1936 § 6 Satz 2.

Vorrichtung geschützt wäre, hat der Berufungsrichter aus folgender Erwägung abgelehnt. Die Umdeutung eines Patents in eine andere Patentart, als der Wortfassung seines Anspruchs entspreche, könne nur dann erfolgen, wenn zwingende Gründe dies erforderten, nämlich dann, wenn die der Wortfassung entsprechende Art des Patentschutzes dem wahren Wesen der Erfindung nicht entspreche oder sie nicht erschöpfend wiedergebe. Diese Voraussetzungen seien im vorliegenden Fall nicht erfüllt, zumal ein so einfaches Verfahren mittels ganz verschiedener Vorrichtungen ausgeübt werden könne. Daß in der Patentbeschreibung auch eine Vorrichtung zur Ausübung des Verfahrens in allen Einzelheiten beschrieben sei, ändere hieran um so weniger, als die zur Anwendung des Brennverfahrens bestimmten Teile, die Brennvorrichtung und die Lederführung, bereits durch das vorveröffentlichte Patent 264 814 bekannt gewesen seien und an dem Patente 374 579 somit neu lediglich die Hammervorrichtung gewesen sei.

Einen für die Entscheidung erheblichen Rechtsirrtum lassen diese Erwägungen nicht ersehen. Dem Berufungsgericht ist darin beizutreten, daß wegen der Verschiedenheit des Patentschutzes für ein Verfahren und für eine Vorrichtung oder ein Erzeugnis ein Patent einer anderen als der vom Anmelder gewählten und von der Erteilungsbehörde gutgeheißenen Art nur zugerechnet werden darf, wenn es sich um einen offensichtlichen, dem Wesen der Erfindung nicht gerecht werdenden Fehlgriff in der Ausdrucksweise handelt (GRUR. 1934 S. 28). Einen solchen läßt die Patentbeschreibung nicht erkennen. Nach dem Inhalt der Beschreibung handelt es sich um eine Verbesserung des Verfahrens und der dabei aufgetretenen Mißstände. Diese Verbesserung erfolgt nach der weiteren Beschreibung dadurch, daß zu dem durch das Patent 262 288 eingeführten Brennvorgang ein in bestimmter Weise erfolgender Hämmerungsvorgang hinzugefügt und dem Lederstück eine besonders zweckmäßig erscheinende Gestaltung gegeben wird. Danach ist die in dieser Weise erfolgende verbesserte Einwirkung auf das Werkstück, also ein Verfahren, der Gegenstand der Erfindung. Daß die dementsprechende Fassung der Ansprüche das Wesen der Erfindung nicht wiedergebe, kann also nicht gesagt werden. Gegen die Würdigung des Patents als eines Verfahrenspatents sind daher Bedenken nicht zu erheben. Neben diesem Verfahrenspatent hätte bei genügender Erfindungshöhe, die das Berufungsgericht allerdings verneint, möglichenfalls auch ein Schutzanspruch auf die weiter beschriebene Vorrichtung, mit der auf das Werkstück eingewirkt wird, beansprucht und erteilt werden können. Da dies jedoch nicht geschehen ist, kann der Patentinhaber keinen Anspruch auf entsprechenden Patentschutz machen und kann nicht begehren, daß ihm neben dem durch das Verfahrenspatent von der Erteilungsbehörde allein gewährten Schutz noch ein solcher auf eine Vorrichtung gegeben werde. Das muß, wie für das Nichtigkeitsverfahren, so auch für den Verletzungsstreit gelten.

RGZ. 149, 180

Ist offenkundige Vorbenutzung im Auslande, die im Inlande bekanntgeworden ist, bei Beurteilung der Fragen des technischen Fortschritts und der Erfindungshöhe zu berücksichtigen?

Patentgesetz § 2.

I. Zivilsenat. Urt. v. 30. Oktober 1935.

I. Reichspatentamt.

Der für die Entscheidung der Frage wesentliche Sachverhalt ergibt sich aus folgenden

Gründen:

Für Typenhebelschreibmaschinen ist das „Richten“ der Typenkörper bei ihrer Verbindung mit den Hebeln erforderlich, um ein einwandfreies Schreiben der Maschine zu ermöglichen. Zu diesem Zwecke muß die Verbindung so erfolgen, daß eine bei allen Typenkörpern gleiche Lage und ein gleicher Abstand vom Drehpunkt der Hebel erzielt wird. Eine Art dieses Richtens ist das mechanische, bei dem Körper und Träger in ihrer Druckstellung in einem besonderen Ersatz-Richtgerät, der „Richtlehre“, ausgerichtet und dann in feste Verbindung gebracht werden. Für das Ausrichten werden an den Typenkörpern Male — „Richtmale“ — angebracht, die in entsprechende Male der Richtlehre eingepaßt werden können. Das Patent bezieht sich auf solche Richtmale, die über die Fläche der Typenkörper hervorragen, und schlägt als besonders geeignet eine Anordnung der Vorsprünge an den Enden der Körper — also außerhalb der Typen — vor. . . . Bei Beurteilung der Frage, ob durch das Patent eine Bereicherung der Technik eingetreten und ob diese Bereicherung erheblich ist, muß ausgeschieden werden die nicht bestrittene Tatsache der Anbringung von erhabenen Richtmalen außerhalb der Typenkörper bei Typenstangenmaschinen nach dem System Remington. Hier handelt es sich um folgendes: Vor Anmeldung des angegriffenen Patentes sind unstreitig Typenstangen aus den Vereinigten Staaten von Amerika nach Deutschland eingeführt worden, die außerhalb der Typen erhabene Male trugen. Diese Typenstangen sind in Amerika fertiggestellt worden, d. h. die Verbindung der Typen mit der Stange hat dort stattgefunden. In Deutschland sind lediglich die fertigen Stangen in Schreibmaschinen eingebaut worden, ohne daß die Male entfernt wurden; die Maschinen sind in den Handel gelangt. In diesen Vorgängen kann eine im Inlande stattgehabte offenkundige Vorbenutzung des Gedankens, erhabene Richtmale an Typenkörpern außerhalb der Buchstaben anzubringen und zum Richten zu benutzen, nicht gesehen werden. Alle Vorgänge, welche die Offenbarung dieses Gedankens in sich schließen, haben sich im Auslande abgespielt. Für die fertige Typenstange, ihren Einbau in die Schreibmaschine und für diese Maschine selbst sind die stehengebliebenen Male ohne jede Bedeutung. Wenn, wie der Sachverständige annimmt, der Techniker in der Lage ist, aus dem Anschauen der Richtmale in der Maschine Schlüsse auf ihre Verwendung als Richtmale zu ziehen, so handelt es sich nicht mehr um die Wahrnehmung des Erfindungsgedankens im Inlande, sondern nur darum, daß er von der im Auslande stattgefundenen offenkundigen Vorbenutzung Kenntnis erhielt. Es liegt nicht anders, als wenn diese Kenntnis etwa durch mündliche Mitteilung vom Auslande ins Inland gelangt wäre. Für die Beurteilung des Standes der Technik zur Zeit der Patentanmeldung müssen diese Typenstangen ausscheiden, sowohl zur Frage der Neuheit im engeren Sinne wie zur Frage des technischen Fortschritts des angefochtenen Patents und seiner Erfindungshöhe. Nähme man an, daß dasjenige, was der ausländischen Technik angehört und nur durch mündliche Mitteilung oder auf einem ihr gleichzustellenden Wege im Inlande bekannt wird, für die Frage des Fortschritts und der Erfindungshöhe in Betracht zu ziehen sei, so würde der Zweck des § 2 PatG. vereitelt werden. Dieser geht dahin, möglichst Klarheit über den Stand der Technik zu schaffen. Deshalb ist angeordnet worden, daß das, was nur durch mündliche Mitteilungen oder nur durch ausländische Technik bekanntgeworden ist, für die Patentierung noch als neu zu gelten hat. Wollte man in solchem Falle die Erfindung wegen Mangels an Fortschritt oder an Erfindungshöhe für nicht patentfähig erklären, so würde, was mit der einen Hand gegeben wäre, mit der anderen genommen werden (vgl. Pitzcker Patentgesetz § 1 Anm. 40). . . .

RGZ. 149, 357

Ist ein Patent für nichtig zu erklären, wenn es zu Unrecht als Zusatzpatent bezeichnet worden ist?

Patentgesetz § 7 Abs. 1 Satz 2, § 10 (PatG. 1936 § 10 Abs. 1 Satz 2, § 13).

I. Zivilsenat. Urt. v. 30. November 1935.

I. Reichspatentamt.

Die Frage ist verneint worden.

Aus den Gründen:

. . . Die Aufgabe, die sich das Streitpatent 474 330 gestellt hat, ist — zunächst losgelöst von dem zu ihm im Verhältnis des Hauptpatents stehenden Patent 436 717 betrachtet — die, eine Absatzklammer zu schaffen, die dadurch, daß sie einen größeren Flächenteil des Absatzes umgreift, eine besonders zuverlässige und sichere Befestigung der Klemmbacke der Schlittschuhe am Absatz bewirkt. Für diese Aufgabe wird die Lösung durch die besondere Gestaltung der Schneiden des Backenschenkels gegeben, und die Angabe dieser Lösung ist von der Erteilungsbehörde für patentfähig und -würdig gehalten worden.

Im Nichtigkeitsverfahren ist zu prüfen, ob dieser Schritt gegenüber dem Stande der Technik (zu dem auch das in den Patenten 410 292 und 436 717 vorveröffentlichte Gedankengut gehört) neu, fortschrittlich und erfinderisch und ob er nicht wesensgleich dem Gegenstand eines früher angemeldeten Patents ist (RGZ. Bd. 148 S. 297). Dagegen ist nicht Aufgabe des Nichtigkeitsverfahrens die Prüfung, ob die für die Eigenschaft des Streitpatents als Zusatzpatents zum Patent 436 717 gesetzlich vorgesehene innere Beziehung vorhanden ist, welche den Gegenstand der Erfindung als Verbesserung oder weitere Ausbildung des Hauptpatents erscheinen läßt. Ob für den Patentinhaber die bei der Bezeichnung eines Patents als Zusatzpatent gesetzlich vorgesehenen Folgen zu Recht eintreten (PatG. § 7 Abs. 1 Satz 2, Abs. 2, § 8 Abs. 2), hat mit der Frage, ob ein Patentschutz zu Recht verliehen worden ist, nichts zu tun. Deshalb ist an dem Standpunkt der bisherigen Rechtsprechung festzuhalten, daß Mängel in dieser Hinsicht als Gründe für eine Nichtigkeitserklärung nicht anzusehen sind (vgl. Gareis Entscheidungen in Patentsachen Bd. V S. 203, Blatt für Patent-, Muster- und Zeichenwesen Jahrg. 5 S. 27). . . .

RGZ. 150, 95

Kann eine fertige Erfindung ohne neuheitsschädliche Wirkung ausprobiert werden? Kommt es hierbei darauf an, ob die Zeit bis zur Anmeldung für einen Fachkundigen zum Nachbau des Modells genügt?

Patentgesetz § 2. GebrMG. § 1 Abs. 2.

I. Zivilsenat. Urt. v. 22. Januar 1936.

I. Landgericht Berlin. II. Kammergericht daselbst.

. . .

Aus den Gründen:

. . . Nach den unbestrittenen Behauptungen der Klägerin hat die Beklagte dem Hamburger Elektrizitätswerk zwei Lampen, deren Gestaltung im wesentlichen dem Gebrauchsmuster entsprach, zum Ausprobieren ihrer technisch-praktischen Brauchbarkeit übersandt. Daß dabei dem Elektrizitätswerk eine Geheimhaltungspflicht auferlegt sei, ist zwar von der Beklagten behauptet, aber auf Bestreiten der Klägerin vom Kammergericht als unerheblich nicht weiter geprüft worden. Dagegen ist unstreitig, daß das Elektrizitätswerk die beiden Lampen am 15. und 16. Februar 1933 in der Großen Reichenstraße vor ihrem Verwaltungsgebäude hat aufhängen und im Rahmen der sonstigen Straßenbeleuchtung an beiden Tagen hat brennen lassen.

In diesem Verhalten des Hamburger Elektrizitätswerks würde in der Regel eine offenkundige Vorbenutzung des Gebrauchsmusters zu erblicken sein, wenn ein Sachverständiger an den genannten Tagen ohne Schwierigkeiten das Wesentliche und Neue der beiden Probelampen hätte erkennen können. Mit Recht betont das Kammergericht, daß es für die Frage, ob offenkundige Vorbenutzung im Sinne des § 1 Abs. 2 GebrMG. vorliegt, rechtlich bedeutungslos ist, ob der von der Vorbenutzungshandlung Kenntnis nehmende Sachverständige auch vor der nachfolgenden Anmeldung Zeit gehabt hätte, das Modell der Klägerin tatsächlich nachzubauen. . . . Vorbenutzungshandlungen, die sonst allen Anforderungen von § 2 PatG., § 1 Abs. 2 GebrMG. entsprechen, können nicht dadurch ihren neuheitsschädlichen Charakter verlieren, daß ihnen alsbald die Anmeldung folgt, daß also ein Sachverständiger nicht Zeit genug haben würde, vor der Anmeldung auf Grund der offenkundigen Vorbenutzung den Anmeldungsgegenstand nachzubauen. Das Gesetz stellt nur darauf ab, ob die offenkundige Vorbenutzungshandlung die Möglichkeit einer Nachbenutzungshandlung eröffnete. Das war geschehen, sobald der Fachmann das Wesen der neuen Konstruktion erkannt haben konnte und nichts weiter nötig hatte, als diese Erkenntnis in die Tat umzusetzen.

Hiernach würde nur entscheidend sein, ob das Elektrizitätswerk wirklich eine fertige Erfindung benutzt hat und ob nicht etwa der Tatbestand der offenkundigen Vorbenutzung deshalb entfällt, weil das Elektrizitätswerk entgegen einer ihm auferlegten Geheimhaltungspflicht die Benutzung in aller Oeffentlichkeit vorgenommen hat*). Das Kammergericht ist auf diese zweite Frage deshalb nicht eingegangen, weil es schon den Tatbestand einer Benutzung des streitigen Musters verneint. Daß es hierauf in erster Reihe ankommt, kann auch nicht zweifelhaft sein.

Die Gründe indessen, aus denen das Kammergericht die Benutzung des Musters glaubt verneinen zu sollen, sind nicht frei von Rechtsirrtum und rechtfertigen die Entscheidung nicht, weil das Kammergericht die von ihm angeführte Rechtsprechung des Reichsgerichts mißverstanden hat. Die Beklagte wehrt sich gegen die Annahme einer Benutzung ihres Musters durch das Hamburger Elektrizitätswerk mit der Begründung, daß es sich dort nur um die Erprobung der Lampen auf ihre praktisch-technische Brauchbarkeit hin gehandelt habe und daß deshalb zu jener Zeit eine fertige Erfindung noch gar nicht vorhanden gewesen sei.

Hätte das Kammergericht dieses festgestellt, so wäre in der Tat die Abweisung der Klage nach der Rechtsprechung des Reichsgerichts gerechtfertigt. Aber das Kammergericht geht einen anderen Weg und übersieht dabei, worauf es ankommt. Es stellt fest, daß die Erfindung

*) Vgl. dazu RGZ. Bd. 167 S. 339 (abgedr. weiter unten in diesem Abschnitt).

des Gebrauchsmusters in allen wesentlichen Teilen zur Zeit der Hamburger Vorgänge objektiv fertig gewesen und später ohne irgendwelche wesentliche Aenderung angemeldet worden sei. Trotzdem liege eine neuheitsschädliche Vorbenutzung nicht vor, weil es sich bei der Benutzung nur um die Erprobung des technischen Erfolgs gehandelt habe. Hierfür beruft sich das Kammergericht auf die Rechtsprechung des Reichsgerichts, insbesondere auf die in der Zeitschr. f. Industrierecht Bd. 4 S. 174, in MuW. Bd. 21 S. 55 und Bd. 25 S. 280 (= PMZBl. 1926 S. 152) abgedruckten Urteile; jedoch zu Unrecht.

Tatsächlich ist in diesen Urteilen nirgends der Grundsatz anerkannt, daß eine kurze Erprobung fertiger Erfindungen zwecks Prüfung des technischen Erfolges nicht neuheitsschädlich sei. Vielmehr kommt es immer gerade darauf an, ob die Erfindung zur Zeit ihrer Benutzung fertig war oder nicht; im ersteren Falle handelt es sich um Benutzung der Erfindung, die nach dem Gesetz neuheitsschädlich (falls offenkundig) ist; andernfalls ist die Erfindung, weil noch nicht vollendet, nicht benutzt. Ob jemand eine Erfindung gemacht hat, hängt — gleichgültig ob es sich später um eine Patent- oder Gebrauchmusteranmeldung handelt — davon ab, ob er den Erfindungsgedanken, die aus Aufgabe und Lösung sich ergebende technische Lehre, erkannt hat. Es ist deshalb schon irreführend, wenn das Kammergericht von einer objektiv fertigen Erfindung spricht. Ist der Erfindungsgedanke vom Erfinder erkannt, so ist die Erfindung fertig, und ihre Benutzung kann, falls offenkundig, nur neuheitsschädlich wirken. Dabei ist es unerheblich, ob der Erfinder diese Benutzungshandlungen als Versuche bezeichnet. Als nicht neuheitsschädlich kommen nur solche Versuche in Betracht, die der Erfinder zwecks Erprobung seiner Erfindung auf ihre praktisch-technische Brauchbarkeit hin anstellt, weil er den Erfindungsgedanken noch nicht vollständig erkannt hat und zur Klärung der Frage, ob der beabsichtigte technische Erfolg auch wirklich erreicht wird, solche Versuche nicht entbehren zu können glaubt. Hier hat die Rechtsprechung (vgl. MuW. Bd. 25 S. 280 = PMZBl. 1926 S. 152) noch eine Einschränkung gemacht: es geht nicht an, solche Versuche über die zur Prüfung des technischen Erfolges erforderliche Zeit hinaus fortzusetzen; geschieht das doch, so muß der Erfinder sich gefallen lassen, daß weitere Versuche als neuheitsschädliche Vorbenutzungshandlungen angesehen werden. Das kann aber erst dann in Frage kommen, wenn die zunächst noch unfertige Erfindung durch die angestellten Versuche fertiggestellt ist, wenn der Erfinder den Erfindungsgedanken erkannt hat. Wann das der Fall ist, kann nur der Tatrichter auf Grund des unstreitigen oder bewiesenen Sachverhalts klarstellen.

Das angefochtene Urteil kann danach nicht aufrechterhalten werden. Aus den Feststellungen des Kammergerichts ergibt sich nicht, daß angenommen wird, die Beklagte habe bei Anstellung der Versuche in Hamburg noch nicht den Eintritt des angestrebten technischen Erfolges mit der nötigen Sicherheit erkannt gehabt. Ohne eine Klarstellung dieser Frage ist eine Entscheidung des Rechtsstreits nicht möglich. Dabei muß vorweg geprüft werden, ob die Beklagte überhaupt nötig hatte, die Lampen auf ihre praktisch-technische Brauchbarkeit zu erproben. In der Regel wird man wohl mit der Notwendigkeit solcher Versuche rechnen müssen; doch kommt es auf den einzelnen Fall an, und der Erfinder muß sich dabei im Hinblick auf die gesetzlichen Vorschriften von § 2 PatG., § 1 Abs. 2 GebrMG. große Zurückhaltung auferlegen, wenn er nicht Gefahr laufen will, des erstrebten Schutzes von vornherein verlustig zu gehen. Immerhin wird hierbei beachtet werden müssen, daß dem Erfinder die Möglichkeit gegeben sein muß, vor Anmeldung der Erfindung Zweifel über deren technische Brauchbarkeit zu prüfen.

Zur Prüfung aller dieser Fragen bedarf es tatsächlicher Feststellungen, die das Kammergericht bisher nicht getroffen hat. Deshalb muß das angefochtene Urteil aufgehoben und die Sache an das Kammergericht zurückverwiesen werden. Sollte dieses dabei zu dem Ergebnis gelangen, daß in Hamburg eine fertige Erfindung benutzt wurde, so ist zu prüfen, ob dabei eine Geheimhaltungspflicht verletzt worden ist.

RGZ. 150, 280

Wirkt der Verzicht auf den Hauptanspruch eines Patents mit für den Unteranspruch, wenn dieser keine selbständige Erfindung enthält?

Patentgesetz § 9 (PatG. 1936 § 12).

I. Zivilsenat. Urt. v. 15. Februar 1936.

I. Reichspatentamt.

Das mit dem 11. Januar 1936 abgelaufene Patent 281 812 der Beklagten auf eine Schaltungsanordnung für Leitungswähler in Fernsprechanlagen mit selbsttätigem oder halbselbsttätigem Betrieb war seit dem 11. Januar 1913 in Geltung, bis die Beklagte am 19. Februar 1934 auf die wegen der Ansprüche 1 bis 3, 5 und 6 von der Klägerin erhobene Nichtigkeitsklage hin auf die Ansprüche 1 bis 4 dem Reichspatentamt gegenüber verzichtete; dieser Verzicht ist in der Patentrolle vermerkt und bekanntgemacht worden. Im Streit blieben die Ansprüche 5 und 6, die auf den Anspruch 1 verweisen. Die Klägerin bittet um Vernichtung dieser beiden Ansprüche. Was nach ihnen als Erfindung beansprucht werde, sei bereits Gegenstand eines älteren Patents. Außerdem bleibe aber nach Verzicht auf den Anspruch 1 eine selbständig patentfähige Erfindung in den Ansprüchen 5 und 6 überhaupt nicht übrig. Die Beklagte wendet ein, Anspruch 5 (und mit ihm 6) enthalte etwas grundsätzlich anderes als das Vorpatent und bringe nach dem Stande der Technik, zu dem die (nicht vorveröffentlichte) Vorpatentschrift nicht gehöre, durchaus Neues und Erfinderisches.

Das Reichspatentamt hat die Klage, dem Antrag der Klägerin gemäß, wegen der Ansprüche 1 bis 3 in der Hauptsache für erledigt erklärt, im übrigen aber eine Teilvernichtung des angefochtenen Patents durch Streichung der Ansprüche 5 und 6 ausgesprochen. Gegen diese Teilvernichtung richtet sich die Berufung der Beklagten mit dem Antrag, unter Aufhebung der Entscheidung des Reichspatentamts insoweit die Ansprüche 5 und 6 aufrechtzuerhalten. Die Berufung hatte nur den Erfolg, daß die Teilvernichtung auf die Zeit vom 19. Februar 1934 ab beschränkt wurde.

Aus den Gründen:

Daß die vom angegriffenen Patent allein noch übrigen Ansprüche 5 und 6 während der Berufungsinstanz durch Zeitablauf erloschen sind, ändert nichts an der Zulässigkeit der Nichtigkeitsklage, ganz abgesehen von dem besonderen Interesse, das die Klägerin als Beklagte im anhängigen Verletzungsprozeß daran hat, daß die von Anfang an bestehende Nichtigkeit des Patents noch jetzt festgestellt werde. Wegen der Patentansprüche, auf die sich der Verzicht der Beklagten bezieht, hat die Klägerin die Klage jedoch nicht weiter verfolgt.

Gegenüber den Patentansprüchen 5 und 6 hat sie zur Klagebegründung behauptet, daß die Erfindung bereits Gegenstand eines älteren Patents sei. Die Parteien streiten aber, nachdem die Beklagte auf den Patentanspruch 1 verzichtet hat, auf den die Ansprüche 5 und 6 verweisen, über die Tragweite dieses Verzichts und damit darüber, ob die beiden Ansprüche, weil sie, wie die Klägerin darzulegen versucht hat, nichts selbständig Erfinderisches enthalten, durch Wegnahme der Stütze des Anspruchs 1 gegenstandslos geworden sind. Dieser Streit ist im gegenwärtigen Verfahren mit zu entscheiden.

Er kann aber nur entschieden werden nach dem sonst im Identitätsstreit wegen der auszuscheidenden Neuheitsfrage nicht in Betracht kommenden Stande der Technik zur Zeit der Anmeldung des Streitpatents. Nur auf dieser Grundlage läßt sich beurteilen, ob die Ansprüche 5 und 6 damals für sich patentfähig waren oder nur Ausführungsformen des Anspruchs 1, auf dem sie fußen, enthalten, ob sie danach bestehen geblieben oder im Augenblick des Verzichts mit erloschen sind.

. . . (Die hier folgenden Ausführungen haben das Ergebnis:) Jeder durchschnittlich begabte Fachmann, der im Jahre 1913 nach den im Patentanspruch 1 enthaltenen Angaben eine Fernsprechanlage herstellen wollte, mußte als Konstrukteur auf Grund dieses Anspruchs schon auf das kommen, was Anspruch 5 sagt. Dies ließ sich also als selbständige Erfindung nicht mehr bewerten. Und daß dann weiter Anspruch 6 nur wiederum eine zweckmäßige Ausführung rein konstruktioneller Art für die Einrichtung nach Anspruch 5 gab, hat auch die Beklagte nicht ernsthaft bestritten; jedenfalls kann daran nach dem Gutachten des Sachverständigen kein Zweifel bestehen.

Hiernach erstreckt sich der von der Beklagten ausgesprochene Verzicht notwendigerweise mit auf die beiden Ansprüche 5 und 6, so daß diese über den 19. Februar 1934 hinaus keinen Bestand haben können. Bis dahin aber fanden sie die für sie unerläßliche Grundlage im Anspruch 1. Weil die Klägerin die Nichtigkeitsklage wegen dieses Anspruchs nicht weiter verfolgt hat, so hatte ihn der Senat, ebenso wie das Reichspatentamt, als zu Recht bestehend hinzunehmen, ohne die Möglichkeit der Prüfung (wie bei Aufrechterhaltung der Klage), ob der Anspruch 1 wegen Wesensgleichheit mit dem älteren Patent völliger Vernichtung hätte anheimfallen müssen, was nach dem zuvor Ausgeführten den Fortfall der Ansprüche 5 und 6 auch für die Zeit vor der Verzichtserklärung zur notwendigen Folge gehabt haben würde. Für diese Zeit bestand also Anspruch 1 unangefochten, und Anspruch 5 (und damit 6) kann deshalb nur dann vernichtet werden, wenn s e i n Gegenstand sich deckt mit dem Gegenstand jenes älteren Patents. . . . (Es wird dargelegt, daß dies nicht der Fall ist.) Die von der Klägerin behauptete Identität ist also nicht gegeben. Deshalb sind die beiden streitigen Ansprüche erst mit der Verzichterklärung hinfällig geworden; bis dahin haben sie mit dem Anspruch 1 zusammen Bestand gehabt. Das war in Abänderung der angefochtenen Entscheidung durch teilweise Abweisung der Klage auszusprechen.

RGZ. 151, 129

1. Kann geschäftlich unrichtige Behandlung eines Armenrechtsgesuches, die den Berechtigten an der Verfolgung seines Anspruchs hindert, als verjährungshemmende höhere Gewalt beurteilt werden?

2. Läuft bei Patentverletzungen, die während der Zeit einstweiligen Schutzes begangen werden, die Verjährung erst von der Patenterteilung oder schon von der einzelnen Verletzungshandlung an?

3. Rechtliche Bedeutung der Eintragung in die Patentrolle.

BGB. § 203. Patentgesetz §§ 19, 23, 39 (PatG. 1936 §§ 24, 30, 48).

I. Zivilsenat. Urt. v. 18. April 1936.

I. Landgericht Berlin. II. Kammergericht daselbst.

. . .

Aus den Gründen:

I. und II. 1. . . .

II. 2. Auch darin ist der Revision nicht beizutreten, daß bereits das unterm 25. Januar 1930 von der (minderjährigen) Tochter des Klägers eingereichte Armenrechtsgesuch als verjährunghemmend in Betracht komme. Nur ein sachlich begründetes Armenrechtsgesuch kann die

Verjährung hemmen. (RGZ. Bd. 139 S. 270 [273]). Sachlich begründet aber ist ein Armenrechtsgesuch, wenn das Gericht ihm bei ordnungsmäßiger geschäftlicher Behandlung entsprechen müßte. Dies kann auch dann zutreffen, wenn der Geltendmachung des Anspruchs, den das Gesuch betrifft, noch förmliche Hindernisse entgegenstehen, die sich (nach der dem Gericht erkennbaren Sachlage) leicht beseitigen lassen. Bei den später vom Kläger selbst im eigenen Namen eingereichten Gesuchen war das der Fall, sofern ein förmliches Hindernis darin gesehen wird, daß der Kläger vom 18. März 1930 bis zum 29. Februar 1932 nicht in der Patentrolle eingetragen war. Das Gesuch der Ruth W. vom 25. Januar 1930 aber genügte den sachlichen Anforderungen aussichtsvoller Anspruchsverfolgung nicht. Zwar verneinte das Landgericht in seinen Beschlüssen vom 30. Juni und 4. Juli 1930 schlechthin die Patentverletzung, was — nach dem Ergebnis der Prüfung im weiteren Verlaufe der Armenrechtsbehandlung und nachher auch des Rechtsstreits — nicht durchweg zutraf. . . . Aber das Kammergericht bestätigte, ohne die Frage der Patentverletzung zu erörtern, durch Beschluß vom 1. November 1930 die Versagung des Armenrechts, weil die Gesuchstellerin trotz ihrer Eintragung in die Patentrolle die Rechte aus dem Patente nicht wirksam erworben habe. Der Erwerb sei nur, oder doch im wesentlichen, zu dem Zwecke vereinbart worden, um auf ihren Namen Patentverletzungsklagen zu erheben und durchzuführen. Also habe dieser Erwerb für sie nicht lediglich einen rechtlichen Vorteil bedeutet (§ 107 BGB.). Sie hätte deshalb, um das Patent rechtswirksam zu erwerben, durch einen Pfleger vertreten sein müssen (§ 1630 Abs. 2 Satz 1, § 1795 Nr. 1, §§ 181, 1909 BGB.). Diese Begründung unterliegt keinem durchgreifenden rechtlichen Bedenken. Die Uebertragung des Patents an Ruth W. war kein Rechtsgeschäft, das ausschließlich in der Erfüllung einer Verbindlichkeit bestand. Also konnte der Kläger, als ihr Vater und gesetzlicher Vertreter, es mit ihr nicht vornehmen (§ 181 verb. mit §§ 1627, 1630 Abs. 1 BGB.); es hätte ein Pfleger bestellt werden müssen (§ 1909 BGB.). Das Rechtsgeschäft ermangelte so, wie es vorlag, der rechtlichen Wirkung. Unerörtert kann bleiben, ob, wie das Kammergericht überdies annahm, Ruth W. durch den Patenterwerb nicht lediglich einen rechtlichen Vorteil erlangt, sondern auch Verbindlichkeiten übernommen hätte, also der Einwilligung ihres gesetzlichen Vertreters — und zwar eines Pflegers statt des Vaters — bedurft hätte (§ 107 verb. mit § 1630 Abs. 2 BGB.). Auf die Ausführungen der Revision zu diesem Punkte braucht daher nicht eingegangen zu werden.

3. Wurde sonach der Tochter des Klägers das Armenrecht begründeterweise versagt, so verursachte eine nicht zu billigende geschäftliche Behandlung der vom Kläger im eigenen Namen gestellten Gesuche, daß er erst am 16. März 1932 das Armenrecht bewilligt erhielt.

a) Als er unterm 14. November 1930 sein erstes Gesuch einreichte, war er nicht in der Patentrolle eingetragen. Auch zur Zeit seines zweiten

Gesuchs, am 30. September 1931, stand nicht er als Patentinhaber in der Rolle verzeichnet, sondern seine Tochter. Erst am 29. Februar 1932 wurde er wieder eingetragen.

aa) Für den Fall, daß in der Person des Patentinhabers oder seines Vertreters eine Aenderung eintritt, bestimmt das Gesetz, daß sie — wenn in beweisender Form zur Kenntnis des Patentamts gebracht — in der Rolle vermerkt werde (§ 19 Abs. 2 Satz 1 PatG.)*). Das Gesetz fährt fort: „Solange dieses nicht geschehen ist, bleiben der frühere Patentinhaber und sein früherer Vertreter nach Maßgabe dieses Gesetzes berechtigt und verpflichtet" (§ 19 Abs. 2 Satz 2)**). Bei der Anwendung dieser Vorschriften wird an der bisherigen Rechtsprechung festgehalten. Abzulehnen ist danach die Auslegung, daß der § 19 Abs. 2 PatG. nur das Verhältnis des Patentinhabers zum Reichspatentamt, aber nicht die Sachbefugnis des Berrechtigten vor Gericht betreffe. Abzulehnen ist ferner die Lehrmeinung, daß die Uebertragung des Patents, um überhaupt wirksam zu sein, in die Patentrolle eingetragen werden müsse, der Rolle mithin eine ähnliche Aufgabe zukomme wie dem Grundbuch im Liegenschaftsrechte. Für den Uebergang der Rechte aus dem Patent erforderlich und ausreichend ist vielmehr ein rechtswirksames Uebertragungsgeschäft; an die Eintragung in die Patentrolle ist nicht der Rechtserwerb, sondern nur der für die Geltendmachung wesentliche Rechtsausweis geknüpft (RGZ. Bd. 67 S. 176 [179/181], Bd. 89 S. 81, Bd. 126 S. 284). Sollten also die Bemerkungen in den Gründen des Kammergerichts über die Bedeutung der Eintragung in die Patentrolle im Sinn jener zweiten Auslegung gemeint sein (wonach erst durch Eintragung in die Rolle die Rechtsübertragung vollendet wird), so wären sie nicht zu billigen. Gleiches gilt von den Ausführungen der Beklagten in der Revisionsverhandlung, die auf dasselbe Ergebnis hinauskommen.

bb) Der Tatbestand, welcher im gegenwärtigen Fall zwischen der Umschreibung auf Ruth W. und der Wiedereintragung ihres Vaters in die Rolle gegeben war, weicht jedoch von dem in der Gesetzesvorschrift (§ 19 Abs. 2 PatG.) gekennzeichneten wesentlich ab. Im § 19 Abs. 2***) wird vorausgesetzt, daß eine Aenderung in der Person des Patentinhabers eingetreten sei. Hier dagegen ist davon auszugehen, daß die beabsichtigte Uebertragung der Rechte aus dem Patent aus sachlich-rechtlichen Gründen nicht wirksam zustande gekommen war. Lag es aber so, dann fehlte es gerade an einer Aenderung in der Person des Patentinhabers; die Befugnisse aus dem Patente waren nicht auf Ruth W. übergegangen. Dem vernünftigen Zwecke des Gesetzes liefe es zuwider, daraus das Ergebnis zu ziehen: die Klagbefugnis habe weder dem sachlich berechtigten, aber nicht in die Rolle eingetragenen Vater, noch der nicht berechtigten,

*) PatG. 1936 § 24 Abs. 2 Satz 1.
**) PatG. 1936 § 24 Abs. 2 Satz 3.
***) PatG. 1936 § 24 Abs. 2.

aber in die Rolle eingetragenen Tochter zugestanden. Dies vertrüge sich nicht mit dem ständig anerkannten Grundsatze, daß die Rolle über das Patent Auskunft erteilen und den Rechtsausweis erleichtern, aber keine für die Rechtsübertragung maßgebende Bedeutung haben soll. Auch würde damit, im Widerspruch zu einer gerade beim Streit über Patentrolleneintragung betonten Regel, die Form über das Wesen der Sache gestellt (RGZ. Bd. 144 S. 389 [391]). — Dem Berufungsgerichte bleibt überlassen, ob es hieraus folgern will: Der Kläger hätte schon nach seinem Armenrechtsgesuche vom 14. November 1930 rechtlich so behandelt werden müssen, als sei er noch in die Rolle eingetragen und könne die Rechte aus dem Patent ebenso geltend machen wie ein (gleichfalls nicht eingetragener) Inhaber ausschließlicher Lizenz, — oder ob es (wie im Februar 1932 beim zweiten Gesuche des Klägers) annimmt: zum Rechtsausweis und für die Klagerhebung hätte der Kläger jedenfalls der Eintragung bedurft; ehe sie nachgewiesen war, hätte ihm auch das Armenrecht nicht bewilligt werden dürfen. Hier braucht diese Frage nicht entschieden zu werden, weil es, wie sogleich (unten b) darzulegen, für das gegenwärtige Ergebnis darauf nicht ankommt. Erheblich ist für die vorliegende Revision nur, daß infolge unrichtiger Behandlung der Sache erst im März 1932 geschehen ist, was schon auf das Gesuch vom 14. November 1930 hin hätte geschehen müssen; und dies nötigt zur Aufhebung des Berufungsurteils. . . .

c) Darin, daß die Beschlüsse vom 4. Dezember 1930 (Landgericht), 17. Janaur 1931 (Kammergericht) und 9. Dezember 1931 (Landgericht) die Patentverletzung schlechthin verneinten, lag, wie die spätere Prüfung ergeben hat, eine der Rechtslage nicht entsprechende geschäftliche Behandlung der Armenrechtsgesuche. Schon dem Gesuche vom 14. November 1930 hätte insoweit, als später die Patentverletzung bejaht worden ist, stattgegeben werden müssen, wenn der Kläger damals arm war (§ 114 ZPO.). Die unrichtige Behandlung stellte sich für den Kläger als höhere Gewalt dar, weil er auch bei Anwendung aller ihm verständigerweise zuzumutenden Sorgfalt außerstande war, auf sie bestimmend einzuwirken und dadurch ein anderes Ergebnis herbeizuführen. Dieser Einfluß höherer Gewalt hinderte ihn, einen begründeten Klaganspruch zu erheben, dadurch sein Recht zu verfolgen und so die Verjährung zu unterbrechen. Also wurde durch höhere Gewalt die Verjährung gehemmt (§ 203 Abs. 2 BGB.; RGZ. Bd. 87 S. 52 [55]). Richtige Behandlung der Sache und Armut des Klägers vorausgesetzt, hätte demnach die Einrede der Verjährung nicht schon für solche Verletzungshandlungen durchgegriffen, die länger als drei Jahre (PatG. § 39)*) vor der Klagzustellung vom 24. Oktober 1932 geschehen waren. Der Anfang der dreijährigen Frist läge statt dessen in einem noch festzu-

*) PatG. 1936 § 48.

stellenden Zeitpunkte, welcher sich nach der bei richtiger Sachbehandlung anzunehmenden Zeit der Klagerhebung bestimmt. Die Feststellung muß, da sie tatsächlicher Würdigung der Umstände bedarf, dem Tatrichter überlassen werden.

d) Das Kammergericht berührt in seinen Urteilsgründen auch bereits die Frage, ob bei Verletzung des einstweiligen Schutzes (§ 23 PatG)*) die Verjährung erst mit der Erteilung des Patents beginne (bis dahin also gehemmt sei) oder schon seit der während der Zeit vorläufigen Schutzes begangenen einzelnen Handlung laufe. Bei der von ihm angewandten rechtlichen Beurteilung war es nicht genötigt, zu der Frage Stellung zu nehmen. Sie wäre, wenn es nach der nochmaligen Verhandlung auf sie ankommt, dahin zu entscheiden, daß schon während des vorläufigen Schutzes die Verjährung zu laufen anfängt. Der im Schrifttum vertretenen gegenteiligen Meinung kann nicht zugestimmt werden. Denn bereits mit der Bekanntmachung der Anmeldung treten für den angemeldeten Gegenstand zugunsten des Patentsuchers einstweilen die gesetzlichen Wirkungen des Patentes ein (§ 23 Abs. 1 Satz 2, §§ 4, 5 PatG.)**). Der vorläufig Berechtigte ist somit in der Lage, gegen Verletzungen gerichtlichen Schutz anzurufen und Ansprüche zu verfolgen. . . .

RGZ. 152, 113

Wann liegt ein durch geschütztes Verfahren unmittelbar hergestelltes Erzeugnis vor, wenn bei der Erzeugung außer dem geschützten noch andere Verfahren angewendet worden sind?

Patentgesetz § 4 Satz 2 (PatG. 1936 § 6 Satz 2).

I. Zivilsenat. Urt. v. 1. Juli 1936.

I. Landgericht Berlin. II. Kammergericht daselbst.

Die Klägerin ist Inhaberin des mit Wirkung vom 22. Juni 1917 ab erteilten, kriegsverlängerten Patents 308 490, dessen Anspruch 1 lautet: „Verfahren zur Entgasung von Metallteilen in Vakuumröhren, dadurch gekennzeichnet, daß die Metallteile durch die Wirkung eines außerhalb der Röhre liegenden Hochfrequenzfeldes erhitzt werden". Die Beklagte stellt in Oesterreich Uran-Vollnetzgleichrichterröhren her und vertreibt sie auch in Deutschland. Die Klägerin behauptet, das Herstellungsverfahren der Beklagten falle in den Schutzbereich ihres Patents, in Deutschland sei daher der Vertrieb der Röhren, die durch das Verfahren unmittelbar hergestellte Erzeugnisse darstellten, eine Patentverletzung, und zwar nach den Umständen eine vorsätzliche, minde-

*) PatG. 1936 § 30 Abs. 1.
**) PatG. 1936 § 30 Abs. 1 Satz 2, §§ 6, 7.

stens eine grob fahrlässige. Mit der Klage hat die Klägerin Verurteilung der Beklagten zur Unterlassung und Rechnungslegung, sowie die Feststellung ihrer Schadensersatzpflicht begehrt. Die Beklagte macht geltend, daß die von ihr in Deutschland vertriebenen Röhren keine unmittelbar durch das Verfahren hergestellten Erzeugnisse seien, so daß schon deshalb kein Eingriff in das Patent stattfinde. Sie bestreitet auch, daß sie sich eines dem geschützten gleichen oder gleichartigen Herstellungsverfahrens bediene.

Die Vorinstanzen haben der Klage stattgegeben. Die Revision der Beklagten blieb erfolglos.

Aus den Gründen:

Ohne Rechtsirrtum hat das Kammergericht angenommen, daß die von der Beklagten hergestellten Röhren unmittelbare Erzeugnisse des Entgasungsverfahrens im Sinne von § 4 Satz 2 PatG.*) sind.

Das Wort „unmittelbar" fand sich im Entwurf des Patentgesetzes vom 7. April 1891 noch nicht. Es ist von der Reichstagskommission eingefügt worden in der Absicht, zu verhindern, daß der Patentschutz zu weit ausgedehnt werde, daß insbesondere auch Gegenstände vom Schutz umfaßt würden, wenn sie mit Stoffen zusammen verarbeitet werden, die nach dem geschützten Verfahren hergestellt worden sind. Nach dem Zwecke des Gesetzes muß danach das Vorliegen eines unmittelbaren Erzeugnisses dann verneint werden, wenn durch das geschützte Verfahren zunächst ein Rohstoff oder ein Halbfabrikat gewonnen wird und sich zur Herstellung des Fertigfabrikats dann ein weiteres Verfahren anschließen muß. Anders liegt es, wenn ein Stoff, der bereits einem anderen Verfahren unterworfen worden war, nunmehr nach dem geschützten weiterverarbeitet wird oder wenn gleichzeitig zwei oder mehrere Verfahren zur Herstellung des Erzeugnisses angewendet werden. Wenn im letzten Falle das geschützte Verfahren bei der Herstellung wesentlich mitgewirkt hat, so ist das Ergebnis als unmittelbares Erzeugnis auch dieses geschützten Verfahrens anzusehen, weil erst durch das Zusammenkommen aller Verfahren eine nach der Verkehrsauffassung selbständige Sache erzeugt worden ist. Von diesen Rechtsgrundsätzen ist das Kammergericht ausgegangen. Es stellt dabei fest, daß erst durch eine sachgemäße Entgasung eine Vakuumröhre fertig und gebrauchsfähig werde. Daher ist eine nicht oder nicht vollständig entgaste Röhre, eben weil sie noch nicht betriebsfähig ist, ein anderes Erzeugnis als eine vollkommen entgaste. Dabei kann es nicht, wie die Revision meint, darauf ankommen, ob die Metallteile der Röhre bei der Arbeitsweise der Beklagten schon vor dem Einbau entgast worden sind und ob bei der Anwendung eines Hochfrequenzfeldes die Entgasung eine Wirkung darstellt, die neben anderen eintritt.

*) PatG. 1936 § 6 Satz 2.

RGZ. 153, 47

1. Unter welchen Voraussetzungen ist eine Beschränkung des Schutzumfangs eines Patents durch Erklärungen im Erteilungsverfahren gegeben?

2. Ueber offenkundige Vorbenutzung unter den besonderen Verhältnissen des Weltkrieges.

Patentgesetz (alte Fassung) § 2 Abs. 1, § 4 (PatG. 1936 §§ 2, 6).

I. Zivilsenat. Urt. v. 4. November 1936.

I. Landgericht Berlin. II. Kammergericht daselbst.

Der Kläger ist eingetragener Inhaber des mit Wirkung vom *28. März 1919* ab erteilten *DRP. 340 213*, dessen Schutzansprüche lauten:

1. Verfahren zur Absorption von Chlorwasserstoff unter Benutzung eines Systems von im Gegenstrom arbeitenden Türmen, dadurch gekennzeichnet, daß man für jeden Turm einen besonderen Flüssigkeitskreislauf anordnet, wobei die unten ablaufende Flüssigkeit vor dem Wiedereintritt in den oberen Teil des Turmes durch eine mit Pumpe versehene Kühlung gekühlt wird und ein Teil der gekühlten Flüssigkeit in den folgenden Turm des Systems übertritt.
2. Ausführungsform des Verfahrens nach Anspruch 1, dadurch gekennzeichnet, daß man die von einem Turm auf den folgenden übertretende Säure unmittelbar von der Druckleitung aus oben in den nächsten Turm eintreten läßt.

Die Beklagte stellt gewerbsmäßig Turm-Anlagen zur Absorption von nitrosen Gasen her. Eine solche Anlage besteht aus mehreren abwechselnd im Gegen- und Gleichstrom arbeitenden Türmen, von denen jeder Turm einen besonderen Flüssigkeitskreislauf besitzt. Die einzelnen Turmkreisläufe sind durch Abzweigleitungen miteinander verbunden, die einen Teil der Ablaufsäure den zwischen Kühler und Pumpe angeordneten Gefäßen des in der Richtung des Gasstromes vorhergehenden Turmes zuführen.

Der Kläger ist der Ansicht, daß die Beklagte durch die Herstellung und den Vertrieb dieser Anlagen wissentlich das Klagpatent verletze, dessen Schutzumfang allgemein die erfindungsgemäße Einrichtung solcher Turmanlagen umfasse und nicht auf die Absorption von Chlorwasserstoffgas, d. h. auf die Gewinnung von Salzsäure beschränkt sei, wenn auch Patentanspruch und Beschreibung, die nur den Gegenstand der Erfindung klarstellen sollten, in ihrer Fassung auf die Absorption von Chlorwasserstoff abgestellt seien. Die Beklagte stelle Anlagen zur Gewinnung von Salpetersäure durch Absorption von nitrosen Gasen her, bei denen das gleiche oder jedenfalls im wesentlichen das gleiche Verfahren angewendet werde, wie im Patent. Durch die Herstellung und

Einrichtung derartiger Anlagen habe die Beklagte ihm, dem Kläger, großen Schaden zugefügt, von dem ein Teil mit der Klage ersetzt verlangt werde.

Die Beklagte hat ausgeführt: Das Klagepatent schütze nur ein Verfahren zur Absorption von Chlorwasserstoffgas, und zwar in Steinzeugtürmen. Hierauf sei es gegenüber der ursprünglich weiteren Anmeldung gemäß dem Aktenvermerk des Patentamtes vom 21. Juni 1919 und seiner Verfügung vom 27. Juni 1919 ausdrücklich beschränkt worden. Diese Beschränkung könne nicht nachträglich wieder beseitigt werden. Das Verfahren zur Herstellung von Salpetersäure sei keineswegs dem der Herstellung von Salzsäure gleichzusetzen. Der vom Kläger erstrebten Ausdehnung des Klagpatentes auf Gewinnung von Salpetersäure stehe auch der Stand der Technik entgegen. Ein entsprechendes Verfahren sei bereits in öffentlichen Druckschriften beschrieben gewesen; es sei aber auch u. a. seit dem Jahre 1915 in der Salpetersäurefabrik der Mitteldeutschen Stickstoffwerke in P. offenkundig vorbenutzt worden.

Die Vorinstanzen haben die Klage abgewiesen. Die Revision blieb ohne Erfolg.

Gründe:

Das Berufungsgericht hat an Hand der Patentschrift in Uebereinstimmung mit dem gerichtlichen Gutachter das Wesen des Klagpatents in einem Verfahren zur Absorption von sauren Gasen bestimmt, welches folgende Merkmale vereinigt:

1. Ständiger und ununterbrochener Kreislauf des Vielfachen der im Turm wirklich erzeugten Säure in demselben Turm,

2. Kühlung der Ablaufsäure jedes Turms durch eine Rohrschlange, bevor sie wieder auf denselben Turm gehoben wird,

3. Ueberleitung der im Turm erzeugten Säure in ständigem und ununterbrochenem Strom oben in den der Gasrichtung nach vorhergehenden Turm,

jedoch mit der wesentlichen Einschränkung, daß es statt Säure gemäß dem Wortlaut des Patentanspruchs und der Beschreibung immer Salzsäure heißen muß.

Diese — für die Frage der Verletzung wesentliche — Einschränkung auf Salzsäure wird in erster Reihe damit begründet, daß das Patent durch eine sich aus den Erteilungsakten klar ergebende Verfügung des Patentamtes auf ein Verfahren zur Absorption von Chlorwasserstoffgas beschränkt worden sei.

Der Gang des Erteilungsverfahrens ist in dieser Hinsicht folgender gewesen: Ursprünglich hat der Kläger seine Erfindung allgemein auf die Absorption von Säuren und sauren Gasen bezogen. Das ergibt sich sowohl aus dem Schlusse der ursprünglichen Beschreibung, wo es heißt, daß eine ähnliche Einrichtung sinngemäß zur Absorption und Gewinnung der nitrosen Dämpfe verwendet werden könne, welche bei der Oxydation des Ammoniaks zu Salpetersäure oder bei anderen Verfahren entstehen, wie auch aus den ursprünglichen Ansprüchen, welche sich auf Absorption von sauren Gasen in Türmen schlechthin beziehen.

Gegenüber der Anmeldung hat der Prüfer hinsichtlich der Ansprüche 1 und 3 auf verschiedene Patentschriften verwiesen und die Maßnahme des Anspruchs 2 als sich von selbst ergebend bezeichnet. In einer darauf anberaumten mündlichen Verhandlung setzte der Anmelder laut Niederschrift des Prüfers auseinander, daß das angemeldete Verfahren, sofern es sich um die Absorption von Salzsäure handelt, die Anwendung der bisher nur schwierig zu verwendenden Steinzeugtürme gestatte. Er erklärte sich zur entsprechenden Beschränkung bereit. Durch Verfügung forderte der Prüfer den Anmelder auf, „die in Aussicht gestellten, auf die Absorption von Salzsäure beschränkten und unter Hinweis auf Bekanntes sowie unter Hervorhebung der erzielten neuen technischen Wirkung abgefaßten Unterlagen innerhalb zweier Monate einzureichen". Innerhalb dieser Frist hat der Anmelder die entsprechend beschränkte Anmeldung neu eingereicht.

Mit Recht hat das Kammergericht ausgesprochen, daß sich aus diesen Vorgängen mit aller Deutlichkeit ergebe, daß der Prüfer damit auf der Beschränkung der Schutzansprüche auf die Absorption von Salzsäuregas als Vorbedingung für eine weitere Behandlung der Anmeldung bestanden hat. Auch bei Berücksichtigung der strengen Anforderungen, welche die Rechtsprechung aufgestellt hat, ist hier eine klare Beschränkung durch den Prüfer festzustellen. Dafür spricht, wie das Berufungsgericht mit Recht hervorhebt, einmal der Gebrauch des Wortes „Beschränkung" und dann auch die Art der Einschränkung für ein mit einem allgemeinen Anwendungsgebiet angemeldetes Verfahren auf ein bestimmt abgegrenztes Sondergebiet, aus dem vorher nur das Ausführungsbeispiel genommen war. Es spricht nichts dafür, daß hier nur eine stärkere Betonung der Eignung des Verfahrens für die Salzsäuregewinnung und damit eine Abgrenzung des Erfindungsgegenstandes beabsichtigt war. In der ursprünglich eingereichten Beschreibung hatte der Anmelder gesagt: „Eine ähnliche Einrichtung kann sinngemäß zur Absorption und Gewinnung der nitrosen Dämpfe verwendet werden, welche bei der Oxydation des Ammoniaks zu Salpetersäure oder bei anderen Verfahren entstehen. Das gleiche Verfahren kann ebenfalls zur Absorption von Schwefelbioxyd aus dem Kontaktprozeß in sinngemäßer Abänderung angewandt werden." Diesen Hinweis hat er auf die Aufforderung des Prüfers gestrichen und auch im übrigen die Beschreibung und die Ansprüche dahin abgeändert, daß nur noch von Absorption von Chlorwasserstoffgas die Rede ist. Hieraus muß geschlossen werden, daß nach dem Willen des Prüfers, dem sich der Anmeldende gefügt hat, der Schutz des Patentes für die Absorption jedes anderen Gases außer dem Chlorwasserstoffgase, insbesondere der ursprünglich begehrte Schutz für die Herstellung von Salpetersäure und Schwefelsäure, versagt werden sollte und von der Erteilungsbehörde versagt worden ist. So wie die Sache liegt, ist auch ein anderer Gedanke als der eines Verfahrens zur Salzsäureherstellung überhaupt nicht offenbart. In solchem Falle erfordert es aber die Rücksicht auf die Allgemeinheit, insbesondere die Wettbewerber, welche sich auf den Wortlaut der Akten verlassen und aus diesem Grunde das Patent nicht bekämpft haben, daß nicht eine nachträgliche Ausdehnung des Schutzumfangs erfolgt; die Belange des Erfinders müssen zurückstehen. . . .

Da sonach eine Verfügung des Patentamtes vorliegt, der sich der Anmelder gefügt hat, so bedarf es nicht noch der Feststellung, daß er auch seinerseits den Verzichtswillen gehabt hat. Es braucht daher nicht darauf eingegangen zu werden, ob aus späteren Aeußerungen im Laufe des Erteilungsverfahrens geschlossen werden könnte, daß er solchen Willen nicht gehabt habe.

Sonach ergibt schon das Erteilungsverfahren, daß der Schutz des Patentes auf Salpetersäuregewinnung nicht ausgedehnt werden kann. Die gleiche Einschränkung ist aber auch geboten mit Rücksicht auf die vorbenutzte Anlage der Mitteldeutschen Stickstoffwerke in P. Das Berufungsgericht hat sich in diesem Punkte im wesentlichen auf die Feststellungen des Landgerichts bezogen. Nach diesen wies die Anlage in P., die zur Gewinnung von Salpetersäure diente, sämtliche Merkmale des Klagpatentes auf. Sie ist bereits vor der Revolution und später im Jahre 1919 Interessenten, und zwar auch Fachleuten, gezeigt und erklärt worden. Den Besuchern, soweit sie sachverständig waren, wurde das Wesen der Anlage im einzelnen auseinandergesetzt und über die Gesamtheit eingehend gesprochen. An allen wesentlichen Punkten befanden sich Schaugläser, die den Lauf der Flüssigkeit im Turmsystem erkennen ließen. Die Zulassung und Belehrung betriebsfremder Personen geschah zu dem Zwecke, damit andere Hersteller in gleicher Weise arbeiten und dadurch die Versorgung des Staates sicherstellen sollten Dem Staat, von dem die Werke damals besonders abhängig waren, hatte ein Interesse daran, daß die Anlage nicht geheim gehalten wurde; ihm lag, daran, daß die einzelnen Werke der chemischen Industrie ihre Zurückhaltung und ihre bis dahin übliche Geheimhaltung, ihre sorgfältig gehüteten Einzelvorteile in der Herstellung zum Besten des Heeres aufgaben. Mit Recht hat hieraus das Landgericht geschlossen, daß die Benutzung der Anlage eine offenkundige gewesen ist. Dazu ist nicht erforderlich, daß die Besichtigung jedem Beliebigen offengestanden hätte. Es genügt, daß die Anlage einer Reihe von Fachleuten gezeigt worden ist, ohne daß ihnen eine Geheimhaltungspflicht auferlegt wurde oder sich für sie aus den Umständen ergab. Es ist daher ohne Belang, daß das Werk militärisch bewacht wurde und ein Zugang nur unter Kontrolle möglich war. Dies erklärt sich ohne weiteres daraus, daß Sabotage verhindert und die feindliche Spionage ferngehalten werden mußte.

Es ist auch selbstverständlich, daß den Besuchern insofern eine Geheimhaltungspflicht oblag, als der Feind nichts von der Einrichtung der Anlage erfahren durfte. Das hat aber nichts zu tun mit der Frage, ob ihnen eine Geheimhaltungspflicht auch innerhalb der eigenen Industrie stillschweigend auferlegt worden ist. Das ist unvereinbar mit der Feststellung, daß die Besichtigungen gerade deshalb stattfanden, damit andere Firmen Kenntnis von dem Arbeiten der Anlage erhielten und ihrerseits in gleicher Weise arbeiten konnten.

RGZ. 153, 174

Findet die Vorschrift des § 2 Satz 2 des Patentgesetzes vom 5. Mai 1936 auf die vor dem Inkrafttreten des Gesetzes erteilten Patente Anwendung?

Patentgesetz vom 5. Mai 1936 (RGBl. II S. 117) — PatG. n. F. — § 2 Satz 2, § 57.

I. Zivilsenat. Urt. v. 19. Dezember 1936.

I. Reichspatentamt.

Die Frage ist aus folgenden den Sachverhalt ergebenden

Gründen

bejaht worden:

Auf die Behauptung der offenkundigen Vorbenutzung, mit der die Nichtigkeitsklage in erster Reihe begründet worden war, kann die Klage nach dem Inkrafttreten des Patentgesetzes vom 5. Mai 1936 nicht mehr gestützt werden, weil die von dem Kläger behaupteten Fälle offenkundiger Vorbenutzung gemäß § 2 Satz 2 PatG. n. F. als neuheitschädlich nicht mehr in Betracht kommen. Die Neuheitschädlichkeit muß nach den Vorschriften des neuen Gesetzes beurteilt werden, obwohl das angegriffene Patent vor dem Inkrafttreten des neuen Gesetzes erteilt worden ist. § 57 Abs. 1 PatG. n. F. bestimmt, daß die Rechtsverhältnisse der vor dem Inkrafttreten des Gesetzes erteilten Patente sich nach den Vorschriften des neuen Gesetzes richten, soweit in diesem nicht anderes bestimmt ist. Zu den Rechtsverhältnissen eines Patents gehört auch sein rechtlicher Bestand und sein Schutzumfang. Wenn diese nach den Vorschriften des Gesetzes vom 5. Mai 1936 beurteilt werden sollen, so folgt daraus, daß der Entscheidung über die Neuheitschädlichkeit der vom Kläger behaupteten Vorbenutzungen die neue Fassung des § 2 PatG. zugrunde zu legen ist. Denn sowohl für den rechtlichen Bestand eines Patents als auch für seinen Schutzumfang ist es von Bedeutung, ob dem Patent eine innerhalb von 6 Monaten vor der Anmeldung erfolgte offenkundige Vorbenutzung als neuheitschädlich entgegengehalten werden kann oder nicht. Daß die Neuheitschädlichkeit einer Vorbenutzung für die im Nichtigkeitsstreit zu treffende Entscheidung über den rechtlichen Bestand des Patents von Bedeutung ist, bedarf keiner Begründung. Aber auch für die Entscheidung über den Schutzumfang im Verletzungsprozeß ist es unter Umständen von Bedeutung, ob eine offenkundige Vorbenutzung zu berücksichtigen ist oder nicht. Das Reichsgericht hat sich in jetzt ständiger Rechtsprechung auf den Standpunkt gestellt, daß der Schutzumfang eines Patentes eng auf die gezeigte Ausführungsform zu beschränken ist, wenn die Prüfung des Standes der Technik ergibt, daß der Erfindungsgedanke des Patentes bei der Anmeldung nicht mehr neu gewesen ist (RGZ. Bd. 139 S. 155, Bd. 140 S. 366). Es kann deshalb auch für den Schutzumfang eines Patents von entscheidender Bedeutung sein, ob die Neuheitschädlichkeit einer Vorbenutzung deshalb verneint werden muß, weil die Vorbenutzung innerhalb von 6 Monaten vor der Anmeldung des Patentes erfolgt ist und auf der Erfindung des Anmelders oder seines Rechtsvorgängers beruht. Daß dies der Sinn der Uebergangsbestimmung des § 57 Abs. 1 PatG. n. F. ist, wird durch die Regelung anderer Uebergangsbestimmungen bestätigt. § 59 Abs. 1 PatG. n. F. bestimmt, daß für die Weiterbehandlung der vor dem Inkrafttreten des neuen Gesetzes eingegangenen Anmeldungen die Vorschriften des neuen Gesetzes maßgebend sind. Danach muß auch ein bereits vor dem Inkrafttreten des Gesetzes vom 5. Mai 1936 angemeldetes Patent trotz offenkundiger Vorbenutzung erteilt werden, wenn die Vorbenutzung innerhalb von 6 Monaten vor der Anmeldung stattgefunden hat und auf der Erfindung des Anmelders oder seines Rechtsvorgängers beruht. Dann erscheint es aber nicht gerechtfertigt, die vor dem Inkrafttreten des neuen Gesetzes bereits erteilten Patente anders zu beurteilen, obwohl sie zur selben Zeit oder später angemeldet sein können als ein Patent, das erst nach dem Inkrafttreten des neuen Gesetzes erteilt ist, weil die Prüfung längere Zeit in Anspruch genommen hat. Die neuen Bestimmungen über die Neuheitschädlichkeit von Vorveröffentlichungen und Vorbenutzungen sollen Unbilligkeiten ausschließen, die sich dann ergeben haben, wenn der Erfinder sein Gedankengut nicht mit der bisher erforderlichen peinlichen Sorgfalt davor geschützt hatte, daß es in der letzten Zeit vor der Anmeldung zur Geheimhaltung nicht verpflichteten Dritten bekanntgeworden war. Es besteht kein innerer Grund, warum diese Wohltat nicht auch den vor dem Inkrafttreten des neuen Gesetzes erteilten Patenten zugute kommen soll. Die Rücksichtnahme auf gutgläubige Dritte, die das Patent im Vertrauen auf eine in den letzten 6 Monaten vor der Anmeldung erfolgte Veröffentlichung oder offenkundige Vorbenutzung in Benutzung genommen hatten, kann zu einer abweichenden Stellungnahme nicht nötigen. Denn schadensersatzpflichtig haben sich gut gläubige Dritte durch eine im Vertrauen auf den bisherigen Rechtszustand vorgenommene Benutzung nicht gemacht. Daß sie aber für die Zukunft genötigt sind, das Verdienst des Erfinders durch die Unterlassung weiterer Benutzung zu achten oder eine Lizenz zu erwerben, kann nicht als unbillig bezeichnet werden.

Wenn man von der Anwendbarkeit des § 2 Satz 2 PatG. n. F. ausgeht, müssen die vom Kläger geltend gemachten Fälle offenkundiger Vorbenutzung außer Betracht bleiben, weil sie sämtlich in das Jahr 1924, also in die letzten 6 Monate vor der am 27. Mai 1924 erfolgten Anmeldung des Patents, fallen. . . . (Wird ausgeführt.)

RGZ. 153, 315

1. Kann im Nichtigkeitsverfahren eine einschränkende Aenderung der Patentbeschreibung oder der Patentzeichnung erreicht werden?

2. Kann im Nichtigkeitsverfahren ein Mangel des Erteilungsverfahrens geltend gemacht werden, um die Vernichtung des Patents zu erreichen?

3. Kommt für die Feststellung des Gegenstandes eines erteilten Patents neben dem Erteilungsbeschluß und seinen Anlagen eine etwa davon abweichende Fassung der gedruckten Patentschrift in Betracht?

Patentgesetz (n. F.) §§ 1, 13, 35.

I. Zivilsenat. Urt. v. 18. Januar 1937.

I. Reichspatentamt.

Der Beklagte ist Inhaber des ihm erteilten DRP. 497 224, dessen Erteilung am 10. April 1930 bekanntgemacht ist und dessen Ansprüche folgendermaßen lauten:

1. Paßstift zur Verbindung von Bauteilen, insbesondere Maschinenelementen und dergleichen, dadurch gekennzeichnet, daß er in seiner Längsrichtung Abflachungen (e), Einkerbungen oder Rillen (g) und zwischen diesen volle Teile, Vorsprünge oder Rippen (f) in solcher Anordnung trägt, daß die an der Wandung (b) der Bohrung anliegenden Teile beim Eintreiben des Stiftes in die Bohrung verdrängt und teilweise nach den Abflachungen, Einkerbungen usw. hin zurückgedehnt werden, wobei der Anpressungsdruck dieser Teile an die Wandung (b) der Bohrung das Festhalten des Paßstifts (a) bewirkt.
2. Paßstift nach Anspruch 1, dadurch gekennzeichnet, daß der Stift (a) an seinen vollen Teilen, Vorsprüngen oder Rippen (f) ballig gewölbte Paßflächen aufweist.

Mit der am 9. April 1935 beim Reichspatentamt eingegangenen Klage hat der Kläger zunächst beantragt, das Patent des Beklagten vollständig für nichtig zu erklären, da der Gegenstand des Patents nicht neu und nicht von fortschrittlicher Wirkung sei. In der mündlichen Verhandlung vor dem Reichspatentamt (Nichtigkeitssenat) hat er jedoch seinen Antrag auf Teilvernichtung des Patents durch

Beschränkung des Anspruchs auf Verwendung bei zylindrischen Bohrungen eingeschränkt.

Zur Begründung dieses Antrags hat der Kläger folgendes ausgeführt: Wie die Beschreibung der Patentschrift eindeutig ergebe, handle es sich bei der streitigen Erfindung ausschließlich um Verwendung eines Paßstifts bei zylindrischen Bohrungen. Das sei maßgeblich und zur Erläuterung heranzuziehen, da die Patentansprüche hierüber nichts ausdrücklich besagten. Es komme aber auch hinzu, daß die Anmelderin (Rechtsvorgängerin des Patentinhabers) in einer Eingabe an das Reichspatentamt vom 2. Juni 1927 während des Prüfungsverfahrens beantragt habe, in der Beschreibung und in Anspruch 1 durch Einfügungen klarzustellen, daß es sich bei dem Gegenstand der Erfindung allein um die Einfügung von Paßstiften in zylindrische Bohrungen handle. Demgegenüber sei es unerheblich, daß die Abbildung 1 der Patentschrift eine kegelförmige Bohrung zeige. Die Unklarheit der Patentschrift, die dadurch geschaffen sei, zwinge dazu, im Nichtigkeitsverfahren den Patentanspruch 1 auf den vom Anmelder selbst allein begehrten Schutz zu beschränken.

Der Beklagte hat die Abweisung der Klage beantragt. Für eine Teilvernichtung des Streitpatents sei kein Raum, weil das Reichspatentamt mit Recht für den in den Ansprüchen formulierten Gegenstand ein Patent erteilt habe. Maßgeblich sei der von der Anmeldeabteilung erlassene Erteilungsbeschluß, dem die Abteilung offenbar nur die Fassung der Patentbeschreibung und der Ansprüche habe zugrunde legen wollen, welche die Anmelderin nach Belehrung durch die Prüfungsstelle gemäß dem Vorschlag des Prüfers vom 23. Februar 1927 mit Eingabe vom 19. Oktober 1927 angenommen habe. Der Anmelderin und offenbar auch der die Ansprüche prüfenden Anmeldeabteilung sei entgangen, daß außer den von der Anmelderin hergestellten Reinschriften ein — weiteres — „Druckexemplar“ der Beschreibung und der Ansprüche zur Auslegung gemäß Verfügung vom 31. Oktober 1927 gelangt sei, das ohne Benachrichtigung und ohne Einwilligung der Anmelderin im Text der Beschreibung unzulässigerweise derart geändert worden sei, daß in der Tat dort durchweg von zylindrischen Bohrungen die Rede sei. Daraus ergebe sich allerdings eine Unstimmigkeit, die aber weder von der Anmelderin noch vom Beklagten, der die Anmelderrechte erst am 10. September 1929 erworben habe, zu vertreten sei, auch nicht im Nichtigkeitsverfahren beseitigt werden könne.

Das Reichspatentamt hat die Klage abgewiesen. Der Kläger hat Berufung eingelegt und beantragt, entgegen der angefochtenen Entscheidung das Streitpatent teilweise zu vernichten. Schließlich hat der Kläger seinen Antrag dahin gefaßt: das unter Nr. 497 224 erteilte Patent insoweit für nichtig zu erklären, als es die von der Nichtigkeitsabteilung des Reichspatentamts festgestellte und vom Beklagten zugegebene Unstimmigkeit betreffe, und diese zu beseitigen, indem entweder in der

Abbildung 1 der Patentschrift an Stelle der konischen Bohrung b eine zylindrische gezeigt werde, **oder** in der Patentbeschreibung die Bohrung b nicht mehr als zylindrische Bohrung beschrieben werde. In der mündlichen Verhandlung hat der Kläger noch angeregt, ob nicht vielleicht das von ihm erstrebte Ziel auch durch Aenderung des Patentanspruchs, z. B. durch Streichung der Bezugnahme (b) bei den die „Wandung der Bohrung" betreffenden Wörtern, erreicht werden könne. Die Berufung des Klägers wurde zurückgewiesen.

Gründe:

1. Der Kläger hat zwar im ersten Rechtszuge zunächst die vollständige Vernichtung des DRP. 497 224 beantragt, dann aber seinen Antrag auf Teilvernichtung des Patents durch Beschränkung des Anspruchs 1 auf Verwendung bei zylindrischen Bohrungen beschränkt. Daß eine solche Beschränkung möglich ist, wenn entweder der Stand der Technik es rechtfertigt oder wenn der Anmelder auf einen weitergehenden Schutz ausdrücklich verzichtet hatte — beides behauptet der Kläger —, unterliegt keinem Zweifel. Das muß vorweg im Gegensatz zu den Rechtsausführungen des Beklagten betont werden. Denn es ist in der Rechtsprechung niemals zweifelhaft gewesen, daß der Patentschutz auf die Verwendung des patentierten Gegenstandes für bestimmte Zwecke beschränkt werden kann. Daß der Kläger nur dieses erreichen will, ergibt auch sein Antrag vom 9. Januar 1937, der in erster Reihe auf dasselbe hinausläuft, was im ersten Rechtszuge beantragt war. Dabei muß freilich gesagt werden, daß diesem Antrag weder in der einen noch in der anderen Form **wörtlich** entsprochen werden könnte. . . Der Kläger verkennt dabei die Grenzen des Nichtigkeitsverfahrens, in dem nur eine völlige oder teilweise Vernichtung des Patents, also des im Anspruch festgelegten Gegenstandes der Erfindung, erreicht werden kann, nicht aber eine Aenderung des Inhalts der Beschreibung oder der Darstellung in einer Zeichnung. Das hindert aber nicht, im Berufungsverfahren sachlich zu prüfen, ob die im Grunde angestrebte Teilvernichtung mit Recht beantragt wird. Wäre danach eine Beschränkung des Anspruchs gerechtfertigt, so würde die aus der Zeichnung alsdann sich ergebende Unstimmigkeit dadurch beseitigt sein, daß jetzt diese Zeichnung überhaupt bedeutungslos würde, weil das rechtskräftige Urteil im Nichtigkeitsverfahren allein für den Gegenstand des Patents maßgeblich wäre, auch wo die Patentschrift etwas anderes sagt oder zeigt. Aus demselben Grunde ist eine Aenderung des Wortlauts der Patentbeschreibung im Nichtigkeitsverfahren nicht angängig; etwaige Unrichtigkeiten werden durch das Urteil im Nichtigkeitsverfahren beseitigt, das bei positivem Inhalt an die Stelle der unzutreffenden Teile der Beschreibung tritt. Wird dagegen die Nichtigkeitsklage abgewiesen, so muß es dabei verbleiben, daß für den Gegenstand der Erfindung der Patentanspruch maßgeblich ist.

2. Der Kläger kann das von ihm erstrebte Ziel aber auch nicht dadurch erreichen, daß er die etwa aus der Patentbeschreibung zu entnehmende Beschränkung des Patentgegenstandes auf einen Verzicht des Beklagten im Patenterteilungsverfahren stützt. Würde damit ein Mangel des Erteilungsverfahrens geltend gemacht, um darauf die beantragte Teilvernichtung des Patents zu begründen, so könnte dieser Einwand überhaupt nicht beachtet werden. Aber der Kläger will durch seinen Hinweis auf einen Verzicht des Beklagten nur den zulässigen Beweis führen, daß das Reichspatentamt ihm ein Patent nur unter Beachtung dieses Verzichts habe erteilen wollen und tatsächlich erteilt habe und daß deshalb die Fassung der Patentbeschreibung, nicht die weitere Fassung des Patentanspruchs für den Gegenstand der Erfindung maßgeblich sei. Daraus folgert der Kläger, daß durch Aenderung des Patentanspruchs eine Beseitigung der jetzigen Unstimmigkeit der Patentschrift möglich sei und demgemäß insoweit eine Teilvernichtung des Patents verlangt werden könne.

Aber diese ganze Klagebegründung scheitert daran, daß ihr die aus einem Verzicht des Beklagten abgeleitete Grundlage fehlt. Es ist nicht richtig, wenn der Kläger wiederholt behauptet, die Anmelderin habe in einer Eingabe auf den Schutz, den der Anspruch unbeschränkt gewährt, teilweise verzichtet, sie habe nur noch verlangt, was in der Beschreibung gesagt ist, und deshalb müsse auch das Patent durch Einfügung des beschränkten Verwendungszwecks in den Anspruch teilweise vernichtet werden. Dieses Verlangen ist unbegründet, wie die angefochtene Entscheidung einwandfrei aus den Erteilungsakten nachgewiesen hat. Zwar war die Anmelderin ausweislich ihrer Eingabe vom 2. Juni 1927 bereit, auf den ursprünglich begehrten Schutz teilweise zu verzichten, und machte demgemäß Vorschläge über eine anderweitige Fassung der Patentbeschreibung und des Anspruchs 1. Danach sollte nun geschützt werden ein Verfahren, in zylindrisch vorgebohrte, nicht aufgeriebene Löcher konische, sich nachträglich deformierende Stifte einzutreiben. Der Prüfer riet von der beabsichtigten Umgestaltung von Beschreibung und Anspruch ab und empfahl der Anmelderin nachdrücklich die Annahme der von ihm mit Bescheid vom 23. Februar 1927 vorgeschlagenen Fassung. Dabei machte er allerdings im wesentlichen Gesichtspunkte geltend, die hier nicht von Belang sind. Er verwies nämlich darauf, daß durch ein Verfahren nur dessen unmittelbare Erzeugnisse, nicht aber gleiche, doch anderswie hergestellte Erzeugnisse geschützt seien. Das hat offenbar die Anmelderin überzeugt; denn sie hat nicht nur die vorgeschlagene Aenderung angenommen, sondern auch entsprechende Reinschrift eingereicht. Der Kläger meint, das sei unbeachtlich, denn es liege ein unwiderruflicher Verzicht der Anmelderin vor. Mit Recht lehnt das Reichspatentamt (Nichtigkeitsabteilung) diese Auffassung ab, erklärt vielmehr die Eingabe vom 2. Juni 1927 für einen Teil der unverbindlichen Erörterungen zwischen einem Anmelder und der Prüfungsstelle über die zweckmäßigste Gestaltung des Anspruchs und der Beschreibung. Maßgeblich war für das weitere Prüfungsverfahren also die hiernach ausdrücklich anerkannte Fassung der Beschreibung vom 23. Februar 1927, die im Gegensatz zur gedruckten Patentschrift bei dem Wort „Bohrung" nichts von zylindrisch sagt, sondern an einer Stelle vom „Eintreiben des Stifts in die Bohrung . . ., die zylindrisch oder keglig sein kann", ausdrücklich spricht. Demgemäß hat auch der Prüfer im Bekanntmachungsbeschluß vom 31. Oktober 1927 zur Auslegung bestimmt: Beschreibung und 2 Patentansprüche, eingegangen am 20. Oktober 1927. Das Patent ist dann, nach langwierigen Erörterungen über 5 Einsprüche, unverändert erteilt worden, „auf Grund der ausgelegten Unterlagen", die der Erteilungsbeschluß vom 23. Oktober 1929 allerdings nicht näher aufführt.

Es besteht danach kein Zweifel, daß das Patent 497 224 in der vom Prüfer am 23. Februar 1927 vorgeschlagenen Fassung erteilt ist. Da für den Bestand des Patents und dessen Wortlaut allein der Beschluß der patenterteilenden Behörde, hier der Anmeldeabteilung, maßgeblich ist, sind Abweichungen von den Unterlagen und Anlagen dieses Beschlusses, die sich in der Patentschrift finden, rechtlich unbeachtlich, können auch im Nichtigkeitsverfahren nicht beseitgt werden, weil keiner der gesetzlichen Nichtigkeitsgründe des § 10 PatG. (a. F.) vorliegt. Es kann auch nicht in Frage kommen, durch zweimalige Streichung der Bezugszeichen b im Patentanspruch etwa dessen wahren Inhalt klarzustellen. Dadurch würde nichts gebessert, vielleicht sogar die bestehende Unstimmigkeit noch verstärkt werden.

Bei dieser Sachlage ist also dem Reichspatentamt in vollem Umfang zuzustimmen, daß die geltendgemachten zulässigen Nichtigkeitsgründe zu Unrecht angerufen sind, daß aber die in der Patentschrift enthaltenen Unstimmigkeiten, beruhend auf einer unzulässigen nachträglichen Aenderung des „Druckexemplars" der Beschreibung, im Nichtigkeitsverfahren nicht geltend gemacht und nur durch die Gründe der vorliegenden Entscheidung richtiggestellt werden können.

RGZ. 153, 321

1. Wird ein vor dem 1. Oktober 1936 entstandenes Vorbenutzungsrecht dadurch hinfällig, daß es zur Zeit der rechtlichen Beurteilung wegen der am 1. Oktober 1936 eingetretenen gesetzlichen Aenderung, insbesondere nach § 7 Abs. 3 PatG. (n. F.), nicht mehr entstehen könnte?

2. Fällt unter den Schutz des Vorbenutzungsrechts auch diejenige Fabrikation, die ein Dritter mit Genehmigung des Berechtigten nach der technischen Lehre des Patents betreibt, ohne daß im übrigen ein bestimmender Einfluß des Berechtigten auf Art und Umfang der Herstellung und des Vertriebes besteht?

Patentgesetz (n. F.) § 7.

I. Zivilsenat. Urt. v. 4. Januar 1937.

I. Landgericht Berlin. II. Kammergericht daselbst.

Die Klägerin ist Inhaberin des mit Wirkung vom 7. August 1920 erteilten DRP. 406 267 betr. eine elektrische Gaslampe, für dessen Altersrang die Rechte aus der holländischen Anmeldung vom 27. August 1919 beansprucht sind. Der einzige Patentanspruch lautet:

Elektrische Gaslampe mit Zündhilfselektrode und dieser Hilfselektrode vorgeschaltetem Widerstande, dadurch gekennzeichnet, daß der Hilfselektroden-Vorschaltwiderstand derart groß ist, daß bei normalem Brennen der Lampe die zwischen der Hilfs- und Hauptelektrode durchgehende Entladung eine zu vernachlässigende kleine Stromstärke hat, und daß die Hilfselektrode samt ihrem Vorschaltwiderstande dabei dauernd eingeschaltet bleibt.

Die Beklagte stellt Glühkathodengleichrichter her und vertreibt sie. Dabei verwendet sie Gleichrichterröhren mit Hilfselektrode und vorgeschaltetem Widerstand, deren kennzeichnende Merkmale denen des DRP. 406 267 entsprechen. Deshalb erblickt die Klägerin in der Herstellung und dem Vertrieb solcher Gleichrichter eine unzulässige Benutzung ihres Patents und hat Klage auf Unterlassung, Rechnungslegung und Feststellung der Schadensersatzpflicht der Beklagten erhoben. Die Beklagte hat Abweisung der Klage beantragt und in erster Reihe geltend gemacht, daß sie unter dem Schutz eines von der A.-Fabrik AG. in B. erworbenen Vorbenutzungsrechts gehandelt und schließlich durch Vertrag mit dieser Firma mit Wirkung vom 16. Juni 1934 ab das Vorbenutzungsrecht als Zubehör des insoweit übernommenen Produktionsbetriebes erworben habe. . . .

Das Landgericht hat die Klage abgewiesen. Das Kammergericht hat die Berufung der Klägerin zurückgewiesen. Ihre Revision wurde hinsichtlich der für die Zeit nach dem 15. Juni 1934 geltend gemachten Ansprüche zurückgewiesen. Im übrigen wurde das angefochtene Urteil aufgehoben und die Sache an das Kammergericht zurückverwiesen.

Gründe:

1. . . .

2. . . . Für die Frage der Entstehung eines Vorbenutzungsrechts kann nur das zur Zeit der Anmeldung des Klagepatents geltende Recht maßgeblich sein; das heutige Recht könnte nur in Betracht kommen, falls sich daraus etwa eine Vernichtung des vorher entstandenen Vorbenutzungsrechts oder eine Aenderung seines Inhalts ergeben sollte. Zur Zeit der Patentanmeldung bestimmte sich die rechtliche Bedeutung des Prioritätsrechts nach Art. 4 UV. in der Washingtoner Fassung, wonach dieses Recht nur „vorbehaltlich der Rechte Dritter" entsteht. Damit wird nach deutscher Rechtsprechung die Entstehung eines Vorbenutzungsrechts im Prioritätsintervall gedeckt (RGZ. Bd. 99 S. 145). Nach dem

vorgetragenen Sachverhalt sind jedoch keinerlei Gesichtspunkte ersichtlich geworden, die im Hinblick auf die bisherige Rechtsprechung (RGZ. Bd. 123 S. 58; RGUrt. in JW. 1927 S. 1557 Nr. 2; JW. 1933 S. 2517 Nr. 6) das Berufungsgericht zu der Prüfung genötigt hätten, ob ein Vorbenutzungsrecht überhaupt entstehen konnte. Nichts war dafür vorgebracht, daß auch nur der Verdacht einer Unredlichkeit bei Erlangung der die Grundlage jedes Vorbenutzungsrechts bildenden Kenntnis des Erfindungsgedankens bestehe. Ebensowenig waren irgendwelche Anhaltspunkte dafür vorhanden, daß die A.-Fabrik mit einer der holländischen entsprechenden deutschen Anmeldung hätte rechnen müssen; hierfür wäre mindestens Kenntnis von der holländischen Anmeldung auf seiten der A.-Fabrik erforderlich gewesen, mit der die Klägerin offenbar selbst nicht rechnet. Dann brauchte das Kammergericht die Entstehung des streitigen Vorbenutzungsrechts in dieser Richtung nicht zu erörtern; die gegenteilige Auffassung der Revision kann nicht gebilligt werden.

3. Es ist zweifellos, daß ein Vorbenutzungsrecht der Beklagten oder der A.-Fabrik nach dem 1. Oktober 1936 gegenüber einem Prioritätsrecht der Klägerin infolge der Vorschrift des § 7 Abs. 3 PatG. nicht mehr entstehen könnte. Nachdem es aber einmal — die übrigen Voraussetzungen seiner Entstehung unterstellt — im Jahre 1920 als ein subjektives Recht der A.-Fabrik entstanden ist, kann heute auf Grund der Umgestaltung des Patentrechts nur erörtert werden, ob durch die Gesetzesänderung etwa solche Vorbenutzungsrechte beseitigt sind, die heute nicht mehr entstehen könnten. Aus den Uebergangsvorschriften der §§ 57 flg. PatG. ergibt sich hierfür keinerlei Anhalt. Anderseits handelt es sich bei Erörterung des Bestehens von Vorbenutzungsrechten auch nicht etwa um die neuerliche Feststellung des Inhalts des betroffenen Patents. Denn das Vorbenutzungsrecht stellt nicht etwa eine Belastung des Rechts am Patent dar, bedeutet vielmehr die Anerkennung des auf Kenntnis und Erkenntnis des Erfindungsgedankens beruhenden Besitzstandes in den Grenzen seiner ausgeübten oder doch vorbereiteten Benutzung. Soweit dieser rechtlich geschützte Besitzstand reicht, kann der Patentschutz gar nicht enstehen; deshalb ist es auch nicht gerechtfertigt, den Bereich des Patentschutzes nachträglich durch Beseitigung von Vorbenutzungsrechten zu erweitern, zumal die Entstehung und der Bestand solcher Rechte auch durch das geltende Gesetz anerkannt wird.

4. Es bedarf deshalb nun der weiteren Prüfung, ob das von der Beklagten geltend gemachte Vorbenutzungsrecht der A.-Fabrik in dem geltend gemachten Umfang entstanden ist und ob es die beanstandeten Handlungen der Beklagten deckt.

Das Kammergericht verkennt trotz seiner nicht ganz scharfen Ausdrucksweise offenbar nicht, daß die Beklagte in den beiden Tatsacheninstanzen in vollem Umfang die Beweislast für die Entstehung und den Umfang des von ihr einredeweise geltend gemachten Vorbenutzungsrechts trägt. Insoweit erhebt auch die Revision keinen Vorwurf gegen das angefochtene Urteil. Diesem ist aber auch insoweit zuzustimmen, als es sich mit der Feststellung des Umfangs des für die A.-Fabrik entstandenen Vorbenutzungsrechts befaßt; ein Rechtsirrtum ist hierbei nicht ersichtlich. Das Kammergericht beschränkt sich hier im wesentlichen darauf, die einschlägigen Ausführungen des Landgerichts zu billigen. Dagegen ist rechtlich nichts einzuwenden, weil die Ausführungen des Landgerichts nicht zu beanstanden sind. Das Landgericht vergleicht die Gestaltung des Gleichrichters der A.-Fabrik, wie er in der Zeitschrift Helios vom 4. Juli 1920 beschrieben ist und offenbar zunächst allein ausgeführt wurde, mit dem im Patent 406 267 offenbarten Erfindungsgedanken. Dabei stellt es fest, daß der Gleichrichter der A.-Fabrik damals eine Hilfselektrode in der Nähe der Glühkathode hatte, während das DRP. 406 267 nichts darüber sagt, ob die Hilfselektrode mehr in der Nähe der Glühkathode oder mehr in der Nähe der kalten Elektrode (Anode) anzuordnen sei. Das Zweite hatte die Klägerin behauptet; es ist aber nicht zu beanstanden, wenn das Landgericht aus der Patentschrift ohne weiteres entnimmt, daß dort nirgends von einer besonders zweckmäßigen Gestaltung durch Anordnung der Hilfselektrode nahe der Anode die Rede ist. Dann kommt es darauf an, ob die A.-Fabrik den so umgrenzten allgemeinen Erfindungsgedanken des Klagepatents in vollem Umfang erkannt hat, nämlich den Gedanken, eine Hilfselektrode mit hochohmigem Widerstand in der Nähe einer der Hauptelektroden zum Zwecke der Zündungsbewirkung anzuordnen. Dieses folgert das Landgericht aus dem oben erwähnten Aufsatz im Helios. Dabei handelt es sich im wesentlichen um eine tatsächliche Feststellung, die der Nachprüfung entzogen ist, da sie selbst rechtsirrtumsfrei getroffen ist. Es ist aber auch die weitere Begründung des Landgerichts nicht zu beanstanden. Die auf Kenntnis und Erkenntnis des allgemeinen Erfindungsgedankens beruhende Benutzung einer bestimmten Ausführungsform dieses Gedankens schafft ein Vorbenutzungsrecht nicht nur im Umfang der tatsächlichen Benutzung (RGZ. Bd. 133 S. 380; RGUrt. in GRUR. 1935 S. 157), sondern auch hinsichtlich einer abweichenden Form, in welcher jener Erfindungsgedanke ohne weiteres wiedergegeben werden kann (PMZBl. 1911 S. 291). Es ergreift allerdings nicht verbesserte oder zweckmäßigere Ausführungsformen des Erfindungsgedankens, die erst das Patent offenbart hat (RGZ. Bd. 133 S. 380; Pietzcker PatG. § 5 Bem. 17). Eine solche hat aber, wie bereits erörtert, das Klagepatent gar nicht gezeigt. Dann deckt, wie das Landgericht mit Recht weiter sagt, das Vorbenutzungsrecht der A.-Fabrik auch die als Verbesserung beanstandete neue Anordnung der Hilfselektrode nahe der Anode, so daß in solcher konstruktionellen Maßnahme eine Patentverletzung nicht erblickt werden kann.

5. Dagegen muß beanstandet werden, daß sich der Berufungsrichter bei Prüfung der Frage, ob die im Rechtsstreit bemängelten Handlungen der Beklagten in der Zeit vom 1. März 1932 bis 15. Juni 1934 unter den Schutz des Vorbenutzungsrechts fallen, von Rechtsgrundsätzen hat leiten lassen, die in ihrer allgemeinen Fassung rechtlich nicht zutreffend sind. Das Gesetz gestattet die Ausübung des Vorbenutzungsrechts in fremden Werkstätten nur soweit, als das für die Bedürfnisse des eigenen Betriebs erforderlich ist. Richtig ist allerdings die Ausführung des Kammergerichts, der Berechtigte sei bei der Ausnutzung seines Vorbenutzungsrechts — d. h. in den oben erörterten Grenzen — hinsichtlich der Art und Weise der Benutzung wie auch hinsichtlich ihres Umfangs nicht beschränkt, sofern nur die Art des Gewerbebetriebs nicht geändert werde. Aber mit Recht sagt die Revision, daß von einer nach § 5 PatG. a. F. zulässigen Ausübung des Vorbenutzungsrechts dann nicht mehr gesprochen werden könne, wenn der Vorbenutzungsberechtigte einem Dritten die Benutzung der Erfindung für dessen alleinige Rechnung und Gefahr überläßt. Es kommt in der Tat für die Frage, ob man noch sagen kann, daß die Erfindung vom Vorbenutzer noch im Rahmen seines Rechtes, also für die Bedürfnisse des eigenen Betriebs in fremden Werkstätten ausgenutzt wird, darauf an, ob der Vorbenutzungsberechtigte noch einen bestimmenden, sich für ihn wirtschaftlich auswirkenden Einfluß auf die Art und den Umfang der Herstellung und des Vertriebs der als patentverletzend bezeichneten, gegebenenfalls aber durch das Vorbenutzungsrecht gedeckten Erzeugnisse hatte. Nur solange das der Fall ist, schützt das Vorbenutzungsrecht den Berechtigten und den Inhaber der herangezogenen fremden Werkstätten.

Nach den eigenen Angaben der Beklagten sind in dem Zeitraum vom 1. März 1932 bis 15. Juni 1934 zwei verschiedene Zeitspannen zu unterscheiden. Es sind von der A.-Fabrik zunächst die Zubehörteile für die von ihr hergestellten Glaskörper von der Beklagten bezogen und eingebaut, dann aber im wesentlichen an die Kundschaft der Beklagten geliefert worden. Später hat die A.-Fabrik nur die Glaskörper hergestellt und solche in dem von der Beklagten gewünschten Umfang geliefert, dieser alles weitere — Fertigstellung und Vertrieb — überlassend. Diese Aenderung in der Verteilung der Abschnitte des Herstellungsverfahrens hatte nach den Feststellungen des Berufungsgerichts in dem in Betracht kommenden Zeitabschnitt bereits stattgefunden. Wie sich aber dabei das Verhältnis der A.-Fabrik zu der Beklagten im einzelnen gestaltet hat, bleibt nach den Gründen des angefochtenen Urteils völlig unklar, obwohl die Klägerin in dieser Richtung bestimmte Behauptungen aufgestellt hatte. Das Kammergericht hält das zu Unrecht für unbeachtlich, weil es nach seiner Ansicht offenbar genügt, daß die A.-Fabrik schon von vornherein die mit den von der Beklagten gelieferten Zubehörteilen ausgestatteten Gleichrichterröhren an die Beklagte zum beliebigen Vertrieb an deren Kundschaft geliefert hatte. Das möchte wohl für diejenige Zeit genügen, in der die A.-Fabrik die Gleichrichterröhren selbst fertigstellte. Wenn sie dann aber dazu überging, der Beklagten nur die Glaskörper zu liefern, alles weitere aber ihr für eigene Rechnung und Gefahr zu überlassen, so konnte nun von einer Ausübung des Vorbenutzungsrechts überhaupt nicht mehr die Rede sein, solange die Beklagte nicht mit dem entsprechenden Betriebe das Vorbenutzungsrecht erworben hatte, was unstreitig vor dem 16. Juni 1934 nicht der Fall war. Solange die A.-Fabrik nichts weiter tat, als daß sie die Glaskörper herstellte und an die Beklagte für deren weitere Fabrikation lieferte, machte sie nicht mehr von ihrem Vorbenutzungsrecht Gebrauch und sie benutzte auch nicht mehr die Beklagte als Lieferwerk „für die Bedürfnisse ihres (d. h. der A.-Fabrik) eigenen Betriebs". Das wäre nur dann anders zu beurteilen, wenn — wie die Beklagte behauptet — noch ein bestimmender Einfluß der A.-Fabrik auf Art und Umfang der Herstellung und des Vertriebs der Gleichrichterröhren bestanden hätte. Worin dieser bestanden haben soll, ist aus dem festgestellten Sachverhalt nicht ersichtlich; es kann daher auch nicht zu der rechtlichen Beurteilung der tatsächlichen Vorgänge abschließend Stellung genommen werden. Nur so viel kann gesagt werden, daß die Beklagte keinesfalls im Rahmen des Vorbenutzungsrechts der A.-Fabrik handelte, wenn sie — wie auch im ersten Abschnitt bei Herstellung der Gleichrichter-Zubehörteile — bei deren Zusammenbau mit den von der A.-Fabrik gelieferten Glaskörpern nur nach den von dieser Firma entwickelten technischen Regeln handelte. In solchem Falle hätte nicht mehr die A.-Fabrik ihr Vorbenutzungsrecht ausgeübt, sondern sie hätte der Beklagten die Ausübung dieses Rechts überlassen, was ohne gleichzeitige Uebertragung des Betriebs unzulässig ist. Das angefochtene Urteil muß daher insoweit aufgehoben werden, als es die Zeit vor dem 16. Juni 1934 betrifft. Denn für diese Zeit bedarf es noch tatsächlicher Feststellungen, die alsdann nach den oben dargelegten Gesichtspunkten zu würdigen sind. Dabei muß dann auch berücksichtigt werden, daß auch die Rechnungslegung für die Zeit vor dem 1. März 1932 keinesfalls gefordert werden kann.

Unbegründet ist die Revision dagegen insoweit, als das Kammergericht die Klage für die Zeit seit dem 16. Juni 1934 abgewiesen hat. Mit Recht nimmt das angefochtene Urteil an, daß die von ihm festgestellten Tatsachen für die Annahme des Erwerbs des Betriebs der A.-Fabrik, soweit er das Vorbenutzungsrecht betraf, durch die Beklagte ausreichten. Die von ihm in bezug genommenen Gründe des Landgerichts lassen in dieser Hinsicht einen Rechtsirrtum nicht erkennen.

RGZ. 153, 329

1. Kann der Patentinhaber durch Vereinbarung mit einem Dritten den Patentanspruch als solchen abändern?

2. Ist eine Vereinbarung zulässig, durch die der Patentinhaber sich verpflichtet, das Patent gegen seinen Gegner im Verletzungsprozeß nur in beschränktem Umfange geltend zu machen?

3. Enthebt in diesem Fall die Vereinbarung den Verletzungsrichter der Aufgabe, den in der Patentschrift verkörperten Erfindungsgedanken und den Schutzumfang des Patents nach dem wirklichen Stande der Technik festzustellen?

Patentgesetz §§ 6, 47.

I. Zivilsenat. Urt. v. 9. Januar 1937.

I. Landgericht Hamburg. II. Oberlandesgericht daselbst.

. . .

Aus den Gründen:

. . .

Auszugehen ist davon, daß das Patent als solches durch eine Vereinbarung des Patentinhabers mit einem Dritten nicht geändert werden kann. Der Gegenstand des Patentes wird mit ausschließender Wirkung gegen Dritte durch das Patentamt als Erteilungsbehörde endgültig bestimmt. Für den Schutzumfang ist mangels einer Beschränkung des Schutzes durch Verzicht des Anmelders oder Verfügung des Reichspatentamts im Sinne der ständigen Rechtsprechung allein der Stand der Technik zur Zeit der Anmeldung maßgebend (vgl. RGZ. Bd. 80 S. 54 [57]). Dieser objektive Maßstab ist für den Inhalt des Patents allein entscheidend, so daß der Patentinhaber weder einseitig noch durch Vertrag mit einem Dritten daran etwas ändern kann. Wenn danach der Patentinhaber weder an dem Gegenstand (Anspruch) des Patents noch an dessen Schutzumfang inhaltlich etwas zu ändern vermag, so ist es doch nicht unzulässig, daß er auf das ganze Patent oder auf einzelne Schutzansprüche verzichtet (§ 12 PatG.); er kann auch durch Vereinbarung mit einem Dritten auf die Geltendmachung seiner Ansprüche aus bestimmten Handlungen oder bestimmten Arten von Handlungen verzichten. Das berührt natürlich den Bestand des Patents und die Frage, ob diese Handlungen sachlich eine unbefugte Patentbenutzung darstellen, in keiner Weise, schafft nur für den wegen Patentverletzung in Anspruch genommenen Dritten eine Einrede und verpflichtet den Patentinhaber, solche Ansprüche gar nicht erst geltend zu machen. Ein solcher Verzicht macht auch die Prüfung des Schutzumfangs des Patents auf der Grundlage des amtlich festgestellten Patentanspruchs nicht überflüssig; denn erst auf Grund derartiger Ermittelungen läßt sich die Bedeutung eines erklärten Verzichts einwandfrei erkennen. Durch die von der Beklagten als Inhaberin einer ausschließlichen Lizenz mit Zustimmung des Patentinhabers abgeschlossene Vereinbarung vom 31. Oktober 1935 haben sich die Parteien zur Beilegung des von der Klägerin anhängig gemachten Nichtigkeitsverfahrens und im Hinblick auf den zwischen ihnen anhängigen Verletzungsstreit über einen bestimmten Wortlaut des hier in Betracht kommenden Anspruchs 1 aus dem Patent Nr. 500 968 verständigt. Die Frage, ob eine Patentverletzung durch die Klägerin vorliegt, haben sie dabei der Entscheidung des Verletzungsprozesses vorbehalten. Offen geblieben ist nicht nur, ob die Klägerin die von der Beklagten als patentverletzend beanstandeten Handlungen unterlassen muß, sondern weiter auch, ob diese Handlungen eine die Schadensersatzpflicht auslösende schuldhafte Patentverletzung darstellen. Aus der bei Mitteilung der Vereinbarung abgegebenen Erklärung der Parteien und den Ausführungen des Berufungsrichters ergibt sich, daß nunmehr diese Fragen unter Zugrundelegung des vereinbarten Wortlautes des Patentanspruchs entschieden werden sollen. Hierin ist keine Aenderung des Patentanspruchs als solchen zu erblicken, die aus den dargelegten Gründen nicht möglich wäre, sondern eine schuldrechtliche Vereinbarung des Inhalts, daß die Beklagte ihr Schutzrecht gegenüber der Klägerin nur in einem bestimmten Umfange geltend machen dürfe. Gegenstand der insoweit für zulässig zu erachtenden Vereinbarung ist nur die Ausübung der Befugnisse aus dem Patent, und zwar nur in dem beschränkten Sinne, daß im Verletzungsprozeß darüber entschieden werden soll, ob ein Unterlassungs- und Schadensersatzanspruch der Beklagten in den hiernach in Betracht kommenden Grenzen besteht. Selbst wenn die Parteien, wie die Beklagte geltend gemacht hat, bei ihrer Vereinbarung von einem bestimmten Stande der Technik ausgegangen sind, ist zur Ermittlung ihrer Tragweite eine Würdigung dieses Standes der Technik unerläßlich. Abgesehen davon enthebt auch der Zweck der Vereinbarung, die Ansprüche der Beklagten nur in bestimmter Richtung einzuschränken, in diesem Rahmen aber die Frage der Patentverletzung mit Einschluß der Schuldfrage dem Verletzungsrichter vorzubehalten, diesen nicht der Aufgabe, zunächst den in der Patentschrift verkörperten Lösungsgedanken und sodann dessen Schutzumfang nach dem wirklichen Stande der Technik festzustellen. Erst nachdem Klarheit darüber geschaffen ist, was Gegenstand des Patents ist und wie weit sein nach den entgegengehaltenen Vorveröffentlichungen nicht ohne weiteres klar erkennbarer Schutzumfang reicht, läßt sich beurteilen, ob demgegenüber die Vereinbarung der Parteien eine bloße Beschränkung oder aber eine durch den Schutzumfang nicht mehr gedeckte Aenderung oder Erweiterung enthält. Im letzten Falle würde von einer Patentverletzung keine Rede sein können, da der Beklagten nicht mehr und nichts anderes geschützt sein kann, als sich aus dem vom Patentamt erteilten Patent ergibt.

RGZ. 154, 140

Kann der Patentinhaber gegen die eine Nichtigkeitsklage abweisende Entscheidung des Reichspatentamts mit der Begründung Berufung einlegen, daß sein Patent in den Gründen der Entscheidung zu Unrecht einschränkend ausgelegt worden sei?

Patentgesetz vom 5. Mai 1936 § 42.

I. Zivilsenat. Beschl. v. 27. Februar 1937.

I. Reichspatentamt.

Den Sachverhalt ergeben die nachstehenden Gründe des Beschlusses, durch welchen den Beklagten das von ihnen für die Berufungsinstanz nachgesuchte Armenrecht versagt worden ist.

Gründe:

Das Reichspatentamt hat durch die angefochtene Entscheidung vom 19. November 1936 die gegen das DRP. 598 125 gerichtete Nichtigkeitsklage abgewiesen und die Kosten des Verfahrens der Klägerin auferlegt. In den Entscheidungsgründen wird zunächst der Gegenstand der einen tropffreien Ausguß an Kannen betreffenden Erfindung erörtert und sodann nach Prüfung des Standes der Technik festgestellt, daß die in dem Anspruch des Streitpatents unter Schutz gestellte Vereinigung von Merkmalen, nämlich die besondere Ausbildung 1. des Bodens und der Unterseite und 2. der Seitenwände der Ausgußtülle, in den vorveröffentlichten Patentschriften nicht offenbart worden sei. Im Anschluß hieran bemerkt das Reichspatentamt im Hinblick auf die britische Patentschrift 471 aus dem Jahre 1891, die Auffassung der Klägerin, der Gegenstand des Streitpatents unterscheide sich von dem britischen Patent nur dadurch, daß die Einbuchtung und die Lippen der Ausgußtülle ohne die im britischen Patent vorgesehene Rinne oder Bohrung aus der flachen Tüllenwandung gestaltet seien, erscheine „im Grunde besehen nicht unzutreffend". Es führt hierzu aus, die Fortlassung der Rinne oder Bohrung des britischen Patents bilde tatsächlich den Kern des im Streitpatent unter Schutz gestellten Patentanspruchs. Diese Maßnahme habe, wie bereits in der Entscheidung des Beschwerdesenats vom 9. April 1934 ausgesprochen sei, einen technischen Fortschritt von erfinderischer Bedeutung herbeigeführt, weil dadurch die Herstellung und die Bruchsicherheit der tropffreien Ausgußtülle verbessert worden sei. Auch sei damit der gebrauchstechnische Vorteil verbunden, daß eine Tülle ohne eingearbeitete Rinne nach dem Gebrauch leichter gereinigt werden könne. Es sei erwogen worden, ob das Patent durch eine auf die Weglassung der Rinne oder Bohrung verweisende Fassungsänderung des Patentanspruchs teilweise zu vernichten sei. Der Nichtigkeitssenat habe hiervon aber abgesehen, weil sich die unterschiedliche Maßnahme aus dem

Patentanspruch ohne eine grundlegende und daher patentrechtlich und sachlich nicht unbedenkliche Umformung nicht herauslösen lasse. Zur Schaffung klarer Rechtsverhältnisse sei eine solche Umgestaltung des Patentanspruchs nicht erforderlich gewesen; vielmehr habe die Klarstellung der Erfindung dazu genügt.

Die gegen die Entscheidung des Reichspatentamts noch vor Zustellung der schriftlichen Begründung eingelegte Berufung haben die Beklagten ursprünglich damit begründet, daß ihr Patentanspruch durch die Entscheidung des Reichspatentamts abgeändert und eingeschränkt worden sei. Sie haben diese Behauptung nach Zustellung der schriftlichen Entscheidung nicht aufrecht erhalten, aber geltend gemacht, sie würden durch die Entscheidung beschwert, weil ihr Patent durch die Auslegung des Patentamts beschränkt worden sei und sie hiervon ungünstige Rückwirkungen auf den zwischen den Parteien schwebenden Verletzungsstreit zu befürchten hätten. Diese Auffassung der Beklagten kann nicht als zutreffend anerkannt werden.

Der Grundsatz der Zivilprozeßordnung, daß die Berufung eine mindestens formelle Beschwerung des Rechtsmittelklägers voraussetzt, gilt auch für Patentnichtigkeitssachen (K r a u ß e Anm. 1 c zu § 42 PatG.). Eine Beschwerung des Rechtsmittelklägers liegt regelmäßig nicht vor, wenn die Formel der Entscheidung seinen Anträgen entspricht und nur die Entscheidungsgründe ihm ungünstige Ausführungen enthalten. Die Gründe eines Urteils nehmen an der Rechtskraft der Entscheidung über den durch die Klage oder die Widerklage geltend gemachten Anspruch nicht teil (S y d o w - B u s c h Anm. 3 zu § 322 ZPO und die dort angeführte Rechtsprechung). Deshalb können die bloßen Gründe der Entscheidung den Rechtsmittelkläger nicht beschweren, wenn die Formel der Entscheidung ihm alles zuspricht, was er verlangt hat. Das Reichspatentamt hat die Nichtigkeitsklage abgewiesen und die Kosten des Verfahrens der Klägerin auferlegt. Es hat damit den Anträgen der Beklagten in vollem Umfang entsprochen. Die Beklagten werden also durch die Formel der Entscheidung des Reichspatentamts nicht beschwert. Ihre Auffassung, daß die Begründung der Entscheidung eine Beschränkung des Schutzumfangs ihres Patents zur Folge habe, kann nicht gebilligt werden.

Das Reichsgericht hat in ständiger Rechtsprechung daran festgehalten, daß die im Patenterteilungsverfahren vom Patentamt „absichtlich verfügten Einschränkungen" für den Patentinhaber in gleicher Weise verbindlich sind, wie die von ihm erklärten „unzweideutigen Verzichte" (vgl. K r a u ß e Anm. 7 zu C II zu § 6 PatG.). Der innere Grund für diese Rechtsprechung liegt in der Erwägung, daß der Pateninhaber die im Erteilungsverfahren über den Inhalt seiner Erfindung abgegebenen Erklärungen gegen sich gelten lassen muß und sich nicht auf die Behauptung zurückziehen darf, er habe die Erklärungen nur abgegeben, um möglichst rasch ein Patent zu erhalten (Pietzcker Anm. 41 zu § 4 PatG.). Dies gilt nicht nur für die vom Patentinhaber erklärten Verzichte, sondern auch für die vom Patentamt vorgenommenen Beschränkungen. Auch diese binden den Patentinhaber nur deshalb, weil er sich ihnen gefügt hat. Es folgt dies aus dem das ganze Patenterteilungsverfahren beherrschenden Grundsatz, daß gegen den Willen des Anmelders kein Patent erteilt werden darf (Krauße Anm. 1 zu VI zu § 26 PatG.). Wenn der Patentsucher den Antrag auf Erteilung des Patents aufrecht erhält, obwohl das Patentamt ihm unzweideutig erklärt, daß es ihm das Patent nur unter gewissen Beschränkungen erteilen kann, so fügt er sich damit der vom Patentamt verfügten Einschränkung. Zu dieser Erklärung muß der Patentinhaber auch nach der Erteilung des Patents stehen.

Diese Grundsätze können keine Anwendung finden, wenn der Patentinhaber gegen eine die Nichtigkeitsklage abweisende Entscheidung des Reichspatentamts keine Berufung einlegt und diese dadurch rechtskräftig wird. Da der Patentinhaber, wie bereits erörtert, gegen eine die Nichtigkeitsklage unter Belastung des Nichtigkeitsklägers mit den Kosten abweisende Entscheidung ein Rechtsmittel nicht einlegen kann, weil er durch diese Entscheidung nicht beschwert wird, kann aus der Nichteinlegung der Berufung auch nicht gefolgert werden, daß er sich einer in den Gründen ausgesprochenen Beschränkung des Schutzumfangs fügen will (RGZ. Bd. 85 S. 233; vgl. auch RGZ. Bd. 86 S. 202 und S. 415). Es braucht nicht erörtert zu werden, ob der Hinweis des Patentamts auf die einer Umformung des Patentanspruchs entgegenstehenden Schwierigkeiten es zu rechtfertigen vermag, daß das Patentamt von einer teilweisen Vernichtung des Patents Abstand genommen hat. Maßgebend ist allein die vom Patentamt getroffene Entscheidung. Da durch diese die Klage abgewiesen ist, sind die Patentinhaber nicht in der Lage, die Entscheidung mit einem Rechtsmittel anzugreifen. Daraus folgt aber, daß aus der Nichtdurchführung der Berufung gegen den Patentinhaber ungünstige Folgerungen hinsichtlich des Schutzumfanges ebensowenig gezogen werden können, wie dies bei einer Verwerfung der Berufung wegen Unzulässigkeit des Rechtsmittels der Fall wäre. Der Schutzumfang des Streitpatents ist im Verletzungsstreit ohne Bindung an die in der Entscheidung des Reichspatentamts ausgesprochene Auffassung lediglich nach dem der freien Würdigung des Verletzungsgerichts unterliegenden Stande der Technik zu bestimmen*). . . .

RGZ. 154, 225

Hat im Nichtigkeitsverfahren der im Ausland wohnende Patentinhaber als Berufungskläger auf Verlangen des Nichtigkeitsklägers als

*) Vgl. RG. Bd. 170 S. 346. (abgedr. weiter unten in diesem Abschnitt).

Berufungsbeklagten Sicherheit wegen der Kosten des Berufungsverfahrens zu leisten?

Patentgesetz vom 5. Mai 1936 § 37 Abs. 5.

I. Zivilsenat. Beschl. v. 20. März 1937.

Der Sachverhalt ergibt sich aus den

Gründen:

In der Eingabe vom 11. Januar 1937 hat die in erster Instanz vom Reichspatentamt als Streitgehilfin der Nichtigkeitsklägerin zugelassene Nebenintervenientin von dem in Philadelphia (USA.) wohnenden Patentinhaber als Berufungskläger Sicherheitsleistung wegen der Kosten des Verfahrens verlangt. Und zwar soll sich die Sicherstellung, wie in sinngemäßer Auslegung des Begehrens anzunehmen ist, sowohl auf die der Nebenintervenientin als auch auf die der Hauptpartei im Berufungsverfahren voraussichtlich erwachsenden Kosten erstrecken.

Der Antrag ist unbegründet. Zwar hat der Senat in seinem Beschlusse vom 29 Januar 1930 I 109/29 (RGZ. Bd. 127 S. 194) den Grundsatz aufgestellt, daß der im Ausland wohnende Patentinhaber als Berufungskläger dem Nichtigkeitskläger als Berufungsbeklagtem auf Verlangen gemäß § 28 Abs. 5 PatG. a. F. Sicherheit wegen der Kosten des Berufungsverfahrens zu leisten habe. Als Folge der Nichtleistung der Sicherheit bestimmt der Beschluß, daß die Berufung als zurückgenommen gelte. Nach nochmaliger Prüfung kann indessen jener Grundsatz, der auch im Schrifttum Widerspruch gefunden hat (vgl. Krauße 2. Aufl. Anm. 7a zu § 37 PatG.; Lutter 10. Aufl. Anm. 6 zu § 37 PatG.), nicht aufrecht erhalten werden.

Der Senat sieht allerdings keinen Anlaß, von der im Beschlusse vom 29. Januar 1930 vertretenen und seitdem in ständiger Rechtsprechung (vgl. Beschlüsse vom 22. März 1930 I 44/30, abgedr. MuW. 1930 S. 317, und vom 13. Oktober 1934 I 78/34, abgedr. GRUR 1934 S. 734) festgehaltenen Ansicht abzugehen, daß das Sicherheitsverlangen auch noch im Berufungsverfahren gestellt werden könne. Hieraus folgt indessen nichts für die Frage, wer im Berufungsverfahren als sicherheitspflichtiger Antragsteller anzusehen ist.

Der Begriff des Antragstellers ist mehrdeutig. Im Sinne der Kostengesetze ist als Antragsteller auch anzusehen, wer einen bestimmten Verfahrensabschnitt, z. B. auch einen Rechtszug, durch seinen Antrag in Gang bringt. Insofern ist es wohl möglich, den Berufungskläger als Antragsteller anzusehen. Es sprechen aber überwiegende Gründe dagegen, im Sinne von § 37 Abs. 5 PatG., der dem § 28 Abs. 5 PatG. a. F. wörtlich entspricht, auch den Rechtsmittelkläger als Antragsteller zu behandeln.

Die Vorschrift ist ebenso wie die wesensgleichen Bestimmungen der §§ 110 flg. ZPO. mit Rücksicht auf die Schwierigkeiten getroffen, die der Vollstreckung der gegen den abgewiesenen Antragsteller ergangenen Kostenentscheidung im Ausland entgegenstehen. Nach dem in § 37 Abs. 5 Satz 1 PatG. vorausgesetzten Regelfall bezieht sich die Pflicht eines im Ausland wohnenden Nichtigkeitsklägers zur Sicherheitsleistung auf die Kosten des ganzen als eine Einheit gedachten Nichtigkeitsverfahrens, also nicht nur auf den ersten Rechtszug, sondern auch auf das Berufungsverfahren. Demgemäß hat das Reichspatentamt bei der ihm übertragenen Festsetzung der Sicherheit auch die Kosten eines stets in Rechnung zu stellenden Berufungsverfahrens zu berücksichtigen, obwohl nicht vorauszusehen ist, wer im Berufungsverfahren die Stellung des Berufungsklägers haben wird (vgl. Lutter Anm. 6 zu § 37 PatG.). Für die Bemessung der Sicherheit ist in dem gedachten Falle lediglich der Gesichtspunkt maßgebend, daß dem Inhaber des angegriffenen Patents im Falle seines endgültigen Obsiegens Gewähr für die Erstattung der entstehenden Kosten gegeben sein soll. Schon diese Erwägungen legen das Ergebnis nahe, daß der Gesetzgeber als Antragsteller nur den Nichtigkeitskläger im Auge hat.

Verstärkt wird diese Annahme durch den erkennbaren Zusammenhang des Abs. 5 mit Abs 1 § 37 PatG. Nach § 37 Abs. 1 wird das Nichtigkeitsverfahren als echtes Streitverfahren nur auf Antrag eingeleitet. Die Stellung des Antragstellers behält der Nichtigkeitskläger für das ganze Nichtigkeitsverfahren, und zwar ohne Rücksicht darauf, ob es vor dem Reichspatentamt oder im Berufungsverfahren vor dem Reichsgericht anhängig ist und wer im letzteren Falle das Rechtsmittel eingelegt hat; denn Voraussetzung für eine Sachentscheidung ist, daß der Antrag auf völlige oder teilweise Vernichtung des Patents aufrechterhalten wird. Im Falle der jederzeit möglichen Zurücknahme des Antrags erledigt sich der Nichtigkeitsstreit. Unabhängig von seiner formellen Rolle als Rechtsmittelkläger oder -beklagter ist somit der Nichtigkeitskläger auch in der Berufungsinstanz der das Nichtigkeitsverfahren betreibende Antragsteller. Er muß deshalb, wenn er im Ausland wohnt, auf ein vom Patentinhaber als Berufungskläger gestelltes Verlangen noch im Berufungsverfahren Sicherheit wegen der Kosten dieser Instanz leisten, und zwar mit der Folge, daß im Falle der Nichtleistung der Sicherheit die Nichtigkeitsklage als zurückgenommen gilt.

Es kann nun aber nicht angenommen werden, daß das Gesetz für den Fall, daß der Patentinhaber im Ausland wohnt und Berufung eingelegt hat, den Begriff des Antragstellers für das Berufungsverfahren anders aufgefaßt hat. Es muß vielmehr als in der Absicht des Gesetzes liegend angesehen werden, daß lediglich der Patentinhaber vor den Kosten des Angriffs eines im Ausland wohnenden Nichtigkeitsklägers geschützt werden soll.

Bestätigt wird diese Auslegung durch die entsprechende Regelung in den §§ 110 flg. ZPO. und § 85 GKG. Für das Zivilprozeßverfahren ist es nach den angeführten Vorschriften der Zivilprozeßordnung unzweifelhaft, daß stets nur der Kläger Sicherheit zu leisten hat, und zwar für das gesamte Verfahren einschließlich der möglichen Rechtszüge, ohne Rücksicht auf die nicht voraussehbare prozeßrechtliche Stellung, die er in diesen einnehmen wird. Das entspricht dem Grundgedanken des Gesetzes, das den Angegriffenen vor den Folgen schützen will, die ihm aus der Schwierigkeit der Eintreibung seiner Kosten erwachsen können, nicht aber den Angreifer (vgl. RGZ. Bd. 31 S. 385). Daß auch die Vorschrift des § 85 Abs. 1 GKG., nach welcher als Kläger auftretende Ausländer im Zivilprozeß der Staatskasse gegenüber einer besonderen Vorschußpflicht wegen der Gerichtskosten unterliegen, auf den gleichen Erwägungen beruht, ist in dem Beschlusse des Reichsgerichts RGZ. Bd. 31 S. 385 mit ausführlicher Begründung dargelegt.

Nach alledem muß angenommen werden, daß entsprechend § 37 Abs. 5 PatG. unter dem Antragsteller nur den Nichtigkeitskläger versteht. Das Sicherstellungsbegehren der als Streitgehilfin der Klägerin beigetretenen Nebenintervenientin ist daher als unbegründet zurückzuweisen.

RGZ. 154, 309

1. Sind Stücklizenzen, die ein Angestellter aus einer von ihm gemachten freien Erfindung auf Grund von Lieferungen der Lizenznehmer an seinen Dienstherrn erhält, ohne weiteres als aus einer Geschäftsbesorgung erlangt anzusehen, wenn der Angestellte bei der Vergebung der den Lieferungen der Lizenznehmer zugrunde liegenden Aufträge maßgebend beteiligt war?

2. Unter welchen Umständen kann angenommen werden, daß der Angestellte, der eine freie Erfindung gemacht hat, mit dem Verlangen des Dienstherrn einverstanden ist, diesem den unentgeltlichen Gebrauch der Erfindung einzuräumen?

BGB. §§ 133, 157, 667.

III. Zivilsenat. Urt. v. 16. März 1937.

I. Landgericht Nürnberg. II. Oberlandesgericht daselbst.

Die Klägerin betreibt seit 1913 ein Kraftwerk zur Erzeugung von elektrischem Strom für die Stadt N. und den Kreis M. Der Beklagte trat am 1. Dezember 1913 als Ingenieur in ihren Dienst. Nach dem Anstellungsschreiben hatte sich „seine Dienstleistung vornehmlich zu erstrecken auf die Ueberwachung des Betriebes in dampftechnischer Hinsicht wie der Heizvorgänge im Kesselhaus, Feststellung der Wirkungsgrade und der Wirtschaftlichkeit, Untersuchung und Auswahl von Heizmaterialien", und es lag ihm „neben dem auch die Projektierung aller Erweiterungen in dampftechnischer Hinsicht" ob.

Im Jahre 1916 erfolgte in dem Werk der Klägerin eine Kesselexplosion, durch welche die Kessel des Werks teils zerstört, teils beschädigt wurden. Als Ersatz wurden andere Kessel aufgestellt und 1921 die Anlage auf 18 Kessel gebracht. Da im Juni 1921 auch die erst kurz vorher aufgestellten Kessel zum Teil erhebliche Risse aufwiesen, wurde wieder Ersatz notwendig. Damals empfahl der Beklagte der Klägerin die Nachschaffung der Kessel unter Verwendung einer von ihm gemachten Erfindung, die im wesentlichen dahin ging, die Schrägrohrkessel steil zu stellen. Der damalige Generaldirektor der Klägerin, Sch., folgte dieser Empfehlung, und so bezog die Klägerin bis zum Jahre 1930 nach und nach 12 M.-Kessel, wie sie mit dem Namen des Beklagten bezeichnet wurden: 7 von der Firma B. & W., 4 von der Firma MAN. und einen von einer dritten Firma.

Am 13. Oktober 1921 meldete der Beklagte seine Erfindung zum Patent an, das ihm am 13. Oktober 1923 unter Nr 383 439 mit Beginn vom 18. Oktober 1921 an erteilt wurde und das jetzt noch besteht. In der Inflationszeit und in den folgenden Jahren schloß er mit den Firmen B. & W. und MAN. Lizenzverträge, in denen er diesen gegen größere Anzahlungen (Erwerbsgebühren) und laufende Abgaben für jeden gelieferten M.-Kessel (Stückgebühren) das Anrecht auf fabrikmäßige Herstellung und auf Verkauf des von ihm beim Reichspatentamt angemeldeten oder patentierten Steilrohrkessels übertrug. Von den Lieferfirmen B. & W. und MAN. erhielt der Beklagte außer den einmaligen Zahlungen noch laufende Lizenzgebühren ausgezahlt. An andere Firmen als die Klägerin wurden bis jetzt M.-Kessel nicht geliefert.

Die Klägerin verlangt vom Beklagten die Auszahlung der Beträge, die er als laufende Lizenzgebühren für die an sie gelieferten M.-Kessel von den Lieferfirmen B. & W. und MAN. erhalten habe und die sie auf etwa 19 000 RM. berechnet. Sie hat beantragt, den Beklagten zur Zahlung eines Teilbetrags von 10 000 RM. nebst Zinsen zu verurteilen, und zur Begründung geltend gemacht: Die Lizenzgebühren, die der Beklagte für die von B. & W. und MAN. erfolgten Lieferungen von M.-Kesseln an sie bezogen habe, seien von den Lieferfirmen auf sie abgewälzt worden. Bei der Erfindung des Beklagten habe es sich um eine sogenannte Diensterfindung gehandelt, deren Benutzungsrechte ihr selbst zugestanden hätten. Sie habe sich aber lediglich die kostenlose Verwertung der Erfindung für ihren Betrieb vorbehalten, die Verwertung im übrigen aber dem Beklagten überlassen. Dieser sei dadurch in die Lage gekommen, die Erfindung auf seinen Namen zum Patent anzumelden. Der Beklagte habe ihr übrigens ausdrücklich zugestanden, daß sie durch Zahlung von Lizenzgebühren in keiner Weise belastet werde. Er sei daher in jedem Falle, selbst wenn nicht eine Diensterfindung, sondern eine sogenannte freie Erfindung vorliege, im letzteren Falle auf Grund besonderer Vereinbarung, verpflichtet gewesen, für die Lieferungen von M.-Kesseln an ihren Betrieb keine Lizenzgebühren in Anspruch zu nehmen. Dieser Verpflichtung habe der Beklagte entgegengehandelt, indem er von den Lieferfirmen die laufenden Lizenzgebühren für die gelieferten M.-Kessel bezogen und ihr weder den Abschluß der Lizenzverträge noch den Bezug der Gebühren und deren Höhe mitgeteilt habe. Sie habe daher erst im Jahre 1935 davon Kenntnis erhalten. Der Beklagte habe damit auch gegen seine Pflichten aus dem Dienstvertrag verstoßen und sei ihr zur Zahlung mindestens der Klagesumme unter den rechtlichen Gesichtspunkten des Dienstvertrags, des Schadensersatzes wegen positiver Vertragsverletzung, der Herausgabe einer ungerechtfertigten Bereicherung und des Schadensersatzes wegen unerlaubter Handlung nach § 823 Abs. 2 BGB. in Verbindung mit § 266 StGB., insbesondere aber nach § 826 BGB. verpflichtet.

Nach Ansicht des Beklagten liegt keine Diensterfindung, sondern eine freie Erfindung vor. Er bestreitet den von der Klägerin behaupteten Vorbehalt hinsichtlich ihrer Nichtbelastung mit Lizenzgebühren und die Uebernahme einer besonderen Verpflichtung, für die Lieferungen der Lieferfirmen an die Klägerin keine Lizenzgebühren in Anspruch zu nehmen, behauptet auch, der Klägerin von dem Abschluß der Lizenzverträge und den ihm daraus zustehenden Ansprüchen Kenntnis gegeben zu haben. Ob in den von der Klägerin für die M.-Kessel gezahlten Kaufpreisen Lizenzgebühren enthalten gewesen seien, wisse er nicht. Die Preise habe übrigens der Generaldirektor der Klägerin, Sch., stets selbst festgesetzt und den Lieferanten „limitiert". Sie seien immer 7½ bis 15 % tiefer gewesen als die Angebotspreise der Firmen. Da die Lizenzgebühren jeweils nur 1 bis 2 % betragen hätten, könne die Klägerin mit den Lizenzgebühren nicht belastet gewesen sein. Er sei zur Zahlung des von der Klägerin verlangten Betrags demnach unter keinem rechtlichen Gesichtspunkt verpflichtet.

Das Landgericht hat die Klage abgewiesen, das Oberlandesgericht aber den Beklagten gemäß dem Klagantrag verurteilt. Die Revision des Beklagten führte zur Aufhebung und Zurückverweisung.

Gründe:

Das angefochtene Urteil kann nicht aufrechterhalten werden, weil seine Gründe nicht mit hinreichender Sicherheit eine rechtlich einwandfreie Grundlage für den der Klägerin zugesprochenen Anspruch erkennen lassen.

1. Das Berufungsgericht läßt ausdrücklich offen, ob die Erfindung des Beklagten tatsächlich und rechtlich als eine sogenannte Diensterfindung oder als eine freie Erfindung zu beurteilen sei. . . . Es ist in dieser Instanz, da die Entscheidung der Frage weitgehend von einer Würdigung der tatsächlichen Verhältnisse abhängt, mit der Revision entsprechend dem Vorbringen des Beklagten in den Tatsacheninstanzen zu

unterstellen, daß es sich um eine freie Erfindung gehandelt habe, deren Verwertung dem Beklagten nach jeder Richtung so lange freistand, als er nicht sich selbst der Verfügung darüber begab oder sein Recht durch Verpflichtungen beschränken ließ. Diese Unterstellung ist für die rechtliche Beurteilung, wenn man zunächst von der vom Berufungsgericht angenommenen Vereinbarung zwischen der Klägerin und dem Beklagten absieht, von erheblicher Bedeutung.

Das Berufungsurteil beruht auf der Annahme des Berufungsgerichts, der Beklagte habe bei der Vergebung von Aufträgen auf die M.-Kessel als Geschäftsbesorger für die Klägerin gehandelt und sei deswegen nach den § 675, 667 BGB. verpflichtet, an sie die von den Lieferfirmen B. & W und MAN. für die gelieferten Kessel erhaltenen Stücklizenzen als „aus der Geschäftsbesorgung erlangt" zu zahlen.

In ihrem ersten Teil ist diese Annahme des Berufungsgerichts rechtlich nicht zu beanstanden. Seine Ausführungen entsprechen insoweit ziemlich wörtlich denen in der Senatsentscheidung vom 27. April 1920 III 411/19 (RGZ. Bd. 99 S. 31), die offensichtlich Muster und Vorbild für das angefochtene Urteil gewesen ist. In der Tat kommt es darauf an, ob die Dienstleistungen des Beklagten es mit sich brachten, daß er mit einer gewissen Selbständigkeit und in rechtlich erheblicher Weise die wirtschaftlichen Interessen der Klägerin Dritten gegenüber wahrzunehmen hatte. Das Berufungsgericht bejaht das ohne Rechtsirrtum. Auch die Revision erhebt nach dieser Richtung keine Einwendungen. . . .

Es kann sich hiernach nur fragen, ob die gezahlten Stücklizenzen als „aus der Geschäftsbesorgung erlangt" anzusehen sind. Wie das Berufungsgericht der bereits angeführten Senatsentscheidung entnimmt, fallen darunter alle Vorteile, die dem Beauftragten (dem Geschäftsführer oder Geschäftsbesorger) aus irgendeinem mit der Geschäftsführung oder Geschäftsbesorgung im inneren Zusammenhang stehenden Grunde zugewendet werden und die Besorgnis zu rechtfertigen geeignet sind, der Geschäftsführer könne durch sie veranlaßt sein oder werden, die Belange des Geschäftsherrn nicht nach jeder Richtung hin auf das gewissenhafteste zu berücksichtigen (vgl. RGZ. Bd. 146 S. 194 [205]). An dieser strengen Auffassung des Senats von den Pflichten eines Geschäftsbesorgers, die durch die weite Umgrenzung des Begriffs der aus der Geschäftsbesorgung erlangten Vorteile gekennzeichnet wird, ist grundsätzlich festzuhalten. Dennoch kann dem Berufungsgericht nicht zugegeben werden, daß im vorliegenden Fall die von dem Beklagten bezogenen Stücklizenzen ohne weiteres als aus der Geschäftsbesorgung erlangte Vorteile in dem in Rede stehenden Sinn angesprochen werden dürfen. Insoweit unterscheidet sich die Sach- und Rechtslage im vorliegenden Fall von dem in RGZ. Bd. 99 S. 31 entschiedenen, wo es sich um freiwillige Zuwendungen des Dritten an den Geschäftsbesorger, um sogenannte Schmiergelder, handelte, dadurch, daß hier, jedenfalls wenn eine freie Erfindung vorliegt, dem Beklagten ein Rechtsanspruch auf die Stücklizenzen zugestanden hat.

Das Berufungsgericht begründet seine Ansicht wie folgt: Die Stücklizenzen seien an den Beklagten auf Grund der Verträge der Jahre 1924 und 1925 gezahlt worden. Die Ansprüche auf die Gebühren seien mit der Erteilung der Aufträge an die Lieferwerke zur Entstehung gekommen. Diese Auftragserteilung habe aber im inneren Zusammenhang mit der Geschäftsbesorgung durch den Beklagten in Erfüllung seiner Dienstaufgabe gestanden. Daher seien die Leistungen der Firmen, die hieraus erlangten Vorteile des Beklagten, die von der Durchführung des Auftrags nicht zu trennen seien, insoweit aus der Geschäftsbesorgung erlangt.

Hiernach verkennt das Berufungsgericht selbst nicht, daß der Rechtsgrund für die Leistung der Stücklizenzen durch die Lieferfirmen an den Beklagten an sich nicht in seiner Geschäftsbesorgung für die Klägerin, sondern in den von ihm mit den Lieferfirmen geschlossenen Lizenzverträgen zu suchen ist. Es steht also außer Zweifel, daß die Leistungen der Lieferfirmen an den Beklagten jedenfalls nicht unmittelbar aus seiner Geschäftsbesorgung für die Klägerin erlangt sein können, solange sich nicht etwa der Abschluß der Lizenzverträge als eine „Geschäftsbesorgung" in diesem Sinne darstellt. Das nimmt aber das Berufungsgericht nicht an; das kann auch, wie die Revision richtig erkannt hat, nicht zutreffen, wenn der Beklagte zum Abschluß der Lizenzverträge für sich selbst, also im eigenen Interesse, befugt war, d. h. wenn es sich um eine freie Erfindung handelte.

Anders wäre die Rechtslage dagegen, wenn es sich um eine Diensterfindung gehandelt hätte, die nach der für das hier in Betracht kommende bisherige Recht ständig festgehaltenen Rechtsprechung des Reichgerichts (vgl. RGZ. Bd. 140 S. 53 [55]) regelmäßig ohne besonderen Uebertragungsakt dem Dienstherrn, hier also der Klägerin, zugefallen und ihr nach dieser Rechtsprechung selbst dann verblieben wäre, wenn der Angestellte die Erfindung vertragswidrig für sich zum Patent angemeldet und ein Patent darauf erlangt hätte, also erst recht, wenn diese Anmeldung, wie hier dem Beklagten von der Klägerin, mit dem Vorbehalt der kostenlosen Verwertung für ihren eigenen Betrieb gestattet worden wäre, der Beklagte diesen Vorbehalt aber nicht beachtet hätte. Solchenfalls müßte man annehmen, daß der Beklagte schon beim Abschluß der Lizenzverträge, soweit sie in das Gebiet eingriffen, das sich die Klägerin vorbehalten hatte, als ihr Geschäftsbesorger tätig geworden wäre und demzufolge insoweit den Anspruch auf die Lizenzgebühren und diese selbst unmittelbar aus der Geschäftsbesorgung erlangt hätte.

Diesen rechtlichen Unterschied hat das Berufungsgericht, wie die Revision mit Recht rügt, verkannt. Wenn nun auch — bei Unterstellung einer freien Erfindung — der Rechtsgrund für die von den Lieferfirmen an den Beklagten bewirkten Leistungen die Lizenzverträge gewesen sind, so besteht immerhin, wie dem Berufungsgericht nicht abgestritten werden kann, zwischen diesen Leistungen und der bei der Auftragserteilung geübten Geschäftsbesorgung des Beklagten insofern ein Zusammenhang, als die Stücklizenzen ihrer Natur nach an die Lieferungen geknüpft waren. Allein dieser Zusammenhang ist nur ein mittelbarer und begründet kein inneres Verhältnis zu der Geschäftsbesorgung, es besteht kein innerer Zusammenhang, der im Sinne der wiederholt erwähnten Senatsentscheidung im 99. Bande die Annahme rechtfertigen könnte, daß der Beklagte die Stücklizenzen aus der Geschäftsbesorgung erlangt hätte. Diese Stücklizenzen wurden nicht mit Bezug auf die bei der Auftragserteilung entwickelte Tätigkeit des Beklagten, nicht mit Rücksicht auf seine Geschäftsbesorgung gewährt, sondern stellten, wie die Revision mit Recht betont, genau so wie die von denselben Firmen gezahlten einmaligen Grundgebühren eine Gegenleistung der Firmen für den Gebrauch der Erfinderleistung des Beklagten dar. Der Zusammenhang zwischen den Leistungen der Lieferfirmen an den Beklagten und seiner Geschäftsbesorgung ist hiernach nur ein äußerer. Die Leistungen der Firmen waren nur die äußere Folge der Lieferungen an die Klägerin. Mögen auch diese Lieferungen mit der Geschäftsbesorgung des Beklagten bei der Auftragserteilung im inneren Zusammenhange stehen, so wird dadurch noch nicht der innere Zusammenhang zwischen den Leistungen (Lizenzgebühren) und der Geschäftsbesorgung als solcher hergestellt.

Im übrigen darf auch nicht übersehen werden, daß bei der gegebenen Sachlage, nachdem sich einmal die Klägerin in Kenntnis des Erfinderrechts des Beklagten zur Anschaffung von M.-Kesseln entschlossen und die Anschaffung auf seine Empfehlung hin beschlossen hatte und nachdem die Lizenzverträge bestanden, kaum noch Raum blieb für die Besorgnis, der Beklagte werde oder könnte durch die Entgegennahme der ihm aus den Lizenzverträgen erwachsenen Leistungen veranlaßt sein oder werden, die Belange der Klägerin nicht nach jeder Richtung wahrzunehmen. Denn die Leistungen der Lizenzfirmen an den Beklagten standen auf Grund der Verträge fest. Ihre Erhöhung kam nicht in Frage. Durch diese Verträge wurde aber der Beklagte, da sie eine geeignete Grundlage für eine Preiskontrolle schufen, gehindert, etwa zum Nachteil der Klägerin bei anderen Firmen, die zur Herstellung der M.-Kessel ja auch seiner Erlaubnis bedurften, höhere Lizenzgebühren zu erstreben und diesen Firmen mit Rücksicht auf die höheren Lizenzgebühren die Aufträge zuzuschieben.

Daß die Klägerin im Hinblick auf die Lizenzen des Beklagten das Gefühl haben konnte, sie müsse die an den Beklagten von den Lieferfirmen gezahlten Lizenzgebühren ihrerseits diesen ersetzen, mag richtig sein. Allein wer das Patent eines anderen benutzt, muß solche Unkosten tragen. Das ist nichts Besonderes und rechtfertigt keineswegs den Standpunkt des Berufungsgerichts, daß der Dienstherr eine freie

Erfindung seines Angestellten unter allen Umständen jedenfalls dann kostenlos für sich in Anspruch nehmen dürfe, wenn der Angestellte bei der Auftragsvergebung an besonderer Stelle mit beteiligt sei.

Für die hier zu entscheidende Frage ist es auch nicht von Bedeutung, ob der Beklagte dadurch, daß er die Tatsache des Bestehens von Lizenzverträgen mit den Lieferfirmen und die ihm daraus gegen diese Firmen zustehenden Ansprüche und Bezüge der Klägerin nicht bekanntgab, gegen seine Dienstpflichten verstoßen hat.

2. Nun will allerdings das Berufungsgericht den Klaganspruch auf die eben dargelegte Weise offenbar noch mit Hilfe der von ihm angenommenen Vereinbarung der beiden Parteien stützen, wobei ihm vorzuschweben scheint, daß durch diese Vereinbarung etwa dasselbe rechtliche Ergebnis eingetreten sei, wie wenn eine *Diensterfindung* vorgelegen hätte. Diese Stütze erweist sich jedoch nicht als tragfähig. . . .

Nach den Feststellungen des Berufungsgerichts hat der Beklagte der Klägerin, nämlich ihrem vertretungsberechtigten Generaldirektor Sch., ein bis zwei Jahre, nachdem er die Erfindung zum Patent angemeldet hatte und bereits zwei M.-Kessel in Auftrag gegeben worden waren, seine Absicht mitgeteilt, sich die Erfindung patentieren zu lassen. Im Zusammenhang mit dieser Mitteilung und auf Grund einer bei einem Patentanwalt eingezogenen Erkundigung hat dann Sch. dem Beklagten eröffnet, daß die Klägerin auch bei etwaiger Patentierung der Erfindung zugunsten des Beklagten das Recht der Benutzung der Erfindung ohne Entschädigung für sich in Anspruch nehme, eine eigene Patentnahme für die Klägerin aber abgelehnt, da sie nicht selbst Herstellerfirma sei und sonst wohl auch kaum Kessel dieser Konstruktion gebraucht würden, und deswegen dem Beklagten die eigene Patentnahme gestattet. Der Beklagte hat damals ausdrücklich erklärt, daß er den Anspruch der Klägerin auf eigene gebührenfreie Benutzung der für ihn patentierten Erfindung nicht anerkennen könne. Zu einer Einigung ist es nicht gekommen. Sch. hat sich zwar nochmals erkundigt, aber, als er seine bisherige Ansicht bestätigt fand, eine weitere Besprechung nicht für notwendig gehalten. Das Berufungsgericht nimmt deshalb an, daß Sch. — und damit die Klägerin — auch weiterhin an ihrem Benutzungsanspruch gegenüber dem Beklagten festgehalten habe und daß das auch der Beklagte habe annehmen müssen. Es meint nun, der Beklagte habe daraus erkennen können und auch erkannt, daß die Klägerin gegen ihn den Anspruch auf entschädigungslose Patentbenutzung weiterhin erhebe, und er habe die Pflicht gehabt, die Klägerin darauf hinzuweisen, daß er auf seine Erfinderrechte in dem von ihr beanspruchten Umfang nicht verzichte. Da er das nicht getan habe, habe sein Schweigen von der Klägerin als Zustimmung zu dem von ihr erhobenen Anspruch aufgefaßt werden dürfen, und so sei eine Vereinbarung im Sinne des Anspruchs der Klägerin zustande gekommen.

Lag indessen — wie hier zu unterstellen ist — eine freie Erfindung des Beklagten vor, so ist nicht einzusehen, wieso er, der die Verwertung der Erfindung tatsächlich und mit Wissen der Klägerin betrieb, nachdem er eine kostenlose Benutzung der Erfindung durch die Klägerin ihrem vertretungsberechtigten Vorstandsmitglied gegenüber ausdrücklich abgelehnt hatte, verpflichtet gewesen sein sollte, dem fortgesetzten Schweigen der Klägerin ein fortgesetztes ausdrückliches Bestreiten ihres vermutlich festgehaltenen, aber nicht mehr erhobenen Anspruchs entgegenzusetzen. Nachdem der Beklagte dem Anspruch der Klägerin bereits ausdrücklich entgegengetreten war, war es ihre Sache, ihren Anspruch gegen den Beklagten weiterzuverfolgen, wenn sie darauf bestand. Nach Treu und Glauben konnte sie jedenfalls nicht ohne weiteres annehmen, das Schweigen des Beklagten sei ihrem eigenen Schweigen gegenüber nunmehr als Zustimmung zu dem von ihr früher einmal geltend gemachten, vom Beklagten damals ausdrücklich bestrittenen Anspruch aufzufassen. Der Revision ist darin recht zu geben, daß es für diese Folgerung des Berufungsgerichts jedenfalls des Nachweises ganz besonderer Umstände bedurft hätte. Dieser Auffassung scheint das Berufungsgericht auch selbst zu sein. Denn es sucht diese besonderen Umstände offenbar in der Tatsache, daß der Beklagte für die ersten bestellten und gelieferten Kessel mit Ansprüchen „an das Werk" nicht hervorgetreten sei. Allein das Berufungsgericht übersieht, daß nach seinen eigenen Feststellungen diese Bestellungen bereits in einem Zeitpunkt gemacht worden sind, der ein bis zwei Jahre vor der Besprechung zwischen dem Beklagten und dem Generaldirektor Sch. lag. Ferner ist der Beklagte mit Ansprüchen an das „Werk" auch später nicht herangetreten; er hatte dazu auch keinen Anlaß, da er, nachdem die Klägerin nicht Herstellerfirma war, ihr ein Patentbenutzungsrecht nicht einzuräumen hatte, sondern seine Ansprüche sich ausschließlich gegen die Herstellerfirmen richteten. Unter diesen Umständen kann der vom Berufungsgericht besonders betonte Gesichtspunkt für die zu entscheidende Frage kein Gewicht beanspruchen. . . .

Allerdings hat das Berufungsgericht dann weiter angenommen, der Beklagte sei sich bewußt gewesen, daß der Zeuge Sch. sein Schweigen als Zustimmung zu seiner Forderung auf unentgeltlichen Gebrauch des Patents für die Klägerin auffasse. Es fügt bei, daß es dies bereits dargelegt habe. Das ist jedoch nicht ersichtlich und begegnet überdies Bedenken, da eine Grundlage für eine solche Annahme nirgends erkennbar ist. Sie allein in dem Dienstverhältnis zwischen dem Beklagten und der Klägerin zu suchen, geht nicht an, da für die Abgabe und Beurteilung von Willenserklärungen die Stellung des Dienstberechtigten und des Dienstverpflichteten, wenn es sich um eine freie Erfindung des letzteren handelt, nicht verschieden sein kann. Es ist daher auch nicht möglich, aus der Tatsache, daß der Beklagte der Klägerin über den

Abschluß der Lizenzverträge keine Mitteilung gemacht hat, so weitgehende Schlüsse zu ziehen.

RGZ. 154, 325

1. Steht die Rechtskraft der eine frühere Patentnichtigkeitsklage abweisenden Entscheidung der erneuten Klage aus demselben Klaggrunde entgegen, wenn zwar die zweite Klage von einem Strohmann des eigentlichen Interessenten erhoben ist, die erste Klage aber nur auf Anregung, jedoch sonst selbständig und nicht auf Kosten des Interessenten erhoben und durchgeführt worden war?

2. Können als Nahrungs- oder Genußmittel auch solche Gegenstände angesehen werden, die zwar zu einem erheblichen Teil genießbar, aber zu einem nicht unwesentlichen Teil ungenießbar sind?

Patentgesetz vom 5. Mai 1936 § 1 Abs. 2 Nr. 2, § 13 Abs. 1 Nr. 1 u. 2.

I. Zivilsenat. Urt. v. 10. April 1937.

I. Reichspatentamt.

Den Sachverhalt ergeben die

Gründe:

1. Das Patentamt hat das angefochtene Patent 510 578 für nichtig erklärt, indem es den Einwand des Beklagten, der Kläger sei in diesem Rechsstreit nur vorgeschobene Person und könne deshalb nach Abweisung der Nichtigkeitsklage im Jahre 1931 nicht nochmals eine solche Klage erheben, als unbegründet zurückgewiesen hat. Diesen Einwand hat der Beklagte im zweiten Rechtszug erst in der mündlichen Verhandlung nach der Vernehmung des Zeugen O. fallen lassen. Doch war von Amts wegen zu prüfen, inwiefern dieser Einwand durchgreifen könnte. Denn es handelt sich dabei um die Frage, ob die rechtskräftige Entscheidung des Patentamts vom Jahre 1931 einer nochmaligen Nichtigkeitsklage entgegensteht. Das könnte nur der Fall sein, wenn die Abweisung der Klage durch die Entscheidung von 1931 in Wahrheit denselben Kläger betroffen hätte, der jetzt durch einen Strohmann verdeckt als Kläger das Verfahren betreibt. In der Rechtsprechung ist wiederholt zum Ausdruck gekommen (vgl. RGZ. Bd. 59 S. 133 und Bd. 139 S. 3), daß es unzulässig ist, durch eine vorgeschobene Person (Strohmann) nochmals die Nichtigkeitsklage zu erheben, nachdem derjenige, welcher auch jetzt der eigentliche Kläger ist, mit einer früheren Nichtigkeitsklage abgewiesen wurde. Diese Auffassung wird im Schrifttum sowohl zum früheren Patentgesetz wie zum geltenden Gesetz vom 5. Mai 1936 einmütig geteilt (vgl. Pietzcker Anm. 3 zu § 10 S. 379; Krauße 2. Auflage S. 203; Busse Anm. 2 zu § 13 Nr. 5 S. 204;

Klauer-Möhring Anm. 3 zu § 13 S. 256). In allen diesen Fällen ist aber ein Tatbestand wie der jetzt vorliegende nicht erörtert worden. Die vorstehend wiedergegebene Rechtsauffassung muß indessen auch für den Fall gelten, daß für den beim zweiten Verfahren durch einen Strohmann verdeckten Kläger bereits bei der ersten Nichtigkeitsklage an Stelle des eigentlichen Klägers ein Strohmann aufgetreten war. Auch dann müßte die erste Entscheidung grundsätzlich als Abweisung dessen angesehen werden, der der eigentliche Kläger ist und nur zur Vermeidung eines persönlichen Auftretens einen Strohmann vorgeschoben hat. Dem steht die Tatsache nicht entgegen, daß die Nichtigkeitsklage nach den Vorschriften in § 10 Nr. 1 und 2 des bisherigen Patentgesetzes vom 7. April 1891/7. Dezember 1923 und den gleichlautenden Vorschriften in § 13 Abs. 1 Nr. 1 und 2 des jetzigen Patentgesetzes vom 5. Mai 1936 eine „Pupolarklage" ist, die von jedermann ohne Nachweis eines eigenen Interesses, also auch im fremden Interesse, erhoben werden kann. Denn wenn in beiden Fällen von derselben Person je ein Strohmann als Kläger vorgeschoben wird, so muß es unzulässig sein, auf diesem Wege wiederholt zu klagen und nach Abweisung der ersten Klage erneut die Vernichtung desselben Patents aus demselben Klaggrund zu betreiben. Im vorliegenden Fall ist es daher vollkommen unerheblich, ob der jetzige Kläger möglichenfalls nur eine vorgeschobene Person ist, deren sich der Konditormeister F. in L. bedient, um den Rechtsstreit zu betreiben, falls nicht gleichzeitig nachgewiesen werden kann, daß auch bei der ersten Klage vom Jahre 1931 F. der eigentliche, durch einen Strohmann verdeckte Kläger war. Letzteres ist aber durch die Beweisaufnahme widerlegt. Der Konditorenbund mag zwar auf Anregung von F. vorgegangen sein, hat das Verfahren aber ganz selbständig betrieben und kann daher nicht als vorgeschobene Person angesehen werden, deren sich F. bedient hätte, um nicht persönlich in Erscheinung treten zu müssen. Die Rechtskraft der patentamtlichen Entscheidung vom Jahre 1931 steht deshalb der Erhebung der gegenwärtigen Klage nicht im Wege.

2. Gegenstand der Erfindung ist nach dem Inhalt der Patentschrift ein Behälter zur Aufnahme von Speiseeis, bei dem zur Erhöhung des Wärmeschutzes zwischen dem das Eis umgebenden Schokoladenüberzug und der äußeren Stanniolumhüllung eine Waffelschicht eingefügt ist.

Zur Begründung der Klage hat der Kläger sich in erster Reihe darauf berufen, daß das Patent schon deshalb vernichtet werden müsse, weil sein Gegenstand ein Nahrungs- oder Genußmittel sei. Schon das Patentamt hat diese Auffassung mißbilligt, und es ist ihm darin beizutreten. In § 1 Abs. 2 Nr. 2 PatG. ist nichts Näheres darüber gesagt, wann im Sinne des Gesetzes ein Nahrungs- oder Genußmittel vorhanden ist. Zweifellos aber war der Zweck dieser gesetzlichen Vorschrift, daß man verhindern wollte, daß Nahrungs- oder Genußmittel irgendwelcher Art durch das Ausschließungsrecht eines Patentinhabers der freien Verwertung entzogen würden. Es kommt also darauf an, ob in dieser Art, entgegen der gesetzlichen Absicht, ein Nahrungs- oder Genußmittel unter Patentschutz gestellt ist. Das ist vorliegend nicht der Fall. . . .

Nach der herrschenden Ansicht sind als Nahrungsmittel nur solche Mittel anzusehen, die zur Ernährung des Menschen dienen, von ihm genossen werden, um in den Stoffwechsel des menschlichen Organismus zum Zwecke der Ernährung einzutreten. Genußmittel sind solche, die ebenfalls in den menschlichen Körper aufgenommen werden, aber auf die Geschmacks-, Geruchs- oder Gefühlsnerven einzuwirken bestimmt sind, wie Tabak, Kaffee, vielleicht auch gewürzte Soßen u. ä. Daraus ergibt sich, daß ein Gegenstand, der in wesentlichen Teilen nicht vom Menschen verzehrt werden kann, als Ganzes nicht Nahrungs- oder Genußmittel im Sinne des Gesetzes sein kann. Wenn, wie im vorliegenden Fall, der Gegenstand der Erfindung zu einem nicht unwesentlichen Teil aus Stanniol besteht, so kann in diesem Sinne das Ganze weder als Nahrungs- noch als Genußmittel bezeichnet werden. Genügend zur Verneinung einer Schutzunfähigkeit nach § 1 Abs. 2 Nr. 2 PatG. ist, daß ein wesentlicher Bestandteil des Gegenstandes der streitigen Erfindung nicht verzehrt werden kann und nur ein Teil des Erfindungsgegenstandes zur Aufnahme in den menschlichen Körper geeignet ist. Das hat das Patentamt für entscheidend erachtet, und dem ist zuzustimmen.

Es kommt deshalb nur noch darauf an, ob die vorliegende Erfindung wegen offenkundiger Vorbenutzung als nicht mehr neu bezeichnet werden muß. . . (Das wird auf Grund der Beweisaufnahme tatsächlich festgestellt.)

RGZ. 155, 129

Wird die Frist zur Beibringung des Nachweises über die Zahlung der Prozeßgebühr durch einen Antrag auf Anordnung der Zahlung der Gerichtskosten nach einem Teile des Streitwerts gehemmt?

Patentgesetz vom 5. Mai 1936 (RGBl. II S. 117) § 53 Abs. 1 ZPO. § 519 Abs. 6.

I. Zivilsenat. Beschl. v. 24. Mai 1937.

I. Landgericht Berlin. II. Kammergericht daselbst.

. . .

Aus den Gründen:

. . . Da der Kläger das bei der Einlegung der Berufung eingereichte Armenrechtsgesucht vor der Bestimmung einer Frist zur Beibringung des Nachweises über die Zahlung der Prozeßgebühr gestellt hatte, würde die ihm nach der Ablehnung seines Gesuchs gestellte Frist durch ein neues Armenrechtsgesuch gemäß den Bestimmungen des § 519 Abs. 6 ZPO. gehemmt worden sein (RGZ. Bd. 117 S. 136; WarnRspr. 1928 Nr. 17; Sydow-Busch Anm. 12 zu § 519 ZPO.). Der Kläger hat aber nicht ein neues Armenrechtsgesuch gestellt, sondern beantragt, anzuordnen, daß er die Gerichtskosten nur nach einem Teile des Streitwerts zu zahlen habe. Da er zur Begründung dieses Antrags geltend gemacht hat, daß die Anordnung gemäß § 53 PatG. ohne Prüfung der Aussichten des eingelegten Rechtsmittels zu erlassen sei, ist es auch nicht angängig, seinen Antrag in eine Wiederholung des Armenrechtsgesuches umzudeuten. Hieran kann es auch nichts ändern, daß der Kläger in dem Antrage darzulegen versucht hat, daß seine Berufung trotz der abweichenden Stellungnahme des Berufungsgerichts Aussicht auf Erfolg habe. Denn der Kläger hat dies ersichtlich nur getan, um dem Bedenken zu begegnen, daß nach der Ablehnung des Armenrechtsgesuchs wegen Aussichtslosigkeit der Rechtsverfolgung auch eine Anordnung aus § 53 PatG. nicht mehr erlassen werden könne.

Die in der sofortigen Beschwerde vertretene Ansicht, daß der Antrag auf Erlaß einer Anordnung gemäß § 53 PatG auf die Frist zur Beibringung des Nachweises über die Zahlung der Prozeßgebühr die gleiche hemmende Wirkung ausüben müsse wie ein Armenrechtsgesuch, kann als zutreffend nicht anerkannt werden. Allerdings kann der Antrag auf Erlaß einer Anordnung gemäß § 53 PatG. nicht als ein Antrag auf Herabsetzung des Streitwerts aufgefaßt werden, wie ihn das Kammergericht in dem angefochtenen Beschluß verstehen will. Denn der Streitwert ist auch dann nach den einschlägigen Vorschriften der Zivilprozeßordnung zu ermitteln und festzusetzen, wenn das Gericht eine Anordnung gemäß § 53 PatG. erläßt. Diese Anordnung geht lediglich dahin, daß die begünstigte Partei die Gerichtskosten nicht nach dem vollen — gemäß den allgemein gültigen Bestimmungen festzusetzenden — Streitwert, sondern nach einem ihrer Wirtschaftslage angepaßten Teile des Streitwerts zu zahlen hat. Mit einer Streitwertsherabsetzung hat diese Anordnung nichts zu tun. Aber die Vorschriften des § 519 Abs. 6 ZPO. über die Hemmung der Frist für die Beibringung des Nachweises über die Zahlung der Prozeßgebühr durch ein Armenrechtsgesuch können deshalb nicht auf den Antrag einer Anordnung aus § 53 PatG. angewendet werden, weil es an einer entsprechenden gesetzlichen Bestimmung fehlt. Wenn die in der sofortigen Beschwerde vertretene Ansicht von der Gleichheit der rechtlichen und wirtschaftlichen Bedeutung eines Armenrechtsgesuchs und des Antrags auf Erlaß einer Anordnung auf Zahlung der Gerichtskosten nach einem Teile des Streitwerts zuträfe, so hätte dies den Gesetzgeber veranlassen können, Erwägungen über die Zweckmäßigkeit einer entsprechenden Anwendung der Bestimmungen des § 519 Abs. 6 Satz 4 ZPO. auf den Antrag aus § 53 PatG. anzustellen. Den Richter können derartige Erwägungen nicht berechtigen, eine Bestimmung zu erlassen, von der der Gesetzgeber abgesehen hat. Denn zwischen der Bewilligung des Armenrechts und einer Anordnung auf Zahlung der Gerichtskosten nach einem Teile des Streitwerts bestehen entgegen der Auffassung der sofortigen Beschwerde in ihren Voraussetzungen und ihren Wirkungen so tiefgreifende Unterschiede, daß eine sinngemäße Anwendung der für das Armenrecht geltenden Bestimmungen auf die Anordnung aus § 53 PatG. ohne ausdrückliche Anordnung des Gesetzgebers nicht in Betracht kommen kann. Während das Armenrecht nach § 114 Abs. 1 ZPO. einer Partei nur bewilligt werden kann, wenn sie außerstande ist, ohne Beeinträchtigung des für sie und ihre Familie notwendigen Unterhalts Prozeßkosten zu bestreiten, setzt die Anordnung gemäß § 53 PatG. voraus, daß die Belastung mit den Prozeßkosten nach dem vollen Streitwert die wirtschaftliche Lage der unterliegenden Partei erheblich gefährden würde. Das Armenrecht muß bei dem Vorliegen der gesetzlichen Voraussetzungen bewilligt werden, die Anordnung auf Zahlung der Gerichtskosten nach einem Teile des Streitwerts ist in das Ermessen des Gerichts gestellt. Das Armenrecht darf nur bewilligt werden, wenn die beabsichtigte Rechtsverfolgung oder Rechtsverteidigung eine hinreichende Aussicht auf Erfolg bietet und nicht mutwillig erscheint. Für die Anordnung auf Zahlung der Gerichtskosten nach einem Teil des Streitwerts ist eine entsprechende Prüfung nicht vorgeschrieben. Nach der amtlichen Begründung ist dies unterblieben, weil die Tatsache, daß die Partei in jedem Falle ihrer Leistungsfähigkeit angemessene Prozeßkosten aufwenden muß, im Regelfall eine ausreichende Gewähr dafür bietet, daß sie von einer aussichtslosen oder mutwilligen Rechtsverfolgung Abstand nehmen wird. Ob und inwieweit das Gericht berechtigt ist, eine aus anderem Anlaß, z. B. bei der Entscheidung über ein Armenrechtsgesuch, gewonnene Anschauung von den Aussichten der Rechtsverfolgung bei der Anwendung seines Ermessens zu berücksichtigen, braucht hier nicht entschieden zu werden Der Antrag auf Bewilligung des Armenrechts kann in jeder Lage des Rechtsstreits gestellt werden, der Antrag auf Anordnung der Zahlung der Gerichtskosten nach einem Teile des Streitwerts ist vor der Verhandlung zur Hauptsache anzubringen, kann aber, wie das Kammergericht in seinem Beschlusse zutreffend ausführt, in der höheren Instanz vor der Verhandlung zur Hauptsache noch gestellt werden, wenn er in der unteren Instanz nicht gestellt ist. Durch die Bewilligung des Armenrechts erlangt die Partei die einstweilige Befreiung von den Kosten, bleibt aber zu ihrer Nachzahlung im Falle ausreichender Besserung ihrer wirtschaftlichen Lage verpflichtet. Die Anordnung der Zahlung der Gerichtskosten nach einem Teile des Streitwerts befreit die Partei endgültig von der Zahlung der weiteren Kosten. Dagegen läßt die Anordnung die Verpflichtung der Partei zur fristgerechten Zahlung der nach dem bestimmten Teile des Streitwerts zu erhebenden Kosten unberührt. Schon diese Hervorhebung der zwischen der Bewilligung des Armrenrechts und der Anordnung der Zahlung der Gerichtskosten nach einem Teile des Streitwerts bestehenden Unterschiede, die keine vollständige ist, zeigt, daß die von der sofortigen Beschwerde vertretene Auffassung der weitgehenden Uebereinstimmung beider Maßnahmen nicht haltbar ist. Danach erscheint es nicht zulässig, die Bestimmungen des § 519 Abs. 6 Satz 4 ZPO. über die hemmende Wirkung des Armenrechtsgesuchs entsprechend anzuwenden auf den Antrag des Erlasses einer Anordnung gemäß § 53 PatG. Härten können sich aus dieser Rechtslage nicht ergeben, weil die Partei, welche den Antrag auf Erlaß der Anordnung gemäß § 53 PatG. stellt, durch rechtzeitigen Antrag die Verlängerung der Frist für die Beibringung des Nachweises über die Zahlung der Prozeßgebühr erreichen kann. Die Voraussetzungen einer Wiedereinsetzung in den vorigen Stand gegen die Versäumung der Frist sind nach der insoweit einwandfrei begründeten Entscheidung des Kammergerichts schon deshalb nicht gegeben, weil die Versäumung der Frist nicht auf einen unabwendbaren Zufall zurückzuführen ist. Der Kläger hätte die weitere Verlängerung der bis zum 20. März 1937 laufenden Frist für die Beibringung des Nachweises über die Zahlung der Prozeßgebühr beantragen müssen, als er Grund zu der Annahme erhielt, daß ihm die Entscheidung über seinen Antrag nicht mehr rechtzeitig zugestellt werden würde.

RGZ 155, 306

Sind die Leistungen des Lizenzgebers aus einem einfachen Lizenzvertrage mit gesellschaftlichem Einschlag teilbar im Sinne des § 36 Abs. 2 der Vergleichsordnung vom 26. Februar 1935?

Vergleichsordnung vom 26. Februar 1935 (RGBl. I S. 321) — VerglO. §§ 36, 50, 51 —; Patentgesetz vom 5. Mai 1936 (RGBl. II S. 117) — PatG. § 9 —.

I. Zivilsenat. Urt. v. 18. August 1937.

Die Entscheidung ist abgedruckt unter „Verfahrensrecht, Vergleichsordnung".

RGZ. 155, 321

Ist in dem Streit wegen Verletzung eines Gebrauchsmusters der Einwand mangelnder Rechtswirksamkeit des Musters auch nach der Neuordnung des Löschungsverfahrens noch zulässig?

Gebrauchsmustergesetz v. 5. Mai 1936 (RGBl. II S. 130) — GebrMustG. — §§ 7 bis 11.

I. Zivilsenat. Urt. v. 30. Juni 1937.

I. Landgericht Hagen. II. Oberlandesgericht Hamm.

Auf Grund von Verträgen aus den Jahren 1932 und 1933 besaß die Klägerin die ausschließliche Lizenz an dem für die Eheleute K. in R. eingetragenen Gebrauchsmuster 1 102 760, dessen Schutzfrist am 19. November 1929 begonnen hatte und am 19. November 1935 abgelaufen ist. ... Die Klägerin ... hat ... den ihr durch die behauptete Gebrauchsmusterverletzung entstandenen Schaden geltend gemacht und zunächst Rechnungslegung verlangt.

Diesem Antrag hat das Landgericht entsprochen, indem es die Einwendungen der Beklagten gegen die Rechtsbeständigkeit, insbesondere die Neuheit und Erfindungshöhe des Gebrauchsmusters verwarf. Auch die Berufung der Beklagten wurde zurückgewiesen. ... Die Revision der Beklagten verfiel im wesentlichen ebenfalls der Zurückweisung, nachdem ein auf eine Nichtigkeitsfeststellungsklage gegen das Gebrauchsmuster gestützter Aussetzungsantrag abgelehnt worden war.

Aus den Gründen:

Eine Sachentscheidung war nur zulässig, nachdem festgestellt war, daß der von der Beklagten gestellte Ausetzungsantrag unzulässig oder unbegründet war. Der erkennende Senat hat in ständiger Rechtsprechung bisher angenommen, daß Aussetzungsanträge, die mit dem Schweben eines Verfahrens über den Bestand eines Patents oder Gebrauchsmusters zusammenhängen, auch noch in der Revisionsinstanz gestellt werden können (vgl. Pietzcker PatG. Anm. 2 zu § 1; Krauße PatG. 2. Aufl. Anm. 1 c zu § 1, Anm. 12 unter A VII d zu § 6). An dieser Auffassung ist auch für das neue Gesetz vom 5. Mai 1936 festzuhalten, so daß Bedenken gegen die Zulässigkeit des Aussetzungsantrags nicht bestehen. Der Antrag ist aber unbegründet.

Der Antrag der Beklagten ist auf § 11 GebrMustG. n. F. gestützt und geht zunächst zutreffend davon aus, daß es sich bei dem vorliegenden Rechtsstreit um einen solchen handele, bei dem die Entscheidung von der Rechtsbeständigkeit des DRGM. 1 102 760, insbesondere von dessen Neuheit und Erfindungshöhe abhänge, also von rechtserheblichen Tatbeständen, über die in dem inzwischen von der Beklagten anhängig gemachten Feststellungsverfahren vom Reichspatentamt entschieden werden soll. Daß ein solches Verfahren auch noch nach Erlöschen eines Gebrauchsmusters anhängig gemacht werden kann und an die Stelle des in den §§ 7 flg. GebrMustG. geordneten patentamtlichen Löschungsverfahrens tritt, wenn ein besonderer Grund für die nachträgliche Feststellung gegeben ist, wird von der Klägerin nicht bezweifelt; rechtliche Bedenken gegen die Zulässigkeit einer solchen Klage bestehen nicht. Sie ist daher ebenso zu behandeln, wie wenn vor Ablauf der Schutzdauer des Gebrauchsmusters eine Löschungsklage anhängig gemacht worden wäre. Besondere Gründe, die eine solche Feststellungsklage gerade im vorliegenden Falle unbeachtlich machen könnten, hat die Klägerin nicht vorgetragen. Es kann daher dahingestellt bleiben, ob nicht etwa unter besonderen Umständen ein sonst begründeter Aussetzungsantrag deshalb abgelehnt werden könnte, weil die Feststellungsklage beim Reichspatentamt nur erhoben sei, um den Verletzungsprozeß zu verschleppen.

Danach ist der in § 11 Satz 1 GebrMustG. als Grundlage der beantragten Aussetzung erforderte Sachverhalt zweifellos gegeben. Die Aussetzung des Verfahrens hätte also angeordnet werden können, falls nach pflichtmäßigem Ermessen des Senats eine solche Anordnung für zweckdienlich erachtet wäre. Ein Zwang zur Aussetzung besteht jedoch nach § 11 Satz 2 GebrMustG. nur, wenn das Gericht die Gebrauchsmustereintragung für unwirksam hält. Deshalb mußte vorweg geprüft werden, ob etwa nach dem in der Berufungsinstanz festgestellten Sachverhalt die Neuheit und Erfindungshöhe entgegen der Ansicht des Oberlandesgerichts aus Rechtsgründen verneint werden müßte. Blieb das zweifelhaft, so hätte die Aussetzung angeordnet werden können, besonders wenn damit zu rechnen gewesen wäre, daß im Falle der Zurückverweisung an das Berufungsgericht von diesem auf Grund erneuter Verhandlung die Klage wegen Unwirksamkeit des streitigen Gebrauchsmusters abgewiesen würde. Der Senat ist jedoch nach Verhandlung über diesen Teil des Streitstoffs zu der Ueberzeugung gelangt, daß das angefochtene Urteil in der Annahme, das Gebrauchsmuster 1 102 760 sei rechtsbeständig, weil der behauptete Mangel an Neuheit und Erfindungshöhe nicht bestehe, nicht zu beanstanden ist. Deshalb war ein Grund, von der Ermächtigung des § 11 Satz 1 GebrMustG. Gebrauch zu machen, nicht anzuerkennen, der Aussetzungsantrag also abzulehnen.

Diese Erörterung setzt allerdings voraus, daß für die vorstehende Prüfung überhaupt Raum vorhanden ist. Im neuesten Schrifttum ist nämlich die Ansicht vertreten worden, daß nach der im Gesetz vom 5. Mai 1936 vollzogenen Ueberweisung des Löschungsverfahrens an das Reichspatentamt im Verletzungsprozeß auch die Einrede der Rechtsunwirksamkeit des klagend geltend gemachten Gebrauchsmusters unzulässig sei (Z e l l e r in GRUR. 1937 S. 6 und S. 427; N e u m a n n das. 1937 S. 102). . . . Indessen kann diese Rechtsansicht nicht gebilligt werden. Sie geht davon aus, daß das neue Gesetz die bisher zur Zuständigkeit der ordentlichen Gerichte gehörige Löschungsklage dem Reichspatentamt zur Entscheidung übertragen habe, um die Gerichte vollständig von der schwierigen Aufgabe einer Prüfung der Rechtsbeständigkeit von Gebrauchsmustern zu befreien, und sie vertritt die Ansicht, daß dies auch im Gesetz eindeutig ausgesprochen sei. Die Absichten des Gesetzes können jedoch nur aus der amtlichen veröffentlichten Begründung oder aus dem Wortlaut des Gesetzes entnommen werden, und beide ergeben das Gegenteil von dem, was die genannten Schriftsteller annahmen. Einmütigkeit besteht darin, daß die amtliche Begründung unzweideutig sagt, der Gegner des Gebrauchsmusterinhabers, der die Nichtigkeit des Rechtes geltend machen wolle, solle nach der Regelung des neuen Gesetzes „nach wie vor berechtigt bleiben, gegenüber der Unterlassungs- oder Schadensersatzklage wegen angeblicher Verletzung des Schutzrechts dessen Nichtigkeit im Wege der Einrede vor Gericht geltend zu machen." Dementsprechend haben auch die Erläuterer des Gesetzes (vgl Klauer-Möhring Anm. 4 zu § 5; Benkard Anm. 1 zu § 11; Busse Anm. 1 zu § 11) diese Begründung für die Zulässigkeit der Einrede übernommen. Eine abweichende Auffassung könnte sich trotzdem aus der Fassung des Gesetzes ergeben. Vergleicht man aber diese mit den Vorschriften des alten Gesetzes, so ergibt sich nichts weiter, als daß die bisher zur Zuständigkeit der ordentlichen Gerichte gehörige Löschungsklage dem Reichspatentamt zur Entscheidung überwiesen ist, während im übrigen an der Zuständigkeit der ordentlichen Gerichte nichts geändert wurde. Es ist nicht richtig, wenn gesagt wird, daß die Fassung des § 5 Abs. 1 GebrMustG.: „Die Eintragung eines Gebrauchsmusters hat die Wirkung . . ." gegenüber der Fassung des früheren § 4: „Die Eintragung eines Gebrauchsmusters im Sinne des § 1 hat die Wirkung . . " rechtlich bedeute, es dürfe gegenüber der Geltendmachung von Ansprüchen aus der Gebrauchsmustereintragung deren Rechtsbeständigkeit überhaupt nicht mehr angezweifelt werden, weil nunmehr jede Eintragung als rechtsbeständig anzusehen sei. Tatsächlich sind die Worte „im Sinne des § 1" bei der Neufassung des Gesetzes nur weggelassen worden, weil sie entbehrlich waren. Denn andere Gebrauchsmuster als solche im Sinne des § 1 GebrMustG. gibt es nicht. Im übrigen sind aber auch sonstige Gründe für die hier abgelehnte Ansicht nicht erkennbar; insbesondere ist eine Vergleichung mit dem Patentrecht keineswegs geeignet, die Ansichten von Zeller und Neumann zu stützen. Wenn im Patentverletzungsprozeß der Einwand mangelnder Rechtsbeständigkeit des Patents nicht erhoben werden kann, so beruht das darauf, daß das Patent auf Grund amtlicher Prüfung der Schutzvoraussetzungen durch staatlichen Hoheitsakt mit ausschließlicher Wirkung verliehen worden ist und deshalb auch nur in einem besonderen Verfahren wieder beseitigt werden kann. Dagegen gibt es bei der formgerechten Anmeldung von Gebrauchsmustern keinerlei Prüfung der Schutzvoraussetzungen; die Anmeldung bedeutet nur, daß ein Schutz beansprucht wird, und die Eintragung legt nur den Gegenstand und den Zeitpunkt der Anmeldung maßgeblich fest. Herrscht hier also das reine Anmeldeverfahren, wie es z. B. in den romanischen Ländern auch für das Patentwesen gilt, so folgt aus dieser grundsätzlichen Regelung für das deutsche Gebrauchsmusterrecht ebenso wie für das Patentrecht jener Auslandsstaaten, daß im Verletzungsstreit der Einwand mangelnder Rechtsbeständigkeit des eingetragenen Schutzrechts zulässig sein muß, um die beteiligten Kreise gegen leichtfertige Beanspruchung von ungeprüften Schutzrechten zu sichern. Die Belange sorgfältiger Anmelder werden schon dadurch ausreichend gewahrt, daß der Gegner des eingetragenen Inhabers den Mangel der Rechtsbeständigkeit des Gebrauchsmusters in der Regel allein nachzuweisen hat, und dadurch, daß die Geltendmachung des Mangels nur unter den Prozeßparteien Rechtskraft schafft.

Aber auch die Fassung des § 11 GebrMustG. zeigt mit aller Deutlichkeit, daß im Verletzungsstreit die Einrede mangelnder Rechtsbeständigkeit des Musters nicht völlig ausgeschlossen sein sollte. Nur wenn im Verletzungsstreit die Ansicht des Gerichts dahin geht, daß das Muster der Rechtswirksamkeit entbehre, muß ausgesetzt werden. Das aber setzt voraus, daß dieser Mangel in zulässiger Weise überhaupt erst einmal geltend gemacht werden konnte. Ist also nach dieser Geltendmachung das Gericht gegenteiliger Ansicht, so besteht ein Zwang zur Aussetzung nicht, aber auch kein Anlaß hierzu, wenn angenommen wird, daß das Reichspatentamt die Löschungsklage abweisen werde. Daraus folgt, daß während des schwebenden Löschungsverfahrens über die Einrede mangelnder Rechtsbeständigkeit des Gebrauchsmusters entschieden werden kann, wenn auch nur im Sinne der Zurückweisung. Ist dagegen vom Reichspatentamt bereits entschieden, so ist das ordentliche Gericht natürlich an die rechtskräftige Entscheidung gebunden, falls auf Löschung erkannt ist; das muß auch noch in der Revisionsinstanz beachtet werden. Dagegen schafft nach § 11 Satz 3 GebrMustG. die den Löschungsantrag zurückweisende Entscheidung nur unter den beteiligten Parteien Rechtskraft, hindert also im Verletzungsstreit gegen eine mit dem Löschungskläger nicht identische Person diese nicht, die Einrede mangelnder Rechtsbeständigkeit des Gebrauchsmusters geltend zu machen, hindert also auch das Gericht nicht, diese Einrede selbständig zu prüfen und gegebenenfalls daraufhin die Klage abzuweisen. Nach alledem besteht kein Zweifel, daß im Verletzungsstreit die Geltendmachung der Einrede mangelnder Rechtsbeständigkeit des der Klage zugrunde liegenden Gebrauchsmusters auch nach dem geltenden Gesetz nicht ausgeschlossen sein soll. Wie mit Recht schon bemerkt worden ist, (vgl. W i c h a r d s in GRUR. 1937 S. 99 flg. und S. 428 flg.), kann bei dieser Rechtsauffassung auch der von anderer Seite (N e u m a n n a. a. O.) befürchtete unerträgliche Zustand, daß zunächst das ordentliche Gericht im Verletzungsstreit die Rechtsbeständigkeit des Musters bejahe, dann aber das Patentamt auf Löschung erkenne, durch eine Klage nach § 767 ZPO. beseitigt werden; auch mit dieser Begründung ließe sich daher die vorstehend abgelehnte Ansicht nicht rechtfertigen. Daß dadurch für den angeblichen Verletzer Unbequemlichkeiten entstehen, ist nicht zu leugnen; sie können aber durch rechtzeitige Stellung des Löschungsantrags vermieden werden. . . .

RGZ 155, 385

Erstreckt sich der Schutz des Gebrauchsmusters auch auf solche Merkmale des Modells, die in der Beschreibung nicht erwähnt sind und deren technische Bedeutung der Fachmann der Anmeldung nicht zu entnehmen vermag?

GebrMustG. v. 5. Mai 1936 (RGBl. II S. 130) § 1.

I. Zivilsenat. Urt. v. 2. Oktober 1937.

I. Landgericht Leipzig. II. Oberlandesgericht Dresden.

Die Beklagte ist Inhaberin des am 19. März 1935 angemeldeten Deutschen Gebrauchsmusters Nr. 1 334 475 für „Abzeichen aus Leder". Mit der Anmeldung hat sie das Muster eines Festabzeichens eingereicht, das „in seiner ganzen Ausgestaltung und dem damit gedachten Verwendungszweck neuartig" sei. Am Fuße der Anmeldung befindet sich folgende

„Bezeichnung:
Abzeichen aus Leder in Verbindung mit Buchbinderprägeverfahren Relief, blind, mit Farbe oder Gold gedruckt, naturfarbig oder gebeizt, mit Farbe eingerieben, so daß ein patina-artiger Beschlag entsteht, mit Lack überzogen und mit Anstecknadel hinterklebt."

Mit der im Februar 1936 erhobenen Klage haben die Klägerinnen Verurteilung der Beklagten zur Einwilligung in die Löschung des Gebrauchsmusters begehrt. Sie behaupten, ... es sei durch ein im Jahre 1914 hergestelltes Lederabzeichen offenkundig vorbenutzt gewesen; abweichend sei nur die Hinterklebung, die aber nicht näher beschrieben sei und keinen Musterschutz begründen könne.

Das Landgericht hat antragsgemäß verurteilt, das Oberlandesgericht die Klage abgewiesen. Die Revision der Klägerinnen führte zur Wiederherstellung des ersten Urteils.

Gründe:

Das Berufungsgericht kommt ... zu dem Ergebnis: die Gestaltung des Abzeichens aus einem Lederstück von verhältnismäßiger Stärke und Steifheit sei neu und vorteilhaft, besitze auch die gebotene Erfindungshöhe; in der mit „Bezeichnung" überschriebenen Beschreibung des Abzeichens sei diese Eigenschaft zwar nicht ausdrücklich hervorgehoben, ergebe sich aber ohne weiteres aus dem Modell, werde also im Zweifel als schutzfähig beansprucht. Mit Recht bemängelt die Revision, daß diese Erwägungen die getroffene Entscheidung nicht ausreichend begründen. Der Gegenstand des Gebrauchsmusters ist nach der die maßgebenden Grundsätze zusammenfassenden reichsgerichtlichen Entscheidung RGZ. Bd. 133 S. 260 aus den gesamten Unterlagen der Anmeldung, der Beschreibung, Zeichnung, den Ansprüchen und einem etwaigen Modell zu entnehmen. Geschützt ist im Zweifel alles, was sich hiernach als neu gegenüber dem

Stande der Technik ergibt. Dieser Schutz kann sich jedoch nicht auf Merkmale erstrecken, deren technische Bedeutung dem Fachmann bei Kenntnisnahme von der Anmeldung nicht nähergebracht wird, insbesondere nicht auf Merkmale des Modells, über die in der Beschreibung nichts gesagt ist und die er danach als zufällig und nicht mit dem Gegenstande des Gebrauchsmusters zusammenhängend betrachten darf. Insoweit fehlt es an der genügenden Offenbarung und damit an der maßgebenden Grundlage für die Gewährung eines Erfindungsschutzes. Ausführungen in diesem Sinne hat bereits die Entscheidung RGZ. Bd. 120 S. 227 gebracht, insbesondere auch den maßgebenden Satz aufgestellt, daß nur die offenbarte technische Regel geschützt werde, und die vorerwähnte Entscheidung RGZ. Bd. 133 S. 260 hat diese Gedankengänge unter Bezugnahme auf RGZ. Bd. 107 S. 100 wiederholt in der Fassung, daß Gegenstand des Gebrauchsmusters nicht sein könne, was nicht in der Anmeldung als neu hervorgehoben sei (vergleiche auch RGUrt. v. 19. Okt. 1935 I 337/34, GRUR 1936 S. 610).

Im vorliegenden Falle fehlt es bei dem völligen Schweigen der Beschreibung an jedem Anhaltspunkt dafür, daß es sich bei der aus dem eingereichten Modell ersichtlichen Benutzung eines Leders von verhältnismäßiger Stärke nicht um einen zufälligen, sondern um einen im Rahmen des Gebrauchsmusters technisch bedeutungsvollen Gedanken handele. Auf dieses Merkmal kann daher ein Schutzanspruch nach vorstehendem nicht gegründet werden. Entfällt aber insoweit die Möglichkeit eines Schutzes, so kann auch in der Verbindung dieses Merkmals mit der nach den Feststellungen des Berufungsgerichts an sich bekannten und in der Uebertragung auf Leder jedenfalls nicht schutzfähigen besonderen Art der Anbringung des Befestigungsmittels nichts Schutzfähiges liegen. . . .

RGZ. 156, 65

Welche Grundsätze sind bei der Ermittlung des Schadens zu beachten, wenn bei Verletzung eines Patents der Verletzte als Schadensersatz den ihm durch Minderung seines Absatzes entgangenen Gewinn und hilfsweise eine angemessene Lizenzgebühr, berechnet nach dem Umsatz des Verletzers, fordert?

Patentgesetz vom 7. April 1891 § 35 (PatG. v. 1936 § 47).

I. Zivilsenat. Urt. v. 13. Oktober 1937.

I. Landgericht Berlin. II. Kammergericht daselbst.

. . .

Aus den Gründen:

. . .

Nach ständiger Rechtsprechung des Reichsgerichts standen der Klägerin als Inhaberin einer ausschließlichen Lizenz gegen die Beklagte als

Patentverletzerin wahlweise drei Wege der Schadensberechnung offen (RGZ. Bd. 43 S. 56, Bd. 84 S. 370, Bd. 95 S. 220, Bd. 130 S. 108).

1. Gemäß dem Grundsatz des § 249 BGB. konnte sie zur Grundlage ihrer Schadensberechnung den Unterschied zwischen der durch die Patentverletzung herbeigeführten Gestaltung ihres Vermögens und dem Zustande geltend machen, in dem sich ihr Vermögen bei Unterbleiben der Patentverletzung befunden haben würde (RGZ. Bd. 84 S. 370 [376]). Insbesondere konnte sie nach dieser Berechnungsart Ersatz des Gewinns verlangen (§ 252 BGB.), der ihr dadurch entgangen ist, daß der Absatz an G.-Spiegeln infolge des Vertriebs der patentverletzenden Sch.-Spiegel geschmälert worden ist.

2. Statt dessen konnte sie sich auf den Standpunkt stellen, daß ihr durch die rechtswidrige Patentbenutzung die Lizenzgebühr entgangen sei, die ihr die Beklagte bei Abschluß eines Lizenzvertrags in angemessener Höhe hätte zahlen müssen.

3. Schließlich bestand für sie die Möglichkeit, gegen die Beklagte die auf rechtsähnlicher Anwendung von § 687 Abs. 2, § 667 BGB. beruhende Forderung auf Herausgabe des durch den patentverletzenden Absatz von Sch.-Spiegeln erzielten Gewinns geltend zu machen.

Von den hiernach bestehenden Möglichkeiten der Schadensberechnung können nicht mehrere in der Weise nebeneinander geltend gemacht werden, daß die Summe des rechnerischen Ergebnisses als Schadensersatz verlangt wird (RGZ. Bd. 43 S. 56 [61]). Der Verletzte hat zwischen ihnen zu wählen. Dies schließt nicht aus, daß er im Schadensersatzprozeß zur Darlegung eines bestimmten Mindestschadens mehrere Berechnungsarten heranzieht (Pinzger in GRUR. 1931 S. 668); er kann auch eine von ihnen in erster Linie und die anderen hilfsweise geltend machen. Aber auch bei solchem Verfahren dürfen die verschiedenen Hilfsmittel der Schadensberechnung nicht miteinander verquickt werden. Unzulässig ist es jedenfalls, den sich aus einer Berechnungsart ergebenden Schadensbetrag aus einer anderen zu ergänzen und dem Verletzten den Gesamtbetrag als Schadensersatz zuzubilligen. Gegen diesen aus dem Schadensbegriff herzuleitenden Grundsatz hat das Landgericht und, ihm folgend, der Berufungsrichter verstoßen. Der Berufungsrichter führt grundsätzlich richtig aus, die Klägerin berechne ihren Schaden in erster Linie nach dem entgangenen Absatz; dies setze den ihr obliegenden Nachweis voraus, daß ihr an Absatz entzogen sei, was die Beklagte abgesetzt habe. Mit Rücksicht auf sein Ergebnis, daß die Klägerin bei Unterbleiben der patentverletzenden Handlungen nur halb soviel an G.-Spiegeln abgesetzt haben würde, als die Beklagte an Sch.-Spiegeln vertrieben habe, hält er es sodann für geboten, der Klägerin für die 1674 Stück Sch.-Spiegel, durch deren Lieferung nach seiner Meinung ihr Absatz nicht geschmälert wurde, eine angemessene Entschädigung in der hilfsweise geltend gemachten Form der entgangenen Lizenzgebühr zuzubilligen. In Wirklichkeit bedeutet dies nicht eine hilfsweise Schadensermittlung nach der zweiten Berechnungsart, sondern eine den Schadensbegriff verkennende, unzulässige Verbindung beider Wege der Schadensberechnung, wie sich aus folgenden Erwägungen ergibt: Beide Berechnungsarten gehen von einander ausschließenden Fragestellungen aus. Mit der Schadensberechnung nach dem entgangenen Absatz verlangte die Klägerin Herstellung des Zustandes, in dem sich ihr Vermögen befinden würde, wenn die Patentbenutzung der Beklagten überhaupt nicht stattgefunden hätte. Ihre Schadensberechnung bezog sich auf den Gesamtabsatz der Beklagten von 3349 Sch.-Spiegeln in dem ganzen in Betracht kommenden Zeitraum, erfaßte also sämtliche Verletzungsfälle. Hätte der Berufungsrichter festgestellt, daß die Beklagte der Klägerin durch die patentverletzenden Lieferungen überhaupt keinen Wettbewerb bereitet habe, so hätte die Klägerin nach dieser Berechnungsart keinen Schaden erlitten und hätte ihren Schaden auf eine der beiden anderen Arten belegen müssen (RGZ. Bd. 43 S. 56, Bd. 95 S. 220). Aus seiner nicht zu beanstandenden Annahme, daß gegenüber einem Absatz der Beklagten von 3349 Sch.-Spiegeln sich bei Unterbleiben der Patentverletzung der Umsatz der Klägerin an G.-Spiegeln nur um 1675 Stück gehoben haben würde, konnte folgerichtig der Berufungsrichter nur den Schluß ziehen, daß sich nach der in Rede stehenden Berechnungsart der Schaden der Klägerin auf den Gewinnentgang an 1675 G.-Spiegeln beschränke, weil jene Annahme voraussetzt, daß die Erwerber von 1674 Sch.-Spiegeln, wenn diese nicht zu erhalten gewesen wären, nicht den Spiegel der Klägerin, sondern einen der ebenfalls brauchbaren Spiegel mit Schleimhauthalt bezogen haben würden. Erhält die Klägerin Ersatz für die Gewinneinbuße aus dem Minderabsatz von 1675 G.-Spiegeln, so hat sie damit alles erhalten, was sie haben würde, wenn die Beklagte das Patent nicht benutzt hätte.

Im Gegensatz hierzu geht die Schadensberechnung nach der entgangenen Lizenzgebühr nicht davon aus, was der Berechtigte haben würde, wenn der Verletzer das Patent überhaupt nicht benutzt hätte. Sie nimmt vielmehr die Patentbenutzung als geschehen hin und knüpft lediglich daran an, daß der schuldhaft handelnde Verletzer sich so behandeln lassen müsse, als ob er mit dem Berechtigten einen Lizenzvertrag geschlossen hätte, weil er in dieser Hinsicht nicht besser gestellt sein dürfe als ein redlicher Lizenznehmer (RGZ. Bd. 43 S. 56, Bd. 144 S. 187 [190]); entsprechend für einen Urheberrechtsfall RGZ. Bd. 35 S. 64 [67, 68]). Aus diesen Erwägungen ergibt sich die Unzulässigkeit des von dem Berufungsrichter eingeschlagenen Verfahrens. Wird dem Verletzten auf sein Verlangen eine angemessene Lizenzgebühr zugebilligt, so genehmigt er damit zwar nicht die Patentverletzung. Aber die Sachlage ist nunmehr so zu betrachten, als ob die Lieferungen des Verletzers auf Grund eines Lizenzvertrags erfolgt wären. Als Schadensausgleich kommt also nur eine Berechnung der Lizenzgebühr von dem ganzen Umsatz in Frage, den der Verletzer in dem der Schadensberechnung zugrunde liegenden Zeitraum erzielt hat. Mit dem Ausgangspunkt dieser Berechnungsart ist die Zubilligung entgangenen Gewinns wegen Absatzminderung des Verletzten unvereinbar. Entsprechendes gilt für die Lizenzgebühr bei Berechnung des Schadens auf der Grundlage der Absatzminderung. Denn wenn die Patentbenutzung nicht stattgefunden hätte, würde der Abschluß eines Lizenzvertrags nicht in Betracht gekommen sein. Für den ersten Fall ist noch darauf hinzuweisen, daß die angemessene Lizenzgebühr regelmäßig unter Berücksichtigung der in den Gewinnaussichten sich ausdrückenden wirtschaftlichen Bedeutung des Patents festzusetzen ist. Danach durfte der Berufungsrichter nicht für denselben Zeitraum auf der Grundlage der Absatzminderung der Klägerin Ersatz für den ganzen aus dem Gesamtumsatz der Beklagten ermittelten Schaden und daneben noch eine Lizenzgebühr von einem Teile dieses Umsatzes zubilligen. Es wäre vielmehr nur eine einheitliche Schadensberechnung auf die eine oder die andere Weise möglich gewesen. . . .

RGZ. 156, 217

Tritt bei einem Gebrauchsmuster, das eine neue Raumform zeigt, der Schutz des Gesetzes nicht ein, wenn der Fachmann mit den Mitteln, die ihm der Stand der Technik zur Zeit der Anmeldung des Gebrauchsmusters zur Verfügung stellte, nicht in der Lage war, die Raumform ohne Aufwendung eigener erfinderischer Tätigkeit nachzubilden? Gilt dies auch dann, wenn der Erfinder eine solche Erfindung bereits gemacht, aber in der Anmeldung des Gebrauchsmusters nicht offenbart hatte?

GebrMustG. vom 5. Mai 1936 § 1.

I. Zivilsenat. Urt. v. 3. November 1937.

I. Landgericht Chemnitz. II. Oberlandesgericht Dresden.

. . .

Aus den Gründen:

. . . Die Entscheidung des Berufungsgerichts ist auf Grund der von ihm getroffenen Feststellung berechtigt, daß sich aus dem der Anmeldung beigefügten Muster auch in Verbindung mit dem Inhalt der Anmeldung der Fachmann kein Bild machen könne, wie die neue Raumform herzustellen sei. Denn gerade so wie nach dem Patentgesetz ist auch nach dem Gebrauchmustergesetz Voraussetzung für den im Gesetze vorgesehenen Schutz, daß der Anmelder die Technik durch die Offenbarung von etwas Neuem bereichert. Wenn im Gesetz gesagt ist, daß Arbeitsgerätschaften oder Gebrauchsgegenstände oder Teile davon insoweit als Gebrauchsmuster geschützt werden, als sie dem Arbeits- oder Gebrauchszweck durch eine neue Gestaltung, Anordnung oder Vorrichtung dienen sollen, so ist klar, daß eine in der Anmeldung beschriebene neue Gestaltung eines Gebrauchsgegenstandes dem Gebrauchszweck nur dann dient, wenn es möglich ist, den Gebrauchsgegenstand in der beschriebenen Form auch tatsächlich herzustellen. Hat der Fachmann auf Grund seiner allgemeinen Kenntnisse die Möglichkeit, den in der Anmeldung beschriebenen Gegenstand nachzubilden, so erübrigt sich naturgemäß eine Bekanntgabe des Herstellungsverfahrens. Besteht für den Fachmann diese Möglichkeit nicht, ist vielmehr eine erfinderische Tätigkeit erforderlich, um den beschriebenen Gegenstand auch herstellen zu können, so handelt es sich nur um die Bekanntgabe einer Aufgabe. Dafür kann ein Schutz nicht beansprucht werden, und zwar auch dann nicht, wenn der Anmelder die zur Lösung der Aufgabe notwendige Erfindung bereits gemacht hat. Diesen Grundsatz hat der Senat erst kürzlich in der Entscheidung vom 10. Mai 1937 (I 146/36; Mitt. PatAnw. 1937 S. 193) für ein Sachpatent erneut ausgesprochen. Er muß in gleicher Weise für die den Sach- oder Erzeugnispatenten nahestehenden Gebrauchsmuster gelten, bei denen eine bestimmte Raumform unter Schutz gestellt wird. Der Umstand, daß durch Gebrauchsmuster grundsätzlich nur neue Raumformen und keine neuen Herstellungsverfahren geschützt werden, steht dem nicht entgegen. Denn es handelt sich hier nicht darum, ob ein Verfahren Schutz genießt, sondern darum, ob die neue Gestaltung eines Gebrauchsgegenstandes hinreichend offenbart ist.

Das Berufungsgericht hat aus dem Gutachten des gerichtlichen Sachverständigen G. entnommen, daß es nach dem Stande der Technik zur Zeit der Anmeldung des streitigen Gebrauchsmusters für den Fachmann nicht möglich war, bei rundgestrickten Strümpfen an Ferse, Sohle und Spitze Plüschhenkelverstärkungen anzubringen, und daß auch der Durchschnittsfachmann aus der Beschreibung des streitigen Gebrauchsmusters in Verbindung mit der beigegebenen Probe und den Ansprüchen sich kein Bild davon machen konnte, wie gerade die verstärkten Stellen des rundgestrickten Strumpfes gestaltet sind und wie sich eine solche Gestaltung herstellen läßt. Auch die Aussage des Zeugen P. steht diesem Ergebnis nicht entgegen. Denn aus ihr ist höchstens zu entnehmen, daß es diesem von der Beklagten mit der Anstellung von Versuchen beauftragten Fachmann gelungen ist, derartige rundgestrickte Strümpfe herzustellen. Daraus folgt aber noch nicht, daß auch für den Durchschnittsfachmann diese Möglichkeit ohne Ausübung erfinderischer Tätigkeit bestand. Das Berufungsgericht konnte daher die Aussage des Zeugen P. bei seiner auf das Gutachten des Sachverständigen gestützten Entscheidung unberücksichtigt lassen.

RGZ. 156, 321

1. Unter welchen Voraussetzungen ist der ausschließliche Lizenznehmer des von einem älteren Patent abhängigen jüngeren Patents berechtigt, vor dem Bezuge der dem älteren Patent entsprechenden Vorrichtung zu warnen?

2. Muß der Patentverletzer auch dann den ganzen durch den Vertrieb einer patentverletzenden Vorrichtung erzielten Gewinn herausgeben, wenn er bei ihrer Herstellung nicht nur das fremde Schutzrecht, sondern auch eigene Erfindungen benutzt hat?

3. Erstreckt sich die Rechtskraft eines auf Unterlassung der Benutzung patentverletzender Vorrichtungen lautenden Urteils auch auf solche Ausführungsformen, die sich von der als patentverletzend festgestellten nur durch unwesentliche Merkmale unterscheiden?

Patentgesetz v. 7. April 1891 §§ 4, 35; Patentgesetz v. 5. Mai 1936 § 60. ZPO. § 322.

I. Zivilsenat. Urt. v. 15. November 1937.

I. Landgericht Freiburg i. Br. II. Oberlandesgericht Karlsruhe.

Die Klägerin ist Inhaberin des DRP. 435 083, dessen Patentanspruch lautet:

> Kocher, insbesondere Braupfanne, mit innerem Steigrohr und in ihm parallel zu den Wandungen liegender Dampfschlange, dadurch gekennzeichnet, daß sowohl das Steigrohr als auch die Schlange sich nach oben verjüngen und der Dampfeintritt in die Schlange oben, der Dampfaustritt unten angeordnet ist.

Auch die Beklagte stellt Kocher für Braupfannen zum Kochen der Bierwürze unter Benutzung des am 13. November 1925 angemeldeten DRP 576 157 her, das dem früher bei der Beklagten angestellten, inzwischen verstorbenen Ingenieur Q. erteilt ist. Die Klägerin behauptet, daß die Kocher der Beklagten ihr Patent verletzen, und hat gegen die Beklagte ein auf Unterlassung, Rechnungslegung und Feststellung der Schadensersatzpflicht lautendes Urteil des Landgerichts vom 2. Juni 1931 erwirkt, wodurch der Beklagten die Benutzung von Kochern für Braupfannen mit innerem Steigrohr, bei denen das Steigrohr und das Heizsystem eine nach oben hin verjüngte Gestalt haben, verboten und die Schadensersatzpflicht der Beklagten wegen des Vertriebes solcher Geräte festgestellt worden ist. Dieses Urteil ist rechtskräftig geworden, weil der Prozeßbevollmächtigte der Beklagten, Rechsanwalt K., die Berufungsfrist versäumt hat. Später sind zwischen den Parteien Meinungsverschiedenheiten über die Tragweite des Urteils entstanden. Deshalb hat die Klägerin ein weiteres Urteil vom 26. September 1933 erstritten, durch das u. a. festgestellt worden ist, daß eine Reihe bestimmt bezeichneter Geräte unter das Urteil vom 2. Juni 1931 fielen. Die

Berufung der Beklagten gegen dieses Urteil ist vom Oberlandesgericht wegen der unter das Urteil vom 2. Juni 1931 fallenden Apparate zurückgewiesen und die dagegen eingelegte Revision durch den Beschluß des Reichsgerichts vom 20. Oktober 1934 als unzulässig verworfen worden.

Im gegenwärtigen Rechtsstreit nimmt die Klägerin die Beklagte auf Zahlung von Schadensersatz in Höhe von 15 000 RM. in Anspruch. Sie begründet die Klage u. a. damit, die Beklagte habe durch ein Schreiben vom 21. Oktober 1929 die G.-Brauerei in F., der die Klägerin ein Angebot auf Lieferung eines Kochers gemacht hatte, unter Berufung auf die Anmeldung des DRP. 576 157 und die dem Ingenieur Q. zustehenden RGM. 1 082 111 und 1 082 113 vor dem Bezug eines Kochers der Klägerin gewarnt, weil diese Kocher die genannten Schutzrechte verletzten. Daraufhin habe die G.-Brauerei den der Klägerin bereits erteilten Auftrag widerrufen. Den ihr hierdurch entgangenen Gewinn müsse die Beklagte ersetzen, weil ihre Warnung sachlich unberechtigt gewesen sei. Die Klägerin verlangt von der Beklagten ferner die Herausgabe des Gewinns, den die Beklagte durch die Lieferung von 7 Kochern erzielt hat. Die Beklagte bestreitet den Schadensersatzanspruch der Klägerin dem Grunde und der Höhe nach. Sie leugnet insbesondere, daß ihre an die G.-Brauerei gerichtete Warnung unrichtig gewesen sei, daß die an die H.-Brauereien in K. und N. und die P.-Brauerei in R. gelieferten Kocher das Patent der Klägerin verletzten und daß sie an andere Abnehmer patentverletzende Apparate geliefert habe.

Das Landgericht hat die Beklagte zur Zahlung von 15 000 RM. verurteilt. Ihre Berufung ist zurückgewiesen worden. Die Revision führte zur Aufhebung und Zurückverweisung.

Gründe:

Von den 15 000 RM., zu deren Zahlung die Beklagte durch das Urteil des Berufungsgerichts verurteilt worden ist, entfallen 3000 RM. auf den Gewinn, der der Klägerin selber nach ihrer Behauptung dadurch entgangen ist, daß die G.-Brauerei einen der Klägerin erteilten Auftrag auf Lieferung eines Koch- und Verdampfapparates widerrufen hat. Der Rest von 12 000 RM. entfällt auf den Gewinn, den die Beklagte durch die Lieferung von insgesamt 7 patentverletzenden Kochvorrichtungen erzielt haben soll.

I. Das Berufungsgericht legt seiner Entscheidung als unstreitig zugrunde, daß die G.-Brauerei einen der Klägerin erteilten Auftrag auf Lieferung eines Koch- und Verdampfgeräts durch das Schreiben vom 7. November 1929 widerrufen hat, weil die Beklagte in ihrem Schreiben vom 21. Oktober 1929 behauptet hatte, daß der Kocher die ihr zustehenden Schutzrechte verletze. Worauf sich die Auffassung stützt, daß die in dem Schreiben enthaltene Warnung unberechtigt war, führt es nicht näher aus. Auch das Landgericht bemerkt in seinem Urteil nur, die Warnungen der Beklagten vor dem Bezug der ihre Schutzrechte verletzenden Kochvorrichtungen der Klägerin stellten nach den rechtskräftigen Feststellungen des Urteils vom 2. Juni 1931 eine das Patent der Klägerin verletzende Handlung dar, die die Beklagte zum Schadensersatz verpflichte. Tatsächlich ist dem Urteil vom 2. Juni 1931 eine Begründung dafür nicht zu entnehmen, weshalb die Behauptung der Beklagten in dem Schreiben vom 21. Oktober 1929, die von der Klägerin angepriesene Ausführung ihres Koch- und Verdampfgeräts verletze die Gebrauchsmuster 1 082 111 und 1 082 113 sowie die vorläufigen Schutz genießende Anmeldung des später erteilten Patents 576 157, unrichtig sein soll. ... Nur wenn diese Geräte völlig mit den durch das Patent der Klägerin geschützten Kochern übereinstimmten und keinerlei von ihnen abweichende Anordnungen aufwiesen, würde von einem Eingriff in die sämtlich erst nach dem Patent der Klägerin angemeldeten Schutzrechte des Ingenieurs Q. bei der Beklagten keine Rede sein können. Daß eine derartige völlige Uebereinstimmung bestände, ist aber von der Klägerin nicht behauptet worden, und die Beklagte hat abweichende Angaben gemacht. Sie hat unter Bezugnahme auf ihre Ausführungen in der Klagebeantwortung des Vorprozesses der Parteien behauptet, sowohl der von der Klägerin der G.-Brauerei nach der Werbeschrift angebotene Koch- und Verdampfapparat als auch die in den sonstigen Werbeschriften der Klägerin dargestellten Geräte enthielten Vorrichtungen, die durch die Gebrauchsmuster und das Patent 576 157 ihres Ingenieur Q. unter Schutz gestellt seien. (Wird ausgeführt.) ... Bei dieser Sachlage entbehrt die Auffassung des Berufungsgerichts, daß die Warnung der Beklagten vor dem Bezuge der von der Klägerin angepriesenen Geräte unberechtigt gewesen sei, jeder zureichenden Begründung. Von einer Unrichtigkeit dieser Warnung kann nur insofern gesprochen werden, als wegen der nach oben verjüngten Form des Steigrohres und der Heizanlage eine Abhängigkeit der Schutzrechte des Ingenieurs Q. von dem älteren Patent der Klägerin in Betracht kommt. Dagegen fehlt jede Begründung dafür, weshalb in der von der Klägerin angepriesenen aufklappbaren Ausgestaltung des Steigrohres und in der Verwendung einer Verteilerhaube keine Verletzung der Schutzrechte des Ingenieurs Q. gefunden werden kann. Das Berufungsgericht wird diese Prüfung nachholen und dabei auch erörtern müssen, ob die Beklagte an den Schutzrechten des Ingenieurs Q. eine ausschließliche Lizenz besitzt und deshalb berechtigt ist, sie gegen Dritte geltend zu machen. Sollte sich dabei ergeben, daß die Warnung der Beklagten vor der Verletzung der Schutzrechte ihres Ingenieurs Q. zum Teil berechtigt und nur insofern unberechtigt war, als die Beklagte als Lizenznehmerin des abhängigen Patents nicht vor dem Bezuge der dem älteren Patent entsprechenden Vorrichtung warnen durfte, so wird zu erwägen sein, ob damit jedem Schadensersatzanspruch der Klägerin wegen der Abbestellung des von der G.-Brauerei in Auftrag gegebenen Kochers die Grundlage deshalb entzogen ist, weil die Abbestellung auch dann erfolgt wäre, wenn die Warnung sich auf die Rüge der wirklich vorliegenden Patentverletzung beschränkt hätte.

II. Wegen des Vertriebes der 7 Koch- und Verdampfgeräte, durch deren Herstellung und Lieferung das Patent der Klägerin verletzt sein soll, verlangt die Klägerin nicht die Erstattung des ihr entgangenen, sondern die Herausgabe des von der Beklagten erzielten Gewinns. Das ist an sich zulässig, weil dem Patentinhaber nach der ständigen Rechtsprechung des Reichsgerichts für die Berechnung seines Schadens verschiedene Wege zur Verfügung stehen. Er kann berechnen, was er weniger abgesetzt hat, oder die ihm entgangenen Lizenzgebühren veranschlagen, oder er kann drittens den vom Verletzer erzielten Gewinn für sich beanspruchen (RGZ. Bd. 126 S. 127 [132]). Dabei ist aber zu beachten, daß jede dieser Berechnungsarten an Voraussetzungen geknüpft ist, die erfüllt sein müssen, wenn die gewählte Berechnungsart zum Erfolge führen soll. So setzt die Geltendmachung des dem Patentinhaber entgangenen Gewinns voraus, daß er in der Lage gewesen wäre, den beanspruchten Gewinn zu erzielen, wenn die Verletzung nicht stattgefunden hätte. Der Anspruch auf Herausgabe des von dem Verletzer erzielten Gewinns stützt sich auf die § 687 Abs. 2, § 667 BGB. (RGZ. Bd. 70 S. 249 [251]). Der Gewinn, dessen Herausgabe der Patentinhaber verlangt, muß also durch die Benutzung seines Patents erzielt sein. Es muß, anders ausgedrückt, der ursächliche Zusammenhang zwischen der Benutzung des Patents und dem erzielten Gewinn gegeben sein. Nicht immer ist der durch den Vertrieb einer patentverletzenden Vorrichtung erzielte Gewinn in voller Höhe auf die Benutzung eines einzigen fremden Patents zurückzuführen. Wenn eine Vorichtung zwei oder mehr Patente verschiedener Patentinhaber verletzt, dann kann nicht jeder von den Inhabern der verletzten Schutzrechte die Herausgabe des ganzen durch den Vertrieb der Vorrichtung erzielten Gewinns verlangen. Dann muß vielmehr ermittelt werden, in welchem Umfang der Gewinn auf die Benutzung jedes einzelnen der verletzten Patente zurückzuführen ist. Die Sache kann aber auch so liegen, daß der Patentverletzer neben einer fremden Erfindung seine eigene benutzt. Wenn in einem solchen Falle der technische Vorzug der patentverletzenden Vorrichtung nicht so sehr auf der Benutzung des fremden Schutzrechts als vielmehr auf der Verwertung der eigenen Erfindung des Patentverletzers beruht, so würde es nicht der Billigkeit entsprechen, wenn der Inhaber des fremden Schutzrechts die Herausgabe des ganzen Gewinns verlangen könnte, obwohl die Benutzung des fremden Patents, dem für die Wirkung der ganzen Vorrichtung vielleicht nur eine untergeordnete Bedeutung zukam, zur Erzielung des Gewinns nur wenig beigetragen hat. Dann muß eine Aufteilung des Gewinns nach dem Maße, in dem die Benutzung der verschiedenen Schutzrechte zum Erfolge beigetragen hat, mit der

Wirkung stattfinden, daß nur der durch die Benutzung des verletzten Patents erzielte Gewinn herauszugeben ist.

Wenn die Koch- und Verdampfvorrichtungen, die die Beklagte an die H.-Brauereien in K. und N. und an die Brauerei P. in R. geliefert hat, unter diesem Gesichtspunkt betrachtet werden, so fällt ins Auge, daß sie alle neben dem konisch verjüngten Steigrohr und dem Heizapparat gleicher Gestalt einen Verteiler besitzen, der, wie schon hervorgehoben, nicht für die Klägerin, sondern für den Ingenieur Q. der Beklagten geschützt ist. Dieser Verteiler ist auf den Zeichnungen X 2594 und X 2595, die nach den Feststellungen des Urteils des Oberlandesgerichts vom 9. Mai 1934 die an die H.-Brauereien gelieferten Kocher wiedergeben, deutlich dargestellt. Auch die Zeichnung 758, die den nach R. gelieferten Apparat veranschaulicht, zeigt einen solchen Verteiler. Das Berufungsgericht wird deshalb den Erfindungsgedanken des Patents 576 157 ermitteln und unter Würdigung des dadurch erzielten technischen Fortschritts prüfen müssen, ob an der seinem Urteil zugrunde liegenden Auffassung festgehalten werden kann, daß der durch die Lieferung der drei genannten Vorrichtungen erzielte Gewinn allein durch die Benutzung des Patents der Klägerin erreicht worden ist. Diese Prüfung ist um so mehr geboten, als die Beklagte an die Brauerei P. nicht nur eine Vorrichtung für ihr Werk in R., sondern auch eine solche für die Fabrik in B. geliefert hat, die nach dem Gutachten des Sachverständigen H. das Patent der Klägerin nicht verletzt und die auch von der Klägerin nicht mehr als patentverletzend in Anspruch genommen wird.

Die Rüge der Revision, daß das Berufungsgericht zu Unrecht eine rechtskräftige Feststellung der Schadensersatzpflicht der Beklagten durch die Vorderurteile angenommen habe, ist insoweit jedenfalls nicht berechtigt, als es sich um die beiden an die H.-Brauereien in K. und N. gelieferten Vorrichtungen handelt. Durch das Urteil des Oberlandesgerichts ist rechtskräftig festgestellt, daß die nach K. und N. gelieferten Geräte unter das Urteil des Landgerichts vom 2. Juni 1931 fallen. In diesem Urteil des Landgerichts ist aber unter I 2 der Urteilsformel die Schadensersatzpflicht der Beklagten wegen des Vertriebes derjenigen Vorrichtungen festgestellt, deren Benutzung der Beklagten unter I 1 der Urteilsformel verboten worden ist. Da zu diesen Vorrichtungen nach dem Urteil des Oberlandesgerichts auch die nach K. und N. gelieferten gehören, steht die Schadensersatzpflicht der Beklagten insoweit rechtskräftig fest. Das gleiche muß aber auch für den an die P.-Brauerei in R. gelieferten Kocher gelten. Zwar erstreckt sich die Rechtskraft des in einer Patentstreitsache ergangenen Urteils immer nur auf die beanstandene Verletzungsform (RGZ. Bd. 147 S. 27 [31]). Aber der Verletzer kann sich nicht durch jede Aenderung der Verletzungsform der Rechtskraft eines auf Unterlassung lautenden Urteils entziehen. Wenn die Verletzungsform nur in unwesentlichen Einzelheiten geändert wird, erfaßt die Rechtskraftwirkung auch die veränderte Gestaltung. Der Sachverständige H., dessen Gutachten das Berufungsgericht zur Grundlage seiner Entscheidung macht, hat sich auf den Standpunkt gestellt, daß der nach R. gelieferte Kocher die gleichen Merkmale zeige wie die Vorrichtungen, deren patentverletzende Eigenschaft in den oben bezeichneten Urteilen des Landgerichts und des Oberlandesgerichts rechtskräftig festgestellt ist. Deshalb gibt die Auffassung des Berufungsgerichts, auch für den nach R. gelieferten Apparat stehe rechtskräftig fest, daß er das Patent der Klägerin verletze, zu rechtlicher Beanstandung keinen Anlaß. Die Auffassung der Revision, für die in das Ausland gelieferten Kocher sei die Schadensersatzpflicht der Beklagten in dem Urteil des Oberlandesgerichts rechtskräftig verneint, geht fehl. In diesem Urteil ist lediglich gesagt, daß die Beklagte durch die nur im Inlande wirksamen Patente der Klägerin nicht gehindert werde, im Auslande Vorrichtungen unter Benutzung des Klagepatents herzustellen und zu vertreiben. Der nach R. gelieferte Apparat ist aber nicht im Auslande, sondern in der Fabrik der Beklagten hergestellt worden. Die Auffassung des Berufungsgerichts, daß der Vertrieb einer im Inland unter Verletzung eines Inlandpatents hergestellten Vorrichtung nach dem Auslande die Schadensersatzpflicht des Verletzers begründet, gibt zu Anständen keinen Anlaß.

RGZ. 157, 1

Wann verstößt ein im Nichtigkeitsstreit abgeschlossener Vergleich gegen die guten Sitten wegen Erschleichung der Patentruhe?

I. Zivilsenat. Urt. v. 8. Dezember 1937.

I. Landgericht Berlin. II. Kammergericht daselbst.

. . .

Aus den Gründen:

Das Kammergericht hat die auf Patentverletzung gestützte Klage abgewiesen, weil der Kläger den Fortbestand seiner die Klagegrundlage bildenden Patente durch einen die Zurücknahme der schwebenden Nichtigkeitsklagen betreffenden Vergleich im vollen Bewußtsein der Nichtigkeit der Patente infolge mangelnder Neuheit, insbesondere offenkundiger Vorbenutzung, und deshalb in sittenwidriger Weise herbeigeführt habe. Das Kammergericht nimmt Bezug auf die Rechtsprechung des Reichsgerichts über Patenterschleichung und Erschleichung der Patentruhe (vgl. RGZ. Bd. 140 S. 184) und folgert daraus, daß man auch dann von einem sittenwidrigen Verhalten des Patentinhabers reden könne und müsse, wenn dieser mit einem Nichtigkeitskläger die Zurücknahme der Nichtigkeitsklage vereinbare, obwohl beide Beteiligte damit rechnen, daß die Klage wegen der behaupteten Tatsachen —

mangelnder Neuheit — Erfolg haben werde. Dabei hat das Kammergericht im Anschluß an die Ausführungen in RGZ. Bd. 140 S. 184 flg. [190] als wesentlich die Kenntnis der Beteiligten von den die Sittenwidrigkeit begründenden Umständen bezeichnet. Die Revision rügt demgegenüber, daß das Kammergericht zu Unrecht nur auf den objektiven Tatbestand und nicht auch subjektiv darauf abgestellt habe, ob die Beteiligten davon überzeugt gewesen seien, daß die Klagen voraussichtlich auch endgültig zur Vernichtung der Patente führen würden. Diese Rüge ist unbegründet, weil die Revision die Ausführungen des Kammergerichts offenbar mißversteht. Das Kammergericht betont, es komme auf die in Kenntnis aller Tatumstände getroffene Vereinbarung an, daß eine offensichtlich Erfolg versprechende Nichtigkeitsklage zurückgenommen werde. Danach erblickt das Kammergericht für den vorliegenden Fall die Sittenwidrigkeit des Verhaltens der Beteiligten im Nichtigkeitsstreit darin, daß sie den Fortbestand des Patents durch vergleichsweise bewilligte Zurücknahme der Nichtigkeitsklage vereinbaren, obwohl sie von dem bevorstehenden endgültigen Erfolg dieser Klage überzeugt sind, aber dem Patentinhaber — mit oder ohne Beteiligung des Nichtigkeitsklägers — die Früchte des formellen Bestandes des angefochtenen, von anderer Seite aber nicht mehr anfechtbaren Patents sichern wollen. Gegen diese Rechtsauffassung sind Bedenken dann nicht geltend zu machen, wenn festgestellt werden kann, daß die Ueberzeugung der beiden Beteiligten vom endgültigen Erfolg der Nichtigkeitsklage auf der übereinstimmenden Annahme beruht, das Patent sei tatsächlich zu Unrecht erteilt worden, und daß diese Ansicht auch objektiv richtig ist. Dann verstößt allerdings ein Vergleich, der durch Vereinbarung der Zurücknahme der Nichtigkeitsklage den Bestand des Patents gegen Vernichtung wegen mangelnder Patentfähigkeit nach §§ 1 und 2 PatG. sicherstellt, trotz Verwendung an sich einwandfreier Mittel gegen die guten Sitten. Wenn aber die Ueberzeugung des Patentinhabers von dem voraussichtlichen Erfolg der Nichtigkeitsklage nur darauf beruht, daß er glaubt, die Gründe und die Beweisführung des Nichtigkeitsklägers nicht widerlegen zu können, obwohl er fest an die Rechtsbeständigkeit seines Patents glaubt, — ein Fall, der z. B. vorkommen kann bei einem Zeugenbeweis für offenkundige Vorbenutzung, dessen Widerlegung der Patentinhaber trotz abweichender eigener Ueberzeugung für wenig aussichtsreich halten muß, — ist mit der vom Kammergericht aufgestellten Regel nicht auszukommen. Denn in solchen Fällen kann ein sittenwidriges Verhalten des Patentinhabers, der im Bewußtsein seines guten Rechts durch einen Vergleich aus der ungünstigen Lage noch möglichst viel zu retten sucht, nicht angenommen werden; dann kann auch der Vergleich, der das Bestehen des Patents sichert, nicht als sittenwidrig behandelt werden. Diesen rechtlichen Gesichtspunkt, der hier besonders im Hinblick auf behauptete offenkundige Vorbenutzung durch L. und die Stellungnahme des Klägers dazu von Bedeutung sein kann, hat das Kammergericht überhaupt nicht in den Kreis seiner Erwägungen gezogen.

Die Frage könnte auf sich beruhen bleiben und ihre Außerachtlassung würde den Bestand des angefochtenen Urteils nicht berühren, wenn die Nichtigkeit des Vergleichs in den Nichtigkeitsprozessen auf andere Weise rechtlich einwandfrei festgestellt worden wäre. Das wäre der Fall, wenn auf Grund der in diesen Prozessen geltend gemachten Vorwegnahmen beide Parteien an den Erfolg der Nichtigkeitsklagen geglaubt hätten und diese Auffassung objektiv zutreffend gewesen wäre. Aber auch in dieser Richtung hat das Kammergericht nicht ausreichend die Grundsätze beachtet, die das Reichsgericht für die rechtliche Beurteilung der hier in Betracht kommenden Verträge entwickelt hat. Wie in dem Urteil vom 28. Mai 1936 I 224/35 (GRUR. 37, 380 = MuW. 36, 413) dargelegt ist, kann von einer Sittenwidrigkeit des Vertrages, durch den die Zurücknahme einer erfolgversprechenden Nichtigkeitsklage vereinbart wird, nicht schon dann die Rede sein, wenn beide Parteien an den Erfolg der Klage glauben; es muß vielmehr noch hinzukommen, daß die Klage auch objektiv wirklich gerechtfertigt war. Ist letzteres nicht der Fall, beruht also die Annahme der Vergleichspartner auf einem Irrtum, so handeln sie bei dem Vertragsschluß objektiv durchaus berechtigt; der erstrebte Rechtszustand steht mit der Rechtsordnung in Einklang. Einem solchen Vertrage kann lediglich wegen des nicht zu billigenden, aber irrtümlichen Beweggrundes die Rechtswirksamkeit nicht versagt werden; das überwiegende Interesse der Verkehrssicherheit muß hier den Vorrang vor der Berücksichtigung des unschädlich gebliebenen bösen Willens beanspruchen (vgl. RGZ. Bd. 138 S. 376).

Es erscheint zweifelhaft, ob das Kammergericht diese Gesichtspunkte bei Prüfung des Sachverhalts ausreichend beachtet hat, ob es sich überhaupt darüber klar war, daß in dieser Weise zwischen dem objektiven und dem subjektiven Tatbestand unterschieden werden muß und daß jedenfalls weder aus der bösen Absicht der Vergleichsparteien ohne weiteres auf die objektiven Aussichten der Nichtigkeitsklage, noch umgekehrt aus diesem objektiven Tatbestand auf die Ueberzeugung der Parteien geschlossen werden kann, solange beachtliche Gründe dafür geltend gemacht werden, daß wenigstens der Patentinhaber die Ueberzeugung des Nichtigkeitsklägers nicht teilte . . .

RGZ. 157, 154

Umfaßt bei vollständig vorweggenommener Erfindung der Schutzbereich eines Patentes, bei dem sich der Gegenstand der Erfindung mit der beschriebenen Ausführungsform deckt, die glatten Gleichwerte der beschriebenen Ausführungsform?

Patentgesetz vom 5. Mai 1936 §§ 6, 13, 37.

I. Zivilsenat. Urt. v. 7. Januar 1938.

I. Landgericht Berlin. II. Kammergericht daselbst.

Der Kläger ist Inhaber des mit Wirkung vom 12. August 1919 ab erteilten DRP. 339 116, das während des Revisionsverfahrens am 12. August 1937 abgelaufen ist. Der Patentanspruch lautete:

Schutzplatte für Keller- und Stallfenster, dadurch gekennzeichnet, daß die Schutzplatte und der Fensterflügel um gemeinsame Gelenkbänder drehbar hintereinander in einem gemeinsamen festen Rahmen angeordnet sind.

Die Beklagte stellt her und vertreibt Schutzvorrichtungen für Kellerfenster in zwei Ausführungsformen. In einem festen, von innen in das Mauerwerk einzufügenden Rahmen sind hintereinander ein Schutzgitter und ein Fensterflügel angebracht, die nach Wahl gemeinsam oder einzeln nach innen geschwenkt werden können und sich in jeder Lage decken. Dieses Ergebnis erreicht die Ausführungsform 1 dadurch, daß das Schutzgitter sich um ein am Rahmen befindliches Gelenk dreht, während der Fensterflügel sich um ein am Schutzgitter (in der Nähe des ersten Gelenks) angebrachtes zweites Gelenk bewegt. Bei der Ausführungsform 2 besitzt der Rahmen zwei senkrecht zu ihm umgebogene, dreiecksförmige Laschen mit je zwei nahe nebeneinanderliegenden Oeffnungen, in deren eines Paar die Gelenkzapfen des Schutzgitters und in deren anderes Paar die Gelenkzapfen des Fensterflügels eingreifen.

Der Kläger vertritt den Standpunkt, in den Schutzbereich seines Patents fielen alle Keller- und Stallfensterverschlüsse, bei denen Schutzplatte und Fensterflügel in einem gemeinsamen festen Rahmen hintereinander nach innen ausschwenkbar (und zwar nach Wahl zusammen oder einzeln) angeordnet seien, gleichgültig, ob sie um eine gemeinsame oder um zwei räumlich nahe nebeneinanderliegende Drehachsen schwängen. Dieser Auslegung stehe weder das Erteilungsverfahren noch der Stand der Technik entgegen. Selbst wenn man aber davon ausgehen müßte, daß der Gegenstand der Erfindung nach dem Stande der Technik vollkommen vorweggenommen sei, verletzten die Ausführungsformen der Beklagten das Patent, weil sie sich als glatte, nicht vorbekannte Aequivalente der im Patente beschriebenen Ausführungsform darstellten. Der Kläger nahm deswegen die Beklagte auf Unterlassung, Rechnungslegung und Schadensersatz in Anspruch.

Die Beklagte machte geltend, die im Patente des Klägers geschützte Erfindung sei durch den Stand der Technik, insbesondere durch ein von der Firma W. F. in O. vor dem Kriege offenkundig vorbenutztes Kellerfenster mit Schutzgitter und Fensterflügel, restlos vorweggenommen. Deswegen müsse der Schutz des Patentes streng auf die darin beschriebene Ausführungsform beschränkt werden und fielen die von ihr hergestellten Kellerfenster nicht unter das Patent. Sie beantragte Klagabweisung.

Landgericht und Kammergericht gaben der Klage statt. Das Reichsgericht wies sie ab aus folgenden

Gründen:

Soweit die Revision dem Kammergericht unzureichende Bestimmung von Gegenstand und Schutzumfang des Klagepatents vorwirft, vermag sie nicht durchzudringen. Den im Patentanspruch und in der Patentbeschreibung gekennzeichneten Gegenstand der Erfindung, der sich auch in dem gezeichneten Ausführungsbeispiel verkörpert finde, sieht das Kammergericht in der Lehre, Schutzplatte und Fensterflügel eines Keller- oder Stallfensters in einem gemeinsamen festen Rahmen hintereinander derartig um gemeinsame Gelenkbänder (das ist um eine gemeinsame Drehachse) drehbar anzuordnen, daß sie nach innen gemeinsam oder einzeln ausgeschwenkt werden können. Das ist rechtlich nicht zu beanstanden und entspricht auch der Anschauung der Revision. Das Kammergericht fragt sich jedoch, ob das Patent nicht darüber hinaus einen allgemeineren Erfindungsgedanken offenbare, oder vielmehr, ob sein eigentlicher, in der beschriebenen Ausführungsform nur veranschaulichter Erfindungsgedanke nicht in der Lehre bestehe, Schutzplatte und Fensterflügel eines Keller- oder Stallfensters in einem gemeinsamen festen Rahmen derart drehbar (das ist sowohl gemeinsam wie einzeln nach innen ausschwenkbar) hintereinander anzuordnen, daß sie sich in jeder Lage decken. Es kommt zu dem Ergebnis, der Fachmann könne diesen sich aus Aufgabenstellung und Lösung ergebenden Erfindungsgedanken noch der Patentschrift entnehmen, wenn ihn diese auch nicht unmittelbar ausspreche; die Einsicht, daß die vom Patent zu bestimmten Zwecken und in bestimmter Weise gewollte bewegliche Anordnung von Schutzplatte und Fensterflügel nicht nur durch das im Patent ausdrücklich angegebene Mittel des Schwingens der beiden beweglichen Flügel um eine gemeinsame Drehachse, sondern auch durch ihr in mannigfacher Weise zu erzielendes Schwingen um zwei räumlich nahe nebeneinander angeordnete Drehachsen erreicht werde, habe dem Durchschnittsfachmann ohne weiteres und ohne erfinderische Bemühung nahe gelegen. Wenigstens ist das der Sinn der Ausführungen des Kammergerichts. Ein Rechtsirrtum tritt darin nicht zutage.

Das Kammergericht ... kommt dann bezüglich des von der Firma F. offenkundig vorbenutzten Kellerfensters zu dem rechtlich nicht zu beanstandenden Ergebnis, daß dieses die Erfindung des Klagepatents vollkommen (restlos) vorweggenommen habe, indem es genau dieselbe Anordnung von Schutzplatte und Fensterflügel, schwenkbar um eine gemeinsame Drehachse (um gemeinsame Gelenkbänder), zeige wie das Patent, und zwar auch in derselben Verwendungsart. Deswegen beschränkt das Kammergericht im Anschluß an RGZ. Bd. 140 S. 366 den

Schutzbereich des Klagepatents doch wieder „auf den unmittelbaren Gegenstand, die bestimmte Ausführungsform der Erfindung". Darunter versteht es den oben gekennzeichneten engeren Erfindungsgedanken. Das ist im vorliegenden Fall rechtlich nicht zu beanstanden. Die Frage, wie der Schutz zu bemessen ist, wenn der Gegenstand der Erfindung weiter ist als die beschriebene Ausführungsform, braucht hier nicht erörtert zu werden*). Denn im gegenwärtigen Rechtsstreit (wie übrigens auch im Falle der Entscheidung RGZ. Bd. 140 S. 366) fallen beide zusammen.

Die Verletzungsform liegt nun, wie das Kammergericht mit Recht annimmt, außerhalb des mit der beschriebenen Ausführungsform zusammenfallenden Gegenstandes der Erfindung des Klagepatents. Das Kammergericht entnimmt jedoch der Entscheidung RGZ. Bd. 140 S. 366 weiter den Satz, der Schutzbereich des Patentes für eine vollkommen vorweggenommene Erfindung umfasse grundsätzlich auch die glatten, nicht vorbekannten Gleichwerte. Deswegen prüft es, ob die Verletzungsform als glatter Gleichwert des „unmittelbaren Gegenstandes" der Erfindung des Klagepatents angesehen werden kann, und bejaht dies.

Dazu ist zunächst zu bemerken, daß die genannte Entscheidung die Frage des Schutzes der glatten Gleichwerte offen läßt. Es kann aber auch sonst der rechtlichen Auffassung des Kammergerichts nicht zugestimmt werden. Das Reichsgericht beschränkt in der angeführten Entscheidung den Schutzbereich des Patentes für eine vollkommen vorweggenommene Erfindung bei Fällen der vorliegenden Art auf seine als unmittelbarer Gegenstand bezeichnete, beschriebene Ausführungsform, und zwar grundsätzlich ohne die Möglichkeit, diesen Schutzbereich irgendwie durch Auslegung zu erweitern. Naturgemäß kommen dabei nur die erfindungswesentlichen Merkmale in Frage. Wenn die Verletzungsform nur in solchen Merkmalen von der geschützten Form abweicht, die keinen Bezug auf den geschützten Erfindungsgedanken haben, so kann das sie niemals aus dem Schutzbereich herausbringen. Im übrigen ist zu der Frage des Schutzes der glatten Aequivalente auszführen: Da man, um die Aequivalenz festzustellen, auf die Gleichwertigkeit im Rahmen eines einheitlichen, das Lösungsmittel der Verletzungsform mitumfassenden Erfindungsgedankens, also in diesem Rahmen auf einen weiteren Erfindungsgedanken, als er dem mit der beschriebenen Ausführungsform übereinstimmenden Gegenstand der Erfindung entspricht, zurückgehen müßte, würde damit im Widerspruch zu dem verfolgten Grundgedanken eine erweiternde Auslegung des Patents eintreten. Hiergegen hat sich der Senat aus folgenden Erwägungen entschieden:

Wenn sich nach Ablauf der Fünfjahresfrist, innerhalb deren die Vernichtung eines erteilten, aber nach § 1 oder 2 PatG. in Wirklichkeit nicht patentfähigen Schutzrechtes betrieben werden kann, herausstellt, daß die Erfindung in Wirklichkeit vollkommen vorweggenommen ist,

*) Vgl. dazu RG. Bd. 167 S. 339 (abgedr. weiter unten in diesem Abschnitt).

so verlangen verschiedene, einander entgegengesetzte Belange Beachtung. Auf der einen Seite steht die Forderung nach der Weitergeltung des unangreifbar gewordenen obrigkeitlichen Aktes der Patenterteilung und nach der Rechtssicherheit nicht nur des einzelnen Schutzrechtsinhabers, sondern der ganzen gewerblichen Wirtschaft, auf der anderen Seite die Forderung nach dem Schutze nur des wirklichen Erfinderverdienstes und nach einer möglichst geringen Sperrwirkung von Schutzrechten, hinter denen in Wirklichkeit keine Erfindung steht. Die einzige logisch rein aufgehende Lösung, die nachträgliche völlige Entwertung des Schutzrechtes, verbietet sich nach dem Gesetz, das die fünfjährige Ausschlußfrist für die Vernichtung vorsieht. Infolgedessen bleibt nur eine mittlere, die verschiedenen Belange gegeneinander abwägende Lösung übrig. Das Reichsgericht hat sie dahin getroffen, daß in Fällen der vorliegenden Art nur der Gegenstand der Erfindung im Sinne der beschriebenen Ausführungsform, und zwar grundsätzlich ohne weitergehenden Schutzbereich geschützt sei. Damit ist zwar das Patent in einem gewissen Maße praktisch entwertet, es bleibt aber seine technische Lehre, wenn auch in ihrem engsten Umfange, geschützt. Auf der anderen Seite ist die Sperrwirkung des in Wirklichkeit erfinderischen Verdienstes entbehrenden Patentes verhältnismäßig gering und wird die Allgemeinheit nicht mehr beschränkt, als es das Vorhandensein des unangreifbar gewordenen Patentes unbedingt erfordert. Damit bleibt zwar die Möglichkeit, daß eine völlige Vorwegnahme den Schutzrechtsinhaber unter Umständen günstiger stellen kann als eine bloße Teilvorwegnahme. Diese Folge läßt sich aber — und das ist den hierauf bezüglichen Revisionsangriffen entgegenzuhalten — überhaupt nicht beseitigen, solange die nachträgliche völlige Vernichtung des Patentes nicht möglich ist. Sie ist unabhängig davon vorhanden, wie weit oder wie eng man den Schutzbereich des aufrechtzuerhaltenden Patentes bemißt.

Gegenüber dieser klaren, auf einem bestimmten sachlichen Ausgleich der Gegensätze beruhenden Abgrenzung bedeutete es nur einen durch sachliche Gründe nicht hinreichend gerechtfertigten Bruch, den Schutzbereich nachträglich durch Einbeziehung der glatten Gleichwerte doch wieder zu erweitern. Damit würde, wie gerade der vorliegende Fall zeigt, eine recht erhebliche Erweiterung dieses Schutzbereiches zugelassen. Es kann nicht anerkannt werden, daß die schützenswerten Belange des Patentinhabers das zwingend forderten. Gewiß bedeutet die Versagung dieser Schutzerweiterung, daß das unangreifbar gewordene Patent leichter umgangen werden kann. Nach der Auffassung des Senats wiegt jedoch innerhalb des oben gekennzeichneten allgemeinen Interessengegensatzes stärker das Interesse der Allgemeinheit und der sich fortentwickelnden Technik daran, daß ein in Wirklichkeit nicht schutzwürdiges Patent wenigstens nicht über seinen „unmittelbaren Gegenstand" hinaus geschützt werde. Nur den wirklich schöpferischen Kräften soll und muß umfassender Schutz zuteil werden; die materielle Belohnung eines Erfinders in Gestalt eines Ausschließungsrechts muß der Bereicherung der Allgemeinheit entsprechen (vgl. die amtliche Begründung zum PatG. vom 5. Mai 1936).

RGZ. 158, 1

1. Kann im Patentnichtigkeitsstreit der Patentinhaber Berufung einlegen, wenn das Patentamt die Nichtigkeitsklage abgewiesen, im Patentanspruch aber zu dessen Klarstellung Aenderungen vorgenommen hat?

2. Ist im Patentnichtigkeitsstreit eine erst nach Ablauf der in § 42 Abs. 1 PatG. vorgesehenen Frist eingelegte Anschlußberufung zulässig?

Patentgesetz vom 5. Mai 1936 § 42. Verordnung des Reichsministers der Justiz vom 30. September 1936 über das Berufungsverfahren beim Reichsgericht in Patentsachen (RGBl. II S. 316) §§ 1—4, 7. ZPO. §§ 519 flg.

I. Zivilsenat. Beschl. v. 20. Februar 1938.

I. Reichspatentamt.

Der Sachverhalt ergibt sich aus den

Gründen:

In dem vorliegenden Nichtigkeitsstreit hat das Reichspatentamt die Klage abgewiesen, jedoch im Anspruch zwecks Klarstellung verschiedene Zusätze eingefügt und eine Umstellung vorgenommen.

Gegen dieses Urteil hat der Beklagte Berufung eingelegt. Er ist der Ansicht, daß er durch die Aenderungen des Patentamts beschwert sei. Durch sie werde der Gegenstand des Patents gegenüber der bisherigen Fassung eingeschränkt. Es sei nicht richtig, daß, wie das Patentamt annehme, der Fachmann den bisherigen Anspruch unter Berücksichtigung des sonstigen Inhalts der Patentschrift und des bei der Patenterteilung berücksichtigten Standes der Technik bereits ebenso verstanden habe.

Der Kläger hält die Berufung für unzulässig, weil der Beklagte durch die Entscheidung des Reichspatentamts nicht beschwert sei.

Die Berufung ist zulässig.

Voraussetzung der Zulässigkeit ist allerdings, daß der Berufungskläger durch die angefochtene Entscheidung beschwert ist. An sich ist schon im Rahmen der Zulässigkeitsprüfung eine Nachprüfung der Beschwerde nötig. Wenn aber, wie im vorliegenden Fall, die Frage, ob der Berufungskläger beschwert ist, ob also der Gegenstand des Anspruchs durch die vom Reichspatentamt vorgenommene Klarstellung gegenüber seinem bisherigen Inhalt eingeengt ist, mit der zu entscheidenden materiellen Frage zusammenfällt, ob der Fachmann den Anspruch schon nach der alten Fassung so verstehen mußte, wie er jetzt formuliert ist, dann ist für eine Entscheidung nur über die Zulässigkeit der Berufung kein Raum. Dann müssen dieselben Grundsätze Anwendung finden, die von der Rechtsprechung bei der Frage des Vorliegens der Prozeßvoraussetzungen insbesondere für die örtliche Zuständigkeit entwickelt sind. Im Anschluß an die grundlegende Entscheidung in RGZ. Bd. 29 S. 373 sind jetzt Rechtsprechung und Schrifttum fast einhellig der Ansicht, daß, soweit die für die Zuständigkeit maßgebenden Tatsachen mit den anspruchbegründenden zusammenfallen, diese im Rahmen der Zuständigkeit keines Beweises bedürfen, soweit sie gleichzeitig notwendige Tatbestandsmerkmale des Anspruchs sind, d. h. soweit die Bejahung des Anspruchs begrifflich diejenige der Zuständigkeit in sich schließt. Denn für die Zuständigkeit kommt es auf den behaupteten Anspruch an.

Es genügt daher für die Bejahung der Zulässigkeit der Berufung, daß der Beklagte behauptet hat, die von der Nichtigkeitsabteilung des Reichspatentamts dem Patentanspruch zur Klarstellung gegebene Fassung schränke den Gegenstand des Patents gegenüber der bisherigen Fassung ein.

Aber auch die erst nach Ablauf der in § 42 Abs. 1 PatG. vorgesehenen Frist von dem Kläger eingelegte Anschlußberufung ist zulässig.

Zwar ist im Patentgesetz selbst und in der Verordnung vom 30. September 1936 ebensowenig wie im alten Patentgesetz und der bisherigen Verordnung vom 6. Dezember 1891 eine Bestimmung über die Anschlußberufung enthalten. Aus dem Fehlen einer solchen Bestimmung hat das Reichsgericht bisher in ständiger Rechtsprechung, zuletzt in einer Entscheidung vom 6. April 1935 (GRUR. 1935 S. 738, Mitt. PatA. 1935 S. 238) den Schluß gezogen, daß die Anschlußberufung im Nichtigkeitsstreit nicht zulässig sei. In der angeführten Entscheidung hat das Reichsgericht in dem Umstande, daß die Anschlußberufung weder im Gesetz noch in der Verordnung erwähnt ist, ein mehr äußerliches Zeichen gesehen und entscheidendes Gewicht darauf gelegt, daß bei Zulassung der Anschlußberufung der erkennende Senat noch bis zum letzten Augenblick mit neuem Prozeßstoff belastet werden könne, da eine Ausschlußfrist für die Anschlußberufung mangels entsprechender gesetzlicher Unterlagen nicht festgestellt werden könne. Das widerspreche aber dem Verfahrensgang in Nichtigkeitssachen wie auch dem Gang in Revisionssachen, wie er sich sonst vor dem Reichsgericht abspiele, so sehr, daß man daraus mit Recht gegen die Zulässigkeit der Anschlußberufung schließen müsse.

Dieser Standpunkt kann nicht aufrecht erhalten werden. Im Patentgesetz ist mehrfach auf die Bestimmungen der Zivilprozeßordnung verwiesen, nämlich in § 16 Abs. 1, § 18 Abs. 8, § 39 Abs. 1, § 42 Abs. 4, § 51 Abs. 1. Trotz dieser Verweisungen ist das Verfahren im Patentgesetz und in der Verordnung vom 30. September 1936 nicht so eingehend geregelt, daß nicht verschiedentlich, insbesondere beim Nichtigkeitsverfahren, Lücken geblieben wären, deren Ausfüllung erforderlich ist. Es ist in der Rechtsprechung und im Schrifttum anerkannt, daß diese Lücken durch entsprechende Anwendung der Vorschriften der Zivilprozeßordnung zu schließen sind, soweit dem nicht die Eigenart des Nichtigkeits- oder sonstigen Verfahrens nach dem Patentgesetz entgegensteht. So sind bereits für anwendbar erachtet worden die Bestimmungen ZPO. § 99 Abs. 1 u. 3 über Anfechtbarkeit der Kostenentscheidung, § 89 über einen Vertreter ohne Vertretungsmacht, §§ 264, 268, 269 über Klageänderung und § 539 über die Zurückverweisung in die Vorinstanz. Es sind aber, wie der letztgenannte Fall zeigt, auch in der das Berufungsverfahren betreffenden Verordnung Lücken in den Vorschriften über die Behandlung der Berufung vorhanden, die zu einer ergänzenden Heranziehung von Vorschriften der Zivilprozeßordnung nötigen. Grundsätzliche Bedenken, auch die Verordnung über das Berufungsverfahren zu ergänzen, können danach gegen die Zulässigkeit der Anschlußberufung nicht ins Feld geführt werden.

Die Anschlußberufung kommt nach der Zivilprozeßordnung, von dem Falle der Klagerweiterung abgesehen, dann in Betracht, wenn in der ersten Instanz keine Partei völlig obgesiegt und die eine Partei sich zunächst dazu entschlossen hat, es bei der erstinstanzlichen Entscheidung bewenden zu lassen, sich aber mit Rücksicht darauf, daß der Gegner Berufung einlegt und der Rechtsstreit infolgedessen doch in die Berufungsinstanz gehen muß, dazu entschließt, nunmehr auch ihrerseits Berufung als Anschlußberufung einzulegen. Es interessiert hier nur die Anschlußberufung, die nach Ablauf der Berufungsfrist eingelegt worden ist und daher als selbständige Berufung nicht angesehen werden kann. Sie kann bis zum Schluß der mündlichen Verhandlung, auf Grund deren das Urteil ergeht, erfolgen. Infolgedessen ermöglicht es die Anschlußberufung, daß das Berufungsgericht auch noch Tatumstände, die erst im Laufe des Berufungsverfahrens in den Prozeß eingeführt oder bewiesen werden, voll berücksichtigen kann und nicht an der Rechtskraft des zunächst nicht angefochtenen Urteilsteiles halt machen muß. Mit der Anschlußberufung ist also in der Zivilprozeßordnung ein Mittel geschaffen, das geeignet ist, der im Laufe des zwischen den Parteien anhängigen Rechtsstreits erkennbar gewordenen Wahrheit zum Siege zu verhelfen.

Gleiches muß aber auch für die Anschlußberufung im Patentnichtigkeitsstreit gelten, falls sie zugelassen wird. Bei der Bedeutung, die der Aufrechterhaltung oder Beseitigung eines Schutzrechtes für die Allgemeinheit zukommt, ist es sogar in noch höherem Maße geboten, dem Erfinder oder dem Nichtigkeitskläger jeden Rechtsbehelf zugänglich zu machen, der geeignet ist, der materiellen Wahrheit zum Siege zu verhelfen. Denn die Fälle, in denen nach nur teilweiser Vernichtung eines Patents durch die Nichtigkeitsabteilung des Reichspatentamts und nach Einlegung der Berufung nur seitens einer Partei alle mit dem angegriffenen Patent in Zusammenhang stehenden Fragen durch ein in der Berufungsinstanz eingeholtes Sachverständigengutachten so völlig und in der Richtung geklärt wurden, daß auch der zunächst nicht angefochtene Teil der Entscheidung sich als unrichtig darstellt, sind in der Praxis des Senats schon mehrfach vorgekommen. Bei Nichtzulassung der Anschlußberufung müßte es in diesen Fällen insoweit bei der als unrichtig erkannten Entscheidung der ersten Instanz verbleiben. Denn daß in einem derartigen Fall das Berufungsgericht nicht in der Lage ist, über die gestellten Parteianträge hinaus von Amts wegen eine Abänderung der erstinstanzlichen Entscheidung vorzunehmen, ist in dem bereits erwähnten Urteil des Senats vom 6. April 1935 zutreffend ausgeführt. Andrerseits erfordert aber der das neue Patentgesetz beherrschende Grundsatz, dem Erfinder die ihm nach seinem Verdienst zukommende Belohnung in Gestalt eines entsprechenden Schutzrechtes zu sichern, die Allgemeinheit aber vor unberechtigten sperrenden Patenten zu schützen (vgl. die Entscheidung des Senats vom 7. Januar 1938, RGZ. Bd. 157 S. 159), daß der Sieg der Wahrheit und des Rechts nicht an prozeßrechtlichen Bedenken scheitere.

Solche Bedenken, wie sie in der Entscheidung vom 6. April 1935 hervorgehoben sind, können als ausschlaggebend nicht mehr anerkannt werden. Im allgemeinen werden die Bestimmungen der §§ 1 und 7 der Verordnung vom 30. September 1936, gegebenenfalls in Verbindung mit den Bestimmungen der Zivilprozeßordnung über verspätetes Vorbringen, dem Senat ausreichende Mittel zur Verfügung stellen, um das nachträgliche Vorbringen in sachgemäßen Grenzen zu halten. Wenn in Einzelfällen trotzdem Schwierigkeiten auftreten, so dürfen solche Schwierigkeiten nicht dazu führen, eine Einrichtung, die an sich, wie dargelegt, dem Sinn des neuen Patentgesetzes entspricht, auszuschalten.

Da somit die Eigenart des Patentnichtigkeitsverfahrens der Zulassung der Anschlußberufung nicht entgegensteht, sondern im Gegenteil für ihre Zulassung spricht, hält der Senat unter Aufgabe seines bisherigen Standpunktes auch die nach Ablauf der Berufungsfrist eingelegte Anschlußberufung für zulässig.

Für die Form und den letztmöglichen Zeitpunkt der Anschlußberufung sind entsprechend anzuwenden § 42 PatG., §§ 1—4 Vo. vom 30. September 1936 und §§ 519 bis 522a ZPO. Danach ist die nach Ablauf der Berufungsfrist eingelegte Anschlußberufung zulässig bis zum Schluß der mündlichen Verhandlung, auf die das Urteil ergeht. Sie erfolgt durch Einreichung eines Schriftsatzes an das Berufungsgericht, also das Reichsgericht, solange sich die Akten jedoch noch beim Reichspatentamt befinden, an das Reichspatentamt. Dieser Schriftsatz muß die Anschlußberufungsanträge und die Angabe der neuen Tatsachen und Beweismittel enthalten, die geltend gemacht werden sollen. Von der Einzahlung einer Gebühr ist die Wirksamkeit der Anschlußberufung nicht abhängig.

Diesen Erfordernissen genügt der Schriftsatz des Klägers vom 1. März 1938, so daß die Anschlußberufung auch im vorliegenden Fall zulässig ist.

RGZ. 158, 219

Kann bei der Entscheidung über die Kosten in Zwangslizenzsachen die Tatsache berücksichtigt werden, daß der Kläger durch eine unbegründete Klage wegen Patentverletzung zur Erhebung der Zwangslizenzklage veranlaßt worden ist?

Patentgesetz §§ 40, 42 Abs. 3.

I. Zivilsenat. Beschl. v. 14. Oktober 1938.

I. Reichspatentamt.

Die Frage ist bejaht worden aus folgenden, den Sachverhalt ergebenden

Gründen:

Die Klägerin hat in zwei getrennten Klagen den Antrag gestellt, ihr die Erlaubnis zur Benutzung zweier der Beklagten zustehenden Patente gegen angemessene Vergütung und Sicherheitsleistung zu erteilen. Die Klagen sind zur gemeinsamen Verhandlung und Entscheidung verbunden worden. Das Reichspatentamt hat der Klägerin an beiden Patenten eine Zwangslizenz für Lieferungen nach dem Ausland erteilt und die Lizenzgebühr auf 10 % des Verkaufspreises festgesetzt. Die Zwangslizenz für Lieferungen nach dem Inland ist mithin versagt worden. Gegen die Entscheidung haben beide Parteien Berufung eingelegt, die Klägerin mit dem Ziele, daß ihr die Zwangslizenz in vollem Umfang und unter Herabsetzung der Lizenzgebühr erteilt werde, die Beklagte mit dem Ziele der Klagabweisung in vollem Umfange. Gleichzeitig schwebte zwischen den Parteien ein Rechtsstreit, in welchem die Beklagte die Klägerin wegen Verletzung der erwähnten Patente auf Unterlassung, Rechnungslegung und Schadensersatz in Anspruch nahm. Dieser Rechtsstreit ist während des Schwebens der Zwangslizenzsache im zweiten Rechtszuge dadurch rechtskräftig erledigt worden, daß die Klage wegen Verletzung des einen Patentes abgewiesen, die Klägerin dagegen wegen Verletzung des zweiten antragsgemäß verurteilt worden ist. Die Klägerin hat daraufhin die Zwangslizenzklage in der Hauptsache für erledigt erklärt und beantragt, die Beklagte in die Kosten des Verfahrens zu verurteilen. Die Beklagte beantragt, der Klägerin die Kosten des Verfahrens aufzuerlegen.

Soweit das zweite Patent in Betracht kommt, ist der Antrag der Beklagten begründet.

Anders ist die Sachlage bei dem ersten Patent. Die Beklagte macht allerdings auch hier geltend, daß eine Erledigung der Zwangslizenzklage durch die Entscheidung im Verletzungsstreit nicht eingetreten sei und daß es sich in Wahrheit um eine Klagerücknahme handele. Darin kann ihr aber nicht gefolgt werden. Durch die Entscheidung im Verletzungsstreit ist die Klägerin in die Lage versetzt worden, diejenige Art von

Fensterkurblern frei herzustellen, zu deren Herstellung sie die Erlaubnis der Beklagten im Zwangslizenzverfahren zu erlangen suchte. Es sind dies Kurbler mit Klemmgetriebe. Daß sie früher noch andere Arten hergestellt hat, die unter den Schutzbereich des Patentes fielen, ist ohne Belang, da sie diese Herstellung längst und endgültig eingestellt hat. Die Klägerin hat daher das erreicht, was sie mit der Lizenzklage erstrebte. Es besteht für sie kein Rechtsschutzinteresse an der Fortsetzung der Klage. Würde sie den Rechtsstreit fortgesetzt haben, so würde ihr dies von der Beklagen mit Recht entgegengehalten worden sein, und die Klage hätte aus diesem Grunde abgewiesen werden müssen. Daher liegt eine echte Erledigung der Klage vor. Der Umstand, daß die Formel der Urteile im Zwangslizenzverfahren auf Erlaubnis der Benutzung eines Patentes im ganzen geht, kann daran nichts ändern. Denn es muß auf das konkrete Interesse der Klägerin an der Entscheidung abgestellt werden. Auch kann der Klägerin nicht entgegengehalten werden, daß sie durch ihre Anträge im Verletzungsprozeß die Erledigung selbst willkürlich herbeigeführt habe. Da sie mit einer Verletzungsklage überzogen war, blieb ihr nichts anderes übrig, als deren Abweisung zu beantragen.

Es muß daher zunächst gefragt werden, wie über die Zwangslizenzklage zu entscheiden gewesen sein würde, wenn das erledigende Ereignis nicht eingetreten wäre. Das Reichspatentamt hat die Lizenz für Inlandslieferungen versagt, weil die beiden Lizenznehmerinnen der Beklagten unbestritten in der Lage seien, den inländischen Markt mit den geschützten Fensterkurblern zu versorgen, und weil andere durchschlagende Gründe, aus denen ein öffentliches Interesse an der Belieferung des Inlandes durch die Klägerin gefolgert werden könne, nicht vorgebracht seien. Dem würde, soweit die Lizenz für Inlandslieferungen für sich in Frage kommt, auf Grund des Gutachtens des gerichtlichen Sachverständigen beizutreten sein. Die Versorgung des Inlandsmarktes mit den geschützten Kurblern durch die Lizenznehmerinnen der Beklagten ist gesichert. Die Klägerin hat nicht dargetan, nicht einmal behauptet, daß diejenige Konstruktion, deren Freiheit sie verlangt hat, den von den Lizenznehmerinnen vertriebenen Kurblern derart überlegen sei, daß ihr Vertrieb neben oder statt derjenigen der Lizenznehmerinnen im öffentlichen Interesse liege. Der Umstand, daß ein Teil der Gefolgschaft der Klägerin bei Einstellung der Herstellung der betreffenden Konstruktion hätte entlassen werden müssen, ist heute nicht von Bedeutung, da Mangel an gelernten Arbeitern besteht und die Enlassenen daher sofort andere Arbeit finden würden. Daß die Klägerin ihren Betrieb hätte einstellen müssen, ist ebenfalls — wenn man nur die Lizenz für den Inlandsabsatz in Betracht zieht — nicht geeignet, ein öffentliches Interesse an Herstellung und Vertrieb durch die Klägerin zu begründen.

Die Erteilung der Zwangslizenz für Lieferungen nach dem Auslande hat das Patentamt damit begründet, daß, wenn der Klägerin der Auslandsmarkt freigegeben werde, die Gesamtarbeit vermehrt werde. Die Belieferung des Auslandsmarktes hänge weniger von der Möglichkeit der inländischen Fabriken ab, den Bedarf zu decken, als von dem Bestehen alter Geschäftsverbindungen deutscher Firmen mit ausländischen Abnehmern. Es erscheine durchaus glaubhaft, daß im vorliegenden Falle wesentliche Auslandsaufträge der Klägerin bei Nichterteilung der Zwangslizenz den Lizenznehmerinnen der Beklagten entgehen würden. Außerdem könne die Patentinhaberin ebenso, wie sie an deutsche Firmen Lizenzen erteilt habe, auch ausländischen Firmen Lizenzen erteilen oder selbst den Verkauf nach dem Ausland übernehmen. Es liege aber im Interesse des deutschen Arbeitsmarktes, daß ihm die Auslandsaufträge soweit wie möglich erhalten blieben. Auch dieser Begründung schließt sich der Senat an. Es erhebt sich aber folgendes Bedenken gegen die getroffene Entscheidung: Wie der Sachverständige festgestellt hat, würde die Klägerin, wenn sie auf den Auslandsabsatz beschränkt würde, ihren Betrieb nicht aufrechterhalten können, da die allgemeinen Unkosten im Verhältnis zu dem wesentlich geringeren Absatz zu hoch werden würden. Sie würde die für das Ausland erteilte Lizenz nicht ausnutzen können. Wenn dem so ist, so entsteht die Frage, ob es nicht, damit die Klägerin die im öffentlichen Interesse gebotene Lizenz für das Ausland ausnutzen kann, geboten ist, ihr die Möglichkeit der Aufrechterhaltung ihres Betriebes durch Gewährung der an sich nicht im öffentlichen Interesse liegenden Zwangslizenz für den Inlandsabsatz zu gewähren. Die Frage braucht aber nicht abschließend beantwortet zu werden, da der Senat schon auf Grund einer anderen Erwägung zu dem Ergebnis gelangt, daß der Beklagten die Kosten der Zwangslizenzklage für das zweite Patent in vollem Umfang auferlegt werden müssen. Die Beklagte hat die Klägerin mit einer Klage wegen Verletzung des Patentes überzogen, die, wie sich herausgestellt hat, unbegründet war. Durch die Anstrengung dieser Klage ist die Klägerin, da sie deren Erfolgsmöglichkeit in vorsichtiger kaufmännischer Gebarung nicht ohne weiteres außer Rechnung lassen konnte, in die Zwangslage versetzt worden, um ihre Belange in vollem Maße zu wahren, die Zwangslizenzklage zu erheben auf die Gefahr hin, daß sich diese bei ihrem Obsiegen in der Verletzungsklage als unnötig erweisen könnte. Ohne das Verhalten der Beklagten wäre es zu dieser Klage nicht gekommen. Es kann dahingestellt bleiben, ob innerhalb der Regeln der Zivilprozeßordnung dieser Tatbestand für die Kostenentscheidung von Bedeutung sein könnte. In Patentnichtigkeits- und Zwangslizenzsachen ist nach § 42 Abs. 3 in Verbindung mit § 40 PatG. nach freiem Ermessen zu entscheiden, so daß Billigkeitserwägungen in Rücksicht gezogen werden können. Der Senat erachtet es für billig, daß die Beklagte unter den dargestellten Umständen die Kosten der Klage, soweit sie das erste Patent betreffen, allein trägt.

RGZ. 158, 291

Unter welchen Voraussetzungen entsteht ein Vorbenutzungsrecht aus Veranstaltungen zur Benutzung einer Erfindung, die vor deren Anmeldung als Gebrauchsmuster getroffen wurden?

Gebrauchsmustergesetz § 1 Abs. 2.

I. Zivilsenat. Urt. v. 16. September 1938.

I. Landgericht Düsseldorf. II. Oberlandesgericht daselbst.

Die Klägerin ist Inhaberin des am 2. Mai 1935 angemeldeten Gebrauchsmusters 1 376 392. Die beiden ersten Ansprüche des Gebrauchsmusters lauten:

1. Federeinlage für Polstermatratzen o. dergl., bestehend aus einem aus aufrechten, mit ihren Windungen ineinandergreifenden Federn gebildeten wabenartigen Netz, das zwischen zwei übereinanderliegenden formgebenden Rahmen gehalten ist, dadurch gekennzeichnet, daß die aus federnd biegsamen Stahlbändern gebildeten Halterahmen an den Ecken in Höhe der Federenden liegen, im übrigen aber gegenüber den Auflageflächen der Federeinlage versenkt angeordnet sind.

2. Federeinlage nach Anspruch 1, dadurch gekennzeichnet, daß die mehr nach der Mitte der Federhöhe zu liegenden Teile der Rahmen so weit zurückspringen, daß den Rahmen zugekehrte Windungsteile der Federn frei oberhalb der Rahmen liegen und einen Rand bilden.

Die Beklagte hat Matratzeneinlagen mit wabenartigem Federgeflecht und zwei Halterahmen hergestellt und vertrieben, die auf allen vier Seiten durch Verkröpfen versenkt sind und nur an den Ecken in Höhe der Federenden liegen. Die Randfedern sind abwechselnd auf einem Teil ihrer Länge verdoppelt.

Die Klägerin hat hierin eine Verletzung mehrerer Schutzrechte, darunter des bezeichneten Gebrauchsmusters, gesehen und gegen die Beklagte auf Unterlassung, Rechnungslegung und Feststellung der Schadensersatzpflicht geklagt.

Das Berufungsgericht hat die Klage ganz abgewiesen, nachdem ihr das Landgericht auf Grund eines andern Gebrauchsmusters der Klägerin im wesentlichen entsprochen hatte. Es hat die Rechtswirksamkeit des Gebrauchsmusters 1 376 392 verneint. Hilfsweise hat es in Uebereinstimmung mit dem Landgericht angenommen, daß der Beklagten an dem Gegenstande dieses Gebrauchsmusters ein die Verletzungsform umfassendes Vorbenutzungsrecht zustehe.

Die Revision der Klägerin hatte keinen Erfolg.

Aus den Gründen:

Das Gebrauchsmuster 1 376 392 der Klägerin enthält den Vorschlag, zur Erzielung gleichförmig weicher, zugleich formbeständiger Federeinlagen den mittleren Teil der beiden übereinanderliegenden Halterahmen aus federnden Stahlbändern durch Verkröpfen zu versenken, die Rahmenecken dagegen in Höhe der Endwindungen der Federn anzuordnen. Darin besteht, wovon auch der Berufungsrichter ausgeht, der Gegenstand dieses Gebrauchsmusters. Die Verletzungsform deckt sich unstreitig wörtlich mit den angegebenen Erfindungsmerkmalen. Die Hilfserwägung des Berufungsrichters, die Beklagte habe an dem Gegenstande des Gebrauchsmusters ein Vorbenutzungsrecht erworben, falls es für rechtsbeständig zu erachten wäre, beanstandet die Revisionsbegründung mit Recht. Der Berufungsrichter stellt fest, daß das von der Beklagten vor dem 20. April 1935 angefertigte Musterstück völlig den Erfindungsmerkmalen entsprach. Mit Recht zieht er die einmalige Anfertigung eines nicht zum Verkauf bestimmten Musters nicht als Benutzungshandlung, sondern nur als Treffen einer Veranstaltung zur Benutzung der Erfindung in Betracht. Bei seinen weiteren Ausführungen beachtet er aber nicht hinreichend, daß die Veranstaltungen bis zu der bereits am 2. Mai 1935 erfolgten Anmeldung des Gebrauchsmusters nicht unterbrochen sein durften und daß aus ihnen der ernstliche Wille hervorgehen mußte, die Erfindung alsbald zu benutzen (RGZ. B. 75 S. 317, Bd. 78 S. 436, Bd. 123 S. 252, Bd. 133 S. 377). Wenn in der angeführten Rechtsprechung von der Absicht sofortiger Benutzung der Erfindung die Rede ist, so ist das gleichfalls in dem Sinne aufzufassen, daß aus der Art der Veranstaltungen und den Umständen, unter denen sie getroffen wurden, die Absicht ersichtlich sein muß, die Erfindung alsbald zu benutzen. Durchgreifende Bedenken ergeben in dieser Hinsicht die eigenen Ausführungen der Beklagten. Danach hat sie der Klägerin am 25. April 1935 ein anderes Muster mit nur an den Längsseiten verkröpften Rahmen zur Aeußerung über die Rechtslage übersandt und mit ihr wegen des Rechts zur Herstellung dieses Musters einen im September 1935 anhängig gewordenen Rechtsstreit geführt. Beides ergibt sich auch aus den Feststellungen des Berufungsrichters. Die Beklagte hat aber hierzu weiter erklärt, sie habe die Absicht gehabt, erst nach Durchführung der Verhandlungen mit der Klägerin und nach Erledigung des Rechtsstreits, der ihr Klarheit über die Rechtslage habe verschaffen sollen, mit der Herstellung des Musters mit vierseitig verkröpften Rahmen zu beginnen. Danach fehlt es bis zur Anmeldung des Gebrauchsmusters an Veranstaltungen, aus denen die Absicht zur alsbaldigen Ausführung der Erfindung hervorgeht. Der Rechtsstreit mit der Klägerin hat erst lange nach Anmeldung des Gebrauchsmusters begonnen.

Im Ergebnis muß aber mit dem Berufungsrichter die Rechtswirksamkeit des Gebrauchsmusters verneint werden. (Wird ausgeführt.)

RGZ. 158, 385

1. In welchem Umfang bewirkt ein Urteil Rechtskraft, durch das die Unteransprüche eines Patents wegen ihrer Abhängigkeit von einem durch Verzicht erloschenen Hauptanspruch für nichtig erklärt worden sind?

2. Wie unterscheiden sich echter und unechter Unteranspruch und Nebenanspruch?

Patentgesetz §§ 1, 13.

I. Zivilsenat. Urt. v. 29. April 1938.

I. Reichspatentamt.

Durch das Urteil des erkennenden Senats vom 15. Februar 1936 (RGZ. Bd. 150 S. 280)*) sind auf die Nichtigkeitsklage einer anderen Klägerin die auf Patentanspruch 1 verweisenden Patentansprüche 5 und 6 des DRP. 281 812 mit Wirkung vom 19. Februar 1934 für nichtig erklärt worden, weil die Patentinhaberin an diesem Tage auf den Patentanspruch 1 verzichtet hatte und den Patentansprüchen 5 und 6 die Bedeuung einer selbständigen Erfindung neben Patentanspruch 1 nicht zuerkannt wurde. Die Klägerin beantragt, daß die Patentansprüche 1, 2, 5 und 6 ohne zeitliche Beschränkung für nichtig erklärt werden. Das Reichspatentamt hat dem Antrag entsprochen. Es hat die Identität der Patentansprüche 1 und 2 mit dem Anspruch 2 des Vorpatents 283 206 angenommen und die Patentansprüche 5 und 6 vernichtet, weil durch die angeführte Entscheidung des Reichsgerichts rechtskräftig entschieden sei, daß eine Nichtigkeit des Patenanspruchs 1 sich ohne weiteres auf die Ansprüche 5 und 6 erstrecke. Auf die von der Patentinhaberin gegen die Vernichtung der Patentansprüche 5 und 6 eingelegte Berufung hat das Reichsgericht die Nichtigkeitsklage wegen dieser beiden Ansprüche abgewiesen.

Aus den Gründen:

Das Reichspatentamt hat die zeitlich unbeschränkte Nichtigkeit der Ansprüche 5 und 6 folgendermaßen begründet:

Die in der früheren, 1934 von einer anderen Klägerin erhobenen Klage auf Streichung der Ansprüche 5 und 6 getroffene Entscheidung des Senats vom 15. Februar 1936 mache für den vorliegenden Rechtsstreit insoweit Rechtskraft, als darin ausgesprochen sei, daß die Nichtigkeit des Anspruchs 1 notwendigerweise die Nichtigkeit der Ansprüche 5 und 6 zur Folge habe.

Diese Begründung beruht auf Rechtsirrtum. Der erkennende Teil des früheren Urteils lautet eindeutig dahin, daß die Ansprüche 5 und 6 nur mit Wirkung vom 19. Februar 1934 (dem Tage der Verzichtserklärung) gestrichen werden. Auf mehr konnte der Senat, der die Nichtigkeit der Ansprüche 5 und 6 ausschließlich aus der Nichtigkeit

*) Vgl. oben S. 350 flg.

des Anspruchs 1 folgerte, auch gar nicht erkennen, weil der Verzicht nur in die Zukunft wirkte. Die Gründe einer Entscheidung aber nehmen nach einer anerkannten prozessualen Regel, die für das Nichtigkeitsverfahren keine Ausnahme erleidet, an der Rechtskraft nicht teil. Ganz besonders gilt das hier für den vom Senat im früheren Urteil nur beiläufig ausgesprochenen Satz (der das Urteil zu tragen weder bestimmt noch geeignet war), daß eine zeitlich unbeschränkte Vernichtung des Anspruchs 1 auch den zeitlich unbeschränkten Fortfall der Ansprüche 5 und 6 zur notwendigen Folge gehabt haben würde.

In dem früheren Urteil hat der Senat die Nichtigkeitsklage abgewiesen, soweit mit ihr beantragt war, die Ansprüche 5 und 6 auch mit Wirkung für die Zeit vor dem Verzicht wegen Nämlichkeit (Identität) mit dem Anspruch 2 des Vorpatents (283 206) zu streichen, indem er eine Nämlichkeit verneinte. Auch dieser Teil des früheren Urteils schafft wegen der Verschiedenheit der klagenden Parteien für den vorliegenden Nichtigkeitsstreit keine Rechtskraft.

Nach diesen Ausführungen sind im vorliegenden Streit dieselben schon im Vorprozeß aufgeworfenen und entschiedenen Fragen erneut zu prüfen: Folgt aus der jetzt rechtskräftig erkannten zeitlich unbeschränkten Nichtigkeit des Anspruchs 1 notwendig die (zeitlich unbeschränkte) Nichtigkeit der Ansprüche 5 und 6? Wird das verneint, so ist weiter zu fragen: Sind die Ansprüche 5 und 6 wegen Nämlichkeit mit Anspruch 2 des Vorpatents für nichtig zu erklären? Der Senat hat im Vorprozeß die erste Frage (für die Zeit nach dem Verzicht) bejaht. Er hat die Ansprüche 5 und 6 als echte Unteransprüche angesehen. Lägen solche vor, so müßten beide Ansprüche für nichtig erklärt werden, weil der Senat an dem von der Klägerin bekämpften und zur erneuten Nachprüfung gestellten Grundsatz festhält, daß die Vernichtung des Hauptanspruchs ihre Nichtigkeit notwendig nach sich ziehe. Damit wird kein neuer Nichtigkeitsgrund in das Gesetz eingeführt. Der Grundsatz zieht vielmehr die denknotwendige Folgerung aus dem Verhältnis, in dem derartige Unteransprüche von vornherein zu ihrem Hauptanspruch stehen. Ein echter Unteranspruch gestaltet den Erfindungsgedanken des Hauptanspruchs — im einzelnen hinzufügend, ändernd, auslassend — lediglich aus, und zwar ohne daß diese Ausgestaltung wieder erfinderischen Gehalt hätte. Es genügt, daß die Ausgestaltung zweckmäßig und keine glatte Selbstverständlichkeit ist. Der ausgestaltende Gedanke ist daher für sich, losgelöst vom Gedanken des Hauptanspruchs, nicht schutzfähig und muß notwendig dessen Rechtsschicksal teilen. So wenig wie ein echter Unteranspruch erteilt werden kann, ohne daß der ihn beherrschende Haupterfindungsgedanke geschützt wird, so wenig kann er bestehen bleiben, wenn sein Hauptanspruch fällt. Der Nichtigkeitsgrund im Sinne des § 13 PatG. ist für den echten Unteranspruch derselbe wie derjenige, der zur Vernichtung des Hauptanspruchs führte. (Ob die Vernichtung eines echten Unteranspruchs eines formellen Antrags bedarf oder auf sie bei Vernichtung des Hauptanspruchs auch von Amts wegen zu erkennen wäre, kann hier ungeprüft bleiben, ebenso, ob nach Ablauf der Ausschlußfrist des § 37 Abs. 3 PatG. noch eine Klage auf Streichung von Unteransprüchen eines wegen Nichtigkeit nach § 13 Nr. 1 PatG. bereits gestrichenen Hauptanspruchs zuzulassen wäre.)

Dagegen ist der „unechte", d. h. der eigenen Erfindungsgehalt tragende Unteranspruch eines selbständigen Schutzes und also auch eines von dem seines Hauptanspruchs unabhängigen Rechtsbestandes fähig. Die Nichtigkeit des Hauptanspruchs ergreift ihn also nicht ohne weiteres mit.

Hiernach muß der mit dem Streit über die „abhängige Nichtigkeit" eines Unteranspruchs befaßte Nichtigkeitsrichter prüfen, ob der Unteranspruch echt oder unecht ist. Die Fassung, welche das Patentamt den Ansprüchen gibt, bindet den Richter nicht. Da das Unterscheidungsmerkmal darin liegt, daß der unechte Unteranspruch eigenen erfinderischen Gehalt hat, so müssen, wie schon im Urteil des Vorprozesses ausgeführt ist, hier die Fragen gestellt und beantwortet werden, die sonst im Nämlichkeitsstreit auszuscheiden sind, nämlich die Fragen nach Neuheit, Fortschrittlichkeit und Erfindungshöhe des Unteranspruchs zur Zeit der Anmeldung. Die Klägerin irrt, wenn sie meint, daß diese Fragen nach Ablauf der Ausschlußfrist des § 37 Abs. 3 PatG. keinesfalls mehr geprüft werden dürften. Diese Ansicht entspringt wieder der oben zurückgewiesenen Auffassung, als ob die folgeweise (abhängige) Nichtigkeit ein neuer, selbständiger Nichtigkeitsgrund wäre. Daß der Nichtigkeitsgrund, aus dem der Hauptanspruch angegriffen ist, wenn er durchgreift, auch den echten Unteranspruch erfaßt, folgt nur aus der oben dargelegten Abhängigkeit des echten Unteranspruches vom Hauptanspruch. Die Frage, ob ein solches Abhängigkeitsverhältnis besteht, hebt sich klar ab sowohl von der, ob der Hauptanspruch aus einem der Gründe des § 13 Nr. 1 und 2 nichtig ist, als auch von derjenigen, ob der echte Unteranspruch selbst etwa Nämlichkeit mit einem Vorpatent aufweist. Der Umstand, daß die Fragen zum Teil in dem zu prüfenden Sachverhalt übereinstimmen, reicht nicht aus, sie gleichmäßig der Fristbestimmung des § 37 PatG. zu unterwerfen. Es wäre ein unannehmbares Ergebnis, wenn der Nichtigkeitsrichter und folgerichtig dann auch der Verletzungsrichter nach Ablauf der Frist des § 37 Abs. 3 PatG. den selbständigen Schutz eines Unteranspruchs unter allen Umständen hinzunehmen hätte.

Vom Unteranspruch unterscheidet sich der N e b e n a n s p r u c h dadurch, „daß er selbständig eine Erweiterung der Erfindung des Hauptanspruchs enthält" (MuW. 1935 S. 102). Für den Nebenanspruch gilt in erhöhtem Maße der Schluß, der oben für den unechten Unteranspruch gezogen wurde: er kann nicht wegen bloßer Abhängigkeit von einem vernichteten Hauptanspruch gestrichen werden.

RGZ. 159, 1

Unter welchen Voraussetzungen liegt eine den Patentschutz auf die Gesamtkombination des Patentanspruchs beschränkende Entscheidung der Erteilungsbehörde vor?

Patentgesetz §§ 6, 47.

I. Zivilsenat. Urt. v. 25. Oktober 1938.

I. Landgericht Leipzig. II. Oberlandesgericht Dresden.

Der Kläger ist Inhaber des vom 20. April 1924 ab wirksamen Patentes 535 932 mit folgendem Anspruch:

Nach dem Stauchverfahren arbeitende Kreuzfalzvorrichtung für Drei- und Mehrbruchbogen, dadurch gekennzeichnet, daß die beim Einlauf in die Maschine vorn befindliche Bogenhälfte bei dem zweimal gefalzten Bogen innen liegt und bei stehender Anordnung des zweiten Falzwerkes das dritte Falzwerk sich so anschließt, daß der aus dem zweiten Falzwerk austretende Bogen der Einlaufrichtung entgegengeführt wird, den dritten Falzer in Richtung auf die Maschine durchläuft und bei Verwendung eines vierten Falzwerkes dieses innerhalb des Maschinengestelles so angeordnet ist, daß die Bogenablage in oder entgegengesetzt zur Einlaufrichtung erfolgt.

Die Maschine des Klagepatents dient zum Falzen von Werkdruck, der in der in Deutschland gebräuchlichen Weise ausgeschossen worden ist. Die von der Beklagten hergestellten und in Verkehr gebrachten Stauchfalzmaschinen erfüllen den gleichen Zweck. Wie bei dem Klagepatent gelangt der Bogen in der Einlaufrichtung in die Falztasche des ersten Falzwerks. Abweichend vom Klagepatent ist das zweite Falzwerk (erstes Kreuzfalzwerk) nicht stehend, sondern liegend angeordnet. Der Bogen wird ihm auf einem Eckfördertisch quer zur Einlaufrichtung zugeführt und tritt aus ihm auch in der gleichen Richtung aus. Ein weiterer Eckfördertisch leitet ihn sodann in der Einlaufrichtung zum dritten Falzwerk (zweites Kreuzfalzwerk).

Der Kläger ist der Ansicht, daß diese Bauart sein Patent verletze. Er hat vorgetragen, die stehende Anordnung des zweiten Falzwerks und in Verbindung damit die besondere Anordnung des dritten Falzwerks sei nach dem Klagepatent nur Ausführungsbeispiel. Die Anweisung des Klagepatents, daß die beim Einlauf in die Maschine vorn befindliche Bogenhälfte bei dem zweimal gefalzten Bogen innen liegen müsse, habe allgemeine Bedeutung. Der Fachmann ersehe aus der Patentschrift, daß auch bei einer der Bauart der Beklagten entsprechenden Anordnung der Falzwerke Werkdruck in der in Deutschland üblichen Weise gefalzt werden könne, daß es insbesondere nicht auf senkrechte oder waagerechte Lage des zweiten Falzwerks ankomme.

Der Kläger hat beantragt, die Beklagte zur Unterlassung und Rechnungslegung zu verurteilen sowie ihre Schadensersatzpflicht festzustellen.

Die Beklagte hat unter Bestreiten der Patentverletzung sich insbesondere darauf berufen, daß durch den der Erteilung des Klagepatents zugrunde liegenden Beschluß der Beschwerdeabteilung vom 25. August 1931 der Patentschutz auf die aus dem Patentanspruch ersichtliche Gesamtkombination mit stehender Anordnung des zweiten Falzwerkes beschränkt worden sei. Auch nach dem Stande der Technik sei der Schutzbereich auf die Gesamtkombination zu beschränken. Von ihr mache die Beklagte keinen Gebrauch, insbesondere nicht von der damit verbundenen gedrängten Bauweise.

Die Vorinstanzen haben die Klage abgewiesen.

Die Revision des Klägers blieb erfolglos.

Aus den Gründen:

Den Vorinstanzen ist darin beizutreten, daß nach dem Inhalt der Patentschrift die aus dem Patentanspruch ersichtliche Zusammenfassung aller Erfindungsmerkmale, also die Gesamtkombination, Gegenstand des Patentschutzes ist. (Wird näher ausgeführt. Sodann wird dargelegt, daß die Beklagte von der Gesamtkombination des Klagepatents und dem ihr eigenen Vorzug gedrängter und übersichtlicher Bauart keinen Gebrauch gemacht habe. Hierauf wird fortgefahren:) Uebereinstimmung in den Mitteln besteht nur für das in der allgemeinen Fassung des Patentanspruches auch bei waagerechter Lage des zweiten Falzwerkes zutreffende Erfindungsmerkmal, das sich auf die Innenlage der vorderen Bogenhälfte nach zweimaligem Falzen bezieht.

Danach kommt es entscheidend darauf an, ob etwa die Anweisung, daß nach zweimaligem Falzen die vordere Bogenhälfte innen liegen müsse, eine technische Regel für das Falzen von Werkdruck auf Stauchfalzmaschinen enthält, die sich als selbständig schutzfähiger, über den Gegenstand des Patentes hinausgehender Erfindungsgedanke darstellt. Voraussetzung hierfür wäre, daß schon mit jener Regel dem Fachmann grundsätzlich der Weg gewiesen würde, wie man auf einer Stauchfalzmaschine in üblicher Weise ausgeschossene Werkdruckbogen, und zwar möglichst unter Verwendung der gleichen Richtkanten wie beim Drucken, mit der richtigen Seitenfolge dreimal über Kreuz falzen könne. Der Fachmann müßte also durch sie ohne erfinderische Ueberlegung zu einer auf gedrängte Bauart verzichtenden Anordnung der Falzwerke angeleitet werden, die sich als grundsätzliche, auch die angegriffene Bauart umfassende Lösung der bezeichneten Aufgabe darstellt. Selbständigen Schutzes fähig würde der durch die in Rede stehende Regel bezeichnete allgemeine Erfindungsgedanke ferner nur dann sein, wenn das Ergebnis des Erteilungsverfahrens (Verzicht des Anmelders oder einschränkende Verfügung des Patentamts) nicht entgegenstände und wenn er ferner nach dem Stande der Technik als neu, fortschrittlich und erfinderisch anzusehen wäre.

Auf alle weiteren Fragen würde es nicht ankommen, wenn im Erteilungsverfahren unter Ablehnung selbständigen Schutzes für den gekennzeichneten allgemeinen Erfindungsgedanken der Patentschutz durch die Erteilungsbehörde auf die Gesamtkombination des Patentanspruchs beschränkt worden wäre. (Es wird festgestellt, daß die Vorinstanzen sich hierüber nicht klar geäußert haben und anschließend ausgeführt:) Das Revisionsgericht ist auf Grund des von den Vorinstanzen gewürdigten Inhalts der Erteilungsakten in der Lage, von sich aus zu prüfen, ob eine den oben bezeichneten allgemeinen Erfindungsgedanken ausschließende Einschränkung des Patentschutzes durch das Reichspatentamt vorliegt, da es sich dabei im wesentlichen um eine Rechtsfrage handelt. Die Frage ist zu bejahen.

Rechtsirrig ist die Meinung der Revisionsbegründung, auf die das Patent versagende Entscheidung der Anmeldeabteilung komme es nicht mehr an, weil der Anmelder Beschwerde eingelegt habe und daraufhin das Patent von der Beschwerdeabteilung in der jetzt vorliegenden Fassung erteilt worden sei. Ausgangspunkt der Erörterung muß vielmehr der die Grundlage des Beschwerdeverfahrens bildende Beschluß der Anmeldeabteilung sein, weil nur dann sich feststellen läßt, ob und inwieweit die Beschwerdeabteilung sich deren Ansicht angeschlossen hat oder davon abgewichen ist.

Der erste Anspruch der bekanntgemachten Ansprüche lautete:

1. Kreuzfalzvorrichtung für Dreibruch- und Mehrbruchbogen, bei welcher der zu falzende Bogen in seinem Lauf durch eine Anschlagmarke gehemmt, dadurch an der Falzstelle durchgebogen und von Falzwalzen nach erfolgter Bruchbildung weitergeleitet wird, dadurch gekennzeichnet, daß der Bogen in solcher Weise durch das zweite Falzwerk geleitet wird, daß die beim Einlaß in die Maschine vorn befindliche Bogenhälfte beim zweimal gefalzten Bogen innen liegt.

Von den folgenden Ansprüchen bezog sich Anspruch 2 auf die Anordnung des Richtlineals, Anspruch 3 auf die Art der Biegung des Bogens im zweiten Falzwerk und Anspruch 4 auf den Fall senkrechter Anordnung des zweiten Falzwerks.

Die Ansprüche 5 und 6 lauteten sodann:

5. Kreuzfalzvorrichtung nach Anspruch 1 bis 4, dadurch gekennzeichnet, daß der zweimal gefalzte Bogen durch das dritte Falzwerk in der Richtung auf die Maschine zu geleitet wird.

6. Kreuzfalzvorrichtung nach Anspruch 1 bis 5, dadurch gekennzeichnet, daß das vierte Falzwerk innerhalb des Maschinengestells angeordnet ist und die Bogenablage in oder entgegengesetzt zur Einlaufrichtung erfolgt.

In dem das Patent versagenden Beschluß vom 10. Januar 1929 führte die Anmeldeabteilung, insbesondere unter Bezugnahme auf das deutsche

Patent 195 131, dem Sinne nach aus, hierdurch sei eine Stauchfalzmaschine für Zweibruchbogen bekanntgeworden, auf der Bogen von der üblichen Ausschießung in der im Anspruch 1 gekennzeichneten Weise gefalzt werden könnten. Zur Ausbildung dieser Maschine für Drei- und Mehrbruchfalzung von Werkdruck sei nur die Einfügung eines dritten und gegebenenfalls vierten Falzwerkes erforderlich. Dazu bedürfe es keiner erfinderischen Denkleistung des Fachmannes. Die Ansprüche 2 bis 4 enthielten ebenfalls nur naheliegende Maßnahmen. Im Zwischenbescheide vom 21. Mai 1928 hatte die Anmeldeabteilung mit einer im wesentlichen gleichen Begründung ausgeführt, als neu und patentfähig bleibe nur die in den Ansprüchen 5 und 6 gekennzeichnete Anordnung übrig, die eine besonders gedrängte und dadurch vorteilhafte Ausbildung der Falzmaschine ermögliche. Demgemäß schlug die Anmeldeabteilung folgenden ersten Anspruch vor:

Nach dem Stauchverfahren arbeitende Stauchfalzvorrichtung, bei der das zweite Falzwerk derart zu dem ersten angeordnet ist, daß die beim Einlauf in die Maschine vorn befindliche Bogenhälfte beim zweimal gefalzten Bogen innen liegt, dadurch gekennzeichnet, daß ein drittes Falzwerk derart angeordnet ist, daß der dreimal gefalzte Bogen in der Richtung auf die Maschine zu geleitet wird.

Im Beschwerdeverfahren erbat der Anmelder zunächst Erteilung des Patentes mit den ausgelegten Ansprüchen 1, 5 und 6. Die Ansprüche 2 bis 4 ließ er fallen.

Die Beschwerdeabteilung nahm auf Grund einer mündlichen Verhandlung vom 28. März 1930 die Erteilung des Patentes unter der Voraussetzung in Aussicht, daß die Ansprüche 1, 5 und 6 der Anmeldung zusammengefaßt würden. Unrichtig ist die Ansicht der Revisionsbegründung, der Anmelder habe in seinen Eingaben vom 15. und 18. September 1930 ohne Widerspruch nähere Angaben über das Ergebnis der mündlichen Verhandlung gemacht. Dazu braucht nur auf die Eingaben der Einspruchsbeteiligten vom 9. und 27. Mai sowie vom 12. und 27. November 1930 verwiesen zu werden, in denen wiederholt darauf hingewiesen worden ist, daß entgegen den Auslegungsversuchen des Anmelders nach dem Ergebnis der mündlichen Verhandlung der ausgelegte Anspruch 1 als nicht patentfähig abgelehnt und der in Aussicht genommene Schutz auf die durch Zusammenfassung der drei Ansprüche entstehende Gesamtkombination zu beschränken sei. Der vom Anmelder mit der Eingabe vom 14. Mai 1930 vorgelegte neue Entwurf der Patentschrift wurde bemängelt.

Der Anspruch des Entwursf lautete:

Kreuzfalzvorrichtung für Dreibruch- oder Mehrbruchbogen, bei welcher der zu falzende Bogen in seinem Lauf durch eine Anschlagmarke gehemmt, dadurch an der Falzstelle durchgebogen und von Falzwalzen erfaßt und weitergeleitet wird, gekennzeichnet durch eine solche Anordnung des zweiten Falzwerkes, daß die beim Einlaufen in das erste Falzwerk vorn befindliche Bogenhälfte nach dem zweiten Falz (ersten Kreuzfalz) eingeschlagen ist und der Bogen durch das dritte Falzwerk (zweite Kreuzfalzwerk) in der Richtung auf die Maschine zu geleitet wird, während das vierte Falzwerk (dritte Kreuzfalzwerk) innerhalb der Maschine angeordnet ist und die Bogenablage in oder entgegengesetzt zur Einlaufrichtung erfolgt.

Darauf erging am 31. Dezember 1930 ein Zwischenbescheid der Beschwerdeabteilung, in dem es heißt: die vom Anmelder vorgeschlagene Gesamtanordnung habe nicht auf der Hand gelegen. Danach sei zunächst das zweite Falzwerk so angeordnet, daß nach der zweiten Falzung die beim Einlauf in die Maschine vorn befindliche Bogenhälfte innen liege. Zur Erreichung dieses Zieles müsse bei Vorhandensein eines dritten und vierten Falzwerkes der Bogen nach unten geführt werden. An diese bei Falzmaschinen schon bekannte Anordnung schließe sich nach der Erfindung das dritte Falzwerk derart an, daß der dreimal gefalzte Bogen zwischen Führungen unterhalb des Einführtisches gelange, also in Richtung auf die Maschine zu geleitet werde. Wenn noch mit einem vierten Falzwerk gearbeitet werde, so sei auch dieses innerhalb des Gestells unterhalb des Einlauftisches angeordnet.

Anschließend schlug die Beschwerdeabteilung folgenden Patentanspruch vor:

> Nach dem Stauchverfahren arbeitende Kreuzfalzvorrichtung für Drei- und Mehrbruchbogen, dadurch gekennzeichnet, daß die beim Einlauf in die Maschine vorn befindliche Bogenhälfte bei dem nach unten geführten, zweimal gefalzten Bogen innen liegt und das dritte Falzwerk sich so anschließt, daß der dreimal gefalzte Bogen zwischen die Führungen unterhalb des Einführtisches, also in Richtung auf die Maschine zu geleitet wird und bei Verwendung eines vierten Falzwerkes dieses innerhalb des Maschinengestells so angeordnet ist, daß die Bogenablage in oder entgegengesetzt zur Einlaufrichtung erfolgt.

Erläuternd bemerkte hierzu der Bescheid: in solcher Fassung bringe der Anspruch die tatsächliche Lage der einzelnen Falzwerke klar zum Ausdruck. Keine der bekannten Einrichtungen habe diese Gesamtanordnung der Falzwerke. Von einem gedrängten Zusammenbau und der besonderen Anordnung der Falzwerke sei in den Vorveröffentlichungen keine Rede. Die im Anspruch gekennzeichnete Maschine beanspruche infolge ihrer außerordentlich gedrängten Bauweise verhältnismäßig wenig Raum. Auch erleichtere diese Bauweise die Uebersicht über die Falzwerke und die ganze Maschine. Schon diese Vorteile rechtfertigten die Erteilung eines Patentes auf die Gesamtanordnung. Die Lösung der Aufgabe, bei richtiger Seitenfolge und normaler Ausschießung der Bogen die Falzwerke möglichst unter Raumsparung innerhalb des Gestells anzuordnen, sei eine fortschrittliche Leistung.

Zusammenfassend heißt es dann am Schlusse nach Hinweis darauf, daß die vorgelegte Beschreibung diesen Darlegungen nicht entspreche:

nach Zusammenziehung der Ansprüche 1, 5 und 6 müsse viel klarer zum Ausdruck gebracht werden, daß nur der erörterte Zusammenbau die Erfindung ausmache.

Als Zweck der Zusammenfassung der Ansprüche ist in diesem Bescheid unmißverständlich angegeben, daß nur die Gesamtanordnung der Falzwerke schutzfähig sei und demgemäß geschützt werden könne. Ihr erfinderischer Fortschritt ist hierbei darin gesehen worden, daß sie mit der Möglichkeit, in üblicher Weise ausgeschossenen Werkdruck mit richtiger Seitenfolge zu falzen, eine gedrängte und übersichtliche Bauart der Maschine verbinde.

Demgegenüber machte allerdings der Anmelder in seiner Eingabe vom 4. März 1931 dem Sinne nach geltend, der Inhalt des bekanntgemachten Anspruchs 1 bilde den Kern seiner Erfindung, dessen Anerkennung er mit der Beschwerde verfolgt habe. Die Innenlage der beim Einlauf vorn befindlichen Bogenhälfte nach dem zweiten Falzen lasse sich auch mit waagerechter Anordnung des zweiten Falzwerkes erreichen. Es sei daher nicht notwendig, den Bogen nach unten zu führen. Es habe nicht in der Absicht des Anmelders gelegen, den nachgesuchten Patentschutz einzuschränken auf das in der Zeichnung dargestellte und in der Beschreibung erläuterte Ausführungsbeispiel. Nach den ursprünglichen Anmeldeunterlagen beziehe sich die Regel des ausgelegten Anspruchs 1 unabhängig von stehender oder liegender Anordnung des zweiten Falzwerkes allgemein auf Stauchfalzmaschinen für Stauchfalzung von drei oder mehr Brüchen. Erst die besondere Anordnung des dritten Falzwerkes habe die stehende Anordnung des zweiten Falzwerkes zur Voraussetzung. Das Ausführungsbeispiel zeige diese besondere Bauart. Die Geschlossenheit der Maschine werde dadurch erreicht, daß das dritte Falzwerk in der Richtung des Einlaufendes der Maschine an das zweite angeschlossen werden könne, wenn in diesem Bogen nach der Regel des ausgelegten Anspruchs 1 gefalzt werde. Daraus folge dann die Möglichkeit, die Bogenablage am Einführende im Handbereich des Maschinenwärters anzuordnen.

Dieser Eingabe fügte der Anmelder eine neue Beschreibung und den Patentanspruch in einer Fassung bei, die im wesentlichen der jetzt vorliegenden entspricht.

Die Einspruchsbeteiligten widersprachen auch diesen Darlegungen des Anmelders unter Hinweis darauf, daß der von der Beschwerdeabteilung mit Rücksicht auf den Stand der Technik geforderten Zusammenfassung der Ansprüche nur der Sinn einer Beschränkung des Patentschutzes auf die Gesamtanordnung beigelegt werden könne.

Die Beschwerdeabteilung verwies im Bescheide vom 27. Mai 1931 auf den früheren Bescheid vom 31. Dezember 1930 und stellte erneut fest, daß mit Rücksicht auf den Stand der Technik die Erfindung in dem besonderen Zusammenbau der Maschine zu sehen sei. In diesem Sinne schrieb sie gewisse Aenderungen der Beschreibung vor, nahm aber den vom Anmelder vorgelegten Anspruch mit unwesentlicher Aenderung der Fassung an. Eine weitere Ergänzung der Beschreibung wurde durch Bescheid vom 9. Juni 1931 verfügt.

Der Anmelder nahm die verlangten Aenderungen vor, blieb aber noch in einer Eingabe vom 3. Juni 1931 dabei, die in Beschreibung und Zeichnung dargestellte Maschine sei nur ein Ausführungsbeispiel. Es sei eine Lösung der allgemeinen Aufgabe offenbart, bei Stauchfalzmaschinen für drei und mehr Brüche mit richtiger Bogenanlage und Seitenfolge zu falzen. Die stehende Anordnung des zweiten Falzwerkes habe außerdem den Vorteil der übersichtlichen und geschlossenen Bauweise.

Die Beschwerdeabteilung erteilte sodann das Patent mit Beschluß vom 25. August 1931. In den Gründen billigte sie ausdrücklich die Ausführungen der Anmeldeabteilung im Beschluß vom 10. Januar 1929 über die mangelnde Patentfähigkeit des ausgelegten Anspruchs 1. Ergänzend fügte sie hinzu, im Hinblick auf die Patentschrift 195 131 habe es keiner Erfindung bedurft, um eine Kreuzfalzmaschine für Drei- und Mehrbruchfalzung so auszubilden, daß die zweite Falzung in der bei Zweibruchfalzmaschinen bekannten Art ausgeführt werde. Die Anmeldeabteilung habe daher mit Recht für den bekanntgemachten Hauptanspruch Patentschutz versagt. Nachdem nunmehr die Anmeldung durch Zusammenfassung der früheren Ansprüche 1, 5 und 6 erheblich eingeschränkt worden sei und der Anmelder sich mit den verlangten Aenderungen der Beschreibung einverstanden erklärt habe, sei das Patent aus den Gründen des Bescheides vom 31. Dezember 1930 zu erteilen.

Der dargelegte Gang des Beschwerdeverfahrens, insbesondere die Begründung des Erteilungsbeschlusses ergibt zweifelsfrei: In Uebereinstimmung mit der Anmeldeabteilung hat die Beschwerdeabteilung die Regel des ausgelegten Anspruchs 1, die sich mit dem vom Kläger geltend gemachten allgemeinen Erfindungsgedanken deckt, nach dem Stande der Technik für nicht schutzfähig erachtet und aus diesem Grunde die Zusammenfassung der Ansprüche 1, 5 und 6 und eine entsprechende Aenderung der Beschreibung gefordert. Nach Erfüllung dieses Verlangens durch den Anmelder hat sie Patentschutz nur erteilt für die danach als Gegenstand des Schutzes allein übrigbleibende Gesamtkombination des Patentanspruchs, weil hierdurch zu der Möglichkeit, den nach allgemeinem Brauch ausgeschossenen Werkdruck auf Stauchfalzmaschinen mit der richtigen Bogenanlage und Seitenfolge zu falzen, der Vorteil gedrängter Bauart und Uebersichtlichkeit der Maschine hinzugefügt worden sei. An diese unzweideutige Beschränkung des Patentschutzes ist der Verletzungsrichter gebunden, und zwar ohne Rücksicht darauf, ob sie nach dem Stande der Technik geboten war. Der Revisionsangriff, die Beschwerdeabteilung habe im Beschluß vom 27. Mai 1931 auf Vorstellungen des Anmelders das Merkmal der Bogenführung nach unten aufgegeben, verkennt, daß die Beschwerdeabteilung auch in jenem Beschlusse unter Bezugnahme auf den vorangegangenen Bescheid vom 31. Dezember 1930 nur in dem besonderen Zusammenbau der Maschine, also in der Vereinigung aller Merkmale, die Erfindung gesehen hat und daß sie diese die Geschlossenheit der Bauart einschließende Gesamtlösung im Erteilungsbeschluß in klaren Gegensatz zu dem nicht mehr für patentfähig erachteten allgemeinen Erfindungsgedanken des bekanntgemachten Hauptanspruches gestellt hat. Unter Billigung der Gründe der Anmeldeabteilung wird festgestellt, daß es nach dem Stande der Technik nicht erfinderisch gewesen sei, das Erfindungsmerkmal, das sich auf die Innenlage der vorderen Bogenhälfte nach dem zweiten Falzen bezog, von Zweibruchfalzmaschinen zu übertragen auf Falzmaschinen für Drei- und Mehrbruchfalzung. Dieser Feststellung gegenüber ist es auch unerheblich, daß die Patentschrift des Klagepatentes das Merkmal nur für Zweibruchfalzmaschinen als bekannt bezeichnet. Die Tatsache, daß die Beschwerdeabteilung der Uebertragung die erfinderische Bedeutung abgesprochen und deshalb, wie im Erteilungsbeschluß unzweideutig zum Ausdruck kommt, durch Zusammenfassung der bekanntgemachten Ansprüche 1, 5 und 6 der Regel des Anspruchs 1 selbständigen Schutz versagt hat, kann nur als eine den Verletzungsrichter bindende Beschränkung des Patentschutzes auf die Gesamtlösung des Patentanspruches aufgefaßt werden.

Gegenüber diesem von der Erteilungsbehörde im Erteilungsbeschluß endgültig und eindeutig kundgegebenen Willen ist es ferner unbeachtlich, daß der Anmelder im Erteilungsverfahren der geforderten Zusammenfassung der bekanntgemachten Ansprüche 1, 5 und 6 eine andere Deutung zu geben versucht hat. Es ist zwar richtig, daß eine zur Beschränkung des Patentschutzes führende Aenderung der Ansprüche im Erteilungsverfahren nur vorgenommen werden darf, wenn der Anmelder damit einverstanden ist, weil das Patent nur so erteilt werden kann, wie es beantragt worden ist, daß die ganze Anmeldung also zurückgewiesen werden muß, wenn der Anmelder dem Aenderungsverlangen der Erteilungsbehörde nicht entsprechen will. Von diesem Grundsatz ist indessen die Beschwerdeabteilung im Streitfall nicht abgewichen; denn der Anmelder hat sich der Zusammenfassung der ausgelegten Ansprüche 1, 5 und 6 gefügt, wie jene sie in der deutlichen Absicht der Beschränkung des Patentschutzes auf die Gesamtkombination forderte, und er hat auch die verlangten Aenderungen der Beschreibung vorgenommen, weil er sich darüber klar war, daß nur hierdurch die Zurückweisung der Beschwerde und damit die Versagung des Patents vermieden werden konnte. Unerheblich ist, daß er dabei, um sich eine möglichst weitgehende Bemessung des Schutzumfangs im Verletzungsprozeß offen zu halten, Ausführungen gemacht hat, die im Widerspruch stehen mit der Einschränkung des Schutzbegehrens auf die Gesamtkombination, wie sie sich notwendig aus der nach Ablehnung des Anspruchs 1 erfolgten

Zusammenfassung der Ansprüche 1, 5 und 6 ergibt. Maßgeblich kann vielmehr nur sein, daß er sich den Forderungen der Beschwerdeabteilung unterworfen hat, um das Patent zu erlangen, und daß die Beschwerdeabteilung im Erteilungsbeschluß eindeutig festgelegt hat, nach Versagung selbständigen Schutzes für die Regel des ausgelegten Anspruchs 1 bleibe als Gegenstand des Schutzes nur die durch Zusammenfassung der Ansprüche 1, 5 und 6 entstandene Gesamtkombination mit dem Vorzuge gedrängter und übersichtlicher Bauart übrig.

RGZ. 159, 11

Welche Rechte stehen dem Inhaber des älteren, nicht vorveröffentlichten Patentes gegenüber dem Inhaber des jüngeren Patentes zu, wenn dieses nicht ausgeführt werden kann, ohne daß zugleich der Erfindungsgedanke jenes älteren benutzt wird?

Patentgesetz § 6, 47.

I. Zivilsenat. Urt. v. 25. Oktober 1938.

I. Landgericht Berlin. II. Kammergericht daselbst.

Der Kläger ist Inhaber des mit Wirkung vom 8. September 1927 erteilten deutschen Patentes 514 241, das eine Haardauerwellenvorrichtung für Flachwicklung betrifft. Die Beklagte verfertigt und vertreibt ein Haardauerwellengerät, das nach Ansicht des Klägers alle Merkmale seines Patentes aufweist. Der Kläger hat deshalb auf Unterlassung, Rechnungslegung und Feststellung der Schadensersatzpflicht geklagt.

Die Beklagte hat eingewandt, die angegriffene Haardauerwellenvorrichtung entspreche in allen Merkmalen dem ihr zustehenden, mit Wirkung vom 8. November 1924 erteilten deutschen Patente 487 775, das eine heizbare Vorrichtung zur Herstellung von Haardauerwellen betrifft. Sie meint, sie könne an der Benutzung dieses ihres älteren Schutzrechtes nicht durch das jüngere Klagepatent gehindert werden.

Die Vorinstanzen haben der Klage stattgegeben. Die Berufung der Beklagten hat das Kammergericht zurückgewiesen. Ihre Revision führte zur Aufhebung und Zurückverweisung.

Aus den Gründen:

. . . Die Patentschrift 487 775 ist erst am 4. Februar 1930 ausgegeben worden und gehört daher gegenüber dem bereits am 7. September 1927 angemeldeten Klagepatent nicht zum Stande der Technik. Auf den Schutzumfang des der Beklagten zustehenden älteren Rechts kommt es aber, wie auch das Kammergericht nicht verkennt, deshalb an, weil der Kläger als Inhaber des später angemeldeten Patentes der Beklagten nicht verbieten kann, ihr eigenes älteres Recht in demselben Umfange zu benutzen, wie sie seine Benutzung Dritten zu untersagen berechtigt ist. Wenn § 6 PatG. dem Patente die Wirkung zuschreibt, daß allein sein Inhaber befugt ist, gewerbsmäßig den Gegenstand der Erfindung herzustellen, in Verkehr zu bringen, feilzuhalten oder zu gebrauchen, so liegt in dieser Befugnis nicht nur ein Ausschließungsrecht, sondern auch, und zwar in erster Reihe, ein Recht zu eigenen gewerblichen Benutzung (K r a u ß e Anm. 1 a zu § 6 PatG., 2. Aufl. S. 86 unten). Dieses eigene Benutzungsrecht des Patentinhabers aber kann durch ein jüngeres Recht nicht verkümmert werden (vgl. W i c h a r d s in GRUR. 1937 S. 898). Auch wenn die Gegenstände der beiden widerstreitenden Patente sich nicht decken und daher der Inhaber des älteren Rechtes nicht auf Grund des § 13 Abs. 1 Nr. 2 PatG. Vernichtung des später angemeldeten verlangen kann, so besteht doch die Möglichkeit, daß die Schutzbereiche der beiden Patente sich überschneiden. In einem solchen Falle kann die Benutzungshandlung eines Dritten sich als Verletzung beider Patente zugleich darstellen, und dann stehen gegen diesen Dritten jedem der beiden Patentinhaber selbständig die Ansprüche aus § 47 PatG. auf Unterlassung und Schadensersatz zu. Im Verhältnis der beiden Berechtigten untereinander aber muß das früher angemeldete Patent dem jüngeren vorgehen. Könnte der Inhaber des letzteren seine Verbietungsbefugnis auch gegenüber dem älteren Recht durchsetzen, so würde sich eine wechselseitige Lahmlegung der Erfindung, soweit sie doppelt geschützt ist, ergeben. Ein derartiges Ergebnis wäre unerträglich.

RGZ. 161, 385

Kann der Benutzer einer Erfindung dem Vorwurf der Patentverletzung mit dem Einwande begegnen, daß die von ihm hergestellten Gegenstände den vom Deutschen Normenausschuß veröffentlichten Vorschriften entsprächen?

Patentgesetz §§ 6, 47.

I. Z i v i l s e n a t. Urt. v. 7. Juli 1939.

I. Landgericht Berlin. II. Kammergericht daselbst.

. . .

Zu diesem Einwande heißt es in den

G r ü n d e n :

. . . Die Beklagten können sich zur Rechtfertigung des Vertriebes ihrer Nippel nicht darauf berufen, daß sie diese in den von dem Deutschen Normenausschuß durch das Normenblatt Din 3402 vorgeschriebenen Abmessungen in den Verkehr gebracht haben. Allerdings wird jeder sich seiner Pflichten gegenüber der Volksgemeinschaft bewußte deutsche Hersteller die vom Normenausschuß für verbindlich erklärten

Normen beachten. . . . Aber daraus folgt nicht, daß die Gegenstände, für welche der Deutsche Normenausschuß Normen vorgeschrieben hat, von jedermann ohne Rücksicht auf einen etwa bestehenden Patentschutz hergestellt werden dürften. Wenn das Berufungsgericht sich in diesem Zusammenhang auf die heutige Rechtsanschauung, wie sie auch in der amtlichen Begründung zu den Gesetzen über den gewerblichen Rechtsschutz vom 5. Mai 1936 zum Ausdruck komme, bezieht, so beachtet es nicht ausreichend, daß das Patentgesetz vom 5. Mai 1936 der Reichsregierung in der dem § 5 Abs. 2 PatG a. F. entsprechenden Vorschrift des § 8 Abs. 1 Satz 1 das Mittel an die Hand gegeben hat, den Patentschutz dann außer Kraft zu setzen, wenn die Erfindung zur Förderung des Wohles der Volksgemeinschaft benutzt werden soll. Ergeht die in dieser Vorschrift vorgesehene Bestimmung der Reichsregierung nicht, so bleibt der Patentschutz *im vollen* Umfange des § 6 PatG. ohne Beeinträchtigung durch Zwangslizenzen in Kraft. Der Umstand allein, daß der Deutsche Normenausschuß für die Herstellung unter Patentschutz stehender Gegenstände Normen vorschreibt, deren Einhaltung zu einem Eingriff in das Patent führt, reicht nicht aus, das Patent seiner Wirkung zu berauben. Das hat der Deutsche Normenausschuß selber niemals verkannt. Er hat deshalb gewerbliche Schutzrechte stets beachtet und es vermieden, Normen vorzuschreiben, deren Einhaltung zur Verletzung bestehender Schutzrechte führen kann, oder aber in den Normenblättern auf die Schuzrechte ausdrücklich hingewiesen. Wenn trotzdem in einem Einzelfalle Normen, deren Beobachtung zu Patentverletzungen führt, ohne Hinweis auf die Schutzrechte ergehen, weil z. B. ein Patent dem Normenausschuß nicht bekannt wird oder weil er sich eine Ansicht über den Schutzumfang des Patentes bildet, die das für die Entscheidung zuständige ordentliche Gericht nicht für zutreffend hält, so ist dies für die vom Gericht zu treffende Entscheidung ohne Bedeutung. Das Gericht ist an die Beurteilung des Normenausschusses nicht gebunden, sondern hat dem Patent die Wirkung zu verschaffen, die ihm nach den gesetzlichen Vorschriften zukommt. Ob unter besonderen Umständen die Tatsache, daß ein Patentinhaber bei der Aufstellung von Normen mitwirkt, die einen Eingriff in sein Patent zur Folge haben, die Folgerung rechtfertigen kann, daß er mit der unentgeltlichen Benutzung seines Patentes durch die Allgemeinheit in dem durch die Innehaltung der Normen gebotenen Umfang einverstanden ist, braucht nicht entschieden zu werden. . . . Die bloße Tatsache der Mitwirkung bei der Aufstellung von Normen allein kann eine so weitgehende Folgerung niemals rechtfertigen. . . .

RGZ. 161, 387

1. Nach welchen Vorschriften richtet sich die Verjährung von Schadensersatzansprüchen wegen Patentverletzungen, die vor dem Inkrafttreten des Patentgesetzes vom 5. Mai 1936 begangen worden sind?

2. Kommt es für die Entscheidung darüber, ob das Deutsche Reich ein Patent in Ausübung eines Hoheitsrechts in Benutzung genommen hat, darauf an, ob die Beamten des Reichs den Willen oder das Bewußtsein gehabt haben, ein Hoheitsrecht auszuüben?

Patengesetz vom 5. Mai 1936 §§ 8, 60. Patentgesetz vom 7. April 1891 § 5 Abs. 2.

I. Zivilsenat. Urt. v. 6. Oktober 1939.

I. Landgericht Berlin. II. Kammergericht daselbst.

Der Erblasser der Kläger, der Ingenieur H. in B., war der Inhaber des mit Wirkung vom 13. Juni 1911 erteilten, am 29. April 1933 wegen Nichtzahlung der Gebühren erloschenen DRP. 270 384; dieses betraf eine „Vorrichtung zum telefonischen Bestellen von Droschken, Dienstmännern oder dergleichen mittels Fernsprecher, die auf Standplätzen aufgestellt sind und Herbeirufungssignale geben". Die Beklagte, die Deutsche Reichspost, hat in zahlreichen Städten auf öffentlichen Straßen oder Plätzen Fernsprecheinrichtungen an Droschkenhalteplätzen aufgestellt, die beim Anruf Herbeirufungsignale abgeben, aber für den abgehenden Verkehr durch Entfernung der Handkurbel oder Wählerscheibe gesperrt oder erst nach Einwurf einer Münze, insbesondere einer Schlüsselmünze, zugänglich sind. Die Geräte sind entweder an das öffentliche Netz angeschlossen oder mit Sammelanlagen der Benutzer verbunden. Der im Laufe des Rechtsstreits verstorbene Kläger, nach dessen Tode die unbekannten, durch einen Nachlaßpfleger vertretenen Erben den Rechtsstreit aufgenommen haben, war der Auffassung, daß die von der Beklagten aufgestellten Fernsprecheinrichtungen in den Schutzbereich seines Patentes eingriffen, und hat die Beklagte mit der am 4. April 1936 erhobenen Klage auf Rechnungslegung und Feststellung ihrer Schadenensersatzpflicht in Anspruch genommen. Die Beklagte bestreitet, daß die mit der Klage angegriffenen Fernsprecher das DRP. 270 384 verletzten, und erhebt die Einrede der Verjährung. . . .

Landgericht und Kammergericht haben die Klage abgewiesen. Die Revision führte zur Aufhebung und Zurückverweisung.

Aus den Gründen:

. . . Nach § 60 Abs. 1 PatG. vom 5. Mai 1936 haftet, wer ein Patent vor dem Inkrafttreten des neuen Patentgesetzes verletzt hat, nach den bisherigen Bestimmungen. Daraus muß in Uebereinstimmung mit dem Kammergericht gefolgert werden, daß auch die Verjährung des Schadensersatzanspruchs der Kläger sich nach den bisherigen Bestimmungen richtet. Denn die Verjährung regelt den zeitlichen Umfang der Haftung, der nach der angeführten Uebergangsbestimmung des neuen Patentgesetzes ebenso wie der Rechtsgrund der Haftung nach dem alten Recht zu beurteilen ist. Aber die Verjährungsbestimmung des

§ 39 PatG. vom 7. April 1891 bezieht sich, wie auch das Kammergericht nicht verkannt hat, nur auf Patentverletzungen im Sinne des § 35 PatG. a. F., die dadurch begangen werden, daß jemand wissentlich oder aus grober Fahrlässigkeit eine Erfindung den §§ 4 und 5 PatG. a. F. zuwider in Benutzung nimmt. Sie gilt daher nicht für den Anspruch auf angemessene Vergütung, den der Patentinhaber nach § 5 Abs. 2 Satz 2 PatG. a. F.*) dann hat, wenn die Erfindung gemäß § 5 Abs. 1 das.*) nach Bestimmung der Reichsregierung zu Zwecken der öffentlichen Wohlfahrt benutzt wird. Nun ist im vorliegenden Fall eine Bestimmung des Reichskanzlers oder der Reichsregierung darüber, daß die im DRP. 270 384 unter Schutz gestellte Erfindung zu Zwecken der öffentlichen Wohlfahrt benutzt werden sollte, unstreitig nicht ergangen. Aber das Reichsgericht hat die Vorschrift des § 5 Abs. 2 PatG. a. F. auch dann zur Anwendung gebracht, wenn das Reich in Ausübung eines Hoheitsrechtes in ein Patent eingegriffen hatte, ohne daß eine Bestimmung des Reichskanzlers gemäß § 5 Abs. 2 Satz 1 ergangen war (RGZ. Bd. 79 S. 427; Mitt. d. Verb. d. PatA. 1912 S. 113). Der dem Patentinhaber in einem solchen Falle zustehende Anspruch geht nicht auf eine Vergütung für die durch die Bestimmung des Reichskanzlers oder der Reichsregierung begründete Zwangslizenz, sondern stellt einen Entschädigungsanspruch dar, der nach einem allgemeinen Rechtsgrundsatz, wie er z. B. im § 75 Einl. z. ALR. zum Ausdruck kommt, jemandem zusteht, der gezwungen ist, seine Rechte dem allgemeinen Wohl aufzuopfern. Ein solcher Fall ist gegeben, wenn das Reich zur öffentlichen Wohlfahrt eine Erfindung in Ausübung eines Hoheitsrechts in Benutzung nimmt, ohne daß eine Bestimmung der Reichsregierung im Sinne des § 5 Abs. 2 Satz 1 PatG. a. F. ergeht. Denn in einem solchen Fall ist der Patentinhaber gezwungen, den Eingriff in sein Patentrecht hinzunehmen. Ein Anspruch auf Unterlassung steht ihm nicht zu, weil der Streit über die Zulässigkeit einer vom Reich in Ausübung eines Hoheitsrechtes getroffenen Maßnahme ein öffentlichrechtlicher ist, der nach § 13 GVG. vor den ordentlichen Gerichten nicht geltend gemacht werden kann. Der Zwang, den Eingriff in sein Patent ohne die Möglichkeit eines Untersagungsanspruchs zu dulden, löst für den Patentinhaber einen Entschädigungsanspruch aus, der seine Grundlage nicht im § 4 PatG. a. F. hat und deshalb auch der kurzen Verjährung nach § 39 PatG. a. F. nicht unterliegt, sondern gemäß § 195 BGB. erst in 30 Jahren verjährt. Voraussetzung für diese langjährige Verjährungsfrist ist also, daß das Reich in Ausübung eines Hoheitsrechts eine Erfindung in Benutzung nimmt. Greift es in das Patent nicht in Ausübung eines Hoheitsrechts ein, nimmt vielmehr ein vom Reich betriebenes gewerbliches Unternehmen eine Erfindung für gewerbliche Zwecke in Benutzung, ohne dazu befugt zu sein, dann liegt eine Patentverletzung vor, die nach den

*) PatG. 1936 § 8.

allgemeinen Bestimmungen zu beurteilen ist (Krauße Bem. 3 zu § 8 PatG.) und einen der kurzen Verjährung des § 39 PatG. a. F. unterliegenden Schadensersatzanspruch zur Folge hat.

Diese rechtlichen Grundsätze hat das Berufungsgericht richtig erkannt. Es prüft deshalb, ob die Beklagte die Erfindung des Erblassers der Kläger in Ausübung eines Hoheitsrechts in Benutzung genommen hat.

. . . Zuzustimmen ist der Auffassung des Kammergerichts, daß die Beklagte die Fernsprechstellen, wegen deren Einrichtung die Kläger Schadensersatzansprüche erheben, in Ausübung eines Hoheitsrechts errichtet hat. Nach Art. 88 WeimVerf. und § 1 des Gesetzes über Fernmeldeanlagen ist das Fernsprechwesen ausschließlich Sache des Reichs. Nur das Reich, nicht ein einzelner ist berechtigt, Fernsprechanlagen zu errichten. Daraus folgt, daß die Reichspost die Errichtung von Fernsprechanlagen in Ausübung eines Hoheitsrechts vornimmt (JW. 1930 S. 1925 Nr. 2). Die Beklagte hat also dadurch, daß sie an Droschkenhaltestellen gegen den abgehenden Verkehr gesperrte Fernsprecher aufgestellt hat, ihr Hoheitsrecht ausgeübt. Trifft die Auffassung der Kläger zu, daß alle gegen den abgehenden Verkehr gesperrten, nur der Entgegennahme von Anrufen und ankommenden Gesprächen dienenden Fernsprechgeräte, wenn sie dem Bestellen von Droschken, Dienstmännern oder dergleichen dienen, in den Schutzbereich des DRP. 270 384 eingreifen, dann hat die Beklagte auch die Erfindung der Kläger in Ausübung eines Hoheitsrechts in Benutzung genommen. Denn die gleiche Maßnahme, nämlich die Errichtung gegen den abgehenden Verkehr gesperrter Fernsprecher für das Bestellen von Droschken, durch welche die Beklagte ihr Hoheitsrecht ausgeübt hat, stellt zugleich die Benutzung der Erfindung dar. Das Kammergricht lehnt in seinem Urteil diese Auffassung ab. Es will zwischen der Errichtung der Fernsprechanlagen und der Benutzung der Erfindung unterscheiden. Nur die Errichtung der Fernsprecher soll in Ausübung eines Hoheitsrechts stattgefunden haben, die Erfindung dagegen bürgerlichrechtlich in Benutzung genommen worden sein. Das Reichsgericht hat es schon in einem Urteil vom 29. Juni 1903 (RGZ. Bd. 55 S. 171 [175]) als unzulässig bezeichnet, eine einheitliche, in Ausübung öffentlicher Gewalt ausgeübte Tätigkeit in der Weise zu spalten, daß einzelne Vorgänge als Ausübung öffentlicher Gewalt, andere als Wahrnehmung bürgerlichrechtlicher Verrichtungen beurteilt werden. Es hat diesen Rechtssatz in den im Urteil des Kammergerichts angeführten neueren Entscheidungen RGZ. Bd. 156 S. 220 [230] und Bd. 158 S. 83 [93]) erneut hervorgehoben. Gegen diesen Grundsatz verstößt das Kammergericht, wenn es dieselbe Handlung der Errichtung gegen den abgehenden Verkehr gesperrter Fernsprechanlagen zugleich als Ausübung hoheitlicher Befugnisse und Wahrnehmung bürgerlichrechtlicher Verrichtungen beurteilen will. Der Widerspruch wird durch den vom Kammergericht eingeführten Begriff der „Gesamtaufgabe“ nicht gelöst. Es handelt sich bei der Ausübung hoheitlicher Befugnisse und der Benutzung der Erfindung nicht um räumlich oder zeitlich trennbare Tätigkeiten, die nur dadurch in Zusammenhang stehen, daß sie einer einheitlichen Aufgabe dienen, sondern dieselbe Maßnahme der Errichtung gegen den abgehenden Verkehr gesperrter Fernsprechanlagen stellt zugleich die Ausübung einer hoheitlichen Befugnis und die Benutzung der Erfindung dar, wenn dem DRP. 270 384 der Schutzumfang zukommt, den die Kläger dafür in Anspruch nehmen.

Nicht zu billigen ist auch der vom Berufungsgericht zur Begründung seiner Entscheidung herangezogene Gesichtspunkt, daß die Beklagte nicht den Willen gehabt habe, die Erfindung des DRP. 270 384 in Benutzung zu nehmen. In dem Urteil des erkennenden Senats vom 22. Juni 1912 (RGZ. Bd. 79 S. 427 [432]) ist bereits zutreffend hervorgehoben, Patentrechte unterschieden sich von den meisten anderen Privatrechten dadurch, daß ihre Grenzen überaus häufig nur mit Schwierigkeiten ermittelt werden könnten. Deshalb könne leicht der Fall eintreten, daß Beamte des Reichs, die einen dem patentierten ähnlichen Gegenstand in Benutzung nehmen wollten, im besten Glauben der Meinung seien, den Schutzbereich des Patentes zu vermeiden, während in Wahrheit doch ein Eingriff in das Patent vorliege. Dann sei der Patentinhaber in einer mißlichen Lage, weil er gegen eine in Ausübung öffentlicher Gewalt begangene Patentverletzung keinen Unterlassungsanspruch habe, ihm aber auch die Möglichkeit fehle, die Reichsregierung zur Begründung einer Zwangslizenz zu nötigen. Die Vorschrift des § 5 Abs. 2 PatG. a. F. würde also eine Lücke aufweisen, wenn man dem Patentinhaber einen Anspruch auf angemessene Vergütung nur für den Fall zubilligen wollte, daß die Reichsregierung eine Bestimmung über die Benutzung der Erfindung zu Zwecken der öffentlichen Wohlfahrt treffe. Zur Ausfüllung dieser Lücke hat das Reichsgericht in der genannten Entscheidung den Rechtssatz aufgestellt, daß zur Begründung der Entschädigungsklage gegen das Reich, wenn es in Ausübung öffentlicher Gewalt eine Erfindung in Benutzung nehme, irgend etwas weiteres als der Nachweis der Benutzung nicht zu erfordern sei. Auf den inneren Tatbestand komme es nicht an. Das Reich hafte ohne Rücksicht darauf, ob seinen Beamten Vorsatz oder grobe Fahrlässigkeit zur Last gelegt werden könne, lediglich wegen der bloßen Tatsache des Eingriffs in das Patent, weil der Patentinhaber durch den Eingriff gezwungen werde, ein Recht zum allgemeinen Wohl aufzuopfern, und dafür nach einem dem § 75 Einl. z. ALR. entsprechenden allgemeinen Rechtssatz Entschädigung verlangen könne. Mit den in dieser Entscheidung entwickelten Rechtssätzen, an denen das Reichsgericht auch in späteren Entscheidungen (vgl. RGZ. Bd. 102 S. 391) festgehalten hat, setzt sich das Kammergericht in Widerspruch, wenn es den Klägern einen Schadensersatzanspruch mit der Begründung versagt, daß der Beklagten der Wille gefehlt habe, das Klagepatent in Ausübung eines Hoheitsrechts zu benutzen. Darauf, ob die Beklagte den Willen oder das Bewußtsein der

Benutzung der Erfindung gehabt oder ob sie auch nur mit der Möglichkeit eines Eingriffs in das Patent gerechnet hat, kommt es nicht an. Deshalb liegen alle Ausführungen des Berufungsurteils darüber, daß der Beklagten ein Recht zur Benutzung der Erfindung nicht zugestanden habe und daß sie nicht den Willen gehabt habe, durch die Errichtung der Fernsprechanlagen ein Recht zur Benutzung der Erfindung zur Geltung zu bringen, neben der Sache. Alle diese Fragen sind für die Entscheidung darüber, ob die Kläger Schadensersatz wegen der Benutzung des Patentes verlangen können, ohne Bedeutung. Etwas anderes kann auch dem Urteil des III. Zivilsenats vom 13. Mai 1938, durch das in Aufgabe der bisherigen Rechtsprechung die der Beförderung von Briefen dienende Tätigkeit der Postbeamten für Ausübung öffentlicher Gewalt erklärt worden ist (RGZ. Bd. 158 S. 83), nicht entnommen werden. Wenn in diesem Urteil (S. 91) Wert auf die Willensrichtung des Reiches gelegt worden ist, so beruht dies auf der Erwägung, daß das Reich kraft seines Gestaltungsrechts befugt sei, Unternehmen, die bisher privatwirtschaftlich betrieben wurden, an sich zu ziehen, um sie Zwecken der Gemeinschaft dienstbar zu machen und als hoheitsrechtliche Aufgabenbereiche auszugestalten und zu betreiben. Nicht aber ist in dieser Entscheidung ausgesprochen, daß eine Handlung, die nach der bestehenden Einrichtung als Ausübung eines Hoheitsrechts angesehen werden müsse, lediglich deshalb als Wahrnehmung bürgerlichrechtlicher Verrichtungen angesprochen werden könnte, weil dem Reiche der Wille oder das Bewußtsein gefehlt habe, durch die Handlung ein Hoheitsrecht auszuüben. . . .

RGZ. 163, 1

1. Nach welchen Grundsätzen richtet sich bei Veräußerungs- und Lizenzverträgen über ein Geheimverfahren die Haftung für Mängel, die sich auf die Ausführbarkeit des Verfahrens und darauf beziehen, daß das nach dem Verfahren hergestellte Erzeugnis für den im Vertrag angegebenen oder den von den Vertragschließenden vorausgesetzten Zweck geeignet ist?

2. Inwiefern haftet bei Verträgen der bezeichneten Art der Veräußerer oder Lizenzgeber für Rechtsmängel?

BGB. §§ 306, 320 flg., 434, 440, 443, 459 flg.

I. Zivilsenat. Urt. v. 11. Juli 1939.

I. Landgericht Magdeburg. II. Oberlandesgericht Naumburg.

. . .

Aus den Gründen:

. . . Nach dem Vertrag ist der Beklagten das alleinige Recht zur Herstellung und zum Vertriebe eines Geliermittels mit dem Namen und Warenzeichen Frutapekt räumlich und zeitlich unbegrenzt gegen eine Umsatzvergütung überlassen worden, allerdings mit der Maßgabe, daß sie die Aunutzung dieses Rechts nur unter gewissen Voraussetzungen aufgeben dürfe und im Falle der Auflösung des Vertrages verpflichtet sei, mit der Klägerin in Verhandlungen über den Rückerwerb einzutreten. Hinzukommen die Vertragspflichten, die eine Mitwirkung des Geschäftsführers der Klägerin bei der Herstellung von Frutapekt zum Gegenstande haben. Unstreitig ist bei Abschluß des Vertrages nur von Trockenfrutapekt die Rede gewesen. Nicht gebilligt werden kann die Meinung der Beklagten, Frutapekt sei ihr als erprobte Erfindung überlassen worden, womit nur das von der Klägerin bekanntgegebene Herstellungsverfahren gemeint sein könnte. Bekannt war, worüber ebenfalls kein Streit besteht, die Verwendung von Pektin als Geliermittel. Zur Zeit des Vertragsschlusses hat sich namentlich das Geliermittel der Opektagesellschaft im Handel befunden, das Apfelpektin zur Grundlage hatte. Es ist auch nach der eigenen Darstellung der Beklagten bei den Vertragsverhandlungen keine Rede davon gewesen, daß etwa das Herstellungsverfahren der Klägerin eine Erfindung sei. Aus der Einräumung des ausschließlichen Herstellungs- und Vertriebsrechts an die Beklagte läßt sich nur herleiten, daß Gegenstand des Vertrages die Ueberlassung einer Anweisung zur Herstellung des Geliermittels war, die von der Beklagten unter Benutzung des mitübertragenen Warenzeichens für das Erzeugnis als Betriebsgeheimnis ausgenutzt werden konnte. Zuzugeben ist der Beklagten lediglich, daß der Vertrag, wie schon der Wortlaut ergibt, unter der beiderseitigen Voraussetzung der Herstellungs- und Verkaufsreife des Geliermittels in der von der Klägerin bekanntgegebenen Zusammensetzung abgeschlossen wurde. Damit steht im Einklang die ebenfalls aus dem Parteivortrag zu entnehmende Tatsache, daß die Beklagte den Absichten der Vertragschließenden gemäß Herstellung und Vertrieb des Geliermittels im Sommer 1931 ohne Unterbrechung fortgesetzt hat. Wie nach den Ausführungen des Berufungsrichters ferner angenommen werden muß, waren von der Klägerin der Beschaffenheit des Geliermittels entsprechende Kochvorschriften zu liefern, ohne die es von der Hausfrau, für die es bestimmt war, nicht mit Erfolg angewendet werden konnte. Danach ergeben sich für das Vorhandensein von Mängeln verschiedene Möglichkeiten. Es kommen sowohl Mängel in Betracht, die in der Zusammensetzung des Rezepts und des Geliermittels begründet sind, als auch solche, die ihre Erklärung in ungenügender Uebereinstimmung der Kochvorschriften mit der Beschaffenheit des Geliermittels finden. Nicht entschieden zu werden braucht, ob es sich nach dem Vertrag um Ueberlassung des endgültigen Verfügungsrechts über die Herstellungsanweisung für Trockenfrutapekt als Vertragsgegenstand oder um Einräumung einer ausschließlichen Lizenz handelt. Mag auch nach den mitgeteilten wesentlichen Bestimmungen manches für die erste Ansicht sprechen, so kommt doch der Vertrag nach seiner Gestaltung einem Lizenzvertrage sehr nahe. Die Eigenart solcher Verträge, bei denen nur von einem kaufähnlichen Geschäft gesprochen werden kann, läßt grundsätzlich die Anwendung der nachgiebiges Recht enthaltenden Vorschriften nicht zu, die für die Sachmängelhaftung des Verkäufers beweglicher Sachen gegeben sind (§§ 459 flg. BGB.). Vielmehr muß im einzelnen Fall auf Grund der Vereinbarungen der Vertragsbeteiligten unter Heranziehung aller für die Auslegung in Betracht kommenden Umstände ermittelt werden, ob und unter welchen Voraussetzungen der Veräußerer eines Geheimverfahrens für Mängel haftet, die sich auf die Ausführbarkeit und Brauchbarkeit des Verfahrens beziehen (RGZ. Bd. 82 S. 155; RGUrt. vom 4. April 1914 — I 319/13 — Blatt f. Patent-, Muster- und Zeichenwesen 1914 S. 251; RGUrt. vom 12. März 1930 — I 303/29 — MuW. 1930 S. 252). Bejaht man eine solche Haftung aus Vertrag, so folgt daraus aber noch keineswegs eine rechtsähnliche Anwendung der §§ 459 flg. BGB. (vgl. RGUrt. vom 30. September 1936 — I 21/36 — MuW. 1936 S. 449). Denn dafür wäre Voraussetzung, daß der Mangel der übertragenen Berechtigung sich auf eine Sache bezöge. Davon kann bei der auf das Herstellungsverfahren beschränkten Ausführbarkeit nur für das Enderzeugnis die Rede sein. Aber auch bei Mängeln, welche die Eigenschaften und somit die Brauchbarkeit des Verfahrenserzeugnisses betreffen, können die Vorschriften über Sachmängelhaftung (§§ 459 flg. BGB.) nur unter besonderen Umständen angewendet werden. Unter Brauchbarkeit ist hierbei zu verstehen, daß das nach dem Verfahren hergestellte Erzeugnis für den im Vertrag angegebenen oder den von den Vertragschließenden übereinstimmend vorausgesetzten Zweck geeignet ist. Auf die Ertragsfähigkeit des Verfahrens, die Möglichkeit, die Verfahrenserzeugnisse gewinnbringend zu verwerten, erstreckt sich die Haftung des Veräußerers grundsätzlich nicht. Darin kommt die gewagte Natur solcher Geschäfte zum Ausdruck. Die Leistungspflicht des Veräußerers ist in der Regel nach den allgemeinen Bestimmungen über gegenseitige Verträge (§§ 320 flg. BGB.) zu beurteilen. Dies gilt unbeschadet eines weitergehenden Vertragswillens auch für seine Schadensersatzpflicht. Mit der dargelegten Rechtsansicht steht auch das Urteil des Reichsgerichts vom 3. Juli 1937 — I 21/37 — (GRUR. 1938 S. 33) nicht in Widerspruch. Dort handelte es sich um die als Kauf beurteilte entgeltliche Uebertragung der Rechte aus einer Patentanmeldung, also um einen wesentlich anders liegenden Fall. Auch diese Entscheidung geht im übrigen davon aus, daß die Möglichkeit einer entsprechenden Anwendung der Grundsätze über die Sachmängelhaftung auf Mängel einer Erfindung von der besonderen Natur des Vertragsgegenstandes abhängt (vgl. auch RGUrt. vom 16. September 1936 — I 31/36 — Mitt. v. Verband deutscher Patentanwälte 1936 S. 323). Im Streitfalle sollte nach der im Vertrage hinreichend zum Ausdruck gekommenen Absicht der Parteien das der Beklagten mit ausschließlicher Benutzungsmöglichkeit überlassene Rezept die Grundlage einer sofort aufzunehmenden Herstellung größeren Umfangs werden. Daraus kann indessen, wenn mündlich nicht noch besondere Zusicherungen gemacht worden sind, nur das Versprechen der Klägerin hergeleitet werden, es lasse sich mit dem bei Vertragsschluß bekanntgegebenen Rezept ein Geliermittel herstellen, mit dessen Hilfe die Hausfrau nach den damals vorliegenden Gebrauchvorschriften eine haltbare Marmelade erzielen könne. Zu Unrecht ruft die Beklagte die allgemeine Erfahrung für ihre Meinung an, es sei davon auszugehen, daß sie den Vertrag in der Erwartung abgeschlossen habe, dadurch irgendwelche Vorteile gegenüber Wettbewerbsfirmen zu erzielen. Im Gegenteil konnte die Beklagte, wenn sie sich nicht genaue Zusicherungen geben ließ, sondern sich mit allgemeinen Anpreisungen begnügte, nicht erwarten, daß das bei Vertragschluß lediglich in Betracht kommende Trockenfrutapekt in der Gelierfähigkeit oder in seinen für den Geschmack in Betracht kommenden Eigenschaften Erzeugnissen der Wettbewerber wirklich überlegen sei. Die Ansicht der Beklagten würde dazu führen, daß im Gegensatz zu der dargelegten grundsätzlichen Verteilung des geschäftlichen Wagnisses die Klägerin auch für die Wettbewerbsfähigkeit ihres Geliermittels haften würde. Für diese Ansicht kann auch nicht herangezogen werden, daß die Parteien bei Vertragsschluß an eine ununterbrochene Fortsetzung der Herstellung und des Vertriebs gedacht haben. Mit der Wettbewerbsfähigkeit des Geliermittels hat dies nichts zu tun. . . .

Mit Recht verneint der Berufungsrichter, daß der Vertrag wegen entgegenstehender Patente auf eine sachlich unmögliche Leistung gerichtet und deshalb nach § 306 BGB. nichtig sei. Es kommen verschiedene Möglichkeiten in Betracht. Greift ein zur ausschließlichen Verwertung überlassenes Geheimverfahren so unmittelbar in ein bei Vertragschluß bestehendes Patent ein, daß es dadurch in vollem Umfange bekanntgeworden ist, so wird in der Regel Nichtigkeit des Vertrages nach § 306 BGB. gegeben sein, weil alsdann dem Veräußerer die Erfüllung seines Versprechens, dem Erwerber ein Geheimverfahren mit ausschließlicher Benutzungsmöglichkeit zu verschaffen, wegen des Neuheitsmangels sachlich unmöglich ist (RGUrt. vom 5. Mai 1922 — II 739/21 — MUW. 1923 S. 177). Ein solcher Fall liegt hier nach den Behauptungen der Beklagten nicht vor. Anders ist die Sachlage, wenn das überlassene Verfahren gegenüber dem Gegenstande des Patents Besonderheiten aufweist, die es zwar nicht aus dem Patentschutz herausbringen, aber ein Betriebsgeheimnis bilden können. Außerdem besteht noch die dritte Möglichkeit, daß nur der Vertrieb des nach dem Verfahren hergestellten Erzeugnisses mittelbar in ein die Verwendung des Erzeugnisses schützendes Patent eingreift. In diesen beiden Fällen liegt keine sachliche Unmöglichkeit der Leistung vor. Vielmehr kommt nur ein Leistungsunvermögen wegen entgegenstehender Schutzrechte in Betracht, wenn der Patentinhaber die Benutzung des Verfahrens oder den Vertrieb des Erzeugnisses nicht gestattet. Inwieweit der Veräußerer bei Verträgen, die auf entgeltliche Ueberlassung eines ungeschützten Verfahrens zur ausschließlichen Verwertung gerichtet sind, für Rechtsmängel haftet, ist streitig.

Nach Krauße (Bem. 2 IV zu § 3 PatG. 2. Aufl.) soll der Verkäufer oder Lizenzgeber eines Geheimverfahrens wie bei der Uebertragung von Patenten nicht einzustehen haben für später sich herausstellende Abhängigkeit von einem geschützten Verfahren, während Pietzcker (Bem. 41 zu § 6 PatG.) im Regelfall die Haftung des Veräußerers bejaht, wenn die Ausnutzung des Verfahrens infolge eines entgegenstehenden Patentes unmöglich sei. Auch die Vorschriften der §§ 434, 440 BGB. über die Pflicht zur Rechtsmängelbeseitigung, die nach dem Wortlaute des § 434 BGB. an sich auch für Käufe oder kaufähnliche Geschäfte über unkörperliche Gegenstände zutreffen, enthalten nach § 443 BGB. nachgiebiges Recht. Daher läßt sich nur nach den besonderen Umständen des Einzelfalles unter Berücksichtigung der gewagten Natur des Geschäfts entscheiden, ob nach dem Willen der Vertragschließenden der Veräußerer haftet, wenn die Ausnutzung des überlassenen Verfahrens in ein bestehendes Patent eingreift. Auch wenn die Haftung als übernommen anzusehen ist, steht die Ausübung der daraus dem Erwerber erwachsenden Rechte unter dem Gebote von Treu und Glauben. Im Streitfalle kommt nach dem Vortrage der Beklagten ein Eingriff des Herstellungsverfahrens für Frutapekt in fremde Schutzrechte nicht in Betracht. Vielmehr steht nur in Frage, ob durch den Vertrieb des Erzeugnisses unter Beifügung der Gebrauchsanweisung bei Vertragschluß bestehende Patente verletzt werden. Dies gilt nicht nur für die Patente der P.-Werke, sondern auch für die Douglaspatente 373 418 und 438 737. Nach dem Vertrage war der Beklagten das alleinige Herstellungs- und Vertriebsrecht für Frutapekt übertragen. Hierin kann die Zusicherung des Nichtbestehens vom Schutzrechten gefunden werden, durch die der Vertrieb von Frutapekt verhindert werde. Im Ergebnis ist aber den Feststellungen des Berufungsrichters zu entnehmen, daß nach der besonderen Sachlage Rechtsmängelansprüche der Beklagten nicht bestehen, die an sich durch Berufung auf die Ungültigkeit des Vertrages und durch Aufrechnung mit Schadensersatzansprüchen erhoben sein könnten. . . . (Wird näher ausgeführt.)

RGZ. 163. 112

1. Zum Begriff der Diensterfindung.

2. Inwieweit wird die Auswirkung von Tarifordnungen auf bereits bestehende Arbeitsverhältnisse durch den sogenannten Günstigkeitsgrundsatz eingeengt?

BGB. § 611; AOG. § 32*).

*) Vgl. aber: Patentges. vom 5. Mai 1936 — RGBl. II S. 117 — §§ 3, 26; VO. über die Behandlung von Erfindungen von Gefolgschaftsmitgliedern vom 12. Juli 1942 — RGBl. I S. 466 —; Durchf.VO. zu dieser VO. vom 12. Juli 1942, Ru.St.Anz. Nr. 70 vom 25. März 1943.

III. Zivilsenat. Urt. v. 22. Dezember 1939.

I. Landgericht Nürnberg-Fürth. II. Oberlandesgericht Nürnberg.

Zwischen der Firma F. in M., der Rechtsvorgängerin der Klägerin, und der Beklagten, die damals bei der Bayerischen Landesanstalt für Pflanzenbau und Pflanzenschutz in M. als Chemikerin tätig war, kam Anfang Mai 1927 ein Anstellungsvertrag zustande, der außer der Unterschrift der genannten Vertragsparteien auch diejenige des Direktors der Landesanstalt trägt. Hiernach wurde die Beklagte ab 1. Juni 1927 von der Firma F. mit einem Monatsgehalt von 250 RM. angestellt. Der Vertrag nennt als Arbeitsgebiet der Beklagten: die Beizung von Saatgut — d. h. seine Behandlung mit Mitteln zur Verhütung von Getreidekrankheiten — und andere damit zusammenhängende Fragen. Er bestimmt weiter, daß die Beklagte der *Landesanstalt als wissenschaftliche* Hilfskraft zur Verfügung gestellt werde; die Direktion der Landesanstalt trete daher neben der Firma in das Vorgesetztenverhältnis zur Beklagten; die von der Landesanstalt getroffenen oder zu treffenden Anordnungen seien infolgedessen in bezug auf dienstliche Unterstellung, Diensteinteilung, Abwesenheitsmeldungen und dergleichen maßgebend; Dienststelle sei M. Ueber etwaige Erfindungen der Beklagten sagt der Vertrag nichts.

Im Laufe der folgenden Jahre, während welcher die Beklagte ihren Dienst in den Räumen der Landesanstalt versah, übersandte die Klägerin der Beklagten auf dem Wege über die Landesanstalt mehrere tausend Proben von Saatgut-Beizmitteln unter jeweiliger Bekanntgabe der Zusammensetzung mit dem Auftrage, ihre Wirkung auf pilzbefallene Getreidekörner laboratoriumsmäßig zu untersuchen. Die Proben enthielten weit überwiegend Quecksilberverbindungen, die bisher in der Praxis ausnahmslos die Grundlage für solche Beizmittel bildeten; ein Teil der Proben enthielt aber auch quecksilberfreie Verbindungen. Daneben ist die Beklagte dazu herangezogen worden, rein chemische Fragen zu beantworten und Schriftennachweisungen zu geben. Die Zusammensetzung neuer Beizmittel fiel aber nicht in den Bereich der von ihr verlangten Tätigkeit ebensowenig die Erfindung neuer Beizmittel oder Versuche nach dieser Richtung. Im übrigen wurde die Beklagte zeitweilig auch von der Versuchsanstalt für deren eigene Zwecke beschäftigt.

Im Dezember 1936 meldete die Beklagte beim Reichspatentamt eine Erfindung an. Der Patentanspruch lautet: „Herstellung einer Saatgutbeize, dadurch gekennzeichnet, daß Chromate der Alkalimetalle, insbesondere Kaliumbichromat, Natriumbichromat, Ammoniumbichromat sowie andere Salze des Chroms mit Metallen oder anorganischen und organischen Säuren oder Chromsäure in feinster Verpulverung unter Feuchtigkeitsausschluß, in jedem möglichen Verhältnis in hoher Konzentration beliebig mischbar mit Füll- bzw. Trägerstoffen wie Talkum, Bolus, Kaolin, Ocker oder anderen Stoffen, wie Natronkalk, Chlorkalzium, Säureanhydride, als Mittel gegen Getreidekrankheiten verwendet werden." In der Patentbeschreibung ist unter anderem hervorgehoben, daß es bisher nicht gelungen sei, ein quecksilberfreies Beizmittel zu finden; es habe sich nun gezeigt, daß bei Anwendung löslicher Chromate, sobald sie in einer neuen Form als Trockenbeizen in feinster Vermahlung unter Feuchtigkeitsausschluß zum Einpudern der Körner herangezogen würden, „ein absoluter Rückgang des Fusariumbefalles bei Roggen und Hemmung der Steinbrandsporenkeimung bei Weizen erfolge".

Die Beklagte machte der Klägerin im Februar 1937 von der Erfindung und ihrer Anmeldung in allgemeinen Zügen Mitteilung, sträubte sich aber schon anfangs und nach einigen Schwanken auch späterhin — bestärkt durch ein von ihr eingeholtes Rechtsgutachten —, die Anmeldung auf die Klägerin zu übertragen und ihr die näheren Unterlagen über die Erfindung zu überlassen, offenbar in der Besorgnis, die Klägerin könne die Patenterteilung und Patentausnutzung nicht so betreiben, wie es nach der Meinung der Beklagten notwendig war, und könne auch die Vergütung für die Erfindung nicht so bemessen, wie dies der von der Beklagten angenommenen umwälzenden Bedeutung ihrer Erfindung entsprach. Im Laufe der zwischen den Parteien geführten Verhandlungen kündigte die Klägerin mit Schreiben vom 25. März 1937 der Beklagten das Dienstverhältnis, das daraufhin mit dem 30. September 1937 sein Ende erreichte. Die Beklagte behauptet, die Klägerin habe gekündigt, um damit einen unzulässigen Druck auf sie auszuüben. Sie erhob nunmehr eine Kündigungs-Widerrufsklage vor dem Arbeitsgericht Hof, die durch Prozeßvergleich vom 16. September 1937 erledigt wurde. In diesem Vergleich ist der Streit der Parteien über die Erfindung vorbehalten geblieben.

Im gegenwärtigen Verfahren verlangt nunmehr die Klägerin die Verurteilung der Beklagten, ihr alle Versuchsunterlagen, die zum Verständnis und zur Klarstellung des Inhalts der Patentanmeldung erfoderlich sind, herauszugeben, ihr über den Stand des Patentanmeldeverfahrens Auskunft zu erteilen und die Reche an der angemeldeten Erfindung, den Anspruch auf Erteilung des Patents und die Rechte aus der Anmeldung zu übertragen. Die Beklagte bestreitet ihre Verpflichtung hierzu und macht Zurückbehaltungsrechte geltend. Sie beantragt in erster Linie Abweisung der Klage, hilfsweise ihre Verurteilung nur Zug um Zug gegen die Erklärung der Bereitwilligkeit der Klägerin, das Anmeldungs- und Prüfungsverfahren nur unter Mitwirkung der Beklagten durchzuführen und diese Mitwirkung angemessen zu vergüten sowie die Verwertung der Erfindung tatkräftig und unter Aufwendung der dafür erforderlichen Mittel in Angriff zu nehmen, ferner gegen Zahlung einer vom Gericht festzusetzenden Entschädigung für die Erfindung selbst, und zwar vorläufig in Höhe von 10 000 RM.

Die Parteien sind über die Patentfähigkeit der Erfindung einig. Im einzelnen streiten sie aber darüber, ob die Beklagte angesichts ihrer Verwendung bei der Landesanstalt die Erfindung überhaupt als Angestellte der Klägerin gemacht hat, ferner darüber, ob es sich um eine Betriebs- oder um eine Diensterfindung handelt, ob diese etwa schon nach allgemeinen Vertragsgrundsätzen der Klägerin zugefallen ist oder ob die Tarifverträge der chemischen Industrie Anwendung finden und sich aus ihnen das Recht der Klägerin an der Erfindung ergibt.

Das Landgericht hat der Klage stattgegeben, das Berufungsgericht dagegen auf Abweisung der Klage erkannt. Die Revision führte zur Aufhebung des Berufungsurteils und zur Zurückverweisung der Sache.

Gründe:

I. *Nach feststehenden Rechtsregeln können die Erfindungen eines* Angestellten unter gewissen Voraussetzungen von seinem Dienstherrn in Anspruch genommen werden. Ob aber die Klägerin die Dienstherrin der Beklagten war, ist von dieser angesichts ihrer Beschäftigung bei der Bayerischen Landesanstalt für Pflanzenbau und Pflanzenschutz in Zweifel gezogen worden. Das Berufungsgericht hat sich mit Recht zunächst dieser für alles Weitere grundlegenden Frage zugewandt. . . . (Nach Erörterung der Stellungnahme des Berufungsgerichts hierzu wird fortgefahren:)

Die rechtsirrtumsfreie Auslegung des Anstellungsvertrags durch das Berufungsgericht ergibt demnach, daß die Beklagte Angestellte der Klägerin war und daß diese nur die Befugnis der Dienstleitung — der Ausübung nach — auf die Landesanstalt übertragen hatte. Das steht aber auch der Annahme entgegen, daß sich die Klägerin ihres Anrechts auf etwaige Erfindungen der Beklagten — sofern ein solches Anrecht bestand — zugunsten der Landesanstalt begeben hätte. Die Landesanstalt ihrerseits hat übrigens ein solches Recht für sich nie in Anspruch genommen.

II. Die Klägerin kann daher als Dienstherrin der Beklagten eine von dieser gemachte Erfindung für sich verlangen, falls die Erfindung als Betriebserfindung anzusehen ist oder falls sie der Klägerin auf Grund des Dienstvertrags als sogenannte Diensterfindung gebührt. Ob in diesen Fällen die Erfindung dem Dienstherrn ohne weiteres zufällt oder ihm besonders zu übertragen ist, kann dahinstehen, weil die Klageansprüche hiervon unabhängig sind.

Das Berufungsgericht sieht die Erfindung nicht als Betriebserfindung an. Denn sie sei nicht in solchem Maße durch Erfahrungen, Einrichtungen, Anregungen und Vorarbeiten des Betriebes vorbereitet, gefördert oder ermöglicht worden, daß die erfinderische Tätigkeit einer bestimmten Person außer Betracht zu lassen sei. Diese Auffassung entspricht dem gegebenen Sachverhalt und läßt keinen Rechtsirrtum erkennen. Zudem hat die Revision ausdrücklich erklärt, sie nicht beanstanden zu wollen.

Demnach bleibt die Frage, ob die Klage nach den Grundsätzen des Dienstvertrags gerechtfertigt ist. Sieht man vorerst von den — noch zu behandelnden — tarifrechtlichen Gesichtspunkten ab und faßt man den Anstellungsvertrag für sich allein ins Auge, so ergibt sich zunächst, daß er keine Bestimmungen über eine erfinderische Tätigkeit der Beklagten und keinen dahingehenden Auftrag enthält. Gleichwohl kann in einem solchen Fall eine Vertragsauslegung zu einer Bejahung der Berechtigung des Dienstherrn führen, wenn die von dem Angestellten gemachte Erfindung ihrer Art nach in den Rahmen seiner dienstlichen Obliegenheiten fällt und sich seine Verpflichtung, auf Erfindungen der fraglichen Art Bedacht zu nehmen, aus der Natur seiner vertraglichen Tätigkeit ergibt, Wann in diesem Sinne eine Diensterfindung vorliegt, ist im wesentlichen Tatfrage, für die es maßgeblich darauf ankommt, ob die Tätigkeit des Angestellten leitend und geistig oder untergeordnet und mechanisch ist (vgl. Lutter Patentgesetz vom 5. Mai 1936 Bem. 5 b zu § 3 und die dort angeführten Entscheidungen). Diesen Grundsätzen folgend hat das Berufungsgericht mit Recht als entscheidend angesehen, zu welcher Art von Tätigkeit die Beklagte vertraglich verpflichtet war. Es stellt fest, daß die Tätigkeit der Beklagten im wesentlichen darauf abgestellt war, die ihr von der Klägerin übersandten Beizmittel an Getreidekörnern anzuwenden, dann durch mikroskopische, chemische und biologische Untersuchungen zu prüfen, ob die Beizmittel wirksam waren oder etwa die Keimfähigkeit der Getreidekörner beeinträchtigten, und abschließend über diese Untersuchungen und ihr Ergebnis zu berichten. Bei dieser Tätigkeit, der gegenüber die vereinzelten Aufträge zur Beschaffung von chemischen Schriften keine Rolle spielten, sei der Beklagten auf die Zusammensetzung und Herstellung der Beizmittel keinerlei Einfluß eingeräumt gewesen, vielmehr habe sie sich auf die Untersuchung von Mitteln zu beschränken gehabt, die ihr im prüfungsfähigen und anwendungsbereiten Zustand übersandt wurden. Diese Art der Prüfung aber sei eine untergeordnete Tätigkeit gewesen, und dem habe auch die Vergütung von 250 RM monatlich entsprochen, die weit unter der Grenze der für Angestellte mit weiterem Pflichtenkreis und größerer Erfahrung üblichen Gehälter gelegen habe. Seine Auffassung findet das Berufungsgericht bestätigt durch den Schriftwechsel der Parteien und ihre Auslassungen in dem arbeitsgerichtlichen Streit. Es weist insbesondere auf die früheren Erklärungen der Klägerin hin, wonach die von der Beklagten durchzuführenden Versuche von einem Mädchen mit besserer Schulbildung innerhalb von 14 Tagen erlernt werden könnten und wonach die Beklagte nicht als selbständig auf eigene Verantwortung arbeitende Chemikerin anzusehen sei. Das Berufungsgericht ist daher zu der Überzeugung gelangt, daß die Beklagte hauptsächlich zur Leistung von untergeordneten Diensten und für einen engen Tätigkeitsbereich angestellt war und daß Forschungen und Versuche über neuartige Anwendungsformen von Beizmitteln nicht zu ihrem Aufgabenkreis gehörten. Freilich sei die Beklagte zur Fragestellung durch die ihr übertragene Tätigkeit angeregt worden, aber die Suche nach einer Lösung in der Richtung feinst vermahlener Trockenbeizen von Chromverbindungen hin habe völlig außerhalb ihres Pflichtenkreises gelegen.

Die vorstehenden Erwägungen lassen keinen Rechtsverstoß erkennen. Sie sind auch vom Standpunkt einer gerechten Abwägung der beiderseitigen Belange der Parteien zu billigen. Die dagegen gerichteten Angriffe der Revision laufen darauf hinaus, dem Aufgabenkreise der Beklagten eine höhere Wertung zu geben. Insoweit kann aber in die tatrichterliche Würdigung nicht eingegriffen werden. Zwingende Gegengründe stehen der Auffassung des Berufungsgerichts jedenfalls nicht entgegen. Im übrigen ist zu den Revisionsausführungen noch zu bemerken: Den Feststellungen entspricht es nicht, daß die Erfindung ausschließlich auf den Kenntnissen und Erfahrungen beruhte, welche die Beklagte durch die ihr vertraglich übertragene Tätigkeit erlangt hatte. Das Berufungsgericht hat vielmehr festgestellt, daß die Beklagte dadurch nur zur Fragestellung gekommen ist. Das allein kann aber noch nicht entscheidend sein. Das Berufungsgericht hat auch der Höhe des Gehalts der Beklagten nicht etwa ausschlaggebendes Gewicht beigemessen, sondern diesen Umstand nur mit herangezogen, um die Art der Stellung der Beklagten richtig zu bewerten, ein Verfahren, das durchaus zulässig war. Abschließend ergibt sich demnach, daß die Klägerin nicht schon nach allgemeinen dienstvertraglichen Grundsätzen berechtigt ist, die Erfindung der Beklagten für sich in Anspruch zu nehmen.

III. So bleibt noch zu prüfen, ob der Anspruch der Klägerin nach Tarifrecht begründet ist. Zwar glaubt ihn das Berufungsgericht auch unter diesem Gesichtspunkte verneinen zu müssen. Seine Ausführungen sind insoweit aber nicht völlig bedenkenfrei.

Als tarifliche Regelung kommen hier in Betracht der Reichstarifvertrag für die akademisch gebildeten Angestellten der chemischen Industrie vom 27. April 1920 (Akademikertarifvertrag), der am 20. August 1920 für allgemein verbindlich erklärt worden ist, sowie der Tarifvertrag für die kaufmännischen und technischen Angestellten und Werkmeister der chemischen Industrie in Bayern rechts des Rheins vom 21. August 1926 (Werkmeistertarifvertrag), der später durch den Tarifvertrag vom 5. Oktober 1931 ersetzt worden ist; dieser ist mit Wirkung vom 1. März 1932 für allgemein verbindlich erklärt worden. Sämtlichen genannten Tarifverträgen ist die Bestimmung gemeinsam, daß eine dem Unternehmer zustehende Diensterfindung auch dann vorliegt, wenn die Verwertung oder Verwendung dieser Erfindung in den Rahmen des Unternehmens fällt (§ 9 II B Abs. 1 b des Akademikertarifvertrags, § 14 des Werkmeistertarifvertrags). Das Berufungsgericht führt dazu aus, daß die Herstellung eines quecksilberfreien Beizmittels dem Herstellungsplan der Klägerin entsprochen haben würde. Es folgert daraus ohne Rechtsirrtum, daß die Erfindung der Beklagten eine Diensterfindung im Sinne der genannten tariflichen Bestimmung ist... Es kommt aber um deswillen nicht zu einer der Beklagten nachteiligen Entscheidung, weil die Tarifbestimmung sich auf das Arbeitsverhältnis der Beklagten nicht ausgewirkt habe. Insoweit ist offensichtlich, daß die Beklagte nicht unter den Akademikertarifvertrag fiel, weil sie keine abgeschlossene Hochschulbildung genossen hatte. Für sie konnte nur der Werkmeistertarifvertrag in Betracht kommen. . . .

Die Beklagte hat die Erfindung ersichtlich erst nach dem Inkrafttreten des Arbeitsordnungsgesetztes (1. Mai 1934) gemacht. Nach Nr. I der Weitergeltungsanordnung vom *28. März 1934* (*RArbBl. I S. 85*) war der Werkmeistertarifvertrag weiter in Geltung geblieben. Ebenfalls nach dieser Bestimmung würde er nunmehr das Arbeitsverhältnis der Beklagten selbts dann, wenn das früher nicht der Fall gewesen sein sollte, erfaßt haben, weil das Unternehmen der Klägerin ohne Zweifel zu den „tarifgebundenen Betrieben" im Sinne dieser Bestimmung gehörte. Daher erübrigte sich ein Eingehen darauf, ob das Arbeitsverhältnis früher tariffrei oder tarifgebunden war. Der Tarifvertrag war aber „als Tarifordnung" verlängert worden und hatte dadurch die Bedeutung einer Gesetzesvorschrift erlangt. Während er nach früherem Tarifrechte nur zum Inhalt und Bestandteil der Arbeitsverhältnisse geworden sein könnte, beherrscht er diese nunmehr. Er bestimmt jetzt von Gesetzes wegen, was als Diensterfindung angesehen werden soll und daß darunter auch eine Erfindung zu verstehen ist, deren Verwertung und Verwendung in den Rahmen des Unternehmens fällt. Zwar ist diese Vorschrift abdingbaren (dispositiven) Rechts, wenigstens insoweit, als nach § 32 Abs. 2 AOG. abweichende Vereinbarungen zugunsten des Angestellten zulässig sind. Diesem kann also für seine Erfindungen eine freiere Stellung eingeräumt werden. Aber das muß besonders — sei es ausdrücklich, sei es durch schlüssiges Verhalten — vereinbart sein. Wo solche Vereinbarungen fehlen, geift die Rechtsvorschrift des zur Tarifordnung gewordenen Tarifvertrags durch. War schon den Tarifverträgen der Ordnungszweck eigentümlich, so wohnt den Tarifordnungen in viel höherem und wirksamerem Maße die Eigenschaft inne, diejenigen Teile des Arbeitsverhältnisses zu regeln, deren Ausgestaltung die Beteiligten nicht vorgenommen und der Rechtsordnung überlassen haben. Diese Auswirkung, die für neu eingegangene Arbeitsverhältnisse unzweifelhaft ist, muß aus denselben Gründen auch für bereits bestehende gleich sein. Fallen diese unter die Tarifordnung, so muß das in vollem Umfange geschehen. Selbstverständlich bleiben nach dem Grundsatze des § 32 Abs. 2 AOG. besondere Vereinbarungen, die dem

Angestellten größere als die tariflichen Vorteile boten, aufrechterhalten. Aber im übrigen setzt sich auch hier die Gesetzeskraft der Tarifordnung durch; die Beteiligten müssen für die durch solche Vereinbarungen nicht geregelten Punkte des Arbeitsverhältnisses die Aenderung der Gesetzes- und Rechtslage hinnehmen. Insoweit kann die Frage nach dem Günstigkeitsgrundsatze nicht aufgeworfen werden. Diese Auffassung steht im Einklange mit der Rechtsprechung des Reichsarbeitsgerichts, das in seiner Entscheidung RAG. Bd. 20 S. 16 für die Auswirkung von Betriebsordnungen (gemäß §§ 29 und 30 AOG.) auf bestehende Arbeitsverhältnisse — unter Aufgabe seines früher in RAG. Bd. 17 S. 241 vertretenen Standpunkts — die gleichen Grundsätze entwickelt hat.

Nach alledem kommt es nicht — wie das Berufungsgericht meint — darauf an, daß die Beklagte angesichts des Fehlens einer einschlägigen Bestimmung im Anstellungsvertrage nach allgemeinen dienstvertraglichen Grundsätzen nicht gehalten war, Erfindungen der hier in Betracht kommenden Art der Klägerin zur Verfügung zu stellen. Vielmehr muß entscheidend sein, ob ihr das nach dem Sinne des Anstellungsvertrags erlassen sein sollte. Das könnte unter Umständen der Fall sein. So, wenn sich die Klägerin überhaupt mit den Rechten begnügen wollte, die ihr nach allgemeinen dienstvertraglichen Grundsätzen an etwaigen Erfindungen der Beklagten zustanden, was insbesondere angenommen werden könnte, wenn die Klägerin es etwa absichtlich und in Abweichung von dem sonst bei ihr Ueblichen unterlassen hätte, eine dem § 9 II B Abs. 1 b des Akademikertarifvertrags (§ 14 des Werkmeistertarifvertrags) entsprechende Bestimmung in den Anstellungsvertrag aufzunehmen. Die hiernach maßgeblichen Gesichtspunkte sind bisher weder von dem Berufungsgericht noch von den Parteien erkannt und erörtert worden. Da die Sache insoweit noch der tatsächlichen Aufklärung bedarf, mußte wie geschehen, erkannt werden.

RGZ. 165, 209

1. Ist das Reichspatentamt befugt, den Umfang des Patentschutzes mit bindender Wirkung für den Verletzungsrichter festzulegen?

2. Welche Wirkung hat es, wenn die selbständige Schutzfähigkeit eines einzelnen Merkmals der den Gegenstand des Patentanspruchs bildenden Kombination im Erteilungsverfahren ausgeschlossen wird?

3. Ist die Wirksamkeit einer den Patentschutz unzweideutig einschränkenden Entscheidung des Reichspatentamts im Erteilungsverfahren davon abhängig, ob es mit Recht das Einverständnis des Anmelders mit der Beschränkung des Patentschutzes angenommen hat?

Patengesetz §§ 6, 47.

I. Zivilsenat. Urt. v. 15. November 1940.

I. Landgericht Berlin. II. Kammergericht daselbst.

Am 28. August 1934 meldete J. W. bei dem Reichspatentamt ein Patent auf eine Vorrichtung zur Abnahme des Filterkuchens von Zellendrehfiltern an. Die Klägerin erwarb von ihm die ausschließliche Lizenz an der angemeldeten Erfindung. Auf Grund Beschlusses der Prüfungsstelle vom 25. September 1935 wurde die Anmeldung am 30. Januar 1936 mit folgendem Anspruch bekanntgemacht:

Vorrichtung zur Abnahme des Filterkuchens von Zellendrehfiltern, bestehend aus einer Walze mit an sich bekannter rauher Oberfläche, die dauernd mit einer Filterkuchenschicht bedeckt ist, dadurch gekennzeichnet, daß die Erhebungen bzw. Vertiefungen auf der mit einer Gegenwalze zusammenarbeitenden Abnahmewalze derart unterschnitten sind, daß der Filterkuchen auf der Walzenoberfläche festgehalten wird.

Am 24. Juni 1937 beschloß die Anmeldeabteilung des Reichspatentamts unter Zurückweisung des von der Beklagten eingelegten Einspruchs die Erteilung des Patentes auf Grund der ausgelegten Unterlagen.

Die Beklagte hat Zellendrehfilter mit Kuchenabnahmevorrichtungen entsprechend ihrem im Mai 1937 herausgegebenen Werbeblatt „Das Filterproblem“ F 41 hergestellt und vertrieben. Die Klägerin hat hierin, und zwar zunächst unter Berufung auf den mit der Bekanntmachung der Anmeldung eingetretenen einstweiligen Schutz, eine Verletzung des Klagepatents gesehen. Die beanstandeten Vorrichtungen haben außer einer Abnahmewalze mit aufgerauhter Oberfläche, die ständig von einer Filterkuchenschicht bedeckt ist, eine zur Ablösung des Filterkuchens von der Abnahmewalze dienende Gegenwalze, die einen geringeren Durchmesser als die Abnahmewalze hat und schneller umläuft als diese.

Die Klägerin hat vorgetragen, vor Anmeldung des der Klage zugrunde liegenden Schutzrechts habe man den Filterkuchen von der Abnahmewalze mit Hilfe von Schabmessern abgelöst, die indessen nicht zufriedenstellend arbeiteten, weil sich der plastische Filterkuchen vor ihnen staue. Um diesem Mangel abzuhelfen, seien in der bekanntgemachten Anmeldung und dem später erteilten Patent die Schaber durch eine sich drehende Walze, die sogenannte Gegenwalze, ersetzt worden. Mit Hilfe dieser Walze werde eine Schicht des Filterkuchens unter Vermeidung von Kuchenwülsten von der Abnahmewalze abgequetscht. Die auf dieser verbleibende Kuchenschicht werde hierdurch in einem gleichmäßigen und gleichbleibenden Zustand erhalten, der die Uebernahme des Filterkuchens von der Filtertrommel erleichtere. Das geschehe auch bei der angegriffenen Vorrichtung der Beklagten. In übereinstimmender Weise habe die Beklagte von dem grundsätzlich neuen Gedanken Gebrauch gemacht, die Kuchenschicht von der Abnahmewalze mit Hilfe einer Gegenwalze abzulösen. Zur Verbesserung des Haftvermögens der die Abnahmewalze bedeckenden Filterkuchenschicht habe außerdem das Klagepatent die Oberfläche der Abnahmewalze in der aus dem Anspruch ersichtlichen Weise ausgebildet.

Entsprechend den Klageanträgen hat das Landgericht die Beklagte verurteilt, daß sie unterlasse, Drehfilter mit Vorrichtungen zur Abnahme des Filterkuchens gewerbsmäßig herzustellen, feilzuhalten, in Verkehr zu bringen oder zu benutzen, die aus einer dauernd mit einer Filterkuchenschicht bedeckten Abnahmewalze und einer weiteren Gegenwalze bestehen, welche die Aufgabe eines Schabemessers erfüllt, nämlich die von der Abnahmewalze abzuführende Filterkuchenschicht abzulösen. Das Landgericht hat die Beklagte ferner zur Rechnungslegung verurteilt und ihre Schadensersatzpflicht festgestellt.

Gegen dieses Urteil hat die Beklagte Berufung eingelegt. Im Laufe des Berufungsverfahrens hat der Beschwerdesenat des Reichspatentamts auf die gegen den Erteilungsbeschluß sich richtende Beschwerde der Beklagten am 23. November 1938 beschlossen, das Patent Nr. 671 703 nur mit den aus dem Beschlusse ersichtlichen Aenderungen der ausgelegten Unterlagen zu erteilen. Der Anspruch des Patentes hat nach diesem Beschlusse folgende Fassung erhalten:

> Vorrichtung zur Abnahme des Filterkuchens von Zellendrehfiltern, bestehend aus einer Walze mit rauher Oberfläche, die dauernd mit einer Filterkuchenschicht bedeckt ist, gekennzeichnet durch die Kombination der folgenden beiden Merkmale: 1. einer Abnahmewalze, deren rauhe Oberfläche durch unterschnittene Erhebungen bzw. Vertiefungen, z. B. durch um ihre Oberfläche gelegte Schnüre oder Drahtgeflecht, gebildet ist, und 2. einer Gegenwalze, die an Stelle eines Schabers die Abnahme des Filterkuchens von der Abnahmewalze übernimmt.

Die Beklagte hat im Berufungsverfahren in erster Linie geltend gemacht, der Beschwerdesenat habe den Patentschutz auf die aus dem Anspruch ersichtliche zweigliedrige Kombination beschränkt. Von dieser mache die angegriffene Vorrichtung keinen Gebrauch. Das Kammergericht hat auf die Berufung der Beklagten die Klage abgewiesen. Die Revision der Klägerin hatte keinen Erfolg.

Gründe:

I. Das Klagepatent verbessert die Abnahmevorrichtung an Zellendrehfiltern für nichtfaseriges Filtergut, indem es die Aufgabe, die Abnahmewalze ständig mit einer gleichmäßigen Filterkuchenschicht von ausreichendem Haftvermögen bedeckt zu halten und Stauungen bei der

Abnahme des Filterkuchens zu vermeiden, durch die Vereinigung der beiden Mittel löst: a) Die Oberfläche der Abnahmewalze soll durch unterschnittene Erhebungen oder Vertiefungen rauh gemacht werden; als hierzu geeignete Mittel nennt der Anspruch beispielsweise ein Drahtgeflecht oder Schnüre, die um die Abnahmewalze gelegt werden sollen. b) An Stelle eines Schabers dient eine Gegenwalze zur Uebernahme des Filterkuchens von der Abnahmewalze.

Von dieser zweigliedrigen Kombination, die nach der zutreffenden Annahme des Berufungsrichters Gegenstand des Patentschutzes ist, macht die Beklagte keinen Gebrauch. Zur Ablösung des Filterkuchens von der Abnahmewalze verwendet sie eine Gegenwalze, die einen geringeren Durchmesser hat als die Abnahmewalze und schneller umläuft als diese. Dagegen entspricht die Oberfläche der Abnahmewalze nicht dem vorstehend aufgeführten Merkmal a, sondern den im Schlußabsatz der Beschreibung erwähnten bekannten Walzen, deren Oberfläche lediglich aufgerauht ist, um das Haftvermögen des Filterkuchens zu vergrößern. Der Streit der Parteien geht deshalb darum, ob durch das Klagepatent der allgemeine Gedanke geschützt ist, zur Erhaltung einer gleichmäßigen Filterkuchenschicht auf der Abnahmewalze die von dieser abzuführende Filterkuchenschicht statt durch einen zu Stauungen führenden Schaber mit Hilfe einer Gegenwalze abzulösen.

Die rechtlich nicht bedenkenfreien Erwägungen des Berufungsrichters zu der Frage, ob die Patentschrift dem Durchschnittsfachmann diesen allgemeinen Gedanken offenbart hat, können auf sich beruhen, weil sein zweiter Entscheidungsgrund durchgreift, daß im Erteilungsverfahren eine das Schutzbegehren der Klägerin ausschließende Beschränkung des Patentschutzes eingetreten sei.

II. Der endgültig erteilte Patentanspruch, der die Eigenschaft der Erfindung als Kombination unter scharfer Hervorhebung der einzelnen Merkmale betont, unterscheidet sich zwar, wie die Klägerin mit Recht geltend macht, in seinem sachlichen Inhalt von dem bekanntgemachten Anspruch. Der Beschwerdesenat hat es indessen in seinem Beschlusse vom 23. November 1938 mit Rücksicht auf den Verletzungsstreit der Parteien und das hieran anknüpfende Vorbringen des Anmelders und der Beklagten im Beschwerdeverfahren für geboten erachtet, auch die Frage der Möglichkeit eines selbständigen Schutzes der Bestandteile (Elemente) der Vereinigung (Kombination) in der hier in Betracht kommenden Richtung zu entscheiden. Die Revisionsbegründung übersieht die den zu entscheidenden Streit bezeichnende Feststellung des Beschwerdesenats in den Gründen seines Beschlusses, der Anmelder habe beonders in der mündlichen Verhandlung Schutz begehrt für die aus dem Rahmen des bekanntgemachten Gegenstandes herausfallende Kombination einer bekannten aufgerauhten Abnahmewalze mit einer Gegenwalze. Dieses Schutzbegehren, auf das es für den Verletzungsprozeß ankommt, hat der Beschwerdesenat eindeutig zurückgewiesen. Der Frage, wofür Patentschutz beansprucht werden könne, hat er die bekanntgemachte Fassung der Anmeldung zugrunde gelegt. Auf dieser Grundlage hat er erwogen, beansprucht sei die Verbindung einer Abnahmewalze, deren Oberfläche in bestimmter Weise ausgestaltet ist, und einer mit ihr zusammenarbeitenden Gegenwalze, die den Kuchen von der Abnahmewalze entfernt. Wenn es auch nicht möglich sei, beide Einzelmerkmale in ihrer Tragweite im Erteilungsverfahren nach jeder Richtung festzulegen, so könne dies doch für das erste Merkmal im Verhältnis zu dem in der bekanntgemachten Beschreibung bezeichneten Stande der Technik geschehen. Nach der Einleitung der Beschreibung sei es am Anmeldetage bekannt gewesen, den Filterkuchen von Drehfiltern durch eine Abnahmewalze mit aufgerauhter Oberfläche abzunehmen, die dauernd und gleichmäßig von einer Filterkuchenschicht bedeckt sei. Wesentliche Bedeutung legt der Beschwerdesenat dem Satze der bekanntgemachten Anmeldung bei, von diesen bekannten Einrichtungen unterscheide sich der Erfindungsgegenstand dadurch, daß die Oberfläche der Walze mit Erhebungen solcher Art versehen sei, daß Vertiefungen entständen, die sich nach der Tiefe zu erweiterten. Daraus folgert er, gedacht sei nicht an Benutzung einer der bekannten Abnahmewalzen, sondern an eine Abnahmewalze mit der Oberflächengestaltung des Patentanspruches, die erst ein dauerndes Festhalten des Filterkuchens oder eine wesentliche Steigerung seiner Haftfähigkeit auf der Abnahmewalze bewirken solle. Hierdurch sei der Gedanke, daß statt der im Patentanspruche gekennzeichneten Abnahmewalze auch eine der bekannten aufgerauhten Walzen mit ähnlichem Erfolg verwendbar sei, in den für die Feststellung des Anmeldegegenstandes maßgebenden bekanntgemachten Unterlagen ausdrücklich abgelehnt worden. Die Grenze des Anmeldungsgegenstandes sei damit in der Hinsicht festgelegt, daß Vorrichtungen, die statt der beanspruchten Gestaltung der Oberfläche eine der bekannten oberflächlich aufgerauhten Abnahmewalzen verwendeten, aus ihm herausfielen. Der Anmelder habe sein Schutzbegehren für die zu verwendende Abnahmewalze nicht nur im bejahenden, sondern auch im verneinenden Sinne bestimmt, indem er angebe, wie die Abnahmewalze nicht beschaffen sein solle, so daß für eine Ausweitung des Schutzbegehrens auf die bekannte aufgerauhte Abnahmewalze kein Raum sei. Für unerheblich erachtet es der Beschwerdesenat, ob etwa der Anmelder erst nachträglich erkannt habe, daß auch die bekannten aufgerauhten Abnahmewalzen mit ähnlichem Erfolge wie die im Anspruch gekennzeichneten verwendbar seien. Sodann bemerkt er, die Gegenwalze als Organ zur Abnahme des Filterkuchens sei nicht nur nach dem Anspruch, sondern auch im Hinblick auf die in der bekanntgemachten Beschreibung dem Schaber zugeschriebenen Nachteile für die Erfindung wesentlich. Zu einer abschließenden Feststellung über die Bedeutung dieses Merkmals liege keine Veranlassung vor. Dagegen sei, nachdem der Anmelder in der mündlichen Verhandlung Schutz begehrt habe, für die aus dem bekanntgemachten Gegenstande herausfallende Verbindung einer bekannten aufgerauhten Abnahmewalze mit einer Gegenwalze, für das erste Merkmal die dargelegte Begrenzung des Anmeldungsgegenstandes erforderlich.

Ueber den Willen des Beschwerdesenats, den Schutzbereich des Klagepatents einzuschränken, ist hiernach kein Zweifel möglich. Unerheblich ist, ob die Gründe, die er für die Notwendigkeit einer solchen Einschränkung angeführt hat, überall zutreffen. Zum richtigen Verständnis seiner Ausführungen ist indessen klarzustellen, daß es sich hier nicht um einen erweiterten Schutz des ersten Kombinationsmerkmals des Patentanspruchs, das in dem abgelehnten allgemeinen Erfindungsgedanken nicht enthalten ist, sondern vielmehr darum handelt, ob die Verwendung einer Gegenwalze als Mittel zur Ablösung des Filterkuchens außerhalb des Rahmens der geschützten Kombination selbständig schutzfähig ist. Wenn der Anmelder gleichzeitig mit der Einführung der Gegenwalze als Mittel zur Ablösung des Filterkuchens die bekannte aufgerauhte Abnahmewalze, die er als unzulänglich erkannte, durch eine neue, das Haftvermögen des Filterkuchens steigernde Gestaltung ihrer Oberfläche verbessern wollte, so besagt die Ueberlegung, der Anmelder habe die bekannte Abnahmewalze wegen ihrer Mängel als ungeeignet abgelehnt, an sich noch nichts für die Frage, ob aus der bekanntgemachten Anmeldung für den Durchschnittsfachmann hervorging, daß die Vorzüge, die der Gegenwalze als Ablösemittel gegenüber einem Schaber eigen waren, auch zur Geltung kamen in Verbindung mit der bekannten Vorrichtung, bei der die Aufrauhung der Abnahmewalze immerhin schon das Haften einer Kuchenschicht auf der Walzenoberfläche förderte, sei es auch nach Meinung des Anmelders nicht in ausreichendem Maße. Auch in der bekanntgemachten Anmeldung war dem Schaber der Nachteil zugeschrieben, daß der plastische Kuchen sich vor ihm zusammenschiebe, und demgegenüber als Vorzug der Gegenwalze betont, daß sich an der Abnahmestelle kein Kuchenwulst bilde. Hätte sich der Anmelder darauf beschränkt, unter Hervorhebung dieses Vorteils den Ersatz des Schabers durch die Gegenwalze und nicht zugleich eine Verbesserung der Abnahmewalze vorzuschlagen, so würde klar zutage treten, daß er damit keinen Patentschutz für die bekannte Aufrauhung der Abnahmewalze begehrte. Es liegt also ebenso wie in anderen Fällen, in denen nur ein Teil einer Maschine verbessert wird, kein zwingender Grund vor, den Vorschlag, in der bekannten Vorrichtung den Schaber durch eine die gleiche Aufgabe besser erfüllende Gegenwalze zu ersetzen, als eine die bekannte Abnahmewalze mitumfassende Kombination aufzufassen. Vor allem aber leuchtet nicht ein, inwiefern dieser Vorschlag eine Erweiterung des Schutzes für das erste Merkmal in der Kombination des Patentanspruchs, die neue Oberflächengestaltung der Abnahmewalze, enthalten sollte. Obwohl nun der Beschwerdesenat sich fast ausschließlich mit der nach seiner Ansicht vorliegenden Ausdehnung des Patentschutzes für dieses erste Kombinationsmerkmal des Patentanspruchs befaßt hat und über das zweite, den Ersatz des Schabers durch die Gegenwalze betreffende Merkmal die mißverständliche Bemerkung macht, zu einer abschließenden Feststellung über die Bedeutung dieses Merkmals bestehe kein Anlaß, so kann doch nicht zweifelhaft sein, daß er im sachlichen Ergebnis den Patentschutz für den Fall der Anwendung einer Gegenwalze in der bekannten Vorrichtung mit aufgerauhter Abnahmewalze hat versagen wollen und versagt hat. Nur in diesem Sinne läßt sich die abschließende Erklärung verstehen, die Beschränkung des Patentschutzes sei notwendig gegenüber der von dem Anmelder in der mündlichen Verhandlung begehrten Ausdehnung des Patentschutzes auf die „Kombination" der bekannten aufgerauhten Abnahmewalze mit einer Gegenwalze. Sachlich ist also der Patentschutz nicht für das erste Erfindungsmerkmal, das die für den allgemeinen Erfindungsgedanken nicht in Betracht kommende neue Oberflächengestaltung der Abnahmewalze durch unterschnittene Erhöhungen und Vertiefungen betrifft, sondern für das zweite Erfindungsmerkmal beschränkt worden, dem der Elementenschutz für den Fall seiner Anwendung in der bekannten Vorrichtung versagt worden ist.

III. Dafür, daß eine solche Beschränkung des Patentschutzes zuläsig sei, verweist der Beschwerdesenat auf einen Beschluß des zweiten Beschwerdesenats des Reichspatentamts vom 23. Mai 1936 (RGUR. 1937 S. 132). In dieser Entscheidung hat das Reichspatentamt, und zwar, wie hier zu betonen ist, im Einklange mit der Rechtsprechung des Reichsgerichts, sich nicht nur für befugt, sondern auch für verpflichtet erachtet, das, was als patentfähig unter Schutz gestellt werden solle, so genau, wie es bei der Erteilung des Patentes möglich sei, klarzustellen und den Schutzumfang, soweit dies tunlich sei, abzugrenzen (vgl. auch den Beschluß des Reichspatentamts vom 16. Oktober 1933, Blatt für Patent-, Muster- und Zeichenwesen 1933 S. 263 flg.). Zu billigen ist grundsätzlich auch die hieraus gefolgerte Notwendigkeit, Meinungsverschiedenheiten zwischen Anmelder und Erteilungsbehörde über den Umfang dessen, was gechützt werden solle, schon im Erteilungsverfahren zu beseitigen. Bei der Entscheidung über das Klagepatent hat der Beschwerdesenat es für geboten erachtet, den vom Anmelder geltend gemachten allgemeinen Erfindungsgedanken, umfassend den Ersatz des Schabers durch eine Gegenwalze in der bekannten Vorrichtung mit aufgerauhter Abnahmewalze, von dem Patentschutz auszuschließen, weil er im Widerspruch stehe zu dem bekanntgemachten Inhalte der Anmeldung. Auch wenn der Beschwerdesenat bei der Annahme eines solchen Widerspruchs geirrt haben sollte, ist seine Entscheidung für den Verletzungsrichter gleichwohl bindend.

Die Befugnis des Reichspatentamts, den Umfang des Patentschutzes im Erteilungsverfahren festzulegen, soweit es dies im Hinblick auf die Unterlagen der Anmeldung oder den Stand der Technik für geboten erachtet, ergibt sich aus seiner Stellung als Erteilungsbehörde. Die Gegenüberstellung der Begriffe „Schutzgegenstand" und „Schutzumfang" bezeichnet keinen Gegensatz, sondern bringt nur zum Ausdruck, daß Umfang und Bedeutung einer Erfindung weiterreichen können als die Fassung des Patentanspruchs (RGZ. Bd. 142 S. 325). Wenn die Klägerin meint, dem Reichspatentamte komme bei der Bestimmung des Schutzumfanges keine „Präponderanz" im Verhältnis zu den ordentlichen Gerichten zu, so verkennt sie die Verschiedenheit der diesen Behörden durch die Rechtsordnung zugewiesenen Aufgaben. Als Grundlage der Auslegung hat der Verletzungsrichter das Patent so hinzunehmen, wie es erteilt worden ist. Der erklärte Wille der Erteilungsbehörde ist also in jedem Falle zu beachten. Hiervon geht auch das für die Auslegung von Patenten richtungweisende Urteil RGZ. Bd. 80 S. 54 aus, indem es den Grundsatz hervorhebt, daß der Anmelder im Zweifel den Schutz und nur den Schutz beanspruchen könne, der ihm nach dem Stande der Technik zur Zeit der Anmeldung gebühre, ohne daß es — abgesehen von unzweideutig erklärten Verzichten und absichtlich verfügten Einschränkungen — wesentlich darauf ankomme, ob ihm selbst oder der patenterteilenden Behörde der Stand der Technik vollständig bekannt gewesen sei. Damit ist nicht nur gesagt, daß die Auslegung der Behebung von Zweifeln über den Umfang des Patentschutzes dient, sondern auch, daß einschränkende Verfügungen des Patentamtes für den Verletzungsrichter verbindlich sind. Insbesondere kann danach ein einzelnes Merkmal außerhalb der patentierten Kombination keinen selbständigen Schutz genießen, wenn das Reichspatentamt diese Frage im Erteilungsverfahren geprüft und im ablehnenden Sinne entschieden hat (RGUrt. I 91/27 vom 28. Januar 1928 in JW. 1928 S. 1212 Nr. 12; Pietzcker PatG. Bem. 44 und 62 b zu § 4). Anderes kann auch nicht deshalb gelten, weil nach der Lage des Erteilungsverfahrens der Beschwerdesenat die Befugnis zu einer Erweiterung des Patentschutzes in der von ihm abgelehnten Richtung nicht mehr hatte (PatG. § 26).

Keinen Erfolg kann demgegenüber das Vorbringen der Klägerin haben, aus den Unterlagen in den Erteilungsakten könne nicht das Einverständnis des Anmelders mit der von dem Reichspatentamt gewollten Beschränkung des Patentschutzes gefolgert werden. Nach der Sitzungsniederschrift hat der Anmelder sich im voraus mit den Aenderungen der Unterlagen einverstanden erklärt, die der Beschwerdesenat für notwendig erachten sollte. Mit Recht hat der Beschwerdesenat in dieser Erklärung eine ausreichende Grundlage für die Erteilung des

Patentschutzes in beschränktem Umfange gesehen. Unerheblich ist, ob durch die in der Formel des Beschlusses festgelegten Aenderungen des Anspruchs und der Beschreibung der Beschränkungswille schon mit hinreichender Deutlichkeit zum Audruck kommt. Es genügt vielmehr, daß die Gründe des Beschlusses über die Grenzen, die das Reichspatentamt dem Patentschutz gezogen hat, sichere Auskunft geben (Pietzcker a. a. O. Bem. 62b zu § 4). Im Hinblick hierauf kommt es auch nicht darauf an, ob der Beschwerdesenat, wie die Klägerin geltend macht, der Erklärung des Anmelders eine ihr nicht zukommende Bedeutung beigelegt hat. Abgesehen davon, daß die Erklärung ihrem beurkundeten Wortlaute nach durchaus als im voraus erklärtes Einverständnis mit einer von dem Reichspatentamte für erforderlich erachteten Einschränkung des Patentschutzes aufgefaßt werden kann, würde dieser Angriff auch deshalb unbegründet sein, weil die Entscheidungen des Reichspatentamts zu ihrer Wirksamkeit keiner Ergänzung durch eine Willenserklärung des Anmelders bedürfen. Hiergegen läßt sich nicht die von der Klägerin angeführte Bemerkung von Krauße (PatG. 2. Auflage 7 C II 1 zu § 6) verwerten, die Verzichte des Anmelders und die einschränkenden Verfügungen des Patentamts seien nicht zwei selbständige Einschränkungstatsachen, sondern gehörten zusammen, weil dem Anmelder gegen seinen Willen kein Patent erteilt werde (vgl. auch Krauße in der Anmerkung zu dem Urteil des Reichsgerichts I 277/32 vom 1. April 1933 in MuW. 1933 S. 360 und in dem Aufsatze MuW. 1933 S. 166 II 2). Verfahrensrechtlich ist allerdings die ganze Anmeldung zurückzuweisen, wenn der Anmelder sich mit einer vom Reichspatentamte verlangten Beschränkung des Schutzbegehrens nicht einverstanden erklärt. Kommt er dem Aenderungsverlangen des Prüfers nach oder unterwirft er sich in dem Beschwerdeverfahren im voraus einer von dem Beschwerdesenat etwa für erforderlich erachteten Einschänkung des Patentschutzes, so wird hierin regelmäßig auch ein Verzicht des Anmelders gefunden werden können. Das ändert aber nichts daran, daß die den Patentschutz unzweideutig beschränkende Entscheidung des Reichspatentamts nicht nachträglich durch die Behauptung ihrer Bedeutung entkleidet werden kann, daß sie zu Unrecht das Einverständnis des Anmelders angenommen habe. Es bedarf deshalb nach der Rechtsprechung des Reichsgerichts (JW. 1928 S. 1212 Nr. 12; GRUR. 1932 S. 1178; RGZ. Bd. 153 S. 47, Bd. 159 S. 1 flg.) neben der Feststellung, daß das Reichspatentamt die Verwendung der Gegenwalze in der bekannten Vorrichtung mit aufgerauhter Abnahmewalze von dem Patentschutz ausgenommen habe, nicht noch der Feststellung, daß der Anmelder insoweit auf Patentschutz verzichtet habe.

Unbegründet ist hiernach auch die Rüge der Revision, der Berufungsrichter habe die Frage des Elementenschutzes der Gegenwalze prüfen müssen. Die Klägerin verkennt die dargelegte Bedeutung der

Entscheidung des Beschwerdesenats; denn danach ist der Patentschutz abgelehnt worden für die Verwendung einer Gegenwalze an Stelle eines Schabers bei den bekannten Vorrichtungen mit aufgerauhter Abnahmewalze. Der beanspruchte Elementenschutz wird hierdurch ausgeschlossen.

Die Revision muß daher als unbegründet zurückgewiesen werden.

RGZ. 166, 326

Welche Bedeutung hat es für den Umfang des Vorbenutzungsrechts, daß der Vorbenutzer sich im Besitz eines allgemeinen, über die vorbenutzte Ausführungsform hinausgehenden Erfindungsgedankens befunden hat, der dann einem anderen durch ein Patent geschützt worden ist?

Patentgesetz v. 5. Mai 1936 (RGBl. II S. 117) § 7. Patentgesetz v. 7. April 1891 (RGBl. S. 79) § 5.

I. Zivilsenat. Urt. v. 8. April 1941.

I. Landgericht Berlin. II. Kammergericht daselbst.

. . .

Aus den Gründen:

Auf das von der Beklagten in Anspruch genommene Vorbenutzungsrecht, das unter der Herrschaft des Patentgesetzes von 1891 entstanden ist, findet § 5 dieses Gesetzes Anwendung und nicht, wie das Kammergericht annimmt, § 7 des Patentgesetzes von 1936 (RGZ. Bd. 153 S. 321 [323/324]). Das ist aber für das Ergebnis ohne Bedeutung.

Das Kammergericht hat dem Klagepatent 655 690 folgende Lehre entnommen: Um einen Stellhebel für Lichtregler auf Theaterbühnen zu schaffen, der einfach und billig herzustellen und bequem zu bedienen ist, der weiter geringen Raumbedarf hat und der endlich die Seilscheibe in beiden Drehrichtungen zu drehen vermag, ist es erforderlich, eine einzige Seilscheibe zwei entgegengesetzt umlaufenden Triebscheiben zuzuordnen, die Triebscheiben mit gleichen Kuppelungsteilen zur abwechselnden Kuppelung mit der Seilscheibe auszurüsten und an der Seilscheibe einen umstellbaren Steuerhebel anzuordnen. — Das ist zwar ein allgemeinerer Gedanke als der im Patentanspruche dargestellte Gegenstand der Erfindung. Dieser hat innerhalb der eben beschriebenen Merkmalsvereinigung an die Stelle des allgemeinen Merkmals des umstellbaren Steuerhebels ein ganz bestimmtes Kuppelungsorgan gesetzt, das nach dem Stande der Technik bekannt war und das im Ausführungsbeispiel des Patents eingehend beschrieben ist. Der Gegenstand der Erfindung ist also enger als der Gedanke, den das Kammergericht dem Klagepatent entnommen hat. Der allgemeinere Gedanke ist aber in der Patentschrift unmißverständlich offenbart und enthält, worauf das Kammergericht mit Recht hinweist, gegenüber dem mehr ins einzelne gehenden Patentanspruch zugleich den erfinderischen Kern des Patents.

... Das Kammergericht findet den allgemeinen Erfindungsgedanken, den es dem Klagepatent entnimmt, schon in den beiden kleineren Bühnenstellwerken, dem Kipphebelmodell und dem Drehknopfmodell, verwirklicht, welche die Beklagte noch vor dem Stichtage des Klagepatents hat anfertigen und in ihrem Verkaufsraum aufstellen lassen. Dabei handele es sich, so führt das Kammergericht aus, um zwei in bezug auf die Kuppelungseinrichtung zwar verschiedene, im Rechtssinn aber gleichwertige Ausführungsformen dieses Gedankens, wobei das Drehknopfmodell einen Drehknebel ohne zwangsläufige Zurückziehung der Kuppelrollen beim Entkuppeln, das Kipphebelmodell auch das zwangsläufige Zurückziehen der Kuppelrollen beim Entkuppeln zeige. Die Beklagte habe den allgemeinen Erfindungsgedanken auch in vollem Umfang erkannt gehabt. In dem allem tritt entgegen dem Revisionsangriff kein Rechtsirrtum zutage. ... (Wird ausgeführt.)

... Danach ist es rechtlich nicht zu beanstanden, wenn das Kammergericht angenommen hat, die Beklagte sei infolge der Vorbenutzungshandlungen im Erfindungsbesitze des vom Klagepatent offenbarten allgemeineren Erfindungsgedankens gewesen. Wenn die Beklagte, was unstreitig ist, noch vor dem Stichtage des Klagepatents die beiden Bühnenstellwerke, die sie angefertigt hatte und die für kleinere Bühnen brauchbar waren, in ihrem mit Vorführungseinrichtungen versehenen Verkaufsraume für die Kundschaft aufgestellt hatte und eines von ihnen bis heute in diesem Raume belassen hat, so liegt rechtlich bereits ein Feilhalten, also ein In-Benutzung-nehmen der Erfindung i. S. des § 5 des alten Patentgesetzes vor. Es kommt deswegen auf die Angriffe nicht an, welche die Revision gegen die Annahme des Kammergerichts richtet, die Beklagte habe vor dem Stichtage jedenfalls die zur Benutzung ihrer Erfindung erforderlichen Veranstaltungen getroffen. Uebrigens würden diese Angriffe auch dann scheitern, wenn man eine Benutzung der Erfindung ablehnen und nur Veranstaltungen zu ihrer Benutzung annehmen wollte. Das Kammergericht macht sich insoweit die ausführlichen Darlegungen des Landgerichts zu eigen, die keinen Rechtsirrtum erkennen lassen. Dabei wird klar ersichtlich, daß es sich des Erfordernisses bewußt war, es müsse die niemals unterbrochene Absicht bestanden haben, die Erfindung sofort, d. h. alsbald (RGZ. Bd. 158 S. 293), auszuführen. Entscheidend war, daß es sich nicht um einen reihenmäßig herzustellenden Massenartikel handelte und daß die Beklagte alles getan hatte, um die nach Lage der Sache allein zu erwartenden, verhältnismäßig seltenen Einzelaufträge befriedigen zu können. Der Umstand, daß der Beklagten später noch eine patentwürdige Verbesserung ihrer Erfindung gelang, brauchte das Kammergericht zu keiner anderen Beweiswürdigung zu veranlassen.

Ist danach ohne Rechtsirrtum festgestellt, daß die Beklagte vor dem Stichtage des Klagepatents im Besitze des im Klagepatent offenbarten allgemeinen Erfindungsgedankens war und ihn benutzt oder doch ausreichende Veranstaltungen zu seiner Benutzung getroffen hatte, so folgt daraus, daß ihr Vorbenutzungsrecht nicht auf diejenigen Ausführungsformen beschränkt ist, in denen sie vor dem Stichtage des Klagepatents jenen allgemeinen Gedanken verwirklicht hatte. Ihr stehen vielmehr grundsätzlich alle Abwandelungen zur Verfügung, in denen dieser allgemeine Gedanke noch in Erscheinung tritt. Sie darf ihn, ohne dadurch aus dem Vorbenutzungsrecht herauszutreten, ebenso abwandeln, weiterentwickeln, ja selbst erfinderisch fortbilden, wie es auch sonst im Patentrechte dem Inhaber eines geschützten allgemeinen Erfindungsgedankens erlaubt ist. Das ist in der Rechtsprechung des Reichsgerichts (PMZBl. 1911 S. 289 [291] und GRUR. 1937 S. 367 [369]) ausdrücklich anerkannt worden. Für diejenige rechtliche Betrachtungsweise, die den Schutzumfang durch die Rechtsbegriffe des Gleichwertes zu bestimmen versucht, ergibt sich daraus, daß das Vorbenutzungsrecht an einem allgemeinen Erfindungsgedanken grundsätzlich nicht nur die glatten, sondern auch die patentrechtlichen Gleichwerte dieses Gedankens, also seine Gleichwerte schlechthin, umfaßt. Soweit demgegenüber aus einzelnen von der Revision angeführten Entscheidungen, z. B. aus RGZ. Bd. 133 S. 380 und GRUR. 1935 S. 157 (161), der Satz sollte entnommen werden können, daß auch in einem solchen Falle dem Vorbenutzungsrecht nur die glatten Gleichwerte seiner Erfindung offenstünden, so wird daran nicht festgehalten. Gleichwohl sind auch dem Inhaber eines Vorbenutzungsrechts an einem allgemeinen Erfindungsgedanken dann gewisse Schranken in der beliebigen Ausführung dieses Gedankens gesetzt, wenn, wie es im gegenwärtigen Rechtsstreite der Fall ist, einem anderen auf gewisse Ausführungsformen des allgemeinen Erfindungsgedankens ein Patent erteilt ist, das zugleich jene allgemeine Lehre offenbart. Die Rechtsprechung hat dazu ursprünglich (PMZBl. 1911 S. 291) den Standpunkt eingenommen, in einem solchen Falle seien vom Vorbenutzungsrecht nur diejenigen vom Patente gezeigten Ausführungsformen des allgemeinen Gedankens ausgenommen, die ihm gegenüber erfinderisch seien. Das entsprach den allgemeinen patentrechtlichen Grundsätzen über das Verhältnis zeitlich früherer und späterer Offenbarungen desselben Erfindungsgedankens. Später hat sich jedoch eine gefestigte, beispielsweise in RGZ. Bd. 133 S. 380 zum Ausdruck gelangte Rechtsprechung dahin gebildet, in einem solchen Falle seien alle gerade dem Patent eigentümlichen vorteilhaften Ausführungsformen des allgemeinen Gedankens vom Vorbenutzungsrecht ausgenommen, gleichgültig, ob sie diesem gegenüber erfinderisch seien oder nicht. Darin kam die Tatsache zum Ausdruck, daß das Patent dem Vorbenutzungsrecht gegenüber ein stärkeres Recht ist. Das Vorbenutzungsrecht wirkt nur gegenüber dem Patentinhaber; seine Lehre ist nicht ausdrücklich offenbart und hat daher die Technik in ihrer Allgemeinheit nicht bereichert. Das Patent wirkt gegenüber jedermann; seine Lehre ist ausdrücklich offenbart und hat dadurch die Technik bereichert.

Im vorliegenden Falle kommt es auf diese Unterscheidung nicht einmal an. Denn die angegriffene Form der Beklagten macht, wie das Kammergericht mit Recht angenommen hat, noch nicht einmal von einer dem Klagepatent eigentümlichen Ausführungsform des ihm und dem Vorbenutzungsrecht gemeinsamen allgemeinen Erfindungsgedankens Gebrauch. . . . (Wird ausgeführt.)

Endlich läßt sich rechtlich nicht bestreiten, daß die angegriffene Form eine in bezug auf die Kuppelungseinrichtung erfinderische Fortbildung des in den vorbenutzten Formen verwirklichten allgemeinen Erfindungsgedankens ist, ohne daß sie dabei aus diesem Erfindungsgedanken heraustritt. Sie fällt also, da sie gleichzeitig keine dem Klagepatent eigentümlichen Ausführungsformen benutzt, in den oben gekennzeichneten Bereich des Vorbenutzungsrechts. Da im vorliegenden Falle nicht nur die glatten, sondern sämtliche Gleichwerte des vorbenutzten Gedankens mit Ausnahme der dem Klagepatente vorbehaltenen in diesen Bereich fallen, kommt es auf die Erwägungen des angefochtenen Urteils darüber nicht mehr an, in welchem Sinne die angegriffene Form den vorbenutzten Formen gleichwertig sei. Da sie sich ihnen gegenüber als erfinderische Fortbildung kennzeichnet, könnte sie kaum als glatter Gleichwert angesehen werden.

RGZ. 167, 339

1. Wie weit ist im Verletzungsstreit bei völliger Vorwegnahme der Erfindung ein Patent einzuschränken, dessen Erfindungsgegenstand weiter ist als die beschriebenen Ausführungsbeispiele?

2. Ist eine an sich offenkundige Vorbenutzung einer Erfindung um deswillen nicht neuheitsschädlich, weil sie unter Bruch einer Geheimhaltungspflicht oder unter Ausnutzung eines solchen Bruches geschehen ist?

3. Wird eine Vorbenutzung der Erfindung, die der Erfinder gegenüber Geheimhaltungspflichtigen vornimmt, nachträglich dadurch offenkundig, daß der Erfinder später die Verpflichteten von der Schweigepflicht entbindet und diese nun die Erfindung preisgeben?

Patentgesetz §§ 2, 6, 47.

I. Zivilsenat. Urt. v. 7. Oktober 1941.

I. Landgericht Berlin. II. Kammergericht daselbst.

Der Kläger hat sich am 11. Juni 1929 und am 30. Mai 1930 die Gebrauchsmuster 1 079 650 und 1 126 485 eintragen lassen, die nach 6jähriger Dauer abgelaufen sind. Sie betreffen Etuis für Brillen, Kneifer oder dergleichen aus Kunsthorn, Zelluloid oder ähnlichen Werkstoffen und sind im wesentlichen dadurch gekennzeichnet, daß die einzelnen Schalenteile einschließlich der Scharnierhaltungen und Versteifungsleisten aus einem Stück gebogen sind. Zur Herstellung dieser Etuiteile benutzte der Kläger schon seit 1930 in seinem Betriebe besondere Preßformen, die geheimgehalten wurden. Mit Wirkung vom 9. Januar 1935 wurde dem Kläger das am 19. August 1937 bekanntgemachte Patent 649 736 erteilt, das eine Preßform zum Herstellen schalenähnlicher Etuiteile aus Zelluloid zum Gegenstand hat. Die drei Patentansprüche lauten folgendermaßen:

1. Preßform zum Herstellen schalenähnlicher Etuiteile aus Zelluloid mit Scharnieraugen aus einem Stück, dadurch gekennzeichnet, daß der den vorgezogenen Etuiteil mit einem in seinem Hohlraum befindlichen festen Kern aufnehmende Formteil mit einer Anrollvorrichtung für die Scharnieraugen versehen ist.

2. Preßform nach Anspruch 1, dadurch gekennzeichnet, daß die Anrollvorrichtung für die Scharnieraugen aus einer am Formteil drehbaren Klappe besteht.

3. Preßform nach Anspruch 1, dadurch gekennzeichnet, daß der Formteil und der Kern derart ausgebildet sind, daß beim Schließen der Form am Rande des Etuiteils eine nach innen vorstehende Versteifungsleiste entsteht.

Die Beklagte hat seit Juni 1936, also seit dem Erlöschen des zweiten Gebrauchsmusters des Klägers Etuiteile aus Zelluloid hergestellt und sich dabei folgender Preßformen mit Kern bedient: Die Form für den Etuioberteil weist eine aus einer drehbaren Klappe bestehende Anrollvorrichtung für das Scharnierauge des Oberteils auf. Die Form für den Etuiunterteil hat keine Anrollvorrichtung für das Scharnierauge des Unterteils, ist aber so ausgebildet, daß am Rande des unteren Etuiteiles eine nach innen vorstehende Versteifungsleiste entsteht. Das Scharnierauge des Oberteils und die Versteifungsleiste des Unterteils werden durch diese Werkzeuge jeweils aus einem Stück mit dem betreffenden Etuischalenteil hergestellt, und zwar in einem Arbeitsgange. Das Scharnierauge des Unterteils wird eingenietet.

Die von der Beklagten seit Juni 1936 benutzten Preßformen stammen von dem Fabrikanten G. in R., für den sie ein früherer Betriebsingenieur des Klägers, L., im Jahre 1932 hergestellt hat. Im Jahre 1933 hatte die Beklagte mit ihnen zeitweilig für G. Etuis hergestellt. Anfang 1936 hat ihr G. die Werkzeuge verkauft und übergeben.

Nach Meinung des Klägers verletzt die Beklagte durch die Benutzung der Preßformen schuldhaft sein Patent. Dabei sei es unerheblich, daß die Form für den Etuiunterteil keine Anrollvorrichtung für das Scharnierauge habe. Er klagt daher auf Unterlassung, Auskunfterteilung und Feststellung der Schadensersatzpflicht.

Die Beklagte beantragt Klageabweisung. Sie bestreitet ein Verschulden, verweist auf die französische Patentschrift 502 774 und macht insbesondere geltend, das Klagepatent sei um deswillen auf sein unmittelbares Ausführungsbeispiel, das eine Anrollvorrichtung für das Scharnierauge am Etuiober- u n d -unterteil notwendig einschließe, zu beschränken, weil die von ihr, der Beklagten, benutzten Preßformen vor der Anmeldung des Streitpatents dadurch offenkundig vorbenutzt worden seien, daß der Ingenieur L., der damals nicht mehr zur Geheimhaltung verpflichtet gewesen sei, in der Zeit von 1931 bis 1933 derartige Werkzeuge teils selbst gewerblich benutzt, teils ohne Geheimhaltungspflicht an die Firma F. in T., an den Fabrikanten G. in R. oder die Firma Go. in R. und an die Firma M. in L. geliefert und außerdem von Lichtbildern begleitete schriftliche Angebote zur Herstellung solcher Werkzeuge an verschiedene weitere Gewerbetreibende gesandt habe und weil mindestens die Firmen F. und G. auch ihrerseits mit den Preßformen ohne Geheimhaltung Etuis hergestellt und vertrieben hätten. Der Kläger habe sein Patent viel zu spät angemeldet.

Der Kläger ist dem entgegengetreten und hat ausgeführt, L. sei auch noch nach seinem Ausscheiden bei ihm vertraglich zur Geheimhaltung verpflichtet gewesen. F. und G. hätten ihn in sittenwidriger Weise zur Preisgabe des Geheimnisses bestimmt; sie hätten selbst nur im geheimen gearbeitet, weil sie durch die Benutzung der Werkzeuge die Gebrauchsmuster des Klägers verletzt hätten und die Mitbewerber hätten fernhalten wollen. An M. seien die Werkzeuge nur zur Sicherheit übereignet worden; er, der Kläger, habe schon in den Jahren 1932 und 1933 gegen L., F. und G. obsiegende Urteile auf Grund der Gebrauchsmuster erstritten und im Verlaufe des Rechtsstreits gegen G. den von G. als Sachverständigen mitgebrachten Inhaber der Beklagten darauf hingewiesen, daß die Preßformen seine Erfindung seien und gegen seinen Willen nicht benutzt werden dürften. Er bezieht sich weiter auf das Verfahren und das Urteil des Reichspatentamtes in der von der Firma F. wegen des Streitpatents angestrengten Nichtigkeitsklage. Hier hatte der Nichtigkeitssenat des Reichspatentamtes am 20. Oktober 1938 die auf denselben Sachverhalt gestützte Nichtigkeitsklage im wesentlichen um deswillen abgewiesen, weil L. unter Bruch einer Geheimhaltungspflicht gehandelt habe, seine etwaigen Vorbenutzungen daher nicht offenkundig gewesen seien.

Das Landgericht hat Zeugen vernommen und nach den Klageanträgen erkannt. Es nimmt an, die etwaigen Vorbenutzungshandlungen L.s seien wenigstens uner den hier gegebenen Voraussetzungen um deswillen nicht offenkundig, weil L. dadurch seine Geheimhaltungspflicht verletzt habe. Ein solcher Grundsatz könne allerdings nicht allgemein, sondern nur mit Einschränkungen gelten. Sonstige offenkundige Vorbenutzungen seien nicht nachgewiesen. Auf die Berufung der Beklagten hat das Kammergericht die Klage abgewiesen. Es nimmt an, in dem Verhalten des L. liege eine offenkundige Vorbenutzung. Diese sei allerdings unter Bruch einer Geheimhaltungspflicht geschehen; das könne jedoch grundsätzlich ihre Offenkundigkeit nicht in Frage stellen. Auch F., G. und M. hätten die Preßformen offenkundig vorbenutzt.

Zur Frage der offenkundigen Vorbenutzung des L. hält das Kammergericht folgenden Sachverhalt für erwiesen. L. war vom 1. April 1930 bis zum 31. März 1931 Betriebsingenieur bei dem Kläger. Ihm ist vertraglich bindend, und zwar auch für die Zeit nach seinem Ausscheiden aus dem Betrieb, eine Geheimhaltungspflicht in bezug auf die Preßformen auferlegt worden. Trotzdem und trotz der von dem Kläger gegen ihn, F. und G. erstrittenen Urteile stellte er in den Jahren 1931 bis 1933 selbst Etuis mit derartigen Werkzeugen her, lieferte im Jahre 1931 einen Werkzeugsatz an F., der ihn allerdings wegen unsauberer Arbeit nicht abnahm, sondern sich nach diesem Muster von anderer Seite die Werkzeuge herstellen ließ und damit arbeitete. Weiter lieferte er im Jahre 1932 vier Werkzeugsätze an G. oder die Go., die damit zunächst L. für sich arbeiten ließ, dann aber die Formen selbst übernahm und benutzte. Endlich stellte er im Jahre 1933 einen Werkzeugsatz für die Firma M. in L. her, benutzte ihn zunächst für Rechnung dieser Firma, übereignete ihn dann aber an M. In allen diesen Fällen hat sich L. keine Geheimhaltung ausbedungen.

Die Revision des Klägers führte zur Aufhebung des Berufungsurteils und in einem Teile zur Wiederherstellung des Landgerichtsurteils, im übrigen zur Zurückverweisung.

Gründe:

I. Das Kammergericht hält zwei Preßformen für offenkundig vorbenutzt: Die Form für den Etuioberteil mit Kern und Anrollvorrichtung (in Gestalt einer drehbaren Klappe) für das Scharnierauge und die Form für den Etuiunterteil mit einem derartig ausgebildeten Kern, daß beim Schließen der Form die Versteifungsleiste entsteht. Daraus folgert es ohne nähere Begründung, der Schutzbereich des Streitpatents könne sich auf die angegriffenen Formen, die mit den vorbenutzten übereinstimmen, nicht erstrecken. Die Klagebeantwortung hatte dazu ausgeführt, wegen der offenkundigen Vorbenutzung müsse der Schutzbereich des Streitpatentes auf das im Anspruch 1 gekennzeichnete Ausführungsbeispiel eingeschränkt werden, bei dem in beiden Formteilen, oben und unten, Anrollvorrichtungen für die Scharnieraugen vorgesehen seien. Das ist offenbar auch die Auffassung des Kammergerichts. Denn ein Rechtssatz des Inhalts, daß offenkundige Vorbenutzungen als solche ohne alle Rücksicht auf einen später erteilten Patentschutz auf jeden Fall gemeinfrei würden, besteht nicht.

So wie der Schutz im Streitpatent gestaltet ist, treffen jedoch die vom Kammergericht gezogenen Folgerungen auch dann nicht, wenigstens nicht in vollem Umfange, zu, wenn man mit dem Vorderrichter unterstellt, die beiden oben bezeichneten Preßformen seien offenkundig vorbenutzt gewesen. Es handelt sich dann um den Fall des vollkommen oder fast vollkommen vorweggenommenen Patentes im Sinne von RGZ. Bd. 140 S. 366 und Bd. 157 S. 154. Hier gilt der Satz, bei völliger Vorwegnahme sei der Schutzbereich des erteilten Patentes streng auf den mit dem beschriebenen Ausführungsbeispiel zusammenfallenden Gegenstand der Erfindung zu beschränken, und zwar unter Ausschluß selbst der glatten Gleichwerte. Die Frage, wieweit einzuschränken sei, wenn der Gegenstand der Erfindung weiter ist als das Ausführungsbeispiel, ist in diesen Urteilen noch offen geblieben. Sie ist jedoch im vorliegenden Fall dahin zu entscheiden, daß dann lediglich auf den Gegenstand der Erfindung einzuschränken ist, der allerdings, wenn die Patentschrift insoweit Raum zur Auslegung läßt, so eng als möglich ausgelegt werden muß, und zwar unter Ausschluß selbst der glatten Gleichwerte. Denn innerhalb des Widerstreis zwischen der Achtung vor dem erteilten Schutzrecht und seiner nunmehr aufgedeckten tatsächlichen Patentunwürdigkeit läßt es sich zwar rechtfertigen, den Schutz auf die im Patent enthaltene Lehre zum technischen Handeln in ihrer engsten Form zu beschränken. Immerhin muß aber, wenn man nicht zu einem rein zufälligen und nur den Schein eines Rechts übriglassenden Ergebnis kommen will, diese Lehre selbst noch geschützt bleiben, und nicht nur eine ihrer beispielsweisen Veranschaulichungen, die mehr oder minder zufällig aus einer vielleicht großen Zahl von möglichen Verwirklichungen herausgegriffen ist.

Im Anspruch 1 des Streitpatentes ist ein Werkzeug geschützt, und zwar eine Preßform, die schalenähnliche Etui t e i l e aus Zelluloid mit Scharnieraugen aus einem Stück und in einem Arbeitsgange herstellen soll. Die den Inhalt des Anspruchs ausmachende Lehre zum technischen Handeln geht dahin, eine derartige aus Formteil und Kern bestehende Preßform so auszubilden, daß der Formteil den vorgezogenen Etuiteil mit einem in seinem Hohlraum befindlichen festen Kern aufnimmt und zugleich eine Anrollvorrichtung für das Scharnierauge enthält. Das ist der Gegenstand der Erfindung, wie er auch in der Patentbeschreibung hervortritt. Diese Lehre wird an zwei Ausführungsbeispielen veranschaulicht, von denen die Patentbeschreibung ausdrücklich sagt, daß sie den Gegenstand der Erfindung in zwei Ausführungsformen beispielsweise darstellen. Das eine bezieht sich auf eine Preßform für den Etuiunterteil, bei der die Anrollvorrichtung in einer bestimmten und aufeinander abgestimmten räumlichen Gestaltung von Formteil und Kern besteht, das andere auf eine Preßform für einen Etuioberteil, bei der die Anrollvorrichtung aus einer am Formteil drehbaren (im Unteranspruch 2 besonders geschützten) Klappe besteht. Gerade das beweist, daß der Erfindungsgedanke des Anspruchs 1, der diese beiden unter sich verschiedenen Ausführungsformen in sich begreift, weiter ist. Auch kann keine Rede davon sein, daß der Anspruch 1 die Lehre unter

Schutz stellte, eine Preßform, wie sie dort beschrieben ist, sowohl für den Unterteil wie für den Oberteil eines Euis aus Zelluloid zu verwenden. Er schützt vielmehr nur, aber auch schon den Gedanken, eine Preßform, die zum Herstellen beliebiger schalenähnlicher Etui t e i l e geeignet ist, mit den dort angegebenen Merkmalen auszubilden, die allgemeiner sind als die besonderen Merkmale der Ausführungsbeispiele. Soweit der Anspruch durch die Aufnahme der Bezugszeichen auf die Ausführungsbeispiele verweist, dient das nur dem Zwecke der Verdeutlichung, ändert aber nichts an dem sachlichen Inhalt seiner Lehre. Diese Lehre läßt, wenn man im Rahmen des Gegenstandes der Erfindung bleiben will, im vorliegenden Fall eine noch engere Auslegung nicht zu. Man würde sonst in den Bereich der reinen Ausführungsbeispiele gelangen, von denen die Patentschrift zufälligerweise zwei offenbart.

Der Gegenstand der Erfindung des Anspruchs 1 ist allerdings in vollem Umfange vorweggenommen, wenn man davon ausgehen muß, daß eine Preßform mit Formteil und Kern und einer aus einer drehbaren Klappe bestehenden Anrollvorrichtung für das Scharnierauge für einen Etuioberteil offenkundig vorbenutzt war, da eine derartige Form in ihrer an sich zufälligen Ausprägung auch schon den Gedanken des Anspruchs 1 offenbarte. Das kann aber nach den oben dargelegten Grundsätzen nicht dazu führen, diesen Anspruch noch unter seinen Erfindungsgegenstand hinunter einzuschränken. Zugleich hat das zur Folge, daß für diejenige der angegriffenen Preßformen, die sich auf den Etuioberteil bezieht, die gegenständliche Patentverletzung auf jeden Fall feststeht und der Unterlassungsanspruch insoweit begründet ist, da die Wiederholungsgefahr unstreitig ist. Diese Rechtsfolge kann das Reichsgericht von sich aus aussprechen. Für die auf diese Form bezüglichen Klageansprüche auf Auskunfterteilung und Feststellung der Schadensersatzpflicht bedarf jedoch die Frage des Verschuldens erst noch erneuter tatrichterlicher Nachprüfung.

Soweit sich die Klageanträge auf Unterlassung, Auskunfterteilung und Feststellung der Schadensersatzpflicht auf die angegriffene Preßform für den Etuiunterteil beziehen, wird in Wirklichkeit Schutz für einen allgemeineren Erfindungsgedanken begehrt. Von dem Gegenstande der Erfindung des Anspruchs 1 macht diese Form keinen Gebrauch, weil sie keine Anrollvorrichtung für die Scharnieraugen enthält. Deswegen macht sie auch von dem Gegenstande der Erfindung des Anspruchs 3 keinen Gebrauch, weil sich dieser Anspruch als Unteranspruch auf den Hauptanspruch 1 zurückbezieht, also eine Preßform betrifft, die sowohl eine Anrollvorrichtung für die Scharnieraugen wie eine Ausbildungsvorrichtung für die Versteifungsleiste vorsieht. Der Gedanke, eine aus Formteil und Kern bestehende Preßform lediglich so auszubilden, daß eine Versteifungsleiste entsteht, ist mithin allgemeiner und müßte, um Schutz genießen zu können, gegenüber dem Stande der

Technik seinerseits neu, fortschrittlich und erfinderisch sein. Das wäre er nicht, wenn die vorbenutzten Formen offenkundig vorbenutzt gewesen wären. Daher ist die angefochtene Entscheidung nunmehr in diesem Punkte rechtlich nachzuprüfen.

II. Das Kammergericht nimmt an, L. habe die Preßformen jedenfalls durch Herstellung und Lieferung an F., G. und M. in einer an sich offenkundigen Weise vorbenutzt; auch F., G. und M. hätten „offensichtlich" diese Werkzeuge offenkundig vorbenutzt. Zwar habe L. dadurch eine Geheimhaltungspflicht verletzt, die ihm der Kläger durch Vertrag bindend auch für die Zeit nach dem Ausscheiden aus seinem Betrieb auferlegt habe; das könne aber eine an sich offenkundige Vorbenutzung nicht zur geheimen machen; die Offenkundigkeit im Sinne des § 2 PatG. sei eine rein gegenständlich zu ermittelnde Tatsache; jede Ausnahme von diesem Grundsatze müsse zu einer verwirrenden Verkehrsunsicherheit führen. Damit weicht das Kammergericht bewußt von der gegenteiligen Rechtsansicht des Landgerichts und des Nichtigkeitssenats des Reichspatentamtes ab. Eine Auseinandersetzung mit der bisherigen Rechtsprechung des Reichgerichts im einzelnen vermeidet es, weil diese uneinheitlich sei und den vorliegenden Fall nicht genau treffe.

Gegen die Annahme, daß L. unter Bruch einer fortwirkenden Geheimhaltungspflicht gehandelt habe, bestehen keine rechtlichen Bedenken. Wohl aber bestehen solche gegen die Annahme, daß die Vorbenutzungshandlungen L.s, F.s, G.s und M.s an sich offenkundig waren. Doch soll von diesen später zu erörternden Bedenken, über die das Reichsgericht keine endgültige Entscheidung treffen kann, zunächst abgesehen und die Untersuchung auf die Frage beschränkt werden, ob und in welchem Umfange der Umstand, daß L. unter Bruch einer Geheimhaltungspflicht handelte, eine sonst vorhandene offenkundige Vorbenutzung unschädlich gemacht hätte. Dabei ist im Revisionsverfahren weiter zu beachten, daß die Behauptungen des Klägers noch offen sind, mindestens F. und G. oder die Go. hätten bei Bestellung und Empfangnahme der Werkzeuge von L. sittenwidrig gehandelt, weil sie von vornherein gewußt hätten, daß sie die Werkzeuge nicht benutzen könnten, ohne die Gebrauchsmuster des Klägers zu verletzen, und weil sie L. zum Bruch seiner etwaigen Geheimhaltungspflicht gedrängt hätten.

Der Senat hat sich in der entscheidenden Rechtsfrage im Ergebnis dem Kammergericht angeschlossen. Dabei ist von vornherein festzuhalten, daß es auf diese Frage nur bei einer solchen Preisgabe der Erfindung ausschlaggebend ankommt, die an sich neuheitsschädlich sein kann, also bei der offenkundigen Vorbenutzung und der druckschriftlichen Vorveröffentlichung, nicht aber bei einer solchen Erfindungspreisgabe, die von vornherein nicht neuheitsschädlich im Sinne des § 2 PatG. ist, weil sie weder eine offenkundige Vorbenutzung noch eine druckschriftliche Vorveröffentlichung ist, z. B. bei einer bloßen und sei es auch noch so genauen mündlichen Mitteilung über die Erfindung. Was nun die offenkundige Vorbenutzung angeht, so trifft es zu und ist in den Erörterungen des Schrifttums, die das Kammergericht anführt (GRUR. 1936 S. 707 flg., 1937 S. 17 flg., S. 761 flg., 1938 S. 292 flg.), ebenfalls herausgearbeitet, daß die Frage nur dann klar gestellt wird, wenn man die Personenkreise genau scheidet, zwischen denen jeweils die Vorbenutzungshandlungen sich abspielen und die zur Geheimhaltung verpflichtenden Bindungen bestehen. Zu unterscheiden sind Vorbenutzungshandlungen zwischen Erfinder oder Erfindungsbesitzer und Geheimhaltungspflichtigen, Vorbenutzungshandlungen zwischen Geheimhaltungspflichtigen und Dritten und Vorbenutzungshandlungen dieser Dritten. Wenn der Erfinder oder Erfindungsbesitzer die Erfindung in der Form der Vorbenutzung Geheimhaltungspflichtigen preisgibt, so ist das, wie allgemein anerkannt ist, von besonders gearteten Grenzfällen abgesehen, an sich keine offenkundige Vorbenutzung. Hier erhebt sich jedoch die Frage, ob diese Vorbenutzung des Erfinders oder Erfindungsbesitzers dann offenkundig wird, wenn die Geheimhaltungspflichtigen nachträglich ihrerseits die Erfindung, z. B. in der Form der Vorbenutzung, an Dritte preisgeben, mögen sie dazu schon in dem Augenblick entschlossen gewesen sein, in dem ihnen der Erfinder die Kenntnis der Erfindung vermittelte, oder mögen sie sich erst später dazu entschlossen haben und mögen sie bei dieser nachträglichen Preisgabe ihrerseits unbefugt, unter Bruch der fortwirkenden Geheimhaltungspflicht, oder befugt, beispielsweise mit nachträglich erteilter Einwiligung des Erfinders, gehandelt haben. Damit befaßt sich ein Teil der reichsgerichtlichen Entscheidungen, die für den allgemeinen Satz: „Bruch der Geheimhaltungspflicht hindert die Offenkundigkeit“ in Anspruch genommen werden. Davon verschieden ist die Frage, die im vorliegenden Falle die Hauptrolle spielt, ob die Vorbenutzungshandlungen Geheimhaltungspflichtiger gegenüber Dritten um deswillen nicht offenkundig (besser: nicht neuheitsschädlich) seien, weil sie unter Bruch einer Geheimhaltungspflicht geschehen. Davon unterscheidet sich endlich wiederum die Frage, ob selbständige, an sich offenkundige Vorbenutzungshandlungen dieser Dritten um deswillen nicht als neuheitsschädlich zu bewerten seien, weil die Dritten die Kenntnis der Erfindung durch Bruch der Geheimhaltungspflicht des Verpflichteten erlangt haben, und ob es dabei einen Unterschied macht, ob sie selbst gutgläubig oder bösgläubig waren, ob ihr Erfindungsbesitz redlich oder unredlich oder sittenwidrig ist und ob sie etwa selbst gegen eine Geheimhaltungspflicht verstoßen, wenn sie die Erfindung weitergeben.

Betrachtet man im Lichte dieser Fragestellungen die bisherige Rechtsprechung des Reichsgerichts, so ergibt sich folgendes: Für das Verhältnis zwischen Erfinder oder Erfindungsbesitzer und Geheimhaltungspflichtigen geht die Entwicklung der Rechtsprechung dahin, daß eine Vorbenutzungshandlung des Erfinders gegenüber Geheimhaltungspflichtigen nicht dadurch offenkundig wird, daß der (ursprünglich oder fortdauernd) Geheimhaltungspflichtige später die Erfindung auf irgendeine Weise preisgibt (RGZ. Bd. 101 S. 38, Bd. 122 S. 246). Aus der älteren Rechtsprechung, die das Erläuterungsbuch von Pietzcker (Kommentar zum Patentgesetz usw. in Bem. 30 Abs. 2 zu § 2) anführt, hat man gefolgert, es sei für den Fall eine Ausnahme zu machen, daß der Erfinder den Verpflichteten nachträglich von seiner Schweigepflicht entbinde und dieser nun die Erfindung preisgebe. Ein solcher Grundsatz kann jedoch, wenn überhaupt, höchstens der ersten der dort genannten Entscheidungen (Blatt für Patent-, Muster- und Zeichenwesen — Bl. — 1897 S. 207), nicht aber der zweiten (GRUR. 1901 S. 150 Nr. 3 = Bl. 1901 S. 12) entnommen werden und ist jedenfalls mit der neueren Rechtsprechung des Reichsgerichts nicht mehr vereinbar. Vgl. auch Pietzcker Bem. 36 Nr. 3 zu § 2.

Was die Frage angeht, ob eine selbständige Vorbenutzungshandlung des Geheimhaltungspflichtigen um deswillen nicht als neuheitsschädlich anzusehen sei, weil sie unter Bruch der Geheimhaltungspflicht geschah, so beruft sich Pietzcker (a. a. O.) in Bem. 28 zu § 2 für den von ihm angenommenen allgemeinen Satz, daß Bruch der Geheimhaltungspflicht eine schädliche Vorwegnahme nicht begründen könne, zunächst auf die Entscheidungen Bl. 7 (1901) S. 12 flg. und Bl. 20 (1914) S. 276 flg. Jedoch zu Unrecht. Ein Satz dieses Inhalts läßt sich den beiden Entscheidungen nicht entnehmen. Die erste geht vielmehr offenbar davon aus, daß der früher Geheimhaltungspflichtige in dem Zeitpunkt, in dem er die Erfindung preisgab, nicht mehr geheimhaltungspflichtig war, und die zweite erörtert die Frage der Geheimhaltungspflicht nur unter dem Gesichtspunkt, ob es danach wahrscheinlich sei, daß dritte Personen von dem geschützten Gegenstand der Erfindung überhaupt hätten Kenntnis erlangen können.

Eine Entscheidung aus dem Jahre 1913 (MuW. 1913 S. 145/146) nimmt noch klar den gegenteiligen Standpunkt ein, daß der etwaige Bruch einer Geheimhaltungspflicht die Offenkundigkeit einer Vorbenutzungshandlung nicht hindere. — Erst in der unveröffentlichten Entscheidung I 79/20 vom 6. November 1920, besprochen von Pietzcker (a. a. O.) in Bem. 30 (S. 177) zu § 2, findet sich bei der Erörterung einer behaupteten offenkundigen Vorbenutzung der nicht weiter begründete allgemeine Satz: „Mitteilungen, die lediglich infolge Vertrauensbruchs in die Außenwelt gelangen, sind nicht geeignet, das Merkmal der Offenkundigkeit zu begründen." Ob damit jedoch gesagt werden sollte, daß die Vorbenutzungshandlungen eines Geheimhaltungspflichtigen um deswillen nicht neuheitsschädlich seien, weil sie unter Bruch einer Geheimhaltungspflicht geschehen seien, ist sehr zweifelhaft. Es handelte sich darum, daß Marineingenieure und Marineoffiziere über das, was sie in einer Flugzeugfabrik gesehen hatten, im Kameradenkreise gesprochen haben sollten. Dazu wird erwogen, es sei nicht nachgewiesen, daß die Personen, die Kenntnis erlangt hätten, von jeder Schweigepflicht befreit gewesen seien. Ueberdies handelte es sich um mündliche Mitteilungen über Wahrnehmungen, die an sich nicht neuheitsschädlich sein konnten, nicht um Vorbenutzungshandlungen.

Auch die Entscheidung RGZ. Bd. 101 S. 36 (38) aus dem Jahre 1920 enthält in Wirklichkeit keinen klaren Grundsatz der gedachten Art. Sie wirft lediglich die Frage auf, brauchte sie aber nicht zu entscheiden, ob schon durch die unbefugte Mitteilung des Geheimhaltungspflichtigen ein Inverkehrbringen des körperlichen Gegenstandes der Erfindung stattfinde oder ob eine offenkundige Vorbenutzung nur dann gegeben sei, wenn auf Grund dieses Verrates ein offenkundiges Gebrauchen, Herstellen, Feilhalten oder Inverkehrbringen des Gegenstandes eintrete. Hier handelte es sich um eine bloße Mitteilung, nicht um eine Vorbenutzungshandlung des Geheimhaltungspflichtigen. Schon deswegen konnte die Frage gestellt werden, ob eine offenkundige Vorbenutzung erst durch die Handlungsweise Dritter eingetreten sei.

Aehnlich steht es mit der Entscheidung GRUR. 1925 S. 124 (125 rechte Spalte) aus dem Jahre 1924. Hier war, um offenkundige Vorbenutzungen nachzuweisen, die Behauptung aufgestellt worden, die Arbeiterschaft bei der Beklagten habe besonders stark gewechselt; dadurch hätten Nachrichten über die Erfindung in die Außenwelt dringen können. Das wird für unerheblich erklärt, weil die Arbeiter zur Geheimhaltung verpflichtet gewesen seien und ein etwaiger Vertrauensbruch nicht geeignet gewesen wäre, offenkundige Vorbenutzung zu begründen. Es bleibt offen, ob dies um deswillen anzunehmen sei, weil bloße Mitteilungen vorgelegen hätten, oder um deswillen, weil diese unter Bruch einer Geheimhaltungspflicht gemacht worden wären.

Auf der anderen Seite läßt sich entgegen der Annahme des Kammergerichts aus den von Pietzcker (a. a. O.) in Bem. 30 (S. 177) zu § 2 angeführten unveröffentlichten Entscheidungen I 495/24 vom 29. Oktober 1925 und I 360/25 vom 24. März 1927 in Wirklichkeit auch nicht der gegenteilige Grundsatz ableiten. Die erste Entscheidung geht davon aus, daß ein wirksamer Geheimhaltungsvorbehalt nicht gemacht worden sei. Die zweite Entscheidung stellt fest, daß eine Erfindung in einer Fabrik offenkundig vorbenutzt wurde, und erklärt demgegenüber nur die Behauptung für unerheblich, eine der an der Fabrik beteiligten Firmen sei geheimhaltungspflichtig gewesen.

Die Entscheidung RGZ. Bd. 122 S. 243 (245) aus dem Jahre 1928 führt zwar aus, das Reichsgericht habe den Grundsatz aufgestellt, daß die durch Vertrauensbruch in die Oeffentlichkeit gelangte Kenntnis für die Frage der Offfenkundigkeit auszuscheiden habe. Sie beruft sich dafür auf die Entscheidungen Bl. 1914 S. 278 und GRUR. 1925 S. 124. Doch enthält, wie oben dargelegt, die erste dieser Entscheidungen jenen Grundsatz nicht, die zweite zum mindesten nicht eindeutig. Davon abgesehen, beruht aber auch die Entscheidung RGZ. Bd. 122 S. 243 selbst nicht auf der Anwendung des Satzes, daß eine selbständige Vorbenutzungshandlung des Geheimhaltungspflichtigen deswegen nicht offenkundig sei, weil er dadurch die Geheimhaltungspflicht verletzt habe. Sie betrifft und verneint vielmehr die Frage, ob spätere bloße Mitteilungen geheimhaltungspflichtiger Personen an Dritte eine etwaige ursprünglich nicht offenkundige Vorbenutzung des Erfindungsbesitzers gegenüber den Geheimhaltungspflichtigen offenkundig machen könnten. Nur hilfsweise erwägt sie dazu, im gegebenen Falle seien nicht einmal Vorbenutzungshandlungen, sondern bloße (an sich nicht neuheitsschädliche) Mitteilungen der Geheimhaltungspflichtigen, überdies unter Vertrauensbruch, behauptet.

Die Entscheidung RGZ. Bd. 150 S. 95 aus 1936 setzt zwar ersichtlich, wenn auch ohne Begründung, den Satz als gültig oder doch als möglicherweise gültig voraus, der Vertrauensbruch eines Geheimhaltungspflichtigen nehme seiner Vorbenutzungshandlug die Offenkundigkeit. Sie beruht aber ebenfalls nicht auf seiner unmittelbaren Anwendung, sondern hebt das Vorderurteil aus anderen Gründen auf. Ebenso setzt die Entscheidung GRUR. 1936 S. 550 (= MuW. 1936 S. 51 = Bl. 1936 S. 27) jenen Satz ohne Begründung als gültig voraus. Sie beruht aber nicht auf seiner Anwendung; die entscheidende Erwägung ist vielmehr die — und damit ist zum ersten Male die Frage nach den selbständigen Vorbenutzungshandlungen Dritter berührt, die den Erfindungsbesitz durch Vertrauensbruch des Geheimhaltungspflichtigen erlangt haben —, daß durch den Verrat des Geheimhaltungspflichtigen jedenfalls die Vorbenutzungshandlungen gutgläubiger Besitznachfolger nicht berührt würden. Endlich setzt wohl auch die Entscheidung MuW. 1939 S. 125 (127 linke Spalte) in einer Nebenbemerkung den gleichen Rechtssatz voraus.

Das Reichspatentamt hat sich ebenfalls zuweilen, beispielsweise in MuW. 1931 S. 404, unter Hinweis auf die Rechtsprechung des Reichsgerichts auf den Grundsatz bezogen, daß die durch Vertrauensbruch in die Oeffentlichkeit gelangte Kenntnis für die Frage der Offenkundigkeit auszuscheiden habe. Ebenso hat der österreichische Patentgerichtshof in einer Entscheidung vom 16. Juli 1928 (GRUR. 1929 S. 591, 592) einen ähnlichen Satz aufgestellt, dessen Abgrenzung und Tragweite aus der Entscheidung allerdings nicht entnommen werden kann.

Im Ergebnis ist daher zu sagen: Die reichsgerichtliche Rechtsprechung enthält zwar zuweilen den Rechtssatz, daß Geheimnisverrat die Offenkundigkeit einer Vorbenutzungshandlung ausschließe, ohne ihn näher zu begründen oder — von GRUR. 1936 S. 550 abgesehen — genauer abzugrenzen. Dagegen beruht keine der bekanntgewordenen Entscheidungen auf der unmittelbaren Anwendung dieses Satzes. Gegenüber dem Sachverhalt, wie er allen diesen Entscheidungen zugrunde lag, ist die Rechtslage überdies jetzt durch § 2 Satz 2 PatG. (von 1936) und § 1 Abs. 2 Satz 2 des Gebrauchsmustergesetzes (von 1936) geändert, denen zufolge eine Beschreibung oder Benutzung der Erfindung innerhalb von sechs Monaten vor der Anmeldung überhaupt außer Betracht bleibt, wenn sie auf der Erfindung des Anmelders oder seines Rechtsvorgängers beruht. Mit Rücksicht hierauf und angesichts der neuerlichen Erörterung der Frage im Schrifttum und der abweichenden Stellungnahme des Kammergerichts besteht daher Veranlassung, erneut zu prüfen, ob Vorbenutzungshandlungen eines Geheimhaltungspflichtigen um deswillen nicht als offenkundig angesehen werden können, weil sie unter Bruch der Geheimhaltungspflicht geschehen sind, und wie Vorbenutzungshandlungen Dritter zu beurteilen sind, deren Erfindungsbesitz auf einen solchen Geheimnisverrat zurückgeht.

Wenn § 2 PatG. mit Wirkung für jedermann ausspricht, eine Erfindung gelte nicht als neu, wenn sie im Inland offenkundig benutzt sei, so versteht er — darin hat das Kammergericht recht — das Merkmal der Offenkundigkeit in einem gegenständlichen Sinne. D. h. es soll an sich nur darauf ankommen, ob die Benutzung der Erfindung der Allgemeinheit erkennbar ist; genauer: ob die Vorbenutzungshandlung die nicht zu entfernte Möglichkeit eröffnet, daß beliebige Dritte zuverlässige und ausreichende Kenntnis von der Erfindung erhalten, mag dies nun unmittelbar dadurch geschehen, daß ein unbeschränkter Personenkreis die Vorbenutzung wahrnimmt, oder mittelbar dadurch, daß nur einzelne sie wahrnehmen, bei ihnen aber die Möglichkeit besteht, daß ihre Kenntnis zu beliebigen Dritten weiterdringt. Demgegenüber scheint es dem Grundsatz nach ohne Bedeutung zu sein, ob die Vorbenutzungshandlung rechtlich zu billigen oder zu mißbilligen ist, insbesondere ob sie gegen Bindungen im Verhältnis zu Einzelpersonen verstößt. Das hat seinen Grund darin, daß der § 2 die Neuheitsvoraussetzungen für die Erfindung, die ein Ausschließungsrecht gegenüber der Allgemeinheit erstrebt, im Verhältnis zur Allgemeinheit bestimmt, d. h. für jedermann in derselben Weise bindend und einzusehen, und daß er sich dazu überdies des starren Mittels der gesetzlichen Unterstellung bedient. Das spricht gewiß gegen die streitige Rechtsprechung und scheint es notwendig zu machen, die Frage des Geheimnisverrates oder des davon abgeleiteten unredlichen Erfindungsbesitzes rein den persönlichen Rechtsbeziehungen der Beteiligten zu überweisen und sie nicht mit der Frage nach der Offenkundigkeit der Vorbenutzung in Verbindung zu bringen. Gleichwohl würden diese Erwägungen nicht ausreichen, um der Rechtsprechung grundsätzlich jede Möglichkeit zu verschließen, bei der Bestimmung dessen, was eine offenkundige Vorbenutzung sei, nicht nur die gegenständliche Erkennbarkeit der Vorbenutzungshandlungen, sondern auch den Umstand zu berücksichtigen, ob überhaupt eine rechtlich schutzwürdige, die Folge der Neuheitsschädlichkeit mit innerer Berechtigung mit sich führende Vorbenutzung gegeben sei, wenn dies dringende Erfordernisse der Billigkeit, besonders solche, die nicht nur einzelne, sondern die Allgemeinheit berühren, geböten und der Rechtsbegriff nach wie vor für die übergeordnete Aufgabe tauglich bliebe, den Verkehr jederzeit hinreichend leicht und sicher erkennen und feststellen zu lassen, was eine offenkundige Vorbenutzung sei und ob sie stattgefunden habe. Der Geheimnisverrat würde dann allerdings keine an sich offenkundige Vorbenutzung zur geheimen machen können, aber ausschließen, daß eine mit einem solchen Makel behaftete und daher von der Rechtsordnung mißbilligte Vorbenutzung die Patenterteilung hindere. Darin würde sich der Einfluß der die gesamte Rechtsordnung beherrschenden Grundsätze der Billigkeit ausdrücken. Mit einer solchen Möglichkeit für die Rechtsprechung muß man um so eher rechnen, als die Gesetze von 1936 nun selbst die neuheitsschädliche offenkundige Vorbenutzung nicht mehr nur nach der gegenständlichen Erkennbarkeit der Vorbenutzungshandlung, sondern auch, wenigstens für die letzten sechs Monate vor der Anmeldung, danach bestimmen, ob der Erfindungsbesitz des Vorbenutzers auf der Erfindung des Anmelders oder seines Rechtsvorgängers beruht. Hier wird ebenfalls eine Vorbenutzung, die an sich der Allgemeinheit zugänglich war, für nicht neuheitsschädlich erklärt, weil die Neuheitsschädlichkeit wegen ihrer Verletzung schutzwürdiger Belange des Erfinders rechtlich mißbilligt werden müßte. Dafür wird in Kauf genommen, daß der Verkehr nunmehr im Einzelfall weniger leicht bestimmen kann, ob eine schädliche Vorbenutzung vorliegt. Der Schluß aus dem Gegenteile dahin, daß das Gesetz nur diese eine Durchbrechung seines Grundsatzes zulassen wolle, wäre hier nicht angebracht.

Zweifellos bedeutet es eine schwere und unbillige Benachteiligung des Erfinders und seines Rechtsnachfolgers, wenn diejenigen, denen die Erfindung im Vertrauen auf ihre Geheimhaltungspflicht bekanntgegeben wurde, vielleicht bekanntgegeben werden mußte, es völlig in der Hand haben, durch Geheimnisverrat die Erteilung des Patentes zu verhindern oder die nachträgliche Vernichtung des erteilten Patentes zu veranlassen. Dieser Nachteil wird in aller Regel durch die Rechtsbehelfe, die aus dem persönlichen Verhältnis zwischen Erfinder und Geheimhaltungspflichtigem fließen, nicht ausreichend ausgeglichen werden können. Der Unterlassungsanspruch ist gegenüber der einmal vollzogenen offenkundigen Vorbenutzung praktisch bedeutungslos, und der Schadensersatzanspruch wird nur in den wenigsten Fällen den durch die Patentversagung entstandenen Schaden voll hereinbringen können. Das sind Nachteile, die nicht nur den Erfinder und seine Rechtsnachfolger persönlich, sondern auch die Allgemeinheit berühren, der ebenfalls daran gelegen sein muß, daß die Erfinder nicht auf diese Weise um ihren Lohn gebracht werden können. Demgegenüber kann nicht die Erwägung angestellt werden, daß die Erfindung auf diese Weise früher gemeinfrei werde. Denn der Sinn der Patentgesetzgebung ist gerade der, daß die Allgemeinheit am besten fährt, wenn jedem Erfinder sein Lohn zuteil wird.

Die Frage ist jedoch, wie weit man auf diesem Wege gehen müßte, um das erstrebte Ziel zu erreichen, und ob dann noch mit der erforderlichen Leichtigkeit und Bestimmtheit festgestellt werden könnte, was im Gebiete der Technik jeweils vorbekannt ist und was nicht. Bleibt man im Bereich der offenkundigen Vorbenutzung, so ist es klar, daß einerseits keine einen Geheimnisverrat darstellende offenkundige Vorbenutzungshandlung eines Geheimhaltungspflichtigen neuheitschädlich sein dürfte und daß andererseits alle offenkundigen Vorbenutzungshandlungen gutgläubiger Dritter neuheitsschädlich bleiben müßten, mag der Erfindungsbesitz der Dritten auch mittelbar oder unmittelbar von dem Geheimnisverrat eines Verpflichteten abzuleiten sein. Das würde jedoch offenbar nicht ausreichen, um einen wirksamen Schutz des Erfinders gegen Geheimnisverrat zu begründen. Auch der naheliegenden Möglichkeit müßte vorgebeugt werden, daß der Geheimhaltungspflichtige mit einem bösgläubigen Dritten dahin zusammenwirkt, daß dieser seinerseits durch eine offenkundige Vorbenutzungshandlung den Erfinder um sein Patent bringt. Deswegen müßte auch die von dem Geheimnisverrat eines Verpflichteten abgeleitete offenkundige Vorbenutzung eines bösgläubigen Dritten für nicht neuheitsschädlich erklärt werden. Die anderweitigen Abgrenzungen und Einschränkungen des Grundsatzes, daß Geheinmisverrat keine Neuheitsschädlichkeit begründen könne, wie sie im Schrifttum, vom Landgericht oder von der Revision vorgeschlagen worden sind, ließen sich nicht durchführen, da sie entweder der inneren Berechtigung entbehren oder so verwickelt sind, daß dem Verkehr auf keinen Fall eine derartige Nachprüfung zugemutet werden könnte. Darauf, ob eine Vorbenutzung unmittelbar oder mittelbar offenkundig war, kann es nicht ankommen, weil der Geheimnisverrat die Offenkundigkeit als solche überhaupt nicht berührt, sondern nur die Frage entstehen läßt, ob man offenkundige Vorbenutzungen, die mit einem derartigen Makel behaftet sind, als patenthindernd ansehen soll. Eine Unterscheidung dahin, ob eine Vorbenutzung so offenkundig war, daß der Erfinder oder Erfindungsbesitzer bei genügender Sorgfalt noch innerhalb der Sechsmonatsfrist des § 2 Satz 2 PatG. davon Kenntnis erlangen mußte, wäre schon rein tatsächlich nicht durchführbar. Für sie besteht auch kein

Bedürfnis, weil innerhalb dieser Frist ohnehin jede offenkundige Vorbenutzung, die auf der Erfindung des Anmelders oder seines Rechtsvorgängers beruht, unschädlich ist. Darauf, ob der Erfinder oder Erfindungsbesitzer ohne Beziehung zur Sechsmonatsfrist des § 2 PatG. mit einem Geheimnisverrat rechnen mußte, kann es offenbar überhaupt nicht ankommen.

Erklärte man aber jede einen Geheimnisverrat darstellende offenkundige Vorbenutzung eines Geheimhaltungspflichtigen und jede auf einen Geheimnisverrat zurückgehende offenkundige Vorbenutzung eines böswilligen Dritten für nicht neuheitsschädlich, so würde damit allein schon dem Verkehr eine sehr umfassende, schwierige und lästige Nachprüfungspflicht aufgebürdet, die über die in Vergleich damit verhältnismäßig leicht feststellbaren zeitlichen und sachlichen Grenzen des § 2 Satz 2 PatG. und des § 1 Abs. 1 Satz 2 GebrMG. weit hinaus ginge. Niemand könnte mehr, ohne im Einzelfall schwierige und umfangreiche Ermittelungen anzustellen, damit rechnen, daß eine Lehre zum technischen Handeln, die offenkundig vorbenutzt ist, auch wirklich als vorbekannt zu gelten habe. Dadurch wäre ohne jede zeitliche Schranke ein Zustand der Rechtsunsicherheit gesetzt, der auch dann nicht mehr tragbar erscheint, wenn man erwägt, daß im Streitfalle die Beweislast für den Geheimnisverrat und den davon abgeleiteten bösgläubigen Erfindungsbesitz denjenigen treffen würde, der sich darauf beruft.

Damit wären die Schwierigkeiten aber noch nicht erschöpft. Es besteht kein hinreichender Grund dafür, und es wäre eine ungerechte Halbheit, den Grundsatz, daß Geheimnisverrat und davon abgeleiteter bösgläubiger Erfindungsbesitz eine neuheitsschädliche Vorwegnahme nicht begründen können, auf die offenkundige Vorbenutzung zu beschränken. Er müßte folgerichtig auch auf die druckschriftliche Vorveröffentlichung der Erfindung angewendet werden. Das widerspräche aber völlig der bisherigen allgemeinen Rechtsüberzeugung, auf die sich die gewerbliche Wirtschaft seit langem eingestellt hat und die dahin geht, daß es gleichgültig sei, ob die durckschriftliche Veröffentlichung einer Erfindung rechtmäßig oder unrechtmäßig, befugt oder unbefugt gewesen sei (vgl. Pietzcker a. a. O. Bem. 14 zu § 2, Krauße Patentgesetz Bem. 3c zu § 2, Klauer-Möhring Patentgesetz Bem. 4b zu § 2). Ein Bruch mit dieser Rechtsüberzeugung würde ein neues, sehr bedeutsames Element der Unsicherheit für den Bestand, den Wirkungsbereich und die Handhabung der gewerblichen Schutzrechte mit sich bringen und die Unstetigkeit verstärken, die auf diesem Gebiete schon durch die zahlreichen Angriffsmöglichkeiten gegen erteilte Schutzrechte und durch die in der Natur der Sache liegende Unterscheidung zwischen Gegenstand und Schutzumfang der Rechte notwendig besteht. Das könnte nicht wohl durch eine bloße Aenderung der Rechtsprechung geschehen; vielmehr wäre dazu eine Gesetzesänderung erforderlich.

Diese Erwägungen führen dazu, den Grundsatz, daß Geheimnisverrat die Neuheitsschädlichkeit ausschließe, überhaupt aufzugeben, da er sich nicht folgerichtig durchführen läßt, ohne die Verkehrssicherheit in einem nicht zu rechtfertigenden Grade zu gefährden. Dieser Entschluß wird dadurch erleichtert, daß die neuen, aber nach RGZ. Bd. 153 S. 174 rückwirkenden Vorschriften des § 2 Satz 2 PatG. und des § 1 Abs. 2 Satz 2 GebrMG. den Erfinder immerhin schon in einem beachtlichen Umfang auch gegen Geheimnisverrat schützen und außerdem geeignet sind, die Entwickelung in erwünschter Weise dahin zu drängen, daß fertige Erfindungen vor der Anmeldung nicht erst übermäßig lange geheimgehalten werden. Der Erfinder ist überdies nicht allein auf die Unterlassungs- und Schadensersatzklage gegen diejenigen angewiesen, die ihm durch Geheimnisverrat oder unerlaubte Ausnutzung eines solchen Verrates sein Patent aus der Hand schlagen. Soweit diese sich im Verletzungs- oder Nichtigkeitsstreit auf diejenige Vorwegnahme der Erfindung berufen, die sie selbst unerlaubt herbeigeführt haben, wird ihm vielfach auch die Einrede der unzulässigen Rechtsausübung zur Seite stehen (Pietzcker a. a. O. Bem. 14 zu § 2, Bem. 24 zu § 10; Krauße a. a. O. Bem. 7a zu § 13; RG. in MuW. 1934 S. 101).

Demnach erweist sich die Annahme des Kammergerichts als begründet, daß die Vorbenutzungshandlungen L.s, F.s und G.s jedenfalls nicht um deswillen als unschädlich angesehen werden können, weil sie sich als Geheimnisverrat oder als etwaige unerlaubte Ausnutzung eines solchen Verrates darstellten. Allerdings liegt bei Patenten, die vor dem 1. Oktober 1936 angemeldet worden sind, der Sachverhalt, auch wenn man von der Rückwirkung des § 2 Satz 2 PatG. (von 1936) ausgeht, in einer Beziehung anders als bei später angemeldeten Patenten. Der frühere Anmelder ist zwar durch die Rückwirkung innerhalb der Sechsmonatsfrist vor seiner Anmeldung ebenfalls gegenständlich gegen Geheimnisverrat geschützt. Er wußte aber seinerzeit nichts von dem Bestehen einer sechsmonatigen Schutzfrist, hatte also auch keinen Anlaß, gerade deswegen die Patentanmeldung zu beschleunigen. Doch reicht dieser Unterschied nach der Ueberzeugung des Senates nicht aus, um eine verschiedenartige Behandlung der Fälle zu rechtfertigen . . .

RGZ. 169, 289

Unter welchen Voraussetzungen kann ein erloschenes Patent oder Gebrauchsmuster auch gegenüber einem später angemeldeten Patent benutzt werden, das denselben Gegenstand schützt?

Patentgesetz v. 5. Mai 1936 (RGBl. II S. 117) §§ 6, 7, 8, 47. Gebrauchsmustergesetz vom 5. Mai 1936 (RGBl. II S. 130) — GebrMG. — § 5.

I. Zivilsenat. Urt. v. 17. Juli 1942

I. Landgericht Berlin. II. Kammergericht daselbst

Die Klägerin ist die Inhaberin des am 10. Mai 1933 angemeldeten deutschen Reichspatentes Nr. 653 567, das ein Verfahren und Vorrichtungen zum Fertigbearbeiten (Verputzen, Rillen und Abrichten) von Muffentonrohren betrifft. Die Beklagte stellt gewerbsmäßig eine Maschine zum Verputzen und Rillen von Muffensteinzeugrohren her, die unstreitig die Merkmale des Klagepatentes aufweist, und vertreibt sie. Die Klägerin hat Klage auf Unterlassung, auf Rechnungslegung und auf Feststellung der Schadensersatzpflicht der Beklagten erhoben. Diese hat Klageabweisung begehrt, und zwar u. a. mit der Begründung, ihr habe seit dem Juni 1933 das Gebrauchsmuster Nr. 1 256 063 zugestanden, durch das die von ihr hergestellte und in den Verkehr gebrachte Maschine geschützt gewesen sei. Das Gebrauchsmuster sei am 28. Februar 1933, also vor dem Klagepatent, von dem Ingenieur L. angemeldet, im Juni 1933 von diesem auf sie übertragen und im September 1933 in der Gebrauchsmusterrolle umgeschrieben worden. Mit dem 27. Februar 1936 sei es infolge Zeitablaufs erloschen. Die Klägerin hat nicht bestritten, daß die Maschine der Beklagten unter das Gebrauchsmuster fallen würde, wenn es noch wirksam wäre.

Die Vordergerichte haben die Klage mit der Begründung abgewiesen, das früher als das Patent angemeldete Gebrauchsmuster habe der Beklagten als seiner Inhaberin auch gegenüber dem Patente der Klägerin ein Recht zur Benutzung der Erfindung gewährt, und dieses Recht könne die Beklagte auch nach dem Erlöschen des Gebrauchsmusters noch ausüben. Die Revision der Klägerin führte im wesentlichen zur Aufhebung und Zurückverweisung.

Gründe:

1. Ueber die Frage, welche Rechte der Inhaber eines Gebrauchsmusters gegenüber einem Patent habe, das später als das Gebrauchsmuster beim Reichspatentamt angemeldet worden ist, enthält das Gesetzt nur die Bestimmung, daß das Recht aus dem Patente nicht ohne die Erlaubnis des Inhabers des Gebrauchsmusters ausgeübt werden dürfe (§ 6 GebrMG.), wobei mit der Ausübung des Rechtes aus dem Patent ersichtlich das Recht gemeint ist, den geschützten Gegenstand gewerbsmäßig herzustellen, in den Verkehr zu bringen, feilzuhalten und zu gebrauchen (§ 6 PatG.). Daraus ergibt sich noch nicht ohne weiteres, ob der Inhaber des älteren Gebrauchsmusters seinerseits ohne die Zustimmung des Patentinhabers den Gegenstand gewerbsmäßig hertellen, vertreiben, feilhalten und gebrauchen darf oder ob ihm gegenüber der Inhaber des Patentes die Rechte aus § 47 PatG. hat. Hierüber ergibt sich auch nichts aus § 7 PatG., weil die Anmeldung eines Schutzrechtes allein noch keine Benuzung der Erfindung ist und

auch noch keine Veranstaltung dazu, da aus ihr keineswegs zwingend auf die Absicht der alsbaldigen Benutzung geschlossen werden kann (RGZ. Bd. 133 S. 377 [381]). Nun ließe sich recht wohl die Ansicht vertreten, der Inhaber des Patentes könne auch vom Inhaber des Gebrauchsmusters und von dessen Lizenznehmern Unterlassung und gegebenenfalls Schadensersatz ebenso verlangen, wie er dies von anderen Benutzern des Patentes tun kann. Das haben jedoch weder die Rechtsprechung noch die Rechtslehre bisher angenommen. Vielmehr hat das Reichsgericht für den insoweit gleichliegenden Fall zweier zu verschiedenen Zeiten angemeldeter Patente ausgesprochen, daß der Inhaber und der Lizenznehmer des älteren Patentes den in diesem geschützten Gegenstand auch ohne die Erlaubnis des Inhabers des jüngeren Patentes herstellen usw. dürfe (RGUrt. I 15/38 vom 25. Oktober 1938 in RGZ. Bd. 159 S. 11; RGUrt. I 31/39 vom 11. September 1939 in MuW. 1940 S. 35 = GRUR. 1940 S. 23). Dabei ist das Reichsgericht — ohne es ausdrücklich auszusprechen — davon ausgegangen, daß neben den in den §§ 7 und 8 PatG. vorgesehenen Fällen noch andere Fälle gegeben sein können, in denen ein Recht zur Benutzung eines fremden Patentes besteht, daß mithin die §§ 7 und 8 PatG. nicht dahin aufzufassen sind, die Wirkung des Patentes trete nur in diesen Fällen nicht ein (vgl. Wirth PatAnwMitt. 1939 S. 87). Jene Auffassung des Reichsgerichts, die schon früher von Wichards in GRUR. 1937 S. 895 (898) vertreten worden war, ist auch von Wirth (a. a. O.) und von Block (MuW. 1939 S. 253) gebilligt worden, während sich, soweit ersichtlich, nirgends ein Widerspruch erhoben hat. Für das Zusammentreffen zweier Gebrauchsmuster hatten dieselbe Meinung Wessel in PatAnwMitt. 1931 S. 248 (zum früheren Gebrauchsmusterrecht) sowie Zeller Gebrauchsmusterrecht S. 368/369 (im Falle teilweiser Uebereinstimmung der Erfindungsgedanken) ebenfalls bereits ausgesprochen.

Dasselbe muß aber auch beim Zusammentreffen eines früher angemeldeten Gebrauchsmusters mit einem später angemeldeten Patent gelten, da gebrauchsmusterschutzfähig ebenfalls nur eine Erfindung ist — wenn auch vielleicht an die Erfindungshöhe geringere Anforderungen gestellt werden mögen als bei einem Patent —, und die Eintragung eines Gebrauchsmusters denselben Schutz gewährt wie die Erteilung eines Patentes (§ 6 PatG.; § 5 Abs. 1 GebrMG.; vgl. auch Bucher GRUR. 1940 S. 73). Daher ist auch im Schrifttum niemals der Gedanke geäußert worden, daß für die Benutzungsbefugnis des Inhabers des älteren Rechtes ein Unterschied in der Richtung zu machen sei, ob dieses ein Gebrauchsmuster oder ob es ein Patent sei.

2. Mit der Feststellung, daß dem Inhaber eines früher angemeldeten Patentes oder Gebrauchsmusters ein Benutzungsrecht an der darin geschützten Lehre zum technischen Handeln auch gegenüber

einem später angemeldeten, ganz oder teilweise mit ihm übereinstimmenden Patente zustehe, ist jedoch die Frage noch nicht entschieden, ob und gegebenenfalls unter welchen Voraussetzungen und in welchem Umfange eine solche Benutzungsbefugnis auch nach dem Erlöschen des älteren Schutzrechtes gegeben ist. Hier könnte man den Standpunkt einnehmen, daß diese Befugnis nur für die Dauer der Wirksamkeit des älteren Rechtes bestehe, daß aber nach seinem Erlöschen die Benutzung gegenüber dem Inhaber des später angemeldeten, noch wirksamen Patentes rechtswidrig sei und dieser daher Ansprüche auf Unterlassung und Schadensersatz habe. Diese Auffassung wäre insbesondere dann gerechtfertigt, wenn man die Benutzungsbefugnis lediglich aus § 6 PatG., § 5 Abs. 1 GebrMG. herleitet, also aus Bestimmungen, die sich bloß mit einem noch wirksamen, aber nicht mit einem bereits erloschenen Schutzrechte befassen, wie das in der Entscheidung I 15/38 (RGZ. Bd. 159 S. 11) geschehen ist.

a) Allein das würde zum mindesten gegenüber demjenigen Inhaber des älteren Schutzrechtes eine Unbilligkeit bedeuten, der während des Bestehens dieses Rechtes die Erfindung bereits gewerblich benutzt hatte — was er nach den vorstehenden Ausführungen trotz der Erteilung oder der Bekanntmachung der Anmeldung des jüngeren Patentes tun durfte — oder der auch nur Veranstaltungen zu ihrer Benutzung getroffen hatte. Es folgt auch keineswegs zwingend aus den gesetzlichen Bestimmungen. Das Gesetz hat dem, der schon vor der Anmeldung eines Patentes dieselbe Erfindung gemacht oder vom Erfinder erworben und sie benutzt oder doch Veranstaltungen zu ihrer Benutzung getroffen hatte, ohne dabei gegenüber dem Patentinhaber widerrechtlich gehandelt zu haben, die Befugnis zur Weiterbenuzung der Erfindung gewährt. Dabei hat es erwogen, daß andernfalls erhebliche, in berechtigter Ausnutzung der Erfinderleistung geschaffene wirtschaftliche Werte zerstört werden könnten und eine solche Zerstörung unbillig sei (Vorbenutzungsrecht des § 7 PatG.; § 5 Abs. 4 GebrMG.). Der dieser Bestimmung zugrunde liegende Rechtsgedanke muß aber auch dazu führen, dem Erfinder oder demjenigen, dem dieser seine Rechte übertragen hat, die Benutzungsbefugnis dann zu belassen, wenn er zwar die Erfindung vor der Anmeldung des Patentes nicht benutzt und auch keine Veranstaltungen zur ihrer Benutzung getroffen hat, wenn er aber selbst ein Schutzrecht dafür nachgesucht und erhalten und alsdann im Vertrauen hierauf während des Bestehens des Schutzrechtes mit der gewerblichen Benutzung oder wenigstens mit Veranstaltungen zu ihr begonnen hat (so auch das gesamte Schrifttum, soweit es sich mit dieser Frage befaßt*). Dabei ist zu berücksichtigen, daß er sich, und zwar unter Umständen in noch höherem

*) Zeller a. a. O.; Block a. a. O.; Wessel PatAnw.Mitt. 1931 S. 246; Schnabel GRUR. 1939 S. 455; Bucher GRUR. 1940 S. 73. D. E.

Maß als der Vorbenutzer des § 7 PatG., insofern um die Förderung der Technik ein Verdienst erworben hat, als er durch die Anmeldung beim Reichspatentamte die Erfindung der Allgemeinheit bekannt gab, was sowohl beim Patent wie auch beim Gebrauchsmuster mit der Veröffentlichung der Anmeldung der Fall war, da dann jedermann die Unterlagen einsehen konnte und die Fachwelt sie in der Regel auch tatsächlich einsieht (vgl. § 30 Abs. 3 PatG.; § 3 Abs. 5 GebrMG.; RGZ. Bd. 150 S. 65 [69]; RGUrt. I 4/41 vom 10. März 1942, in GRUR. 1942 S. 352 [356]). Es kann auch keinen Unterschied machen, ob er mit der Benutzung oder mit den Veranstaltungen dazu erst angefangen hat, als er von der Patentanmeldung erfuhr und aus ihr oder aus dem sonstigen Verhalten des Anmelders des Patentes ersah, daß es sich um eine wirtschaftlich wertvolle Erfindung handelte; einen gewissen Wert muß er ihr ja schon selbst beigemessen haben, da er sonst überhaupt keine Anmeldung bewirkt haben würde, und jener innere Beweggrund für die Aufnahme der Benutzung würde sich auch nur in den wenigsten Fällen nachweisen lassen. Ebensowenig kann es darauf ankommen, ob er sein Schutzrecht während der gesetzlich zulässigen Höchstdauer aufrechterhalten oder ob er es vorher hat verfallen lassen.

Nicht unbedingt entgegen stehen dem die Ausführungen der amtlichen Begründung zu § 5 des Gebrauchsmustergesetzes vom 5. Mai 1936 (Lutter Patentgesetz, 10. Aufl., S. 544; Zeller Gebrauchsmusterrecht S. 56), in der es heißt, durch die neue Vorschrift des § 5 GebrMG., daß der Gebrauchsmusterschutz nicht begründet werde, soweit das Muster bereits auf Grund einer früheren Patent- oder Gebrauchsmusteranmeldung geschützt worden sei, werde der Erstberechtigte dagegen gesichert, daß ihn nach Ablauf der Schutzfrist der Inhaber eines jüngeren, noch eingetragenen Gebrauchsmusters in der Ausführung seines erloschenen Musters hindere. Denn damit ist nur gesagt, daß der Inhaber des später angemeldeten Gebrauchsmusters infolge der neuen Bestimmung keinesfalls ein solches Hinderungsrecht hat, während die Frage, ob er dieses Recht ohne die neue Bestimmung haben würde, nicht eindeutig beantwortet wird, wozu auch kein Anlaß bestand.

Gegen diese Auffassung können auch daraus keine durchschlagenden Bedenken hergeleitet werden, daß in einzelnen Fällen neben dem Weiterbenutzungsrechte des Inhabers des älteren Schutzrechtes noch ein Vorbenutzungsrecht des Erfinders selbst oder eines anderen bestehen könnte. Das könnte dann eintreten, wenn der Erfinder oder ein anderer die Erfindung vor der Anmeldung des jüngeren Patentes benutzt oder Veranstaltungen dazu getroffen hat und wenn dann, nach der Patentanmeldung, das von ihm erworbene — ältere — Schutzrecht oder das Recht aus der Anmeldung auf einen anderen übertragen worden ist und dieser nunmehr ebenfalls die Herstellung usw. des geschützten Gegenstandes aufgenommen hat. Es kann aber auch im Falle des § 7 PatG. vorkommen, daß mehrere eine Benutzungsbefugnis haben, da ja der Erfinder mehrere von dem Erfindungsgedanken unterrichtet und diese sämtlich die Erfindung benutzt haben können. Ueberdies wird nur selten jemand, der eine Erfindung zum Patent angemeldet hat oder sich ein Gebrauchsmuster für sie hat eintragen lassen und das Schutzrecht dann auf einen andern übertragen hat, später noch Wert darauf legen, auch seinerseits den Gegenstand dieses von ihm aus der Hand gegebenen Schutzrechtes gewerblich anfertigen, vertreiben, feilhalten oder gebrauchen zu dürfen.

Auch hinsichtlich des Umfanges der Benutzungsbefugnis und hinsichtlich ihrer Uebertragung auf andere bestehen keine größeren Schwierigkeiten als beim Vorbenutzungsrecht des § 7 PatG. Die dort getroffene Regelung wird daher für die Entscheidung von Einzelfragen einen wertvollen Anhalt bieten können.

Ebensowenig ergeben sich unüberwindliche Schwierigkeiten bei der Beurteilung der Frage, ob die Befugnis zur Weiterbenutzung nur der Inhaber des älteren Schutzrechtes selbst oder ob sie auch der Lizenznehmer hat. Man kann hier z. B. daran denken, einen Unterschied zwischen dem Nehmer einer ausschließlichen und dem Inhaber einer einfachen Lizenz zu machen und eine Weiterbenutzungsbefugnis zwar für den Inhaber der ersten anzuerkennen, nicht aber für den Inhaber einer einfachen Lizenz. Denn dieser mußte ja immer damit rechnen, daß noch andere den Gegenstand herstellen, in den Verkehr bringen oder feilhalten würden, und er wäre deshalb vielleicht ebenso zu behandeln wie derjenige, der mit der Herstellung usw. eines Gegenstandes angefangen hat, den er für gemeinfrei hielt und halten konnte, und der damit aufhören muß, wenn sich ergibt, daß der Gegenstand bereits von dritter Seite zum Patent angemeldet worden war. Doch brauchen diese Fragen im jetzigen Rechtsstreite nicht erörtert und entschieden zu werden.

b) Anders liegt es dagegen dann, wenn der Inhaber des älteren Schutzrechtes dieses Recht während seines Bestehens nicht ausgenutzt und auch keine Veranstaltungen zur Benutzung getroffen hat, sondern erst nach dem Erlöschen zur Ausnutzung übergehen will. Hier erfordert es die Billigkeit nicht, den Inhaber des jüngeren Patentes durch die Gewährung einer Benutzungsbefugnis an den Inhaber des älteren Rechtes zu beschränken, da dieser noch keine wirtschaftlichen Werte geschaffen hat und deshalb bei ihm auch keine solchen zerstört werden können. Dasselbe muß ferner jedenfalls dann gelten, wenn der Inhaber des älteren Schutzrechtes vorher nur einfache Lizenzen erteilt hat. Denn er erhält ja für die Zeit nach dem Erlöschen seines Schutzrechtes ohnehin keinerlei Entschädigung mehr von seinen Lizenznehmern und steht damit genau so da, wie es der Fall wäre, wenn er niemals ein Schutzrecht besessen hätte. Hingegen kann für den jetzigen Rechtsstreit unerörtert bleiben, wie es zu halten wäre, wenn der Inhaber des Schutzrechtes eine ausschließliche Lizenz erteilt hätte. Insoweit kann deshalb den Ausführungen von Wessel PatAnwMitt. 1931 S. 246, von Zeller Gebrauchsmusterrecht S. 369 und von Bucher GRUR. 1940 S. 73 nicht beigetreten werden.

3. Von diesen rechtlichen Gesichtspunkten aus könnte daher die Abweisung der Klage nur aufrechterhalten werden, wenn feststünde, daß die Beklagte ihr Gebrauchsmuster Nr. 1 256 063 noch während seines Bestehens, also vor dem 28. Februar 1936, gewerblich benutzt oder doch Veranstaltungen zur Benutzung getroffen hatte. In dieser Beziehung aber fehlt es bisher an ausreichend klaren Behauptungen der Parteien und daher erst recht an bestimmten Feststellungen, die das Kammergericht von seinem Standpunkt aus auch nicht zu treffen brauchte. Diese werden mithin nachzuholen sein.

RGZ. 170, 51

Ist gegen Berufungsurteile des Reichsgerichts auf Vernichtung eines Patentes die Restitutionsklage zulässig?

Patentgesetz vom 5. Mai 1936 (RGBl. II S. 117) § 42. ZPO. § 580. Abs. 1 Nr. 7 b, § 589.

I. Zivilsenat. Urt. v. 18. Mai 1942.

Die Frage wurde bejaht aus folgenden

Gründen:

Nach § 589 ZPO. ist zunächst zu prüfen, ob die Restitutionsklage statthaft ist.

Der Senat hat die Restitutionsklage im Nichtigkeitsverfahren bisher nicht zugelassen, weil sie zu eng mit den besonderen Verhältnissen des Zivilprozesses zusammenhänge und weil man bei ihrer Zulassung dem notwendigen Schutze der Rechte Dritter nicht gerecht werden könne (MuW. 1915/1916 S. 54 und 1927/28 S. 609). Daran hält er jedoch nicht mehr fest. Vielmehr erscheint die Restitutionsklage grundsätzlich auch im Nichtigkeitsverfahren zulässig. Da unmittelbare Bestimmungen fehlen, kann nur die entsprechende Anwendung des vierten Buches der Zivilprozeßordnung in Frage kommen. Sie wird durch die Verschiedenheit der beiderseitigen Verfahren nicht ausgeschlossen. Zwar geht der Zivilprozeß an sich vom Parteibetriebe, das Nichtigkeitsverfahren, das überwiegend auf „Popularklage" hin in Gang kommt, vom Amtsbetrieb aus. Inzwischen ist aber einerseits der Parteibetrieb des Zivilprozesses weitgehend im Sinn einer richterlichen Lenkung des Verfahrens aufgelockert worden. Andererseits wird auch der

Nichtigkeitsprozeß ganz überwiegend von den Parteien betrieben. Der verbleibende Unterschied ist nicht derart, daß er es rechtfertigte, die Wiederaufnahme des Verfahrens im Nichtigkeitsstreit auszuschließen. Allerdings besteht bei dem (selbst zweistufigen) Nichtigkeitsverfahren die Besonderheit, daß ihm bereits das mit besonderen Rechtsbehelfen (Einspruch und Beschwerde) ausgestattete Erteilungsverfahren vorausgegangen ist. Es kann sich fragen, ob demgegenüber noch die Zulassung eines außerordentlichen Rechtsbehelfes gegen Nichtigkeitsurteile erforderlich ist, wobei die Frage offen bleiben kann, ob das Gesetz über die Mitwirkung des Staatsanwalts in bürgerlichen Rechtssachen vom 15. Juli 1941 (RGBl. I S. 383), das einen weiteren außerordentlichen Rechtsbehelf gegen rechtskräftige Urteile gibt, auch auf Nichtigkeitsurteile des Reichsgerichts anwendbar ist. Denn dieses Gesetz greift jedenfalls nur ein, wenn die anzufechtende Entscheidung für die Volksgemeinschaft besonders bedeutsam ist. Daneben bleibt Raum und besteht, wie anzuerkennen ist, das Bedürfnis, daß in den seltenen, aber berücksichtigenswerten Fällen, in denen das vierte Buch der Zivilprozeßordnung die Wiederaufnahme des Verfahrens gegen rechtskräftige Urteile zuläßt, diese Möglichkeit auch gegenüber rechtskräftigen Nichtigkeitsurteilen eröffnet wird. Das wird besonders dann deutlich, wenn man den Fall setzt, daß ein Patent vernichtet oder aufrechterhalten wurde auf Grund einer Zeugenaussage, die unter Eidesverletzung eine Vorbenutzung behauptet oder verneint hatte.

Schwerer wiegt allerdings das zweite, den Schutz der Rechte Dritter betreffende Bedenken. Zwar kann auch im Bereiche des Zivilprozesses die Wiederherstellung vernichteter Rechte als Folge der Wiederaufnahme des Verfahrens gegen ein rechtskräftiges Urteil die Gefahr mit sich bringen, daß Dritte, die im Vertrauen auf das rechtsvernichtende Urteil Rechte erworben oder sich wirtschaftlich eingerichtet haben, Schaden erleiden. Im Nichtigkeitsstreit ist diese Gefahr aber ungleich größer. Das hängt damit zusammen, daß das Patent und seine Vernichtung oder Aufrechterhaltung stets für und gegen alle wirken. Die Lehre eines erteilten Schutzrechtes ist überdies zur Kenntnis der gewerblichen Wirtschaft gebracht worden. Wird ein solches Recht rechtskräftig vernichtet, so wird seine Lehre vielfach von Dritten benutzt werden, die sich technisch und wirtschaftlich darauf einrichten und sich dann nach vielleicht langer Zeit unerwarteterweise vor die Wiederaufnahme des abgeschlossenen Verfahrens und gegebenenfalls vor die Wiederherstellung des vernichteten Schutzrechtes gestellt sehen. Doch ist die Rechtslage dieser Dritten auch in einem solchen Falle nicht ohne Ausweg. Schadensersatzansprüche wegen der Zwischenbenutzung werden in aller Regel aus tatsächlichen Gründen nicht gestellt werden können. Man muß es darüber hinaus sogar für möglich halten, daß den Zwischenbenutzern, wenn sie gutgläubig waren, ein Weiterbenutzungsrecht an der nachträglich wieder geschützten Lehre zum technischen Handeln zusteht. Wenigstens hat das Gesetz in ähnlichen Fällen ein solches Recht gewährt. In den Patentverlängerungsgesetzen vom 27. April 1920 (RGBl. S. 675) und vom 9. Juli 1923 (RGBl. II S. 297) war für erloschen gewesene, später aber kriegsverlängerte Schutzrechte bestimmt, daß, wer die Erfindung in der Zwischenzeit benutzt habe, sie für die Bedürfnisse seines eigenen Betriebes weiterbenutzen dürfe. In der Verordnung über außerordentliche Maßnahmen im Patent- und Gebrauchsmusterrecht vom 10. Januar 1942 (RGBl. II S. 81) ist der (hier weniger bedeutsame) Fall der Kriegsverlängerung erloschener Schutzrechte im gegenwärtigen Kriege zwar anders geregelt. In § 43 Abs. 4 des geltenden Patentgesetzes ist jedoch für den Fall, daß ein Patent erloschen war, später aber infolge eines Antrages auf Wiedereinsetzung in den vorigen Stand wieder in Kraft tritt, wiederum bestimmt, daß, wer die Patentlehre in der Zwischenzeit gutgläubig benutzt habe, sie für die Bedürfnisse seines eigenen Betriebes weiterbenutzen dürfe. Man kann unter Umständen in diesen Bestimmungen einen allgemeinen Rechtsgedanken des Patentrechts ausgedrückt finden, der auf rechtsähnliche Fälle anwendbar ist. Der Fall der Wiederherstellung eines Patentes auf Grund einer Restitutionsklage steht offenbar insbesondere dem in § 43 PatG. geregelten Falle sehr nahe. Man kann daher auch aus dem Gesichtspunkte des Schutzes der Rechte Dritter kein entscheidendes Bedenken mehr dagegen herleiten, das vierte Buch der Zivilprozeßordnung auf Nichtigkeitsurteile entsprechend anzuwenden.

RGZ. 170, 226

1. Zum Begriffe der Patentstreitsache im Sinne des § 51 Abs. 1 PatG.

2. Wie ist zu verfahren, wenn in Verbindung mit Patentstreitsachen andre Klageansprüche geltend gemacht werden, für die sonst ein andres Landgericht zuständig wäre?

3. Unter welchen Voraussetzungen kann im Revisionsverfahren der Rechtsstreit an das zuständige Landgericht verwiesen werden?

Patentgesetz § 51. Verordnung über die Zuweisung der Patentstreitsachen an die Landgerichte vom 10. September 1936 (RGBl. II S. 299) § 1. GebrMG. § 19. ArbGG. § 2, Abs. 1 Nr. 1. ZPO. §§ 276, 551 Nr. 1, §§ 564, 565.

I. Zivilsenat. Urt. v. 29. September 1942.

I. Landgericht Stuttgart. II. Oberlandesgericht daselbst.

Die Klägerin stellt Explosionsrammen für Straßenbau her. Der Beklagte, früher Schlosser und Facharbeiter bei der Klägerin, ließ ohne ihr Wissen im Jahre 1939 von der Firma Gebr. B. in E. eine Stampframme nach seinen eigenen Angaben bauen und meldete sie mit den angeblich von ihm vorgenommenen Verbesserungen zusammen mit einem andern zum Patent an. Vom Bau der Ramme und von den beiden schwebenden Pantentanmeldungen machte der Beklagte der Klägerin im Dezember 1939 Mitteilung, worauf zwischen den Parteien zwei schriftliche Vereinbarungen vom 21. Dezember 1939 und 23. Januar 1940 getroffen wurden. Demzufolge wurden die beiden Patentanmeldungen auf die Klägerin übertragen, die für die Rechte, welche der Beklagte ihr an der Ramme eingeräumt hatte, und für andre vom Beklagten übernommene Verpflichtungen ihm eine Vergütung von 5000 RM zahlte.

Im Sommer 1940 ließ der Beklagte, wiederum ohne Wissen der Klägerin, bei dem Schmied H. in O. eine neue, abgeänderte Ramme bauen. Hiervon erfuhr die Klägerin erst, als der Beklagte wegen gewisser Unredlichkeiten zu Geldstrafen verurteilt wurde. Er wurde von der Klägerin fristlos entlassen. Außerdem erwirkte die Klägerin am 19. Dezember 1940 gegen den Beklagten eine einstweilige Verfügung, wodurch ihm verboten wurde, die bei H. hergestellte Ramme zu verkaufen oder sonstwie zu verwerten, ferner Explosionsrammen herzustellen, zu verkaufen oder für sich auszunutzen, die den Inhalt der genannten Patentanmeldungen bildeten. Weiterhin wurde dem Beklagten aufgegeben, die bei H. hergestellte Ramme an die Klägerin herauszugeben, und endlich wurde der dem Beklagten gegen H. auf Herausgabe der Ramme zustehende Anspruch gepfändet und der Klägerin zur Einziehung überwiesen.

Gegen diese einstweilige Verfügung erhob der Beklagte Widerspruch. Indessen wurde die Stampframme noch vorher auf Grund der erwähnten Verfügung bei dem Schmied H. vom Gerichtsvollzieher weggenommen und im Werke der Klägerin untergebracht.

Mit der Klage begehrt die Klägerin die endgültige Herausgabe der vorläufig weggenommenen Ramme und verlangt ferner vom Beklagten, daß er es unterlasse, Explosionsrammen herzustellen, zu vertreiben, zu Schutzrechten anzumelden oder an Dritte Rechte auf Herstellung solcher Rammen zu übertragen, bei denen die in den genannten Patentanmeldungen bezeichneten Ansprüche verwertet seien. Der Beklagte hat um Abweisung der Klage gebeten. Das Landgericht in Stuttgart hat durch den Einzelrichter nach den Klageanträgen erkannt, das Berufungsgericht die Berufung des Beklagten mit einer Aenderung der Urteilsformel zurückgewiesen. Mit der Revision begehrt der Beklagte die Abweisung der Klage unter Aufhebung des angefochtenen Urteils, hilfsweise die Verweisung der Sache an die für Patentstreitsachen zuständige Kammer des Landgerichts in Frankfurt a. M. Die Klägerin beantragt die Zurückweisung der Revision, hilfsweise begehrt sie, die Urteilsformel klarzustellen; äußerstenfalls beantragt sie ebenfalls die Verweisung des Rechtsstreits an das Landgericht in Frankfurt a. M.

Das Reichsgericht hat die Urteile des Landgerichts und des Oberlandesgerichts aufgehoben und den Rechtsstreit an das Landgericht in Frankfurt a. M. (Kammer für Patentstreitsachen) verwiesen.

Gründe:

. . . Das Berufungsgericht hat angenommen, daß der Gegenstand des Rechtsstreits deshalb keine Patentstreitsache bilde, weil die Klageansprüche auf Herausgabe der Ramme sowie auf das Unterlassen gewisser Handlungen des Beklagten nicht mit bestimmten Vorschriften des Patentgesetzes, sondern mit der Verletzung vertraglicher Verpflichtungen begründet würden. Indessen schließt die Tatsache, daß die Klageansprüche auf Vertrag gestützt werden, die Anwendung des § 51 PatG. nicht aus. Nach ständiger Rechtsprechung gehören z. B. Ansprüche aus Ausübungs(Lizenz)verträgen, von bestimmten Ausnahmen abgesehen, zu den Patentstreitsachen. Diese Uebung wird damit gerechtfertigt, daß die Erteilung einer Lizenz eine je nach dem Inhalt des Ausübungsvertrags mehr oder weniger beschränkte Uebertragung des Rechts aus dem Patente darstellt, die Uebertragung eines solchen Rechts aber in § 9 PatG. geregelt ist. Also nicht nur Ansprüche, die unmittelbar auf das Patent gestützt werden, wie z. B. der Uebertragungsanspruch nach § 5, der Verletzungsanspruch nach § 47 und die Klage auf Erklärung der Zustimmung zur Nennung als Erfinder nach § 36 Abs. 2 PatG., sondern auch vertragliche Ansprüche rechnen zu den Patentstreitsachen, sofern der Vertrag ein im Patentgesetz geregeltes Rechtsverhältnis zum Gegenstande hat. Die Frage jedoch, wann diese Voraussetzung im Einzelfall zutrifft, ist nicht immer zweifelsfrei zu beantworten. Es konnte daher nicht ausbleiben, daß alsbald nach dem Inkrafttreten des Patentgesetzes im Anschluß an die ersten gerichtlichen Entscheidungen, die sich mit dem Begriff der Patentstreitsache zu befassen hatten, im Schrifttum Erörterungen darüber angestellt wurden, wie der Begriff der Patentstreitsache näher zu begrenzen sei (Wichards in GRUR. 1936 S. 280; Ristow in GRUR. 1938 S. 290; G. Pinzger in GRUR. 1940 S. 523; Tetzner in DJ. 1941 S. 886). Die Mehrzahl der dort vorgeschlagenen Begriffsbestimmungen ist trotz der im allgemeinen weiten Fassung insofern zu eng, als sie (anders Ristow a. a. O.) bei der Inhaltsbestimmung vom Patent und nicht von der Erfindung ausgehen. Zwar regelt das Patentgesetz die Ansprüche, die mit einer Erfindung im Zusammenhang stehen, vornehmlich insoweit, als für die Erfindung ein Patentschutz erwirkt werden soll oder bereits erteilt worden ist. Indessen befaßt sich das Gesetz auch mit den Erfindungen noch vor ihrer Anmeldung zum Patent, so wenn z. B. in § 3 dem Erfinder das Recht auf das Patent zugesprochen und es in § 9 für vererblich und übertragbar erklärt wird, ohne Rücksicht darauf, ob die Erfindung jemals wirklich zum Patent angemeldet wird, oder wenn § 4 Abs. 3 und § 5 dem Erfindungsbesitzer Schutz gegen widerrechtliche Entnahme gewähren, ohne daß er selbst die Erfindung zum Patent angemeldet zu haben braucht.

Aber weniger weil sich die hier vertretene Auffassung als zwingende Folge aus dem Inhalt des Patentgesetzes ergäbe, sondern vielmehr aus praktischen Erwägungen hält es der Senat mit Rücksicht auf die Belange der beteiligten Wirtschaftskreise, nicht zuletzt auch zum Besten der Erfinder selbst, für angezeigt, nicht darauf abzustellen, ob im Rechtsstreit die Erfindung mit einer Patentanmeldung oder einem erteilten Patent in Verbindung gebracht wird, sondern schlechthin alle Klagen zu den Patentstreitsachen zu zählen, die einen Anspruch auf eine Erfindung oder aus einer Erfindung zum Gegenstande haben oder sonstwie mit einer Erfindung eng verknüpft sind. Denn es hängt oft von Umständen, die mit dem eigentlichen Streit der Parteien nichts zu tun haben, also in diesem Sinne vom Zufall ab, ob für eine Erfindung ein Patentschutz nachgesucht worden ist oder etwa ein solcher Schutz für eine den Gegenstand des Streites bildende Erfindung erst während des Rechtsstreits begehrt wird.

Auszunehmen von den Patentstreitsachen sind nur die Klagen, die Erfindungen betreffen, von denen bereits zwischen den Parteien feststeht, daß für sie etwa wegen mangelnder Patentfähigkeit oder aus sonstigen Gründen nur ein Gebrauchsmusterschutz in Aussicht genommen oder bereits erteilt ist — hier greift die Sonderregelung des § 19 Gebr-MG. Platz —, oder die, wie im Falle der Entscheidung des erkennenden Senats vom 25. Februar 1938 (GRUR. 1938 S. 325 = MuW. 1938 S. 129), nur den Gegenstand ausländischer Patente bilden. Dagegen werden Ansprüche aus der Ueberlassung einer Erfindung, besonders auch auf Vergütung, soweit nicht die Zuständigkeit der Arbeitsgerichte gegeben ist (§ 2 Abs. 1 Nr. 1 Halbsatz 2 ArbGG.), gleichfalls unter die Patentstreitsachen zu rechnen sein, weil oft die Entscheidung über Wert und Bedeutung einer Erfindung gerade von der Beurteilung technischer Fragen abhängt, die beim Gericht besondere Sachkunde und Erfahrung voraussetzen.

Geht man hiervon aus, so ist die Klage nicht nur insoweit zweifellos eine Patentstreitsache, als sie auf die Unterlassung der Anmeldung von Schutzrechten, also auch von Patenten, gerichtet ist, welche die vom Beklagten an Explosionsrammen vorgenommenen Verbesserungen betreffen und womit die Klägerin ihr eigenes, vom Beklagten übertragenes Recht auf das Patent im Sinne von § 3 PatG. geltend macht, sondern auch wegen der übrigen Klageansprüche, insoweit die Klägerin Rechte auf eine vom Beklagten gemachte Erfindung für sich in Anspruch nimmt. Im einzelnen gilt hierzu folgendes:

Auch die übrigen Unterlassungsansprüche sowie den Anspruch auf Herausgabe der bei H. hergestellten Stampframme leitet die Klägerin aus den Verträgen vom 21. Dezember 1939 und 23. Januar 1940 her. Jn § 1 des zweiten Vertrages erkennt der Beklagte an, daß die von ihm entworfene und bei Gebr. B. hergestellte (erste) Ramme eine im Betriebe der Klägerin von ihm gemachte Erfindung darstelle. Nach § 3 des Vertrags verpflichtet sich die Klägerin, nach den Zeichnungen des Beklagten eine Ramme zu bauen, fertig zu entwickeln und — unter Beachtung der Kriegsverhältnisse — verkaufsreif zu machen. Der Beklagte verpflichtet sich seinerseits ausdrücklich, der Entwicklung der Ramme auch künftig seine Tätigkeit zu widmen. Aus diesen vom Beklagten übernommenen Verpflichtungen, denen noch weitere im einzelnen vertraglich festgelegte Verpflichtungen der Klägerin gegenüberstehen, z. B. auf Zahlung einer Vergütung von 5000 RM. mit der Aussicht auf spätere Entrichtung von Lizenzgebühren, schließt die Klägerin, daß das Recht auf alle vom Beklagten an Explosionsrammen vorgenommenen Verbesserungen, soweit sie erfinderischen Gehalt haben, durch den Vertrag auf sie übergegangen sei, mögen sie in den Ansprüchen der an die Klägerin übertragenen Patentanmeldungen niedergelegt sein oder sich aus dem Bau der bei H. hergestellten (zweiten) Ramme ergeben. Sie meint, daß eine anderweite Verwertung dieser Erfindungen durch den Beklagten die Verträge verletzen würde. Der Herausgabeanspruch auf die letztbezeichnete Ramme wird noch besonders damit begründet, daß diese eine nach dem Vertrage vom Beklagten vorzunehmende Weiterentwicklung darstelle und daß daher auch die in ihr verkörperten Erfindungen der Klägerin als Betriebs- oder Diensterfindung zuständen. Sie macht nicht etwa geltend, daß die an sie übergegangenen Patentanmeldungen schon patentrechtlichen Schutz genössen und deshalb eine Herstellung oder ein Vertrieb der Rammen, deren Erfindungsgedanken in den Anmeldungen niedergelegt seien, den vorläufigen Schutz im Sinne der §§ 6, 30 Abs. 1 PatG. verletzten. Würde dieser Schutz in Anspruch genommen, der aber nach der Aktenlage tatsächlich noch nicht eingetreten ist, so bildeten die geltend gemachten Ansprüche zweifelsfrei den Gegenstand einer Patentstreitsache.

Aber auch wenn die andern Klageansprüche, nämlich die Ansprüche auf Unterlassung der Herstellung und des Vertriebs sowie auf Gewährung von Ausübungsgebühren, nur auf jene Verträge gestützt werden, sind sie gleichwohl Gegenstand einer Patentstreitsache, weil sie eben damit begründet werden, daß die in den Explosionsrammen verkörperten Erfindungen der Klägerin zuständen.

Soweit zu den Schutzrechten, deren Anmeldung der Beklagte nach dem Klageantrage zu unterlassen hat, auch Gebrauchsmuster gehören sollten, hängt dieser Anspruch mit den übrigen Ansprüchen rechtlich und tatsächlich so eng zusammen, daß es nicht angezeigt ist, ihn einer gesonderten gerichtlichen Entscheidung zu unterwerfen. Der Verweisungsantrag des Beklagten ist nach § 19 GebrMG. zu spät gestellt und kann deshalb die Verweisung nicht rechtfertigen. Es würde jedoch einem dem Volksempfinden entsprechenden, zweckmäßigen Verfahren widersprechen, wenn man die weitere Behandlung der Sache, soweit sie nicht entscheidungsreif ist, nach Patentstreitsache und Nichtpatentstreitsache trennen wollte. In solchem Falle müssen die nicht patentstreitmäßigen Ansprüche den besonders zu behandelnden sonstigen Ansprüchen folgen.

Da somit das Berufungsgericht das Vorliegen einer Patentstreitsache zu Unrecht verneint hat und bei dieser Voraussetzung das Gericht erster Instanz nicht vorschriftsmäßig besetzt war, müssen gemäß § 551 Nr. 1 und § 564 ZPO. das angegriffene Urteil sowie das des ersten Rechtszugs aufgehoben werden. Die Sache ist an das Erstgericht zurückzuverweisen, und zwar, da das Landgericht in Stuttgart nach § 51 Abs. 2 PatG. und § 1 der Verordnung vom 10. September 1936 für Patentstreitsachen nicht zuständig ist, auf den im Revisionsverfahren zulässigerweise gestellten Hilfsantrag der Klägerin hin an das zuständige Landgericht in Frankfurt a. M.

Der unmittelbaren Verweisung an dieses Gericht steht die Entscheidung des Reichsgerichts vom 23. September 1930 (RGZ. Bd. 130 S. 53) nicht entgegen. Abgesehen davon, daß es zweifelhaft ist, ob, wie schon das Reichsgericht in der Entscheidung RGZ. Bd. 165 S. 374 bemerkt hat, jene im Schrifttum angegriffene Entscheidung heute noch aufrechterhalten werden könnte, handelt es sich dort nur um die Aufhebung der vorausgegangenen Urteile wegen Unzuständigkeit des Gerichts, also um einen Fall des § 565 Abs. 3 Nr. 2 ZPO., während hier die Frage der Zuständigkeit erst in zweiter Reihe in Betracht kommt. Würde überdies der Rechtsstreit an das Landgericht in Stuttgart gemäß § 565 Abs. 1 ZPO. zurückverwiesen werden, so würde dieses den Rechtsstreit auf Grund des Verweisungsantrags der Klägerin gemäß § 276 ZPO. an das zuständige Landgericht in Frankfurt a. M. verweisen müssen. Die unmittelbare Verweisung an dieses Gericht ist daher nicht nur rechtlich bedenkenfrei, sondern auch allein zweckmäßig.

Das Landgericht wird u. a. auch zu prüfen haben, ob die Klägerin die in den Explosionsrammen verkörperten Erfindungen des Beklagten auch insoweit für sich beanspruchen kann, als sie auf schöpferische Leistungen des Beklagten erst nach Beendigung des Dienstvertrags zurückzuführen sind, ferner ob die Unterlassungsansprüche bestimmt genug gefaßt oder bei ihrer Fassung nicht ähnliche Grundsätze anzuwenden sind, wie sie für die Unterlassungsansprüche aus P a t e n t rechten vom Reichsgericht aufgestellt wurden (GRUR. 1932 S. 447, 1935 S. 39 und 496; JW. 1935 S. 1574 [76] und S. 3039; MuW. 1936 S. 10).

RGZ. 170, 346

1. Ist der Patentinhaber durch eine die Nichtigkeitsklage ohne Aenderung der Ansprüche uneingeschränkt abweisende Entscheidung beschwert, wenn lediglich die Gründe eine einschränkende Auslegung der angegriffenen Ansprüche enthalten?

2. Welche Wirkung haben rechtskräftige Urteile im Patentnichtigkeitsverfahren?

3. Was ist unter Klarstellung eines Anspruchs im Patentnichtigkeitsverfahren zu verstehen?

Patentgesetz §§ 13, 39 Abs. 2, § 42.

I. Zivilsenat. Beschl. v. 2. Februar 1943.

I. Reichspatentamt.

Der Sachverhalt ergibt sich aus den

Gründen:

. . . Das Rechtsmittel der Beklagten ist unzulässig, weil die angefochtene Entscheidung sie nicht beschwert. Allerdings ist das Urteil auf Grund der Annahme zur Abweisung der Nichtigkeitsklage gelangt, Anspruch 4 des Streitpatents, das eine Graviermaschine mit frei beweglichem Pantographen darstelle, beziehe sich mit den nachgeordneten Ansprüchen nur auf eine Graviermaschine dieser Art. Nur auf Grund dieser Annahme konnte der Nichtigkeitssenat erwägen, der Grundgedanke des Anspruch 4, das Werkzeug (Stichel oder Führungsstift) der Graviermaschine in einer Ebene so zu führen, daß der Schnittdruck von Hand nur in einer Richtung aufgefangen zu werden brauche, sei nach dem durch die britischen Patentschriften bezeichneten Stande der Technik für Graviermaschinen mit Auslegerarm bekannt und deshalb in der Form eines nach Belieben unwirksam zu machenden Zusatzgeräts nur noch für Graviermaschinen mit frei beweglichem Pantographen patentfähig, und sich im Hinblick auf den so gewürdigten Stand der Technik mit der Folgerung begnügen, der Gegenstand des Anspruchs 4, die abnehmbare Führung des Werkzeugs, sei als Ausführungsform des bezeichneten Grundgedankens eine schutzwürdige Erfindung. Wäre der Nichtigkeitssenat bei dieser Feststellung der Meinung gewesen, daß sich Anspruch 4 nicht lediglich auf Graviermaschinen mit frei beweglichem Pantographen beziehe, so hätte er die Frage, ob auch bei Graviermaschinen mit Auslegerarm die abnehmbare Führung des Werkzeugs sinnvoll und patentfähig sei, unter Heranziehung der zum Stande der Technik getroffenen Feststellungen entscheiden und im Fall ihrer Verneinung eine Teilvernichtung des Anspruchs 4 aussprechen müssen. Für die uneingeschränkte Abweisung der Nichtigkeitsklage ist somit in der Tat die Ansicht des Nichtigkeitssenats entscheidend, daß Anspruch 4 des Streitpatents nach dem Gesamtinhalt der Patentschrift sich gegenständlich auf Graviermaschinen mit frei beweglichem Pantographen beschränke. Dies ändert indessen nichts daran, daß der Nichtigkeitssenat die auf Vernichtung der Ansprüche 4 bis 6 abzielende Nichtigkeitsklage in Uebereinstimmung mit dem Antrage der Beklagten in vollem Umfang abgewiesen hat, das Patent also unverändert so hat bestehen lassen, wie es nach seiner Meinung bei richtiger Würdigung des Inhalts der Patentschrift von der Erteilungsbehörde gewollt und erteilt worden ist.

Für die Frage, inwieweit im Nichtigkeitsverfahren ergehende Urteile der Rechtskraft fähig sind, und die damit in Zusammenhang stehende Frage, ob die unterliegende Partei durch das Urteil beschwert und daher zur Einlegung der Berufung befugt ist, gelten, wie das Reichsgericht seit jeher angenommen hat, die allgemeinen Verfahrensgrundsätze (RGZ. Bd. 59 S. 133, Bd. 86 S. 197 [199], Bd. 154 S. 140, Bd. 158 S. 1; RGUrt. vom 20. Mai 1903 I 27/03 in JW. 1903 S. 296 Nr. 25 = Blatt für Patent-, Muster- und Zeichenwesen [Bl.] 1903 S. 306; Urt. vom 29. April 1938 I 105/37 in Mitteilungen der Deutschen Patentanwälte [Mitt.] 1938 S. 238). Den genannten Entscheidungen ist folgendes zu entnehmen: Erforderlich ist mindestens eine förmliche Beschwerung des Rechtsmittelklägers, wenn die Berufung zulässig sein soll. Dieses Erfordernis ist nicht erfüllt, wenn die über den Klageanspruch getroffene Entscheidung dem Antrage des Rechtsmittelklägers in vollem Umfang entsprochen hat und nur die Begründung angegriffen wird. Die Urteilsgründe nehmen an der Rechtskraft der Entscheidung über den Klageanspruch nicht teil (vgl. auch Kisch Handbuch des Deutschen Patentrechts 1923 S. 401 Anm. 11, S. 404 Anm. 9). Die Entscheidung RGZ. Bd. 154 S. 140 hat nach diesen Rechtsgrundsätzen die Frage, ob der Patentinhaber gegen die eine Nichtigkeitsklage abweisende Entscheidung des Reichspatentamts deshalb Berufung einlegen könne, weil sein Patent in den Entscheidungsgründen zu Unrecht einschränkend ausgelegt worden sei, verneinend beantwortet. Sie gipfelt in der Folgerung, daß nach rechtskräftiger Abweisung der Nichtigkeitsklage durch das Reichspatentamt der Schutzumfang des Patents ohne Bindung an die in der Entscheidung ausgesprochene Auffassung lediglich nach dem der freien Würdigung des Verletzungsgerichts unterliegenden Stande der Technik zu bestimmen sei. Das Urteil RGZ. Bd. 158 S. 1 hat die Berufung des Patentinhabers gegen eine in Verbindung mit der Abweisung der Nichtigkeitsklage zur Klarstellung vorgenommene Anspruchsänderung zugelassen. Der wesentliche Unterschied des Streitfalls besteht darin, daß hier das Reichspatentamt den angefochtenen Anspruch 4 des Streitpatents nicht geändert oder neu gefaßt hat und daß infolgedessen das Streitpatent für den Rechtsverkehr noch mit dem Inhalt und in der Fassung besteht, die es durch die Erteilungsbehörde erhalten hat. Die Behauptung der Beklagten, das Reichspatentamt habe auch im Streitfall eine Klarstellung vorgenommen, trifft schon deshalb nicht zu, weil zum Wesen der Klarstellung, wie noch näher darzulegen ist, eine Fassungsänderung des umstrittenen Patentanspruchs gehört, die für die Auslegung des Anspruchs im Rechtsverkehr nicht nur für Gegenwart und Zukunft, sondern auch für in der Vergangenheit liegende Verletzungsfälle verbindlich ist. Die in den angeführten Urteilen niedergelegten Rechtsgrundsätze führen somit folgerichtig zu dem Ergebnis, daß im Streifalle die Berufung mangels Beschwer der Beklagten unzulässig ist, weil die angefochtene Entscheidung das Streitpatent weder ganz noch teilweise für nichtig erklärt, auch keine für den Rechtsverkehr bestimmte neue Fassung des Anspruchs verfügt, sondern sich mit der uneingeschränkten Abweisung der Nichtigkeitsklage begnügt und damit dem Hauptantrage der Beklagten entsprochen hat. Die mit dem Hilfsantrage der Beklagten vorgeschlagene Fassungsänderung des Anspruchs bezog sich nicht auf die hier erhebliche Frage, ob der genannte Anspruch sich auch auf Graviermaschinen mit Auslegerarm beziehe. Auf ihn war außerdem nur einzugehen, wenn das Reichspatentamt die unveränderte Aufrechterhaltung der angegriffenen Ansprüche und demgemäß die uneingeschränkte Abweisung der Klage nicht für angängig erachtet hätte.

Die Beklagte kann sich freilich demgegenüber darauf berufen, das Reichsgericht habe trotz grundsätzlicher Anerkennung, daß die Gründe des Urteils an der Rechtskraft der Entscheidung nicht teilnehmen und die rechtskräftige Abweisung der Nichtigkeitsklage Rechtskraft nur zwischen den Parteien des Nichtigkeitsstreits schafft (RGZ. Bd. 59 S. 133; Kisch a. a. O. S. 401 Text zu Anm. 14), den Gründen des die Nichtigkeitsklage abweisenden Urteils in anderen Entscheidungen für die Patentauslegung eine Wirkung beigelegt, die mit der Annahme unvereinbar sei, daß verfahrensrechtlich eine die Beklagte nicht beschwerende glatte Abweisung der Nichtigkeitsklage vorliege. Das Reichsgericht hat in einer Reihe von Urteilen angnommen, daß durch die Gründe eines die Nichtigkeitsklage in vollem Umfang abweisenden Reichsgerichtserkenntnisses der Gegenstand des Patents nicht nur für die Parteien des Nichtigkeitsstreits, sondern auch für die Allgemeinheit bindend festgelegt werde (RGUrt. vom 28. Mai 1932 I 304/31 in GRUR. 1932 S. 859; Urt. vom 7. Oktober 1933 I 74/33 in MuW. 1933 S. 571; Urt. vom 20. September 1941 I 118/40 in GRUR. 1942 S. 53 flg.). Erläuternd sagt dazu die zuletzt erwähnte Entscheidung, die zur Versagung der Nichtigkeit führenden Erwägungen seien als Ersatz und Ergänzung der Beschreibung heranzuziehen. Aus ihnen in Verbindung mit dem Inhalt und den Abbildungen der Patentschrift, soweit sie nicht mit den einschlägigen Ausführungen der Nichtigkeitsentscheidung im Widerspruch ständen, sei der Gegenstand der Erfindung unter Anwendung der üblichen Auslegungsgrundsätze zu entnehmen. Ausdrücklich ist zwar diese allgemeine

Wirkung nur klageabweisenden Entscheidungen des Reichsgerichts als des Berufungsgerichts zugeschrieben worden. Indessen ist kein Grund dafür ersichtlich, die angeführten Grundsätze, sofern sie als richtig anzuerkennen sind, auf Urteile des Reichsgerichts zu beschränken, da das Reichspatentamt häufig in die Lage kommt, über die Nichtigkeit von Patenten abschließend zu entscheiden, und den Verfahrensvorschriften des Reichspatentgesetzes wie überhaupt den allgemeinen Grundsätzen des Verfahrenrechts der Gedanke fremd ist, daß Urteilen des Berufungsgerichts für die Rechtsfolgen eine höhere Kraft innewohne als rechtskräftigen Entscheidungen des ersten Rechtsgangs. Dies muß um so mehr gelten, als nach Wegfall der Ausschlußfrist des § 37 Abs. 3 PatG. die Frage der Nichtigkeit während der ganzen Patentdauer zwischen andern Parteien von neuem aufgeworfen werden kann. Erkennt man den in der zuletzt erwähnten Entscheidung des Reichsgerichts aufgestellten Grundsatz als richtig an, daß bei uneingeschränkter Abweisung der Nichtigkeitsklage und unveränderter Aufrechterhaltung des Patents die das rechtskräftige Urteil der Nichtigkeitsbehörde tragenden Erwägungen über den Gegenstand des Patentschutzes für die Allgemeinheit und folglich für die Auslegung des Patents im Rechtsverkehr verbindlich sind und daß außerdem bei Widersprüchen zwischen den maßgeblichen Entscheidungsgründen und dem Inhalt der Patentschrift jene den Vorrang haben, so ist nicht zu verkennen, daß damit den Entscheidungsgründen des abweisenden Urteils im Nichtigkeitsverfahren eine Bedeutung beigelegt wird, die nicht in Einklang zu bringen ist mit den sonst als richtig anerkannten Rechtsgrundsätzen. Danach hat ein die Nichtigkeitsklage in vollem Umfang abweisendes und das Patent unverändert aufrechterhaltendes Urteil Rechtskraft nur zwischen den Parteien und sind die Gründe der Entscheidung zwar zu ihrer Erläuterung heranzuziehen, sie nehmen aber an der Rechtskraft nicht teil. Im Streitfalle gehen beide Parteien mit Recht übereinstimmend davon aus, daß nach den Entscheidungsgründen, die zur Abweisung der Nichtigkeitsklage geführt haben, Graviermaschinen mit Auslegerarm, die eine abnehmbare Führung für das Werkzeug haben, aus dem Gegenstande des Anspruchs herausfallen. Wäre die Ansicht der Beklagten zutreffend, daß diese Auffassung in Widerspruch stehe mit der Auffassung des über das Fachwissen des Anmeldetags verfügenden Durchschnittsfachmannes, der den Anspruch im Zusammenhange mit dem Gesamtinhalt der Patentschrift würdigt, so könnte sie es nach der wiedergegebenen Ansicht der Klägerin und auch Dritten gegenüber gleichwohl nicht geltend machen, wenn die Entscheidung des Reichspatentamts Rechtskraft erlangt. Sie würde vielmehr abwarten müssen, ob in einem neuen Nichtigkeitsverfahren, auf dessen Einleitung sie keinen Einfluß hat, eine ihrer Auffassung günstige abweisende Entscheidung ergeht. Für die Bewertung des Patents im Rechtsverkehr ist dies aber von erheblicher Bedeutung. Das Reichsgericht hat in seinem Urteil RGZ. Bd. 167 S. 339 (344) einerseits angenommen, daß selbst bei völliger Vorwegnahme eines Patents der nicht lediglich das dargestellte Ausführungsbeispiel umfassende, aus dem Wortlaut des Anspruchs sich ergebende Gegentand der Erfindung grundsätzlich als geschützt gelten müsse, und andererseits in jetzt ständiger Rechtsprechung bei der Auslegung von Patenten den Grundsatz befolgt, daß ein über den Gegenstand der Erfindung hinausgehender, allgemeinerer Erfindungsgedanke nur dann als durch das Patent geschützt angesehen werden kann, wenn er durch die Patentschrift ausreichend offenbart ist und sämtliche Erfordernisse der Patentfähigkeit erfüllt (RGUrt. vom 20. August 1940 I 169/39 in GRUR. 1940 S. 540, RGUrt. vom 1. Oktober 1940 I 157/38 in GRUR. 1940 S. 543); mithin ist die allgemein verbindliche Feststellung des Gegenstandes der Erfindung durch ein abweisendes rechtskräftiges *Urteil der Nichtigkeitsbehörde nicht bloß als Grundlage* für die Auslegung des Patents, sondern auch für seine Durchsetzung und Bewertung im Rechtsverkehr wesentlich. Mit der Abgrenzung des Gegenstandes der Erfindung ändert sich also auch die Möglichkeit einschränkender oder erweiternder Patentauslegung, wie auch durch die einschränkende Auslegung des Gegenstandes im Nichtigkeitsverfahren schon die Frage der Offenbarung einer weitergehenden Lösung durch das Patent in Zweifel gezogen wird. Im Streitfall könnte, wenn Anspruch 4 sich gegenständlich auf Graviermaschinen mit Auslegerarm erstreckt, nicht bestritten werden, daß das Streitpatent auch für solche Maschinen die abnehmbare Führung des Werkzeugs schützt, weil durch den im Nichtigkeitsverfahren erörterten Stand der Technik eine solche Führung nicht bekanntgeworden ist.

Schon diese Erwägungen ergeben nicht unerhebliche Bedenken gegen die Richtigkeit der im Urteil des Reichsgerichts in GRUR. 1942 S. 53 flg. angenommenen Grundsätze für die allgemeinverbindliche Wirkung des abweisenden Urteils im Nichtigkeitsstreit. Sie führen folgerichtig dazu, daß im Streitfall eine Beschwerung der Beklagten nicht verneint werden könnte, weil danach je nach der Abgrenzung des Gegenstands der Erfindung in den Entscheidungsgründen sich die Tragweite des die Nichtigkeitsklage uneingeschränkt abweisenden Urteils ändert und es infolgedessen dem Patentinhaber offen stehen muß, mit der Berufung geltend zu machen, daß die die Entscheidung tragenden Erwägungen des Reichspatentamts über den Gegenstand des Schutzes mit dem Inhalt der Patentschrift und dem Stande der Technik unvereinbar seien (Jonas-Pohle ZPO., 16. Aufl., Bem. II A 2 und 3 zu § 511).

Die Tragweite des abweisenden Urteils im Nichtigkeitsverfahren läßt sich nur aus Wesen und Ziel der Nichtigkeitsklage erkennen. Vergleichbar ist die Nichtigkeitsklage den Rechtsgestaltungsklagen des Zivilprozesses, wenn sich auch daraus ein wesentlicher Unterchied ergibt, daß bei der Nichtigkeitsklage das Klagerecht nicht in bürgerlichrechtlichen Beziehungen der Parteien, sondern ausschließlich im öffentlichen Rechte wurzelt (Jonas-Pohle a. a. O., Vorbem. II 3 b Fußnote 51 vor § 253). Ziel der Klage ist eine Rechtsänderung durch die Nichtigkeitsbehörde; das der Klage entsprechende, rechtskräftige Urteil wirkt rechtsgestaltend, indem es das angegriffene Patent mit rückwirkender Kraft und mit Wirkung für und gegen alle vernichtet, so daß nunmehr die Rechtslage so anzusehen ist, als ob es nie bestanden hätte. Bei Vernichtung des Patents in vollem Umfange bleibt vom Schutzrecht und demgemäß auch von seinem „Schutzumfang" nichts mehr übrig (RGZ. Bd. 59 S. 133, Bd. 123 S. 113; RGUrt. vom 4. Juli 1941 I 123/40 DR. Ausg. A 1941 S. 2678 Nr. 25). Dahingestellt bleiben kann, ob die allgemeine Verbindlichkeit des das Patent für *nichtig* erklärenden Urteils in eigentlichem Sinn eine Rechtskraftwirkung ist. Sie steht jedenfalls in untrennbarem Zusammenhange mit der das Schutzrecht rückwirkend beseitigenden, rechtsgestaltenden Wirkung des rechtskräftigen Nichtigkeitsurteils (Jonas-Pohle a. a. O. Bem. VI 3 zu § 325; Kisch a. a. O. S. 401). Wird das angegriffene Patent nur teilweise rechtskräftig für nichtig erklärt, so wird es nur hinsichtlich dieses Teiles mit allgemeiner Wirkung rückwirkend vernichtet. In dem Umfang, in dem hiernach das Patent als nicht erteilt gilt, kann es auch nicht auf dem Umweg über den Begriff des „Schutzumfangs" praktisch wiederhergestellt werden. Die von Krauße (PatG., 2. Aufl., 1936 Bem. 7 D g γ zu § 6 S. 125) unterstellte „theoretische Möglichkeit", daß dem teilweise vernichteten Patent im Verletzungsprozeß ein Schutzumfang zuerkannt wird, der ganz oder teilweise das deckt, was durch Teilvernichtung ausgeschieden wurde, ist als mit der rechtsgestaltenden Wirkung des Urteils unvereinbar und deshalb als rechtlich unstatthaft abzulehnen. Der rückwirkenden Kraft und der allgemeinen Wirkung des die gänzliche Vernichtung des Patents oder sie teilweise aussprechenden rechtskräftigen Urteils entspricht es, daß der Ausspruch über die Erklärung der Nichtigkeit nach § 24 Ab. 1 Satz 2 und Abs. 4 PatG. in der Patentrolle eingetragen und im Patentblatt öffentlich bekanntgemacht wird. Es kommt darin zum Ausdruck, daß das teilweise vernichtete Patent für den Rechtsverkehr nur noch in dem Umfange rechtlichen Bestand hat, in dem es das Urteil hat bestehen lassen. Naturgemäß müssen die Gründe des die Teilvernichtung aussprechenden Urteils die Beschreibung des Patents insoweit ersetzen oder ergänzen, als sie durch die Teilvernichtung gegenstandslos geworden ist. Dies ändert indessen nichts daran, daß die Entscheidungsgründe als solche an der Rechtskraft des Urteils nicht teilnehmen, sondern nur zur Erläuterung dienen, in welchem Sinne die Teilvernichtung gewollt ist. Grundlage der Auslegung des teilweise vernichteten Patents ist die durch das Urteil festgestellte neue Fassung der Ansprüche. Insoweit die Enscheidungsgründe zur Rechtfertigung der Teilvernichtung dienen und den aufrechterhaltenen Rest des Patents erläutern, sind sie von dem Verletzungsrichter zusammen mit denjenigen Teilen der Beschreibung und der Patentzeichnungen, die auf das Aufrechterhaltene Bezug haben und dem Sinne der Teilvernichtung nicht widersprechen, als Auslegungsmittel zur Bestimmung des nach dem beschränkten Inhalt der Ansprüche bestehen gebliebenen Gegenstandes der Erfindung heranzuziehen. Dies hat nach den Grundsätzen zu geschehen, wie sie in der Rechtsprechung des Reichsgerichts (vgl. z. B. RGUrt. vom 30. August 1940 I 169/39 in GRUR. 1940 S. 540) entwickelt sind. Unzulässig ist eine Abgrenzung des Gegenstands der Erfindung oder eine erweiternde Auslegung des Patents, die dem Sinn und Zwecke der Teilvernichtung widersprechen würde.

Anders ist die Rechtslage, wenn die Nichtigkeitsklage uneingeschränkt und ohne Aenderung des Anspruchs abgewiesen wird. Dieser Ausspruch des Urteils kann nur bedeuten, daß der Anspruch auf Nichtigerklärung unbegründet ist, daß also das Patent, soweit es angegriffen worden ist, mit dem gleichen Inhalt und mit derselben Fassung, wie es erteilt worden ist, bestehen bleiben soll. Eine das Patent für den Rechtsverkehr ändernde Wirkung, insbesondere eine rechtsgestaltende Wirkung, kommt ihm nicht zu. Es fehlt damit die Rechtsgrundlage für die allgemeinverbindliche Wirkung eines solchen Urteils. Seine Rechtskraftwirkung ist, woran das Reichsgericht stets festgehalten hat (RGZ. Bd. 59 S. 133; RGUrt. in Blatt für Patent-, Muster- und Zeichenwesen [Bl.] 1903 S. 306), auf die Parteien des Nichtigkeitsstreits und ihre Rechtsnachfolger beschränkt (§§ 325 flg. ZPO.). Die rechtskräftige Abweisung einer Nichtigkeitsklage steht daher der Erhebung einer neuen Klage mit gleicher Begründung und gleichem Ziel durch unbeteiligte Dritte nicht entgegen. Die weder durch eine Rechtskraft- noch durch eine Feststellungswirkung zu erklärende Annahme, daß ein die Nichtigkeitsklage ohne Einschränkung nach dem Antrage des Patentinhabers abweisendes Urteil den Gegenstand des Patents mit allgemeiner Wirkung in einer eine abweichende Auslegung ausschließenden Weise feststelle, führt zu unlösbaren Schwierigkeiten im Rechtsverkehr. Im Gegensatz zu dem eine Vernichtung oder auch eine Klarstellung aussprechenden Urteil würde hier nicht der Entscheidung selbst, sondern den Entscheidungsgründen als solchen allgemeine Wirkung beigelegt, so daß jedermann in Fragen der Patentverletzung den dadurch festgelegten Gegenstand der Erfindung, und zwar gleichviel, ob eine weitere oder eine engere Auffassung als richtig anerkannt würde, bis zum Erlaß einer ein andere Auffassung billigenden Entscheidung der Nichtigkeitsbehörden gegen sich gelten lassen müßte, obgleich unbeteiligte Dritte keinen Einfluß auf die Gestaltung des Verfahrens und nach seinem Abschluß auch keine Möglichkeit der Einsicht in die Akten des abgeschlossenen Verfahrens haben. Auch könnte in Zweifel gezogen werden, ob einem älteren abweisenden Urteil des Reichsgerichts der Vorzug zu geben ist, wenn ihm eine gegen einen anderen Kläger ergangene jüngere Entscheidung des Reichspatentamts in der Auslegung des Erfindungsgegenstandes widerspricht. Keinesfalls darf im Widerspruch mit dem Inhalte der Patentschrift stehenden Ausführungen der abweisenden Entscheidung in dem Sinn allgemeine Wirkung zuerkannt werden, daß sie an die Stelle der Beschreibung treten. Die im Urteil des Reichsgerichts in GRUR. 1942 S. 53 flg. zur Begründung dieser Auffassung angeführten Urteile in GRUR. 1936 S. 927, 1937 S. 917, 1939 S. 363 betreffen Fälle der Teilvernichtung, in denen deren oben dargelegte Wirkung zu beachten war, auf die in den genannten Urteilen hingewiesen worden ist. Es muß hiernach im Einklang mit den Entscheidungen RGZ. Bd. 154 S. 140; RGUrt. in Bl. 1903 S. 306 (= JW. 1903 S. 296 Nr. 25) daran festgehalten werden, daß die Nichtigkeitsklage in vollem Umfang und ohne Aenderung der Ansprüche abweisende Urteile der Nichtigkeitsbehörde in Rechtskraft nur zwischen den Parteien des Verfahrens erwachsen und daß der Rechtskraft fähig nur die Entscheidung ist, der Anspruch auf Nichtigerklärung sei in dem Umfang, in dem er gestellt war, unbegründet. Die diese Entscheidung tragenden Gründe dienen nur zu ihrer Erläuterung (Lutter PatG., 10. Aufl., 1936 Bem. 2 zu § 13). Ihre Erwägungen über den Gegenstand der Erfindung bilden unabhängig davon, ob sie in einem einschränkenden oder erweiternden Sinne zu verstehen sind, für den Verletzungsrichter lediglich ein Hilfsmittel bei der Auslegung des Patents zur Bestimmung des Gegenstandes der Erfindung, wie sie nach den in der Rechtssprechung festgestellten Grundsätzen stattzufinden hat. Eine weitergehende Bedeutung für den Schutzumfang des Patents kann derartigen Erwägungen in den Gründen nicht beigelegt werden. Den in den Entscheidungen RGZ. Bd. 85 S. 230 (232), Bd. 86 S. 197 (202) gemachten Einschränkungen kann kein Gewicht beigelegt werden, da jetzt nach dem Wegfall der Ausschlußfrist des § 37 Abs. 3 PatG. das Reichspatentamt von unbeteiligten Dritten jederzeit von neuem zur Entscheidung über den Bestand des Patents angerufen werden kann.

Eine Besonderheit gilt nur für das die Nichtigkeitsklage abweisende Urteil, das in Verbindung hiermit im entscheidenden Teile die Fassung eines oder mehrerer Patentansprüche zum Zwecke der Klarstellung ändert. Neben der Teilvernichtung hat die Rechtsprechung obwohl es an einer gesetzlichen Grundlage hierfür fehlt, auch eine Berichtigung unklar gefaßter und den Sinn der Erfindung unvollkommen wiedergebender Patentansprüche zugelassen, wenn die wahre Bedeutung der Erfindung aus dem Gesamtinhalt der Patentschrift erkannt werden kann und der Stand der Technik nicht entgegensteht. Hiermit wird dem Bedürfnis des Rechtsverkehrs nach klar gefaßten Schutzrechten und Vermeidung von Auslegungsschwierigkeiten durch unzulängliche Patentansprüche Rechnung getragen (Pietzcker PatG. Bem. 21 zu § 10). Auch bei der Klarstellung wird der Patentanspruch für den Rechtsverkehr durch die Entscheidung in der Fassung geändert, allerdings nur zu dem Zwecke, die dem Inhalte der Patentschrift entsprechende wahre Bedeutung der Erfindung unzweideutig auszudrücken. Ihr muß daher ebenfalls allgemeinverbindliche Wirkung zukommen, weil ihrem Zwecke nach der geänderte Anspruch im Rechtsverkehr der Auslegung des Patents so zugrunde zu legen ist, als ob der Anspruch in dieser Fassung von der Erteilungsbehörde gewährt worden wäre. Daraus folgt, daß eine der Klarstellung des Anspruchs widersprechende Bestimmung des Gegenstandes der Erfindung durch den Verletzungsrichter unzulässig ist. Die Entscheidungsgründe des Urteils bilden im übrigen in diesem Fall in gleicher Weise ein Hilfsmittel der Auslegung, wie dies für eine ohne Aenderung des Anspruchs ausgesprochene, uneingeschränkte Abweisung der Nichtigkeitsklage dargelegt worden ist.

Im Streitfall ist die Beklagte durch die angefochtene Entscheidung nicht beschwert, weil diese die Nichtigkeitsklage ohne Aenderung der angegriffenen Ansprüche, also ohne Klarstellung im dargelegten Sinn, in vollem Umfang abgewiesen hat und die lediglich in den Entscheidungsgründen enthaltenen einschränkenden Erwägungen keine für die Beklagte nachteilige Wirkung haben. Eine weitergehende Entscheidung als die uneingeschränkte Abweisung der Nichtigkeitsklage ist zugunsten der Beklagten nicht möglich. Die Berufung muß deshalb als unzulässig verworfen werden.

RGZ. 171, 227.

1. Wann ist eine gemäß § 41 Abs. 1 PatG. erlassene einstweilige Verfügung als von Anfang an ungerechtfertigt anzusehen?

2. Hat derjenige, der auf Grund einer einstweiligen Verfügung ein fremdes Patent benutzt hat, dafür an den Patentinhaber eine Vergütung zu entrichten?

3. Ist die Entscheidung hierüber vom ordentlichen Gericht oder vom Reichspatentamt zu treffen?

4. Kann die Vergütung in der Weise ausgeworfen werden, daß der Patentbenutzer eine bestimmt feste Summe und außerdem einen Hundertsatz vom Werte jedes nach dem Patent hergestellten Gegenstandes zu zahlen hat?

Patentgesetz § 41 Abs, 1, 5. GVG. § 13.

I. Zivilsenat. Urt. v. 29. Juni 1943.

I. Landgericht I Berlin. II. Kammergericht daselbst.

Die Klägerin besitzt die ausschließliche Lizenz an einer Reihe von Patenten, deren Inhaber ihr früherer Geschäftsführer P. war. Die Patente betreffen Erfindungen auf dem Gebiete des sogenannten Kohlenstaubmotors. Im September 1937 beantragte die Beklagte beim Reichspatentamt die Erteilung einer Zwangslizenz und gleichzeitig den Erlaß einer einstweiligen Verfügung auf vorläufige Gestattung der Benutzung der Patente. Am 15. November 1937 wurde die beantragte einstweilige Verfügung erlassen. Der Beklagten wurde die Erlaubnis zur vorläufigen Benutzung der Patente unter der Voraussetzung gegeben, daß sie vorher eine Sicherheit in Höhe von 100 000 RM. stelle. Bei Bestellung von mehr als drei Kohlenstaubmotoren sollte sich die Sicherheit um 50 000 RM je Motor erhöhen. Dabei erklärte das Reichspatentamt, es sehe im Verfahren über die einstweilige Verfügung von der Festsetzung einer Lizenzgebühr ab, da es hier nur darauf ankomme, ob der damaligen Klägerin (der jetzigen Beklagten) überhaupt die Benutzungserlaubnis als solche zugesprochen werden könne, während die Festsetzung der Gebührenhöhe als wichtigster Gegenstand der Zwangslizenzentscheidung selbst dieser vorbehalten bleiben müsse.

In der Hauptsache des Zwangslizenzverfahrens entschied das Reichspatentamt am 16. Juni und am 22. September 1938 im wesentlichen wie folgt:

1. Die Klägerin — jetzige Beklagte — hat nach Rechtskraft der Entscheidung sofort einen einmaligen Betrag von 400 000 RM. an den Beklagten — den damaligen Geschäftsführer der jetzigen Klägerin — zu zahlen.

2. Die Klägerin hat ferner 7 v. H. des Rechnungspreises eines jeden Kohlenstaubmotors, mindestens jährlich 10 000 RM., zu zahlen.

Bevor die Entscheidung des Reichsgerichts über die von den Parteien eingelegte Berufung erging, hat die Beklagte am 6. Dezember 1939 den Antrag auf Erteilung der Zwangslizenz zurückgenommen.

Die Klägerin verlangt von der Beklagten die Zahlung gewisser Beträge unter dem Gesichtspunkt einer angemessenen Vergütung dafür, daß die Beklagte während des Bestehens der einstweiligen Verfügung die Patente zwei Jahre und einen Monat habe benutzen können, und unter dem Gesichtspunkt des Schadensersatzes, weil die einstweilige Verfügung von Anfang an ungerechtfertigt gewesen sei. . . . Die Klägerin hat . . . beantragt, die Beklagte zur Zahlung von 20 000 RM., von 10 833,33 RM. und von 19 320 RM., je nebst Zinsen, zu verurteilen.

Das Landgericht hat dem Klageantrag entsprochen. Im Berufungsverfahren hat die Klägerin u. a. ihr Begehren wegen der 10 833,33 RM. und der 19 320 RM., je nebst Zinsen, aufrechterhalten und ferner beantragt, die Beklagte zu verurteilen, ihr einen vom Gericht festzusetzenden angemessenen weiteren Betrag, mindestens jedoch 400 000 RM. nebst Zinsen zu zahlen. Das Kammergericht hat der Klägerin

10 833,33 RM., 12 320 RM. und 200 000 RM., je nebst Zinsen, zugesprochen. Die Revision der Klägerin war erfolglos. Die Revision der Beklagten führte zur Aufhebung und Zurückverweisung.

Aus den Gründen:

1. und 2. . . .

3. . . . Zutreffend ist der Ausgangspunkt des Kammergerichts, daß das über den Schadensersatzanspruch aus § 41 Abs. 5 PatG. erkennende Gericht, nachdem die einstweilige Verfügung durch die Rücknahme des Antrags auf Erteilung einer Zwangslizenz unwirksam geworden sei, selbständig zu prüfen habe, ob die einstweilige Verfügung gerechtfertigt gewesen sei, und daß es dabei auf die Sachlage zur Zeit des Erlasses der einstweiligen Verfügung ankomme. Die von der Klägerin im Revisionsverfahren vertretene Meinung, eine solche selbständige Prüfung sei deshalb nicht statthaft gewesen, weil in der Rücknahme des Antrags auf Zwangslizenz durch die Beklagte ein Verzicht auf den Anspruch gelegen und damit festgestanden habe, daß die einstweilige Verfügung zur Sicherung eines nicht bestehenden Anspruchs erlassen worden und infolgedessen ungerechtfertigt gewesen sei, ist abzulehnen. Die Beklagte hat in ihrer Eingabe vom 6. Dezember 1939 erklärt, die eigenen umfangreichen Versuchsarbeiten im Zusammenhange mit den augenblicklichen politischen und wirtschaftlichen Verhältnissen hätten sie zu der Ueberzeugung gebracht, daß ein weiterer Aufwand an Arbeitskraft und Geldmitteln für die Fortsetzung der Entwicklungsarbeiten nicht vertreten werden könne; deshalb habe sie ihre Versuche eingestellt und kein Interesse mehr an der mit der Klage in Anspruch genommenen Zwangslizenz. Daraus geht also nur hervor, daß die Beklagte jetzt, im Dezember 1939, auf das Recht, die Patente weiter zu benutzen, keinen Wert mehr legte, weil sie noch keinen praktisch allenthalben verwendbaren Motor hatte bauen können und weil die inzwischen eingetretene, auf den Kriegsausbruch zurückzuführende Aenderung der Verhältnisse ein Weiterarbeiten nicht mehr lohnend erschienen ließ; es ist aber keineswegs daraus zu entnehmen, daß es von vornherein an den Voraussetzungen für eine Zwangslizenz gefehlt habe. Deshalb kann auch unerörtert bleiben, ob in anderen Fällen die Tatsache allein, daß der Antrag im Hauptverfahren zurückgenommen wird, für die Feststellung genügen kann, die einstweilige Verfügung sei von Anfang an ungerechtfertigt gewesen.

Rechtlich nicht haltbar sind dagegen die Erwägungen, mit denen das Kammergericht dazu kommt, daß die einstweilige Verfügung in Wahrheit sachlich nicht gerechtfertigt gewesen sei. Was zunächst den Gesichtspunkt anlangt, das Reichspatentamt hätte die einstweilige Verfügung deshalb nicht gewähren dürfen, weil die Beklagte dem Erfinder keine angemessene Vergütung für die Erlaubnis zur Benutzung der

Patente angeboten habe, so übersieht das Kammergericht, daß nach ständiger Rechtsprechung derjenige, der eine Zwangslizenz begehrt, seiner Verpflichtung, eine angemessene Vergütung anzubieten, bereits dadurch genügt, daß er seine Bereitschaft dazu grundsätzlich erklärt, während nicht verlangt werden kann, daß er gerade oder annähernd die Summe nennt, die später vom Reichspatentamt für angemessen gehalten wird (vgl. Tetzner PatG. Bem. 10 zu § 15). Die Nennung bestimmter Summen ist überhaupt nicht nötig, und sie ist, wenn sie erfolgt, regelmäßig nur als ein Vorschlag anzusehen, es sei denn, daß der Antragsteller zu erkennen gibt, er wolle keinesfalls mehr zahlen. Aber auch die Erwägung des Kammergerichts, die Dringlichkeit sei nicht gegeben gewesen, schlägt nicht durch. Es kann nicht anerkannt werden, daß zwar die gemäß § 15 Abs. 1 PatG. abgegebene Erklärung der Reichsregierung, die Erlaubnis zur Benutzung des Patents sei geboten, um die Belange der Volksgemeinschaft zu wahren, auf ihre sachliche Richtigkeit hin der Prüfung des Reichspatentamts nicht unterliege, daß aber die Erklärung der Reichsregierung nach § 41 Abs. 1 PatG., die alsbaldige Erteilung der Erlaubnis erscheine zur Abwendung wesentlicher Nachteile für die Volksgemeinschaft dringend geboten, bloß als eine gutachtliche und daher vom Reichspatentamt und im Schadensersatzprozeß von den ordentlichen Gerichten nachprüfbare und nachzuprüfende Meinungsäußerung zu werten sei. Eine solche Unterscheidung wird weder dadurch gerechtfertigt, daß die Zwangslizenz gemäß § 15 Abs. 1 PatG. gewährt werden muß, wenn die dort vorgesehene Erklärung vorliegt und die sonstigen Voraussetzungen erfüllt sind, die einstweilige Verfügung nach § 41 PatG. dagegen auch in diesem Falle nicht unbedingt erlassen zu werden braucht, sondern es im Ermessen des Reichspatentamts steht, ob sie erlassen werden soll; noch wird die Unterscheidung dadurch gerechtfertigt, daß die Erklärung der Reichsregierung nach § 15 Abs. 1 PatG. dahin geht, die Erlaubnis „sei" geboten, nach § 41 Abs. 1 PatG. aber dahin, sie „erscheine" geboten. Die beiden Voraussetzungen, ob die Erteilung der Benutzungserlaubnis an den Antragsteller zur Wahrung der Belange der Volksgemeinschaft überhaupt geboten und ob die Erlaubnis zur Abwendung wesentlicher Nachteile für die Volksgemeinschaft alsbald zu erteilen sei, hängen so eng miteinander zusammen, daß man annehmen muß, das Gesetz habe die Prüfung beider Voraussetzungen dem Reichspatentamt (und im Rechtsmittelverfahren dem Reichsgericht) entziehen wollen und ausschließlich der Reichsregierung als der zur Wahrung der Belange der Allgemeinheit vornehmlich zuständigen Stelle zugewiesen, die in weit höherem Maß als das Reichspatentamt und das Reichsgericht einen Ueberblick über die gesamten wirtschaftlichen Verhältnisse des deutschen Volkes hat. In diesem Sinne hat das Reichsgericht auch bereits in seinem Beschlusse I B 1/41 vom 2. Mai 1941 (GRUR. 1941 S. 278,

MuW. 1941 S. 165, PatAnwMitt. 1941 S. 105, DR. Ausg. A 1941 S. 1962 Nr. 13) entschieden und hinzugefügt, daß, wenn eine derartige Erklärung vorliege, das pflichtmäßige Ermessen in aller Regel dazu führen müsse, die einstweilige Verfügung zu erlassen. Dazu mag noch folgendes bemerkt werden: Können die Vergütung und die etwaigen sonstigen Bedingungen der Zwangslizenz alsbald festgestellt werden, so muß schon auf Grund der nach § 15 PatG. ausgestellten, vom Reichspatentamt auch nach der Ansicht des Kammergerichts nicht auf ihre sachliche Richtigkeit nachprüfbaren Bescheinigung der Reichsregierung die Benutzungserlaubnis sofort erteilt werden, da das Reichspatentamt die Entscheidung nicht ohne Grund hinauszögern darf, und der Antragsteller erhält alsbald das Recht, das Patent zu benutzen. Ist das nicht sofort möglich, weil die Ermittlung der angemessenen Vergütung Schwierigkeiten bereitet, und wird daher eine einstweilige Verfügung nach § 41 PatG. erlassen, ohne daß darin eine Entschädigung festgesetzt wird, so ist die Rechtslage des Patentinhabers im wesentlichen dieselbe; ihm entsteht nur der Nachteil, daß er nicht alsbald weiß, mit welcher Vergütung er zu rechnen hat. Das Vorhandensein dieses verhältnismäßig geringfügigen Nachteils, der überdies in gewissem Maße dadurch behoben werden kann, daß dem Lizenzwerber die Leistung einer Sicherheit auferlegt wird, so daß der Patentinhaber auf alle Fälle gedeckt ist (§ 41 Abs. 2 Satz 2 PatG.), rechtfertigt aber nicht die Annahme, das Gesetz habe in diesem Falle die Prüfung und Wahrung der Belange der Allgemeinheit, die einen umfassenden Ueberblick über die gesamte deutsche Volkswirtschaft und Technik voraussetzt, dem Reichspatentamt übertragen, die Reichsregierung in die Stellung eines Gutachters zurückdrängen und das Reichspatentamt nötigen wollen, selbständig möglicherweise schwierige und zeitraubende Ermittlungen darüber anzustellen, ob die allgemeinen wirtschaftlichen Verhältnisse die Erteilung der Erlaubnis wirklich dringend erfordern, obwohl schon eine andere Amtsstelle, eben die Reichsregierung, vor der Ausstellung der in § 41 Abs. 1 PatG. vorgesehenen Bescheinigung dieselbe Frage hatte prüfen müssen und geprüft hat und obwohl die zur endgültigen Gewährung der Benutzungserlaubnis führende und daher viel weiter tragende Bescheinigung derselben Reichsregierung nach § 15 Abs. 1 PatG. vom Reichspatentamt ohne eigene Prüfung auf ihre sachliche Richtigkeit hingenommen werden muß.

Eine Einschränkung ist jedoch zu machen. Jene Erklärung der Reichsregierung würde nämlich dann keine geeignete Grundlage für eine einstweilige Verfügung gebildet haben, und eine gleichwohl erlassene Verfügung würde von Anfang an sachlich ungerechtfertigt gewesen sein, so daß der Schadensersatzanspruch aus § 41 Abs. 5 PatG. gegeben sein würde, wenn die Entscheidung der Reichsregierung über die Notwendigkeit der Erteilung der Benutzungserlaubnis an sich oder über die Notwendigkeit ihrer alsbaldigen Erteilung nicht nach pflichtmäßigem, auf sachlichen Erwägungen beruhendem Ermessen getroffen worden wäre, sondern wenn sie auf reiner Willkür oder auch auf einem mit einer ordnungsmäßigen Verwaltung schlechterdings nicht vereinbaren fehlerhaften Verhalten der zuständigen Beamten beruht hätte. Das hat jedoch die Klägerin nicht behauptet, und der Sachverhalt bietet dafür auch nicht den geringsten Anhalt. Außerdem aber wird man dem über einen Schadensersatzanspruch nach § 41 Abs. 5 PatG. erkennenden Gericht eine Nachprüfung auch in der Richtung zugestehen müssen, ob etwa die der Reichsregierung vorgelegten Unterlagen sachlich unrichtig waren, falls das Vorbringen dessen, der den Schadensersatzanspruch geltend macht, dazu Veranlassung gibt. Waren die Unterlagen so unrichtig, daß mit Sicherheit angenommen werden kann, die Reichsregierung würde bei Kenntnis des wahren Sachverhalts nach pflichtmäßigem Ermessen jene Erklärung nicht abgegeben haben, so müßte eine auf sie gestützte einstweilige Verfügung ebenfalls als ungerechtfertigt angesehen werden. Das Kammergericht trifft jedoch in dieser Richtung keine Feststellungen, sondern führt nur aus, es erscheine nicht ausgeschlossen, daß die Beklagte seinerzeit das Reichswirtschaftsministerium nicht erschöpfend unterrichtet, ihm insbesondere nicht mitgeteilt habe, daß sie das Zwangslizenzverfahren nur betreibe, um sich zunächst einmal durch Versuchsarbeiten ein Urteil über die Brauchbarkeit und die Fortschrittlichkeit der Erfindung zu verschaffen. Daß diese Möglichkeit nicht ausgeschlossen erscheint, genügt aber nicht.

Der dem Kammergericht insoweit unterlaufene Rechtsirrtum nötigt jedoch nicht zur Aufhebung des angefochtenen Urteils. Denn die Klägerin kann, wie (in dem nicht abgedruckten Teile des Urteils) dargelegt, auf Grund der ihr von dem Patentinhaber P. erteilten Ermächtigung nur den Anspruch auf eine angemessene Vergütung geltend machen. Diesen Anspruch aber hat das Kammergericht noch aus einem anderen, sogleich zu erörternden Gesichtspunkt als begründet angesehen; und seine Ausführungen zur Höhe der Vergütung ergeben, daß seine Entscheidung hierüber nicht dadurch beeinflußt worden ist, daß es den Anspruch auch aus § 41 Abs. 5 PatG. hergeleitet hat.

4. Dieser andere Gesichtspunkt ist der, daß derjenige, dem durch eine einstweilige Verfügung des Reichspatentamts die Benutzung eines Patentes gestattet worden sei, zum mindesten dann an den Patentinhaber eine angemessene Vergütung entrichten müsse, wenn er von der Erlaubnis Gebrauch gemacht, das Patent also tatsächlich benutzt habe.

Daß grundsätzlich eine solche Verpflichtung bestehe, haben sowohl das Landgericht als auch das Kammergericht angenommen, und auch die Beklagte hat es im Rechtsrügeverfahren nicht mehr bezweifelt.

Dem ist beizutreten. Das Gesetz nennt als eine der Voraussetzungen für die Gewährung der Benutzungserlaubnis durch das Reichspatentamt (die Erteilung einer Zwangslizenz) ausdrücklich, daß sich der Lizenzwerber zur Zahlung einer angemessenen Vergütung erboten habe (§ 15 Abs. 1 Satz 1 PatG.), und bestimmt in § 41 Abs. 1 PatG., daß durch die einstweilige Verfügung die Benutzung des Patents nur gestattet werden könne, wenn die Voraussetzungen des § 15 Abs. 1 PatG. glaubhaft gemacht seien. Hieraus ergibt sich deutlich der Wille des Gesetzgebers, daß für die Benutzung des Patents eine angemessene Entschädigung zu zahlen sei, wie das Gesetz auch in dem Falle, daß eine Erfindung nach der Bestimmung der Reichsregierung zur Förderung des Wohles der Volksgemeinschaft oder im Auftrage des zuständigen Reichsministers oder der ihm nachgeordneten zuständigen Behörde für die Zwecke der Landesverteidigung benutzt wird, dem Patentinhaber einen Anspruch auf eine angemessene Vergütung gewährt (§ 8 Satz 2 PatG.).

Es bestehen auch keine durchgreifenden Bedenken dagegen, daß dann, wenn die Höhe der Vergtüung noch nicht durch eine nicht mehr anfechtbare Entscheidung des Reichspatentamts (oder im Rechtsmittelverfahren des Reichsgerichts) festgesetzt worden ist, die ordentlichen Gerichte über sie erkennen. Die Tatsache allein, daß die Beklagte die Patente auf Grund eines rechtsgestaltenden Verwaltungsaktes des Reichspatentamts — der von diesem der Beklagten in der einstweiligen Verfügung gewährten Erlaubnis — benutzt hat, kann noch nicht zu der Folgerung führen, daß dem Anspruch auf die angemessene Vergütung für jene Benutzung der Rechtsweg vor den ordentlichen Gerichten ganz oder zum Teil verschlossen wäre. Auch sonstige Erwägungen nötigen nicht zu der Annahme, der Streit sei nicht wie andere Streitigkeiten zwischen zwei Privatpersonen vor den ordentlichen Gerichten auszutragen. Die Festsetzung der für die Benutzung des Patents zu entrichtenden Vergütung ist allerdings ein wesentlicher Teil des Zwangslizenzverfahrens, in dem der rechtsgestaltende Verwaltungsakt ergeht, und es ist, wenn sich die Behörden dieses Verfahrens in ihrer Entscheidung darüber ausgesprochen haben, welche Gegenleistung der Nehmer der Zwangslizenz zu erbringen habe, für eine abweichende Entscheidung des ordentlichen Gerichts hierüber kein Raum mehr. Daraus folgt aber noch nicht, daß die ordentlichen Gerichte auch dann nicht erkennen dürften, wenn keine solche endgültige Entscheidung der Behörden des Zwangslizenzverfahrens vorliegt, wie das hier der Fall ist, wo das Reichspatentamt in zulässiger Weise beim Erlaß der einstweiligen Verfügung die Entscheidung über die Vergütung dem eigentlichen Zwangslizenzverfahren (dem Hauptverfahren) überlassen hat und in dem Hauptverfahren infolge der Rücknahme des Antrags keine abschließende Entscheidung ergangen ist. Man könnte freilich daran denken, in einem solchen Falle müsse entweder das Verfahren über die einstweilige Verfügung wieder aufgenommen oder das Hauptverfahren trotz der Rücknahme des Antrags auf Erteilung einer Zwangslizenz gleichwohl fortgesetzt werden mit dem Ziele, daß nunmehr noch die Vergütung für die Benutzung des Patents für die Zeit zu bestimmen sei, in der es auf Grund der einstweiligen Verfügung tatsächlich benutzt worden ist. Das würde jedoch eine Ausnahme von der Regel bedeuten, daß in einem Verfahren zwischen zwei Privatpersonen, das nur auf einen Antrag hin in Gang gesetzt wird, keine sachliche Entscheidung mehr zu treffen ist, wenn der Antrag, der es in Gang gebracht hat, zurückgenommen und das darin enthaltene Begehren nicht weiterverfolgt wird. Der Antrag ging lediglich dahin, der jetzigen Beklagten solle die Erlaubnis zur Benutzung der Patente erteilt werden, und nicht auch dahin, es solle festgesetzt werden, welche Vergütung für die Benutzung zu zahlen sei. Es ist aber auch nicht so, daß das Gesetz die Feststellung oder Festsetzung der angemessenen Vergütung für eine Patentbenutzung in allen Fällen dem Nichtigkeitssenat des Reichspatentamts (§ 18 Abs. 1 Nr. 3 PatG.) übertragen hätte, so daß man annehmen müßte, der Gesetzgeber halte nur ihn für geeignet, die angemessene Vergütung zu ermitteln. Vielmehr hat das Gesetz im Falle der Lizenzbereitschaft zwar auch das Reichspatentamt für zuständig erklärt, aber nicht den Nichtigkeitssenat, sondern die Patentabteilung (§ 14 Abs. 4 Satz 2, § 18 Abs. 1 Nr. 2 PatG.); und es hat für den Fall, daß eine Erfindung auf Grund einer hoheitlichen Maßnahme zur Förderung des Wohles der Volksgemeinschaft oder für die Zwecke der Landesverteidigung benutzt wird, die Entscheidung über die vom Reich zu zahlende Vergütung gerade dem ordentlichen Gericht übertragen (§ 8 Satz 3 PatG.), den Rechtsweg vor den ordentlichen Gerichten mitlin ausdrücklich eröffnet. Die ordentlichen Gerichte haben auch zu entscheiden, wenn Schadensersatz wegen einer widerrechtlichen Patentbenutzung gefordert und als solcher, was nach der Rechtsprechung und der Rechtslehre zulässig ist und vielfach geschieht, die angemessene Lizenzgebühr verlangt wird (§ 47 Abs. 2, § 51 Abs. 1 Satz 2 PatG.). Den ordentlichen Gerichten, und zwar den nach § 51 Abs. 2 bestimmten Landgerichten und den ihnen übergeordneten Oberlandesgerichten, ist daher auch die Ermittlung dessen, was als Vergütung für die Benutzung eines Patents zu leisten sei, durchaus geläufig.

5. Das Kammergericht hat der Klägerin zugesprochen, 200 000 RM. als sogenannte einmalige Abfindung, weitere 10 833,33 RM. als sogenannte Mindestlizenz für 13 Monate, berechnet nach einem Jahresbetrage von 10 000 RM., und 12 320 RM. als Stücklizenz von 7 v. H. von 176 000 RM. für einen von der Beklagten hergestellten Motor. Die Klägerin will mit der Revision die Erhöhung der 200 000 RM. auf 400 000 RM. und die Erhöhung der 12 320 RM. auf 19 320 RM. er-

reichen. Die Beklagte erstrebt mit ihrem Rechtsmittel, daß ihre Verurteilung zur Zahlung der 200 000 RM. und der 10 833,33 RM. beseitigt werde, während sie nicht beanstandet, daß sie für den einen Motor als sogenannte Stücklizenz 12 320 RM. zu entrichten habe.

a) Bei der Bemessung der angemessenen Vergütung ist nicht davon auszugehen, was der klagende Patentinhaber selbst verlangt, oder von dem, was der verklagte Patentbenutzer bewilligt haben würde, wenn ein Lizenzvertrag zustande gekommen wäre; sondern maßgebend ist, was bei einer vertraglichen Einigung ein vernünftiger Patentinhaber gefordert und ein vernünftiger Lizenznehmer gewährt hätte. Maßgebend ist ferner, wenn die Lizenz nachträglich für eine in der Vergangenheit liegende, abgeschlossene Patentbenutzung festgesetzt wird, nicht das, was im Zeitpunkte der Erteilung der Benutzungserlaubnis oder im Zeitpunkte der Patentbenutzung bekannt war und wie man sich damals die künftige Entwicklung vorstellte; sondern maßgebend ist bei einer abgeschlossenen Patentbenutzung, wie sie hier vorliegt, der wirkliche Sachverhalt, wie er sich am Schlusse des Zeitraums darbot, in welchem das Patent benutzt worden war (vgl. RG. in PatAnwMitt. 1942 S. 70 [71]). Es ist also zu fragen, was vernünftige Vertragspartner vereinbart haben würden, wenn sie beim Eingehen des Lizenzvertrags, sofern das vor dem Ende des Benutzungszeitraums geschah, die künftige Entwicklung und namentlich die Zeitdauer und das Maß der Patentbenutzung vorausgesehen hätten, oder wenn sie zunächst die Angelegenheit in der Schwebe gelassen und erst nachträglich auf Grund des Sachverhalts, wie er sich nunmehr ergab, ihre Abmachung über die Art und Höhe der Vergütung getroffen hätten. Das hat auch das Kammergericht grundsätzlich nicht verkannt, wie trotz mancher Wendungen, die für sich allein auf eine andere Auffassung schließen lassen könnten, der Gesamtinhalt seiner Ausführungen ergibt.

Die Revision der Klägerin macht freilich geltend: Es gehe nicht an, jemanden, der eine einstweilige Verfügung erwirkt und auf Grund dieser Verfügung das Patent benutzt, dann aber den Antrag auf Erteilung einer Zwangslizenz zurückgenommen und mit der Benutzung aufgehört habe, besser zu stellen als denjenigen, der sich auch die Zwangslizenz habe erteilen lassen; das geschehe aber, wenn die Vergütung nicht nach den Verhältnissen bemessen würde, wie sie zur Zeit des Erlasses der einstweiligen Verfügung gewesen seien, und insbesondere nicht die Vergütung ausgeworfen würde, die nach der mutmaßlichen künftigen Entwicklung für die Befugnis zur Benutzung während der ganzen Dauer des Patents angemessen gewesen wäre, sondern wenn darauf Rücksicht genommen würde, wie lange und in welchem Umfange das Patent tatsächlich benutzt worden sei und wie lange die Befugnis zur Benutzung tatsächlich bestanden habe. Dem kann nicht zugestimmt werden. Denn daraus, daß im Zwangslizenzverfahren in aller Regel zu bestimmen ist, welche Vergütung für die künftige Benutzung oder die künftige Benutzungsmöglichkeit zu entrichten sei, und daß hier die voraussichtliche künftige Entwicklung in Betracht gezogen werden muß, folgt keineswegs, daß in den Fällen, in denen zur Zeit der Entscheidung eine künftige Benutzung nicht mehr in Frage kommt, sondern die tatsächliche Dauer der Benutzungsmöglichkeit feststeht und damit sicherere Grundlagen vorhanden sind, als sie bei der vorausschauenden Berücksichtigung der künftigen Entwicklung gegeben sein können, der Richter gleichwohl diese sichereren Grundlagen, die ein gerechtes Urteil ermöglichen, außer Betracht zu lassen hätte und statt dessen die Entscheidung auf Grundlagen aufbauen müßte, die sich vielleicht inzwischen bereits als falsch erwiesen haben.

b) Keine rechtlichen Bedenken bestehen dagegen, die angemessene Vergütung in der Weise auszuwerfen, daß von dem Wert oder dem Verkaufspreise der unter Benutzung des Patents oder der Patente oder einiger von ihnen gebauten Gegenstände ein Hundertsatz als sogenannte Stücklizenz zu zahlen und daneben noch als Entgelt eine gewisse Summe zu entrichten sei. Das kann insbesondere dann angebracht sein, wenn die in den Patenten geschützte Erfindung noch nicht derart entwickelt ist, daß sich ohne weiteres marktfähige Erzeugnisse in größeren Mengen herstellen ließen, sondern wenn noch erhebliche Arbeiten nötig sind, um hierzu zu gelangen. In solchen Fällen bringt schon die Möglichkeit, sich mit der Erfindung praktisch befassen und ungehindert durch den Patentschutz Versuchs- und Entwicklungsarbeiten durchführen zu können, einen erheblichen Vorteil mit sich, auch wenn das Ergebnis dieser Arbeiten noch nicht sofort ein marktgängiges Erzeugnis ist. Denn derjenige, der das tun darf, erlangt insofern einen Vorsprung vor seinen Mitbewerbern, als er bereits zu einer Zeit Erfahrungen mit der Aussicht ihrer späteren gewerblichen Verwertung sammeln kann, in denen das anderen noch nicht möglich ist. Andererseits bedeutet es für den Patentinhaber, der sich selbst mit der Herstellung von Geräten nach dem Patent befaßt oder befassen will, einen Nachteil, daß außer ihm noch ein anderer, der alsbald oder später mit ihm in Wettbewerb treten kann, ebenfalls Versuchs- und Entwicklungsarbeiten mit der Aussicht ihrer späteren gewerblichen Verwertbarkeit vorzunehmen in der Lage war. Dieser Vorteil des Lizenznehmers und Nachteil des Patentinhabers ist gerade bei grundlegenden Erfindungen, die nicht bekannte Gestaltungen in einer gewissen Richtung verbessern, sondern die ein neues Gebiet erschließen, besonders erheblich; und namentlich in einem solchen Falle kann es recht wohl gerechtfertigt und geboten sein, dem Nehmer einer Zwangslizenz hierfür eine besondere, von der wirklichen Erzeugung unabhängige Zahlung aufzuerlegen. Um eine solche Erfindung aber handelt es sich hier nach dem unstreitigen Sachverhalt, nämlich um die Lösung der Aufgabe, einen Motor nicht, wie das bisher nur geschehen war, mit gasförmigen oder mit flüssigen Brennstoffen, sondern unmittelbar mit einem festen Brennstoff zu betreiben.

Dagegen kann die Verpflichtung des Lizenznehmers, unabhängig von seiner Erzeugung eine besondere Zahlung zu leisten, dann, wenn es sich um einen bereits abgeschlossenen Zeitraum handelt, nicht mit den Erwägungen begründet werden, aus denen eine sogenannte Mindestlizenz vereinbart oder festgesetzt wird, nämlich mit der Erwägung, der Lizenznehmer solle angereizt werden, das patentgeschützte Erzeugnis laufend und in möglichst großen Mengen herzustellen und abzusetzen, oder mit der Erwägung, der Patentinhaber solle mit regelmäßigen laufenden Einnahmen von einer gewissen Mindesthöhe rechnen können, da diese Gründe begrifflich nur für die Zukunft Geltung haben können. Vielmehr könnte man bei einem in der Vergangenheit abgeschlossenen Tatbestande höchstens daran denken, die Auferlegung einer solchen besonderen Zahlung damit zu rechtfertigen, daß der Lizenznehmer es unterlassen habe, die Umsätze zu erzielen, die er an sich hätte erreichen können, und daß dem Patentinhaber dadurch Einnahmen aus Stücklizenzen entgangen oder sonstige Nachteile entstanden seien. Auf diesen Gesichtspunkt hat sich jedoch weder die Klägerin berufen, noch hat das Kammergericht seine Entscheidung auf ihn gestützt; es fehlt auch an jedem Anhalt dafür, daß die Beklagte in der Zeit von November 1937 bis Dezember 1939 erheblich mehr Kohlenstaubmotoren hätte bauen und absetzen können. Es braucht daher nicht erörtert zu werden, ob dieser Gesichtspunkt bei einer nicht im Vertragswege bewilligten, sondern durch eine einstweilge Verfügung des Reichspatentamts gewährten Benutzungserlaubnis überhaupt in Betracht kommen könnte.

Sachregister

(Die Ziffern bedeuten die Seitenzahlen dieses Bandes)

E

H

N

R

V

FSC
www.fsc.org
MIX
Papier | Fördert gute Waldnutzung
FSC® C083411

Kolibri 360 GmbH
Ferdinand-Jühlke-Straße 7
99095 Erfurt, Deutschland
produktsicherheit@kolibri360.de